KB065057

독일외교문서
한　국　편
1874~1910

12

이 저서는 2017년 대한민국 교육부와 한국학중앙연구원(한국학진흥사업단)의 한국학 분야 토대연구지원사업의 지원을 받아 수행된 연구임 (AKS-2017-KFR-1230002)

This work was supported by Korean Studies Foundation Research through the Ministry of Education of the Republic of Korea and Korean Studies Promotion Service of the Academy of Korean Studies (AKS-2017-KFR-1230002)

▌독일학총서 Bibliothek der Germanistik▐

독일외교문서 한국편

1874~1910

12

고려대학교 독일어권문화연구소 편

보고사
BOGOSA

개항기 한국 관련 독일외교문서 번역총서 발간에 부쳐

1. 본 총서에 대하여

본 총서는 고려대학교 독일어권문화연구소가 한국학중앙연구원에서 시행하는 토대사업(2017년)의 지원을 받아 3년에 걸쳐 연구한 작업의 결과물이다. 해당 프로젝트 〈개항기 한국 관련 독일외교문서 탈초·번역·DB 구축〉은 1866년을 전후한 한-독 간 교섭 초기부터 1910년까지의 한국 관련 독일 측 외교문서 9,902면을 탈초, 번역, 한국사 감교 후 출판하고, 동시에 체계적인 목록화, DB 구축을 통해 온라인 서비스 토대를 마련함으로써 관련 연구자 및 관심 있는 일반인에게 제공하기 위한 것이다. 본 프로젝트의 의의는 개항기 한국에서의 독일의 역할과 객관적인 역사의 복원, 한국사 연구토대의 심화·확대, 그리고 소외분야 연구 접근성 및 개방성 확대라는 측면에서 찾을 수 있다.

이번 우리 독일어권문화연구소의 프로젝트팀이 국역하여 공개하는 독일외교문서 자료는 한국근대사 연구는 물론이고 외교사, 한독 교섭사를 한 단계 끌어올릴 수 있는 중요한 일차 사료들이다. 그러나 이 시기의 해당 문서는 모두 전문가가 아닌 경우 접근하기 힘든 옛 독일어 필기체로 작성되어 있어 미발굴 문서는 차치하고 국내에 기 수집된 자료들조차 일반인은 물론이고 국내 전문연구자의 접근성이 극히 제한되어 있는 상황이다. 이런 상황에서 우리의 프로젝트가 성공적으로 마무리됨으로써 이제 절대적으로 부족한 독일어권 연구 사료를 구축하여, 균형 잡힌 개항기 연구 토대를 다지고, 연구 접근성과 개방성, 자료 이용의 효율성을 제고하고, 동시에 한국사, 독일학, 번역학, 언어학 전문가들의 학제 간 협동 연구를 촉진할 수 있는 중요한 계기가 마련되었다.

2. 정치적 상황

오늘날 우리는 전 지구적 세계화가 가속화되고 있는 상황 속에 살고 있다. '물결'만으로는 세계화의 속도를 따라잡을 수 없게 되었다. 초연결 사회의 출현으로 공간과 시간, 그리고 이념이 지배하던 지역, 국가 간 간극은 점차 줄어들고 있다. 그렇다고 국가의 개념이 사라지는 것은 아니다. 오히려 국가는 국민을 안전하게 보호하고 대외적으로 이익을 대변해야 하는 역할을 이런 혼란스런 상황 속에서 더욱 성실히 이행해야 하는 사명을 갖는다.

한국을 둘러싼 동아시아 국제정세는 빠르게 변화하고 있다. 수년 전 남북한 정상은 두 번의 만남을 가졌고, 영원히 만나지 않을 것 같았던 북한과 미국의 정상 역시 싱가포르에 이어서 하노이에서 역사적 회담을 진행하였다. 한반도를 둘러싼 오랜 적대적 긴장관계가 완화되고 화해와 평화가 곧 당겨질 듯한 분위기였다.

하지만 한반도에 완전한 평화가 정착되었다고 단언하기란 쉽지 않다. 휴전선을 둘러싼 남북한의 군사적 대치 상황은 여전히 변한 것이 없다. 동아시아에서의 주변 강대국의 패권 경쟁 또한 현재 진행형이다. 즉 한반도 평화 정착을 위해서는 한국, 북한, 미국을 비롯해서 중국, 러시아, 일본 등 동아시아 정세에 관여하는 국가들의 다양하고 때로는 상충하는 이해관계들을 외교적으로 세밀하게 조정할 필요가 있다.

한국은 다양한 국가의 복잡한 이해관계를 어떻게 조정할 것인가? 우리 프로젝트팀은 세계화의 기원이라 할 수 있는 19세기 말에서 20세기 초 한반도의 시공간에 주목하였다. 이 시기는 통상 개항기, 개화기, 구한말, 근대 초기로 불린다. 증기기관과 증기선 도입, 철도 부설, 그 밖의 교통 운송 수단의 발달로 인해서 전 세계가 예전에 상상할 수 없을 정도로 가까워지기 시작하던 때였다. 서구 문물의 도입을 통해서 한국에서는 서구식 근대적 발전이 모색되고 있었다.

또 한편으로는 일본뿐만 아니라 청국, 그리고 서구 열강의 제국주의적 침탈이 진행되었던 시기였다. 한국 문제에 관여한 국가들은 동아시아에서 자국의 이익을 유지, 확대하려는 목적에서 끊임없이 경쟁 혹은 협력하였다. 한국 역시 세계화에 따른 근대적 변화에 공감하면서도 외세의 침략을 막고 독립을 유지하려는 데에 전력을 기울였다. 오늘날 세계화와 한국 관련 국제 정세를 이해하기 위해서는 무엇보다 그 역사적 근원인 19세기 후반에서 20세기 초반의 상황을 알아야 한다. 이에 본 연구소에서는 개항기 독일외교문서에 주목하였다.

3. 한국과 독일의 관계와 그 중요성

오늘날 한국인에게 독일은 친숙한 국가이다. 1960~70년대 약 18,000여 명의 한국인들은 낯선 땅 독일에서 광부와 간호사로 삶을 보냈다. 한국인들이 과거사 반성에 미흡한 일본을 비판할 때마다 내세우는 반면교사의 대상은 독일이다. 한때는 분단의 아픔을 공유하기도 했으며, 통일을 준비하는 한국에게 타산지석의 대상이 되는 국가가 바로 독일이다. 독일은 2017년 기준으로 중국과 미국에 이어 한국의 세 번째로 큰 교역 국가이기도 하다.

한국인에게 독일은 이웃과도 같은 국가이지만, 정작 한국인들은 독일 쪽에서는 한국을 어떻게 인식하고 정책을 추진하는지 잘 알지 못한다. 그 이유는 독일이 한반도 국제정세에 결정적인 역할을 끼쳐온 국가가 아니기 때문이다. 오늘날 한국인에게는 미국, 중국, 일본, 러시아가 현실적으로 중요하기에, 정서상으로는 가까운 독일을 간과하는 것이 아닐까 하는 생각이 든다.

그렇다면 우리는 독일을 몰라도 될까? 그렇지 않다. 독일은 EU를 좌우하는 핵심 국가이자, 세계의 정치, 경제, 사회, 문화를 주도하는 선진국이자 강대국이다. 독일은 유럽뿐만 아니라 동아시아를 비롯한 전 세계의 동향을 종합적으로 고려하는 가운데 한국을 인식하고 정책을 시행한다. 독일의 대한정책(對韓政策)은 전 지구적 세계화 속에서 한국의 위상을 보여주는 시금석과 같다.

세계화의 기원인 근대 초기도 지금과 상황이 유사하였다. 미국, 영국에 이어서 한국과 조약을 체결한 서구 열강은 독일이었다. 청일전쟁 직후에는 삼국간섭을 통해서 동아시아 진출을 본격화하기도 했다. 하지만 당시 동아시아에서는 영국, 러시아, 일본, 청국, 그리고 미국의 존재감이 컸다. 19세기 말에서 20세기 초 한반도를 둘러싼 국제정세에서 독일이 차지하는 위상은 상대적으로 높지 않았던 것이다.

하지만 당시 독일은 동아시아 정세의 주요 당사국인 영국, 러시아, 일본, 청국, 미국 등의 인식과 정책 관련 정보를 집중적으로 수집하고 종합적으로 분석하였다. 세계 각국의 동향을 종합적으로 판단한 과정 속에서 독일은 한국을 평가하고 이를 정책으로 구현하고자 했다.

그렇기 때문에 개항기 한국 관련 독일외교문서는 의미가 남다르다. 독일외교문서에는 독일의 한국 인식 및 정책뿐만 아니라, 한국 문제에 관여한 주요 국가들의 인식과 대응들이 담겨 있는 보고서들로 가득하다. 독일은 자국 내 동향뿐만 아니라 세계 각국의 동향을 고려하는 과정 속에서 한국을 인식, 평가하고 정책화하였던 것이다. 그렇기에 독일외교문서는 유럽 중심에 위치한 독일의 독특한 위상과 전 지구적 세계화 속에서 세계 각국이 한국을 이해한 방식의 역사적 기원을 입체적으로 추적하기에 더할 나위 없이 좋은 자료인 것이다.

4. 금번 번역총서 작업과정에 대해

1973년 4월 4일, 독일과의 본격적인 교류를 위하여 〈독일문화연구소〉라는 이름으로 탄생을 알리며 활동을 시작한 본 연구소는 2003년 5월 15일 자로 〈독일어권 문화연구소〉로 명칭을 바꾸고 보다 폭넓은 학술 및 연구를 지향하여 연구원들의 많은 활동을 통해, 특히 독일어권 번역학 연구와 실제 번역작업에 심혈을 기울여 왔다. 이번에 본 연구소에서 세상에 내놓는 15권의 책은 모두(冒頭)에서 밝힌 대로 2017년 9월부터 시작한, 3년에 걸친 한국학중앙연구원 프로젝트의 연구 결과물이다. 여기까지 오기까지 작업의 역사는 상당히 길고 또한 거기에 참여했던 인원도 적지 않다. 이 작업은 독일어권연구소장을 맡았던 한봉흠 교수로부터 시작된다. 한봉흠 교수는 연구소 소장으로서 개항기 때 독일 외교관이 조선에서 본국으로 보낸 보고 자료들을 직접 독일에서 복사하여 가져옴으로써 자료 축적의 기본을 구축하였다. 그 뒤 김승옥 교수가 연구소 소장으로 재직하면서 그 자료의 일부를 번역하여 소개한 바 있다(고려대 독일문화연구소 편, 『(朝鮮駐在)獨逸外交文書 資料集』, 우삼, 1993). 당시는 여건이 만만치 않아 선별적으로 번역을 했고 한국사 쪽의 감교를 받지도 못하는 상태였다. 그러나 당시로서 옛 독일어 필기체로 작성된 보고문을 정자의 독일어로 탈초하고 이를 우리말로 옮기는 것은 생면부지의 거친 황야를 걷는 것과 같은 것이었다.

우리 연구팀은 저간의 사정을 감안하여 금번 프로젝트를 위해 보다 철저하게 다양한 팀을 구성하고 연구 진행에 차질이 없도록 하였다. 연구팀은 탈초, 번역, 한국사 감교팀으로 나뉘어 먼저 원문의 자료를 시대별로 정리하고 원문 중 옛 독일어 필기체인 쿠렌트체와 쥐털린체로 작성된 문서들을 독일어 정자로 탈초하고 이를 타이핑하여 입력한 뒤 번역팀이 우리말로 옮기고 이후 번역된 원고를 감교팀에서 역사적으로 고증하여 맞는 용어를 선택하고 필요에 따라 각주를 다는 등 다양한 협력을 수행하였다. 이번에 출간된 15권의 책은 데이터베이스화하여 많은 연구자들이 널리 이용할 수 있을 것이다.

2017년 9월부터 3년에 걸쳐 작업한 결과물을 드디어 완간하게 된 것을 연구책임자로서 기쁘게 생각한다. 무엇보다 긴밀하게 조직화된 팀워크를 보여준 팀원들(번역자, 탈초자, 번역탈초 감수 책임자, 한국사 내용 감수 책임자, 데이터베이스팀 책임자)과 연구보조원 한 분 한 분에게 감사드린다. 그리고 프로젝트의 준비단계에서 활발한 역할을 한 김용현 교수와 실무를 맡아 프로젝트가 순항하도록 치밀하게 꾸려온 이정린 박사와 한승훈 박사에게 감사의 뜻을 전한다. 본 연구에 참여한 모든 연구원들의 해당 작업과 명단은 각 책의 말미에 작성하여 실어놓았다.

2021년 봄날에

연구책임자

김재혁

일러두기

1. 『독일외교문서 한국편』은 독일연방 외무부 정치문서보관소(Archives des Auswärtigen Amts)에서 소장하고 있는 근대 시기 한국 관련 독일외교문서를 번역한 것이다. 구체적으로는 독일 외무부에서 생산한 개항기 한국 관련 사료군에 해당하는 I. B. 16 (Korea), I. B. 22 Korea 1, I. B. 22 Korea 2, I. B. 22 Korea 5, I. B. 22 Korea 7, I. B. 22 Korea 8, Peking II 127과 Peking II 128에 포함된 문서철을 대상으로 한다.

2. 당시 독일외무부는 문서의 외무부 도착일, 즉 수신일을 기준으로 문서를 편집하였다. 이에 본 문서집에서는 독일외무부가 문서철 편집과정에서 취했던 수신일 기준 방식을 따랐다.

3. 본 문서집은 한국어 번역본과 독일어 원문 탈초본으로 구성되어 있다.
   1) 한국어 번역본에는 독일어 원문의 쪽수를 기입함으로써, 교차 검토를 용의하게 했다.
   2) 독일어 이외의 언어로 작성된 문서는 한국어로 번역하지 않되, 전문을 탈초해서 문서집에 수록하였다. 해당 문서가 주 보고서인 경우는 한국어 번역본과 독일어 원문 탈초본에 함께 수록하였으며, 첨부문서에 해당할 경우에는 한국어 번역본에 수록하지 않고, 독일어 탈초본에 수록하였다. ※ 주 보고서에 첨부문서로 표기되지 않은 상태에서 추가된 문서(언론보도, 각 국 공문서 등)들은 [첨부문서]로 표기하였다.

4. 당대 독일에서는 쿠렌트체(Kurrentschrift)로 불리는 옛 독일어 필기체와 프로이센의 쥐털린체(Sütterlinschrift)가 부가된 형태의 외교문서를 작성하였다. 이에 본 연구팀은 쿠렌트체와 쥐털린체로 되어 있는 독일외교문서 전문을 현대 독일어로 탈초함으로써 문자 해독 및 번역을 용이하게 했다.
   1) 독일어 탈초본은 작성 당시의 원문을 그대로 현대 독일어로 옮기는 것을 원칙으로 했다. 그 때문에 독일어 탈초본에는 문서 작성 당시의 철자법과 개인의 문서 작성 상의 특성이 드러나 있다. 최종적으로 해독하지 못한 단어나 철자는 [*sic*.]로 표기했다.
   2) 문서 본문 내용에 대한 다양한 종류의 제3자의 메모는 각주에 [Randbemerkung]을

설정하여 최대한 수록하고 있다.

3) 원문서 일부에 있는 제3자의 취소 표시(취소선)는 취소선 맨 뒤에 별도의 각주를 만들어 제3자의 취소 영역을 표시했다. 편집자의 추가 각주 부분은 모두 대괄호를 통해 원주와 구분하고 있다.

4) 독일어 탈초본에서는 연구자들의 편의를 돕기 위해서 각 문건 상단에 원문출처, 문서수발신 정보, 문서의 수신 과정에서 추가된 문구 등을 알아볼 수 있도록 표를 작성하였다. ※ Peking II 127, 128이 수록된 15권은 문서 식별의 어려움으로 아래의 표를 별도로 기입하지 않았음을 밝혀 둔다.

예) Die Rückkehr Li hung chang's nach Tientsin. —❶

PAAA_RZ201-018901_162 —❷			
Empfänger	Bismarck —❸	Absender	Brandt —❹
A. 6624. pr. 30 Oktober 1882. —❺		Peking, den 7. September 1882. —❻	
Memo —❼	Orig. 1. 11. nach Hamburg		

① 문서 제목 : 원문서에 제목(문서 앞 또는 뒤에 Inhalt 또는 제목만 표기됨)이 있는 경우 제목을 따르되, 제목이 없는 경우는 "[ ]"로 표기해 원문서에 제목이 없음을 나타냄.

② 원문출처 : 베를린 문서고에서 부여한 해당 문서 번호에 대한 출처 표기. 문서번호-권수_페이지 수로 구성

③ 문서 수신자

④ 문서 발신자

⑤ 문서 번호, 수신일

⑥ 문서 발신지, 발신일

⑦ 문서 수신·전달 과정에서 추가적으로 작성된 문구

이 같은 표가 작성되지 않은 문서는 베를린 자체 생성 문서이거나 정식 문서 형태를 갖추지 않은 문서들이다.

5. 본 연구팀은 독일외교문서의 독일어 전문을 한국어로 번역·감교하였다. 이를 통해 독일어 본래의 특성과 당대 역사적 맥락을 함께 담고자 했다. 독일외교문서 원문의 번역 과정에서 뜻이 분명하지 않은 경우에는 [번역 주석]을 부기하였으며, [감교 주석]을 통해서 당대사적 맥락을 보완하였다. 아울러 독일외교문서 원문에 수록된 주석의 경우는 [원문 주석]으로 별도로 표기하였다.

6. 한국어 번역본에서는 중국, 일본, 한국의 지명, 인명은 모두 원음으로 표기하되, 관직과 관청명의 경우는 한국 학계에서 일반적으로 통용되는 한문의 한국어 발음을 적용하였다. 각 국가의 군함 이름 등 기타 사항은 외교문서에 수록된 단어를 그대로 병기하였다. 독일외교관이 현지어 발음을 독일어로 변환되는 과정에서 실체가 불분명해진 고유명사의 경우, 독일외교문서 원문에 수록된 단어 그대로 표기하였다.

7. 한국어 번역본에서는 연구자들의 편의를 돕기 위해서 각 문건 상단에 문서제목, 문서수발신 정보(날짜, 번호), 문서의 수신 과정에서 추가된 문구 등을 알아볼 수 있도록 표를 작성하였다. ※ Peking II 127, 128이 수록된 15권은 문서 식별의 어려움으로 아래의 표를 별도로 기입하지 않았음을 밝혀 둔다.

예)

01

조선의 현황 관련 —❶

발신(생산)일	1889. 1. 5 —❷	수신(접수)일	1889. 3. 3 —❸
발신(생산)자	브란트 —❹	수신(접수)자	비스마르크 —❺
발신지 정보	베이징 주재 독일 공사관 —❻	수신지 정보	베를린 정부 —❼
	No. 17 —❽		A. 3294 —❾
메모 —❿	3월 7일 런던 221, 페테르부르크 89 전달		

① 문서 제목, 번호 : 독일어로 서술된 제목을 따르되, 별도 제목이 없을 경우는 문서 내용을 확인 후 "[ ]"로 구별하여 문서 제목을 부여하였음. 제목 위의 번호는 본 자료집에서 부여하였음.

② 문서 발신일 : 문서 작성자가 문서를 발송한 날짜

③ 문서 수신일 : 문서 수신자가 문서를 받은 날짜

④ 문서 발신자 : 문서 작성자 이름

⑤ 문서 수신자 : 문서 수신자 이름

⑥ 문서 발신 담당 기관

⑦ 문서 수신 담당 기관

⑧ 문서 발신 번호 : 문서 작성 기관에서 부여한 고유 번호

⑨ 문서 수신 번호 : 독일외무부에서 문서 수신 순서에 따라 부여한 번호

⑩ 메모 : 독일외교문서의 수신·전달 과정에서 추가적으로 작성된 문구

8. 문서의 수발신 관련 정보를 특정하기 어려운 문서(예를 들어 신문 스크랩)의 경우는

독일외무부에서 편집한 날짜, 문서 수신 번호, 그리고 문서 내용을 토대로 문서 제목을 표기하였다.

9. 각 권의 원문 출처는 다음과 같다.

<table>
<tr><th rowspan="2">자료집 권 (발간 연도)</th><th colspan="4">독일외무부 정치문서고 문서 분류 방식</th></tr>
<tr><th>문서분류 기호</th><th>일련번호</th><th>자료명</th><th>대상시기</th></tr>
<tr><td rowspan="6">1 (2019)</td><td rowspan="2">I. B. 16 (Korea)</td><td rowspan="2">R18900</td><td>Akten betr. die Verhältnisse Koreas</td><td rowspan="2">1874.1~1878.12</td></tr>
<tr><td>(1878년 이전) 조선 상황</td></tr>
<tr><td rowspan="2">I. B. 22 Korea 1</td><td rowspan="2">R18901</td><td>Allgemiene Angelegenheiten 1</td><td rowspan="2">1879.1~1882.6</td></tr>
<tr><td>일반상황 보고서 1</td></tr>
<tr><td rowspan="2">I. B. 22 Korea 1</td><td rowspan="2">R18902</td><td>Allgemiene Angelegenheiten 2</td><td rowspan="2">1882.7~1882.11</td></tr>
<tr><td>일반상황 보고서 2</td></tr>
<tr><td rowspan="6">2 (2019)</td><td rowspan="2">I. B. 22 Korea 1</td><td rowspan="2">R18903</td><td>Allgemiene Angelegenheiten 3</td><td rowspan="2">1882.11~1885.1.19</td></tr>
<tr><td>일반상황 보고서 3</td></tr>
<tr><td rowspan="2">I. B. 22 Korea 1</td><td rowspan="2">R18904</td><td>Allgemiene Angelegenheiten 4</td><td rowspan="2">1885.1.20~1885.4.23</td></tr>
<tr><td>일반상황 보고서 4</td></tr>
<tr><td rowspan="2">I. B. 22 Korea 1</td><td rowspan="2">R18905</td><td>Allgemiene Angelegenheiten 5</td><td rowspan="2">1885.4.24~1885.7.23</td></tr>
<tr><td>일반상황 보고서 5</td></tr>
<tr><td rowspan="6">3 (2019)</td><td rowspan="2">I. B. 22 Korea 1</td><td rowspan="2">R18906</td><td>Allgemiene Angelegenheiten 6</td><td rowspan="2">1885.7.24~1885.12.15</td></tr>
<tr><td>일반상황 보고서 6</td></tr>
<tr><td rowspan="2">I. B. 22 Korea 1</td><td rowspan="2">R18907</td><td>Allgemiene Angelegenheiten 7</td><td rowspan="2">1885.12.16~1886.12.31</td></tr>
<tr><td>일반상황 보고서 7</td></tr>
<tr><td rowspan="2">I. B. 22 Korea 1</td><td rowspan="2">R18908</td><td>Allgemiene Angelegenheiten 8</td><td rowspan="2">1887.1.1~1887.11.14</td></tr>
<tr><td>일반상황 보고서 8</td></tr>
<tr><td rowspan="8">4 (2019)</td><td rowspan="2">I. B. 22 Korea 1</td><td rowspan="2">R18909</td><td>Allgemiene Angelegenheiten 9</td><td rowspan="2">1887.11.15~1888.10.3</td></tr>
<tr><td>일반상황 보고서 9</td></tr>
<tr><td rowspan="2">I. B. 22 Korea 1</td><td rowspan="2">R18910</td><td>Allgemiene Angelegenheiten 10</td><td rowspan="2">1888.10.4~1889.2.28</td></tr>
<tr><td>일반상황 보고서 10</td></tr>
<tr><td rowspan="2">I. B. 22 Korea 1</td><td rowspan="2">R18911</td><td>Allgemiene Angelegenheiten 11</td><td rowspan="2">1889.3.1~1890.12.13</td></tr>
<tr><td>일반상황 보고서 11</td></tr>
<tr><td rowspan="2">I. B. 22 Korea 1</td><td rowspan="2">R18912</td><td>Allgemiene Angelegenheiten 12</td><td rowspan="2">1890.12.14~1893.1.11</td></tr>
<tr><td>일반상황 보고서 12</td></tr>
</table>

5 (2020)	I. B. 22 Korea 1	R18913	Allgemiene Angelegenheiten 13 일반상황 보고서 13	1893.1.12~1893.12.31
	I. B. 22 Korea 1	R18914	Allgemiene Angelegenheiten 14 일반상황 보고서 14	1894.1.1~1894.7.14
	I. B. 22 Korea 1	R18915	Allgemiene Angelegenheiten 15 일반상황 보고서 15	1894.7.15~1894.8.12
	I. B. 22 Korea 1	R18916	Allgemiene Angelegenheiten 16 일반상황 보고서 16	1894.8.13~1894.8.25
6 (2020)	I. B. 22 Korea 1	R18917	Allgemiene Angelegenheiten 17 일반상황 보고서 17	1894.8.26~1894.12.31
	I. B. 22 Korea 1	R18918	Allgemiene Angelegenheiten 18 일반상황 보고서 18	1895.1.19~1895.10.18
	I. B. 22 Korea 1	R18919	Allgemiene Angelegenheiten 19 일반상황 보고서 19	1895.10.19~1895.12.31
	I. B. 22 Korea 1	R18920	Allgemiene Angelegenheiten 20 일반상황 보고서 20	1896.1.1~1896.2.29
7 (2020)	I. B. 22 Korea 1	R18921	Allgemiene Angelegenheiten 21 일반상황 보고서 21	1896.3.1~1896.5.6
	I. B. 22 Korea 1	R18922	Allgemiene Angelegenheiten 22 일반상황 보고서 22	1896.5.7~1896.8.10
	I. B. 22 Korea 1	R18923	Allgemiene Angelegenheiten 23 일반상황 보고서 23	1896.8.11~1896.12.31
	I. B. 22 Korea 1	R18924	Allgemiene Angelegenheiten 24 일반상황 보고서 24	1897.1.1~1897.10.31
8 (2020)	I. B. 22 Korea 1	R18925	Allgemiene Angelegenheiten 25 일반상황 보고서 25	1897.11.1~1898.3.15
	I. B. 22 Korea 1	R18926	Allgemiene Angelegenheiten 26 일반상황 보고서 26	1898.3.16~1898.9.30
	I. B. 22 Korea 1	R18927	Allgemiene Angelegenheiten 27 일반상황 보고서 27	1898.10.1~1899.12.31

<table>
<tr><td rowspan="6">9
(2020)</td><td rowspan="2">I. B. 22
Korea 1</td><td rowspan="2">R18928</td><td>Allgemiene Angelegenheiten 28</td><td rowspan="2">1900.1.1~1900.6.1</td></tr>
<tr><td>일반상황 보고서 28</td></tr>
<tr><td rowspan="2">I. B. 22
Korea 1</td><td rowspan="2">R18929</td><td>Allgemiene Angelegenheiten 29</td><td rowspan="2">1900.6.2~1900.10.31</td></tr>
<tr><td>일반상황 보고서 29</td></tr>
<tr><td rowspan="2">I. B. 22
Korea 1</td><td rowspan="2">R18930</td><td>Allgemiene Angelegenheiten 30</td><td rowspan="2">1900.11.1~1901.2.28</td></tr>
<tr><td>일반상황 보고서 30</td></tr>
<tr><td rowspan="6">10
(2020)</td><td rowspan="2">I. B. 22
Korea 1</td><td rowspan="2">R18931</td><td>Allgemiene Angelegenheiten 31</td><td rowspan="2">1901.3.1~1901.7.15</td></tr>
<tr><td>일반상황 보고서 31</td></tr>
<tr><td rowspan="2">I. B. 22
Korea 1</td><td rowspan="2">R18932</td><td>Allgemiene Angelegenheiten 32</td><td rowspan="2">1901.7.16~1902.3.31</td></tr>
<tr><td>일반상황 보고서 32</td></tr>
<tr><td rowspan="2">I. B. 22
Korea 1</td><td rowspan="2">R18933</td><td>Allgemiene Angelegenheiten 33</td><td rowspan="2">1902.4.1~1902.10.31</td></tr>
<tr><td>일반상황 보고서 33</td></tr>
<tr><td rowspan="6">11
(2021)</td><td rowspan="6">I. B. 22
Korea 1</td><td rowspan="2">R18934</td><td>Allgemiene Angelegenheiten 34</td><td rowspan="2">1902.11.1~1904.2.15</td></tr>
<tr><td>일반상황 보고서 34</td></tr>
<tr><td rowspan="2">R18935</td><td>Allgemiene Angelegenheiten 35</td><td rowspan="2">1904.2.16~1904.7.15</td></tr>
<tr><td>일반상황 보고서 35</td></tr>
<tr><td rowspan="2">R18936</td><td>Allgemiene Angelegenheiten 36</td><td rowspan="2">1904.7.16~1907.7.31</td></tr>
<tr><td>일반상황 보고서 36</td></tr>
<tr><td rowspan="6">12
(2021)</td><td rowspan="4">I. B. 22
Korea 1</td><td rowspan="2">R18937</td><td>Allgemiene Angelegenheiten 37</td><td rowspan="2">1907.8.1~1909.8.31</td></tr>
<tr><td>일반상황 보고서 37</td></tr>
<tr><td rowspan="2">R18938</td><td>Allgemiene Angelegenheiten 38</td><td rowspan="2">1909.4.1~1910.8</td></tr>
<tr><td>일반상황 보고서 38</td></tr>
<tr><td rowspan="2">I. B. 22
Korea 2</td><td rowspan="2">R18939</td><td>Die Besitznahme Port Hamilton durch die Engländer 1</td><td rowspan="2">1885.4.8~1885.7.31</td></tr>
<tr><td>영국의 거문도 점령 1</td></tr>
<tr><td rowspan="4">13
(2021)</td><td rowspan="4">I. B. 22
Korea 2</td><td rowspan="2">R18940</td><td>Die Besitznahme Port Hamilton durch die Engländer 2</td><td rowspan="2">1885.8.1~1886.12.31</td></tr>
<tr><td>영국의 거문도 점령 2</td></tr>
<tr><td rowspan="2">R18941</td><td>Die Besitznahme Port Hamilton durch die Engländer 3</td><td rowspan="2">1887.1.1~1901.12</td></tr>
<tr><td>영국의 거문도 점령 3</td></tr>
</table>

13 (2021)	I. B. 22 Korea 5	R18949	Beziehungen Koreas zu Frankreich 한국-프랑스 관계	1886.8~1902.10
	I. B. 22 Korea 6	R18950	Die Christen in Korea 조선의 기독교	1886~1910.5
	I. B. 22 Korea 7	R18951	Fremde Vertretung in Korea 1 조선 주재 외국 외교관 1	1887.4.19~1894.9.6
14 (2021)	I. B. 22 Korea 7	R18952	Fremde Vertretung in Korea 2 한국 주재 외국 외교관 2	1894.9.7~1903.2
		R18953	Fremde Vertretung in Korea 3 한국 주재 외국 외교관 3	1903.3~1910.5
	I. B. 22 Korea 8	R18954	Entsendung koreanischer Missionen nach Europa und Amerika 1 조선의 유럽·미국 주재 외교관 파견 1	1887.10.21~1888.12.31
		R18955	Entsendung koreanischer Missionen nach Europa und Amerika 2 한국의 유럽·미국 주재 외교관 파견 2	1889.1.1~1905.12
15 (2021)	RAV Peking II 127	R9208	주청 독일공사관의 조선 관련 문서 1	1866.11~1866.12
	RAV Peking II 128	R9208	주청 독일공사관의 조선 관련 문서 2	1866.10~1887.12

10. 본 문서집은 조선과 대한제국을 아우르는 국가 명의 경우는 한국으로 통칭하되, 대한제국 이전 시기를 다루는 문서의 경우는 조선, 대한제국 선포 이후를 다루는 문서의 경우는 대한제국으로 표기하였다.

11. 사료군 해제

I. B. 16 (Korea)

1859년 오일렌부르크의 동아시아 원정 이후 북경과 동경에 주재한 독일 공사들이 한독 수교 이전인 1874~1878년간 한국 관련하여 보고한 문서들이 수록되어 있다. 이 시기는 한국이 최초 외세를 향해서 문호를 개방하고 후속 조치가 모색되었던 시기였다. 특히 쇄국정책을 주도하였던 흥선대원군이 하야하고 고종이 친정을 단행함으로써, 국내외에서는 한국의 대외정책 기조가 변화할 것이라는 전망이 나오던 시절이었다. 이러한 역사적 배경 속에서 I. B. 16 (Korea)에는 1876년 이전 서계문제로 촉발되었던 한국과 일본의 갈등과 강화도조약 체결, 그리고 한국의 대서구 문호개방에 관한 포괄적인 내용들이 수록되어 있다.

● I. B. 22 Korea 1

독일 외무부는 한국과 조약 체결을 본격화하기 시작한 1879년부터 별도로 "Korea"로 분류해서 한국 관련 문서를 보관하기 시작하였다. 그중에서 I. B. 22 Korea 1은 1879년부터 1910년까지 조선에 주재한 독일외교관을 비롯해서 한국 관련 각종 문서들이 연, 월, 일의 순서로 편집되어 있다. 개항기 전시기 독일의 대한정책 및 한국과 독일관계를 조망하는 본 연구의 취지에 부합한 사료군이라 할 수 있다.

본 연구가 타 국가 외교문서 연구와 차별되는 지점은 일본에 의해서 외교권을 박탈당한 1905년 을사늑약 이후의 문서에 대한 분석을 시도하는데 있다. 물론 1905년 이후 한국과 독일의 관계는 거의 없다는 것이 정설이다. 하지만 1907년 독일의 고립을 초래한 소위 '외교혁명'의 시작이 한국과 만주라는 사실, 그리고 일본이 한국을 병합한 이후에도 독일은 영국과 함께 한국으로부터 확보한 이권을 계속 유지시키고자 하였다. 이에 본 연구팀은 1910년까지 사료를 분석함으로써, 1905년 이후 한국사를 글로벌 히스토리 시각에서 조망하는 토대를 구축하고자 한다.

● I. B. 22 Korea 2

I. B. 22 Korea 2는 영국의 거문도 점령 관련 문서들을 수록하고 있다. 독일은 영국의 거문도 점령 당시 당사국이 아니었다. 하지만 독일의 입장에서도 영국의 거문도 점령은 중요한 문제였다. 영국의 거문도 점령 사건 자체가 한국과 영국뿐만 아니라, 청국, 러시아, 일본 등 주변 열강 등의 외교적 이해관계가 복잡하게 얽힌 사안이었기 때문이었다. 그렇기에 영국이 거문도를 점령한 이후, 서울, 런던, 베이징, 도쿄, 페테르부르크 등에서는 이 사건을 어떻게 해결할 것인가를 두고 외교적 교섭이 첨예하게 전개되었다. I. B. 22 Korea 2에는 관찰자 시점에서 영국의 거문도 사건을 조망하되, 향후 독일의 동아시아 정책 및 한국정책을 수립하는 척도로 작용하는 내용의 문서들이 수록되어 있다.

• I. B. 22 Korea 5

I. B. 22 Korea 5는 한국과 프랑스 관계를 다루고 있다. 주로 한국과 프랑스의 현안이었던 천주교 승인 문제와 천주교 선교 과정에서 한국인과 갈등들이 수록되어 있다. 그리고 삼국간섭 한국의 프랑스 차관 도입 시도 관련 문서들도 있을 것으로 보인다. 즉 I. B. 22 Korea 5는 기독교 선교라는 관점, 그리고 유럽에서 조성되었던 프랑스와 독일의 긴장관계가 비유럽 국가인 한국에서 협력으로 변모하는지를 확인할 수 있는 사료군이라 할 수 있다.

• I. B. 22 Korea 6

I. B. 22 Korea 6은 한국 내 기독교가 전래되는 전 과정을 다루고 있다. 지금까지 개항기 기독교 선교와 관련된 연구는 주로 미국 측 선교사에 집중되었다. 학교와 의료를 통한 미국 선교사의 활동과 성장에 주목한 것이다. 그에 비해 독일에서 건너온 선교사 단체에 대한 연구는 미흡하였다. I. B. 22 Korea 6은 한국 내 기독교의 성장과 더불어 독일 선교사들이 초기에 한국에 건너와서 정착한 과정을 확인할 수 있는 사료군이라 할 수 있다.

• I. B. 22 Korea 7

I. B. 22 Korea 7은 한국 외국대표부에 관한 사료군이다. 개항 이후 외국 외교관들은 조약에 근거해서 개항장에 외국대표부를 설치하였다. 개항장과 조계지의 관리 및 통제를 위함이었다. 하지만 외국대표부는 비단 개항장에만 존재하지 않았다. 서울에도 비정기적으로 외국대표부들의 회합이 있었다. 그 회합에서 외국 대표들은 개항장 및 서울에서 외국인 관련 각종 규칙 초안을 정해서 한국 정부에 제출하였다. 그리고 한국 내 정치적 현안에 대해서 의논하기도 하였다. 청일전쟁 직전 서울 주재 외교관 공동으로 일본의 철수를 요구한 일이나, 명성황후 시해사건 직후 외교관들의 공동대응은 모두 외국대표부 회의에서 나온 것이었다. I. B. 22 Korea 7 한국을 둘러싼 외세가 협력한 실제 모습을 확인할 수 있는 사료군이다.

• I. B. 22 Korea 8

I. B. 22 Korea 8은 한국 정부가 독일을 비롯한 유럽, 그리고 미국에 공사를 파견한 내용을 수록하고 있다. 한국 정부는 1887년부터 유럽과 미국에 공사 파견을 끊임없이 시도하였다. 한국 정부가 공사 파견을 지속하였던 이유는 국가의 독립을 대외적으로 확

인받기 위함이었다. 구체적으로는 1894년 이전까지는 청의 속방정책에서 벗어나기 위해서, 그 이후에는 일본의 침략을 막기 위함이었다. I. B. 22 Korea 8은 독일외교문서 중에서 한국의 대외정책을 확인할 수 있는 사료인 것이다.

• Peking II 127

독일의 대한정책을 주도한 베이징 주재 독일공사관에서 생산한 한국 관련 외교문서들이 수록되어 있다. 그중 Peking II 127에는 병인양요의 내용이 기록되어 있다.

• Peking II 128

Peking II 127과 마찬가지로 독일의 대한정책을 주도한 베이징 주재 독일공사관에서 생산한 한국 관련 외교문서들이 수록되어 있다. 독일이 동아시아에 본격적으로 진출을 시도한 시기는 1860년대 이후이다. 독일은 상인을 중심으로 동아시아 진출 초기부터 청국, 일본뿐만 아니라 한국에 대한 관심을 갖고 있었다. 그 대표적 사례가 오페르트 도굴사건(1868)이었다. 오페르트 사건이 일어나자, 독일정부는 영사재판을 실시함으로써 도굴행위를 처벌하고자 했으며, 2년 뒤인 1870년에는 주일 독일대리공사 브란트를 부산으로 파견해서 수교 협상을 추진하였다. 하지만 한국 정부의 거부로 그 뜻을 이루지 못하였다. Peking II 128에는 독일의 대한 수교 협상과정 및 기타 서구 열강들의 대한 접촉 및 조약 체결을 위한 협상 과정을 담은 문서들이 수록되어 있다.

차례

외무부 정치 문서고 한국 관계 문서
1907.8.1~1909.8.31

외무부 정치 문서고 한국 관계 문서

1909.4.1~1910.8

외무부 정치 문서고 영국의 거문도 점령 관계 문서 1

1885.4.8~1885.7.31

외무부
A편

외무부 정치 문서고 한국 관계 문서

1907년 8월 1일부터
1909년 8월 31일까지

제37권
참조: 제38권

한국 No. 1

1907년 목록	수신정보
서울 8월 1일의 암호전보문 No. 8 한국 군대의 해산. 새로운 방위군 편성 예정. 무장 해제를 시도하는 과정에서 소요 발생. 원본 문서 한국 10	12005 8월 2일 수신
도쿄 8월 10일의 전보문 No. 73 일본 정부는 한국과 열강들 사이의 무역정책 관계에 변화를 초래하는 시도를 별로 취하지 않을 것이다.	12499 8월 10일 수신
도쿄 8월 10일의 전보문 No. 75 지금까지 일본 측의 후원을 받은 의화군 대신 한국 황제의 동생인 영친왕을 한국의 황태자로 책봉했다는 일본 정부의 통지. 한국 총리대신이 사임했다는 소문. 한국 황제가 우유부단한 꼭두각시에 불과하고, 그래서 일본의 의도에 안성맞춤이라고 한다. 일본은 원래 태황제를 물러나게 할 의도가 없었지만. 태황제의 음모 때문에 부득이하게 물러나게 할 수밖에 없었다.	12527 8월 11일 수신
8월 8일 자 프랑크푸르트 신문 한국과 독일.	12447 8월 9일 수신
도쿄 8월 17일의 전보문 No. 77 미국 측이 미일협정과 관련한 제안을 했다고 한다. 그에 따르면, 미국 정부는 일본 근로자의 이민을 배제하는 대가로 한국에서의 영사재판권 폐지, 조일관세동맹, 미국 국내의 일본인 귀화에 동의하려 한다.	12837 8월 17일 수신
도쿄 7월 26일의 보고서 No. A. 297 물러난 한국 황제는 새 황제가 단지 대리통치자에 불과할 뿐이라고 뒤늦게 자신의 양위 선언을 설명하려 시도했다. 새 한국 황제의 정신박약.	13316 8월 26일 수신
도쿄 7월 26일의 보고서 No. A. 298 한국 황제의 퇴위.	13317 8월 26일 수신
도쿄 8월 16일의 보고서 No. A. 338 한국의 새 황태자 책봉 공표.	14679 9월 20일 수신
도쿄 7월 18일의 해군보고서 B. 242 한국과 블라디보스토크 공무여행에 대한 허가 요청.	A. 13051에 첨부 8월 21일 수신
도쿄 8월 6일의 보고서 A. 319 한국 군대 해산에 대한 한국 주둔 일본군 총사령관의 보고서.	13670 9월 1일 수신
도쿄 9월 24일의 보고서 A. 385 일본에서 한국 황태자의 고등교육.	16504 10월 28일 수신

도쿄 9월 26일의 보고서 A. 396 한국의 일본 통감부 재편. 소네가 부통감에 임명됨. 카추라 후작이 이토의 후임으로 물망에 오름.	16514 10월 28일 수신
서울 10월 21일의 보고서 No. 65 일본 황태자의 한국 황제 방문.	17505 11월 17일 수신
도쿄 8월 20일의 보고서 A. 337 일본에 적대적인 태도를 보이는 서울 주재 영국 기자 베델에 대한 일본의 조처.	15124 9월 29일 수신
도쿄 9월 15일의 보고서 A. 364 한국에서 영사재판권을 폐지하려는 일본의 노력.	16230 10월 23일 수신
도쿄 9월 15일의 보고서 A. 366 한국 주재 영국 기자 베델에게 영국의 새로운 "추밀원령" 적용.	16232 10월 23일 수신
도쿄 10월 24일의 보고서 A. 427 한국 태황제의 독일-아시아은행 예치금. 서울 주재 프랑스 총영사관 매입과 칭다오의 토지 구입.	17884 11월 25일 수신
도쿄 10월 29일의 보고서 A. 435 일본 황태자의 한국 황제 방문.	17889 11월 25일 수신
심양 9월 23일의 보고서 No. 54 간도 지역으로 인한 청국과 한국의 국경 문제.	15622 10월 10일 수신
베이징 10월 24일의 보고서 A. 212 간도 지역을 둘러싼 한국과 청국의 분쟁. 이에 대한 위안스카이의 견해.	18364 12월 5일
도쿄 11월 26일의 보고서에 대한 메모 A. 482 미국은 일본 근로자들을 합중국 영토에서 배제하는 대가로 특히 조일관세동맹을 인정할 것을 약속했다. 일본은 거절했다.	19386에 첨부. 12월 23일 수신
도쿄 9월 15일의 보고서 A. 365 간도 지역을 둘러싼 한국과 청국의 분쟁.	16231 10월 23일 수신
도쿄 11월 13일의 보고서 A. 454 공공 평화 교란이라는 이유로 "Korea Daily News" 소유주에 대한 형사소송.	19088 12월 18일 수신
베이징 12월 12일의 보고서 A. 257 Chientao 지역을 둘러싼 청국과 일본의 국경분쟁에 대한 심양의 보고서.	19744 12월 31일 수신
서울 10월 7일의 보고서 No. 64 한국 태황제의 예치금을 확보하려는 일본의 노력.	16674 10월 31일 수신

서울 11월 15일의 보고서 No. 68 상동		18538 12월 8일 수신
1908년	목록	수신정보
도쿄 12월 10일의 보고서 A. 500 지금까지의 한국 정부 고문 스티븐스가 워싱턴으로 귀환한다.		909 1월 19일 수신
1월 21일 자 쾰른 신문. 한국 황실을 위한 예산액. 한국에서의 폭동 진압. 새로운 행정 규정.		1035 1월 21일 수신
1월 22일 자 쾰른 신문. 한국 무역의 증대.		1071 1월 22일 수신
서울 1월 13일의 보고서 No. 13 서울의 미국 전력회사에 대한 일본인들의 선동.		1656 2월 2일 수신
도쿄 1월 3일의 보고서 A1 한국 황태자의 도쿄 유학.		
서울 2월 17일의 보고서 No. 26 한국의 내각 개편.		3691 3월 10일 수신
3월 23일 자 쾰른 신문 일본 해외 소유지의 경제적 가치.		4458 3월 23일 수신
3월 24일 자 베를린 일간신문 한국 의정부의 고문 스티븐스가 샌프란시스코에 체류하는 동안 한국인들의 습격을 받았다.		4499 3월 24일 수신
3월 25일 자 베를린 지방신문 상동.		4528 3월 25일 수신
베이징 12월 24일의 보고서 A. 269 간도 지역 청국 감찰위원의 보고. 만주에 거주하는 한국인들의 법적 지위에 대한 심양의 보고서.		789 1월 16일 수신
베이징 2월 19일의 보고서 A. 54 청국 정부는 일본 공사에게 간도 지역에 대한 청국의 권리를 증명하는 모든 서류를 건네주었다.		3304 3월 3일 수신
서울 3월 20일의 보고서 No. 28 한국의 동북 지방에서 만주의 지린에 이르는 일본의 철도 계획.		3953 3월 15일 수신
6월 12일 자 쾰른 신문 반일신문 "Korea Daily News"와 이토의 기관지 "Seoul Press".		9139 6월 12일 수신

서울 8월 18일의 보고서 No. 70 한국 태황제의 예치금 상환.	14415 9월 6일 수신
도쿄 8월 13일의 보고서 A. 302 한국 궁중에서의 알현.	15241 9월 20일 수신
도쿄 11월 22일의 보고서 A. 441 1908년 10월 31일의 새 한일어업협정.	21633 12월 25일 수신
도쿄 8월 22일의 보고서 A. 316 일본의 한국 행정 개혁 작업 및 한국의 소요사태를 진압하기 위한 일본의 군사작전.	15253 9월 20일 수신
1909년 목록	수신정보
도쿄 1월 16일의 보고서 A. 18 한국 황제의 한국 남부지방 순회여행.	2204 2월 4일 수신
2월 9일 자 쾰른 신문 이토의 평화파와 일본의 전쟁파 사이의 대립.	2577 2월 10일 수신
서울 1월 6일의 보고서 No. 7 한국의 궁중. 신년하례식. 한국 황제의 남부지방 여행. 태황제 이휘. 황태자의 일본 유학.	2834 2월 14일 수신
도쿄 2월 6일의 보고서 A. 42 한국 황태자의 일본 체류. 황태자와 관련한 일본 계획들에 대한 헛소문.	3741 2월 28일 수신
도쿄 1월 29일의 보고서에 대한 메모 황제 폐하에 대한 "Seoul Press"의 악의적 기사.	3733에 첨부. 2월 28일 수신
서울 1월 21일의 보고서, No. 11 한국 황제의 남부지방 여행.	3866 3월 2일 수신
서울 2월 7일의 보고서 No. 18 한국 황제의 북서지방 여행.	4788 3월 17일 수신
서울 2월 26일의 보고서 No. 19 이토가 일본으로 떠남. 이토의 퇴진 소문. 한국 황제의 이토 방문.	5676 3월 30일 수신
도쿄 2월 25일의 보고서 No. A. 58 1907년 한국의 개혁과 발전에 대한 연례보고서. 여기에는 1904년 이후 한일 조약들이 수록되어 있음.	5209 3월 23일 수신

01

원문 p.371

[군대 해산 결정과 반발에 대한 보고]

발신(생산)일	1907. 8. 1	수신(접수)일	1907. 8. 2
발신(생산)자	크뤼거	수신(접수)자	-
발신지 정보	서울 주재 독일 영사관	수신지 정보	베를린 외무부
	No. 8		A. 12005

A. 12005 1907년 8월 2일 오전 수신

전보문

서울, 1907년 8월 1일 -시 -분

8월 1일 오후 7시 20분 도착

독일제국 영사가 외무부에 발송

해독

No. 8

어젯저녁 황제의 칙령에 의거해 한국 군대가 예산 절약의 이유로 해산되고 새로운 방위군이 편성될 것이 예고되었습니다. 일단 병사들은 명령에 따르기를 거부하고 있습니다. 오늘 오전 병사들의 무장을 해제하려는 시도를 계기로 병영 근처에서 두 시간 동안 격렬한 총성이 오갔습니다.

크뤼거[1]

원본 문서 한국 10

1 [감교 주석] 크뤼거(Krüger)

02

원문 p.372

[한국 내 독일의 무역이익 전망에 관한 프랑크푸르터 차이퉁의 1907년 8월 8일 보도]

발신(생산)일	1907. 8. 8	수신(접수)일	1907. 8. 9
발신(생산)자		수신(접수)자	
발신지 정보		수신지 정보	
			A. 12447

A. 12447 1907년 8월 9일 오후 수신

프랑크푸르터 차이퉁[1]

1907년 8월 8일

한국과 독일

로베르트 브룬후버[2] 박사

서울, 1907년 5월

경제 상황[3]

질주하는 급행열차나 호화 여객선을 타고 근대적인 한국을 여행하는 자는 일본의 경제적인 우위를 첫눈에 알아볼 수 있다. 여객선도 일본식이고 철도도 우편제도도 일본식이다. 철도 연변과 대도시의 많은 새로운 주거지역도 일본식이다. 가는 곳곳마다 한 가지 사실이 눈앞에 전개된다. 즉, 일본이 합병을 통해 국가 정책적으로 시작한 것이 지금 끊임없는 국내 개발을 통해 계속되고 완성되고 있다. 한국이 세력을 키우게 되면 아마 언젠가는 서류상의 국가조약에 의한 외적인 정치적 속박에서 풀려날 수 있을지도 모른다. 그러나 지금은 결코 두 번 다시 헤어날 수 없을 정도로 단단하고 치밀한 그물이

1 [감교 주석] 프랑크푸르터 차이퉁(Frankfurter Zeitung)

2 [감교 주석] 로베르트 브룬후버(R. Brunhuber)

3 [원문 주석] 7월 20일 자 조간신문 I.과 IV.의 정치 상황에 대한 기사 참조.

한국을 뒤덮고 있다. 이처럼 불과 몇 년 만에 모든 상황을 뛰어나게 새로 편성한 것을 보게 되면, 선입견 없는 정치인들은 누구나 첫눈에 무척 경탄할 것이다. 부산에 도착하면, 바다 쪽으로 280미터 길이의 부두가 축조되어 있다. 부두에 놓인 선로가 물품들을 곧장 넓은 경부선 철도로 인계한다. 이 좁은 해안의 바다를 메워 농작물 재배가 가능한 넓은 땅을 새로이 개척했다. 일본을 오가는 선박이 아주 원활하게 운행되고, 철로는 그야말로 급속히 증가하고 있다. 북쪽으로는 서울에서 원산만과 동해까지 지선으로 연결되고, 북서쪽으로는 지금 벌써 압록강변의 의주를 지나 선양[4]까지 철도가 개통되어 있다. 일본 통감부는 지금까지 열악했던 도로 상황을 개선하는 작업에 착수했다. 우편업무와 전신행정이 일본식으로 재편되었으며, 금융제도가 정비되고 해관업무도 새롭게 편성되는 중이다.

그러나 물론 이 모든 것은 그 자체로는 중요한 조처들이지만, 사실은 일본이 한반도를 겨냥한 주요 목적을 위한 수단에 불과하다. 그 목적은 바로 한국을 대규모 농지와 정착지로 만든다는 것이다. 최근의 영사 보고서에서 나이 박사는 일본의 이러한 전반적인 노력을 다음과 같이 적절하게 요약했다. "일본은 한국을 일급 농업생산국으로 만드는 것을 일차적인 과업으로 삼고 있다. 그래서 이 농업국이 앞으로 동아시아의 산업국으로 부상할 일본의 곡창이 되어야 한다는 것이다." 지금 일본은 먼저 군사 분야와 행정 분야의 많은 선구자들을 한국으로 보낸 뒤를 이어 대규모 이주정책을 펼치고 있다. 한국의 모든 항구에서 이주민들이 넘쳐난다. 특히 부산이 이러한 평화적인 정복자들을 위한 침입로이다. 시모노세키에서 부산으로 출발하는 선박들은 이민자들을 위한 완벽한 업무를 개시했으며 배안에 중간막이를 설치하기도 어려울 정도이다. 일본이 끝까지 침묵을 지키는 탓에, 정확한 이주민 숫자를 알아내기는 어렵다. 공식적으로는 지금까지 약 십만 명의 일본인 이주민이 기록되어 있지만, 전문가들은 그보다 훨씬 더 많을 것으로 판단한다. 그중에는 수공업자들도 많지만 대부분이 농민들이다.

한국은 쌀, 콩, 완두콩을 비롯한 농작물을 지금까지 이미 상당히 많이 수출했는데도, 아직 경작되지 않는 땅이 많이 남아 있다. 그리 비옥하지 않은 일본의 토지에 비해 한국은 경작 가능성이 훨씬 높다. 그런데도 잘 알려진 바와 같이 한국인들이 일하기 싫어하는 탓에, 많은 넓은 땅들이 휴경지로 남아 있으며 그런 땅들을 저렴한 비용으로 활용할 수 있다. 그러므로 한국 식민정책에 대한 도쿄 정부의 특별 지원과 일본 농민의 근면성에 힘입어, 한국 쌀의 일본 수출량이 머지않아 현저하게 상승할 것이라고 예상할 수 있다.

---

4 [감교 주석] 선양(瀋陽)

또한 밀농사와 목화재배가 증대하기를 바라는 욕구 역시 충족될 것이다.

독일은 한국 수출무역의 이러한 현저한 발전에 직접적인 관심이 없다. 독일에서는 한국의 수출품에 대한 수요가 없기 때문이다. 그런데도 독일은 한국의 국내시장 증대에 주목할 필요가 있다. 한국의 수입무역이 증가할 가능성이 있기 때문이다. 독일은 제물포 소재 마이어 회사[5]를 통해 이미 한국의 수입무역에 적잖이 참여하고 있다. 마이어 회사는 부산에도 지점을 개설했다. 일본이 한국에서 펼치는 모든 활동은 게으름으로 인해 영락한 한반도 국민의 경제 수준 향상을 뜻한다. 그러나 그런 식의 모든 비약적인 발전은 한국 국내의 국민경제에 유익할 뿐만 아니라 외국과의 무역을 강화하는 전제조건이기도 하다. 이런 연유에서 한국의 대외무역에 참여하는 모든 열강들은 — 특히 산업 국가들이 이에 해당된다 — 근본적으로 일본이 한국에서 펼치는 활동을 환영할 것이다. 물론 기본권은 보장되어야 한다. 모든 국가들이 조건 없이 완전히 동등하게 경쟁에 참여해야 한다. 지난 논설들에서 필자는 일본이 지금까지 더없이 충실하게 이러한 의무를 이행했으며, 경제적 특권을 위해 정치적 통치권을 이용하지 않았음을 입증하려 했다. 그럼으로써 — 한국과 다른 관련 국가들을 위해 — 유익한 발전의 길이 열려 있다. 또한 일본이 항상 가장 좋은 몫을 차지할 것에는 의심의 여지가 없다. 일본은 입지조건도 유리할 뿐더러 문화 사업을 통해서도 그럴 자격이 충분하다. 그렇다 하더라도 독일 역시 앞으로 한국의 국민경제 부흥에 더욱 많이 참여할 수 있을 것이다. 물론 우리에게는 가능성이 매우 제한되어 있다는 점은 확실하다. 현재 독일의 이익을 위해 가장 유망한 것은 새로운 대규모 금광시설의 시도이다. 금광 사업은 전반적으로 아직 준비단계에 있다. 1907년 3월에 획득한 평안북도 선천 부근 경의선 연변의 채굴권이 있다. 이 채굴권은 5개 장소에 걸쳐 있는데, 총면적이 2백만 평(1평 = 3.34제곱미터)에 이른다. 독일의 한국신디케이트가 이 채굴권을 위임받았는데, 이 신디케이트의 대표가 마이어 회사이다. 이 상사 배후에는 어음거래소가 있다. 지금까지 그 지역의 광원 탐사를 위한 연구회사가 적은 자본으로 설립되었다. 독일인 광산기술자 2명과 갱부 감독 몇 명이 채굴권의 가치를 확인하고 채굴에 필요한 계획을 세우려고 지금 현장에 있다. 그에 이어 수익성을 정확히 검토하고, 그런 식의 외국 사업을 위한 자본을 조달해 의사가 있는지 혹은 영국에게 다시 채굴권을 넘겨줄 것인지 독일에 문의할 것이다.

그 아름다운 나라의 선량하고 영리한 민족이 더 높은 생존가치를 누릴 수 있기를 진심으로 바라마지 않는다. 문화의 발전을 가로막는 풍습과 옛 관습을 청산하는 것이

---

5 [감교 주석] 마이어 회사(E. Meyer & Co.; 세창양행(世昌洋行))

그 민족 스스로에게 중요할 것이다. 그런 관습과 풍습은 동화 속의 게으름뱅이 나라에는 어울리겠지만 현대적인 세계경제의 분주한 흐름에는 맞지 않는다. 한국에 대한 저서에서 지크프리트 겐테는 문화를 가로막는 장애물의 예로서 담뱃대에 얽힌 익살스런 이야기를 들려준다. 당현의 오래된 독일 광산에서 한국의 광부들이 75센티미터 길이의 담뱃대를 포기하려 하지 않은 까닭에 하마터면 폭동이 일어날 뻔했다. 그 담뱃대로 인해 작업이 합리적으로 일사불란하게 이루어지지 않았다. 오랜 난항을 겪은 끝에 비로소 담뱃대 길이를 제한하기로 합의했고, 그럼으로써 비로소 전체 광산작업이 계속될 수 있었다. 이런 현상들은 한국인의 전형적인 특성을 보여준다. 아직도 길이를 줄여야 할 담뱃대가 많이 있고, 아직도 추방해야 할 유치한 악습과 오락, 공안을 위협하거나 우스꽝스러운 관습이 많이 있다. 그런 것들을 청산해야만 한국인은 노동의 개념과 보다 높은 문화적인 성향의 개념을 파악할 수 있을 것이다. 그렇게 된다면 일본과 한국의 국가조약이 지향하는 상태가 언젠가는 도래할 것이다. 물론 그럴 가능성은 희박하다. 일본과 한국의 조약은 한국이 "자타가 공인할 만큼 국가적으로 강성해지는" 경우 다시 한국의 독립을 약속한다. 한국이 분발하지 않으면, 가혹하게 최선의 것만을 선택하는 진보는 이 나라를 무시하고 진행될 것이다. 그러면 이미 너무 오랫동안 깊은 잠에 빠져 있는 한국은 다시는 깨어나지 못할 것이다. 그리고 한국 민족이 우월한 문화에 정복당한 인종의 범주에 들게 되는 날도 멀지 않을 것이다.

원본 문서 한국 10

03

원문 p.376

[일본 정부가 당분간 한국과 열강간 무역관계에 변화를 초래하려 하지 않으리라는 보고]

발신(생산)일	1907. 8. 10	수신(접수)일	1907. 8. 10
발신(생산)자	뭄	수신(접수)자	-
발신지 정보	도쿄 주재 독일 대사관	수신지 정보	베를린 외무부
	No. 73		A. 12499

A. 12499 1907년 8월 10일 오후 수신

전보문

도쿄, 1907년 8월 10일 -시 -분

오후 2시 48분 도착

독일제국 대사가 외무부에 발송

해독

No. 73

이쪽의 견해에 의하면, 일본 정부는 한국과 열강들 사이의 무역정책 관계에 변화를 초래하는 시도를 당분간은 별로 취하지 않을 것입니다. 곧 이에 대해 상세하게 보고 드리겠습니다.

뭄[1]

원본 문서 한국 10

1 [감교 주석] 뭄(Mumm)

04

원문 p.377

[영친왕 이은이 황태자로 책봉되었다는 보고]

발신(생산)일	1907. 8. 10	수신(접수)일	1907. 8. 11
발신(생산)자	뭄	수신(접수)자	-
발신지 정보	도쿄 주재 독일 대사관	수신지 정보	베를린 외무부
	No. 75		A. 12527
메모	8월 12일, 독일제국 대사가 외무부에 발송		

A. 12527 1907년 8월 11일 오전 수신

전보문

도쿄, 1907년 8월 10일 -시 -분

8월 11일 오전 12시 22분 도착

8월 12일, 독일제국 대사가 외무부에 발송

해독

No. 75

영친왕이 이달 7일 한국의 황태자로 책봉되었습니다. 일본 정부는 오늘 날짜 각서를 통해 이 소식을 독일제국 정부에 알려줄 것을 본인에게 요청했습니다.

영친왕은 10살이며 한국 황제의 동생이고 엄비의 아들입니다. 이로써 일본이 후원했던 의화군은 왕위계승에서 밀려났습니다.

본인과 대화를 나누던 중, 하야시[1]는 한국 총리대신[2]의 사임에 대한 신문기사의 진위 여부를 의심했습니다. 그러면서 한국 황제가 완전히 우유부단한 인물이어서 한국 내각에 휘둘리고 말했습니다. 한국 황제가 통치 행위에 오로지 이름만을 빌려준다는 것이었

1 [감교 주석] 하야시 곤스케(林權助)

2 [감교 주석] 이완용(李完用)

습니다. 하야시는 현재 상황에서는 그런 군주가 가장 적절하다고 말했습니다. 일본 정부는 원래 태황제를 물러나게 할 의도가 없었으며, 그보다는 엄중한 감시하에 형식적으로 계속 통치하게 하는 것으로 만족하려 했다고 합니다. 그러나 태황제가 계속 음모를 꾸미는 탓에 그것이 불가능해졌다는 것입니다.

태황제[3]는 앞으로 정치권으로부터 철저히 격리될 것이며 황궁의 별채를 처소로 배정받을 것이라고 합니다. 태황제를 일본으로 데려갈 계획은 없다고 합니다.

이토[4]가 한국의 행정조직 문제에 대해 논의하고자 곧 이곳에 올 것이며, 통감부를 대폭 축소할 것이라고 합니다.

묾

원본 문서 한국 10

---

3 [감교 주석] 고종(高宗)

4 [감교 주석] 이토 히로부미(伊藤博文)

05

원문 p.379

[미일협정 관련 미국 측 제안에 대한 보고]

발신(생산)일	1907. 8. 12	수신(접수)일	1907. 8. 17
발신(생산)자	뭄	수신(접수)자	–
발신지 정보	도쿄 주재 독일 대사관	수신지 정보	베를린 외무부
	No. 77		A. 12837
메모	8월 12일 독일제국 대사가 외무부에 발송		

A. 12837 1907년 8월 17일 오후 수신

전보문

도쿄, 1907년 - 월 -일 -시 -분

8월 17일 오후 12시 59분 도착

8월 12일 독일제국 대사가 외무부에 발송

해독

No. 77

워싱턴에서 언론 전보문을 통해 미일협정과 관련한 미국 측의 제안을 통보했다고 합니다. 전보문에 따르면, 미국 정부는 일본 근로자의 이민을 배제하는 대가로 한국에서 영사재판권의 폐지, 한일관세동맹, 미국 국내의 일본인 귀화에 동의할 것이라고 합니다.

기존의 미일조약에는 일본 근로자를 배제할 수 있는 권리가 미국 정부에 없다고 확정되어 있습니다. 일본 정부가 또 다시 조약을 통해 이 권리에 동의할 가능성은 없다고 생각됩니다. 본인이 판단하기에는, 일본 측이 이민 문제에서의 완전한 동등을 미국과의 모든 새로운 협정의 필수적인 조건으로 내세울 것입니다.

뭄

원본 문서 미국 29

06

원문 p.380

[한국 및 블라디보스토크 공무여행 허가 요청]

발신(생산)일	1907. 7. 18	수신(접수)일	1907. 8. 21
발신(생산)자	랑에	수신(접수)자	-
발신지 정보	도쿄 주재 독일 대사관	수신지 정보	베를린 해군부
	B. 242		A. 13051

사본

A. 13051 1907년 8월 21일 수신에 첨부

도쿄, 1907년 7월 18일

B 242

베를린 독일제국 해군부 장관 귀하

한국과 블라디보스토크 공무여행
허가 요청

해군정책 분야에서 한국이 차지하는 비중이 나날이 증가하고 있습니다. 그러므로 본인은 한국의 상황을 직접 눈으로 살펴보는 것이 바람직하다고 여깁니다.

본인이 이미 보고드린 바와 같이, 진해만과 원산은 서서히 일본의 해군기지로 자리 잡을 것입니다. 따라서 이 지역들을 방문하는 것이 특히 중요하다고 판단됩니다.

전쟁 이후로 블라디보스토크에는 기뢰의 위험이 있어서 순양함 함대 소속의 선박이 방문하지 않았습니다. 이런 연유에서 본인은 이번 여행 노선을 그곳까지 연장해 주시기를 요청 드립니다.

(서명) 랑에[1]

원본 문서 독일 135 No. 19

1 [감교 주석] 랑에(Lange)

07

원문 p.381

한국의 황제 교체

발신(생산)일	1907. 7. 26	수신(접수)일	1907. 8. 26
발신(생산)자	뭄	수신(접수)자	뷜로
발신지 정보	도쿄 주재 독일 대사관	수신지 정보	베를린 정부
	A. 297		A. 13316
메모	8월 26일 페라, 런던, 마드리드, 파리, 페테르부르크, 로마, 워싱턴, 빈, 아테네, 다름슈타트, 드레스덴, 카를스루에, 뮌헨, 슈투트가르트, 바이마르, 올덴부르크, 함부르크에 전달		

사본

A. 13316 1907년 8월 26일 수신

도쿄, 1907년 7월 26일

A. 297

독일제국 수상 뷜로 각하 귀하

한국 황제가 황태자에게 통치권을 넘긴다는 포고문, 특히 "이로써 우리는 국가 대사의 통치권을 황태자에게 이양한다."는 구절이 서울에서 처음에 의혹을 불러일으킨 듯싶습니다. 새 통치자를 황제로 볼 것인지 아니면 대리통치자로 볼 것인지 확실하지 않았던 것 같습니다. 신문보도에 따르면, 물러난 황제 자신도 양위한다는 말의 의미를 뒤늦게 축소하려 시도했으며 황제의 칙령을 앞으로도 자신의 이름으로 내릴 것이라고 주장했습니다. 그러나 한국 대신들이 이러한 입장을 포기하도록 태황제를 '설득하는' 데 성공한 것 같습니다. 그 후로 태황제는 적어도 양위 사실을 드러내는 "Dajo Kotei"[1]라는 칭호를 받아 들였습니다. 이곳 일본 외무성도 한국의 새로운 통치자가 결코 "대리통치자"가 아니라고 선언했습니다. 한국의 새로운 통치자가 앞으로 계속 "황제"의 칭호를 사용한다는 것입니다.

소문에 의하면, 새로운 통치자[2]의 인품은 거의 정신박약의 수준이라고 합니다. 물론

1 [감교 주석] 태황제(太皇帝)

2 [감교 주석] 순종(純宗)

그의 능력은 별로 중요치 않을 것입니다. 일본인들이 한국의 새 통치자를 황제의 자리에 앉혀두는 한, 그는 일본인들의 손에 놀아나는 꼭두각시에 불과할 것입니다.

(서명) 뭄

원본 문서 한국 10

내용: 한국의 황제 교체

08

원문 p.382

한국의 황제 교체

발신(생산)일	1907. 7. 26	수신(접수)일	1907. 8. 26
발신(생산)자	뭄	수신(접수)자	뷜로
발신지 정보	도쿄 주재 독일 대사관	수신지 정보	베를린 정부
	A. 298		A. 13317
메모	9월 1일 페라, 런던, 헤이그, 코펜하겐, 마드리드, 리스본, 파리, 페테르부르크, 스톡홀름, 로마 B., 카이로, 소피아, 워싱턴, 탕헤르, 빈, 다름슈타트, 아테네, 드레스덴, 베오그라드, 카를스루에, 베른, 뮌헨, 브뤼셀, 슈투트가르트, 부쿠레슈티, 바이마르, 올덴부르크, 함부르크에 전달		

사본

A. 13317 1907년 8월 26일 수신

도쿄, 1907년 7월 26일

A. 298

독일제국 수상 뷜로 각하 귀하

이달 15일 오전에 본인은 외무대신 하야시[1]와 담화를 나누었습니다. 그 자리에서 하야시는 일본 군주의 분부를 받아 바로 그날 서울로 떠날 것이라고 자진해서 본인에게 알려주었습니다. 여행의 목적은 일본 정부의 결정사항을 이토[2]에게 전달하고, 한국 대표의 헤이그 파견에 대한 대책을 이토와 함께 강구하는 것이라고 합니다. 본인은 어떤 식으로든 한국 문제에 대해 특별한 관심을 드러내지 않는 것이 적절하다고 여겼기 때문에, 외무대신에게서 이러한 소식을 듣는 것으로 만족했습니다. 그리고 한국에 대한 일본의 의도와 관련해 더 이상의 질문을 삼갔습니다.

본인이 극비리에 영국 대사관 측을 통해 알아낸 바에 의하면, 여행을 떠나기 전 하야시는 일본 정부가 한국 황제의 양위를 강요할 의도는 없었다고 영국 대사에게 말했다고 합니다. 하야시가 한국으로 출발하기 전날 이미 러시아 공사[3]가 피서지인 닛코[4] 츄젠지[5]

1 [감교 주석] 하야시 곤스케(林權助)

2 [감교 주석] 이토 히로부미(伊藤博文)

로 떠난 것으로 보아, 어쨌든 러시아 공사와도 논의가 된 것이 확실합니다. 한국에 대해 어떤 조치를 취할지 만일 러시아 정부와 일본 정부 사이에서 원칙적인 합의가 이루어지지 않았다면, 러시아 공사는 "그 문제에 가장 깊이 관련된 자"로서 피서를 떠나기 어려웠을 것입니다. 바크메테프는 한국의 상황이 일본의 우세를 더욱 공고히 하는 쪽으로 진행되는 것에 대해 당연히 매우 언짢은 표정으로 말했습니다. 러시아 공사는 한국 황제에 대해 "신은 멸망시키려 하는 자의 눈을 먼저 멀게 한다."고 본인에게 말했습니다. 한국의 정치인들이 너무 미련해서 그 나라를 더 이상 어떻게 해볼 도리가 없다는 것이었습니다. 그리고 한국 황제의 종말은 나고야 같은 일본 성에서의 억류생활일 것이라고 덧붙였습니다.

하야시의 여행은 홍수로 인해 철도가 끊긴 탓에 하루 지연되었고, 하야시는 18일 저녁에야 서울에 도착했습니다. 일본 언론이 강조한 바에 의하면, 하야시를 환영하러 역에 나온 사람들 중에서 외국 대표로는 유일하게 러시아 총영사[6]만이 눈에 뜨였습니다. 그날 오후 이토[7]는 한국 황제의 거듭된 요청을 받고 황제를 알현했습니다. 일본 측의 말에 따르면, 그 자리에서 통감은 한국 황제에게 그 어떤 조언도 거부했다고 합니다. 그날 밤 한국 황제는 한국 대신들과 이른바 "원로 정치인"들의 조언을 좇아 양위를 결정했습니다.

7월 18일 밤에 이어 7월 19일에도 서울의 거리에서 소요사태가 발생했지만, 일본 경찰과 군대에 의해 신속하게 진압되었습니다. 지난 몇 개월 동안 일본 언론은 한국에서 활동하는 미국 선교단의 정치적 입장에 대해 크게 비난했습니다. 신문 전보문들에 의하면 YMCA의 한국인 회원들이 대거 반일 시위에 참여했다고 하는데, 그런 비난을 고려하면 아마 상당히 흥미로울 것입니다. 도쿄에서는 이러한 소요사태에 별로 심각한 의미를 부여하지 않고 있습니다. 일본인들은 이미 오래전부터 모든 만일의 사태에 대비해 왔으며 전권을 완전히 장악했다고 믿는 분위기입니다. 그렇다고 물론 일본의 정치인이나 한국의 친일파 고위관리가 한국의 광신자들에게 살해될 가능성이 전혀 없는 것은 아닙니다. 그러나 일본인들은 이에 대해서도 모든 가능한 안전 조처를 취했습니다.

이달 20일 일본의 외무차관 진다 스테미[8]가 일본 주재 열강 대표들을 초청해서는,

---

3 [감교 주석] 바크메테프(Bakhmeteff)

4 [감교 주석] 닛코(日光)

5 [감교 주석] 츄젠지(中禪寺)

6 [감교 주석] 플란손(G. A. Plason)

7 [감교 주석] 이토 히로부미(伊藤博文)

8 [감교 주석] 진다 스테미(珍田捨巳)

이미 신문보도를 통해 알려진 한국 사건들에 대해 일일이 개개인에게 알렸습니다. 그러면서 진다는 자신의 말이 완전히 개인적인 것임을 강조했으며, 유럽 및 미국 주재 일본 대표들이 한국 황제의 양위를 공식 발표할 것이라고 덧붙였습니다. 진다는 일본 정부가 한국 황제의 양위와 아무 관련이 없다고 외국 대표들에게 거듭 힘주어 강조했습니다. 전적으로 한국 정치인들이 추진한 결과라는 것이었습니다. 한국 정치인들은 하야시가 곧 도착할 것이라는 소식을 듣고 상황의 심각성을 깨달았다고 합니다. 그리고 나라가 최악의 사태에 직면하는 것을 피하기 위해 헤이그에 대표를 파견한 책임을 황제 개인에게 지우는 것이 바람직하다고 판단했다는 것입니다. 게다가 일본 외무차관은 서울에서의 사건들을 이미 일본 신문을 통해 알려진 그대로 묘사했으며, 한국과 관련한 일본의 장차 계획에 대해서는 일절 언급하지 않았습니다.

이탈리아 공사관 서기관이 퇴임한 한국 황제를 일본으로 데려올 계획인지 진다에게 직접 질문했습니다. 진다는 그것이 아마 최선의 해결책일 것이라고 답변했습니다. 그러나 오로지 한국의 생활환경에 익숙한 사람에게 그것을 요구할 수는 없을 것이라고 덧붙였습니다. 더욱이 외무차관은 한국 사태가 앞으로 어떻게 전개될 것이냐는 이탈리아 외교관의 질문에 대한 대답을 회피했습니다. 대리공사가 자리를 비운 사이 오스트리아 외교관 시보도 한국과 관련한 일본의 장차 계획에 대해 문의했지만, 외무차관은 얼버무렸습니다.

진다와 마찬가지로 일본의 모든 언론도 일본 정부가 한국 황제의 퇴위와 아무 상관이 없다고 이구동성으로 강조합니다. 게다가 황위 교체가 앞으로 일본에 대한 한국의 충성을 결코 충분히 보장하지 않는다고 역설합니다. 그러니 한국 황제가 퇴위했다고 해서 하야시의 사명이 결코 완수된 게 아니라는 것입니다.

이곳 일본에서는 외국 언론의 견해를 주의 깊게 살피고 있습니다. 예를 들어 쾰니셰 차이퉁[9]과 나치오날차이퉁[10]처럼 일본의 처사를 정당한 것으로 인정하는 독일 신문보도들을 흡족하게 받아들이는 기색이 역력합니다.

한국 황제의 퇴위가 기정사실이 된 현재 시점에서, 이토가 퇴위에 관련했는지의 여부는 별로 중요하지 않습니다. 하야시가 도착하기에 앞서 한국 통감이 미리 선수를 치려고 했을 수도 있습니다. 통감 자신의 세력을 과시하는 동시에, 뜻밖의 해결사로서 사태 해결을 유도했다는 영예를 외무대신에게 안겨주지 않으려고 했을 가능성도 있습니다. 그러

---

9 [감교 주석] 쾰니셰 차이퉁(Kölnische Zeitung)

10 [감교 주석] 나치오날차이퉁(Nationalzeitung)

나 한국의 정치인들이 일본의 분노를 누그러뜨리고 나라의 독립을 구하기 위해 황제를 희생시켰다는 일본의 해석이 맞을지도 모릅니다.

본인은 일본의 계획에서 한국 황제의 퇴위는 부수적인 사안에 불과했다고 믿습니다. 일본 정부에게 중요한 것은 한국에서의 명실상부한 통치권 행사입니다. 일본이 지금까지 한국의 대외 문제를 통제한 것처럼 앞으로 한국의 국내 행정을 통제할 수만 있다면, 누가 명목상으로 황제의 자리에 오르는가는 일본에게 별로 중요하지 않습니다.

본인은 도쿄 주재 러시아 공사의 말에 전적으로 동의하고 싶습니다. 러시아 공사는 일본에게 한국 대표의 헤이그 파견보다 더 반가운 일은 없었을 것이라고 말했습니다. 일본은 1905년 11월 17일의 조약을 파기할 수 있는 구실을 찾고 있었는데, 헤이그 파견이 바로 그런 반가운 구실을 제공했습니다. 일본 정부가 한국 대표의 헤이그 파견을 수주일 전부터 미리 알고 있었다고 추정할만한 근거가 실제로 있습니다. 그러나 일본 정부는 한국 대표가 헤이그에 나타나는 것을 방해하지 않으려고 주도면밀하게 침묵을 지켰습니다.

본인은 우리 독일의 이해관계를 고려해, 우리가 일본의 처사를 냉정하게 지켜볼 수 있다고 믿습니다. 한국의 운명은 러일전쟁의 결과와 1905년 11월 협정에 의해 이미 결정났습니다. 지금 벌어지는 일들은 다만 이 두 사건의 후속 여파일 뿐이며, 우리는 기정사실과 타협해야 합니다. 감정적인 정치는 각하의 성향에 맞지 않을 것입니다. 그러나 한국 민족과 한국 왕조는 동정하기조차 어렵습니다. "신은 스스로 돕는 자를 돕는다." 지금 이 약소민족은 이러한 기본원칙을 실천에 옮겨보려고 진지하게 시도조차 한 적이 없습니다. 상황이 어차피 이렇게 되어 버린 이상, 일본이 한국을 완전히 단독으로 통제하고 한국 정부를 완전히 책임짐으로써 모든 당면한 문제를 깨끗이 처리하는 편이 나을 것이라고 생각합니다. 그러면 적어도 우리는 한국에서 사소하나마 우리의 무역이익을 위해 누구에게 의뢰해야 하는지 알 수 있을 것입니다.

상황이 명확해졌습니다.

(서명) 뭄

원본 문서 한국 10

내용: 한국의 황제 교체

09

원문 p.386

[한국 군대 해산에 관한 재팬 타임즈지의 보도 송부]

발신(생산)일	1907. 8. 6	수신(접수)일	1907. 9. 1
발신(생산)자	뭄	수신(접수)자	뷜로
발신지 정보	도쿄 주재 독일 대사관	수신지 정보	베를린 정부
	A. 319		A. 13670

사본

A. 13670 1907년 9월 1일 오전 수신

도쿄, 1907년 8월 6일

A. 319

독일제국 수상 뷜로 각하 귀하

한국주차군사령부의 총사령관[1]이 한국 군대의 해산에 대해 작성한 보고서가 이달 3일 자 "Japan Times"에 영문 번역문으로 게재되었습니다. 본인은 이 번역문 3부를 삼가 각하께 보내드리게 되어 영광입니다.

(서명) 뭄

원본 문서 한국 10

1 [감교 주석] 하세가와 요시미치(長谷川好道)

10

원문 p.387

한국의 새 황태자 책봉 공표

발신(생산)일	1907. 8. 19	수신(접수)일	1907. 9. 27
발신(생산)자	뭄	수신(접수)자	뷜로
발신지 정보	도쿄 주재 독일 대사관	수신지 정보	베를린 정부
	A. 338		A. 14679
메모	9월 27일 빈, 이탈리아, 런던, 워싱턴, 파리, 헤이그, 페테르부르크, 드레스덴, 로마, 뮌헨에 전달		

사본

A. 14679 1907년 9월 27일 수신

도쿄, 1907년 8월 19일

A. 338

독일제국 수상 뷜로 각하 귀하

이미 다른 곳에서 삼가 각하께 보고드린 바와 같이, 본인은 영친왕[1]이 이달 7일 한국의 황태자로 책봉되었음을 알리는 하야시[2]의 회람외교통첩을 이달 10일에 받았습니다. 일본 대신은 이 소식을 독일제국 정부에 알려줄 것을 본인에게 요청했습니다. 본인은 사태의 진전으로 보아 그 통첩을 수령했다고 통지해도 별 문제가 없을 것으로 생각했습니다. 그래서 일본 외무대신에게 통첩을 수령했음을 알렸습니다.

일본 정부가 한국의 황태자 책봉을 외국에 주재하는 일본 대표들을 통해서가 아니라 일본에 주재하는 외국 대표들을 통해 열강들에게 통보한 점이 본인의 주목을 끌었습니다. 그러나 본인은 그 통첩을 본인 선에서 처리하지 않고 각하께 보내드려야 마땅하다고 생각합니다.

회람외교통첩이 도착하기 전에 본인은 하야시를 외무성으로 찾아간 적이 있습니다. 이미 그 자리에서 하야시는 한국의 황태자 책봉에 대해 구두로 본인에게 알려주었습니다. 아울러 일본 외무대신은 한국 궁궐에서 꾸미는 음모를 배척하기 위해 부득이하게

1 [감교 주석] 영친왕(英親王)

2 [감교 주석] 하야시 곤스케(林權助)

황태자를 책봉할 수밖에 없었다고 말했습니다. 영친왕은 10세의 조숙한 소년이라고 합니다.

영친왕은 물러난 한국 군주의 제일 널리 알려진 후궁, 이른바 엄비[3] 소생입니다. 영친왕의 황태자 책봉은 이곳에서 상당히 놀라운 소식이었습니다. 이곳에서는 후궁 Cho(한국어로는 장)의 소생인 서른 살가량의 왕자 의화군[4](한국어로는 의화군, 외국 신문에서는 보통 Ihwa 또는 Whiwa 왕자라고 쓰입니다)가 일본 정부에 의해 황태자로 책봉될 것으로 대부분 예상했습니다. 왕자 의화군가 오래전부터 일본의 보호를 받는다고 여겨졌고 상당 기간 일본에서 살았으며 거의 일본 여인들과 결혼했기 때문입니다.

하야시는 영친왕을 택하게 된 이유에 대해 더 이상 자세히 설명하지 않았습니다. 일본 언론은 물러난 한국 군주가 영친왕을 황태자로 책봉하길 간절히 바랐다고 추정합니다. 그러면 한국에서 엄비를 추종하는 상당히 막강한 세력을 무마할 수 있기 때문이라는 것입니다.

소문에 의하면, 새로 책봉된 황태자는 일정 기간 직접 일본에 살면서 완전히 일본식 교육을 받게 될 것이라고 합니다.

하야시의 회람통첩은 영친왕이 (과거에 러시아에서 대공의 후계를 정하는 방식을 좇아) 임시로 후계자에 책봉되었는지 아니면 완전히 후계자로 결정되었는지에 대해서는 자세하게 언급하지 않습니다. 본인은 후자가 맞을 것으로 추정합니다. 그래야만 한국 군주에게서 아들이 태어난다 해도 영친왕이 황태자 지위를 유지할 수 있을 것입니다.

그러나 현재 한국 군주의 건강상태에 대한 일본의 신문보도를 믿는다면, 한국 군주의 득남 가능성은 그다지 높아 보이지 않습니다.

하야시는 새로 등극한 한국 군주[5]의 정신 상태에 대해 매우 경멸적인 어조로 본인에게 말했습니다. 한국 군주가 완전히 정신박약 상태여서 측근들의 손에 놀아나는 꼭두각시라는 것이었습니다. 독자적으로 일을 주도할 능력이 전혀 없는데, 현재 한국 상황에서는 그것이 오히려 잘된 일이라고 합니다. 한국의 질서를 수립하려면 일본 정부가 적어도 얼마간은 아무런 제한 없이 통치해야 한다는 것입니다. 물러난 태황제[6]의 통치하에서는 자주 갈등이 일곤 했는데, 한국의 궁중 측에서 일단은 이러한 갈등이 더 이상 일어나지 않는다면 유용하지 않겠느냐는 것입니다. 일본 정부는 원래 태황제를 물러나게 할 생각

3 [감교 주석] 순헌황귀비(純獻皇貴妃)

4 [감교 주석] 의화군(義和君), 의친왕(義親王); 독일어본에는 "Gi Wa Kyu"으로 표기됨.

5 [감교 주석] 순종(純宗)

6 [감교 주석] 고종(高宗)

이 전혀 없었으며, 다만 일본의 통치권을 인정하도록 강요할 계획이었다고 합니다. 그런데 태황제가 요구되는 수동적 역할에 순응하려 하지 않았기 때문에 어쩔 수 없이 황제를 교체할 수밖에 없었다는 것입니다. 어쨌든 물러난 군주를 새로운 군주와 격리시키고 물러난 군주에게 따로 궁궐을 배정해줘야 할 것이라고 합니다. 새 군주가 부친의 영향에서 벗어나지 않는 한, 한국 궁중에서 음모가 끊이지 않을 것이기 때문이라고 합니다.

(서명) 묾

원본 문서 한국 10

내용: 한국의 새 황태자 책봉 공표

11

원문 p.389

[영국인 베델의 반일적 언론 보도에 대한 일본 정부의 조처 보고]

발신(생산)일	1907. 8. 20	수신(접수)일	1907. 9. 29
발신(생산)자	뭄	수신(접수)자	뷜로
발신지 정보	도쿄 주재 독일 대사관	수신지 정보	베를린 정부
	A. 337		A. 15124

사본

A. 15124 1907년 9월 29일 오후 수신

도쿄, 1907년 8월 20일

A. 337

독일제국 수상 뷜로 각하 귀하

최근 영국 대사 클로드 맥도널드[1]가 츄젠지[2]의 피서지에서 돌아오는 길에 잠시 이곳에 머물렀습니다. 클로드 경이 본인에게 은밀히 알려준 바에 따르면, 한국에 거주하는 베델[3]이라는 이름의 영국인에 관해 하야시와 협상하기 위한 것이라고 합니다. 일본 측에서 베델에 대해 모종의 조처를 계획하고 있다는 것입니다.

일본 정부가 요행히도 미국인 헐버트[4]를 한국으로부터 몰아낸 뒤를 이어, 이제 몇 개월 전부터 영국인 베델이 두통거리로 등장했습니다. 이 영국인은 명백하게 일본에 반대하는 입장을 표명하는 영자신문을 서울에서 발행합니다. 그리고 이 영자신문은 기회 있을 때마다 일본의 행정을 공격합니다. 베델은 일본이 역사적인 탑[5]을 "강탈한" 사건을 계기로 특히 일본의 궁내부대신 다나까[6]를 맹렬하게 공격했습니다. 이와 관련해 당시 일본 측의 보고서에서 상당히 상세하게 설명한 바 있습니다. 이미 알고 있는 바와 같이

1 [감교 주석] 맥도널드(C. M. MacDonald)
2 [감교 주석] 츄젠지(中禪寺)
3 [감교 주석] 베델(E. T. Bethell)
4 [감교 주석] 헐버트(H. Hulbert)
5 [감교 주석] 경천사 10층석탑
6 [감교 주석] 다나카 미쓰아키(田中光顯)

한국의 외국인들이 아직은 영사재판권의 관할하에 있기 때문에, 일본 정부는 위의 영국인에 대해 별다른 조치를 취할 수도 없었고 최근에 공포한 언론규제법을 적용할 수도 없었습니다. 이 언론규제법에 대해서는 본인이 삼가 동봉하는 이달 1일 자 "Seoul Press" 기사를 통해 상세히 알 수 있습니다. 클로드 경이 본인에게 말한 바에 따르면, 그 때문에 일본 정부는 새로 공표되는 추밀원령을 근거로 이 일에 개입할 것을 이미 몇 개월 전에 영국 대사관에 요청했습니다. 클로드 경이 이 문제를 영국 정부에 알렸지만, 영국 정부는 아직까지 결정을 내리지 못한 것 같습니다.

그러자 일본 정부는 이대로 더 이상 두고 볼 수 없었으며, 일본 정부 측에서 필요한 경우 베델에 대한 '비상대책'을 강구할 수밖에 없다고 클로드 경에게 알렸습니다. 이러한 협박은 또 다시 영국 대사를 격분시켰습니다. 영국 대사는 영국이 자국민을 보호할 줄 안다고 상당히 흥분한 어조로 본인에게 선언했습니다.

물론 이 돌발사건이 심각한 분규로 이어지지는 않을 것입니다. 어쨌든 영국 측에서는 사사건건 일본 정부를 물고 늘어지는 것을 과업으로 삼은 외국인 기자를 한국에 계속 놓아두라고 마냥 일본에 요구할 수만은 없다는 사실을 깨닫게 될 것입니다. 그러면 일본 측에서도 좀 더 유화적인 태도를 취할 것입니다. 아마 금전적인 보상을 대가로 베델을 떠나보내는 선에서 타협이 이루어질 것입니다.

서울 주재 독일제국 총영사관도 이 보고서의 사본을 받아볼 것입니다.

(서명) 뭄

원본 문서 한국 10

원문 p.391

12
[간도 지역 관련 조청 간 국경 문제 보고]

발신(생산)일	1907. 9. 23	수신(접수)일	1907. 10. 10
발신(생산)자	하인트게스	수신(접수)자	뷜로
발신지 정보	심양 주재 독일 영사관	수신지 정보	베를린 정부
	K. No. 54		A. 15622
메모	연도번호 No. 2086		

사본

A. 15622 1907년 10월 10일 오전 수신

심양, 1907년 9월 23일

K. No. 54

독일제국 수상 뷜로 각하 귀하

간도는 두만강과 그 지류인 투먼[1]에 의해 삼각형 모양으로 형성된 지형으로서 한국과 청국의 국경지대에 위치해 있습니다. 그런데 이 간도의 점유 문제는 사정이 다른 듯 보입니다. 지난 수세기 동안 한국과 청국 그 어느 쪽도 그 지역에 관심을 보이지 않았습니다. 그러므로 간도는 한국과 청국 사이에서 여러 종족이 섞여 사는 중립지역으로 존재했습니다. 아마도 간도에 광물이 풍부하게 매장되어 있을 것이라는 소식 때문인지, 청국인들이 먼저 그 지역을 점령하려고 관리들과 군인들을 보냈습니다. 그러자 일본인들도 그 뒤를 따랐습니다. 이미 상당히 오래전에 한국과 청국이 간도의 중앙을 가로지르는 국경선을 토대로 그 지역을 분할하는 협정을 체결했습니다. 그러나 사태를 그대로 방치한 듯 보입니다. 어쨌든 지금도 그 지역의 분할에 합의할 것입니다.

(서명) 하인트게스[2]

원본 문서 청국 25

1 [감교 주석] 투먼강(圖們)

2 [감교 주석] 하인트게스(Heintges)

13

원문 p.392

[일본이 한국에서 영사재판권 폐지를 위해 움직일 가능성 보고]

발신(생산)일	1907. 9. 15	수신(접수)일	1907. 10. 23
발신(생산)자	뭄	수신(접수)자	뷜로
발신지 정보	도쿄 주재 독일 대사관	수신지 정보	베를린 정부
	A. 364		A. 16230

사본

A. 16230 1907년 10월 23일 오전 수신

도쿄, 1907년 9월 15일

A. 364

독일제국 수상 뷜로 각하 귀하

본인은 한일관세동맹의 문제가 우선 당분간은 연기될 것이라고 앞에서 말한 바 있습니다. 그럴지라도 일본이 다른 분야, 즉 영사재판권 분야에서 머지않아 한국의 변화를 추구할 것이라고 추정할만한 근거가 다분합니다. 이러한 생각은 적어도 언론에서 거듭 언급되었습니다. 심지어 지지신보[1]는 통감의 감독하에 건전한 법집행을 도입하면 외국 열강들이 스스로 영사재판권을 포기할 것으로 추정된다고 말합니다.

(서명) 뭄

원본 문서 한국 10

1 [감교 주석] 지지신보(時事新報)

14
원문 p.393

[간도 지역을 둘러싼 조청 간 분쟁에 대한 일본의 대응과 일본 내 언론보도 보고]

발신(생산)일	1907. 9. 15	수신(접수)일	1907. 10. 23
발신(생산)자	뭄	수신(접수)자	뷜로
발신지 정보	도쿄 주재 독일 대사관	수신지 정보	베를린 정부
	A. 365		A. 16231

사본

A. 16231 1907년 10월 23일 오전 수신

도쿄, 1907년 9월 15일

A. 365

독일제국 수상 뷜로 각하 귀하

상당히 오래전부터 청국과 일본은 여러 가지 의견 차이에 대해 협상을 벌이고 있습니다. 최근에는 청국과 한국의 국경분쟁까지 이에 가세했습니다. 이 분쟁에서 일본은 한국의 보호국으로서 청국에 대해 한국의 이익을 대변할 생각입니다.

일본인은 Kanto, 청국인은 Chientao 혹은 Nan-kang이라고 부르는 지역이 여기에서 문제됩니다. 이 지역은 남동쪽으로는 본류인 두만강(일본어로는 Toman), 북서쪽으로는 본류와 이름이 같은 지류 두만강(일본어로는 Toman)에 에워싸여 있습니다. 이달 10일 자 "Mainichi Dempo"신문에 게재된 지도를 보면 이 지역의 지리적인 위치를 알 수 있습니다. 본인은 그 지도를 이 보고서에 삼가 동봉하는 바입니다. 지도에서 분쟁 지역은 노란색으로 표시되어 있습니다. 이왕 말이 나온 김에 덧붙이면, 이 지도에서 국경선은 일본의 견해가 아니라 청국의 견해를 반영하고 있습니다.

청국과 한국의 이러한 국경 분쟁의 역사에 대해서는 이달 5일 자 "Japan Times"지의 사설에 상세히 설명되어 있습니다. 본인은 이 사설도 삼가 동봉하는 바입니다. 이 사설에 의하면, 이미 1712년에 청국과 조선은 국경 조정을 위한 위원회를 설치했습니다. 당시 이 위원회는 백두산의 분수선[1]에 비명을 새긴 경계석[2]을 세웠다고 합니다. 그 비명에

1 [감교 주석] 분수선(分水線)

따르면, 백두산을 기점으로 서쪽으로는 압록강, 동쪽으로는 두만강이 청국과 한국의 경계를 이룬다고 합니다. 이 협정은 1712년부터 1882년까지 유지되었으며, 그 누구도 이 경계선에 대한 의혹을 크게 제기하지 않았다는 것입니다. 1882년에 이르러서야 비로소 청국의 밍안[3] 장군은 한국 농부들이 두만강 본류의 북서쪽 땅을 점유한 사실을 알아차렸다고 합니다.

그에 이어 청국의 관할 행정관이 두만강 서쪽에 정착한 모든 한국인들을 추방하기로 결정했음을 통고했다고 합니다. 그런데 관할 행정관은 두만강이라는 명칭으로 본류를 의도한 반면에, 본류와 발음이 동일한 지류는 청국어로 표기했다는 것입니다. 청국어에서 두만강은 두 가지로 표기되지만 발음은 같습니다. 청국은 두 가지 표기가 하나의 동일한 대상, 즉 두만강 본류를 의미하며 따라서 두만강 본류 북서쪽의 모든 지역을 청국의 영토로 간주해야 한다고 주장합니다. 결국 모든 국경 분쟁은 이러한 청국 주장의 정당성 여부로 귀결됩니다. 그에 대해 한국은 본 보고서의 서두에서 언급한 백두산의 경계석으로부터 돌무더기가 동쪽으로 일정한 간격을 두고 쌓여 있는 것을 근거로 내세웁니다. 이 돌무더기가 바로 경계를 표시한다는 것입니다. 돌무더기가 끝나는 곳에서 일련의 흙 언덕이 시작되고, 흙 언덕이 끝나는 지점에 두만강 지류의 수원이 있다고 합니다. 이것을 토대로 한국인들은 두만강 지류의 남동쪽 땅에서 이미 한국의 영토가 시작된다고 결론지었다는 것입니다. 청국과 한국은 이미 이 국경 문제에 대한 협상을 개시했지만, 러일전쟁이 발발하면서 중단되었습니다. 지금 일본 정부가 청국과의 협상을 재개하려 합니다. 이 문제에서 어느 편이 옳은지는 당장 결정할 수 없습니다. 그에 비해 일본의 반관[4]신문이 이 사태를 자신들에게 유리한 쪽으로 윤색한 것만큼은 분명합니다. 이러한 사실은 외무대신 하야시[5]도 간접적으로 시인했습니다. 일본 신문에 보도된 내용이 대체로 사실에 부합하는지 본인이 하야시에게 구두로 문의한 적이 있습니다. 그러자 하야시는 이것은 일본 측의 견해이고 청국 측의 견해는 정반대라고 답변했습니다.

일본의 반관신문에 의하면, 약 20만 명의 한국인이 분쟁지역에 거주한다고 합니다. 어림잡아 60만 명으로 추정하는 신문들도 있습니다. 아울러 그런 신문들은 "몇몇 유럽 국가의 유대인들"처럼 그 한국인들이 청국인들에게 박해받고 있다"고 주장합니다. 이러한 연유에서 이미 1903년에 한국 정부는 억압받는 동포들을 보살피도록 분쟁지역에 관

2 [감교 주석] 백두산정계비(白頭山定界碑)

3 [감교 주석] 밍안(銘安)

4 [감교 주석] 반관(半官)

5 [감교 주석] 하야시 곤스케(林權助)

리[6]를 파견했습니다. 그러나 그 담당 관리는 러일전쟁으로 말미암아 부득이하게 그곳을 떠날 수밖에 없었다고 합니다.

최근 일본 정부는 "핍박받는 가련한 한국인을 보호할 목적으로" — 작년 11월 서울의 조정이 일본 통감부에 도움을 요청했다는 이유를 내세워 — 사이토 중좌를 경찰 60명과 함께 간도 지역에 파견했습니다. 이러한 조치는 청국에서 상당한 흥분을 야기한 듯 보입니다. 이곳에 도착한 소식들에 의하면, 적어도 청국 정부는 베이징 주재 일본 공사관에 강경한 내용의 각서를 보냈다고 합니다. 각서에서 청국 정부는 사이토[7] 중좌가 통솔하는 조직의 소환을 요구했으며, 국경 분쟁은 결코 논의의 대상이 될 수 없음을 주장했다는 것입니다. 그와 동시에 청국 정부는 직접 현장을 시찰하도록 여러 명의 관리를 선양[8]에서 간도로 파견했다고 합니다.

이에 대해 하야시는 사이토 중좌의 파견을 군대 파견으로 볼 수 없다고 본인에게 말했습니다. 오로지 그곳에 사는 한국인들의 질서를 바로잡고 필요한 경우에 한국인들을 보호하고 지원하기 위해 사이토 중좌를 파견했다는 것입니다.

본인이 판단하기에, 일본 정부는 그 조처를 통해 청국의 자존심에 큰 상처를 입혔습니다. 그렇지 않아도 일본인들은 청국의 눈 밖에 났는데, 사이토 중좌의 파견으로 인해 어쨌든 더욱 더 미움을 사게 될 것입니다. 일본인들은 한국의 태황제를 다시 끄집어내 태황제의 요청으로 사이토 중좌를 파견하게 되었다고 주장합니다. 그러나 이러한 주장은 사태를 조금도 변화시키지 못할 것입니다. 청국은 이것을 일본의 새로운 도발이라고 볼 것입니다. 그리고 이것은 사실 일리가 있습니다. 일본의 도발은 자칫 극히 불편한 분규를 초래할 가능성이 있습니다. 그러나 장기적으로 보아 청국으로서는 자진해서 양보하는 수밖에 별다른 도리가 없을 것입니다. 이곳 일본에서 강경한 조처를 취하기로 단호하게 결정한 듯 보이기 때문입니다. 이곳 언론의 어조에서도 이러한 점이 드러납니다. 이곳의 신문기사 내용을 요약하면, 청국이 아무리 항의해도 간도 지역은 한국의 영토이고 그 때문에 일본의 보호 통치하에 있는 것으로 간주해야 한다는 것입니다.

본인은 이 보고서의 사본을 베이징 주재 독일제국 공사관과 서울 주재 독일제국 총영사관에 안전한 경로로 보낼 것입니다.

(서명) 뭄

원본 문서 한국 10

---

6 [감교 주석] 이범윤(李範允)

7 [감교 주석] 사이토 스에지로(齋藤季次郎)

8 [감교 주석] 선양(瀋陽)

15

원문 p.396

[영국인 베델에게 영국의 신규 추밀원령을 적용한다는 보고]

발신(생산)일	1907. 9. 15	수신(접수)일	1907. 10. 23
발신(생산)자	묽	수신(접수)자	뷜로
발신지 정보	도쿄 주재 독일 대사관	수신지 정보	베를린 정부
	A. 366		A. 16232

사본

A. 16232 1907년 10월 23일 오전 수신

도쿄, 1907년 9월 15일

A. 366

독일제국 수상 뷜로 각하 귀하

본인은 일본 정부가 서울 주재 영국 기자 베델[1]에 대해 불만을 이곳 영국 대사관에 수차례 토로했다고 이미 예전에 삼가 각하께 보고드린 바 있습니다. 베델은 기회 있을 때마다 일본의 행정을 공격합니다. 당시 이곳 주재 영국 대사관은 그 문제를 런던 외무부에 알렸지만, 얼마 전까지도 아무런 연락을 받지 못했습니다. 그러나 그 사이 영국의 새로운 "추밀원령"이 이곳에서 공개되었습니다. 그 추밀원령을 토대로, 청국이나 한국에서 영국과 우호관계에 있는 국가의 관청이나 국민에 – 지금까지처럼 – 반대하는 자극적인 기사를 쓴 자들에게 형사상 책임을 물을 수 있습니다. "추밀원령"은 이미 1907년 2월 11일 자로 제정되었지만, 이제야 비로소 이곳에 알려졌으며 신문에서도 언급되었습니다. 이곳 영국 대사관은 그 법령을 열람하도록 본인에게 건네주었습니다. 그 법령이 현안과 관련 있으므로, 본인은 발췌한 사본을 삼가 각하께 동봉하는 바입니다.

그 법령에 의거해 서울 주재 영국 총영사는 베델에게 조치를 취할 수 있게 되었습니다. 클로드 맥도널드[2]는 이 점을 무척 흡족하게 여기는 기색을 본인에게 숨기지 않았습니다. 그 법령에 따라, 서울 주재 영국 변리공사에게 있던 재판권이 서울 주재 영국 총영사

1 [감교 주석] 베델(E. T. Bethell)

2 [감교 주석] 맥도널드(C. M. MacDonald)

에게로 이관되었습니다.

새로운 추밀원령의 발효 시기는 추밀원령 자체에는 언급되어 있지 않습니다. 본인이 그 점에 대해 외무차관과 대화를 나누었는데, 외무차관은 이달 15일에 발효되는 것으로 안다고 말했습니다.

(서명) 뭄

원본 문서 한국 10

원문 p.398

16

한국 황태자의 일본 이주

발신(생산)일	1907. 9. 24	수신(접수)일	1907. 10. 28
발신(생산)자	묶	수신(접수)자	뷜로
발신지 정보	도쿄 주재 독일 대사관	수신지 정보	베를린 정부
	A. 385		A. 16504

A. 16504 1907년 10월 28일 오전 수신

도쿄, 1907년 9월 24일

A. 385

독일제국 수상 뷜로 각하 귀하

최근 본인을 잠시 방문한 자리에서 이토는 한국의 황태자[1]가 고등교육을 받기 위해 올겨울 초 일본에 올 것이라고 이야기했습니다.

이토는 한국 태황제와 엄비[2]가 이 계획에 반대할 것으로 예상합니다. 그러나 그 반대를 극복할 수 있을 것으로 믿고 있습니다.

묶

내용: 한국 황태자의 일본 이주

1 [감교 주석] 영친왕(英親王)

2 [감교 주석] 순헌황귀비(純獻皇貴妃)

17

원문 p.399

한국에서의 일본 행정

발신(생산)일	1907. 9. 26	수신(접수)일	1907. 10. 28
발신(생산)자	뭄	수신(접수)자	뷜로
발신지 정보	도쿄 주재 독일 대사관	수신지 정보	베를린 정부
	A. 396		A. 16514

사본

A. 16514 1907년 10월 28일 수신

도쿄, 1907년 9월 26일

A. 396

독일제국 수상 뷜로 각하 귀하

이달 19일의 황제 칙령에 의거해 한국의 일본 통감부 조직이 여러모로 변경되었습니다. 최근 서울에서 발생한 사건들로 말미암아 일본과 한국의 조약관계에 변화가 있었는데, 그때 이미 통감부 재편이 전제되었습니다. 그러나 일본의 국내 상황도 일부 통감부 개혁에 영향을 미치고 있습니다. 주로 다음과 같은 변화가 있었습니다.

예전에는 통감이 특정 분야, 특히 한국의 대외정책만을 감독했다면 이제는 한국의 모든 정사를 감독합니다.

통감을 보좌하는 부통감 직책이 새로 마련됩니다. 통감이 직무를 수행하지 못하는 경우에 부통감이 통감 업무를 대행합니다.

여러 관직들이 폐지됩니다. 현재 일본 정부가 일본인을 한국 관리에 임명함으로써 한국 행정의 모든 세부사항을 감독하는 권한을 장악하고 있기 때문입니다. 예를 들어 일본인이 모든 차관직에 임명되며 이들은 통감부 참사도 겸직합니다.

여러 가지 개혁들 중에서 부통감의 임명이 가장 중요합니다. 그것도 여러모로 가장 중요합니다. 부통감 임명을 통해 무엇보다도 통감의 부재 시에 일본의 한국 통수권이 한국주차군사령부의 총사령관에게 이양되는 지금까지의 상황이 종식됩니다. 이제부터 통감 대행권한은 부통감에게 귀속됩니다. 그러므로 이러한 조처는 여러 면에서 군부의 패배로 간주됩니다. 그리고 신문보도에 의하면, 부통감 임명은 이토[1]가 앞으로는 다만 일시적으로만 한국에 머무를 의도라는 쪽으로 해석될 수 있습니다. 이토는 통감 권한대행을 앉혀 놓고 개혁 실행에 관한 상세한 지침을 내리고는 일본으로 돌아갈 것이라고 합니다. 그리고 실제로는 자신의 별장이 있는 오이소[2]에서 통감 업무를 수행할 계획이라는 것입니다. 이러한 추정이 전혀 가능성 없는 것은 아닙니다. 이토는 현재 67세입니다. 일본의 풍습에 따르면, 이미 10년은 족히 은퇴 후의 삶을 누렸어야 하는 나이입니다. 그러므로 이토도 더 이상 외국에서 오랜 시간을 보내고 싶지 않을 것이 명백합니다. 다른 한편으로는 이토가 더 이상 친히 서울에 머물러야 할 절박한 이유도 없습니다. 서울에서 일본인들은 현재의 조약관계를 토대로 무엇이든 원하는 바를 강행할 수 있습니다. 그리고 현 한국 군주의 경우에는 태황제 시절만큼 이토의 개인적인 영향력을 동원할 필요도 없습니다.

일본 언론에서 부통감 직책의 창설에 대해 전혀 반대가 없었던 것은 아니었습니다. 지금이야말로 통감부 업무를 축소시켜야 할 시기라는 반대의견이 있었습니다. 이미 한국 정부의 활동이 다수의 일본 관리들에 의해 통제되고 있으며, 이 관리들이 머지않아 한국의 관료로 편성될 예정이기 때문이라는 것입니다. 그러나 이러한 견해들은 호응을 얻지 못했습니다. 최근 이토가 한국에서 성공을 거두고 일본에 체류하는 동안 많은 인기를 누렸기 때문이었습니다.

(예전에 남작이었던) 소네[3]가 부통감에 임명되었습니다. 소네는 한동안 베이징 주재 공사를 역임한 후 여러 대신직을 두루 거쳤습니다.

이와 관련해 가쓰라는[4] 다음 달 일본 황태자를 한국에 모시고 갈 예정이라는 사실을 언급해야 할 것입니다. 가쓰라가 한 신문사 대표에게 말한 바에 의하면, 그는 황태자의 공식적인 방문 일정을 마친 후에는 수행원들과 따로 헤어져 한국을 두루 여행하며 정보를 수집할 생각입니다. 이러한 사실은 가쓰라가 이미 수차례 이토의 후임자로 물망에 올랐다는 점에서 흥미로운 일입니다.

(서명) 뭄

원본 문서 한국 10

내용: 한국에서의 일본 행정

---

1 [감교 주석] 이토 히로부미(伊藤博文)

2 [감교 주석] 오이소(大磯)

3 [감교 주석] 소네 아라스케(曾禰荒助)

4 [감교 주석] 가쓰라 다로(桂太郎)

18

원문 p.401

한국 태황제의 독일 예치금

발신(생산)일	1907. 10. 7	수신(접수)일	1907. 10. 31
발신(생산)자	크뤼거	수신(접수)자	뷜로
발신지 정보	서울 주재 독일 영사관	수신지 정보	베를린 정부
	K. No. 64		A. 16674
메모	연도번호 No. 826 1903년 12월 21일 자 보고서 No. 130의 첨부문서 2부.		

A. 16674 1907년 10월 31일 오전 수신. 첨부문서 2부

서울, 1907년 10월 7일

K. No. 64

독일제국 수상 뷜로 각하 귀하

한국 사절 3명의 헤이그 출현은 한국 군주에게 강경 조처를 취할 수 있기만을 고대하던 일본 정부에게 절호의 기회를 안겨주었습니다. 도쿄에서는 하야시[1] 대신에게 특별임무를 맡겨 한국으로 파견하기로 결정했습니다. 하야시가 받은 훈령에는 한국 황실의 사유재산과 그 용처도 포함되었을 것이라고 추정되었습니다.

이와 관련해 이토[2]는 독일에 있는 한국 황실의 예치금에 대해 보다 상세히 알려줄 것을 공식적으로 본인에게 요청했습니다.

이토는 예치금이 1년 만기를 채우기 전에 부영사 나이[3] 박사를 통해 그 존재에 대해 알게 되었습니다. 이에 대한 나이 박사의 조처는 (참사관 침머만 박사가 1907년 2월 14일 잘데른[4] 공사에게 개인적으로 보낸 서한이 이곳의 서류철에 있는데, 그 서한에 의하면) 베를린의 승인을 받았습니다. 그러므로 본인에게는 이토의 요청에 응하지 않을 이유가 없었습니다.

1 [감교 주석] 하야시 곤스케(林權助)

2 [감교 주석] 이토 히로부미(伊藤博文)

3 [감교 주석] 나이(Ney)

4 [감교 주석] 잘데른(K. Saldern)

본인이 이토에게 보낸 각서의 사본을 동봉하는 바입니다.

그에 이어 통감부가 예치금을 환수해 통감부로 보내줄 것을 최근 본인에게 요청했습니다.

본인은 그 제의를 상하이로 전달했지만 아직까지 답변을 받지 못했습니다. 지금 상황으로 보아서는, 한국 태황제가 어떤 형식으로든 의사 표현을 하지 않는 경우 은행이 그 제의에 응해 사적인 돈을 일본인에게 내주는 데 동의할 것인지 심히 의심스럽습니다. 지금의 제안서에는 "황실이 결정했다 등등"이라고만 쓰여 있습니다. 그러나 황실, 즉 현 황제에게는 태황제의 개인 재산에 대한 독단적인 처분권한이 없을 것입니다.

그러므로 이토는 태황제의 직접적인 언명을 얻어낼 수 있는 수단과 방법을 강구할 생각인 듯 보입니다.

물론 본인 측에서는 이토의 뜻을 따르도록 최선을 다할 것입니다.

크뤼거

내용: 한국 태황제의 독일 예치금

No. 64의 첨부문서 1.

첨부문서의 내용(원문)은 독일어본 402~403쪽에 수록.

No. 64의 첨부문서 2.

첨부문서의 내용(원문)은 독일어본 403~404쪽에 수록.

19

원문 p.405

일본 황태자의 서울 방문

발신(생산)일	1907. 10. 21	수신(접수)일	1907. 11. 17
발신(생산)자	크뤼거	수신(접수)자	뷜로
발신지 정보	서울 주재 독일 영사관	수신지 정보	베를린 정부
	No. 65		A. 17505
메모	11월 19일 페라, 런던, 마드리드, 파리, 페테르부르크, 로마에 전달		

사본

A. 17505 1907년 11월 17일 수신

서울, 1907년 10월 21일

No. 65

내용: 일본 황태자의 서울 방문

독일제국 수상 뷜로 각하 귀하

한국 태황제[1]의 퇴위 사건으로 인한 한국 군대와 일본 경찰의 유혈충돌[2], 그에 이어 도시와 지방에서 일어난 저항운동은 아직까지 완전히 진압되지 않았습니다. 일본의 온갖 호의적인 제안에도 불구하고 의심을 거두지 않는 한국 국민의 수동적인 태도는 대부분 일본인들의 최종 목표가 예나 지금이나 한국 황실을 제거하는 데 있다는 추측에 기인합니다. 이러한 추측은 한국인의 고정관념으로 굳어졌습니다. 일본 언론이 기회 있을 때마다 보도하는 위협조의 사설이 한국인의 불안감을 일깨우는 데 일조했습니다. 이토[3]과 이곳의 유력한 일본인들이 아무리 그렇지 않다고 단언해도 소용없게 만들었습니다. 일본이 한국 황실의 존속을 보장한다는 말을 성실히 이행할 것이라고 한국 궁중과 국민을 확신시킬 수 있다면, 사태를 분별 있게 해결할 수 있는 길을 적잖이 개척할 수 있을 것입니다.

이러한 인식을 발판으로, 일본에서 여름을 지내는 동안 이토는 일본 황태자[4]의 한국

1 [감교 주석] 고종(高宗)

2 [감교 주석] 정미의병

3 [감교 주석] 이토 히로부미(伊藤博文)

황실 방문을 허가할 것을 도쿄에서 제안하고 추진해서 관철시켰습니다. 일본 천황이 직접 나서서 한국 황실을 공식적으로 인정하는 행위만큼 불안에 휩싸인 이곳 사람들을 진정시키기에 적합한 것은 없다고 적절히 고려했기 때문입니다.

일본 황태자의 방문이 기정사실로 확정되고 서울에 통고된 후, 일본에서는 인상적이고 품위 있는 방문이 되도록 전력을 다했습니다. 황태자를 수행할 우수한 인재들을 선발했으며, 상당한 규모의 호위 기병대를 직접 일본에서 파견했습니다. 그리고 제1함대 전원이 황태자를 제물포로 호위하는 임무를 맡았습니다.

매사에 느리고 소심한 서울에서 이 사건을 이해하는 분위기가 아주 서서히 움트기 시작했습니다. 그러나 10월 초 일본에서 돌아온 이토의 영향을 받고 한국 황제[5]와 대신들이 태황제와 그 일파의 선동으로부터 벗어나게 되었을 때에야 비로소 분위기가 무르익었습니다.

한국 황제는 지금까지 결코 서울을 떠나본 적도 없고 철도를 본 적도 없습니다. 그런 황제가 이제 마침내 약 40km 떨어진 제물포까지 일본 황태자를 맞이하러 가는 데 동의했습니다. 일본 황태자가 한국 땅을 밟는 즉시, 한국 황제는 황태자를 환영하고 친히 한국의 수도로 안내할 것입니다. 옛 궁중파는 이것을 너무 지나친 처사로 보고 일종의 굴욕으로 여겼습니다. 궁중파는 그들의 대변지인 "Korea Daily News"를 통해 이러한 견해를 공개적으로 선언했고, 그로써 옛 궁중파는 종말을 고했습니다.

서울에서는 일본 황태자를 응접하기 위해 때맞춰 시내를 단장하기 시작했습니다. 일본인들이 최선을 다했다고 솔직히 인정해야 할 것입니다. 기차역에서부터 일본 통감부의 황태자 숙소에 이르는 거리를 성대하게 꾸몄는데, 한국의 상황에서는 참으로 위풍당당한 광경입니다. 보건 당국은 10만 엔의 경비를 들여 하수시설이 설치되지 않은 매우 불결한 도시를 철저하게 청소했습니다. 이로써 만주에서 남쪽으로 철도를 따라 한국에 침투해 이미 서울에서도 출현한 콜레라를 저지했습니다.

10월 16일 수요일의 예고된 시간에 일본 함대가 제물포항에 닻을 내렸습니다. 그리고 이복동생인 어린 황태자 은[6]과 함께 같은 시간에 기차 편으로 제물포에 도착한 한국 군주를 위해 황제 예포를 발사했습니다. 일본 황태자는 이토의 안내를 받으며 상륙했고, 기차역에서 양국 황족의 첫 번째 만남이 이루어졌습니다. 그들은 함께 1시간가량 열차를 타고 이동해 3시경에 호사스럽게 장식된 서울의 영빈관에 도착했습니다. 남산에서 발사

---

4 [감교 주석] 요시히토 친왕(嘉仁親王), 후에 다이쇼 천황(大正天皇)

5 [감교 주석] 순종(純宗)

6 [감교 주석] 영친왕(英親王)

된 예포는 기차가 도착했음을 온 도시에 알렸습니다. 환영식에 초대받은 영사단이 도착했으며 미리 정해진 자리를 대기실 입구에서 배정받았습니다.

카키색 제복과 모자 차림의 한국 황제는 열차에서 내린 후 일본 황태자와 작별인사를 나누었습니다. 그리고 노란색의 황제기를 앞세우고 일본 기병의 호위를 받으며 곧바로 한국 궁궐로 향했습니다. 그것은 군중들에게 궁궐 밖으로 나온 황제를 목도할 수 있는 최초의 기회였습니다. 한국 황제는 거의 장님에 가까운 근시안이어서 안경을 썼는데도 제대로 길을 찾지 못했습니다. 황제가 양탄자를 벗어나지 않고 홀의 기둥에 부딪히지 않도록 한국 대신들이 좌우에서 보살펴야 했습니다. 창백한 얼굴은 퉁퉁 부었고 눈빛은 초점이 없었으며 걸음걸이는 불안하게 질질 끄는 듯했습니다. 제복을 입은 모습이 평소 즐겨 입는 헐렁한 한국의 전통 의복 차림보다 훨씬 더 어설퍼 보였습니다.

그런 상대방에 대해 일본의 황태자는 그야말로 쉽게 유리한 고지를 점할 수 있었습니다, 해군 군복에 제모를 쓴 모습이 참으로 좋은 인상을 주었습니다. 일본의 황태자는 양쪽으로 길게 늘어선 사람들 사이를 반듯하고 자신감 넘치는 자세로 걸으며 양편을 향해 아주 친절하게 인사했습니다. 그 자리에 참석한 일본인들, 특히 군인들이 미래의 국가 원수에게 만족한 기색이 역력했습니다. 처음으로 혼자 일본 밖에 모습을 드러낸 황태자가 기대에 차서 지켜보는 군중들에게 주는 인상에 만족한 게 분명했습니다.

한국 황제가 자리를 뜨고 나서 얼마 후 양국 황태자와 수행원들은 차에 올라탔습니다. 그리고 일본 국가가 울려 퍼지는 가운데 창기병을 앞세우고서 느린 속도로 남대문을 지나 남산 기슭에 위치한 통감부(옛 일본 공사관)로 향했습니다. 군데군데 아주 멋들어지게 꾸민 환영문을 족히 열두 개는 지나야 했습니다. 긴 도로의 처음부터 끝까지 보병과 많은 경찰이 도열해 있었고, 모든 학교와 단체들은 자리를 배정받았습니다. 그 뒤편에는 호기심에 쫓겨 시내 곳곳에서 쏟아져 나온 흰색 의복 차림의 주민들이 늘어서 있었습니다. 누런색의 지저분한 한국 토담집들은 눈에 뜨이지 않도록 형형색색의 천 장식으로 가렸습니다. X자 모양으로 걸어놓은 한국 국기와 일본 국기가 집집마다 높이 휘날렸고, 눈부신 햇빛이 더욱 찬란하게 빛났습니다. 그래서 사방으로 즐거운 광경을 연출했습니다.

한국인들은 감정을 밖으로 표출하는 교육을 받지 못했습니다. 그래서 언론이 보도하는 힘찬 만세소리는 어디에서도 들리지 않았습니다. 그러나 군중이 경외심 어린 표정으로 침묵을 지켰다고 해서, 그 행사가 원래 의도했던 효과를 거두지 못했다고 추론해서는 안 될 것입니다. 들리는 소문이나 본인과 본인의 동료들이 직접 목격한 바에 의하면, 일본 황태자와 한국의 어린 황태자가 나란히 장중하게 입장하는 모습은 한국인들에게 깊은 인상을 남겼습니다.

이튿날 일본 황태자는 먼저 한국 대신들과 인사를 나누었으며, 낮에는 장군 제복 차림의 한국 황제를 공식 방문했습니다. 그에 이어 한국 황후를 찾아뵙고 궁궐에서 점심식사를 한 후에는 별궁의 태황제도 만났습니다. 서로 훈장과 선물을 교환했습니다. 궁궐을 들고나는 과정은 서울에 입성하던 날과 비슷하게 진행되었습니다.

10월 18일 금요일 오전에 일본 황태자는 사령부를 시찰했으며, 낮에는 통감부에서 모든 일본 고위관리들의 보고를 받았습니다. 그에 이어 한국 주재 외국 영사관 대표들을 맞이했고, 이 마지막 행사에는 한국의 어린 황태자도 나타났습니다. 우리 영사들은 대기실에서 기다리다가 한 명씩 응접실로 안내되었습니다. 응접실 뒤편의 값진 병풍 앞에 일본 황태자가 서 있었고, 그 오른편에는 한국 황태자가 왼쪽에는 아리스가와노미야[7] 친왕이 있었습니다. 이토가 영사들을 소개하는 임무를 맡았습니다. 일본 황태자는 모든 사람들에게 일일이 몇 마디 호의적인 말을 건넸고, 통감부에 배속된 무라타[8] 육군소장이 프랑스어로 통역했습니다.

새로 증축한 넓은 식당에서 나중에 간단한 음식이 접대되었습니다. 그곳에는 신분 높은 사람들을 위한 식탁이 차려져 있었습니다. 그러나 자리가 제한되어 있어서, 우리 영사들 중에서는 제일 고참인 영사단 단장 뱅카르[9] 벨기에 총영사와 청국 총영사만이 그곳에 앉을 수 있었습니다. 우리 나머지 영사들은 약 60명의 초대받은 사람들과 함께 뷔페에서 음식을 먹었습니다. 그래서 원하던 대로 자유로이 움직이며, 가쓰라[10] 장군과 도고[11] 제독, 하나부사[12] 등 수행원으로 따라온 일본의 고위층과 대화를 나누었습니다. 일본 황태자는 대체로 옆자리의 일본인들과 거침없이 자유롭게 대화를 나누었습니다. 그러나 비스듬히 맞은편에 앉아 있는 벨기에 총영사에게 때로는 프랑스어로 몇 가지 질문을 던졌습니다.

토요일 정오에 황태자는 한국 황제의 답방을 받았습니다. 한국 황제는 통감부에서 점심식사를 했고, 오후에 양국의 황태자는 함께 고궁을 둘러보았습니다. 먼저 1895년 당시의 한국 왕비[13]가 살해된 북쪽 궁궐 경복궁을 돌아본 뒤를 이어, 아름다고 오래된

---

7 [감교 주석] 아리스가와노미야(有栖川宮)

8 [감교 주석] 무라타 아쓰시(村田惇)

9 [감교 주석] 뱅카르(Leon Vincart)

10 [감교 주석] 가쓰라 다로(桂太郎)

11 [감교 주석] 도고 헤이하치로(東郷平八郎)

12 [감교 주석] 하나부사 요시토모(花房義質)

13 [감교 주석] 명성황후(明成皇后)

정원으로 둘러싸인 동쪽 궁궐 창덕궁으로 향했습니다. 현재 창덕궁은 새 황제를 위한 처소로 복구되는 중입니다. 돌아오는 길에 손님인 일본 황태자가가 궁궐에서 작별인사를 했습니다. 날이 어두워진 후, 학생들 5천 명과 대략 같은 수의 여러 단체 회원들이 성대한 제등행렬을 통해 황태자에게 경의를 표했습니다. 어린 학생들은 만세 부르는 법을 배웠습니다. 수천 명의 낭랑한 목소리가 도시 위로 멀리 울려 퍼지면, 어른들이 곧 거기에 합세했습니다. 그래서 그날은 정말로 국민들의 환호성으로 끝났습니다.

일본 황태자는 매일 한국과 일본의 고위관리를 저녁식사에 초대했습니다. 그때마다 대략 서른 명 분의 식사가 마련되었고, 한국의 어린 황태자는 한 번도 빠짐없이 초대한 사람의 오른편에 자리했습니다.

일본 황태자의 출발 일시는 일요일 10시로 정해졌습니다. 한국 황제가 역까지 배웅 나왔습니다. 두 황족은 상당히 오랫동안 작별의 말을 교환했고 진심어린 악수를 나누며 헤어졌습니다. 한국 황태자가 제물포까지 동행했는데, 더욱이 장갑함 "Katori"호에 오름으로써 처음으로 바닷물과 군함을 경험했습니다. 이것은 한국 황태자에게 곧 일본으로 떠날 여행의 예행연습이었습니다. 한국 황제와 태황제, 엄비[14]가 일본 황태자에게서 특별히 질문을 받고, 어린 영 황태자가 일본에서 교육받는 것은 확정된 사실이라고 선언했기 때문입니다. 그들은 자신들이 가장 신뢰하는 사람, 즉 금년 말에 일본으로 돌아가는 이토 편에 그 아이를 딸려 보낼 것이라고 합니다. 아울러 이 말은 이토가 연말에 통감의 지위에서 완전히 물러날 것이라는 소문이 사실임을 확인시켜줍니다. 부통감 소네[15]가 이토의 후임이 될 것이라고 합니다.

이곳의 모든 신문들은 일본 황태자의 방문이 완전히 성공적이었다고 이구동성으로 칭송합니다. 심지어 반일신문 "Korea Daily News"까지도 "이 방문은 모든 방면에서 대단히 성공적이었다."고 시인할 정도입니다. 그러므로 태황제를 추종하는 일파도 만족감을 드러냈다고 추정할 수 있습니다. 그 일파는 스스로 자초한 운명에 순응하기 시작했습니다. 그러므로 앞으로는 비밀리에 방해하지 않고서 한국의 발전을 위해 일본이 제시한 방법을 허용할 것입니다. 이로써 이토는 일본 황태자의 방문을 기획하면서 기대했던 모든 것을 이루었다고 볼 수 있습니다.

(서명) 크뤼거

원본 문서 한국 10

---

14 [감교 주석] 순헌황귀비(純獻皇貴妃)

15 [감교 주석] 소네 아라스케(曾禰荒助)

20

원문 p.410

한국 황제의 예치금과 칭다오의 토지 매입

발신(생산)일	1907. 10. 24	수신(접수)일	1907. 11. 25
발신(생산)자	뭄	수신(접수)자	뷜로
발신지 정보	도쿄 주재 독일 대사관	수신지 정보	베를린 정부
	A. 427		A. 17884
메모	첨부문서 4부		

A. 17884 1907년 11월 25일 오전 수신. 첨부문서 4부.

도쿄, 1907년 10월 24일

A. 427

독일제국 수상 뷜로 각하 귀하

지난여름 일본 신문들은 한국 황제의 이른바 독일-아시아은행 예치금과 칭다오의 토지 매입에 대해 여러 차례 보도했습니다.

정치적으로 의미 있고 독일제국 대사관에 중요한 이 사건에 대해 예전의 서울 주재 독일제국 변리공사관 측과 현재의 서울 주재 독일제국 총영사관 측은 어떤 식으로든 보고한 적이 없습니다. 이 때문에 본인은 8월 중순 총영사 크뤼거[1] 박사에게 이에 대한 상세한 정보를 요청했습니다.

이에 대해 총영사 크뤼거 박사가 이달 7일 본인에게 보고서를 보냈습니다. 크뤼거 박사가 그 사안에 대해 전반적으로 잘 요약했기에, 본인은 그 사본을 삼가 각하께 동봉하는 바입니다.

뭄

내용: 한국 황제의 예치금과 칭다오의 토지 매입

1 [감교 주석] 크뤼거(Krüger)

A. 427의 첨부문서 1

사본

한국 주재 독일제국 총영사관

서울, 1907년 10월 7일

연도번호 No. 819

1907년 8월 16일의 서신 A. 999에 대한 답신

도쿄 주재 독일제국 대사 뭄 폰 슈바르첸슈타인 남작 귀하

I. 1903년 말 한국 황제는 당시 독일제국 변리공사 잘데른[2]에게 궁중 관리를 보내, 여유 자금을 독일에 안전하게 투자하도록 도와줄 것을 요청했습니다.

잘데른은 상하이에 있는 독일-아시아은행의 부제 은행장에게 문의했고, 부제 은행장은 흔쾌히 공탁금을 받아주겠다고 답변했습니다.

당시 마침 또 다른 사업으로 한국을 방문한 부제는 직접 서울에 와서 한국의 황실 자금 약 18만 엔을 수령했습니다.

잘데른은 이에 대해 베를린에 보고했습니다. 이에 대한 답신은 현재 이곳에 없습니다.

얼마 후 한국 황제는 두 차례에 걸쳐 18,500엔 및 5만 엔을 잘데른에게 보냈고, 잘데른은 이 자금들을 상하이로 전달했습니다.

독일-아시아은행은 이 돈을 독일 증권에 투자했으며 "대한제국 국가재산의 유가증권"이라는 이름으로 베를린의 디스콘토 게젤샤프트 은행에 기탁했습니다. 그리고 이자 소득이 발생할 때마다 새로이 증권을 매입했습니다. 상하이에서는 6개월마다 독일어와 청국어로 된 결산 보고서를 서울에 보냈고, 한국 황제는 청국어 결산 보고서를 받아보았습니다.

잘데른은 줄곧 이 문제를 사적인 일로 다루었으며, 그래서 입금과 출금을 언론에 유출하지 않았습니다.

1905년 가을 잘데른이 한국을 떠나게 되면서, 부영사 나이[3] 박사가 그 일을 인계받았습니다.

---

2 [감교 주석] 잘데른(K. Saldern)

3 [감교 주석] 나이(Ney)

그 후 한국의 정치적 상황이 돌변해서 일본이 보호통치를 하게 되었습니다. 그러자 나이 박사는 예치금 문제를 일본인들에게 더 이상 비밀로 할 수 없다고 판단했습니다. 1906년 말에 나이 박사는 스티븐스[4] 고문에게 이 사실을 털어놓고 이토에게 자초지종을 알리도록 위임했습니다. 그리고 스티븐스는 나이 박사의 부탁을 들어주었습니다. 이러한 조처는 곧 옳은 것으로 증명되었다고 합니다. 그 직후, 한국 황제의 총애를 잃은 한 궁중 관리가 예치금 이야기를 이토에게 밀고했기 때문입니다. 그러나 이토는 그 전에 이미 그 일을 독일 측으로부터 전해들은 터였고, 그래서 이곳 영사관은 일본인들 등 뒤에서 한국 황제와 공모했다는 비난을 모면할 수 있었습니다.

나이 박사는 사적인 서신을 통해 이 모든 진행과정을 잘데른에게 소상히 알렸습니다. 잘데른 공사는 자신의 의견을 모든 자료와 함께 외무부에 제출했으며, 참사관 침머만 박사의 손을 거쳐 뮐베르크 각하의 동의를 받았습니다.

예치금은 아직까지 반환되지 않았습니다. 나이 박사는 한 궁중 관리가 이른바 한국 황제의 지시라며 3만 엔을 인출하려 한 적이 있었지만 실제로 황제의 지시인지 증명하지 못했다고 본인에게 이야기했습니다.

이 사건은 1907년 6월 서울에서 이러한 단계에 있었습니다.

그 후 한국 사절단 3명의 헤이그 출현이 변화를 야기했습니다. 도쿄에서는 하야시[5] 대신을 특사로 한국에 보내기로 결정했습니다. 하야시 대신이 받은 특명에는 한국 황제의 사재와 그 용처도 포함될 것으로 추정되었기 때문에, 이토는 예치금에 대한 보다 상세한 정보를 공식적으로 본인에게 요청했습니다. 본인은 이토에게 각서의 사본을 동봉해 보냈습니다.

곧바로 "조정이 모든 돈을 회수하기로 결정했다"며 예치금을 돌려받아서 통감부에 인계하라는 요청이 통감부로부터 본인에게 전달되었습니다. 본인은 그 제안을 상하이에 전달했고, 그에 대한 답신은 아직까지 도착하지 않았습니다. 본인이 판단하기에, 이 일은 이토가 원하는 대로 해결될 것입니다. 그러나 은행이 어떤 형식으로든 한국 태황제의 위임장 없이 간단히 돈을 일본인들에게 지급하는데 응하지 않을 것이라고 본인은 믿습니다. "조정", 즉 현재의 한국 황제는 태황제의 사재에 대한 처분 권한이 없기 때문입니다.

그러므로 이토[6]가 뜻하는 바를 달성하려면 이와 관련된 개인적인 의사표명을 태황제로부터 얻어내기 위한 수단과 방법을 강구해야 할 것입니다. 지금 한국에 돌아온 이토는

---

4 [감교 주석] 스티븐스(D. W. Stevens)

5 [감교 주석] 하야시 곤스케(林權助)

6 [감교 주석] 이토 히로부미(伊藤博文)

분명 서둘러 강도 높은 압력을 행사해 어렵지 않게 뜻을 달성할 것입니다.

본인은 예치금의 환불 요구에 대해 베를린에 보고했습니다.

Ⅱ. 서울 주재 다른 외국 사절단들도 한국 태황제가 재산을 외국에 보관하도록 도왔는지의 여부는 명확히 알려지지 않았고 또 현재 확인할 수도 없습니다.

약 1년 전쯤 태황제가 서울의 프랑스 총영사관(예전의 공사관) 및 그 비품을 구입하기로 결정한 것은 비밀이 아니었습니다. 가격은 25만 엔이었다고 합니다(토지와 건물 비용 22만 엔, 비품 비용 3만 원). 그러나 프랑스 정부는 다른 건물이 완공될 때까지 총영사관을 3년 더 사용할 수 있는 권리를 조건으로 내세웠습니다. 구매 비용은 완불되었으며, 그 자금으로 도쿄 주재 프랑스 대사관을 증축한다고 합니다.

매매 계약서는 임시로 덴마크의 전기기사 뮐렌스테트[7]의 명의로 되어 있습니다. 이것은 일본인들이 그 대지를 소유하는 것을 저지하기 위한 방책입니다. 이토는 현재의 통감부(예전의 일본 공사관)를 너무 협소하다고 여깁니다. 그래서 위치도 좋고 넓은데다가 궁궐에서도 가까운 그곳에 이미 눈독을 들이고 있다고 합니다.

Ⅲ. 그밖에 본인은 다음과 같은 것들을 말씀드릴 수 있습니다.

한국 황실의 유명한 전례관 앙투아네트 손탁[8]이 2년 전쯤 유럽에 상당 기간 머물렀을 때, 칭다오의 퇴역대위 크뢰벨[9]의 부인이 그 직무를 대신 수행하게 되었습니다. 퇴역대위 크뢰벨 자신도 여러 차례 잠시 서울에 체류했습니다. 크뢰벨은 칭다오에 자신 소유의 부동산이 있다며 한국 태황제를 구슬려 그 대지를 매입하도록 했습니다. 이를 위해 크뢰벨은 전부 6만 엔을 현금으로 받아 칭다오에 가져갔습니다. 그리고 손탁의 이름으로 부동산을 등기하라는 지시가 내렸습니다. 그러나 당시에 손탁은 이에 대해 전혀 모르고 있었습니다. 1907년 봄 칭다오에서 서울로 휴가 온 칭다오의 제국 판사 레만[10] 박사가 이 사안과 관련해 질문을 받고 손탁에게 서신을 보냈습니다. 그 서신에 의하면, 칭다오의 부동산은 금년 6월 말까지도 명의 변경이 이루어지지 않았습니다. 게다가 크뢰벨에게는 그 부동산을 처분할 수 있는 권한이 전혀 없습니다. 현재까지도 그 부동산과 관련한 조치가 전혀 취해지지 않았습니다. 한국의 태황제가 점잖은 퇴역대위에게 6만 엔을 강탈

7 [감교 주석] 뮐렌슈테트(H. J. Muehlensteth)

8 [감교 주석] 손탁(A. Sontag)

9 [감교 주석] 크뢰벨(Kroebel)

10 [감교 주석] 레만(Lehmann)

당한 것입니다. 일본인들이 이 사실을 알게 되면, 아마 칭다오에서 또 다시 법적인 문제가 불거질 것입니다.

현재 궁궐의 전기기사로 일하는 미국인 코웬[11]과 프랑스 사업가 플레장[12]이 서울의 서대문 앞에 위치한 유럽풍의 가옥 두 채에 세 들어 살고 있습니다. 이 가옥들은 태황제의 사유재산이지만, 명의는 손탁의 이름으로 되어 있습니다.

물러난 한국 군주와 외국인들과의 토지 거래에 대한 보고는 이상입니다.

(서명) 크뤼거

A. 427의 첨부문서 2
사본

서울 주재 독일제국 변리공사관

서울, 1903년 12월 21일

연도번호 No. 952
K. No. 130

독일제국 수상 뷜로 각하 귀하

몇 달 전 한국 황제가 본인에게 사람을 보내 황제 개인 소유의 재산 일부를 독일에 투자하고 싶다는 뜻을 밝혔습니다. 그러니 본인에게 도와달라는 것이었습니다. 그러나 한국 황제는 그 일을 극비에 부쳐달라고 부탁했습니다. 그 일이 정치적인 사안이 아니었기 때문에, 본인은 상하이 소재 독일-아시아은행의 은행장에게 연락을 취했습니다. 얼마 전 그 은행의 은행장이 이곳에 와서 18만 엔, 즉 약 37만 마르크를 일본 지폐와 금괴로 가져갔습니다. 은행장은 독일 국채 아니면 그와 유사한 유가증권으로 베를린에 투자할 계획이었습니다. 앞으로 더 많은 자금이 같은 경로를 밟을 것으로 예상됩니다.

(서명) 잘데른

---

11 [감교 주석] 코웬(Koën)
12 [감교 주석] 플레장(Plaisant)

사본
외무부

베를린, 1907년 2월 14일

존경하는 공사님께

차관께서는 한국의 예치금 사안과 관련해 이달 5일 자 귀하의 보고에 대해 심심한 사의를 표해달라고 한국 담당자인 본인에게 부탁하셨습니다. 본인은 이 일을 뮐베르크[13]에게 나이 박사를 통해 알린 조처에 전적으로 동의한다고 덧붙이는 바입니다.

경의를 표하며 이만 줄입니다.

(서명) 침머만

A. 427의 첨부문서 3
첨부문서의 내용(원문)은 독일어본 415~416쪽에 수록.

A. 427의 첨부문서 4
사본

칭다오, 1907년 7월 10일

친애하는 손탁 양!

본인은 약속한 바와 같이, 우리가 논의한 문제에 대해 그 동안 알아낸 내용을 오늘 간략히 알려드리려 합니다. 본인은 귀하에게 좀 더 일찍 서신을 보낼 생각이었습니다. 그러나 원래 예정보다 늦게 여행에서 돌아온데다가, 도착 후 며칠 동안은 할 일이 너무 많았습니다.

13 [감교 주석] 뮐베르크(Muhlberg)

문제의 부동산(Kappler 빌라)은 여전히 Kappler의 소유입니다. 공터로 남아 있는 작은 일부만이 퇴역대위 크뢰벨에게 양도되어 토지대장에서 명의가 변경되었을 뿐입니다. 매매에 대한 이야기는 오간 듯 보이지만 아직 성사되지 않은 것이 분명합니다. 어쨌든 건물이 들어서 있는 대지에 대한 신청서는 아직까지 지방법원에 접수되지 않았습니다. 경우에 따라서는 지방법원이 법적인 선매권을 인정할 수 있고, 그러면 매각에 동의할 것입니다. 본인은 구매가격에 대해서는 전혀 알아낼 수 없었습니다.

제가 알아본 결과는 이렇습니다.

귀하의 영빈관에 친절히 맞아주신 것에 대해 다시 한 번 심심한 사의를 표하며, 나이 박사와 볼얀 씨에게도 안부 전해주시기를 부탁드립니다.

(서명) 레만

21

원문 p.418

일본 황태자의 한국 궁중 방문

발신(생산)일	1907. 10. 29	수신(접수)일	1907. 11. 25
발신(생산)자	뭄	수신(접수)자	뷜로
발신지 정보	도쿄 주재 독일 대사관	수신지 정보	베를린 정부
	A. 435		A. 5
메모	I. 11월 28일 파리, 런던, 마드리드 등에 전달. II. 11월 28일 궁내부에 전달.		

사본

A. 17889 1907년 11월 25일 수신

도쿄, 1907년 10월 29일

A. 435

독일제국 수상 뷜로 각하 귀하

이토[1]는 일본에서 상당히 오랫동안 여름휴가를 보내는 동안, 일본 황태자[2]가 서울의 황실을 방문하도록 일본 내각과 특히 일본 황실을 설득하는 데 성공했습니다. 이토는 그렇게 되면 일본이 한국에서 기획하는 일에 여러모로 매우 유리하다고 역설했습니다. 이곳 일본에서는 처음에 그런 종류의 방문이 조금 위험하지 않을까 생각한 것 같습니다. 이토가 그 계획을 제안했을 즈음만 해도 한국 각지에서 여전히 폭동이 난무했고 하세가와[3] 장군은 거듭 군대 증원을 요청했습니다. 그러므로 이곳 사람들이 황태자의 신변 안전을 염려한 것은 지당한 일이었습니다. 만주와 한국 북부지방에서의 콜레라 창궐 소식이 이러한 우려를 더욱 증폭시켰을 것입니다. 서울에서도 이미 콜레라에 희생된 사람이 몇 명 있었습니다. 게다가 황태자가 개인적으로 어떤 인상을 남길지도 아마 확신이 서지 않았을 것입니다. 황태자가 지금까지 한 번도 일본을 떠나본 적이 없었기 때문입니다. 그러나 이토가 이 모든 우려를 불식시킬 수 있었던 것이 분명합니다. 이토가 임지로

1 [감교 주석] 이토 히로부미(伊藤博文)

2 [감교 주석] 요시히토 친왕(嘉仁親王), 후에 다이쇼 천황(大正天皇)

3 [감교 주석] 하세가와 요시미치(長谷川好道)

귀환하기 전에 이미 황태자의 방문은 결정되었고, 서울에 돌아온 후작은 직접 그 사실을 공식적으로 통고했습니다.

그러나 한국 궁중에서는 처음에 일본 황태자의 방문에 열광하기보다는 오히려 상당한 불신감을 드러낸 듯 보입니다. 일본 천황의 특사들은 대체로 한국에 좋은 것을 가져오지 않았습니다. 좋은 것을 가져오기는커녕 오히려 좋은 것을 한국에서 가져갔습니다. 궁내부 대신 다나카[4]가 유명한 경천사 10층 석탑을 일본으로 강탈해간 사례를 보면 잘 알 수 있습니다. 그런데도 다나카는 자작의 지위로 승격되었습니다. 그런데 이제 일본 황제가 자신이 보낼 수 있는 최고의 사절을 서울에 파견한다면, 이번에는 한국 황제를 데려가려는 것이 아닐까 하는 의심을 일깨웠습니다. 이 일을 계기로 이른바 한국의 보수파가 한국 군주를 사주하려 시도했습니다. 이러한 사실은 이토의 계획대로 일본 황태자를 서울역에서 맞이하기로 했던 한국 황제가 갑자기 반대의사를 표명한 것으로 알 수 있습니다. 과감한 일본 통감이 한 번도 수도 서울을 떠나본 적이 없는 한국 황제로 하여금 제물포까지 일본 황태자를 마중 나가도록 결국 어떤 특단의 조처를 취했는지는 알 길이 없습니다.

귀하신 손님은 이달 16일 막강한 수행원을 거느리고 제물포에 도착했습니다. 외국 궁중을 방문한 경험이 있는 아리스가와노미야[5] 친왕이 황태자와 동행했습니다. 그 외에 후작 가쓰라[6] 장군, 백작 도고[7] 제독, 후작 이와쿠라[8] 시종장, 자작 하나부사[9] 궁내차관을 비롯한 군부와 조정의 고위인사들이 일본 황태자를 호위했습니다. 그러나 무엇보다도 제일함대 전원이 황태자를 한국까지 호위했습니다. 한국 황제가 제물포에 도착했을 때 일본 함대가 일제히 쏘아올린 예포는 한국 황제의 귓속 깊이 울려 퍼졌을 것입니다.

일본 황태자가 서울과 제물포에서 5일 체류하는 동안 있었던 상세한 일들에 대해서는, 일간신문들이 공식 방문, 선물, 알현, 만찬, 건배사, 훈장 수여, 그림엽서에 이르기까지 세세히 보도했습니다. 모든 것이 유럽 궁중에서 귀빈을 맞이하는 경우처럼 진행되었다는 것만을 말씀드립니다. 일본 황태자는 한국 황실의 품위를 지켜주기로 한 일본의 약속에 부응하기 위해 최선을 다했습니다. 특히 태황제도 방문한 사실은 주목할 만합니다. "Japan Daily News"에 따르면, 태황제가 며칠 전 통감에게 일본 황태자와의 만남을

---

4 [감교 주석] 다나카 미쓰아키(田中光顯)

5 [감교 주석] 아리스가와노미야(有栖川宮)

6 [감교 주석] 가쓰라 다로(桂太郎)

7 [감교 주석] 도고 헤이하치로(東鄕平八郎)

8 [감교 주석] 이와구라 도모사다(岩倉具定)

9 [감교 주석] 하나부사 요시토모(花房義質)

요청했습니다. 그러나 이토는 이 요청을 일언지하에 거절했습니다. 그런데도 나중에 이 요청을 들어준 것은 일본이 그런 대접을 받을 자격이 없는 퇴위한 군주를 너그러이 용서하고자 한다는 점을 널리 보여주려 한 것이었을 것입니다.

일본 신문들은 일본 황태자의 한국 방문에 대해 하나도 빼놓지 않고 자세히 열광적으로 보도했으며, 이 방문이 서울에 잊지 못할 인상을 남겼다고 이구동성으로 주장합니다. "Seoul Press"와 일본 신문의 모든 특파원들도 이와 똑같은 내용을 보도하고 있습니다.

일본 황태자의 한국 방문이 늙은 이토의 극히 노련한 정치적 책략의 일환임은 의심의 여지가 없습니다. 7월 사건들 이후로 한국인들은 보호통치의 혹독함을 느꼈습니다. 그러니 다시 방향을 바꾸어, 유린당한 민족을 일본의 의도를 위해 호의적인 방법으로 길들여야 할 때가 도래했습니다. 이를 위해 이 희극적인 방문보다 더 좋은 방법은 없었을 것입니다. 한국의 "애국자들"은 한국 황제의 폐위가 임박했다고 끊임없이 예언하고 있습니다. 그런데 이 방문을 통해 일본의 황위 계승자가 한국 황실과 일본 황실의 동등함을 인정한다고 한국 국민들의 눈앞에서 표명했습니다. 이곳 신문들이 추정하듯 일본 황태자의 방문을 통해 보호통치자에 대한 절대적인 신뢰감이 한국인들의 마음속에 자리 잡지는 않을지라도, 일본 황태자의 방문이 일본에 대한 신뢰도를 높일 것에는 의심의 여지가 없습니다.

(서명) 뭄

원본 문서 한국 10

내용: 일본 황태자의 한국 궁중 방문

22

원문 p.421

[간도 지역 조청 간 국경 문제에 관한 위안스카이와의 담화 보고]

발신(생산)일	1907. 10. 24	수신(접수)일	1907. 12. 5
발신(생산)자	렉스	수신(접수)자	뷜로
발신지 정보	베이징 주재 독일 공사관	수신지 정보	베를린 정부
	A. 212		A. 18364

사본

A. 18364 1907년 12월 5일 오전 수신

베이징, 1907년 10월 24일

(공사관)

A. 212

독일제국 수상 뷜로 각하 귀하

한국과 청국의 국경지방에 위치한 간도에 대한 청일 국경분쟁과 관련해, 각하께서는 지난달 15일 자 도쿄 주재 독일제국 대사[1]의 보고서를 받아보셨습니다. 그 보고서는 주로 일본의 입장에서 기술하고 있습니다. 오늘 본인은 위안스카이[2] 대신에게 그에 대한 견해를 물을 기회가 있었고, 다음과 같은 정보를 대신에게서 얻었습니다.

한국은 문제의 간도 지역에 대한 청국의 소유권 및 주권에 이의를 제기한 적이 없습니다. 오히려 10년 전만 해도 한국 황제는 청국 황제에게 보낸 친서에서 청국의 소유권 및 주권을 인정했습니다. 그리고 한국 국민들이 청국의 헤어스타일과 의복을 강요받지 않고서 그곳에 정주할 수 있도록 허가해줄 것을 요청했습니다. 그러자 청국도 청국식 헤어스타일과 의복에 대한 요구를 철회했습니다. 그러나 청국은 당시 청국 정부의 허가 없이 그 지방으로 이주한 한국인들이 청국의 지방관청에 예속됨을 주장했습니다.

얼마 전 일본은 당분간 국경의 안정과 질서를 유지하는데 필요하다는 구실을 내세워 장교 한 명을 경찰관 몇 명과 함께 간도 지방에 배치했습니다. 일본 정부 측에서는 결코

1 [감교 주석] 뭄(Mumm)

2 [감교 주석] 위안스카이(袁世凱)

국경지역에 대한 청국의 주권에 이의를 제기하지 않았고, 다만 국경을 정확히 규정할 것만을 제안했다고 합니다. 지금까지 이 문제와 관련해 진행된 회담에서 일본은 평화적인 어조로 임했다고 전해집니다.

위안스카이는 청국이 일본 경찰을 간도 지방에서 철수시킬 수 있을 것으로 확신한다고 덧붙였습니다. 일본이 제기한 국경선 점검은 청일위원회가 맡게 될 것이라고 합니다.

위안스카이는 예전에 한국 주재 청국 공사[3]를 역임한 터라서 그곳 상황에 대해 누구보다도 잘 알고 있을 것입니다. 위안스카이가 공식적으로 표명한 청국의 견해에 따르면, 간도에 대한 권리문제는 청국 측에 유리하게 결정될 것이 분명합니다. 그러나 위안스카이의 주장대로 청국이 즉각 일본으로부터 권리 주장을 인정받게 될지는 틀림없이 당분간 미해결로 남아 있을 것입니다. 본인의 러시아 동료는 일본인들이 문제의 지역을 계속 점유할 것이라고 판단합니다. 일본인들에게 그 지역이 전략적 가치가 매우 크기 때문이라는 것입니다.

(서명) 렉스[4]

원본 문서 한국 10

3 [감교 주석] 본래 직함은 주찰한국총리교섭통상사의(駐紮朝鮮總理交涉通商事宜)임.

4 [감교 주석] 렉스(G. Rex)

23

원문 p.423

전임 한국 황제의 예치금

발신(생산)일	1907. 11. 15	수신(접수)일	1907. 12. 8
발신(생산)자	크뤼거	수신(접수)자	뷜로
발신지 정보	서울 주재 독일 영사관	수신지 정보	베를린 정부
	K. No. 68		A. 18538
메모	연도번호 No. 962 1907년 10월 7일 자 보고서 - No. 64 -와 관련하여. 첨부문서 3부		

A. 18538 1907년 12월 8일 오전 수신. 첨부문서 3부

서울, 1907년 11월 15일

K. No. 68

독일제국 수상 뷜로 각하 귀하

본인이 짐작했던 대로, 독일-아시아은행은 한국 태황제의 전권 위임이 있어야만 예치금을 내어줄 수 있다는 답신을 보내왔습니다.

본인은 이러한 결정을 통해 개인적으로 무거운 책임감에서 벗어났습니다. 게다가 프랑스어를 구사하는 황실 전례관 김조현[1]이 나중에 태황제의 지시를 받고서 본인의 사무실로 찾아왔기 때문에 더욱 그렇습니다. 김조현은 (태황제의) 허가 없이는 예치금을 내어주지 말라고 비밀리에 본인에게 부탁하려고 찾아왔습니다. 이러한 상황에서 가령 은행이 최초의 환불 요구에 응해 이미 돈을 내어주었더라면 중차대하고 달갑지 않은 결과가 발생할 수 있었을 것입니다.

통감부는 은행 측의 답변을 알고 나서는 처음에 문제의 돈이 태황제의 개인 자금이 아니라 한국 황실재산의 일부가 분명하다는 입장을 고수했습니다. 그러므로 그 돈이 황실 자산의 일부이니 현재의 황실 수장이 그 자산에 대한 처분 권한을 소유한다는 것이었습니다.

그에 대해 본인은 당시의 태황제 서류에 따르면 개인적인 자금으로 예탁한다는 조항

1 [감교 주석] 김조현(金祚鉉)

이 명시되어 있고 그래서 실제로 개인 자금으로 예탁되었다고 강조했습니다. 태황제가 사사로운 목적을 위해 그처럼 황실 자산을 따로 보관할 권리가 있는지의 여부는 본인이 결정할 사안이 아닙니다. 본인은 통감부가 직접 태황제와 이 문제를 해결해야 할 것이라고 말했습니다. 그리고 은행은 오로지 앞에서 언급한 서류상의 사실만을 고려할 뿐이라고 덧붙였습니다.

그러자 통감부는 한국의 총리대신[2] 및 궁내부대신[3]과 교환한 서신을 제시하면서, 첫 번째 서신에 쓰인 "황실이 결정한"이라는 표현이 부정확하고 모호함을 본인에게 지적했습니다. 은행이 내세운 조건이 처음부터 충족되어 있다는 것이었습니다. 태황제가 곧바로 금년 8월 초에 문의를 받았으며, 그러한 생각에 동의해 예치금 해지에 대한 허가를 내렸기 때문이라는 것입니다.

본인은 이러한 사실을 증명하는 확인서를 서면으로 보내줄 것을 통감부에 요청했고, 곧 이어 통감부로부터 확인서를 받았습니다. 그리고 그 확인서를 상하이에 전달했습니다.

얼마 후 본인은 직접 한국 태황제 측으로부터 황실 전례관 우기원[4]을 통해 그와 일치하는 소식을 받았습니다. 이와 동시에 우기원은 자신의 동료 김조현이 최근 본인에게 임무를 맡겼는지, 그리고 맡겼다면 어떤 임무였는지 물었습니다. 이런 질문을 하게 된 전후사정은 다음과 같습니다. 태황제가 나중에 은밀히 확인서에 반대되는 명령을 내렸고 김조현이 본인을 방문한 사실을 일본인들이 어떤 식으로든 알아낸 것이 틀림없습니다. 이토[5]는 적어도 다음 기회에 태황제의 표리부동한 행동을 심히 비난했습니다. 그러자 태황제는 습관대로 – 즉, 헤이그 만국평화회의에 한국 대표 3명을 파견했을 때처럼 – 모든 것을 단호하게 부인했습니다.

신문보도에 따르면, 지금 김조현은 궁내부의 지시로 법적 책임을 지기 위해 구금되었습니다. 감옥에서 김조현은 분명 혹독한 방법으로 고문을 당할 것입니다. 그러다 결국 높으신 분의 혐의를 벗기기 위해 태황제의 지시 없이 자발적으로 본인을 찾아왔다고 자백할 것입니다.

헤이그 특사들에 대한 사형선고는 한국인들이 "한 사람도 교수형에 처하지 않고 그대로 두었다"는 점에서 익살스런 점이 없지 않습니다. 그러나 가련한 김조현은 실제로 서울의 감옥에 갇혀 고문자들의 수중에 있습니다. 김조현의 앞날이 어떻게 될지는 전혀

2 [감교 주석] 이완용(李完用)
3 [감교 주석] 이윤용(李允用)
4 [감교 주석] 우기원(禹麒源)
5 [감교 주석] 이토 히로부미(伊藤博文)

예측할 수 없습니다. 이 코미디 같은 사건에 분노가 치밉니다. 이 사건이 지나치게 복잡해지는 경우, 이토가 명령을 내려서 황실의 거짓말쟁이를 이대로 두고 보지 않기를 바랄 뿐입니다.

상하이에서 방금 도착한 속달우편에 의하면, 은행은 예치금 해지를 받아들였습니다. 그러나 은행은 현재 유럽의 금융위기를 고려해 손실을 피할 수 있도록 증권시세가 정상으로 돌아올 때까지 유가증권의 판매를 연기할 것을 권유하고 있습니다. 통감부는 여기에 동의했습니다. 그러므로 이 문제는 몇 개월 후에야 비로소 정리될 것입니다.

크뤼거

내용: 전임 한국 황제의 예치금

No. 68의 첨부문서 1.
첨부문서의 내용(원문)은 독일어본 425쪽에 수록.

No. 68의 첨부문서 2.
사본

연도번호 No. 913

서울, 1907년 11월 2일

1907년 10월 15일의 서신에 대한 답신.
Q 18538

한국 태황제의 예치금

본인은 지난 달 15일 자 귀하의 답신 내용을 일본 통감부에 알려주었습니다.

그에 이어 본인은 외무국장 나베시마[6]와 다양한 논의를 했습니다. 그 자리에서 나베시마는 이 문제가 불거지고 나서 곧바로 태황제에게 문의했다고 본인에게 설명했습니다. 태황제는 이 문제로 비난을 받았으며 예치금의 해지와 상환 청구를 명백히 지시했다고 합니다. 이로써 은행이 요구하는 대로 모든 일이 이루어졌으며, 그것은 아마 꼭 필요한 절차일 것이라고 합니다. 그에 대한 증거로 나베시마는 통감부와 한국 총리대신 및 궁내부 사이에 오간 서신을 내보였습니다.

본인은 상황이 그렇다면 태황제가 예치금 반환을 명령했다는 사실을 공식적으로 서면을 통해 본인에게 확인해줄 것을 나베시마에게 요청했습니다. 그리고 본인의 경우에는 그런 식의 확인서로 충분하다고 덧붙였습니다.

본인은 이런 의미의 확인서를 받기 전에, 이토와 만날 기회가 있었습니다. 그 기회에 이토는 예치금 사건에 대해 말을 꺼냈으며. 자신이 직접 본인을 태황제에게 안내하겠다고 자청했습니다. 예치금을 해약했다는 말을 태황제의 입을 통해 본인에게 들려주고 또 나중에 돈이 입금되면 본인을 다시금 태황제에게 데려다주겠다고 했습니다. 그리고 만일 본인 측에서 의구심이 드는 경우에는 직접 태황제에게 지폐나 수표를 건네줄 수 있다는 것이었습니다. 본인은 나베시마가 본인에게 구두로 확언한 내용이 공식적인 확인서에 담겨 있다면 굳이 번거롭게 오갈 필요가 없을 것으로 생각한다고 이토에게 답변했습니다.

그에 이어 지난달 30일에 확인서가 본인에게 도착했습니다. 본인은 그 확인서의 사본을 삼가 귀하에게 동봉하는 바입니다.

한국 태황제가 예치금의 상환을 바란다고 그 확인서에 명시되어 있음으로, 본인은 이에 만족하는 바입니다. 그리고 베를린에서 유가증권을 매각한 대금을 그 동안 적립된 이자와 함께 본인에게 송금해주실 것을 삼가 부탁드립니다.

그 돈이 최소한의 비용으로 가능한 한 시간과 이자 손실 없이 서울에 도달할 수 있는 방법과 관련해서는 전문가이신 귀하의 결정에 맡깁니다. 만일의 경우에 대비해 본인은 귀하가 거래하시는 이곳 제일은행의 수표를 제안합니다. 총영사관도 제일은행에 공식적인 계좌를 소유하고 있습니다.

본인은 유가증권을 매각하고 송금하기까지는 아마 어느 정도 시간이 필요할 것이라고 통감부에 암시했습니다.

그리고 귀하께서 이 편지를 수령하셨음을 본인에게 알려주시기를 당부 드립니다. 아

6 [감교 주석] 나베시마 게이지로(鍋島桂次郎)

울러 머지않아 돈이 입금될 수 있도록 귀하 측에서 일을 추진하고 있음도 확인해주시길 부탁드립니다.

독일제국 총영사

(서명) 크뤼거

상하이의 독일-아시아은행 귀중.

보고서 No. 68의 첨부문서 3.

사본

1907년 11월 12일 자 황성신문의 번역문

궁내부대신이 승녕부[7]의 총관인 이재완[8]의 보고서를 받았다고 법부대신[9]에게 통지했다. 그 보고서에서 이재완은 독일에 예치한 돈에 대해 문의하고자 전례관 우기원을 독일 영사관에 보냈음을 알렸다. 우기원이 돌아와 보고한 바에 의하면, 전례관 김조현은 돈 문제로 태황제의 심부름을 왔다고 독일 영사에게 말했다고 한다. 그러나 태황제는 그런 조처를 취하지 않았다. 궁내부대신은 법부대신에게 김조현을 감금하여 엄히 문초할 것을 요청했다.

7 [감교 주석] 승녕부(承寧府)

8 [감교 주석] 이재완(李載完)

9 [감교 주석] 조중응(趙重應)

24

원문 p.428

[영국 추밀원령 반포 후 베델에 대한 처분 및 언론의 보도 보고]

발신(생산)일	1907. 11. 13	수신(접수)일	1907. 12. 18
발신(생산)자	뭄	수신(접수)자	뷜로
발신지 정보	도쿄 주재 독일 대사관	수신지 정보	베를린 정부
	A. 454		A. 19088

사본

A. 19088 1907년 12월 18일 오전 수신

도쿄, 1907년 11월 13일

A. 454

독일제국 수상 뷜로 각하 귀하

본인은 얼마 전에 1907년 2월 11일 자로 영국의 추밀원령이 공표되었다고 이미 삼가 각하께 보고드린 바 있습니다. 추밀원령에 의하면, 청국이나 한국에서 – 지금까지처럼 – 청국과 한국의 관청이나 국민뿐만 아니라 영국과 우호관계에 있는 국가의 관청이나 국민에 반대하는 선동적인 기사를 쓴 사람들에게도 형사상의 책임을 물을 수 있습니다.

본인이 그 동안 서울 주재 독일제국 총영사에게 보고받은 바에 의하면, 금년 9월 17일 자 서울 신문도 영국 추밀원령의 내용을 보도했습니다. 이와 동시에 일본 통감부의 공식신문으로서 "Seoul Press"은 공공연히 일본에 반대하는 "Korea Daily News"에 이 규정에 적용될 것으로 예상했습니다. 그 직후 공공의 평화를 방해한다는 이유로 서울 영국 영사재판소의 소환장과 함께 형사소송 개시 결정문이 "Korea Daily News"의 소유주인 베델[1]에게 실제로 전달되었습니다.

지난달 14일과 15일에 열린 재판은 피고인의 죄목이 사실로 입증된 것으로 간주한다는 판결로 끝났습니다. 나아가 베델에게 300파운드의 보석금과 6개월간의 근신 명령이 내렸습니다.

독일제국 총영사 크뤼거 박사의 보고에 의하면, 이 형사소송절차가 일본 통감부의

1 [감교 주석] 베델(E. T. Bethell)

제의에 의한 것임은 의심의 여지가 없습니다. 그런데도 단독 재판관으로 재판에 임한 영국 총영사 콕번[2]은 법정에서 이러한 질문에 대한 답변을 거부했습니다. 이 재판이 일본 통감부의 제의에 의한 것임은 무엇보다도 고마츠[3] 비서관(영어 통역관) 같은 통감부 직원들이 공식자격으로 나선 점에서 알 수 있습니다. 공적인 신분으로 보아 고마츠 비서관은 상급 관청이 독려하지 않았다면, 아마 영국 재판소에 나타나지 않았을 것입니다.

영국 총영사 콕번의 말에 따르면 영국 영사재판소는 금년 2월 11일에 새로이 발령된 추밀원령이 아니라 1904년의 추밀원령 83조 이하를 근거로 진행되었는데, 이 점이 이 소송 절차에서 눈길을 끕니다. 올여름까지만 해도 이곳 영국 대사는 베델과 같은 부류의 신문기자들에게 조처를 취한 권한이 서울의 영국 영사재판소에 없다고 본인에게 말했습니다. 그런 만큼 이 재판은 더욱 주목할 만합니다. 게다가 새로운 추밀원령을 적용한다 하더라도 서울의 영사재판소가 아니라 상하이의 최고재판소가 이 재판을 주재해야 했을 것입니다.

서울 주재 독일제국 총영사의 보고에 따르면, "Seoul Press"는 이 사건에 대해 시종일관 침묵으로 일관하고 있습니다. 그런 반면에 일본에서 발행되는 영자신문의 판단은 베델 사건에 대해 소상히 살펴보는 계기를 제공했습니다. 특히 "Japan Chronicle"과 "Japan Daily Herald"는 그런 식의 판결이 청국에서 발행되는 영자신문을 상당한 위협한다고 지적했습니다. 특히 신문의 비판이 영국 당국의 견해와 일치하지 않는 경우에 그럴 수 있다는 것입니다. 선동적인 기사를 이유로 고소장을 작성하기가 쉽다고 합니다. 베델의 경우 일종의 증거수집에서 결론을 이끌어내는 것이 정당하다면, 유죄판결을 내리는데 많은 증거가 필요하지 않다는 것입니다.

(서명) 뭄

원본 문서 한국 10

2 [감교 주석] 콕번(H. Cockburn)

3 [감교 주석] 코마츠 미도리(小松綠)

25

원문 p.430

[미일협정 관련 미국 측 제안을 일본이 거부함]

발신(생산)일		수신(접수)일	1907. 12. 23
발신(생산)자		수신(접수)자	뷜로
발신지 정보	미국	수신지 정보	베를린 정부
			A. 19386

A. 19386 1907년 12월 23일 수신

메모

일본인의 미국 이주 문제와 관련한 도쿄 1907년 11월 26일 자 보고서 – A. 428 –.

미국은 이 문제를 일본과 협정을 맺는 방식으로 해결하려 하며, 일본 근로자들을 합중국 영토에서 배제하는 대가로 특히 한일관세동맹을 인정할 것을 약속했다. 일본은 거절했다.

원본 문서 미국 29

26

원문 p.431

[간도를 둘러싼 청일간 국경분쟁 보고]

발신(생산)일	1907. 12. 12	수신(접수)일	1907. 12. 31
발신(생산)자	렉스	수신(접수)자	뷜로
발신지 정보	베이징 주재 독일 공사관	수신지 정보	베를린 정부
	A. 257		A. 19744

사본

A. 19744 1907년 12월 31일 오후 수신

A. 257 베이징, 1907년 12월 12일

독일제국 수상 뷜로 각하 귀하

본인은 이달 2일 자 심양 주재 독일제국 영사관의 보고서 사본을 삼가 각하께 제출하게 되어 영광입니다. 이 보고서는 간도 지방을 둘러싼 청국과 일본의 국경분쟁에 대해 보고합니다.

이 보고서에 의하면 청국 정부는 결코 양보할 생각이 없으며, 필요한 경우에는 이 문제를 헤이그의 국제중재재판소에 의뢰할 계획입니다.

며칠 전 외무부의 흠명상서회판대신 량둔얀[1]은 청국 정부에게 양보할 의사가 없음을 분명히 밝혔습니다. 간도 지역의 청국 감독관은 그 땅이 청국의 영토이며 주민들은 청국 관청의 뜻에 따라야 한다는 포고문을 그곳에 붙였다고 합니다. 일본은 소유권 분쟁이 있는 지역을 청국의 영토라고 표시할 권리가 청국에게 없다는 이유를 들어 그에 대해 항의했다고 전해집니다.

그 사이 일본인들은 "beatus possidens"[2]의 원칙에 따라 이미 그곳에 완전히 정착한 듯 보입니다. 일본인들은 선양[3]의 보고서에서 언급된 전신선 이외에 이미 우체국도 설치했으며 탄광 채굴도 시작했다고 합니다. 또한 분쟁지역에서는 금도 산출된다고 합니다.

(서명) 렉스

원본 문서 한국 10

---

1 [감교 주석] 량둔얀(梁敦彦)

2 [감교 주석] '고발인 스스로 자신의 권리를 입증해야 하기 때문에 피고발인이 유리하다'는 의미.

3 [감교 주석] 선양(瀋陽)

27
원문 p.432

[간도는 청국 영토라는 청국 감독관의 포고 보고]

발신(생산)일	1907. 12. 24	수신(접수)일	1908. 1. 16
발신(생산)자	렉스	수신(접수)자	뷜로
발신지 정보	베이징 주재 독일 공사관	수신지 정보	베를린 정부
	A. 269		A. 789

사본

A. 789 1908년 1월 16일 오후 수신

베이징, 1907년 12월 24일

A. 269

독일제국 수상 뷜로 각하 귀하

본인이 최근 각하께 삼가 보고드린 바와 같이, 간도 지역의 청국 감독관이 그곳에서 이 땅은 청국 영토이고 주민들은 청국 당국의 뜻에 따라야 한다는 포고문을 공표했습니다.

일본의 신문보도에 의하면 이 포고문은 분쟁지역의 청국인뿐만 아니라 한국인에게도 해당된다고 합니다. 이 기사 내용은 청국 당국의 견해를 자주 전달하는 "Mukdener Tungsansheng Jihpao"가 사실이라고 인정함으로써 신빙성을 얻었습니다. 지금 청국 관리들 역시 심양 주재 독일제국 부영사에게 이 소식이 사실이라고 간접적으로 확인해주었습니다. 이것을 계기로 이달 18일 자 보고서에서 메츠거[1] 부영사는 만주에서 한국인의 법적 지위에 대해 상세히 검토했습니다. 본인은 이 보고서의 사본을 삼가 동봉하는 바입니다.

도쿄와 상하이 주재 독일제국 대표에게 이 보고서의 사본을 보낼 것입니다.

(서명) 렉스

원본 문서 한국 10

1 [감교 주석] 메츠거(Mezger)

28

원문 p.433

[한국 정부 고문 스티븐스가 귀국해 워싱턴 일본대사관 고문으로 근무하리라는 보고]

발신(생산)일	1907. 12. 10	수신(접수)일	1908. 1. 19
발신(생산)자	뭄	수신(접수)자	뷜로
발신지 정보	도쿄 주재 독일 대사관	수신지 정보	베를린 정부
	A. 500		A. 909
메모	1월 21일 워싱턴에 전달		

사본

A. 909 1908년 1월 19일 오전 수신

도쿄, 1907년 12월 10일

A. 500

독일제국 수상 뷜로 각하 귀하

본인이 비밀리에 알아낸 바에 의하면, 일본 정부의 추천으로 지금까지 한국 정부 고문으로 활동한 스티븐스[1]가 워싱턴으로 돌아간다고 합니다. 스티븐스는 워싱턴에서 일본 대사관의 고문으로 근무할 예정입니다. 예전에도 이미 스티븐스는 워싱턴 주재 일본 공사관에서 여러 해 동안 고문의 지위에 있었습니다. 그 당시 본인은 스티븐스와 교분을 쌓았습니다. 스티븐스와 본인을 잘 아는 워싱턴의 한 지인이 얼마 전 본인에게 서신을 보냈습니다. 그 서신에서 워싱턴의 지인은 미국과 일본의 긴장관계를 감안해 일본 대사관 근무를 포기하도록 스티븐스를 설득해줄 것을 본인에게 요청했습니다. 본인은 본인과 아무 상관없는 일에 개입하지 않는 편이 상책이라고 생각했습니다.

(서명) 뭄

원본 문서 한국 10

1 [감교 주석] 스티븐스(D. W. Stevens)

29
원문 p.434

[한국 정세에 관한 쾰른 신문의 보도]

발신(생산)일		수신(접수)일	1908. 1. 21
발신(생산)자		수신(접수)자	
발신지 정보	쾰른	수신지 정보	베를린
			A. 1035

A. 1035 1908년 1월 21일 오후 수신

쾰니셰 차이퉁[1]

1908년 1월 21일

한국. 서울, 12월 20일. 한국 황실을 위한 내년도 예산이 불과 150만 엔, 즉 약 300만 마르크로 책정되었다. 그중 30만 엔은 태황제를 위한 것이다. 한국 군부대신의 제안에 따라, 황제가 외출하는 경우 황제를 호위할 근위기병대를 양성할 예정이라고 한다. 지금까지는 일본 기병대가 이 영예로운 임무를 수행했다. 말, 교관장교, 안장 및 마구는 일본에서 들여올 계획이다. 젊은 황제는 부친인 태황제의 영향에서 벗어나고자 이미 11월 13일에 황후와 그 사이 일본으로 파견된 황태자 및 모든 조신들과 함께 동쪽 궁궐[2]로 옮아갔다. 동쪽 궁궐은 아름다운 정원 덕분에 한국 수도의 가장 훌륭한 명소로 손꼽힌다. 1883년 이후 아무도 거주하지 않아 궁궐 건물들이 몹시 쇠락한 탓에, 황제가 다시 거주할 수 있도록 상당한 비용을 들여야 했다. 태황제도 미국 총영사관과 러시아 총영사관 사이에 위치한 거처[3]를 떠났다. 태황제를 위해 북쪽 궁궐[4]을 다시 복구하려 했지만, 태황제가 그곳에 발을 들여놓으려 하지 않았다. 그곳에서 12년 전에 왕비가 잔혹하게 살해[5]되었기 때문이다. 그래서 태황제는 젊은 황제가 혼례식을 치른 궁궐을 거처로 선택했다. 소문에 의하면, 일본 통감부가 이제 비어 있는 궁궐로 이전한다고 한다. 그리스 양식으로

1 [감교 주석] 쾰니셰 차이퉁(Kölnische Zeitung)
2 [감교 주석] 창덕궁(昌德宮)
3 [감교 주석] 경운궁(慶運宮)
4 [감교 주석] 경복궁(景福宮)
5 [감교 주석] 명성황후(明成皇后) 시해사건

세운 새 궁궐도 통감부에 아주 적합할 것으로 보인다. 해고된 한국 장교들과 병사들이 대부분 지휘하는 폭도들이 여전히 일본인들을 몹시 괴롭히고 있다. 대폭 증강된 경찰이 일본군의 적극적인 지원을 받는데도, 남부지방 전체를 뒤흔들고 이미 북쪽지방으로 번진 폭동[6]을 진압하기는 어려울 것 같다. 그 때문에 한국 정부는 폭동이 일어난 지역의 모든 고을에 민병대를 조직하라는 명령을 내렸다. 민병대는 각 지역 경찰관의 지휘 아래 폭동을 진압하도록 협력해야 한다. 그런데도 소요는 더욱 확대되고 있으며, 일부 일본인들이 종종 참혹하게 목숨을 잃는다. 얼마 전에는 장교 한 명과 병사 두 명으로 구성된 일본군 순찰조가 참변을 당했다. 심지어 이달 19일에는 상당히 큰 규모의 반란자들이 수도 서울의 동대문 근처에 나타났다. 즉각 일본 경찰대장이 직접 나서서 폭도들을 추적했다. 한 명이 붙잡혔는데, 그 자의 자백에 의하면 밤에 시내에 잠입해서 약탈할 계획이었다고 한다. 당국이 무기를 버리고 평화로운 직업에 종사한다면 처벌하지 않겠다고 폭도들에게 약속했는데도 전혀 실효를 거두지 못하고 있다. 황제의 칙령도 마찬가지로 무시되고 있다. 그로 인해 물론 가난한 국민들이 가장 많은 고통을 겪는다. 폭동을 진압하는 비용이 어마어마하게 늘어나기 때문이다. 우리가 확실한 소식통으로부터 알아낸 바에 의하면, 금년도 예산은 천만 마르크의 결손을 기록할 것이라고 한다. 일본에서 새로운 차관을 빌려 이 결손을 충당할 것이다. 일본 통감부가 한국 대신들과 함께 새로 제정한 행정규정들이 1908년 1월 1일 자로 발효된다. 이 규정들이 틀림없이 한국 국정을 더 나은 길로 이끌 것이다. 궁중의 불필요한 관리 상당수가 해고되었다. 1908년 새해부터는 청국 달력도 더 이상 사용되지 않는다고 한다. 압록강 왼편의 숲을 채벌하는 한일신디케이트의 일본인 책임자가 돌아왔다. 겨울에는 뗏목을 띄울 수 없기 때문이다. 청국과 한국의 국경을 이루는 이 강의 오른편 숲과 자주 거론된 섬 간도 숲에서의 벌목으로 인한 청국인들과의 싸움은 아직 해결되지 않았다. 청국인들은 양보할 생각이 없는 듯하다. 선천(한국 서북부)에 있는 독일 광산회사는 제물포에 소재하는 독일 상사 마이어 회사[7]의 카를 볼터[8] 사장에 의해 설립되었다. 마이어 회사는 세계적으로 유명한 독일 상사이며. 카를 볼터는 여러 해 동안 사장으로서 매우 활동적으로 일하고 있다. 책임 엔지니어 F. 케겔의 지난번 보고서에 의하면, 독일 광산회사는 전망이 매우 좋다. 독일 광산 바로 옆에 위치해 있으며 최근 폐광된 영국 광산을 지금까지 이끌어온 할러웨이[9]도 그 점을

6 [감교 주석] 13도 창의군의 활동으로 보임.

7 [감교 주석] 마이어 회사(E. Meyer & Co.; 세창양행(世昌洋行))

8 [감교 주석] 카를 볼터(K. Wolter)

9 [감교 주석] 할러웨이(Holloway)

인정했다. 할러웨이는 독일 대학가에서도 전문가로 인정받고 있으며, 영국의 세계적인 회사 Mattiesen & Co.[10]를 위해 이곳에서 근무했다. 그러나 할러웨이의 견해에 의하면, 매우 엄격한 광산 규정 때문에 자본을 조달하기가 쉽지 않다. 아마 외교적인 방법으로 한국의 광산법 개정을 유도할 수 있을 것이다.

10 [감교 주석] 원문에는 "Mattiesen u Co."로 기술되어 있음. 자딘 매디슨 회사(Jardine Matheson & Co; 이화양행(怡和洋行))으로 추정됨.

30

원문 p.436

[한국 무역에 관한 쾰른 신문의 보도]

발신(생산)일		수신(접수)일	1908. 1. 22
발신(생산)자		수신(접수)자	
발신지 정보	쾰른	수신지 정보	베를린
			A. 1071

A. 1071 1908년 1월 22일 오후 수신

쾰니셰 차이퉁[1]

1908년 1월 22일

한국. 서울. 12월 31일. 한국의 무역이 나날이 증가하고 있다. 금년 11월 말의 세관통계에 의하면, 수출이 거의 3천만 마르크에 육박하고 수입은 7250만 마르크에 달했다. 1906년 1월 말과 비교하면, 수출은 1250만 마르크, 수입은 1050만 마르크 증가했음을 뜻한다. 유감스럽게도 여기에서 독일이 차지하는 비중을 확인할 수는 없다. 그러나 제물포에 있는 함부르크의 마이어 회사[2]가 적지 않은 부분을 차지할 것이다. 마이어 회사는 부산과 압록강변의 안둥[3]에도 지사를 두고 있다. 그러므로 하파그[4]가 상하이와 제물포 사이의 교통편을 재개하려 한다는 계획은 기쁜 소식이다. 예전에 이 일을 맡았던 Peiho 기선은 Deinat 선장의 지휘하에 많은 인기를 누렸다. Peiho 기선이나 또는 비슷한 목적을 가진 기선들이 상하이에서 출발해 칭다오, 즈푸[5], 다롄[6], 압록강의 안둥과 제물포를 경유하는 정기 노선을 운항하면, 널리 요구되는 수요를 충족시킬 것이다. 그러나 우리가 즉시 착수하지 않는다면 영국이나 일본의 선박이 신속하게 등장할 것이다.

---

1 [감교 주석] 쾰니셰 차이퉁(Kölnische Zeitung)

2 [감교 주석] 마이어 회사(E. Meyer & Co.; 세창양행(世昌洋行))

3 [감교 주석] 안둥(安東)

4 [감교 주석] 하파그(Hapag). 독일 함부르크에 본사를 둔 세계적인 운송회사.

5 [감교 주석] 즈푸(芝罘)

6 [감교 주석] 다롄(大連)

31

원문 p.437

서울의 미국 전력회사에 대한 일본인들의 선동

발신(생산)일	1908. 1. 13	수신(접수)일	1908. 2. 2
발신(생산)자	크뤼거	수신(접수)자	뷜로
발신지 정보	서울 주재 독일 영사관	수신지 정보	베를린 정부
	K. No. 13		A. 1656
메모	연도번호 No. 49 2월 5일 워싱턴 97, 베이징 36에 전달		

A. 1656 1908년 2월 2일 오후 수신

서울, 1908년 1월 13일

K. No. 13

독일제국 수상 뷜로 각하 귀하

일본과 미국 사이에서 감도는 긴장이 최근 멀리 떨어진 한국에서 심각하게 표출될 뻔했습니다.

각하께서도 잘 알고 계시는 바와 같이, "American Korean Electric Co."[1]는 서울의 전차 특허권자입니다. 이왕 말이 나온 김에 말씀드리면, 한국의 태황제가 이 회사의 주요 주주 중의 한 명입니다.

지금까지 전차의 일 구간 당 기본요율은 한국 돈으로 5전이었습니다.

몇 해 전 이 요율이 확정되었을 때만 해도 한국 화폐와 일본 화폐는 시세 차이가 없었습니다. 그러다 한국의 통화가 악화된 뒤를 이어 곧바로 일본인 재정고문 메가타[2]가 화폐개혁을 실시한 결과, 옛 한국 화폐의 가치는 일본 화폐의 절반 수준으로 하락했습니다. 이제 한국 돈 5전은 일본 돈 2.5전에 해당됩니다.

이러한 상황을 감안해 전력회사[3]는 금년 1월 1일부터 기본요율을 두 배로 인상했습니다. 다시 말해 한국 돈 5전에서 일본 돈 5전으로 올렸습니다. 서울의 일본인 거류민 회장

---

1 [감교 주석] 한미전기회사(American Korean Electric Co.)

2 [감교 주석] 메가타 다네타로(目賀田種太郎)

3 [감교 주석] 한미전기회사(American Korean Electric Co.)

에게 보내는 서신에서 전력회사는 특히 3구간을 2구간으로 바꾸는 등 일련의 구간을 확대하는 식으로 회사의 조처를 정당화했습니다. 그러고는 이제 일본 화폐로 지불하는 회사 직원의 급료를 예전에 비해 50% 이상 인상하려 했습니다.

일본 측에서는 즉시 교통요금 인상에 반대하는 대대적인 움직임이 시작되었습니다. "Seoul Press"(통감의 기관지), "Taikan Nippo", "Keijo Nippo"를 비롯한 신문들은 대체로 객관적인 입장을 견지한 반면에, 제물포에서 발간되는 "Chosen Nichi Shimbun"은 나날이 위협적인 어조를 강화했습니다. 그러다 급기야는 "캘리포니아의 일본인들이 받은 대접에 대한 보복으로 미국 회사에 노골적으로 실력 행사"를 할 것을 촉구했습니다."("inciting people to acts of violence against the American Korean Electric Company in retaliation of for the outrages suffered by the Japanese in America").

이 단계에서 다행히도 통감부가 개입했습니다. 지난 주말에 통감부는 제물포의 일본 이사관 시노부 준페이[4]를 시켜 문제의 선동적인 신문을 휴간시키고 이미 인쇄되어 다음날 배포될 예정이었던 신문을 압류했습니다.

같은 날(이달 10일 금요일) 저녁에 일본인 약 5백 명이 서울의 혼마치[5] 극장에서 항의 집회를 개최했습니다. 몇 사람의 인사말이 있은 후, 한 연사가 일어나 한미전기회사와 연관 지어 미일관계에 대해 격앙된 어조로 말하기 시작했습니다. 그러자 집회를 감독하던 경찰 조직이 모임을 해산했습니다.

통감부의 조치에 힘입어 이곳 사람들은 서서히 안정을 되찾을 것이고 선동의 물결은 무위로 끝날 것입니다.

어쨌든 이 사건은 한국의 일본인들 사이에서도 불만의 씨가 존재한다는 것을 알려주었으며, 그러므로 언급할만한 가치가 있습니다.

크뤼거

내용: 서울의 미국 전력회사에 대한 일본인들의 선동

---

4 [감교 주석] 시노부 준페이(信夫淳平)

5 [감교 주석] 혼마치(本町). 충무로의 일본식 명칭

A. 1656에 첨부.

V.

다음과 같은 내용 설명: 정보를 알려주기 위해 원본과 같은 내용 전달.

---- 주재 사절단 귀중.   발송인:----   경유: ----

워싱턴 No. A. 97
베이징 No. A. 36

기밀

A. 2301에 첨부
본 보고서는 대외적인 서신 교환에 사용되었다.

32

원문 p.440

한국 황태자의 일본 유학

발신(생산)일	1908. 1. 3	수신(접수)일	1908. 2. 15
발신(생산)자	뭄	수신(접수)자	뷜로
발신지 정보	도쿄 주재 독일 대사관	수신지 정보	베를린 정부
	A. 1		A. 2307
메모	2월 17일 페라 152, 다름슈타트 78, 런던 225, 드레스덴 85, 마드리드 89, 카를스루에 84, 파리 190, 뮌헨 86, 페테르부르크 201, 슈투트가르트 87, 로마 B. 136, 바이마르 80, 워싱턴 128, 올덴부르크 78, 빈 162, 함부르크 84, 아테네 67, Lueby 47에 전달		

A. 2307 1908년 2월 15일 오후 수신

도쿄, 1908년 1월 3일

A. 1

독일제국 수상 뷜로 각하 귀하

예전에 일본은 한국에서 혹독하게 채찍을 휘둘렀습니다. 그러다 일본 황태자의 공식적인 서울 궁중 방문과 더불어 유화정책을 개시했습니다. 한국의 어린 황태자가 최근 일본으로 유학 오는 과정에서 보여준 환대에서도 다시금 이런 유화정책이 드러납니다.

각하께서도 이곳에서 올린 보고서를 통해 알고 계시는 바와 같이, 일본 측은 12세의 영친왕이 한국의 황태자로 책봉된 날부터 일본에서 교육시킬 의도를 품고 있었습니다. 한국 궁중, 특히 왕자의 모친인 엄비[1]가 이 계획에 강경하게 반대했습니다. 그러나 위세당당한 통감이 그 반대를 물리쳤습니다. 일본 황태자가 서울을 방문했을 때, 통감은 한국 황제로부터 이 계획에 대한 윤허를 받아냈습니다. 당시 한국 황제는 어린 동생의 신변을 믿고 맡길 사람, 즉 이토[2]의 호위하에 영친왕이 일본에 갈 것이라고 말했다고 합니다.

그래서 통감은 황자의 지위를 하사받고 황태자의 "후견인"으로 임명되었습니다. 통감이 일본에서 겨울을 나려고 서울을 떠날 때, 그 어린 왕자는 일본 순양함 "Manshu"호[3]를

1 [감교 주석] 순헌황귀비(純獻皇貴妃)

2 [감교 주석] 이토 히로부미(伊藤博文)

타고 제물포에서 도쿄를 향한 여행길에 올랐습니다. 한국 고위관리의 동갑나기 아들 셋[4]이 한국 황태자의 벗으로 동행했고 한국의 궁내부대신[5]과 농상공부대신[6]이 호위했습니다. 이와 동시에 한국 황제의 먼 친척[7]인 이재면[8] 경이 특사로서 일본 조정을 방문했습니다. 이미 앞에서 암시한 바와 같이, 일본 정부는 이 여행을 최대한 인상 깊게 보이게 하려고 전력을 다했습니다. 한국 황태자는 지난달 7일 시모노세키[9]에 도착했을 때 최고의 영접을 받았습니다. 일본 궁내부의 고위관리가 일본 땅에 온 것을 환영한다고 일본 궁중의 이름으로 한국 황태자에게 말했고, 함대 전체가 한국 황태자를 위해 예포를 쏘았습니다. 한국 황태자가 큰 도시들에서 잠깐잠깐 머물며 일본 서부지방을 여행하는 모습은 개선 행렬과도 같았습니다. 마치 한국 황제의 아들이 자신의 나라에 온 듯한 광경이었습니다. 가는 곳곳마다 화려한 예복과 환영사로 지극히 성대하게 한국 황태자를 영접했습니다.

12월 15일 오후에 한국 황태자는 이토와 함께 도쿄에 도착했습니다. 황태자가 역에 도착하는 순간 예포를 쏘고 환영의 총성이 울려 퍼졌습니다. 근위병 2개 대대로 이루어진 의장병이 역 앞에 도열해 있었으며 깃발이 도시를 장식했습니다. 연로한 정치인들과 상당수의 고위 관리들을 대동한 아리스가와노미야[10] 친왕과 간인노미야[11] 친왕이 승강장에서 어린 황태자를 맞이했습니다. 일본 황태자는 감기에 심하게 걸렸는데도 역까지 대합실에서 한국 황태자를 환영했습니다. 의사들이 일본 황태자를 만류했다고 합니다. 신문들은 매우 우애 깊고 진심 어린 재회의 장면을 감동적으로 묘사했습니다. 한국 황실 후손의 품위 있는 태도에 대한 칭송이 신문 지상에 넘쳐났습니다. 카키색 제복 차림의 한국 황태자가 곳곳에서 깊은 인상을 주어 사람들의 마음을 끌었다는 것입니다.

한국 황태자는 시바 이궁[12]에서 여장을 풀었으며, 우선 새로운 환경에 적응할 수 있도록 이틀간 휴식시간이 주어졌습니다. 그리고 12월 18일에 근위기병 소대의 호위를 받으며 일본 천황을 알현하러 갔습니다. 그에 이어 궁궐에서 아침식사를 대접받았고, 그 자리

---

3 [감교 주석] 만주환(滿洲丸)

4 [감교 주석] 조대호(趙大鎬), 서병갑(徐丙甲), 엄주명(嚴柱明)

5 [감교 주석] 이윤용(李允用)

6 [감교 주석] 조중응(趙重應)

7 [감교 주석] 이재면은 고종의 친형이므로 순종에게는 삼촌뻘이라 먼 친척이라는 표현은 잘못됨.

8 [감교 주석] 이재면(李載冕)

9 [감교 주석] 시모노세키(馬關)

10 [감교 주석] 아리스가와노미야(有栖川宮)

11 [감교 주석] 간인노미야(閑院宮)

12 [감교 주석] 시바 이궁(芝離宮)

에는 아주 많은 사람들이 초대받았습니다. 이틀 후 천황이 시바 이궁의 젊은 손님을 방문했으며, 이토 및 일본에 머물고 있는 한국 대신들과 고관들도 함께 했습니다. 그 기회에 천황은 한국 황태자에게 국화 문장을 새긴 금시계를 선물했습니다. 신문들은 천황과 한국 황태자가 오랜 시간 동안 즐거운 담화를 나누었다고 대서특필했습니다. 한국에서 온 손님이 무척 자연스럽게 진심을 다해 일본 황족을 대했다고 언급했습니다. 그리고 일본 궁중은 한국 황태자에게 동등한 통치자 가문의 상속인으로서 마땅한 대접을 했다고 강조했습니다. 천황은 한국 황태자가 자신의 친아들처럼 대우받고 교육받기를 원한다는 것이었습니다. 그래서 한국 황태자에게 최고의 주치의를 배치해 건강을 보살피도록 지시했다고 합니다.

12월 21일 한국 황태자는 아오야마[13] 궁의 일본 황태자[14]를 방문했습니다. 한국 황태자가 그곳으로 차를 타고 가는 도중, 본인은 그 어린 황족이 쓸쓸하고 겁에 질린 표정으로 황실 자동차의 닫힌 차창 밖을 내다보는 것을 보았습니다. 12월 28일의 귀족원 개회식에서 한국 황태자를 좀 더 가까이서 살펴볼 기회가 있었습니다. 한국 황태자는 궁중용 관람석에 앉아 있었습니다. 한국 황태자가 매우 활달하고 총명하다는 소문이었는데, 어쨌든 그곳에 앉아 있는 자세나 얼굴 표정에서는 그런 점을 찾아볼 수 없었습니다. 어린 황태자는 여느 아이들과 다름없는 아이였습니다. 그러니 도쿄의 상급학교로 유학하게 되어서 남모르게 많은 눈물을 흘렸을 것입니다.

최근 들어 일본 궁중은 외국인, 특히 아시아인에 대한 예우에서 유보적인 태도를 취하고 있습니다. 그런데 한국 황실의 아이를 융숭하게 대접하고 예의를 갖추어 정중하게 대하는 것은 매우 주목할 만한 일입니다. 물론 일본인들에게 어린 황태자 자체는 2차적이거나 3차적인 문제에 지나지 않을 것입니다. 일본인들은 어린 황태자에게 보인 예우가 쓰시마 해협 너머에 좋은 인상을 일깨우고 일본 보호통치자에 대한 신임을 강화시킬 것을 매우 기대하고 있습니다. 그리고 일본과 한국의 언론이 그런 방향으로 기사를 보도하도록 조치를 취했습니다. 실제로 서울의 신문기사를 믿을 수 있다면, 일본인들의 이러한 계산은 크게 어긋나지 않은 듯 보입니다.

일본인들이 한국 황태자를 앞으로 어떻게 할 것인지 당분간은 가늠하기 어렵습니다. 일본인들은 한국 황태자를 일본의 한국 정책을 위한 순종적인 도구로 만들 것입니다. 일본인들이 이러한 목적을 달성하지 못하면, 한국의 황태자는 아마 제2의 라이히슈타트

13 [감교 주석] 아오야마(青山)

14 [감교 주석] 요시히토 친왕(嘉仁親王), 후에 다이쇼 천황(大正天皇)

공작[15]이 될 것입니다. 일본 궁중은 이토의 사위인 스에마쓰[16]를 한국 황태자의 교육 책임자로 선정했습니다. 우편선 "Zieten"호에서 근무한 스에마쓰 자작이 이 임무에 최적격이라고는 볼 수 없습니다. 스에마쓰 자작이 한국 왕자의 교육을 어떤 식으로 구상하는지는 "Japan Mail"의 기사를 통해 추론할 수 있습니다. 그 기사에 의하면, 스에마쓰 자작은 "소년의 지능을 너무 성급하게 발달시키려 노력하지 말라고 왕자의 측근들에게 경고했다"고 합니다.

한국의 특사 이재면 경은 이곳에서 황태자 및 이토 곁에서 완전히 뒷전으로 물러났습니다. 이재면은 황태자보다 하루 늦게 천황을 알현했으며, 그 자리에서 한국 군주의 친서를 전달했습니다. 이재면은 별로 주목할 가치가 없는 연회를 몇 번 대접 받은 후 지난달 26일 다시 한국으로 돌아갔습니다.

뭄

내용: 한국 황태자의 일본 유학

---

15 [감교 주석] 나폴레옹 보나파르트의 아들. 나폴레옹의 제위 시절 황태자였지만, 나폴레옹의 실각 후 라이히슈타트 공작으로 불렸음.

16 [감교 주석] 스에마쓰 가네스미(末松謙澄)

33

원문 p.444

[청 정부가 일본 공사에게 간도 지역에 대한 청국 권리를 증명하는 모든 서류를 교부했다는 보고]

발신(생산)일	1908. 2. 13	수신(접수)일	1908. 3. 3
발신(생산)자	렉스	수신(접수)자	뷜로
발신지 정보	베이징 주재 독일 공사관	수신지 정보	베를린 정부
	A. 54		A. 3304

사본

A. 3304 1908년 3월 3일 오전 수신

베이징, 1908년 2월 13일

A. 54

독일제국 수상 뷜로 각하 귀하

본인이 일본 공사에게 들은 바에 의하면, 청국 정부는 간도 지역에 대한 청국의 권리를 증명하는 모든 서류를 도쿄에 제시하라고 일본 공사에게 넘겨주었습니다. 지금 일본 정부는 이 서류들 및 간도 지역에 대한 한국인들의 문서들을 검토하는 중이라고 합니다.

본인은 도쿄 주재 독일제국 대사관에 이 보고서의 사본을 보낼 것입니다.

(서명) 렉스

원본 문서 한국 10

34

원문 p.445

한국의 동북부 지방을 지나 지린(만주)에 이르는 일본의 철도 계획

발신(생산)일	1908. 2. 20	수신(접수)일	1908. 3. 15
발신(생산)자	크뤼거	수신(접수)자	뷜로
발신지 정보	서울 주재 독일 영사관	수신지 정보	베를린 정부
	K. No. 28		A. 3953
메모	연도번호 No. 173 3월 15일 페테르부르크 396에 전달		

A. 3953 1908년 3월 15일 오전 수신. 첨부문서 2부.

서울, 1908년 2월 20일

K. No. 28

독일제국 수상 뷜로 각하 귀하

이달 7일 자 "Seoul Press"는 일본 정부가 한국의 북동쪽 해안에서 만주를 지나 지린[1]에 이르는 철도건설을 진지하게 계획한다는 내용의 "Osaka Asahi"[2] 기사를 보도했습니다.

출발점은 함경도 경성으로 결정되었습니다. 경성으로부터 두 가지 경로가 있습니다.

a. 곧장 북쪽으로 부령과 회령을 경유해 두만강에 이릅니다. 두만강에서 강줄기를 따라 Polohotun과 합류하는 지점에 이르고, 다시 그곳에서 서쪽으로 Omso를 지나 지린까지 Polohotun의 골짜기를 거슬러 올라갑니다.

b. 먼저 서북쪽으로 두만강변의 무산에 이르고, 여기에서 정확히 서쪽으로 쑹화강 상류로 거슬러 올라가서는 쑹화 강변을 따라 지린으로 이어집니다.

두 경로 모두 길이는 약 220 영국마일로 산정되고, 건설비용은 4200-4300만 엔으로 추정됩니다.

소문에 의하면, 일본 기술자들이 이미 적절한 선로 부설 예정지를 탐색하고 해당 지형을 측량하고 있습니다.

이 계획은 작년 5월과 6월 일본 육군대신 데라우치[3]의 만주 시찰 여행과 관계있습니

1 [감교 주석] 지린(吉林)

2 [감교 주석] 오사카마이니치신문(大阪每日新聞)

다. 데라우치는 여행에서 돌아오는 길에 서울에서도 며칠 머물렀습니다.

이곳에서는 그 사안에 대해 상세한 내용을 알아낼 수 없었습니다.

러시아 총영사관과 청국 총영사관도 신문기사 이상의 내용은 알지 못합니다.

철도계획과 관련해 육군대신의 이름이 거론되는 것으로 보아, 전적으로는 아니더라도 상당 부분 전략적인 사업이 문제됨을 알 수 있습니다. 철로가 서쪽에서 만주의 심장부로 뚫고 들어가서는, 남쪽으로부터 블라디보스토크의 시베리아철도 마지막 구간에 위협적으로 접근할 것입니다.

처음 절반 구간이 무산에서 쑹화강까지로 결정되면 철도는 분쟁지역인 간도를 상당 부분 통과하게 됩니다. 그러므로 간도 지역의 소유관계에 관한 분쟁을 청국의 요구에 맞서서 한국과 일본이 주장하는 쪽으로 해결하는 것은 일본에게 대단히 중요한 문제입니다.

본인은 이 보고서의 사본을 도쿄, 베이징, 심양에 보낼 것입니다.

크뤼거

내용: 한국의 동북부 지방을 지나 지린(만주)에 이르는 일본의 철도 계획

No. 28의 첨부문서 1

첨부문서의 내용(원문)은 독일어본 446~447쪽에 수록.

---

3 [감교 주석] 데라우치 마사타케(寺內正毅)

보고서 No. 28의 첨부문서 2

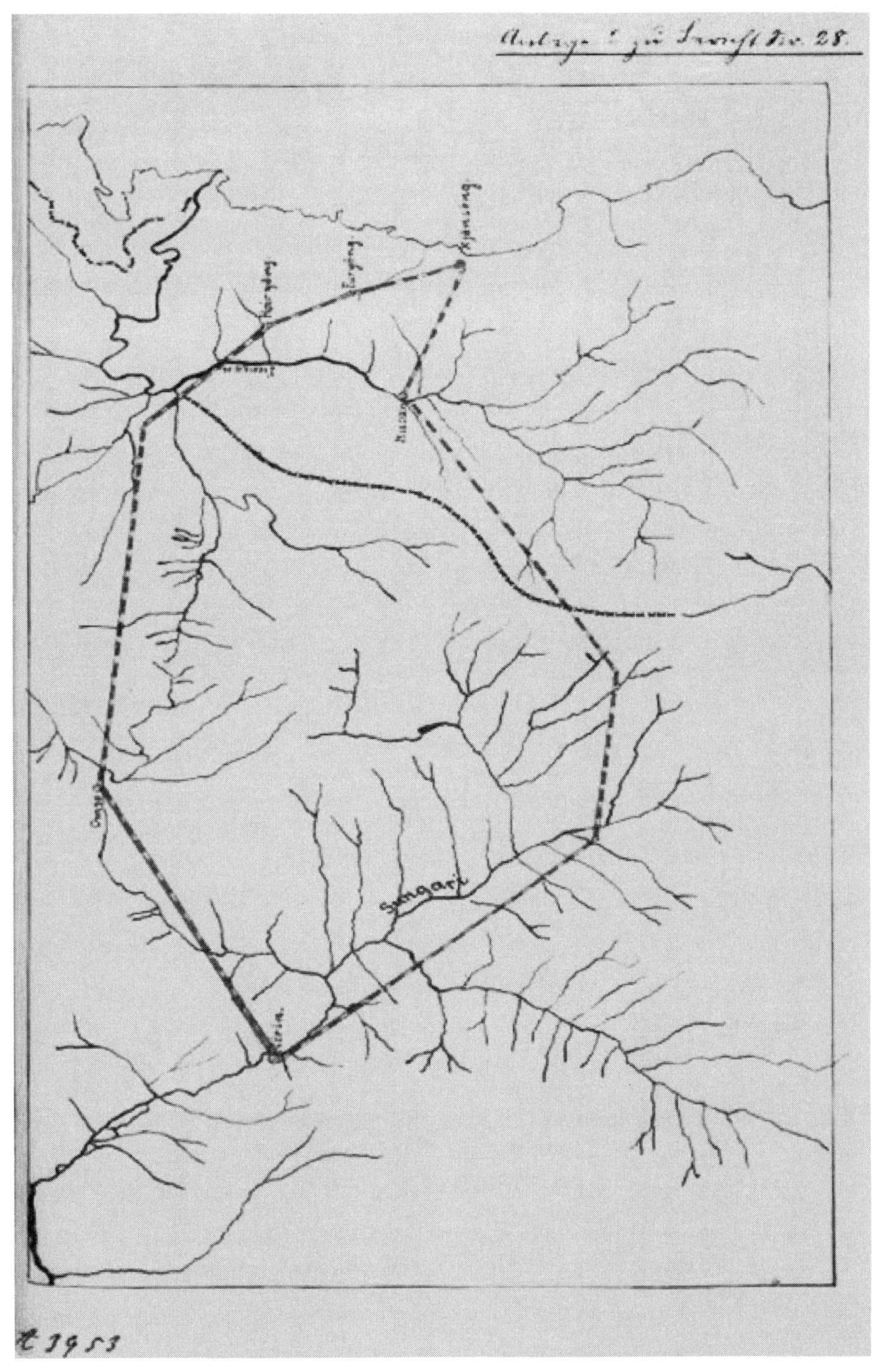

V. A. 3953에 첨부

다음과 같은 내용

1) 한국에서 지린에 이르는 일본의 철도 계획을
   페테르부르크 No. 396 주재 사절단에 전달.

2) 반송 요청과 함께 국방부 장관께 전달.
   사령부 동의.

베를린, 1908년 3월 18일
연도번호 No. 3178. 1908년 3월 18일

A. 3953 / 연도번호 3178
첨부문서 3부

반송 요청

국방부장관께 삼가 알려드립니다.
베를린, 1908년 3월 19일

국방부에서 읽었음.
베를린, 1908년 4월 10일

[sic]를 대리하여

35

원문 p.450

[일본의 해외 소유지의 경제적 가치에 관한 쾰른 신문의 보도]

발신(생산)일		수신(접수)일	1908. 3. 23
발신(생산)자		수신(접수)자	
발신지 정보	쾰른	수신지 정보	베를린
			A. 4458

A. 4458 1908년 3월 23일 수신

쾰니셰 차이퉁[1]

No. 312. 1908년 3월 23일

일본의 해외 소유지의 경제적 가치

도쿄, 2월 19일

대만의 민간 행정부 수장 이마이[2]는 최근 도쿄의 국민경제협회의 강연에서 이렇게 말했다. "인도가 영국의 금고이고 이집트가 영국의 곡창이듯, 대만은 일본의 무진장한 보고입니다." 대만에 대한 이러한 견해는 극히 지나친 미화의 산물이다. 대만의 면적이 3만9천km²이다. 그러므로 독일의 브란덴부르크주(39,839km²)보다 조금 작고 대부분 산악지대로 이루어져 있다. 대만의 산맥은 구일본의 산맥보다 더 높으며, 현재 건설 중인 철도의 설계도가 보여주듯 매우 오르기 어렵다. 그리고 강은 6배 이상 큰 일본의 본섬 혼다의 강들보다 훨씬 길이가 짧고, 많은 돌멩이들을 실어오는데다가 자주 홍수를 일으켜 큰 피해를 야기한다. 지룽[3]에서 안핑[4]까지 남북으로 섬을 관통하는 간선철도의 큰 다리 하나가 얼마 전 유실되었는데 아직까지 복구되지 않았다. 승객들은 보트를 타고 강을 건넌다. 논농사에 적합한 지대에는 청국인 3백만 명이 정착한 반면에, 지금까지

1 [감교 주석] 쾰니셰 차이퉁(Kölnische Zeitung)
2 [감교 주석] 이마이(今井)
3 [감교 주석] 지룽(基隆)
4 [감교 주석] 안핑(安平)

대만에 이주한 일본인 5만 명은 거의 도시에만 거주한다. 사람의 손길이 미치는 곳은 전부 동아시아의 악습에 따라 벌목되었다. 다만 아주 높은 산악지대, 즉 원주민들이 살고 있는 지역에서만 아름다운 편백나무 삼림과 녹나무 삼림을 아직 볼 수 있다. 이 나무들의 원목을 운송하기는 매우 어렵고 비용이 많이 드는데도, 높은 가격 때문에 일본에서는 여전히 많은 이윤을 남기고 판매할 수 있다. 바로 이 삼림들 때문에 일본은 원주민들을 섬멸하려 한다. 그래서 우리 독자들도 알고 있는 바와 같이, 최근 몇 년 동안 싸움이 벌어졌으며 이 싸움은 뜻하지 않게 유혈사태로 번졌다. 그 결과, 앞에서 언급한 철도건설이 현재 중단되었다. 북부 혼도[5]의 Kosaka에 있는 구리 광산의 소유주이자 매우 유능한 대기업가 Fudsita가 그 철도 건설을 기획했는데, 그 철도는 Fudsita가 임대한 삼림까지 이어진다.

대만의 주요 농산물은 쌀, 사탕수수, 차이고 그 다음으로는 채소, 오렌지와 바나나를 비롯한 과일이 많이 생산된다. 강우량은 섬의 모든 지역에서 구일본 만큼 많지 않다. 그것은 산맥들이 기류에 따라 여기저기서 구름의 접근을 저지하기 때문이다. 이런 연유에서 대만 민간행정의 전임 수장이었으며 현재 남만주철도회사 사장인 고토가 몇몇 지역에 인공관개시설을 기획했다. 이 시설을 도입하려면 8천만 마르크의 경비가 소요된다고 한다. 대만에서 지금까지 석탄은 별로 발견되지 않았고 금과 귀금속은 더욱 희귀하다. 그러므로 대만이 일본인에게 이민을 위한 대상이 아닌 것은 분명하다. 일본인은 대부분 삼모작 농사가 가능한 땅을 마음에 들어 하는데 그곳은 이미 청국인들이 소유하고 있으며, 접근하기 어려운 삼림은 원주민 소유이다. 일본인은 곡물농사와 축산에 적합할지 모를 구릉지에는 관심이 없다. 일본의 대만 무역 상황도 별반 나을 것이 없다. 나약한 한국인들은 일단 제공되는 것을 현금으로든 외상으로든 일단 구입하는데 비해, 대만의 청국인들은 새 통치자과 유리한 거래만을 한다. 상인으로서 청국인은 일본인을 훨씬 능가한다. 청국인은 섬에서 동족들과의 교역을 통해 얻을 수 없는 것은 정크선이 활발히 오가는 모국으로부터 구입한다. 대만 대외무역의 수입액은 1897년에서 1906년까지 변함없이 1275만 엔을 유지했고, 그에 대해 수출액은 975만 엔이었다. 그런데 일본으로의 수출액은 1825만 엔으로서 수입액에 비해 275만 엔 더 많다. 그러므로 일본 측의 결손액은 대략 대만 대외의 초과액과 맞먹는다. 일본과 대만 사이의 교통편을 독점한 일본의 해운만이 이윤을 남겼다. 일본 해운이 북동 해안에서 유일하게 좋은 항구 혹은 정박소를 Kilung에 소유하고 있기 때문이다. 그러나 그곳은 – 해안에서 몇 마일 떨어져 있고 –

5 [감교 주석] 혼도(皇都)

수심이 7미터에 불과하다. 그런데도 일본 정부는 지금까지 그곳에 6천만 엔을 지원하고 4천만 엔의 차관을 주선했으며 곧 다시 4천만 엔의 차관을 마련해줄 예정이다. 1906년에도 대만 예산의 지출과 수입은 균형을 이루었지만, 그때까지 대만은 일본 납세자의 주머니에서 많은 금액을 요구했다. 그리고 앞에서 언급한 이유들로 인해 대만은 앞으로도 결코 큰 이익을 가져오지 못할 것이다. 게다가 인조 장뇌가 개량되면 대만의 녹나무 삼림도 가치가 떨어질 것이다. 그러므로 산지는 많고 광물은 빈약한 그 작은 섬이 "일본의 무진장한 보고"라는 주장은 완전히 근거 없는 말이다. 하물며 일본 근로자들조차 대만에서 일자리를 구하지 못한다. 일본 근로자들이 능률이나 의욕에서 청국인에 훨씬 뒤지는데도 훨씬 더 많은 임금을 요구하기 때문이다. 일본 근로자들은 기껏해야 이발소에서나 일할 수 있을 것이다. [반관[6]신문 Japan Weekly Mail의 작년 No. 354호에서 보도된 바와 같이, 일본인들은 녹나무 삼림의 주인인 고산지대의 헤드헌터, 이른바 Aiju를 저지하기 위한 전선을 구축해야 한다. 이 전선은 약 5천 명의 청국 용병으로 이루어진 군사경계선이다. 4000만 엔 내지 8천만 마르크의 새로운 차관도 철도와 도로를 건설해 녹나무 삼림지역을 고립시켜 원주민을 축출하는데 소요된다. 일본 정부는 1899년부터 장뇌 세계시장을 독점하려 노력하고 있다. 그러나 동아시아 Lloyd와 영일 무역신문(The Anglo-Japanese Gazette, 런던, 1908년 2월)의 일치된 보고에 따르면. 그러한 노력은 구일본 및 대만 맞은편 청국 본토에서의 천연 녹나무 재배에 직면해 그 뜻을 이루기 어렵다. 게다가 오래전부터 셀룰로이드 공장들은 장뇌유에 건조 염화수소를 첨가해 인조 장뇌를 이미 여러 면에서 사용하고 있다.]

한국에서의 전망이 더 유리하다. 그러나 씨를 뿌리지 않고도 수확할 수 있다는 일본인들의 일반적인 견해는 한국에서도 거의 착각으로 밝혀졌다. 전쟁이 발발한 이듬해에 이미 일본의 많은 상류층 인사들은 이렇게 말했다. "우리는 한국에 대해 잘못 생각했다. 우리는 한국에서 풍성한 이익을 얻을 것으로 기대했지만, 사실은 별로 가져올 것이 없다는 사실을 이미 깨달았다." 그러나 식민지제도의 역사를 모르는 자만이 이렇듯 사태를 불리하게 보는 법이다. 설령 한국이 거의 사람이 살지 않는 열대지방의 비옥한 나라라 할지라도, 주거용 건물과 경제 건물을 짓고 시설을 설치하고 작물을 재배하고 이득이 되는 수출 상사를 훈련받은 직원과 함께 창건하기까지는 많은 돈과 노동과 시간이 소요되기 마련이다. 또는 한국에 광물이 풍부하다 할지라도, 광산을 운영하려면 상당히 많은 비용이 필요할 것이다. 그런데 한국은 광물자원이 빈약해서 대규모 광산 운영이 별로

6 [감교 주석] 반관(半官)

이익이 되지 않는 탓에 이미 대부분 포기한 상태이다. 농업 인구는 매우 많아서 농경지는 현재의 운용 방식으로도 생계를 유지하기에 충분하다. 인구가 늘어나면, 좀 더 집약적으로 농업을 짓거나 또는 아직 휴경지로 남아 있는 구릉지까지 농토를 확대해야만 생계에 지장이 없을 것이다. 또한 강들을 정비하게 되면 강변 여기저기에서도 벼를 재배할 수 있다. 집약적인 농업방식의 도입은 한국 지주들의 문제이다. 새 정부는 다만 조언을 통해 한국 지주들을 도울 수 있을 뿐이다. 황무지에서 농사를 짓고 강변에 둑을 쌓는 데는 돈과 시간이 필요하다. 접근성이 좋은 까닭에 이미 거의 완전히 벌목된 산지에 숲을 조성하게 되면 수십 년이 지난 후 비로소 이윤이 생길 것이다. 그러나 한국에서 머지않은 장래에 상당한 이익을 얻을 수 있다. 한국인은 일본인과는 달리 가축을 기른다. 한국인은 소를 주로 농사를 짓는데 이용하지만 예로부터 육류도 섭취했다. 그러므로 한국인은 새로운 경작지에 이주하는 일본인들의 가축 사육에 도움을 줄 수 있다. 일본 국민은 유럽의 학문과 기계공업을 도입한 후로, 정신적으로나 육체적으로 메이지 시대 이전에 비해 힘든 노동을 하고 있으며 영양분이 더 많은 음식 섭취를 필요로 한다. 그 때문에 과거에는 가금류와 어류에 제한되었던 육류 소비가 급증했다. 1875년에는 도쿄 시민 일인당 생선과 채소를 위한 연간 지출액이 1.50엔이었는데, 1900년에 이미 4.35엔이었으며 현재는 18.25엔에 이른다. 1875년에는 도쿄에서 불과 소 6193마리, 돼지 613마리, 양 82마리가 소비되었는데, 1900년에는 소 27145마리, 말 7057마리, 돼지 5906마리, 양 79마리가 소비되었다. 현재 도쿄에서 일 년에 소 5만 마리가 도축되는데다가, 그밖에도 외부에서 도축된 소고기가 대량 도쿄로 반입된다. 그러므로 소고기를 비롯한 육류 소비량이 1875년 이후 10배로 증가했다. 반면에 같은 기간 동안 인구는 4배 가까이 불어났다. 다른 도시들의 상황도 비슷하다. 따라서 일본은 일본 영토뿐만 아니라 한국에서도 축산을 장려하는 데 전력을 다하고 있다. 한국에서는 축산업이 더 빠르게 발달할 가능성이 많으며, 심지어는 일본 섬들의 풍토에 적응하지 못한 양들도 번성할 수 있을 것이다. 지금까지는 한국에 염소와 양도 별로 없었다. 이와 동시에 가축 사육은 곡물 재배의 필수적인 전제조건이다. 곡물 재배는 외국의 곡물과 밀가루 수입의 필요성을 차단하며 현금의 불필요한 유출을 방지할 것이다. 일본은 대부분의 콩을 만주에서 구입하며 한국에서도 이미 소량 매입하고 있다. 새로 경작하는 농토에서 콩들도 풍부하게 수확할 수 있을 것이다.

한국의 기후는 일본의 기후와 근본적인 차이는 없지만 좀 더 대륙성 기후에 가깝다. 일본보다 강우량이 적고 여름에는 더 건조하다. 어쨌든 기후 조건은 식물의 성장에 매우 유리하다. 한국인은 쌀과 콩, 유채와 채소를 아주 많이 재배한다. 밀도 상당히 많이 재배하며 게다가 보리와 귀리도 재배한다. 그러나 일본인이 간장과 함께 쌀을 먹는 것과는 달리 한국인은 유럽에서도, 예들 들어 헝가리에서 많이 사용되는 파프리카와 함께, 말하자면 인도식(Curry and Rice)으로 쌀을 먹는다. 특히 한국의 불모지는 인공적인 관개시설에 구애받지 않는 목화 재배와 양잠에 적합하다. 일본의 본섬 혼도의 남서쪽 교토와 시모노세키 사이에서 자라는 목화 종류는 상품가치가 떨어진다. 미국과 인도의 목화를 한국에 옮겨 심을 수 있다. 양잠 분야에서는 일본인이 한국인을 훨씬 능가한다. 그러므로 양잠 분야에서도 한국에서 많은 성과를 거둘 수 있으며, 가장 중요한 수입원(비단 수출)을 매우 풍성하게 보강할 수 있다. 일본의 경험 많은 재정가이자 경제정치가들 중의 일인인 시부사와[7] 남작이 한국에서 벌이는 모든 새로운 사업의 핵심인물이다. 시부사와 남작이 "우리는 한국을 오로지 농업국으로 간주할 수 있다."고 말하는 것에는 일리가 있다. 농업국으로서 한국을 광범위하게 집중적으로 개발해 생산성을 현저히 높일 수 있다. 또한 한국 해안에서의 어업은 매우 중요하다. 한국의 동해안에서 어업을 하는 일본 회사는 혼도 근해에서 작업하는 회사에 비해 서너 배나 더 많은 고래를 잡는다. 여름에 잡힌 고래 한 마리의 총수익은 1,000엔이고 겨울에 잡힌 고래의 경우는 2,000엔임을 여기에서 언급해야 할 것이다. 고래는 여름에 살집이 적다.

그러므로 한국에 대해 다음과 같이 평가할 수 있다. 한국의 광물자원은 매우 미미하다(최근 평양 인근에서 석탄층이 발견되었다고 한다). 그러나 농업과 임업을 개발할 수 있고, 어업은 즉각 이익을 가져올 것이다. 일본 정부가 지금까지처럼 국민의 구매력을 약화하는 대신 오히려 강화한다면 한국과의 무역 역시 번성할 것이다. 일본 정부가 구일본에서조차 민중을 고려하지 않는다면 한국 국민은 더욱 열악한 상황에 처할 것이다. 현재 일본의 몇몇 인물들은 말에게 일을 시키려면 먼저 말에게 여물을 먹여야 한다는 것을 이미 간파하고 있다. 한국도 한국 국민이 경제적으로 만족스러운 상황에서 살아야만 일본에게 가치가 있다는 사실을 깨달은 것이다. 표면적인 이중 정부는 국민의 몰락을 뜻하기 때문에 중단되어야 한다. 일본은 한국을 일본의 지방으로 편입하고 그 지방의 주민들을 국민으로 대해야 할 의무가 있다. 한국인은 대만의 산악지대 주민들과는 달리 야만인이 아니라 건실한 민족이다. 한국인은 다만 훌륭한 정부를 갖지 못했을 뿐이다. 지금까지 일본은 한국에서 순전히 일본의 군대식 관점에 의거해 모든 조처를 취했다.

일본인의 주된 잘못은 공간적 크기를 내적 크기와 혼동한다는 것이다. 영국, 프랑스, 네덜란드가 넓은 식민지를 소유하고 러시아와 미국이 큰 나라이기 때문에, 일본인들은 자신들도 큰 식민지제국으로서만 존속할 수 있다고 여긴다. 현재의 국경 안에만 머무르

---

7 [감교 주석] 시부사와 에이이치(澁澤榮一)

면 멸망의 길을 걸을 것이라고 생각한다. 일본은 가장 빠르게 수확할 수 있는 곳에 씨를 뿌리지 않는다. 일본이 자국의 납세자들이 납부한 6천만 엔과 두 차례에 걸친 4천만 엔의 차관을 대만이 아니라 혼도와 홋카이도에 사용했더라면, 구일본은 지금보다 훨씬 더 많은 경제 성장을 이루었을 것이다. 일본의 삼림 면적이 56.4%에 이르는데 비해 독일의 삼림 면적은 25%에 불과한데도, 일본의 목재 값이 우리보다 50%나 더 비싼 것은 구일본에 삼림개발철도가 부재하기 때문이다. 목재는 넘치도록 많지만 철도가 없는 탓에 목재를 이송할 수 없다. 그리고 혼도와 홋카이도에 2천8백만 명을 먹여 살릴 수 있는 비옥한 경작지가 버려져 있는데도 도살용 가축과 곡물, 밀가루를 수입한다. 일본에서는 집을 지을 때 먼저 지붕부터 이는 것처럼, 일본은 정작 국민복지의 토대인 본국의 땅은 망각하고 먼 곳에서의 식민화를 시작한다.

원본 문서 한국 10

36

원문 p.456

[전 한국 외교고문 스티븐스 피격에 관한 베를린 일간신문의 보도]

발신(생산)일		수신(접수)일	1908. 3. 24
발신(생산)자		수신(접수)자	
발신지 정보	베를린	수신지 정보	베를린
			A. 4499

A. 4499 1908년 3월 24일 수신

베를리너 타게블라트[1]

1908년 3월 24일 No. 153

한국의 복수

(본사 통신원의 전보문)

뉴욕, 3월 23일

샌프란시스코에서 도착한 전보에 의하면, 어젯저녁 한국인 4명이 호텔에서 미국인 스티븐스[2]를 단도로 살해하려 했다. 스티븐스는 날아오는 칼을 막아내기는 했지만 흠씬 두들겨 맞았다. 시끄럽게 싸우는 소리를 들은 호텔 종업원 몇 명이 도우러 달려왔지만 습격자들이 도주하는 것을 막지는 못했다. 오늘 스티븐스가 워싱턴으로 떠나려 하는 순간, 또 다시 한국인 두 명[3]이 다가와 총알을 3방 발사했다. 피습을 받은 자는 즉각 응사했으며, 한국인 한 명이 총에 맞아 쓰러졌다.[4] 나머지 한 명은 다시금 재빨리 안전하게 도주할 수 있었다. 지난 금요일 극동지방에서 샌프란시스코에 도착한 스티븐스의 부상이 어느 정도 심각한지는 아직 확인되지 않았다. 스티븐스가 기자와의 인터뷰 도중 표명한 견해에서 암살 시도의 원인을 찾을 수 있다. 스티븐스는 일본이 현재 한국 행정업무를 주도하는 것을 격찬했다.

원본 문서 한국 10

1 [감교 주석] 베를리너 타게블라트(Berliner Tageblatt)
2 [감교 주석] 스티븐스(D. W. Stevens)
3 [감교 주석] 전명운(田明雲)과 장인환(張仁煥)
4 [감교 주석] 장인환(張仁煥)

37

원문 p.457

[전 한국 외교고문 스티븐스 피격에 관한 베를리너 로칼-안자이거의 보도]

발신(생산)일		수신(접수)일	1908. 3. 25
발신(생산)자		수신(접수)자	
발신지 정보	베를린	수신지 정보	베를린
			A. 4528

A. 4528 1908년 3월 25일 수신

베를리너 로칼-안자이거[1]

1908년 3월 25일

어제 조간에서 이미 보도한 바와 같이, 한국인 수 명이 샌프란시스코에서 한국 정부의 외교고문인 미국인 스티븐스[2]를 암살하려 시도했다. 피습을 받은 자는 부상을 입었다. 범행 동기는 스티븐스가 한국에서 일본에 우호적인 활동을 했기 때문이었다. 다음의 사적인 전보문을 통해 보다 상세한 내용을 알 수 있다.

런던, 3월 24일 저녁 9시 37분. (본사 통신원의 보고). 미국의 신문보도에 의하면, 더럼 화이트 스티븐스는 그제 샌프란시스코에 도착했다. 스티븐스는 일본의 보호통치가 한국을 위해 축복이라고 인터뷰하는 기자들에게 말했다. 그러고는 한 시간 후 한국인 4명이 스티븐스가 묵고 있는 Fairmont[3] 호텔에서 스티븐스를 단도로 공격했다. 스티븐스는 호텔 수위의 도움으로 습격자들을 물리칠 수 있었다. 어제 스티븐스가 열차편으로 워싱턴에 가기 위해 일본 영사를 대동하고 오클랜드로 가는 나루터에 도착했을 때, 한국인 여러 명[4]이 그에게 다가왔다. 그중 한 명이 스티븐스의 얼굴을 가격하고는 손수건으로 가린 권총을 꺼내 스티븐스를 향해 여러 발 발사했다. 첫 번째 총알은 스티븐스의 폐를, 두 번째 총알은 하복부를 관통했으며 세 번째 총알은 살해범의 동료 한 명[5]에게 부상을

1 [감교 주석] 베를리너 로칼-안자이거(Berliner Lokal-Anzeiger)

2 [감교 주석] 스티븐스(D. W. Stevens)

3 [감교 주석] 페어몬트(Fairmont)

4 [감교 주석] 전명운(田明雲)과 장인환(張仁煥)

입혔다. 그 암살행위로 말미암아 큰 소란이 일었으며, 약 400명의 사람들이 범인을 추적한 끝에 결국 붙잡았다. 스티븐스는 워싱턴 출신의 미국인이며, 1883년까지 도쿄 주재 미국 공사관의 서기관으로 일했다.

원본 문서 한국 10

5 [감교 주석] 장인환(張仁煥)

38

원문 p.458

[The Korea Daily News와 통감부 기관지 The Seoul Press에 관한 쾰니셰 차이퉁의 보도]

발신(생산)일		수신(접수)일	1908. 6. 12
발신(생산)자		수신(접수)자	
발신지 정보	쾰른	수신지 정보	베를린
			A. 9139

A. 9139 1908년 6월 12일 수신

쾰니셰 차이퉁[1]

1908년 6월 12일 No. 628

아시아

The Korea Daily News.

서울, 5월 12일. 우리 신문의 독자들은 베델[2]이라는 이름의 영국인이 발행하는 반일 신문 "Korea Daily News"가 예전에 한국 태황제의 상당한 금전지원을 누렸다는 사실을 알고 있다. "Korea Daily News" 이토[3]가 필요하다고 여기는 개혁들에 반대하고 증오스러운 일본의 속박에서 벗어나도록 한국인들을 선동하기 위해 모든 수단을 동원하고 있다. 이런 연유에서 통감부는 지금까지의 한국 언론법에 반드시 3가지 조항을 첨가해야 한다고 판단했다. 그 조항들에 따르면, 한국 내부대신은 외국인이 한글로든 한자로든 발행하는 신문들에 대해 직접 조처를 취할 수 있는 권한을 갖는다. "Korea Daily News"도 노동계층을 위한 "언문"[4] 판과 교양인들을 위한 한자 판을 발행한다. 그리고 두 판 모두 많은 독자층을 확보하고 있다. 그러므로 이 신문이 한국 국민의 여론 형성에 큰 영향을 미칠 수 있다는 점을 인정해야 할 것이다. "Korea Daily News"는 한국 통감부의 미국인 고문

1 [감교 주석] 쾰니셰 차이퉁(Kölnische Zeitung)

2 [감교 주석] 베델(E. T. Bethell)

3 [감교 주석] 이토 히로부미(伊藤博文)

4 [감교 주석] 대한매일신보(大韓每日申報)

D. W. 스티븐스[5]를 샌프란시스코에서 저격한 한국인의 흉악한 범행을 영웅적인 행위로 내세운다. 며칠 전 이 신문은 "백 명의 메테르니히도 이탈리아를 노예로 만들지 못했을 것이다."라는 사설에서 예속화에 대한 반항과 투쟁을 유일하게 참다운 것이라고 칭송했다. 이 신문이 계속해서 사태를 풍자하고 있는 것에는 오해의 여지가 없다. 그러나 이 신문은 이미 상당수의 구독자들이 읽은 후에야 비로소 압류되었다. 그 과정에서 지나치게 열성적인 일본 경찰이 이곳 영국 총영사[6]의 허가서 없이 그 영국인의 신문사로 밀고 들어갔다. 그러므로 치외법권을 위반했으며, 따라서 압류한 신문을 되돌려주지 않을 수 없었다. 이토의 영문 기관지 "Seoul Press"는 앞에서 언급한 추가조항에도 불구하고 당국이 신문사의 그런 선동에 손을 쓸 수 없다는 것을 깨달았다. 특히 당국은 신문이 발행된 후에야 비로소 개입할 수 있기 때문이다. 그 때문에 "Seoul Press"의 발행인, 즉 즈모토[7]라는 이름의 일본인은 근본적인 대책으로서 그 영국 동료의 추방을 제안했다. 그 영국인이 끊임없이 공공의 안정과 질서를 위협하고 있으니, 한국 정부는 그런 위험인물을 추방할 권리가 있다는 것이다. 그러나 그 겁 없는 영국인은 이 모든 것에도 전혀 동요하지 않는다. 오히려 그 영국인은 그런 일들에 힘입어, 한자판 신문에서 "중개업"이라는 표제 하에 한국의 모든 것이 터무니없이 낮은 가격으로 일본에 팔린다는 것을 입증하려 하고 있다. 대신 직위, 전체 행정, 우편제도, 전신제도와 철도제도, 토지와 대지가 그렇게 팔리고 있다는 것이다. 이달 9일 자 영자 신문에서는 "Seoul Press"의 발행인을 겁쟁이와 거짓말쟁이로 지칭한다.

---

5 [감교 주석] 스티븐스(D. W. Stevens)

6 [감교 주석] 콕번(H. Cockburn)

7 [감교 주석] 즈모토 모토사다(頭本元貞)

39

원문 p.460

[고종 예치금 상환에 대한 보고]

발신(생산)일	1908. 8. 18	수신(접수)일	1908. 9. 6
발신(생산)자	벤트슈흐	수신(접수)자	뷜로
발신지 정보	서울 주재 독일 영사관	수신지 정보	베를린 정부
	K. No. 70		A. 14415
메모	연도번호 No. 862 작년 11월 15일 자 보고서 No. 68에 대한 첨부문서 2부		

A. 14415 1908년 9월 6일 오전 수신. 첨부문서 2부.

서울, 1908년 8월 18일

K. No. 70

독일제국 수상 뷜로 각하 귀하

유럽의 금융 상황이 완화되기 시작한 후, 독일-아시아은행은 한국 태황제를 위해 베를린 디스콘토 게젤샤프트 은행에 기탁한 유가증권 매각을 시작했습니다. 매상액의 25%를 수수료로 공제하고는, 두 번에 나누어 154,501.06엔과 96,185.25엔을 이곳으로 송금했습니다.

태황제의 인장이 찍히고 궁내부대신이 연서한 작년 11월 14일 자 상환 청구서가 그 사이 통감부로부터 독일제국 총영사관에 송부되었습니다. 상환 청구서의 사본이 번역문과 함께 곧바로 독일-아시아은행에 전달되었습니다. 그러나 독일-아시아은행은 그 문서가 충분한 입증 조건을 갖추지 못했다고 선언했습니다. 예치금을 인출하라는 요구사항은 문서에 쓰여 있지만, 돈을 수령할 권리가 있는 특정 관청이나 인물이 지칭되지 않았기 때문이라는 것입니다. 이러한 결함이 제거되어야만 은행이 총영사관에게 책임을 지울 수 없다는 것이었습니다.

그러므로 이에 해당하는 추가서류를 태황제에게서 받아내도록 통감부에 위임하는 수밖에 다른 도리가 없었습니다.

금년 4월 13일 자 문서에 의해 이러한 요구사항까지 충족된 후, 통감부의 중재를 통해 금년 3월 24일에 153,939.53엔과 지난달 13일에 95,836.75엔이 한국 궁내부에 지불되었습니다. 세율 제3항에 의거해 영사관 회계과에 납부해야 하는 수수료 총 901.75엔이 미리 공제되었습니다. 궁내부는 153,939.53엔과 95,836.75엔에 대해 각기 따로 영수증을 발부했을 뿐만 아니라 독일-아시아은행의 요청에 따라 전체 예치금을 수령했다는 총영수증도 교부했습니다.

본인은 지난 달 25일 자로 발부된 총영수증의 번역문 및 이달 11일 자 통감부의 송금 서신 사본을 삼가 동봉하는 바입니다. 독일-아시아은행과 독일제국 총영사관은 한국 태황제의 예치금 문제에 대해 책임이 없다고 그 두 서류에 명시되어 있습니다.

이로써 옥좌에서 물러난 한국 군주의 에피소드 역시 끝을 맺었습니다.

본인은 이 보고서의 사본을 도쿄 주재 독일제국 대사에게 전달했습니다.

벤트슈흐[1]

No. 70의 첨부문서 1

사본

번역문

일금 249,776.28엔에 대한 영수증

태황제 폐하께서 (디스콘토은행에) 예치했던 돈의 총 상환액을 (궁내부는) 다음과 같이 영수하였음.

1. 153,939.53엔, 1908년 4월 23일
2. 95,836.75엔, 1908년 7월 25일

1907년 11월 14일 및 1908년 4월 13일 태황제 폐하께서 내린 지시에 의거해, (궁내부는) 태황제 폐하께서 상하이의 독일-아시아은행의 중재로 베를린의 디스콘토은행에 기탁한 금액 전체를 서울 주재 독일제국 총영사관과 통감부의 중재에 의해 위 은행으로부터 상기와 같이 정확하게 돌려받았음. 그러므로 본인은 궁내부가 위의 은행으로부터 더 이상 요구할 것이 없음을 인정함.

1 [감교 주석] 벤트슈흐(Wendschuch)

1908년 7월 25일
궁내부 대신 (서명) 민병석[2]

No. 70의 첨부문서 2

첨부문서의 내용(원문)은 독일어본 462쪽에 수록.

2 [감교 주석] 민병석(閔丙奭)

40

원문 p.463

한국 조정에서의 알현

<table>
<tr><td>발신(생산)일</td><td>1908. 9. 13</td><td>수신(접수)일</td><td>1908. 9. 20</td></tr>
<tr><td>발신(생산)자</td><td>뭄</td><td>수신(접수)자</td><td>뷜로</td></tr>
<tr><td rowspan="2">발신지 정보</td><td>도쿄 주재 독일 대사관</td><td rowspan="2">수신지 정보</td><td>베를린 정부</td></tr>
<tr><td>A. 302</td><td>A. 15241</td></tr>
</table>

A. 15241　1908년 9월 20일 오후 수신. 첨부문서 1부.

도쿄, 1908년 9월 13일

A. 302

뷜로 각하 귀하

한국 궁중에서의 알현과 관련해, 본인은 지난달 30일 자 서울 주재 독일제국 총영사관의 보고서 사본을 살펴보시도록 각하께 삼가 동봉하게 되어 영광입니다.

순양함 함대를 지휘하는 쾨르퍼[1] 해군소장님께도 마찬가지로 살펴보시도록 비밀리에 보고서 사본을 보내드렸습니다.

뭄

내용: 한국 조정에서의 알현

1 [감교 주석] 쾨르퍼(Coerper)

A. 302에 첨부
사본

독일제국 총영사관

서울, 1908년 7월 30일

K. No. 31
연도번호 No. 797

지난달 30일 이곳에서 발송한 서한 – No. 28 –과 엇갈린 이달 15일 자 서한 – No. 15 –에 대한 답신.

도쿄 주재 독일제국 대사 뭄 폰 슈바르첸슈타인 남작 귀하

지난 달 30일 자 독일제국 총영사의 서한과 관련해, 본인은 오스트리아-헝가리 제국 순양함 "카이저 프란츠 요제프 1세"호가 이달 15일 제물포에 도착했음을 삼가 대사님께 보고 드리게 되어 영광입니다. 그 이튿날 순양함 함장 파허[2] 해군대령은 총영사를 방문했으며, 그 자리에서 한국 황제를 알현할 수 있도록 도와줄 것을 요청했습니다. 이에 대해 총영사[3]는 부통감 소네[4] 자작과 논의했으며, 소네 자작은 이달 18일 오전에 순양함 사령관과 부관을 영접할 용의가 있다고 선언했습니다. 그에 이어 한국 황제를 알현할 수 있도록 자리를 마련하겠다고 약속했습니다. 그리고 도쿄에서는 무더운 여름에 알현이 허락되지 않는다고 덧붙였습니다. 소네 자작은 자신이 아직 이곳에서 여름을 나지 않았기 때문에, 한국 궁중에서도 같은 관습이 통용되는지 모른다고 말했습니다. 어쨌든 한국 황제가 우리를 알현하길 바라는지 의전국에 문의해보겠다는 것이었습니다.

곧 이어 총영사 크뤼거 박사가 총영사 임시 대리인인 본인이 그 사이 서울에 도착했으니 먼저 소네를 방문하고 가능하면 곧바로 황제를 알현하는 것이 적절할 것 같다고 통감부에 전했습니다. 이에 대해 한국 황제가 이달 18일 오전 11시에 우리를 알현할 것이라는 답신이 통감부로부터 도착했습니다. 이토의 집에서 소네를 만나본 뒤를 이어

2 [감교 주석] 파허(Pacher)
3 [감교 주석] 크뤼거(Krüger)
4 [감교 주석] 소네 아라스케(曾禰荒助)

곧바로 한국 황제를 알현하기로 한 계획은 순조롭게 진행되었습니다. 소네 자작이 친히 우리와 동행했으며, 통감부의 차량으로 동쪽 궁궐까지 태워다 주었습니다. 그날 우리 뒤를 이어 일본의 법학자 우메[5] 교수가 한국 황제를 알현했습니다. 우메 교수는 한국의 새로운 형법과 민법을 편찬하는 일을 맡고 있습니다.

며칠 전 이곳 프랑스 총영사 브렝[6]이 이달 20일 프랑스 순양함 "Bruix"호로 제물포 앞바다에 도착한 함장 Rochas 해군대령의 알현을 중재해줄 것을 통감부에 요청했습니다. 그때 Rochas 함장은 한국 황제가 7월 20일부터 9월 20일까지는 그 누구도 알현하지 않는다는 답변을 받았습니다. 그래서 프랑스 함장은 뜻을 이루지 못하고 제물포를 떠났습니다.

본인이 여러 서류를 통해 확인한 바에 의하면, 한국 궁중은 이미 수년 전부터 휴가를 시행하고 있습니다. 휴가 중에 한국 황제는 아주 중요한 사안의 경우에만 알현을 허가합니다. 이러한 관례를 내세워, 잘데른[7] 변리공사가 1903년 7월 해군중장 바우디신 백작과 휘하의 장교 10명을 위해 신청한 알현을 의전국에서 거절했습니다. 그런데 예전에는 의전국에서 외국 대표들에게 궁중 휴가의 시작과 끝을 공식적으로 통보했는데, 1906년 이후로는 그런 절차가 중단되었습니다.

(서명) 벤트슈흐 박사

5 [감교 주석] 우메 겐지로(梅謙次郎)

6 [감교 주석] 브렝(M. Belin)

7 [감교 주석] 잘데른(K. Saldern)

41

원문 p.466

[일본의 한국 소요사태 진압을 위한 군사작전 및 행정개혁 작업 보고]

발신(생산)일	1908. 8. 22	수신(접수)일	1908. 9. 20
발신(생산)자	뭄	수신(접수)자	뷜로
발신지 정보	도쿄 주재 독일 대사관	수신지 정보	베를린 정부
			A. 15253
메모	10월 3일 페라, 런던, 마드리드, 파리, 페테르부르크 등에 전달		

사본

A. 15253 1908년 9월 20일 수신

도쿄, 1908년 8월 22일

뷜로 각하 귀하

최근 한국 문제 해결에 대한 일본 정부의 강경책이 이곳에서 다시 세간의 이목을 끌었습니다. 일본은 조용히 질서 있게 보호통치를 수행하고자 지금 한국 정부의 고삐를 좀 더 세게 조이고 있습니다. 일본의 역할은 보호자에서 엄격하게 통제하는 교사로 바뀌었습니다. 한국은 극심한 부패와 수백 년 동안 취해 있던 잠속에서 스스로 벗어나지 못했습니다. 이제 일본의 교사가 채찍도 불사하는 강제교육을 시행하고 있습니다. 이 강제교육에 반항해봤자 아무 소용없습니다. 얼마 전부터는 일본 군대와 헌병이 더 한층 적극적으로 나서서, 여전히 지방에서 날뛰는 폭동[1]을 가차 없이 진압하고 있습니다. 다른 한편으로 일본은 한국의 행정개혁 작업을 한 단계 한 단계 진척시키면서 이 나라의 근대화를 준비하고 있습니다.

소요를 진압하는 일본의 군사 활동에 대한 소식을 거의 두 달 전부터 전혀 알 길이 없습니다. 모든 것이 극비로 진행되고 있습니다. 어디에서 어떤 작전이 수행되고, 어떤 계획에 따라 부대들이 배치되고 이동하는지, 군대가 어떤 성과를 거두었는지 아무도 알지 못합니다. 신문기사에 의하면, 이따금 지도에서 찾을 수 없는 곳에서 반란군[2]과 충돌

1 [감교 주석] 의병전쟁

이 있었다고 합니다. 용감무쌍한 일본 용사 몇 명이 속물적인 한국인 무리에 맞서 싸워서 피 흘리는 한국인들을 집으로 돌려보낸다는 것입니다. 그러나 언제 마침내 전국이 폭도들로부터 해방되어 내적 안정을 찾게 될지는 예측할 수 없습니다.

일본인들은 폭동을 다루는 과정에서 오류를 범했습니다. 폭동의 주요 동기인 한국 군대의 해산부터 경솔한 처사였습니다. 군대 해산으로 무일푼으로 병사 일만 명이 길거리에 나앉게 되었고 반란자들에게 강력한 후원군을 제공했습니다. 병사들은 전술로 먹고 살았는데, 이제 노상강도가 되어 개인적인 벌이를 위해 일본인들에게 실제로 그 전술을 사용했습니다. 그 후 일본인들이 모든 행정구역에서 모조리 무기를 압수한 조처도 이와 비슷하게 실패한 것으로 드러났습니다. 한국의 일부 지역들은 다소간 사냥으로 생계를 유지하기 때문에, 그러한 조처는 주민의 일부를 강도단에 합류하도록 내몰았습니다. 이 두 가지 경우에서 새로운 생계수단이 마련되지 않았습니다. 그러다 금년 봄에 자발적으로 무기를 버리고 항복하는 반란군 모두에게 황제의 사면령이 선포되었습니다. 이에 따라 상당히 많은 사람들이 투항했습니다. 사면령을 이용한 사람들은 7월까지 4천명이 넘는 것으로 기록되었습니다. 그러나 곧 들려온 소문에 의하면, 그 가운데 많은 사람들이 폭도들의 협박에 못 이겨 또 다시 반란군의 대열로 돌아갈 수밖에 없었다고 합니다. 정부가 그들의 생명과 재산을 충분히 보호해주지 못했기 때문입니다.

그러나 사면령 선포는 일본에게 좋은 점을 안겨주었습니다. 사면령은 단호하게 계획된 조처에 공공연히 정의의 외투를 입히는 반가운 기회를 제공했습니다. 이제 일본의 정치 지도자들은 한국의 소요사태가 정치와는 완전히 무관하다는 구호를 외쳤기 때문입니다. 누구든지 처벌받지 않고 다시 평화로운 시민이 되어 생업으로 돌아갈 수 있는 길이 열려 있었습니다. 이에 응하지 않는 사람은 더 이상 관용을 베풀 여지가 없는 무도한 악당이거나 살인범에 지나지 않았습니다. 한국에 주둔하는 일본 군대, 제13사단과 제12보병여단, 1개 기병연대에 추가로 2개 보병연대가 보강되었습니다. 이 증원군도 5월 하반기에 폭도들을 소탕하는 작전에 투입되었습니다. 게다가 군부대는 헌병과 경찰의 지원을 받습니다. 전체적으로 일본 헌병 2천명 및 일본과 한국의 경찰 상당수를 소집했다고 합니다. 한국인을 헌병대에 채용하는 새로운 제도가 주효한 것으로 입증된 보입니다. 그 한국인들은 지리에 밝아 군부대에 많은 도움을 주고 있으며, 게다가 예전의 반란자들 중에서도 일부를 헌병으로 채용한다고 합니다. 보수를 받는 일이 많은 곤궁한 사람들의 마음을 끌기 때문입니다.

---

2 [감교 주석] 의병(義兵)

5월에 부통감 소네[3] 자작이 한 말에 따르면, 증원군이 도착한 후로 상당한 규모의 작전이 시작되면서 전투방식도 달라졌습니다. 지금까지는 어딘가에서 폭도들이 출몰했다는 보고를 받으면 항상 부대를 파견해서 반란자들을 추적했습니다. 그러다 질서를 되찾은 듯 보이면 군부대는 다시 돌아왔습니다. 그러나 이러한 방식으로는 많은 성과를 거두지 못했습니다. 대개의 경우 폭도들은 군대가 출동한다는 정보를 적시에 입수해서 퇴각하거나 아니면 소박한 농부 차림으로 추적을 모면할 수 있었습니다. 그러다가 다시 안전하다 싶으면 그들은 새로이 무기를 손에 들었습니다. 이제는 이러한 소모적인 전투방식 대신에 많은 소규모 부대들을 전국에 배치해서 각기 일정한 지역을 맡도록 할당했습니다. 이 부대들은 할당된 지역에서 반란이 일어났다 하면 가차 없이 무력으로 진압합니다. 이와 동시에 아직도 반란이 극심한 북부지방에는 대규모로 순찰하는 몇몇 부대들도 있는 것 같습니다. 폭도들과의 소규모 전투에 대한 소식이 얼마 전부터 현저하게 증가했습니다. 통신제도의 개선, 전화시설과 전신망 설비의 확대에 힘입어 일본군은 훨씬 수월하게 작전을 펼치고 있다고 합니다. 군부대에 비해 반란자들은 무장도 형편없고 일관된 지휘체제도 없는 패거리에 지나지 않습니다. 그런데도 정규군이 반란자들을 쉽게 제압하지 못한다면, 그것은 통행이 어렵거나 일반인들에게 알려지지 않은 지형과 관련 있습니다. 또한 주민들이 강요를 받거나 남모르게 비밀리에 폭도들을 지원하는 것과도 관계있습니다. 폭동이 넓은 지역에서 발생하고 상당수의 사람들이 공공연히 반란을 일으키는 것으로 보아 – 5월에 소네는 그런 반도들의 수를 1만 명으로 추정했습니다. – 일본이 이 소요를 완전히 진압하기까지는 앞으로도 계속 많은 자금과 인명을 대가로 치를 것이 분명합니다.

블라디보스토크 신문기사에 의하면, 최근 한국의 폭동은 러시아의 해안지역으로부터도 후원을 받은 것 같습니다. 한국의 망명자들이 Vi Yonyun[4] 지휘하에 블라디보스토크에 집결해서 군사훈련을 받고 무기사용법을 익힌다고 합니다. 블라디보스토크 곳곳에서 러시아인들에게 무기를 구입할 수 있다는 것입니다. 소문에 의하면, 러시아 정부는 이와 관련해 도쿄로부터 항의를 받았습니다. 그러자 러시아 정부는 폭도들이 러시아 영토를 우방국가의 정부에 대항하는 작전기지로 이용하는 것을 절대 허용하지 않겠다고 약속했습니다.

일본에게 군사력으로 폭동을 진압할 만한 충분한 여력이 충분한 것에는 의심의 여지

3 [감교 주석] 소네 아라스케(曾禰荒助)

4 [감교 주석] 이범윤(李範允)으로 판단됨.

가 없습니다. 그러나 이 폭동은 시간을 오래 끄는 식민지 게릴라전의 모든 특징을 보이고 있습니다. 지난 10년 동안 세상 사람들은 그런 게릴라전에 대해 충분히 알게 되었습니다. 식민지 게릴라전은 오로지 무자비한 조처를 통해 유혈과 파괴와 섬멸로 끝나게 됩니다. 이곳에서 상황을 예측해보면, 이제 일본은 이러한 달갑지 않은 드라마의 최종 단계에 이르렀으며 냉혹한 빗자루로 이 나라를 깨끗이 청소해버릴 것입니다. 그렇게 되면 일본은 국내에서도 국외에서도 지지를 받지 못할 것입니다. 유럽 언론의 비평가들은 한국이 완전히 일본의 소유가 된 상황에 아직은 익숙하지 못합니다. 자유를 위해 투쟁하는 한국을 일본이 잔혹하게 진압하는 것에는 더더욱 말할 것도 없습니다. 그러나 일본은 폭동의 진압에 필요한 권력 수단을 사용하는 과정에서 오로지 정치적 책략만을 구사할 뿐 양심의 가책에는 구애받지 않는 가능성을 보여주었습니다. 이것만큼은 다들 거의 일본을 부러워한다고 합니다. 일본 통감의 호의적인 정책은 대외적인 평판과 특히 한국의 빠른 경제적 개발을 위해서라도 물론 이러한 극단적인 수단들을 기꺼이 피하고 싶었을 것입니다. 조금만 있으면 한국의 과일이 일본을 위해 무르익을 줄 알았는데 포도가 오랫동안 신맛이 난다는 것은 한국의 소요가 일본에게 안겨준 아주 쓰라린 경험이기 때문입니다.

지난 몇 달 동안 일본은 한국의 행정개혁 분야에서도 강경한 태도로 임했습니다. 한편으로는 폭동 진압을 지원하고, 다른 한편으로는 국가의 공공복지에 도움이 되는 단호한 조처들을 취했습니다. 신문보도에 따르면, 6월 25일 서울에서는 황실의 모든 영지를 국유재산으로 환원한다는 황제의 칙령이 내렸습니다. 이 칙령이 공표되기까지는 틀림없이 오랜 투쟁과 격렬한 반대를 거쳤을 것입니다. 이 결정으로 인해 황실 추종파 측에서 일본의 통치를 반대하는 자들에게 비밀리에 보내는 자금과 음모의 재정적 기반이 박탈되었습니다. “Nichi Nichi”[5]지가 한국 황실 자산의 규모에 대해 보도한 바에 따르면, 황실은 한국 국토 전체의 거의 1/4을 사유지 내지는 황실 소유지로 차지했다고 합니다. 황족의 무덤 1기가 25에이커의 토지를 요구하는 전통적인 왕의 권리에 의거해 소유지가 점차 증가했다는 것입니다. 조신들이 세금을 내지 않고 그 땅을 이용하도록 넘겨받았으며, 이로 인해 국가는 수입의 주요 부분을 상실했다고 합니다. 이러한 상황을 새로이 정비함으로써, 여러 궁궐 및 황실 가족의 묘비에 직접 딸린 토지만이 한국 궁중의 소유로 남아 있습니다. 엄비의 재산 역시 국가에 귀속되었습니다. 그 대신 2백만 엔에 이르는 황실 예산의 의무를 국고에서 떠맡습니다. 정부가 연간 황실비용의 형태로 황제에게 보조금을 지불할 것인지는 아직 알려지지 않았습니다.

---

5 [감교 주석] 도쿄니치니치신문(東京日日新聞)

이처럼 중요한 새 규정을 실행하게 된 배후에는 내부대신 송병준의 활약이 있었습니다. 송병준은 일본 정부의 가장 충실하고 가장 막강한 수단이라는 평판을 받습니다. 더욱이 한국 정부는 송병준[6]을 선두에 내세워 지방행정의 중대한 개혁을 실시했습니다. 개혁의 목표는 부패한 관리들을 소탕하는 것입니다. 지금까지는 중앙정부가, 그것도 각기 부처별로 모든 지방 관리들을 임명했습니다. 이러한 상황으로 인해 관직을 얻으려는 무리들이 수도 서울을 떠돌아다니며 음모와 매수를 통해 목적을 달성하려는 현상이 일어났습니다. 송병준 대신은 정부가, 정확히 말하면 내부대신이 직접 관찰사 13명을 채용하도록 직제를 개편했습니다. 중앙 정부가 관찰사들을 엄격하게 통제합니다. 중앙 정부는 관찰사의 수가 적어서 이 임무를 충분히 관장할 수 있다고 생각합니다. 다른 한편으로는 관찰사들이 지방 사정을 잘 알고 있어서 각 지방의 관직을 흠 없이 적절하게 수행할 수 있는 사람들을 찾아낼 수 있을 것이라고 판단됩니다. 이러한 이유에서 관찰사들은 관할 지방의 모든 관리들을 채용할 수 있는 전권을 부여받았습니다. 그러므로 지방 수장들의 권한이 매우 광범위한 듯 보입니다. 이러한 조직의 효율성 여부는 우선적으로 관찰사를 선출하는 내부대신의 수완에 달려 있습니다. 이미 계획된 개혁을 수행하도록 관찰사들에게 내린 엄명들 중에서 특히 강조해야 하는 구절이 하나 있습니다. 그것은 학교에서 반일정신을 억제하고 한국의 대일관계에 대한 이해심을 일깨워야 한다는 규정입니다. 그러므로 이 점에서도 일본인들은 "어떻게 목적을 달성해야 하는지" 알고 있습니다.

한국의 새로운 행정조직과는 별도로 사법제도의 개혁이 진행 중입니다. 일본의 유명한 법률가 우메[7]가 이끄는 위원회가 근대적인 법안의 작성에 착수했으며, 최근의 보고에 의하면 이미 상당한 진전을 보았다고 합니다. 유럽에서 수년간의 노심초사 끝에 만들어지는 커다란 법전들이 동아시아에서는 수월하게 생겨납니다. 입법기구는 먼저 법원조직법으로 시작되었습니다. 금년 8월 1일에 대심원 1개, 서울과 평양과 대구에 공소원 3개, 지방재판소 8개, 구재판소 16개가 문을 열었습니다. 이에 대해 일본 관보는 통감의 공고문, (1908년 1월 1일부터 효력이 발휘되는) 한국의 개정된 법원조직법 및 시행 규정, 법원 설치에 대한 법률을 함께 공표했습니다. 원래 102개를 설치할 예정이었지만 우선 16개만 문을 연 구재판소에 이르기까지 모든 법원들이 금년 8월 1일 활동을 개시했습니다. 미일상표권보호협정을 한국에 적용시키는 과정에서 새로운 법원을 서둘러 황급히 설치한 것 같습니다. 당분간은 적합한 재판관의 부족 사태가 절실할 것이기 때문입니다.

---

6 [감교 주석] 송병준(宋秉畯)

7 [감교 주석] 우메 겐지로(梅謙次郎)

일본이 우선은 자국의 재판관들로 하여금 새로운 법원들을 이끌게 한다 할 것입니다. 그러나 정상적인 교육을 받은 법조인이 공공연히 부족한 상태에서 이처럼 법조인을 한국에 공급하게 되면 틀림없이 곧 자국에서 법조인 고갈 사태가 벌어질 것입니다.

일본은 정신 자산 및 영업 자산과 관련한 일본법의 효력과 미일상표권보호협정의 영향력을 한국까지 확대하는 일련의 신규 법령을 발령했습니다. 이런 맥락에서 금년 8월 12일 자로 특허국이 통감부에 설치되었습니다. 일본 정부가 이 분야에 대한 한국 법규를 도입할 것입니다.

현재 한국을 위한 중요한 입법이 진행 중인데, 그 핵심인 민법전은 이미 개요가 완성되었다고 합니다. 한국의 민법전이 소송법 조항을 포함하는 고로 민사소송법이 필요 없게 된다는 소식이 사실이라면, 일본 입법자들이 어떤 성과를 낼지 자못 기대됩니다. 새로운 형법전은 일본의 최신 법률을 따를 것입니다. 다만 태형이 유지되고, 감옥이 범죄자와 건달을 위한 안락한 숙박시설이 되지 않도록 효과와 절약을 적절히 조화시키는 시설이라는 점에서 다를 것입니다.

끝으로, 일본 통치에 반대하도록 선동하는 신문을 고려해 한국의 언론법도 "개선"하라는 지시가 내렸음을 언급해야 합니다.

일본인들이 준비하는 한국의 사법 개혁은 원래 한국에서의 외국 영사재판권을 조만간 폐지하는데 그 목적이 있었습니다. 앞에서 언급한 미국과의 상표권보호협정 발효를 계기로, 일본 신문들은 이에 대한 견해를 여러 차례 노골적으로 표명했습니다. 그러나 한국말을 알아듣지 못하고 한국의 풍습과 관습도 이해하지 못하는 일본 재판관들의 재판이 아직은 많은 결함을 안고 있다는 것을 다행히도 권위 있는 신문들은 인지하고 있습니다. 또한 이런 유력지들은 치외법권 폐지를 정당화할 수 있을 만큼 한국의 법률이 안정되기까지는 앞으로 상당 기간 소요될 것도 알고 있습니다.

한국의 재정 관리와 관련해, 이곳의 관점에서 특히 흥미로운 측면들에 대해 간략히 몇 마디 언급해야 합니다. 일본 통감부는 통감부 예산을 축소하려고 노력합니다. 그래서 일본의 예산에서 통감부 지출은 180만 엔에서 160만 엔으로 감소한 뒤를 이어 120만 엔으로 점차 줄어들었습니다. 다음 회계연도에도 이 수준을 유지할 것이라고 합니다. 하급관리 직을 한국 정부에 떠넘김으로써 이러한 경비 절감이 가능합니다.

소문에 의하면, 약 2천만 엔으로 수입과 지출의 균형을 맞춘 한국 정부의 금년도 예산이 폭동으로 인해 심각하게 균형을 상실했습니다. 조세 징수에 의한 실제 수입이 예산에 한참 미치지 못하고 적자가 이미 350만 엔을 넘는다고 합니다. 이런 상황에서 한국의 재정은 결코 자립할 수 없으며 계속 일본의 지원금을 필요로 할 것이 분명합니다.

금년 중반기에 이미 일본은 590만 엔을 한국에 입체 했습니다. 본인이 지난번 보고서에서 암시한 바와 같이, 이토의 말에 따르면 한국 정부가 상당한 규모의 독자적인 차관을 통해 자립할 때까지 기계를 가동하는 데만 소규모 입체금들을 사용할 것이라고 합니다. 일본 산업은행의 중재를 통해 상당한 규모의 차관을 받기 위한 준비 조처가 시행되었습니다. 일본 정부가 원금과 이자 지급을 보장하는 조건으로 은행이 2천만 엔까지 차관을 융자하는 법안이 의회에 제출되었습니다. 그러나 외국 금융시장 상황이 침체된 여파로 인해 은행이 승인된 차관 권한을 사용하지 않은 것으로 짐작됩니다. 그 때문에 그 법안도 지금까지 공표되지 않았습니다.

이러한 사실은 "동양척식주식회사"를 설립하려는 또 다른 계획에 대한 일본 정부의 태도를 처리를 강하게 연상시킵니다. 일본 정부가 이 사업을 위해 보증하려고 하는 금액도 마찬가지로 이천만 엔입니다. 따라서 일본은 한국의 발전을 위해 총 4천만 엔까지 차관을 제공할 의도입니다. 두 법안이 아직까지 공표되지 않은 것으로 보아 일본의 재정 상태를 명백히 알 수 있습니다.

한국의 경제발전을 위한 일본의 계획들 중에서 바로 앞에서 언급한 동양척식주식회사가 의심의 여지없이 가장 주목할 만합니다. 현재 이 회사는 설립 단계에 있습니다. 그러나 최근의 소식에 의하면, 한국 내각이 일본의 법안을 허가하는 즉시 설립위원회가 구성될 것으로 예상됩니다.

지금까지 설명 드린 일본의 한국 개혁들을 보면, 일본 정부가 한국의 발전을 위해 왕성하게 활동하는 것을 분명히 알 수 있습니다. 이와 동시에 한국 통감 이토의 사려 깊은 정책은 일본 거류민 쪽의 재정 곤란 역시 감안한다는 것을 증명합니다. 그래서 최근 통감부 측은 한국의 일본인 거류지역이 스스로 대표를 선출하는 권리를 박탈하는 대신 일본 이사관들에게 지방행정을 맡기는 주목할 만한 조처를 시도했습니다. 이러한 규정은 특히 일본인 거류지역들이 각 지역 대표에게 지나치게 많은 보수를 지급하면서도 다른 점에서는 정부의 재정 지원에 강하게 의존하는 것에서 연유했습니다. 이 새로운 규정으로 인해 일본 거류민들 측에서 통감에게 격렬하게 항의하고 언론의 공격이 있었지만, 통감부는 선동하는 신문들을 즉각 압류하고 정간하는 것으로 대응했습니다.

이 경우에도 통감부는 확고부동한 태도와 단호한 의지를 드러냈습니다. 일본은 직접 나서서 문명화하려고 하는 곳에서, 자국민들이 파괴적인 분열의 나쁜 선례를 보이지 않도록 노력해야 합니다. 이미 알려진 바와 같이 일본의 최상류층이 한국으로 이민하는 것은 아닙니다.

지금 또 다시 일본에서 휴양하고 있는 통감 이토는 예전에 내각에서 물러난 후로 수차례 일본 언론의 집중적인 관심의 대상이었습니다. 이토가 야마가타[8] – 가쓰라[9] 일파를 견제하기 위해 아마 통감의 지위에서 물러나 일본에 계속 머무를 것이라는 추측이 제기되었습니다. 야마가타가 추밀원 의장직을 계속 수행하기에는 너무 연로한 탓에 그 자리를 이토[10]에게 넘겨주려 한다는 소문이 있습니다. 말 많은 이토가 최근 발표한 대로 그 소문은 사실이었습니다. 야마가타는 이곳에 머물도록 이토를 붙잡으려 했습니다. 아마 관용이 적을 이긴다는 일본의 속담을 좇아 새 내각을 위해 이토의 환심을 사려고 한 것 같습니다. 그러나 이토는 한국의 현재 상황으로 보아 당분간은 부득이하게 한국에 머무를 필요가 있다고 설명했습니다. 자신이 계획한 바를 이제 겨우 절반 실행에 옮겼는데, 목표를 이루지 못한 채 여기에서 손을 떼고 싶지 않다는 것이었습니다. 일본 정부가 이토처럼 믿음직하고 영향력 있는 인물을 어떤 식으로든 최대한 오래 한국에 유임시킨다면 어쨌든 현명하고 올바른 결정입니다. 그러나 한국인들은 공포에 질려 떨고 있으며 이토가 일본으로 떠날 채비를 하는 순간이 다가오기만을 기다린다는 말이 있습니다. 이토는 가쓰라가 장차 총리대신 직위로 인해 통감이 될 가능성이 없어지면 일본에 꼭 필요한 존재가 될 것입니다.

(서명) 뭄

원본 문서 한국 10

8 [감교 주석] 야마가타 아리토모(山縣有朋)

9 [감교 주석] 가쓰라 다로(桂太郎)

10 [감교 주석] 이토 히로부미(伊藤博文)

42

원문 p.474

한일어업협정

발신(생산)일	1908. 11. 22	수신(접수)일	1908. 12. 25
발신(생산)자	뭄	수신(접수)자	뷜로
발신지 정보	도쿄 주재 독일 대사관	수신지 정보	베를린 정부
	A. 441		A. 21633
메모	12월 31일 페테르부르크 2247에 전달		

사본

A. 21633 1908년 12월 25일 수신 첨부문서 1부

도쿄, 1908년 11월 22일

A. 441

독일제국 수상 뷜로 각하 귀하

이달 18일 자 일본 관보는 금년 10월 21일의 새 한일어업협정을 공표했습니다. 본인은 이 협정의 번역문을 삼가 동봉하는 바입니다. 통감부와 한국 정부 사이에 체결된 이 조약은 양국의 영해에서 관련 법규를 준수하며 제한 없이 조업할 수 있는 권리를 양국 국민에게 보장합니다. 이에 따라 일본인은 한국에서 한국인과 똑같이 어업활동을 할 수 있습니다. 어업 문제로 법적 분쟁이 발생하는 경우 일본인은 한국 재판소 대신 일본관청이 담당합니다.

이 협정의 제4조에 의하면, 한국 정부가 공표한 새 한국어업법이 동시에 발효되어야 합니다. 새 한국어업법은 통례대로 통감부에 의해 같은 날짜의 일본 관보에 일본어로 공시되었습니다. 그러나 실행 날짜는 앞으로 특별 규정에 의해 정해질 것입니다. 어업과 관련한 이전의 모든 한일협정은 폐지되었습니다.

새 어업협정에서 어느 편이 이익을 혼자 독식했는지는 의심의 여지가 없습니다.

(서명) 뭄

원본 문서 한국 10

내용: 한일어업협정. 첨부문서 1부

[첨부문서] 1908년 A. 21633의 사본

1908년 11월 18일 일본 관보의 번역문

통감부의 공보

No. 186

1908년 11월 13일

통감부와 한국 정부는 금년 10월 31일에 다음과 같은 어업협정을 체결했다. 이 어업협정은 한국어업법과 동시에 발효될 것이다.

제1조 일본 국민과 한국 국민은 조약국의 연해, 만, 하천, 강, 호수, 연못에서 어업을 행하는 동등한 권리를 행사한다.

제2조 어업 행위를 함에 있어서 한 국가의 국민이 다른 국가의 영해에 있으면 그 다른 국가의 어업법을 준수해야 한다.

제3조 한국에서 어업문제로 재판이 발생하는 경우에 일본인은 일본 당국이 관할한다.

제4조 1889년 11월 12일 한국과 일본이 합의한 어업규정 및 그 밖의 어업 협정들은 이로써 모두 폐지된다.

번역 : (서명) 포크트

A. 2204에 첨부

1쪽에 폐하의 의견.

그러한 일에서 이토는 완전히 독자적으로 처리할 수 있습니다. 일본 정부는 이토에게 자유로운 재량권을 부여합니다.

이상입니다.

2월 6일

7552

43

원문 p.477

한국 황제의 순행

발신(생산)일	1909. 1. 16	수신(접수)일	1909. 2. 4
발신(생산)자	뭄	수신(접수)자	뷜로
발신지 정보	도쿄 주재 독일 대사관	수신지 정보	베를린 정부
	A. 18		A. 2204
메모	시베리아를 경유하여		

A. 2204 1909년 2월 4일 오전 수신

도쿄, 1909년 1월 16일

A. 18

뷜로 각하 귀하

현재 한국 황제는 한국 남부지방을 여행[1]하고 있습니다. 본인은 서울 주재 독일제국 총영사 대리가 이에 대해 각하께 상세하게 보고드릴 것으로 추정합니다.

통감 이토[2]를 대동한 이 여행은 한국뿐만 아니라 이곳 도쿄에서도 많은 주목을 끌고 있습니다. 동양에서는 으레 그렇듯이 한국 궁중이 외부와 격리되어 있음을 고려하면, 이처럼 주목을 끄는 것은 충분히 이해가 갑니다.

고무라[3]가 지난번 외교관들을 영접한 자리에서 본인은 한국 황제의 이 여행에 대해 말을 건넸습니다. 고무라는 이토가 이번 여행에 대해 도쿄에 보고했지만, 한국 황제에게 이 여행을 권유하도록 결정을 내린 이유에 대해서는 언급하지 않았다고 답변했습니다.

고무라는 이토의 이번 계획이 한국 군주의 운명에 대해 여전히 흥분해 있는 한국 국민을 안심시키려는 의도에서 비롯된 것이 틀림없다고 말했습니다. 한국 황제와 통감의 의견이 일치하고 있음을 한국 국민에게 보여줄 계획이라는 것입니다.

물론 이러한 의도는 이번 여행을 기획했던 사람들이 기대했던 것만큼 도처에서 국민들의 인정을 받은 것 같지는 않습니다. 신문보도에 따르면, 한국 황제가 부산에서 일

---

1 [감교 주석] 순종의 남순행(南巡幸)

2 [감교 주석] 이토 히로부미(伊藤博文)

3 [감교 주석] 고무라 주타로(小村壽太郎)

본 군함을 방문한 일은 적어도 일본인들이 그 기회를 이용해 황제를 강제 추방하려는 것이 아닌가 하는 불안감을 충성스런 국민들 사이에서 조성한 듯 보입니다. 학생들이 기관차 앞 선로에 드러누움으로써 황제의 열차가 부산으로 출발하는 것을 저지하려 시도했다고 합니다. 그리고 부산 주민들은 정박소로부터 예기치 않게 황제의 귀환이 지연되자 매우 어설픈 수단을 이용해 황제를 일본인들의 수중에서 구해내려 폭동을 시도했다는 것입니다.

이 모든 것은 가슴을 뭉클하게 하고, 이 몰락해가는 민족의 혹독한 운명에 대해 인간적으로 연민을 일깨웁니다. 그러나 그러한 어린애 같은 시위로는 완강한 세계사의 흐름을 저지할 수 없습니다.

뭄

내용: 한국 황제의 순행

44

원문 p.479

[일본의 한국 정책에 관한 쾰른 신문의 보도]

발신(생산)일		수신(접수)일	1909. 2. 9
발신(생산)자		수신(접수)자	
발신지 정보	쾰른	수신지 정보	베를린
			A. 2577

A. 2577 1909년 2월 10일 오후 수신

쾰니셰 차이퉁[1]

1909년 2월 9일

문서

일본의 한국 정책

No. 96호에서 우리는 한국 황제가 폭동을 일으킨 지방으로 첫 여행을 나섰다는 서울 주재 우리 통신원의 기사를 보도했다. 한국 황제는 1월 7일부터 12일까지 일본 통감 이토와 함께 남부지방을 방문했다. 도쿄에서 송부한 기사에 의하면(No. 103호에 보도), 그 후 한국 황제의 여행 중에 일본의 성명서가 발표되었다. 2월 6일 자 서울발 로이터 전보문에 따르면, 이 성명서는 한국에서 일본의 정책을 변화시키는 결과를 낳았다. 즉, 유화적인 성향의 이토[2]를 전쟁파의 수령인 일본 육군대신 데라우치[3]로 대체하는 결과를 낳은 것이다. 반일 시위가 발생하기 전에 이미 이토의 평화파와 전쟁파 사이에 대립이 있었다는 것은 반일 시위 14일 전에 쓰인 아래의 기사에서 드러난다.

서울, 1월 14일. 한국 황제는 이토의 권유를 받고 6일 동안 한국 남부를 시찰하는 순행[4]을 떠났으며 어제 오후 흐뭇한 얼굴로 돌아왔다. 황제는 이토와 함께 거창한 수행원을 거느리고 여행을 떠났었다. 이토는 동요하는 지방의 대다수 주민들에게 황제의 용안을 직접 눈으로 보고 황제의 경고하는 말에 귀 기울이게 하는데 성공했다. 한국 황제는

1 [감교 주석] 쾰니셰 차이퉁(Kölnische Zeitung)

2 [감교 주석] 이토 히로부미(伊藤博文)

3 [감교 주석] 데라우치 마사타케(寺內正毅)

4 [감교 주석] 순종의 남순행(南巡幸)

발전의 길을 나아가야 하며 시대에 뒤떨어진 상투를 잘라야 한다고 경고했다. 특히 이토는 자신이 황제의 충실한 고문일 뿐만 아니라 한국의 가장 좋은 친구라는 인상을 일깨우는데도 성공했다. 이와 동시에 일본은 한국의 군주에게 일본의 해군력을 과시하는 즐거움을 누렸다. 강력한 1개 함대는 부산으로, 또 다른 1개 함대는 마산으로 가라는 명령을 받았다. 그때까지도 한국 황제는 오늘날의 군함이 어떤 성능을 갖추고 있는지 전혀 알지 못했다. 황제는 이토를 대동하고 전함 2척, Asuma호와 Katori호를 시찰했으며 함포와 어뢰 훈련을 매우 주의 깊게 지켜보고 모든 것에 대해 기대 이상으로 관심을 보였다.

한국 황제의 귀환은 수많은 인파를 불러 모았다. 엄청나게 많은 사람들이 모였다. 공립학교와 사립학교의 모든 남녀학생들, 일본과 한국의 관리들, 또 다수의 유럽인과 많은 장교들이 황제를 맞이하러 나왔다. 황제의 특별열차가 천천히 남부역에 들어오는 순간 환호성이 울려 퍼졌다. 여행에 동행했던 궁중악단이 연주하는 국가가 울려 퍼지는 가운데 황제가 화려하게 장식된 열차에서 내렸다. 황제는 생기 있고 건강해 보였으며 성대한 환영인사에 기뻐하는 기색이 역력했다. 이토는 자신의 평화적인 목표에 성큼 가까이 다가갔음을 깨닫고 만족감에 젖어 두 손을 마주 비볐다. 일본군 사령관 하세가와[5] 장군은 – 몸이 불편하다는 이유로 – 환영 행사에 모습을 나타내지 않았다. 그러나 사람들이 수군거리는 말로는, 일본의 군부와 문치파 관료 사이에 여러모로 작은 마찰과 시샘이 있다고 한다. 이토가 매서운 칼이 아니라 유화책으로 한국의 평화를 수립하려 한다는 것이다. 이달 20일 하세가와 장군은 도쿄의 새 직책에 부임하기 위해 한국을 떠난다. 그의 후임 오쿠보[6] 중장은 이미 일본을 떠났으며 이달 18일 한국에 도착할 것이다.

---

5 [감교 주석] 하세가와 요시미치(長谷川好道)

6 [감교 주석] 오쿠보 하루노(大久保春野)

45

원문 p.481

한국의 궁정

발신(생산)일	1909. 1. 6	수신(접수)일	1909. 2. 14
발신(생산)자	벤트슈흐	수신(접수)자	뷜로
발신지 정보	서울 주재 독일 영사관	수신지 정보	베를린 정부
	K. No. 7		A. 2834
메모	연도번호 No. 58 2월 19일 페라 323, 런던 360, 마드리드 209, 파리 303, 페테르부르크 321, 로마 B. 235, 워싱턴 229, 빈 360, 아테네 206, 베오그라드 193, 베른 177, 브뤼셀 178, 부쿠레슈티 209, 체티네 204, 크리스티안 185, 룩셈부르크 187, 헤이그 179, 코펜하겐 183, 리스본 176, 로마 183, 스톡홀름 183, 카이로 179, 소피아 215, 탕헤르 198, 다름슈타트 193, 드레스덴 198, 카를스루에 196, 뮌헨 201, 슈투트가르트 194, 바이마르 192, 올덴부르크 193, 함부르크 198, 베이징 189에 전달		

A. 2834　1909년 2월 14일 오전 수신. 첨부문서 1부.

서울, 1909년 1월 6일

K. No. 7

독일제국 수상 뷜로 각하 귀하

금년 1월 1일 한국 황제 이척[1]이 창덕궁에서 이토[2] 통감이 참석한 가운데 대신들, 고위 문관과 무관, 영사단을 신년 하례식에 맞이했습니다. 청국식으로 지은 커다란 응접실 중의 하나가 이 목적을 위해 알현실로 바뀌었습니다. 그래서 그 어느 때보다도 경사스럽고 품위 있는 분위기에서 알현식이 거행되었습니다. 한국 황제는 일본식의 유럽 장군 복장을 하고 있었으며, 외국 대표들이 오고갈 때마다 일일이 악수를 했습니다. 황제는 평소보다 더 생기가 돌았고 태도도 더 품위 있었습니다.

이달 4일 한국 황제는 [번역문으로 삼가 동봉한] 칙령을 통해 뜻밖의 이례적인 결정을 발표했습니다. 나라의 상황과 국민의 형편을 직접 눈으로 보고 확인하고자 남부지방을 돌아보겠다는 것[3]이었습니다. 동양 통치자들의 전통을 충실히 따랐던 태황제는 수도

1 [감교 주석] 순종(純宗)

2 [감교 주석] 이토 히로부미(伊藤博文)

서울을 한 번도 떠나본 적이 없었고 궁궐도 거의 나서지 않았습니다. 그에 비해 이척 황제의 이번 여행길은 등극 이래 벌써 세 번째입니다. 첫 번째는 1907년 10월 한국의 제물포에서 일본 황태자를 맞이했을 때이고(1907년 10월 21일 자 보고서 No. 65 참조),[4] 두 번째는 작년 10월 수원 근처의 능에서 황실 조상들에게 몸소 제사를 드리고자 길을 나섰을 때인데, 그런 일은 39년 만에 처음 있는 일이었습니다.

현재 엿새로 예정된 여행은 내일 아침에 시작됩니다. 먼저 비옥한 경상도 지방의 중심도시 대구에 들렀다가, 그곳에서 부산과 마산포를 향해 떠날 것입니다. 부산과 마산포에서는 각기 이틀 체류할 예정입니다. 일본 천황이 한국 황제를 환영하도록 이주인[5] 해군중장 휘하의 제1함대와 데와[6] 해군중장 휘하의 제2함대를 그곳으로 보낼 것입니다. 제1함대는 전함 Katori호와 Shikishima호 및 장갑순양함 Tsukuba호, Ikama호, Nisshin호, Kasuga호로 구성되어 있고, 제2함대는 순양함 Azuma호, Akitsushima호, Yayeyama호 및 구축함 한 척과 어뢰정 4척으로 구성되어 있습니다. 한국 황제는 마산포에서 서울로 돌아가는 길에 다시 대구에 들러 하루를 묵을 것입니다. 이재각[7](李載覺) 이외에 통감 이토와 통감 부관 무라타[8] 육군소장, 해군무관 Tonami[9] 함장, 통감부의 서기관 두 명이 한국 황제를 수행하고 있습니다. 그 뿐만 아니라 법부대신과 학부대신을 제외한 모든 대신들, 궁내부 막료들, 전례관 여러 명, 시종무관장, 내장원경, 황실 도서관장, 훈장국장, 다수의 시종과 궁녀 4명, 황실악단 등 총 140여 명이 황제의 여행길에 동행합니다. 황제는 대구에서는 감영에서, 다른 도시들에서는 일본 주재소에서 거처할 것입니다. 여행 경비는 13,000엔으로 추정됩니다. 한국 황제가 머지않아 북쪽지방으로의 두 번째 여행을 계획하고 있는 것으로 알려져 있습니다.

한국 황제가 이토의 조언을 좇아 근대적 통치자로서 국민들 앞에 나서기 시작한 반면에, 덕수궁의 태황제 이희는 외부세계에 모습을 드러내지 않고 있습니다. 태황제는 앙심을 품은 사자와도 같습니다. 황제와 황후, 왕자, 또는 이토가 태황제의 안부를 묻거나 일본에 있는 이은 황태자의 안위를 전하기 위해 태황제를 방문했다는 글을 이따금 읽을 수 있습니다. 그러나 현재 57세의 태황제가 완전히 무위의 세월을 보내는 것 같지는

3 [감교 주석] 순종의 남순행(南巡幸)

4 [원문 주석] A. 17505/02 삼가 동봉.

5 [감교 주석] 이주인 고로(伊集院五郎)

6 [감교 주석] 데와 시게토(出羽重遠)

7 [감교 주석] 이재각(李載覺)

8 [감교 주석] 무라타 아쓰시(村田惇)

9 [감교 주석] 원문에 "Tonami"로 기술되어 있으나, 문맥상 소도나미 구라요시(外波內藏吉)로 보임.

않습니다. 반관신문 "Seoul Press"의 오늘자 기사에 의하면, 자의반 타의반에 의한 태황제의 감금생활을 충실하게 함께 하는 엄비가 임신했으며 오는 3월에 분만 예정이기 때문입니다. 일본 측에서는 특히 아들인 황태자에게 아낌없는 배려를 베풀고 있다는 것을 시사하며 일본 정부의 사욕 없음과 솔직한 우의 관계를 태황제에게 납득시키고자 많은 노력을 기울이고 있습니다. 하지만 아무리 노력해보았자 헛수고입니다. 태황제가 황위 찬탈자들에게 받은 고통을 결코 잊을 수 없기 때문입니다. 그러므로 최근 일본의 신문들은 태황제와 엄비가 곧 일본의 황태자를 방문할 것이라고 거듭 보도하지만, 그것은 다만 일본 측이 원하는 바를 상상해서 기사화한 것에 불과할 것입니다. 통감부는 태황제라는 인물이 끊임없이 음모를 꾸미는 불구대천의 원수라는 사실을 너무나도 잘 알고 있습니다. 그러므로 태황제를 삼엄하게 감시하고, 특히 태황제가 국내외에서 추종자를 구할 수 있는 수단들을 차단하고 있습니다.

지금 12세의 이은 황태자[10]는 장차 군주로서의 일을 수행하기 위한 준비 작업으로서 일 년 전부터 일본에서 학업에 열중하고 있습니다. 반관신문들이 보도하는 바에 의하면, 이은 황태자는 활달한 소년입니다. 이미 어려움 없이 일본어를 구사하며, 학업에서는 특히 산술에 뛰어나다고 합니다. 이은 황태자는 선발된 소년 4명과 함께 매일 10시부터 3시까지 교육을 받고 있으며, 여가시간에는 승마와 사진 찍는 것에 몰두합니다. 그리고 첫 번째 일과로서 양친에게 편지 쓰는 것을 하루도 거르지 않는다고 합니다. 일본 천황과 황후는 한 달에 한 번 찾아 뵙고 있으며, 일본 황태자와는 형제처럼 지낸다는 것입니다. 올봄에 이은 황태자는 도쿄 소재 귀족학교의 중급반에 입학할 것입니다. 아직 나이가 어린데도 벌써부터 황태자의 혼인 문제가 진지하게 거론되고 있습니다. 이토는 황제의 위임을 받아 이미 일본의 유서 깊은 귀족가문 출신의 규수를 미래의 한국 군주에 어울리는 배필로 선택해 두었다고 합니다. 태황제와 엄비도 이에 동의했기 때문에, 이토는 이번 여행에서 돌아오면 혼인 준비를 위해 도쿄로 떠날 것이라고 합니다. 일본 측은 태황제도 일본에서의 혼례식에 참석하기를 기대한다고 합니다.

한국 황실의 그 밖의 왕자들, (의화군[11]이라는 이름으로 알려진) 이강, 이재각[12], 이재완[13]과 그의 아들 이달용[14], 이준용[15]에 대해서는 특별히 언급할 것이 없습니다. 이들은

---

10 [감교 주석] 영친왕(英親王)

11 [감교 주석] 의친왕(義親王)

12 [감교 주석] 의양군(義陽君) 이재각(李載覺)

13 [감교 주석] 완순군(完順君) 이재완(李載完)

14 [감교 주석] 이달용(李達鎔)

15 [감교 주석] 영선군(永宣君) 이준용(李埈鎔)

이따금 공식적인 경축행사에 모습을 나타내지만 특별히 정중한 대접을 받지는 않습니다.

유일하게 태황제를 제외한 나머지 황족들은 전반적으로 통감의 손에 놀아나는 꼭두각시라는 인상이 듭니다. 통감은 한국 국민과 세상에 뭔가를 보여주고 싶으면 이 꼭두각시들을 필요에 따라 무대에 등장시킵니다. 1904년 2월 23일의 의정서 제2조를 통해 일본은 "황실의 안위와 평화"를 보장하는 임무를 위임받았습니다. 그리고 1905년 11월 17일의 협정 제5조도 "황실의 안녕과 품위를 유지하는" 의무에 대해 언급합니다. 궁중의 이익을 위해 유리하다고 판정되는 통감의 모든 조처들은 이 두 조항의 비호를 받습니다. 그 결과 모든 일이 저절로 통감의 의지와 지시에 의해 결정되고 있습니다. 이와 관련된 사람들이 스스로 약삭빠르게 행동한다고 믿지만 사실은 조종당한다는 사실을 깨닫지 못한다면, 그것은 오로지 이토의 비상한 수완과 정치가로서의 책략에서 비롯됩니다. 그러나 오로지 이런 방식에 의해서만 정치적 음모와 정실 인사, 궁중관리들의 매관매직, 이루 형용할 수 없는 황실 살림의 재정 부실에 종지부를 찍을 수 있다는 것에는 오인의 여지가 없습니다. 이런 상황에서 일본인들이 단호하게 빗자루를 들어, 궁중관리들의 첩실에 불과한 황실 무희, 환관, 마술사, 무당, 사제, 그밖에 기생충처럼 빌붙어 살며 돈을 빨아먹는 존재들을 깨끗이 소탕한 것은 당연히 옳은 처사였고 또 성공을 거두었습니다. 1906년의 궁궐 규정에 따라, 궁궐문에 배치된 경찰은 궁내부에서 발행한 통행증을 소지한 사람만을 출입시키는 임무를 수행합니다. 1907년 11월 27일의 법령에 의거해, 궁내부가 개편되면서 내각을 구성하는 다른 부처들에서 분리되었습니다. 이 과정에서 궁정 관직의 수가 24개에서 13개로 축소되었습니다. 또한 앞으로는 황실 예산을 담당하는 대신들에게만 직접 황제에게 문의할 수 있는 권한을 부여합니다. 그것도 예산 자체에 관련된 사안에만 한정됩니다. 독단적인 전횡으로 말미암아 궁정 재정과 국가 재정이 파탄 났고, 이를 바로잡기 위해 국가 재산과 황실 재산의 규제 및 황실 사유재산의 관리를 위한 특별 부서들이 설치되었습니다. 현 황제가 등극하기까지 불어난 궁정 채무를 조사해서 변제하는 임무를 담당하는 특별위원회가 구성되었습니다. 채무변제위원회가 최근 공개한 바에 의하면, 신고된 채무액 약 550만 엔 가운데 204만 엔이 인정되었습니다. 그중 90%는 한국 채권자의 몫이고, 10%는 일본, 청국, 미국, 프랑스 채권자의 몫이라고 합니다.

이처럼 질서를 바로잡는 과정에서 일본 정부는 최대한 배려하는 조치를 취했으며, 공로가 많은 관리들을 해고하는 경우에는 일 년 연봉 또는 그 수배에 해당하는 보상금을 지급했습니다. 그러나 전체 국민의 이익을 위한 이러한 조처로 인해 일부 계층에서 새로운 적을 만드는 것을 피할 수는 없었습니다.

지금까지 보고드린 내용으로 보아, 한국 황제가 이미 이름뿐인 통치자라는 것을 충분히 알 수 있습니다. 한국 황제의 허수아비 황권은 대외관계에서 여실히 드러납니다. 1905년 11월 17일의 협정에 의거해 오로지 일본 정부만이 한국의 대외관계를 주도하고 통제할 수 있습니다. 최근에 일어난 다음의 사건은 일본 측이 이 협정을 얼마나 세심하게 해석하는지 잘 설명해 줄 것입니다. 청국 황제[16]가 승하했을 때, 한국 황제는 궁중 관리로 하여금 베이징으로 조의 전보문을 발송하게 했습니다. 본인이 해당 관리에게 직접 들은 바에 의하면, 통감부는 이러한 조처에 대해 질책했습니다. 그리고 사실과는 달리, 황제가 "through the proper channel", 다시 말해 통감부를 통해 베이징의 궁중에 조의를 표했다고 즉시 반관신문 "Seoul Press"에 공표했습니다. 당시 궁중 명의의 조의는 발표되지 않았습니다. 그런데도 21일이 지난 후, 궁중의 조의가 끝났음을 알리는 기사가 실수로 "Seoul Press"에 보도되었습니다. 다음 날 이 신문은 궁중 조의를 발표하지 않았으므로 궁중 조의의 종료를 이야기할 수 없다는 내용의 정정기사를 보도하지 않을 수 없었습니다. – 이해가 빠른 사람에게는 이 정도로 족할 것입니다! –

본인은 이 보고서의 사본을 도쿄 주재 독일제국 대사에게 전달했습니다.

벤트슈흐

내용: 한국의 궁정

No. 7의 첨부문서
번역문

황제의 칙령
(1909년 1월 4일 자 관보의 부록)

짐은 국민이 국가의 진정한 토대를 이룬다고 생각한다. 그런데 토대가 건실하지 않으면 국가 역시 안정과 평화를 누릴 수 없다. 짐은 깊이 경외하는 마음으로 부왕의 옥좌,

---

16 [감교 주석] 광서제(光緖帝)

즉 황제의 옥좌에 오른 이래, 위기상황으로부터 나라를 구하고 불행으로부터 국민을 벗어나게 해주고 싶은 소망을 단 한시도 잊어본 적이 없다. 고로 짐은 국가 행정제도를 개선하기로 결정했으며, 그 이듬해에 곧바로 조정을 이끌고 종묘에서 서약했다. 그 후로 짐은 서약을 좇아 짐의 결정을 실행하는데 게으름이 없도록 노력했다. 그런데도 나라 안의 소요를 신속하게 진압하지 못했고, 짐의 자식들이 여전히 큰 고난에 시달리고 있어 매우 애석하게 여기고 있다. 국민들의 슬픈 운명에 직면해 짐의 마음은 비탄과 고통에 가득 차 있다. 게다가 혹독한 추위까지 국민들을 더욱 궁지로 몰아세우고 있으니 짐의 비탄과 고통이 더욱 심하도다. 짐 혼자서 어떻게 단 한 순간만이라도 풍족한 삶을 누릴 수가 있겠는가. 이 때문에 짐은 친히 국민의 곤궁한 상황을 살펴보고자 새해에 여러 공복들을 대동하고 나라 안을 여행하기로 결정했노라.

황태자의 대후견인인 이토 통감이 짐의 나라를 돕고 짐에게 조언과 조력을 다하려고 진실로 애쓰고 있다. 이토가 나이가 많고 건강이 별로 좋지 않은데도 오로지 황태자의 견문을 넓히고자 작년 무더운 여름에 일본에서 황태자와 함께 먼 여행을 계획한 것을 생각하면, 짐은 깊은 감사의 정을 느낀다. 이제 짐은 이토에게 앞서 말한 여행에 동행해서 짐의 의무를 성취하도록 도와줄 것을 부탁한다. 그리하여 짐은 나라의 토대를 공고히 하고 국민을 곤궁에서 구할 수 있기를 희망한다.

모든 국민은 신분의 고하를 막론하고 짐의 이러한 의도를 알아주기 바라노라!

1909년 1월 4일
(서명) 이척

총리대신
(서명) 이완용[17]

17 [감교 주석] 이완용(李完用)

46

원문 p.487

[한국 황제에 대한 "Seoul Press"의 악의적 기사]

발신(생산)일		수신(접수)일	1909. 2. 28
발신(생산)자		수신(접수)자	
발신지 정보		수신지 정보	베를린 외무부
			A. 3733

A. 3733 1909년 2월 28일 수신에 첨부.

메모

황제 폐하에 대한 "Seoul Press"의 악의적인 기사와 관련해 1909년 1월 29일 자 도쿄의 보고서 No. A. 26이 원본 문서 미국 2에 있음.

47

원문 p.488

한국의 황태자

발신(생산)일	1909. 2. 6	수신(접수)일	1909. 2. 28
발신(생산)자	뭄	수신(접수)자	뷜로
발신지 정보	도쿄 주재 독일 대사관	수신지 정보	베를린 정부
	A. 42		A. 3741
메모	3월 4일 서울 A1 공사관에 전달		

A. 3741 1909년 2월 28일 오후 수신

도쿄, 1909년 2월 6일

A. 42

뷜로 각하 귀하

서울 주재 독일제국 총영사 대리[1]는 일본 측에서 한국의 황태자[2]를 곧 유서 깊은 귀족 가문 출신의 일본 여인과 결혼시킬 계획이라고 수차례 보고서에서 언급했습니다.

이곳에서도 그런 소문이 돌고 있습니다. 그러나 본인이 알아본 바에 의하면, 그 소문이 사실이라는 근거가 없습니다. 본인이 상당히 신뢰하는 일본 궁중관리들은 그런 계획의 존재를 오히려 단호히 부인했습니다. 일본 정부는 바람직하지 않은 한국의 조혼 풍습을 이제 불과 11살 3개월의 나이인 한국 황태자에게 적용할 생각이 전혀 없다는 것이었습니다.

이곳의 외국인들 사이에서는 또 다른 소문이 퍼져 있습니다. 즉, 일본 정부가 한국 황태자를 젊음의 방종으로 유도하여 육체적으로 파멸시킴으로써 한국 합병을 준비하려는 계획을 추진한다는 것입니다. 본인은 이러한 소문이 악의적으로 날조된 것이라고 생각합니다. 외국인들은 그럴만한 이유가 전혀 없는데도 일본 정부와 일본인들에게 많은 것을 뒤집어씌웁니다. 일본 정부가 한국을 합병할 시기가 왔다고 판단하면, 예전에 한국 황제의 존재가 보호통치 선언에 별로 방해되지 않았던 것처럼 통치력 있는 한국 황태자

1 [감교 주석] 벤트슈흐(Wendschuch)

2 [감교 주석] 영친왕(英親王)

의 존재도 거의 걸림돌이 되지 않을 것입니다. 그런 목적으로 굳이 황태자를 바보로 만들 필요는 없습니다. 어쨌든 황태자는 저항할 수 없을 것입니다.

본인은 이곳에서 학업에 전념하는 한국 황태자를 개인적으로 만나보지는 못했지만, 차를 타고 다니는 것은 상당히 자주 보았습니다. 외모로 보아서는 생기 있고 활달한 소년이라는 인상을 줍니다. 황태자는 선발된 일본 동갑내기 몇 명과 함께 교육을 받고 있습니다. 그러나 봄에는 황태자를 귀족학교(Peer's School)로 보낸다는 말이 있습니다.

뭄

내용: 한국의 황태자

48

원문 p.490

한국 황제 순행의 여파

발신(생산)일	1909. 1. 21	수신(접수)일	1909. 3. 2.
발신(생산)자	벤트슈흐	수신(접수)자	뷜로
발신지 정보	서울 주재 독일 영사관	수신지 정보	베를린 정부
	K. No. 11		A. 3866
메모	연도번호 No. 108 금년 1월 6일의 보고서 No. 7과 관련하여. 3월 4일 페라 384, 런던 443, 마드리드 254, 파리 283, 페테르부르크 394, 로마 B. 286, 도쿄, 워싱턴 278, 빈 458, 아테네 257, 베오그라드 238, 베른 216, 브뤼셀 219, 부쿠레슈티 253, 체티네 249, 크리스티안 227, 룩셈부르크 231, 헤이그 221, 코펜하겐 226, 리스본 216, 로마 226, 스톡홀름 223, 카이로 218, 소피아 265, 탕헤르 245, 다름슈타트 285, 드레스덴 280, 카를스루에 288, 뮌헨 244, 슈튜트가르트 236, 바이마르 233, 올덴부르크 235, 함부르크 243, 베이징 232에 전달.		

A. 3866 1909년 3월 2일 오전 수신. 첨부문서 1부

서울, 1909년 1월 21일

K. No. 11

독일제국 수상 뷜로 각하 귀하

이달 13일 오후 한국 황제는 기억에 남을 남부지방 순행[1]으로부터 무사히 서울에 돌아왔습니다. 역에서 궁궐로 이어지는 길에서 황제는 이 목적을 위해 동원된 한국과 일본 학생들의 환호를 받았습니다. 얼마 전부터 서울에서 신도를 구하고 있는 "구세군"도 이 기회를 놓치지 않고 환희의 찬송가로 군주를 환영했습니다.

황제의 여행은 아무런 돌발사고 없이 예정대로 진행되었습니다. 일본의 모든 신문과 한국의 반관신문은 이 여행을 중요한 사건으로, 한국 역사의 획기적인 사건으로 칭송합니다. 이달 4일에 공표한 황제의 칙령은 이 여행에 나선 이유가 국민의 행복과 불행을 몸소 눈으로 보고 확인하는 데 있다고 말했습니다. "신을 숭배하고 천상의 행운을 물려받으신 분"이 이런 여행을 떠난 것은 이번이 처음이었습니다. 당연히 여행길에서 이척 황제

1 [감교 주석] 순종의 남순행(南巡幸)

는 연출가가 그를 위해 무대에 내세우기에 적합하다고 여긴 것만을 실제로 보고 들었습니다. 여행의 본래 목적은 완전히 다른 데 있었습니다. 한국 황제와 일본 정부 사이에는 오로지 평화와 우호관계만이 깃들어 있으며 두 이웃나라의 왕조는 순수하고 진심 어린 관계를 맺고 있음을 국민들에게 믿게 하려는 것이었습니다. 이것을 똑똑히 눈으로 보여주는데 누가 그것을 의심할 수 있겠는가! 황제의 동반자이자 고문인 이토[2], 도쿄 궁중과의 수차례에 걸친 우호적인 서신교환, 황제를 환영하기 위해 부산과 마산포에 파견된 일본의 두 함대, 기함의 방문. 이처럼 많은 비용을 들여가며 기대한 효과는 이제 마침내 한국 국민도 지금까지 사로잡혀 있었던 잘못을 깨닫는 것입니다. 어리석은 반항을 포기하고, 일본인들을 더 이상 한국 국민을 착취하려 드는 적이 아니라 도움을 베푸는 선량한 친구이자 충실한 이웃으로 보아주기를 바라는 것입니다. 이러한 목적을 달성하기 위한 수단은 동서고금을 막론하고 널리 쓰이는 것, 즉 빵과 오락(Panis of circenses)입니다. 좀 더 근대적 형태로는 호화로운 영접, 향연과 넘치는 금전 선물입니다.

이곳의 "Seoul Press"는 황제의 여행 경로에 대해 상세히 보도했습니다. 이 기사를 보면[본인은 삼가 이 기사를 동봉하는 바입니다], 아무런 편견 없는 독자조차도 이 여행의 중심인물이 한국 황제가 아니라 이토가라는 사실을 알아차리게 됩니다. 이를테면 대구, 부산, 마산포에서 이토의 4차례에 걸친 연설이 이 여행의 가장 주목할 만한 사건이었습니다. 그밖에 나머지 모든 것들은 이 연출을 위한 소도구였고, 국가와 황제가 그 경비를 부담해야 했습니다. 예비보고서에서 거론된 13,000엔은 다만 교통비에 불과했습니다. 철도국이 역무원들을 위한 상여금 2,000엔과 함께 이 돈을 지급받았습니다. 황제의 증여금 중에서 약 15,000엔은 한국인에게, 약 9,000엔은 일본인에게 배분되었습니다. 통감부 고위관리의 말에 따르면, 총 지출은 약 15만 엔에 달한다고 합니다.

이 여행에서 돌아오자마자 이미 북부지방으로의 두 번째 여행[3]이 준비되고 있습니다. 두 번째 여행은 이달 27일에 출발할 것이라고 합니다. 통감부 직원이 고지식하게 한 외국 영사에게 말한 바에 의하면, 한국 황제는 "실제로 이번에는 완전히 자발적으로" 여행에 나섭니다. 이번 여행도 7일로 예정되어 있으며 경기도와 황해도, 평안남북도를 경유해 한국의 북쪽 국경인 압록강까지 이릅니다. [자세한 여행 계획은 삼가 신문 기사에 첨부되어 있습니다.]

그것도 제일 추운 계절에 이렇듯 성급하게 두 번씩이나 황제를 여행 떠나보내는 특별

---

2 [감교 주석] 이토 히로부미(伊藤博文)

3 [감교 주석] 순종의 서순행(西巡幸)

한 이유를 생각해보면, "동양척식주식회사"의 사업을 위한 길을 한국에서 개척하려는데 일부 그 이유가 있지 않을까 하는 생각이 듭니다. 동양척식주식회사(도쿄 주재 독일제국 대사의 작년 8월 23일과 9월 10일 자 보고서 A. 319와 A. 336 참조)는 다행이도 무사히 성공적으로 설립되었습니다. 이 회사가 활동을 개시하기 전에 한국 국민들에게 가능한 한 화해의 분위기를 조성하려는 것입니다. 한국 정부는 6만 주에 대한 대가로서 이 회사에 국유지를 제공해야 합니다. 그런데 국유지를 인수하는 과정에서 현재 그 땅을 이용하는 자들의 심한 반발이 예상되기 때문입니다. 분별 있는 일본인들은 분명히 이 점을 알고 있을 것입니다. 일부 계층 사람들과 조용히 지켜보고 있는 많은 외국인들도 이 문제와 관련해 초봄에 새로이 격렬한 폭동이 발생하지 않을까 우려하고 있습니다. 만일 이 폭동을 무자비하게 진압하게 되면, 그와 동시에 이씨 왕조의 아직 남아 있는 독립성과 지배권은 완전히 사라지게 될 것입니다. 한국은 종말을 맞을 것입니다!

본인은 이 보고서의 사본을 도쿄 주재 독일제국 대사에게 전달했습니다.

벤트슈흐

내용: 한국 황제 순행의 여파

No. 11의 첨부문서

첨부문서의 내용(원문)은 독일어본 492~513쪽에 수록.

49

원문 p.514

한국 황제의 두 번째 여행의 여파

발신(생산)일	1909. 2. 7	수신(접수)일	1909. 3. 17.
발신(생산)자	벤트슈흐	수신(접수)자	뷜로
발신지 정보	서울 주재 독일 영사관	수신지 정보	베를린 정부
	K. No. 18		A. 4788
메모	연도번호 No. 198 지난 달 21일 자 보고서 No. 11과 관련하여. 3월 20일 페라 488, 런던 548, 마드리드 321, 파리 484, 페테르부르크 494, 로마 B. 357, 도쿄, 워싱턴 352, 빈 536, 아테네 317, 베오그라드 303, 베른 276, 브뤼셀 281, 부쿠레슈티 325, 체티네 312, 크리스티안 289, 룩셈부르크 296, 헤이그 282, 코펜하겐 286, 리스본 279, 로마 288, 스톡홀름 284, 카이로 278, 소피아 339, 탕헤르 314, 다름슈타트 297, 드레스덴 301, 카를스루에 301, 뮌헨 306, 슈투트가르트 299, 바이마르 295, 올덴부르크 296, 함부르크 305, 베이징 A. 296에 전달.		

A. 4788　1909년 3월 17일 오후 수신. 첨부문서 1부

서울, 1909년 2월 7일

K. No. 18

독일제국 수상 뷜로 각하 귀하

많은 경비를 들여 많은 수행원을 거느리고 한국 북서지방으로 두 번째 순행[1]을 떠난 이척 황제가 이달 3일 무사히 서울에 돌아왔습니다. 일본의 한국 정책의 평화적인 목적과 목표를 한국 국민들에게 설명하고 양국 국민의 상호 우호적인 관계를 증진시켰다는 점에서 일본 측은 이 여행 역시 매우 성공적이었다고 평가합니다. 신문보도에 의하면, 수천 명의 한국 주민들이 곳곳에서 황제를 환호성으로 맞이했습니다. 황제가 친히 모습을 나타내서는 옛 관습을 탈피하고 자신의 본을 따라 근대화하라고 거듭 권고하자 국민들은 무척 깊은 인상을 받았습니다. 그 결과 한국인 6천명이 무엇보다도 소중히 여기고 존중했던 상투를 자발적으로 황제를 위해 문명의 제단에 바치고 한국의 전통 의복 대신 일부 유럽식 의복을 입었습니다.

1　[감교 주석] 순종의 서순행(西巡幸)

그러나 소문에 의하면, 공식적인 보고와 반관신문의 보도와는 달리 이번 여행은 그리 순조롭게 진행되지 않았다고 합니다. 황제가 도착하기 전날 송도(개성)에서 폭탄 테러 사건이 발생했습니다. 이 사건은 그곳에서 원성이 자자한 한국 관리 박[2]에 대한 단순한 보복행위로 밝혀졌습니다. 또한 기차여행 중에 황제의 지척에서 내부대신 송병준[3]과 어담[4] 대령 사이에 싸움이 벌어졌습니다. 이 싸움은 두 사람의 개인적인 적대관계에서 비롯되었으며 조금 술에 취한 내부대신 쪽에서 도발했습니다. 언론은 이 두 사건을 굉장한 사건인 양 부풀려 보도했지만, 한국 황제의 여행과는 아무 관련이 없고 또 정치적으로도 전혀 여파를 남기지 않았습니다. 그런데도 나중에 사소한 에피소드들이 입소문을 통해 알려졌고, 연출가는 그것들을 숨기는데 급급했습니다. 여행이 성공했다고 대대적으로 선전했는데, 잘못하다가는 달갑지 않게도 그것들이 성공에 흠집을 내기에 안성맞춤이었기 때문입니다. 이를 테면 한국 황제가 평양을 떠나기 이틀 전에 갑자기 병환이 나서 여행을 계속할 수 없다고 선언했다는 것입니다. 대신들이 이미 곳곳에서 황제를 환영할 채비를 하고 있음을 시사하며 황제의 마음을 돌리려고 온갖 방법을 동원해 설득했지만 소용이 없었다고 합니다. 결국 이토[5]가 여행을 계속할 것을 독자적으로 지시했고 황제는 그에 따르지 않을 수 없었다는 것입니다. 원래는 "도시에 입성할 때 양국의 국기를 흔들어 일본에 대한 우호적인 감정을 표시하려는" 프로그램이 예정되어 있었습니다. 그런데 그 계획은 완전히 포기된 듯싶습니다. 이 임무를 실행하기 위해 거리 양편에 도열한 학생들이 관청에서 나누어준 일장기를 – 어쨌든 교사들과 부모들의 사주를 받고 – 집에 두고 오거나 혹은 의주에서처럼 결정적인 순간에 일부러 보란 듯이 찢어버렸기 때문입니다.

그 밖에는 첫 번째 여행과 별반 다르지 않게 진행되었습니다. 환영, 연회, 제등행렬, 금전 선물, 연설. 황제는 여러 차례 인사말을 했는데, 그 내용은 – 이미 언급한 바와 같이 – 옛 의복을 벗어버리고 새로운 시대의 정신을 좇으라는 요구였습니다. 평양과 의주에서 이토는 많은 일본인과 한국인 청중 앞에서 일본의 지도와 도움이 한국에게 꼭 필요하다는 인상을 갈수록 강하게 받는다고 선언했습니다. 한국인들이 거부하더라도 일본은 한국에서 맡은 임무를 흔들림 없이 수행하고 스스로 짊어진 문화적 사명을 완수할 것이라는 것이었습니다. 이토는 그 과정에서 진정한 애국심을 가진 모든 한국인들의

2 [감교 주석] 박제순(朴齊純)

3 [감교 주석] 송병준(宋秉畯)

4 [감교 주석] 어담(魚潭)

5 [감교 주석] 이토 히로부미(伊藤博文)

도움을 기대한다고 말했습니다.

소문에 의하면, 봄에 한국의 북동지방 함경도를 향한 세 번째 여행과 7월에 남서지방 전라도를 향한 네 번째 여행이 계획되어 있다고 합니다.

본인은 이 보고서의 사본을 도쿄 주재 독일제국 대사에게 전달했습니다.

벤트슈흐

내용: 한국 황제의 두 번째 여행의 여파

A. 4788의 첨부문서

[한국 황제 이척]

No. 18의 첨부문서

Anlage zu Bericht No. 18.

CARTE POSTALE

郵便はがき

A 4788 09

A. 5209 1909년 3월 23일 수신에 첨부.

메모

도쿄 2월 25일의 보고서 No. A. 58

1907년 이래 한국의 개혁과 발전에 대한 연차보고서가 원본 문서 한국 10에 있음. 이 보고서에는 1904년 이후의 한일협정들이 수록되어 있음.

50

원문 p.519

이토 히로부미

발신(생산)일	1909. 2. 16	수신(접수)일	1909. 9. 30.
발신(생산)자	벤트슈흐	수신(접수)자	벨로
발신지 정보	서울 주재 독일 영사관	수신지 정보	베를린 정부
	K. No. 19		A. 5675
메모	4월 2일 페테르부르크, 런던, 워싱턴에 전달		

사본

A. 5675 1909년 9월 30일 수신

서울, 1909년 2월 16일

No. 19

독일제국 수상 뷜로 각하 귀하

본인은 이토[1]가 이달 10일 서울을 떠나 제물포로 향했음을 삼가 각하께 보고 드리게 되어 영광입니다. 제물포에서 이토는 장갑순양함 "Akitsushima"호의 호위를 받으며 기함 "Azuma"호를 타고 귀국길에 올랐습니다. 그는 한국에서 두 달도 채 머물지 않았습니다.

이토가 출발하기 전, 한국 황제 이척은 이토의 관저를 방문함으로써 전례 없는 경의를 표했습니다. 그 기회를 빌려 한국 황제는 이토가 특히 최근 두 차례의 여행길에서 황제 개인뿐만 아니라 나라 전체를 위해 큰 공헌을 했다며 황제로서 감사의 뜻을 표하는 서신을 후작에게 전했습니다.

이토는 일본 천황의 명령을 받고 서둘러 일본으로 떠났습니다. 후작의 존재를 절실히 필요로 하는 일본 국내의 정치적 사건들이 후작을 불러들였을 것입니다. 후작은 개인의 이익을 위해서도 일본에 머무를 필요가 있습니다. 한 중의원 의원이 이미 의회의 대정부 질의를 예고했습니다. 그 대정부질의에서 이토와 지금까지의 한국 정책, 한국에 근무하는 일본 관리들이 날카로운 공격의 대상이 되고 있습니다. 예산 심의도 한국을 다룰 계기를 여러모로 일본 의회에 제공할 것입니다. 그래서 한국의 금년도 예산안을 일본

1 [감교 주석] 이토 히로부미(伊藤博文)

의회에서 옹호하려고 이곳의 탁지부 차관 아라이[2]가 최근 모든 자료를 가지고 도쿄로 떠났습니다. 본인은 이 예산안에 대해 따로 보고드릴 예정입니다.

이토는 자신이 한국으로 돌아올 가능성에 대해서, 그것은 순전히 일본 천황의 결정에 달려 있다고 말꼬리를 돌렸습니다. 이토가 한국을 통치하는 임무에서 곧 물러날 것이라는 소문이 거듭 떠돌고 있지만, 일본 측에서는 사실이 아니라고 부인합니다. 그러나 이토의 가재도구 대부분을 통감 관저에서 오이소[3](大磯) 별장으로 운송한 사실과 후작의 측근들에게서 흘러나온 말들로 미루어 보아, 후작이 한국을 영영 떠났다고 추론할 수 있습니다. 이것은 이토가 당분간 일본에서 한국 업무를 볼 것이라는 일본의 신문보도와도 일치합니다. 어쨌든 이토는 급하게 연출한 한국 황제의 여행을 통해 자신이 한국의 무대에서 멋지게 퇴장할 수 있는 길을 열었습니다. 그 여행의 주역은 이토가었습니다. 그러나 얼마 전부터 다시 발행되기 시작한 베델의 "Korea Daily News"의 견해는 물론 다릅니다. "Korea Daily News"의 이달 13일 자 주간본은 이토에게 애도의 뜻을 표하고, 후작이 한국에서 한국을 위해 행한 일들을 신랄하게 비난했습니다.

부통감 소네[4] 자작이 한국에서 이토의 임무를 당분간 대행합니다. 최근 들어 소네 자작과 이토 사이에 긴장감이 감돌았습니다. 이러한 긴장관계는 명백히 정치적 질병으로 표출되었고, 소네 자작은 이토가 떠나자마자 다시 건강해졌습니다.

한국 주재 일본군의 지휘권은 지난달 20일 귀국한 하세가와 장군에게서 예전에 나고야의 제3사단 사령관을 지낸 남작 오쿠보[5] 장군에게 인계되었습니다. 말단에서부터 차근차근 경력을 쌓은 오쿠보는 과거에 소네 자작과 함께 파리 주재 일본 공사관에 배속되어 있었으며 프랑스어를 조금 구사할 수 있습니다. 오쿠보가 거친 성격의 소유자라는 평판이 있습니다.

통감부 간부진에도 조만간 변화가 있을 것 같습니다. 이것은 전반적으로 정치적 변화와 관련 있습니다. 그러나 이 방면으로는 아직까지 확실한 것을 알아낼 수 없었습니다.

이토가 한국에 돌아오지 않을 것이라는 소식에 대해 친일단체 "일진회"가 가장 당황하고 있습니다. 소문에 의하면, 일진회는 도쿄에 대표를 파견하기로 결정했습니다. 그 대표가 이토로 하여금 계속 한국을 이끌게 해달라고 청원하는 진정서를 일본 정부에 제출할 것이라고 합니다. 이처럼 어려운 시기에 자신들의 기둥이라 할 수 있는 내부대신

---

2 [감교 주석] 아라이 겐타로(荒井賢太郎)

3 [감교 주석] 오이소(大磯)

4 [감교 주석] 소네 아라스케(曾禰荒助)

5 [감교 주석] 오쿠보 하루노(大久保春野)

송병준이 지난번 황제의 여행길에서 어설프게 행동해 대신들의 분노를 샀을 뿐만 아니라 온 국민을 격분시킨 일이 일진회에게는 특히 불편할 것입니다. 그 일로 인해 송병준의 지위가 위태롭게 되었습니다. 이토가 한국 황태자의 안부를 묻는다는 구실을 재빨리 생각해내 일단은 송병준을 일본으로 데려갔습니다. 폭풍이 잠잠해질 때까지 최대한 근신해야 하는데도, 술을 좋아하는 그 대신은 한국의 미국 선교사들이 한국 정부와 일본 통감부에 반항하도록 한국 기독교인들을 선동했다고 한 인터뷰에서 말했습니다. 선교사들뿐만 아니라 대한협회도 격분해서 송병준의 면직을 요구했습니다. 얼마 전 황제가 평양에 머무는 동안만 해도 선교사들은 송병준[6]과 이토에게 충성을 약속했으며, 대한협회 회원들 중에는 기독교인들이 많습니다. 그러므로 이토가 온갖 위험을 무릅쓰고 지금까지 지탱해왔던 내각도 곧 부분적으로 개편될 것입니다.

끝으로 본인은 이토가 이번에는 한국에 머무는 동안 평소의 습관과는 달리 영사단의 그 누구도 손님으로 맞이하지 않았음을 말씀드리고 싶습니다. 이러한 거리두기가 건강상의 이류에서 이번에는 처음부터 서울에 잠깐 머무르기로 했기 때문인지 아니면 더 깊은 이유가 있는지는 지금까지 알아낼 수 없었습니다. 제3의 장소에서 만나는 경우에 이토에게서 영사단을 못마땅해 하는 기색은 찾아볼 수 없었습니다.

(서명) 벤트슈흐

원본 문서 한국 10

내용: 이토

6 [감교 주석] 송병준(宋秉畯)

외무부
A편

외무부 정치 문서고 한국 관계 문서

1909년 4월 1일부터
1910년 8월까지

제38권
문서 일본 22 참조

R 18938
한국 No. 1

목록	수신정보
4월 1일 자 쾰른 신문 한국 내부대신 송병준의 해임. 한국에서 기근에 시달리는 사람들을 위한 의연금 모금.	5855 1909년 4월 1일 수신
서울 3월 14일의 보고서 No. 31 한국의 신문과 신문지법 입법.	5904 4월 2일 수신
서울 3월 9일의 보고서 No. 26 한국 내각의 변화. 내부대신 송병준의 해임.	6413 4월 11일 수신
서울 4월 3일의 보고서 No. 40 독일 국민 손탁과 한국 궁내부의 계약 해지.	7381 4월 27일 수신
서울 4월 26일의 보고서 No. 47. 사본 폭동. 언론의 태도.	8466 5월 14일 수신
5월 12일 자 쾰른신문 한국의 금광업.	8415 5월 13일 수신
서울 5월 1일의 보고서 No. 48 한국의 신문.	8740 5월 19일 수신
서울 5월 6일의 보고서 No. 50 토지 소유 상황. 동양척식주식회사.	8970 5월 23일 수신
도쿄 5월 7일의 보고서 A. 111 한국에서 외국인의 치외법권.	9828 6월 9일 수신
도쿄 5월 10일의 보고서 A. 112 일본인들이 유력한 한국인들의 일본 견학여행을 기획하다.	9829 6월 9일 수신
9월 7일 자 해군참모본부의 서신 No. B 3094 황제 폐하께서는 한국에 체류하는 동안 한국 황제를 알현하려는 순양함 함대장의 제안을 윤허했다.	14879 9월 7일 수신
도쿄 6월 11일의 보고서 A. 195 일본의 한국 식민화가 주는 인상들. 합병.	11198 6월 29일 수신
서울 8월 22일의 암호전보문 No. 45 한국과의 합병조약 승인. 조약의 상세한 내용.	14256 8월 22일 수신

서울 8월 27일의 암호전보문 No. 4 합병조약 8월 29일에 발효. 10년 간 관세 보장.	14508 8월 27일 수신 사본
도쿄 8월 29일의 암호전보문 No. 49 관보가 합병조약을 보도하다.	14635 8월 29일 수신 사본
도쿄 8월 25일의 암호전보문 No. 86 외무대신이 8월 29일에 공포되는 합병조약에 대해 방송한다.	14453 8월 26일 수신 사본
서울 8월 11일의 보고서 No. 45 한국 합병의 역사적 과정. 특히 영사재판권과 관련한 한국 합병의 결과. 상인 볼터와 그가 입을 손해. 영사재판권이 폐지되기 전에 유예기간이 있어야 할 것이다.	14483 8월 16일 수신
도쿄 8월 28일의 보고서 No. A. 187 여러 함장들이 이미 한국 황제를 알현했음으로 인게놀 해군소장의 한국 황제 알현도 우려할 바가 없었다.	16574 10월 10일 수신
서울 9월 27일의 보고서 No. 68 인게놀 해군소장의 서울 방문. 한국 황제 알현을 포기할 수밖에 없었다. 이런 방문을 하기에 2일은 너무 짧다.	17032 10월 17일 수신
선양 10월 20일의 보고서 - 99 - 한국의 군사 전신지도.	18065 11월 3일 수신
서울 8월 2일의 보고서 - 63 - 한국 군부의 폐지.	14154 8월 25일 수신
도쿄 10월 26일의 전보문 - 32 - 이토 후작이 하얼빈에서 한국인에게 피살됨.	17539 10월 26일 수신
11월 9일 자 포시쉐 차이퉁 이토 후작은 자신의 양부 이토 후작이 한국 왕비의 살해를 사주했다는 손탁의 주장을 부인하려 한다.	18401 11월 9일 수신
도쿄 9월 20일의 보고서 A. 203 간도에 대한 청일 협정.	16783 10월 13일 수신
도쿄 11월 13일의 보고서 A. 226 많은 한국인들의 기독교 개종 및 외국 영사재판권의 폐지 문제.	19745 12월 1일 수신

12월 23일 자 베를린 지역신문 한국 총리대신 이완용의 피살.	21078 12월 23일 수신
12월 24일 자 쾰른신문 독일과 한국의 무역.	21152 12월 24일 수신
1910년 목록	수신정보
서울 1월 2일의 보고서 K 3 한국 황제의 영사단 신년 영접.	1091 1월 21일 수신
서울 1월 29일의 보고서 - 8 황제 폐하의 탄신일을 맞이하여 Seoul Press의 찬양하는 기사.	3026 2월 18일 수신
서울 3월 7일의 보고서 한일동맹문제.	5240 3월 25일 수신
서울 2월 17일의 보고서 한국 총리대신 이완용의 피살.	3691 12월 23일 수신
서울 3월 12일의 보고서 일본에 의한 한국 세관행정의 개편.	5635 4월 1일 수신
서울 12월 18일의 보고서 A. 251 한국의 일본 철도를 도쿄의 철도국 소속으로 재편.	1144 1월 22일 수신
서울 5월 30일의 전보문 - 1 일본의 합병파가 우위를 점하다.	9367 5월 31일 수신
도쿄 5월 31일의 전보문 - 34 한국 통감에 국방대신, 부통감에 야마가타 임명.	9370 5월 31일 수신 사본
서울 6월 26일의 전보문 - 2 한국에 의한 한국 경찰의 인수.	11050 6월 26일 수신
도쿄 1910년 6월 10일의 보고서 No. 194 뭄 대사의 한국과 남만주 정보수집 여행.	11197 6월 29일 수신
메모 : 도쿄 1910년 6월 28일의 보고서 B 250 일본의 식민사무소 설치에 관련한 보고서 B 250이 일본 문서 1에 있음.	12035 7월 13일 수신
도쿄 1910년 8월 22일의 전보문 No. 45 한국과의 합병조약 내용.	14256 8월 22일 수신

01

원문 p.528

[송병준 해임 및 기근으로 인한 의연금 모금에 관한 쾰른 신문의 보도]

발신(생산)일	1909. 4. 1	수신(접수)일	1909. 4. 1
발신(생산)자		수신(접수)자	
발신지 정보	쾰른	수신지 정보	베를린
			A. 5855

A. 5855 1909년 4월 1일 수신

쾰니셰 차이퉁[1]

1909년 4월 1일

서류

한국. 서울. 3월 7일. 도쿄 주재 미국 대사의 요청으로 송병준[2] 내부대신이 해임되었다. 송병준은 한국 국내 미국 선교사들의 활동에 대해 혹평했으며, 기회만 오면 한국의 모든 기독교도들을 깡그리 쓸어버릴 각오가 되어 있다고 선언했다. — 한국의 북동지방 함경남도에서는 지난 가을 대홍수의 여파로 기근이 들었다. 당국은 모든 피해자들을 도울 여력이 없고, 그래서 일본인들과 한국인들이 굶주리는 자들의 고난을 덜어주기 위한 자선모금 운동을 펼쳤다. 한국에 살고 있는 외국인들 중에서 독일인은 소수에 불과하지만, 그런데도 독일 총영사 대리 벤트슈흐[3] 박사가 맨 먼저 그 제안에 쾌히 응하여 독일제국 대표를 통해 구조위원회에 1050마르크를 전달했다.

1 [감교 주석] 쾰니셰 차이퉁(Kölnische Zeitung)

2 [감교 주석] 송병준(宋秉畯)

3 [감교 주석] 벤트슈흐(Wendschuch)

02

원문 p.529

한국의 신문과 신문지법 입법[1]

발신(생산)일	1909. 3. 14	수신(접수)일	1909. 4. 2
발신(생산)자	벤트슈흐	수신(접수)자	뷜로
발신지 정보	서울 주재 독일 영사관	수신지 정보	베를린 정부
	K. No. 31		A. 5904
메모	연도번호 No. 358		

A. 5904 1909년 4월 2일 오후 수신

서울, 1909년 3월 14일

K. No. 31

독일제국 수상 뷜로 각하 귀하

지난달 26일[2]의 법령 No. 6(관보 No. 4 311)에 의해 한국에서는 “문서와 도화의 발행”에 대한 다음과 같은 규정[3]이 공표됨과 동시에 발효되었습니다.

제1조 인쇄 및 그 밖의 방법으로 제작 배포되는, 즉 발매나 발간을 목적으로 하는 문서와 도화는 모두 이 법령의 규제를 받는다. 이 과정에 어떻게 참여했느냐에 따라서 저작자, 발행자, 인쇄자를 구분한다.

제2조 모든 출판물은 관할 지방 관찰사를 통해, 서울에서는 경시총감을 통해 내부의 허가를 받아야 한다. 신청서에는 저작자나 그 권리계승자와 발행자의 연인이 있어야 하며 원본의 사본을 첨부해야 한다.

제3조 관청의 문서 또는 제3자에게 저작권이 있는 연설문 등을 유포하려는 자는 관할 관청이나 저작자의 승인서를 신청서에 첨부해야 한다. 이러한 경우에는 신청인을 저작자로 간주한다.

제4조 사립학교, 회사 또는 그 밖의 단체에서 문서나 도화를 유포하려는 경우에는,

1 [감교 주석] 본문의 내용은 출판법(出版法)과 함께 신문 발행 현황을 다루고 있음.

2 [감교 주석] 출판법(出版法)은 1909년 2월 23일 공포됨.

3 [감교 주석] 출판법(出版法)

그 대표자가 발행인과 공동으로 신청서를 제출해야 한다. 그러면 해당 대표를 저작자로 간주한다.

제5조 출판이 승인되면 출판 인쇄물 2부를 내부에 제출해야 한다.

제6조 관청도 이 규정에 따라야 한다.

제7조 저작자 또는 그 권리계승자가 발행자를 겸할 수 있다.

제8조 발행자와 인쇄자는 각기 성함과 주소, 발행·인쇄 연월일을 모든 문서나 도화의 말미에 기재해야 한다. 여러 사람이 공동으로 인쇄와 발행에 참여하는 경우 그 대표자를 인쇄자와 발행자로 간주한다.

제9조 인쇄물을 재판하는 경우, 제본 2부를 내부에 제출해야 한다. 단, 증보나 그 밖의 내용 변경을 시도하지 않아야 한다. 증보나 그 밖의 내용 변경이 있을 경우에는 제2조의 규정을 따라야 한다.

제10조 서신, 보고서, 광고, 회사 정관, 계산서, 일상적인 통지문 등을 출판하는 사람은 위의 허가를 받지 않아도 된다. 단, 그 내용이 제1조, 제2조, 제3조 및 제11조의 규정에 해당되지 않아야 한다.

제11조 허가를 받지 않은 문서와 도화의 저작자 및 발행자는 다음과 같은 처벌을 받는다.

a. 국교를 방해하고 정부와 국체를 조롱하는 문서와 도화를 출판하는 경우, 3년 이하의 징역형

b. 국가기밀을 누설하는 문서와 도화를 출판하는 경우, 2년 이하의 징역형

c. 공공질서를 방해하거나 미풍양속을 괴란하는 문서와 도화를 출판하는 경우, 10개월 이하의 금옥

d. 그 밖의 모든 경우에, 100원 이하의 벌금

위의 형벌규정은 인쇄자에게도 적용된다.

제12조 외국에서 발행하거나 외국인이 내국에서 발행하는 문서와 도화의 내용이 국내의 공공평화, 안녕질서를 방해하거나 미풍양속을 괴란하는 경우, 내부대신은 그 반포를 금지하고 원본을 압류할 수 있다

제13조 본 법령을 위반하여 반포된 문서와 도화는 압류한다. 각판과 인본도 마찬가지로 압류한다.

제14조 이러한 금지 규정에도 불구하고 문서와 도화를 반포하거나 외국으로부터 수입한 자는 제11조의 형벌규정과 무관하게 6개월 이하의 금옥에 처한다.

제15조 이 법령의 발효 이전에 이미 반포된 문서와 도화는 재판의 발행 시에 필요한

허가를 신청해야 한다.

제16조 공공의 평화와 안녕질서를 위협하고 미풍양속을 괴란하는 인쇄물의 경우, 내부대신은 즉각 그 반포를 금지하고 각판과 인본을 압류할 권한을 갖는다.

외국인이 한국에서 치외법권을 누리는 한, 제12조에 규정된 압류는 발효되지 않을 것입니다.

일간신문 및 정기적으로 간행되는 잡지의 발행과 관련해서는 1907년 7월 24일 자(관보 No. 3 829) 신문지법[4]의 특별규정이 적용됩니다. 그 특별규정에 따르면 신문이 전적으로 학문, 예술, 경제 목적에 종사하지 않는 경우, 300원의 보증금을 예탁해야 합니다. 황실의 품위를 손상하고 공공평화와 우호국과의 우호관계를 저해하는 내용을 보도하는 경우, 3년 이하의 금옥과 기계설비 등의 압수 처벌을 받습니다. 내부대신은 신문이 공공평화와 국내의 안녕질서를 위협하고 미풍양속을 괴란하는 경우 1년까지 신문 발행을 금지할 수 있습니다.

외국에서 한국으로 수입한 신문이나 외국인이 한국에서 발행하는 신문들에 대해서는 이 법령이 속수무책인 것으로 판명되자, 작년 4월 20일과 29일 자 법령 No. 8(관보 No. 4060)을 통해 다음과 같이 보완했습니다.

제34조 한국어나 청국어로 또는 한국어와 청국어를 혼용하여 외국에서 간행되거나 혹은 외국인이 내국에서 발행하는 신문의 내용이 국내의 공공평화, 안녕질서를 위협하거나 미풍양속을 괴란하는 경우 내부대신은 그 반포를 금지하고 신문을 압류할 수 있다.

제35조 위의 규정을 위반하고 그러한 신문의 반포에 협력한 한국인은 100원 이하의 벌금형에 처한다.

제36조 그러한 신문의 반포가 금지된 사실을 알면서도 배달한 한국인은 50원 이하의 벌금형에 처한다.

이러한 추가규정들은 영국인 E. T. 베델이 서울에서 한국어 및 한국어·청국어 혼용으

4 [감교 주석] 신문지법(新聞紙法)

로 발행하는 "대한매일신보"(작년 8월 8일 자 보고서 No. 68 참조)와 샌프란시스코, 하와이, 블라디보스토크에서 간행되는 한국 신문들을 겨냥한 것입니다. 이 규정이 발효된 이래, 이 규정에 의거해 작년 12월 말까지 다음과 같은 압류 조치가 취해졌습니다.

신문 이름	발행 장소	발행판수	발행부수
대한매일신보	서울	15	11,663
Kong Sip Shimpo[5]	샌프란시스코	18	10,264
Hap Song Shimpo[6]	하와이	11	542
Hai Song Shimpo[7]	블라디보스토크	17	1,569
Tai Tong Shimpo[8]	블라디보스토크	3	668
합계		64	24,706

일본 신문들 중에서는 신문지법에 의거해 작년에 서울과 제물포에서 각기 하나씩 금지되었습니다. 그것은 한국의 일본인 거류지 대표가 지금까지처럼 주민의 자유선거에 의해 선출되는 것이 아니라 정부에 의해 임명된다는 통감부의 규정에 이 신문들이 격렬하게 항의했기 때문입니다. 그러나 두 신문은 이름을 바꿔 곧 다시 간행되었습니다.

대략 한국인 19만 명, 일본인 3만 명, 유럽인과 미국인 300명이 거주하는 서울에서 현재 다음과 같은 신문들이 간행되고 있습니다.

이름	1부당 가격	1년 정기구독료	언어	발행인	1일 발행부수	경향에 대한 소견
Seoul Press	20전	25원	영어	즈모토[9]	–	통감부 관보, 그밖에는 보잘 것 없음.
Korea Daily News	–	20원	영어	베델[10]	200	반일 성향. 매일 1면 발행, 주말에는 두 번 발행. 모두 형편없음.
대한매일신보	2.5전	3.30원	한국어	알프레드 만함[11]	3000	반일 성향
대한매일신보	2.5전	3.30원	한국어–청국어	알프레드 만함	7000	반일 성향
황성신문	2전	3.90원	한국어	유근[12]	3000	

5 [감교 주석] 공립신보(共立新報)

6 [감교 주석] 한인합성신보(韓人合成新報)

7 [감교 주석] 해조신문(海朝新聞)

8 [감교 주석] 대동공보(大東共報)

9 [감교 주석] 즈모토 모토사다(頭本元貞)

10 [감교 주석] 베델(E. T. Bethell)

11 [감교 주석] 알프레드 만함(A. Marnham)

제국신문	2전	3.20원	〃	정운복[13]	2000	
대한신문	2전	3원	〃	신광희[14]	3000	
국민신보	2전	3.20원	한국어	Yi In[15]	1000	일진회(진보파) 기관지, 친일 성향
Taikan Nippo[16]	2전	4원	일본어	오카[17]	–	
Keijo Shimpo[18]	2전	4원	일본어	Akiyama[19]	–	
Chosen NichiNichi Shimbun[20]	2전	4원	일본어	Yamasaki[21]	–	
Keijo Nippo[22]	2.5전	–	일본어	Okuta[23]	–	
Chosen Shimbun[24]	2.5전	4.3원	일본어	Onishi[25]	–	

그밖에 프랑스 선교사[26]들과 미국 장로교선교회가 신도들을 위한 주간지[27]를 발행합니다.

본인은 서울의 청국 신문 및 한국의 다른 곳에서 간행되는 한국 신문과 일본 신문들에 대해서는 보고 드릴 수 없습니다.

본인은 이 보고서의 사본을 도쿄의 독일제국 대사에게 전달했습니다.

벤트슈흐[28]

내용: 한국의 신문과 신문지법 입법

---

12 [감교 주석] 유근(柳瑾)

13 [감교 주석] 정운복(鄭雲復)

14 [감교 주석] 신광희(申光熙)

15 [감교 주석] 이인직(李人稙)으로 추정됨. 당시 이인직은 주필이었고, 사장은 한석진(韓錫振)이었음.

16 [감교 주석] 다이칸일보(大韓日報)

17 [감교 주석] 오카 치카라(大岡力)

18 [감교 주석] 게이조신보(京城新報)

19 [감교 주석] 발행인은 미네기시 시게타로(峰岸繁太郎)로 알려져 있다.

20 [감교 주석] 조센니치니치신문(朝鮮日日新聞)

21 [감교 주석] 야마사키(山崎)

22 [감교 주석] 게이조일보(京城日報)

23 [감교 주석] 오쿠다(奥田)

24 [감교 주석] 조센신문(朝鮮新聞)

25 [감교 주석] 오니시(大西)

26 [감교 주석] 경향신문(京鄕新聞)으로 추정됨.

27 [감교 주석] The Church Herald로 추정됨. 다만 The Church Herald는 장로교와 감리교 선교부가 공동으로 출판한 월간잡지임.

28 [감교 주석] 벤트슈흐(Wendschuch)

03

원문 p.534

한국내각의 변화

발신(생산)일	1909. 3. 9	수신(접수)일	1909. 4. 11
발신(생산)자	벤트슈흐	수신(접수)자	뷜로
발신지 정보	서울 주재 독일 영사관	수신지 정보	베를린 정부
	K. No. 26		A. 6413
메모	연도번호 No. 329 4월 14일 워싱턴 496, 페테르부르크 683, 런던 780에 전달		

A. 6413 1909년 4월 11일 오전 수신. 첨부문서 1부

서울, 1909년 3월 9일

K. No. 26

지난달 16일 자 보고서 No. 19와 관련하여.

독일제국 수상 뷜로 각하 귀하

예상했던 바와 같이, 내부대신 송병준[1]이 스스로 자초한 분노의 돌풍에 날아갔습니다. 송병준은 지난달 27일 해임되었고 박제순[2]이 내부대신 직무를 넘겨받았습니다. 공식적인 발표는 송병준이 자진해서 사임했다고 하지만, 도쿄 주재 미국 대사[3]가 이토[4] 후작에게 서한을 보낸 후 송병준의 해임이 결정된 것에는 의심의 여지가 없습니다. 그 서한에서 미국 대사는 미국 선교사와 관련한 송병준의 발언에 대해 이토 후작에게 입장 표명을 요청했습니다. 본인은 지난달 26일 자 그 서한의 사본을 삼가 동봉하는 바입니다. 이토 후작은 미국 대사에게 보낸 답신에서 송병준을 질타했는데, 아마 그보다 더 가혹하게 질타 받은 대신은 없을 것입니다. 답신에서 이토 후작은 송병준이 "자국의 상황에 대해 무지하다"고 비난했습니다. 본인은 그 답신의 사본도 삼가 동봉합니다.

그러나 한국 국민은 송병준의 해임에 만족하지 않고 실제로 송병준의 목을 칠 것을

1 [감교 주석] 송병준(宋秉畯)
2 [감교 주석] 박제순(朴齊純)
3 [감교 주석] 오브라이언(T. J. O'Brien)
4 [감교 주석] 이토 히로부미(伊藤博文)

열화같이 요구하고 있습니다. 지난달 27일 서울의 "한국기독교청년회"[5] 회관에서 열린 집회에 한국인 4천명 이상이 참석했습니다. 그 집회에서 여러 연사들이 송병준을 맹렬하게 공격했으며 "한국의 수치"라 일컫고 반역자로 낙인찍었습니다. 그러므로 송병준을 법에 따라 처벌해야 하며, 필요한 경우에는 강제로 일본에서 데려와야 한다는 것이었습니다. 이처럼 흥분한 연설에서 아시아식으로 분출된 분노는 곧 가라앉을 것입니다. 그러나 송병준은 이곳 한국에서 광신자의 총알로부터 결코 안전하지 않을 것이기 때문에 다시는 한국 땅을 밟지 않는 편이 좋을 것입니다. 스티븐스[6]의 운명은 한국인들이 상황에 따라서 어떤 일을 저지를 수 있는지 보여줍니다. 성미 급한 두 사람이 한국 국민들의 뜻을 집행하기 위해 이미 일본으로 갔다는 소문이 사실일 수도 있습니다.

둘째로 애국자들, 특히 독립단체 "대한협회"의 공격 목표인 친일진보단체 "일진회"의 도덕적이고 경제적인 지주가 송병준이었습니다. 이제 송병준은 실각했고, 이 단체에 매달 1,000원을 기부했다고 하는 송병준의 손길이 끊어졌습니다. 그러자 일진회의 많은 회원들이 떨어져 나와 "대한협회"에 합류하고 있습니다.

한국 내각은 제3의 폭풍을 견뎌야 합니다. 총리대신 이완용[7]은 송병준을 지나치게 옹호했다고 비난받고 있으며, 그래서 이완용 자신도 사임하라는 종용을 받습니다. 사람들은 법부대신[8]과 학부대신[9]도 이미 오래전부터 직무를 수행할 의사가 없다며 벌써 후임자를 거론합니다. 그러나 이런 말들은 일단 소문에 불과하며, 일부 도당과 그 후보자들에게서 유래했다고 봐야 할 것입니다. 한국 대신들은 전혀 의견을 표명하지 못하며 사실상 허수아비에 불과합니다. 그러므로 내각 구성원들이 자주 교체됨으로써 고질적인 음모와 예전의 정실인사가 되살아날 우려만 없다면 누가 대신이 되던 상관없을 것입니다.

신임 내부대신 박제순은 대략 50세 가량의 나이에 지적이고 성실한 사람이라는 평판을 받습니다. 박제순은 1905년 11월 17일 한일협정[10] 당시에 외부대신으로서 협정에 서명했습니다. 그전까지만 해도 국민들에게 존경받았는데, 협정에 서명한 후로는 총리대신 한규설을 배신하고 배반했다는 비난을 받았습니다. 박제순은 한규설[11]의 후임이 되었습니다. 잘데른[12] 변리공사의 1905년 11월 20일 자 보고서 No. 72를 보면, 당시 박제순이

5 [감교 주석] 한국 YMCA
6 [감교 주석] 스티븐스(D. W. Stevens)
7 [감교 주석] 이완용(李完用)
8 [감교 주석] 고영희(高永喜)
9 [감교 주석] 이재곤(李載崑)
10 [감교 주석] 을사늑약(乙巳勒約)
11 [감교 주석] 한규설(韓圭卨)

자신의 욕망에 따르기보다는 궁지에 몰려 행동한 것을 알 수 있습니다. 2년 후 한국 내각이 황제의 퇴위를 요구했을 때, 박제순은 협조를 거부하고 직책을 내려놓을 만큼 충직했기 때문입니다. 그 후로 박제순은 야인으로서 조용히 은둔생활을 했습니다. 소문에 의하면, 박제순이 머지않아 지금의 총리대신을 대신할 인물로 발탁되었다고 합니다. 비록 국민을 위한 위대한 행위를 박제순에게 기대할 수는 없을지라도, 박제순은 맡은 직책을 항상 품위 있고 예의바르게 수행할 것입니다.

본인은 이 보고서의 사본을 도쿄 주재 독일제국 대사에게 전달했습니다.

벤트슈흐

내용: 한국내각의 변화

No. 26의 첨부문서

첨부문서의 내용(원문)은 독일어본 536~538쪽에 수록.

---

12 [감교 주석] 잘데른(K. Saldern)

04

원문 p.539

독일 국민 앙투아네트 손탁과 한국 궁내부의 계약 해지

발신(생산)일	1909. 4. 3	수신(접수)일	1909. 4. 27
발신(생산)자	벤트슈흐	수신(접수)자	뷜로
발신지 정보	서울 주재 독일 영사관	수신지 정보	베를린 정부
	K. No. 40		A. 7381
메모	연도번호 No. 452		

A. 7381 1909년 4월 27일 오전 수신

서울, 1909년 4월 3일

K. No. 40

독일제국 수상 뷜로 각하 귀하

일본은 한국 정부의 고삐를 장악한 후, 무엇보다도 한국에서 좋은 보수를 받는 외국인들을 해직하고 그 자리에 일본인을 앉히려고 당연히 노력했습니다. 그래서 한국 궁중에서 고문 또는 그와 비슷한 직책을 맡아 황제나 황후와 직접 교류함으로써 영향력을 미칠 수 있는 사람들을 일차적으로 겨냥했습니다. 국적을 불문하고 모든 외국인은 이 조처에 해당되었습니다. 총세무사 맥리비 브라운[1]이 해임된 경우를(1905년 9월 1일 자 보고서 No. 58 참조) 제외하고는, 해임된 자의 국가 정부가 개입함으로써 어떤 식으로든 곤란한 사안이 발생한 경우는 본인이 알기로 지금까지 없었습니다. 아직까지 궁중에서의 직책을 유지한 유일한 인물은 독일제국 국민 앙투아네트 손탁[2]뿐입니다. 17년 전부터 앙투아네트 손탁은 궁중의 연회와 축제에서 외국 손님을 접대하는 황실전례관의 임무를 맡고 있습니다. 앙투아네트 손탁의 계약 기간이 1914년 5월 13일까지인데도, 금년 2월에 궁내부는 계약을 해지할 의도임을 통고했습니다. 이제 상황이 달라졌으므로 손탁의 임무가 더 이상 필요하지 않다고 판단했기 때문입니다. 지난 수년 동안 손탁은 악의적인 일본인 궁중관리와 이에 합세한 한국인 궁중관리들의 심술궂은 태도로 인해 많은 수난

1 [감교 주석] 브라운(J. M. Brown)

2 [감교 주석] 손탁(A. Sontag)

을 겪었습니다. 그 때문에 손탁은 조건만 맞으면 즉시 계약이 해지되길 절실히 바라고 있었습니다. 손탁의 나이가 이미 70세의 고령인데다가 유럽에서 여생을 보내고 싶어 하기 때문입니다. 따라서 본인은 손탁의 제안을 받아들여서, 손탁의 정당한 이익을 보호하기 위해 통감부와 협상에 임했습니다. 협상은 별다른 어려움 없이 순조롭게 진행되었고 전체적으로 만족할만한 결실을 맺었습니다. 그 내용은 다음과 같습니다.

1. 손탁이 궁중에서 성실하게 임무를 수행한 공로를 인정하여, 한국을 떠날 시에 상여금과 여비를 포함해 3만 원(= 63,000마르크)을 지급한다.

2. 손탁이 대부분 황제에게 하사받은 소유지는 확실하게 손탁의 재산으로 인정한다.

3. 임용계약과 계약 해지에 대해 추후 그 어떤 요구도 서로 인정하지 않는다.

이탈리아의 Magherita 왕대비가 곧 한국을 방문할 예정입니다. 이 방문을 고려하여 손탁은 궁내부의 요청에 대해 지금까지의 조건으로 금년 가을까지 직무를 수행할 용의가 있다고 선언했습니다.

24년 전 손탁은 당시의 러시아 공사 베베르 가족과 함께 서울에 왔습니다. 손탁이 떠나게 되면, 한국의 작은 독일인 거류지는 가장 연륜 많은 주민을 잃게 될 것입니다. 한국을 여행한 많은 독일 동포들과 특히 한국 항구에 정박했던 독일제국 선박의 장교들은 손탁의 융숭한 대접을 감사한 마음으로 기억할 것입니다.

이제 한국에서 근무하는 독일인으로는 황실 악단 지휘자인 프로이센왕국 출신의 음악감독 프란츠 에케르트와 서울의 독일학교 교장 요한 볼얀만이 남아 있습니다. 이 두 사람의 계약 기간은 금년 말과 1910년 말까지입니다.

본인은 이 보고서의 사본을 도쿄 주재 독일제국 대리공사에게 전달했습니다.

벤트슈흐

내용: 독일 국민 앙투아네트 손탁과 한국 궁내부의 계약 해지

05
[한국의 금광업에 관한 쾰른 신문의 보도]

발신(생산)일	1909. 5. 12	수신(접수)일	1909. 5. 13
발신(생산)자		수신(접수)자	
발신지 정보		수신지 정보	베를린
			A. 8415

A. 8415 1909년 5월 13일 오후 수신

쾰니셰 차이퉁[1]
1909년 5월 12일

한국의 금광업

서울, 4월 21일. 호주와 남아프리카 사업으로 이름을 떨친 영국 그룹 Droya-Brownhill 광산회사가 유명한 일본 은행가 시부사와[2]로부터 한국 남부지방의 직산 금광을 최근 일 년 기간으로 시험 삼아 구입했다. Droya-Brownhill의 대표 할로웨이[3]의 보고에 의하면, 시험 결과가 매우 성공적이어서 250 영국 제곱마일의 면적에 이르는 거대한 광산권이 장기간 이 광산회사에게 이양될 것이다. 덧붙여 말하면, 할로웨이는 독일의 여러 대학에서 수학했다. 할로웨이는 유서 깊은 도시 의주에서 멀지 않은 곳에 위치한 압록강변의 Suktscho[4] 금광도 Droya-Brownhill 광산회사를 위해 한 한국인에게서 매입했다. 한국 북서지방 운산 지역에 있는 미국인 소유의 금광은 그야말로 대단한 성공을 거두었다. 이 금광은 분쇄기 240대를 가동하며, 한국인 약 4000명과 일본인 100명, 청국인 500명, 유럽인 80명을 고용하고 있다. 이 광산의 주식은 몇몇 미국인들이 장악하고 있으며 매입이 전혀 불가능하다. 이 광산은 매달 5십만 마르크 이상의 금을 공급하며, 계약의 의거해 오사카 조폐국이 이 금을 인수한다. 한국 북부지방 선천의 독일 광산에서

1 [감교 주석] 쾰니셰 차이퉁(Kölnische Zeitung)
2 [감교 주석] 시부사와 에이이치(澁澤榮一)
3 [감교 주석] 할로웨이(Holloway)
4 [감교 주석] 삭주로 추정됨.

도 금 함유량이 많은 석영이 채굴되며, 그 때문에 분쇄기 20대를 갖춘 시설이 설치된다. 미국인이 운영하는 서울광산회사는 평양시 동쪽에 위치한 수안 금광의 작업에 착수해 눈부신 성공을 거두었다. 분쇄기 20대가 곧 금 함량이 높은 석영을 분쇄할 것이다. 주주들에게는 40% 이상의 배당금이 확보되었다. 최근 미국 회사 Colibran & Bostwick[5]는 한국 북동부 지방에 위치한 갑산의 구리광산 작업을 위한 권리를 획득했다.

5 [감교 주석] 콜브란·보스트위크사(Collbran & Bostwick Co.)

06

원문 p.542

[한국의 현황과 언론 보도에 대한 보고]

발신(생산)일	1909. 4. 26	수신(접수)일	1909. 5. 14
발신(생산)자	크뤼거	수신(접수)자	뷜로
발신지 정보	서울 주재 독일 영사관	수신지 정보	베를린 정부
			A. 8466
메모	5월 15일 페테르부르크 815, 베이징 483, 워싱턴 580, 런던 942, 파리 816에 전달		

1909년 5월 15일의 보고서 No. 47의 사본

A. 8466 1909년 5월 14일 수신

서울, 1909년 4월 26일

(총영사관)

독일제국 수상 뷜로 각하 귀하

고향에서 6개월 동안 휴가를 보내고 서울에 돌아온 본인은 한국의 사정이 전혀 나아지지 않은 것을 발견했습니다. 1908년 여름의 상황에 비해 최근 폭동이 오히려 훨씬 더 확대되었습니다. “Seoul Press”는 매 호마다 적어도 한 칸의 절반 정도를 폭도들과의 유혈충돌에 대한 소식에 할애하고 있습니다. “Korea Daily New”지는 일본 통감부의 기관지가 비밀로 하는 두세 차례의 충돌에 대해서도 보도합니다. 한 달 동안 일어나는 유혈충돌의 수가 사태의 심각성을 말해줍니다. 남쪽 북쪽 가리지 않고 한국 전국이 들끓고 있습니다. 이틀 전에는 군사령부도 헌병과 경찰의 책임자들을 불러서 폭도[1]에 대한 단호한 조처에 대해 오랫동안 논의했습니다. 폭동이 특히 심한 지역으로 후원군이 파병될 것입니다.

일본이 한국을 머지않아 일본의 지방으로 완전히 합병할 것이라는 소문이 최근 한국 주민들의 적대적인 태도를 증폭시키는 데 적잖이 기여했을 것입니다. 이 소문은 처음에 은밀하게 퍼졌지만 점차 수면 위로 떠올랐습니다. 한국 합병이 이곳에 사는 일본인들 대다수의 소망과 정확히 합치하며 수개월 전부터 일본인 사회의 공공연한 화젯거리였던 것은 확실합니다. 내각도 이 사안에 대해 심사숙고했다고 합니다. 한국 국민들이 거듭 들려오는 합병 소식을 결국 믿고 이곳에 살고 있는 유럽인들까지 불안감을 느끼기 시작했다면 전혀 놀랄 일이 아닙니다. 이와 관련해 유럽인들은 비밀리에 모종의 일이 벌어지

1 [감교 주석] 의병(義兵)

고 있음에 틀림없다고 수군거렸습니다. 그렇지 않다면 이런 소문이 계속 떠도는데도 유력 계층에서 소문을 시정하지 않을 리가 없기 때문이라는 것이었습니다. 그런데 이제 4월 24일 토요일자 "Seoul Press"에서 유력 계층이 이 소문을 부인했습니다. 그 계기는 이달 22일 자 "Korea Daily News"지의 기사였습니다. 이 기사에 의하면, 일본에 머물고 있는 전임 내부대신 송병준으로부터 이제 일본이 한국 합병 제안에 동의했다는 내용의 전보가 "일진회" 사무실에 도착했다는 것이었습니다. "Seoul Press"(즉 통감부)는 그 기사를 터무니없는 소리라고 일축했습니다. 한국을 합병하면 모든 한국 국민이 들고 일어날 것이고, 일본 측에서 추구하는 바에 반대되는 사태를 야기할 것이라고 주장했습니다. 그러므로 이토 후작이 주도권을 쥐고 있는 한, 그런 식의 기습적인 사태를 두려워할 필요가 없다는 것이었습니다.

오늘자 "Korea Daily News"는 지금의 상황에서 일본의 지도층이 그 소문에 더 일찍 대처했어야 했다고 비난하며 이달 17일 자 기사를 상기시켰습니다.

현재 부통감 소네는 부산과 마산포를 경유해 한국의 동해안을 따라 원산으로 이어지는 약 3주간의 시찰 여행길에 있습니다.

이곳의 일본 반관신문 "게이조 닛포[2]"는 몇 개월 전 다수의 한국인들이 일본을 방문할 것을 제안하고 추진했습니다. 그 목적은 한국인들에게 일본 및 한국에 대한 일본의 태도와 계획을 보다 올바르게 판단할 기회를 주자는 것이었습니다. 비교적 높은 신분의 한국인 50명에게 일본 방문의 허락이 떨어졌으며, 또 다른 50명도 다른 경로로 이 일행에 합류했습니다. 그 일행은 14일 전부터 일본에 머물고 있습니다. 신문보도에 따르면, 그들은 곳곳에서 – 현재는 도쿄에서 – 모든 이들에게 환영받고 융숭한 대접을 받았으며 이곳저곳을 관람했다고 합니다. 그리고 귀국하면 – 각자 주변 사람들에게 힘껏 – 일본에 대한 한국 동족들의 반감과 불신을 시정하는 데 기여하겠다고 약속했다는 것입니다. 그러므로 일본은 한국인들의 마음을 사려고 노력하고 있습니다. 그러나 엄격한 일본 교사의 육중한 손길이 짓누르고 있는 한, 신분이 낮은 계층에는 지속적인 영향을 미치지 않을 것입니다.

(서명) 크뤼거[3]

원본 문서 한국 10

내용: 한국의 상황

---

2 [감교 주석] 게이조 닛포(京城日報)

3 [감교 주석] 크뤼거(Krüger)

07
원문 p.544

한국의 신문

발신(생산)일	1909. 5. 1	수신(접수)일	1909. 5. 19
발신(생산)자	크뤼거	수신(접수)자	뷜로
발신지 정보	서울 주재 독일 영사관	수신지 정보	베를린 정부
	K. No. 48		A. 8740
메모	연도번호 No. 598 금년 3월 14일 자 보고서 No. 31과 관련하여		

A. 8740 1909년 5월 19일 오후 수신

서울, 1909년 5월 1일

K. No. 48

금년 3월 14일 자 보고서 No. 31과 관련하여

독일제국 수상 뷜로 각하 귀하

이곳 한국에서 영어로 발행되는 두 신문의 운영진에 최근 변화가 있었습니다.

Ⅰ. 4월 초순에 즈모토[1]가 일본 통감부의 비호를 받는 "Seoul Press"의 발행인 자리에서 물러났습니다.

그때까지 도쿄의 "Yorodzu Choho"에 있었던 야마가타 이소오[2]가 즈모토의 자리를 물려받았습니다. 야마가타는 전임자와 달리 노련함과 작가로서의 소질을 갖추지 못했습니다. 예전에 비해 "Seoul Press"의 하락세가 지금 벌써 눈에 띕니다. 특히 지금까지 유지되었던 통감부와의 긴밀한 접촉이 상실되었습니다.

즈모토 모토사타는 이토[3] 후작의 총리대신 시절에 개인비서로 일했으며, 1897년에 "Japan Times"를 창설했습니다. 1906년에 이토 후작은 즈모토를 한국으로 데려와 "Seoul Press"의 운영을 맡겼습니다. 그와 동시에 즈모토는 "London Standard"를 위한 통신원

1 [감교 주석] 즈모토 모토사다(頭本元貞)
2 [감교 주석] 야마가타 이소오(山懸五十雄)
3 [감교 주석] 이토 히로부미(伊藤博文)

역할도 했습니다.

즈모토는 곧 뉴욕으로 건너가 일본의 신문사 지사를 설치할 예정입니다. 이곳 사람들의 말에 의하면, 일본의 차관 계획을 옹호하는 분위기를 조성하도록 미국 신문들을 유도하는 데 그 목적이 있다고 합니다. 이러한 조치를 제안하는데 이토 후작이 관여하지 않았을 가능성은 별로 없습니다.

즈모토는 독일에 우호적이지 않습니다. 즈모토는 반독일적인 기사에 기꺼이 신문지면을 할애했습니다.

Ⅱ. 반일 성향의 신문 “Korea Daily News” (한국어판 “대한매일신보”)의 소유주인 영국인 베델[4]은 신문지법을 위반해 수차례 처벌받은 것으로 유명합니다. 베델이 짧은 병고 끝에 심장질환으로 사망했습니다.

베델의 영국인 동료 만함[5]이 신문을 계속 발행하고 있습니다.

그러므로 통감부는 우선은 불편한 비난에서 벗어나지 못할 것입니다.

이 보고서의 사본을 도쿄에 전달하겠습니다.

크뤼거

내용: 한국의 신문

---

4 [감교 주석] 베델(E. T. Bethell)

5 [감교 주석] 알프레드 만함(A. Marnham)

08 원문 p.546

동양척식주식회사

발신(생산)일	1909. 5. 6	수신(접수)일	1909. 5. 23
발신(생산)자	크뤼거	수신(접수)자	뷜로
발신지 정보	서울 주재 독일 영사관	수신지 정보	베를린 정부
	K. No. 50		A. 8970
메모	연도번호 No. 620 5월 27일 페테르부르크 894, 런던 1022, 베이징 526, 워싱턴 631에 전달 첨부문서 1부		

A. 8970 1909년 5월 23일 오후 수신. 첨부문서 1부

서울, 1909년 5월 6일

K. No. 50

첨부문서 1부

독일제국 수상 뷜로 각하 귀하

1907년 말에 제실재산정리국[1]이 설치되었습니다. 이미 알려진 바와 같이, 그 사무국은 건물을 포함한 궁궐 부지 및 묘역을 포함한 황실 묘지만을 황실 사유재산으로 남겨두었습니다. 그와 동시에 지금까지 황실 사유재산으로 다루었던 모든 소유지를 황실과 완전 분리시켜 한국 국유재산으로 선언했습니다. 그 소유지는 한국 각지에 산재되어 있으며, 이제 농상공부가 관할합니다. 앞으로 한국 황실은 연간 150만 원으로 책정된 예산으로 꾸려나가야 합니다.

새로 확보된 국유지의 정확한 면적에 대한 믿을만한 수치는 아직까지 알려지지 않았습니다. 특히 문제의 부동산이 현재 한국에서 경작되는 전답의 1/4에 이른다는 진술의 사실여부를 확인할 길이 없습니다. 광대한 면적, 그것도 가장 비옥한 땅인 것에는 의심의 여지가 없습니다. 한국의 통치자들은 아무런 방해받지 않고 다스리는 동안 오랜 세월 불모지가 아니라 생산적인 토지만을 점유했기 때문입니다. 그리고 궁중에 빌붙어 사는

1 [감교 주석] 제실재산정리국(帝室財產整理局)

수많은 식객들과 총애하는 측근들에게 보수를 지급하는데 그 땅을 이용했습니다. 그러면 식객들과 측근들은 그 전답을 – 대부분 수확을 반분한다는 조건으로 – 다시 소작인에게 임차했습니다.

그러므로 예로부터 한국 농민의 상당수가 황실 소유지 – 지금부터는 국유지 – 를 소작하여 자신과 가족을 부양했습니다.

이런 사람들은 자신들이 경작하는 땅의 최근 소유권 변화를 근심스럽게 지켜보았습니다. 더욱이 금년 초 한국 정부가 동양척식주식회사로부터 인수한 주식 6만 주에 대한 대가로서 국유지 일부를 양도한다는 소식이 알려졌을 때, 그들은 머지않아 일본 이주민들에 의해 살던 집에서 쫓겨날 것이라고 예상했습니다.

바로 이러한 가능성 때문에 이토 후작은 기반이 약한 한국 민족에 비해 경제적인 면에서 압도적으로 우세한 동양척식주식회사에 처음부터 흥미를 보이지 않았습니다. 성실한 중재인으로서 이토 후작은 일본 동족이 한국인을 도륙하는 것을 결코 용인할 수 없었기 때문입니다.

최근 동양척식주식회사의 총재 우사가와[2] 남작이 한국에서 사업을 시작하면서 모든 한국 신문 및 전단을 통해 공식적인 공고문을 발표한 것은 이토 후작의 영향 덕분으로 볼 수 있습니다. 이 공고문은 회사의 여러 목표를 짧게 열거한 후, 동양척식주식회사에 양도된 국유지를 소작하는 사람들에게 현재의 임대차계약을 엄격히 준수할 것이며 부지런히 일하는 경우에는 계약을 갱신할 것이라고 확약합니다. 또한 동양척식주식회사 자체적으로 경제적인 목적을 위해 토지가 필요한 경우에는, 적정한 가격에 토지를 매입하거나 임대할 것이며 여하한 경우에도 절대 강요하는 일은 없을 것이라고 합니다. 이 점과 관련해 한국 국민은 전적으로 동양척식주식회사를 신뢰할 수 있으며 전혀 두려워할 필요가 없다는 것이었습니다. 특히 양국 정부, 즉 일본 정부와 한국 정부가 통제하기 때문이라는 것입니다. 본인은 이달 4일 자 "Seoul Press"에 게재된 공고문의 영문 번역문을 삼가 동봉하는 바입니다.

동양척식주식회사가 내세운 과업 중에는 특히 한국에 대출창구를 설치하는 것도 있습니다. 이와 관련해 제정된 규정들을 현재 당국이 승인하고 공표했습니다. 그 규정들은 토지, 가옥, 토지 수확물을 담보로 하는 대출에 대해 다룹니다. 이주민들을 위한 대출 승인에 대한 특별규정이 곧 발표될 것입니다. 이달 6일 자 "Seoul Press"의 발췌문을 참조하시기 바랍니다.

---

2 [감교 주석] 우사가와 카즈마사(宇佐川一正)

본인은 이 보고서의 사본을 도쿄에 전달할 것입니다.

크뤼거

내용: 동양척식주식회사

No. 50의 첨부문서

첨부문서의 내용(원문)은 독일어본 548~549쪽에 수록.

09
원문 p.550

한국에서 외국인의 치외법권

발신(생산)일	1909. 5. 7	수신(접수)일	1909. 6. 9
발신(생산)자	몬트겔라스	수신(접수)자	뷜로
발신지 정보	도쿄 주재 독일 대사관	수신지 정보	베를린 정부
	A. 111		A. 9828

사본

A. 9828 1909년 6월 9일

A. 111

도쿄, 1909년 5월 7일

(대사관)

독일제국 수상 뷜로 각하 귀하

최근 이곳의 신문보도에 의하면, 한국의 법부차관 구라토미[1]와 서울의 대심원장 고사카[2]가 한국에서 외국인의 치외법권을 폐지하는 문제에 대해 일본 주재 외국 대표들과 회담할 목적으로 이곳에 도착했다고 합니다. 반관[3]신문 Japan Times는 오늘 발표한 성명서에서 이러한 보도를 반박했습니다. 그리고 한국의 법원조직과 판결이 아직 유아적인 단계에 있으므로 지금은 한국에서의 치외법권 폐지를 논의할 때가 아니라고 지적했습니다. 그러나 Japan Times는 한국에서의 치외법권을 조만간 폐지해야 할 것이라고 시사했습니다.

(서명) 몬트겔라스[4]

원본 문서 한국 10

내용: 한국에서 외국인의 치외법권

1 [감교 주석] 구라토미 유자부로(倉富勇三郎)

2 [감교 주석] 고사카 고마타로(香坂駒太郎)

3 [감교 주석] 반관(半官)

4 [감교 주석] 몬트겔라스(A. Montgelas)

10 [한국 관광단의 일본 여행에 관한 보고]

원문 p.551

발신(생산)일	1909. 5. 10	수신(접수)일	1909. 6. 9
발신(생산)자	몬트겔라스	수신(접수)자	뷜로
발신지 정보	도쿄 주재 독일 대사관	수신지 정보	베를린 정부
			A. 9829

사본

A. 9829 1909년 6월 9일 수신

도쿄, 1909년 5월 10일

(대사관)

독일제국 수상 뷜로 각하 귀하

일본인들이 한국의 신임을 얻기 위한 기발한 생각을 해냈습니다. 즉, 상당수의 유력한 한국인들을 일본으로 견학여행을 보냈습니다.

서울에서 간행되는 반관신문 "Keijo Nippo"[1]의 주도하에 지난 달 13일부터 어제까지 일본에 머무른 여행단에 한국인 111명이 참가했습니다. 그 가운데는 살해당한 민 황후의 숙부인 민과 대신을 역임한 "고위 정치인" 6명도 있었습니다. 그 밖에 여행단은 관료, 학자, 금융인, 상인, 농민, 예술가와 언론인으로 구성되었습니다. 아마도 모두들 고향에서 영향력 있는 인물들일 것으로 추정됩니다. "Keijo Nippo"의 편집장은 이곳에 머무는 통감부 직원들과 함께 한국인 손님들을 인상 깊게 맞아들이기 위해 총력을 기울였습니다.

한국인 여행단은 지난 달 13일 시모노세키에 도착했으며, 일본의 수도로 오는 길에 시모노세키 항구, Edamatsu 제철소, 아름다운 미야지마[2], 조선소와 병기창을 갖춘 군항 Kure, 많은 산업시설이 있는 도시 오사카, 경관이 빼어나고 뛰어난 예술품을 간직한 도시 나라와 교토를 방문했습니다. 한국 여행단은 가는 곳곳에서 음악과 불꽃놀이, 진수성

1 [감교 주석] 게이조 닛포(京城日報)

2 [감교 주석] 미야지마(宮島)

찬으로 융숭한 대접을 받았습니다. 때로는 일본의 게이샤도 흥을 돋우었습니다. 여행단이 4월 29일부터 5월 3일까지 머문 도쿄가 물론 여행의 절정을 이루었습니다. 한국인들은 역에서 성대한 영접을 받은 후, 금융가 오쿠라[3]가 베푼 일본식의 풍성한 대접을 받고 향응을 즐겼습니다. 또한 가쓰라[4] 후작이 회장으로 있는 동양협회 및 다른 많은 단체들도 한국인들을 위해 향연을 베풀었습니다. 4월 28일 이토[5] 후작은 오모리[6]의 소유지에서 한국인들을 위한 성대한 가든파티를 열었습니다. 이달 1일에는 일본 궁중이 하마리큐[7]에서 한국인들을 대접했고, 아리스가와노미야[8]가 손님들을 맞이했습니다. 여행단의 상류층은 천황을 알현하고 황실 가든파티에 초대받았습니다. 한국 여행단은 파티에 참석하지 않는 시간에는, 도쿄의 박물관, 사원, 궁궐을 방문하고 특히 학교와 산업시설을 시찰했습니다. 게다가 한국 방문객들은 일본 연대가 훈련하는 모습도 참관할 수 있었습니다. 간단히 말해서, 일본인은 일본의 아름다운 자연과 예술미를 한국인들에게 알려주고 한국인이 굴복해야 했던 나라가 더없이 찬란하게 꽃피는 근대적인 문화국가임을 과시하기 위해 최선을 했습니다. 한국 여행단은 닛코[9]와 나고야, 고베에 잠깐 머문 후 어제 모지[10]에서 귀국길에 올랐습니다.

그렇게 방문객들에게 일본의 위대함을 주지시켜 주는 동안, 이토 후작의 가든파티에 일본식 훈련을 받은 한국 황태자[11]의 등장은 일본의 정직한 성실성을 보여주는 인상 깊은 증명이었습니다. 어린 황태자는 그 자리에 참석한 일본 관리들에게 매우 특별한 예우를 받았습니다. 특히 연회장에서는 높은 연단 위에 마련된 특별한 식탁에서 시중을 받았습니다. 이곳 일본에서 그런 대접은 지존한 분들만 누리는 예우입니다. 식사 후, 한국 황태자는 함께 교육받는 일본과 한국의 동년배들이 펼치는 군사훈련과 경기에 참가했습니다. 이토 후작은 한국의 황위 계승자가 일본으로 유학 온 후 정신적, 신체적으로 얼마나 놀랍게 성장했는지 손님들에게 보여주었습니다. 이에 대해 Japan Times는 이렇게 단언했습니다. "방문객들이 직접 눈으로 본 모든 것에 깊은 감명을 받았음은 말할 나위도 없다. 그중에서도 한국의 황태자가 받는 대우에 매우 감명 받았다. 그 동안 품고 있었

3 [감교 주석] 오쿠라 기하치로(大倉喜八郎)

4 [감교 주석] 가쓰라 다로(桂太郎)

5 [감교 주석] 이토 히로부미(伊藤博文)

6 [감교 주석] 오모리(大森)

7 [감교 주석] 하마 리큐(浜離宮)

8 [감교 주석] 아리스가와노미야(有栖川宮)

9 [감교 주석] 닛코(日光)

10 [감교 주석] 모지(門司)

11 [감교 주석] 영친왕(英親王)

던 온갖 의혹이 풀렸다고 많은 방문객들이 진실로 과감하게 말했다." 그리고 Japan Times는 아주 소박하게 덧붙였습니다. "그들의 말은 진심인 것 같았다."

온갖 향연의 흥을 물씬 돋운 많은 미사여구들 가운데, 이토 후작이 동양협회 연회장에서 한 연설이 주목할 만합니다. 동양협회는 아시아 민족들의 우호관계와 공동이익의 추진을 과업으로 삼고 있습니다. 한국 통감은 이 협회의 계획을 언급하며, 이 협회의 한국 관련 사업이 아주 특별하다고 지적했습니다. 동아시아 국가들과 열강의 관계는 문호개방의 원칙이 적용되고 있지만, 한국과 일본 사이에는 전혀 문이 없다는 것이었습니다. 그러므로 이 점에서 기회 균등의 원칙은 무의미하며, 한국과 일본은 오히려 하나의 가족이 되려는 목표를 향해 나아가고 있다고 합니다. 이토 후작 자신은 이 목표를 향해 부단히 노력하고 있지만, 유감스럽게도 아직은 이를 방해하는 요인들과 맞서 싸워야 한다는 것이었습니다. 각자 나름으로는 무척 유능하지만 넓은 세상과 특히 일본의 관심사에 대해 전혀 이해 못하는 사람들이 아직까지 한국에 너무 많다고 이토 후작은 말했습니다. 그러니 그 자리에 참석한 한국 손님들은 고향에 돌아가면 일본에서 보고 체험한 것들을 한국 동포들에게 전달하도록 애써서 한국과 일본의 통일을 촉진하는 데 기여하기 바란다는 것이었습니다. 양국의 통일은 양국의 부강을 의미한다는 것이었습니다. 이토 후작은 열강들도 서로 동맹을 맺을 필요성을 인식하고 있다고 강조했습니다. 그런데 동맹은 다름 아닌 통일을 의미한다고 합니다. 그러므로 일본과 한국에게 절실히 필요한 것은 확고한 통일과 협력이며, 두 나라는 함께 부흥하거나 아니면 함께 몰락할 수밖에 없다는 것이었습니다.

한국 손님들은 일본에서 직접 눈으로 본 것을 귀국해서 널리 알리라는 권고를 거듭 받았습니다. 특히 가쓰라 후작이 수차례 권고했습니다. 여행단을 대표하는 민은 그때마다 자신과 여행단 일행이 그 권고를 명심할 것이라고 약속했습니다.

일본인들이 이 견학여행 실험에 들인 적잖은 금전과 호의에 그만한 가치가 있었는지는 가늠 어렵습니다. 그러나 어쨌든 매우 능숙하게 기획하고 실행한 점은 인정하지 않을 수 없습니다.

(서명) A. 몬트겔라스

원본 문서 한국 10

내용: 한국의 일본 여행단

11

원문 p.554

[한국의 군부 폐지 관련 보고서]

발신(생산)일		수신(접수)일	1909. 8. 25
발신(생산)자		수신(접수)자	
발신지 정보		수신지 정보	베를린 외무부
			A. 14154

A. 14154 1909년 8월 25일에 첨부

메모

한국의 군부 폐지에 대한 8월 2일 자 서울의 보고서 63이 원본 문서 한국 10에 있음.

12

원문 p.555

[독일 황제가 제물포에 정박할 순양함 함대장의 한국 황제 알현을 허가하였다는 보고]

발신(생산)일	1909. 9. 7	수신(접수)일	1909. 9. 7
발신(생산)자		수신(접수)자	
발신지 정보	해군참모본부	수신지 정보	베를린 외무부
	B. 3094. I		A. 14879

A. 14879　1909년 9월 7일 오후 수신, 첨부문서 2부

베를린, 1909년 9월 7일

B. 3094. I.

외무부 장관 귀하

순양함 함대장이 9월 21일부터 24일까지 제물포에 체류할 예정입니다. 순양함 함대장은 그 기회에 한국 황제를 알현하고 싶다고 황제 폐하께 건의 드렸습니다. 해군참모본부는 이 소식을 삼가 귀하께 알려드리게 되어 영광입니다. 순양함 함대장의 전보문에 의하면, 도쿄 주재 독일제국 대사는 이 알현에 우려를 표하지 않았습니다.

황제 폐하께서는 순양함 함대장의 제안을 윤허하셨습니다.

13

원문 p.556

독일제국 함장의 서울 궁정 알현

발신(생산)일	1909. 8. 28	수신(접수)일	1909. 10. 10
발신(생산)자	몬트겔라스	수신(접수)자	베트만홀베크
발신지 정보	도쿄 주재 독일 대사관	수신지 정보	베를린 정부
	A. 187		A. 16574

A. 16574 1909년 10월 10일 오전 수신

도쿄, 1909년 8월 28일

A. 187

독일제국 수상 베트만홀베크 각하 귀하

순양함 함대의 지휘 임무를 맡은 황제 폐하의 함대사령관 인게놀[1] 해군소장이 9월 하반기에 기함 "샤른호르스트"[2]호를 타고 "아르코나"[3]호를 대동해 제물포에 입항할 계획이라고 이달 4일 자 서신을 통해 본인에게 알려왔습니다. 아울러 인게놀 사령관은 제물포에 머무는 동안 함대 참모진 및 두 선박의 함장과 함께 한국 황제를 알현하고자 하는데, 이에 대해 독일제국 대사관 측에서 이의가 있는지 문의했습니다.

본인은 서울의 일본 통감부 측에서 그런 종류의 알현 요청을 지난 수년 동안 가로막은 것으로 알고 있습니다. 그러나 다른 한편으로는 통감부가 이런 문제를 다루는 태도를 최근 들어 바꾸었다는 소문을 들었습니다. 그래서 본인은 일본 통감부가 이런 종류의 알현 요청에 대해 최근 어떤 입장을 취했는지 우선 서울 주재 독일제국 총영사에게 알아봐달라고 부탁했습니다.

총영사 크뤼거[4] 박사가 이에 대해 알아본 바에 의하면, 약 2년 전부터 일본 통감부는 외국 군함 함장의 한국 황제 알현을 쾌히 중재하고 있습니다. 그것은 순전히 일본의 이해관계를 위해서, 한국 황제가 결코 포로 신세가 아니라 품위 있는 대우를 받는다는

1 [감교 주석] 인게놀(Ingenhole)
2 [감교 주석] 샤른호르스트(Scharnhorst)
3 [감교 주석] 아르코나(Arcona)
4 [감교 주석] 크뤼거(Krüger)

것을 세상에 보여주기 위한 것이라고 합니다. 그래서 예를 들어오스트리아-헝가리 제국의 순양함 "카이저 프란츠 요제프 I세"호와 "레오파르트"호의 두 함장이 작년 7월 초 및 9월 말에 독일제국 총영사관의 요청으로 한국 황제를 알현했다고 합니다. 일본의 제독과 함장 등은 정기적으로 한국 황제를 찾아뵌다고 합니다.

이탈리아 순양함 "Puglia"호가 올 여름 제물포에 기항했습니다. 그러나 이른바 "더운 계절"이 이미 시작된 후였고, 이런 연유에서 "Puglia"호 함장의 알현은 논의의 대상이 아니었다고 합니다.

금년 7월 초 영국의 Lambton 제독이 웨이하이웨이[5]에서 제물포를 방문할 계획으로 이미 출항했다고 합니다. 그러나 안개로 인해 제물포 입항이 어려웠고, 3일 동안 맑은 날씨를 기다렸지만 끝내 뜻을 이루지 못하고 기수를 돌렸다는 것입니다. 서울 주재 영국 총영사의 말에 따르면, Lambton 제독은 의례적인 영접을 좋아하는 성격이 아니어서 한국 황제를 알현하려고 굳이 애쓸 의도가 없었다고 합니다. 게다가 한국 황제를 알현할 의무가 있다고도 생각하지 않았다는 것입니다. Lambton 제독이 자신의 방문을 비공식적인 것으로 받아들이도록 기함이 아닌 요트 "Alacrity"호를 이용했기 때문이라는 것입니다. 그러나 영국의 제독이 영국 총영사관의 손님으로서 서울에 왔더라도 이러한 입장을 고수했을지는 알 수 없는 일이라고 총영사 크뤼거 박사는 생각합니다.

서울 주재 독일제국 총영사[6]의 보고에 의하면, 인게놀 제독이 제물포에서 한국 황제에게 알현을 신청하는 것은 어쨌든 한국의 관례에 완전히 부응하는 것입니다.

이런 상황에서 본인은 함대장이 제물포에 머무는 동안 서울의 궁정에 알현을 요청하는 것에 독일제국 대사관 측에서는 아무런 이의가 없음을 전신으로 함대장에게 알렸습니다.

이와 동시에 본인은 서울 주재 독일제국 총영사와 알현 신청에 대해 협조하는 문제를 인게놀 해군소장에게 일임했습니다.

A. 몬트겔라스

내용: 독일제국 함장의 서울 궁정 알현

5 [감교 주석] 웨이하이웨이(威海衛)

6 [감교 주석] 벤트슈흐(Wendschuch)

14

원문 p.558

간도와 만주에 대한 청일협정[1]

<table>
<tr><td>발신(생산)일</td><td>1909. 9. 20</td><td>수신(접수)일</td><td>1909. 10. 13</td></tr>
<tr><td>발신(생산)자</td><td>몬트겔라스</td><td>수신(접수)자</td><td>베트만홀베크</td></tr>
<tr><td rowspan="2">발신지 정보</td><td>도쿄 주재 독일 대사관</td><td rowspan="2">수신지 정보</td><td>베를린 정부</td></tr>
<tr><td>A. 203</td><td>A. 16783</td></tr>
<tr><td>메모</td><td colspan="3">10월 16일 런던 19에 전달</td></tr>
</table>

A. 16783 1909년 10월 13일 수신

도쿄, 1909년 9월 20일

(대사관)

A. 203

독일제국 수상 베트만홀베크 각하 귀하

이달 4일 만주의 청일분쟁 문제 및 간도에 대한 협정이 베이징에서 조인되었습니다. 그리고 금년 9월 8일 자 관보의 특별호를 통해 이 사실이 공표되었습니다.

두 협정의 내용을 전반적으로 살펴보면, 일본이 간도 문제와 만주의 몇 가지 부수적인 항목에서 양보했는데도 유리한 고지를 점했다는 것을 알 수 있습니다. 지린[2]-회령 철도노선은 만주와 한국-일본의 기존 철도 및 앞으로 부설될 철도와 합류해 만주의 동부지역에서 큰 우위를 점하게 됩니다. 러시아 여론이 이 협정에 흥분한다면 충분히 이해할 만합니다. 물론 철도건설의 착공 시점은 청국이 결정합니다. 그러나 이곳 러시아 대사관 측에서는 청국 정부와 일본 정부가 바로 이 점에 대해 비밀협약을 맺었을 것이라고 추정하는 듯 보입니다.

일본과 청국이 수년 전부터 빚어온 분쟁문제들이 이 두 협정의 체결로 인해 불과 몇 주 만에 신속하게 해결되었습니다. 안둥[3]-선양[4] 철도 문제에서는 청국이 일본의 독자

1 [감교 주석] 간도협약(間島協約)

2 [감교 주석] 지린(吉林)

3 [감교 주석] 안둥(安東)

4 [감교 주석] 선양(瀋陽)

적인 조처에 심각한 이의를 제기하지 않을 것이라고 처음부터 예상되었습니다. 그 반면에 수년 간 진척이 없었던 회담들이 갑자기 모든 분쟁문제들을 단번에 신속하게 해결한 것은 상당히 놀라운 일이 틀림없습니다. 유럽 내각이 이런 속도로 일을 처리했다면 명예로운 일이었을 것입니다. 수동적인 반대의 명수인 청국인들이 이처럼 갑작스럽게 방향을 완전히 전환하게 한 동기에 대해 추측하는 것은 본 보고서의 영역을 벗어나는 일입니다. 다만 본인은 이 점에 대해 이곳 청국 공사에게서 들은 것만을 언급하고 싶습니다. 청국 공사의 말에 따르면, 일본이 간도의 청국 통치권과 간도에 거주하는 한국인에 대한 청국의 재판권을 사전에 인정하는 경우, 청국 정부는 만주의 분쟁문제에 대한 회담에 임할 용의가 있음을 이미 오래전에 선언했습니다. 일본은 여기에 응하지 않았다고 합니다. 일본이 간도를 포기하고 싶지 않았고, 만주 문제에 대한 회담 과정에서 또 다시 청국의 완강함에 부딪치는 사태를 피하고 싶었기 때문이라는 것입니다. 그러나 금년 8월 청국 정부가 모든 문제를 동시에 협상할 용의가 있다고 선언하자, 일본이 청국의 제안에 응했다고 합니다. 그리고 그 결과가 금년 9월 4일의 두 협정이라는 것입니다.

일본 언론은 청국과의 분쟁이 해결된 것에 대해 거의 이구동성으로 큰 만족감을 표했습니다.

고쿠민[5]은 이 조약들이 모든 열강에게 이익이 될 것이라고 강조합니다. 그러므로 일본이 독점하려 한다는 것은 잘못된 생각이며, 일본은 솔직하고 성실하게 행동했다는 것입니다. 지린-회령 철도에 대한 규정은 뜻밖의 놀라운 소식인 듯 들리지만, 이 철도를 한국의 철도망에 연결해야 하기 때문에 청국이 이 문제에서 일본과 협력하는 것은 당연하다고 합니다. 이 신문은 수 년 간에 걸친 협상이 이제 수주일 만에 체결된 것에 대해 매우 만족하고 있습니다.

Ji Ji[6]는 그 조약들에 대해 상세히 논합니다. 그리고 모든 항목이 완전무결하지는 않지만, 비판하지 않겠다고 말합니다. 그보다는 모든 문제들이 마침내 해결되어서 반갑다고 합니다.

아사히지는 이 협정에서 어느 쪽이 더 많은 성공을 거두었는지 논하고 싶지 않다고 주장합니다. 서로 의견이 일치된 것에 만족해야 하며, 앞으로는 청국과 일본 사이에서 오해가 빚어지지 않기를 바란다는 것입니다.

Nichi Nichi[7]도 마찬가지로 기뻐했지만, 청국이 정신을 차리도록 안둥-선양 철도 문

5 [감교 주석] 고쿠민신문(國民新聞)

6 [감교 주석] 지지신보(時事新報)

7 [감교 주석] 도쿄니치니치신문(東京日日新聞)

제에서 일본이 독자적인 조처를 취하지 않은 점을 유감으로 여겼습니다. 나아가 이 신문은 일본이 만주에서 철도를 독점하려 한다는 미국 신문들의 견해에 대한 반론을 펼쳤습니다. 미국의 이러한 견해를 뒷받침하는 점이 그 조약들에 전혀 없다는 것이었습니다. 반면에 Nichi Nichi는 일본에 우호적인 Morning Post의 견해를 강조했으며, 일본과 청국이 앞으로 더욱 가까워지길 바란다고 말했습니다. 그리고 협정 결과가 전체적으로 만족스럽기 때문에 상세한 내용에 대한 비판은 삼가려 한다는 것입니다.

유독 오사카 마이니치[8]지만 불만을 표했습니다. 먼저 이 신문은 일본이 외국무역을 위해 간도를 개방함으로써 또 다시 모두를 위해 "희생하는" 사심 없음을 보여주었다고 강조합니다. 일본은 간도 지역에 대한 요구를 포기한 대가로 어떤 특허권도 얻지 못했다고 합니다. 유럽 열강들이 청국 중부지방에서 비슷한 특허권을 얻었기 때문에, 지린-회령 철도건설을 그런 대가로 간주할 수 없다는 것입니다. 일본은 다른 항목들에서도 너무 많이 양보했으며, 고무라 백작이 영리한 청국 외교관들에게 또 다시 속아 넘어갔다고 합니다. 그런데도 청국인들이 한탄하는 소리와 대응조치를 강구하겠다는 말이 들려오는 것은 참 기이하다는 것입니다. 협정 내용에 대해 한탄해야 하는 쪽은 오히려 일본인들이라는 것입니다. 또한 미국인들도 불만을 표명해야 할 하등의 이유가 없으며, 일본이 "자신의 이익을 제쳐놓고"(!) 또 다시 문호개방정책의 주도권을 떠맡은 것에 대해 오히려 감사해야 한다고 합니다.

전신으로 전달받은 러시아 언론의 논평에 대해 이곳 당국은 당연히 매우 신중을 기하고 있습니다. 러시아 언론은 극동지방 사태의 진상에 대해 정보가 매우 부족함을 또 다시 보여주었다고 합니다. 특히 체신대신 고토[9] 남작은 최근 이 테마에 대해 본인에게 상당히 오랫동안 의견을 펼쳤으며, 자신이 작년에 상트페테르부르크를 방문했을 때 이 점에서 솔직히 터놓고 말했다고 강조했습니다. 러시아 언론이 동아시아 상황에 대해 충분히 알지 못한다고 러시아 수도의 여러 관청에서 자신의 견해를 솔직히 밝혔다는 것입니다. 지금 러시아 언론이 보여주는 태도는 당시 고토 남작 자신의 판단이 얼마나 옳았는지 증명한다고 합니다.

일본 외무성은 러시아가 공식적으로 도쿄에 이의를 제출했다는 몇몇 신문의 주장을 단호히 부인합니다. 고무라는 러시아에서 언론만이 흥분하고 있을 뿐이며, 러시아 언론도 협정의 정확한 내용을 알게 되면 잠잠해질 것으로 기대한다고 말했습니다.

---

8 [감교 주석] 오사카마이니치신문(大阪每日新聞)

9 [감교 주석] 고토 신페이(後藤新平)

이곳 외무성에서는 독일의 유력지들이 이 협정에 대해 호의적으로 보도한 것을 확인하고 매우 흡족해했습니다. 독일 Japan-Post 통신사의 전보문에 의하면, 쾰른 신문은 일본과 청국의 합의를 환영하며 이 합의가 양국의 무역관계에 많은 이득을 안겨줄 것이라고 보도했습니다. 이 전보문은 이곳 일본에서 매우 좋은 인상을 주었습니다. 이 기회에 체신대신 고토 남작도 본인에게 이 점을 특히 강조했으며, 독일의 주도적인 신문들이 영국의 언론보다 일반적으로 동아시아의 사건들에 대해 훨씬 더 건전한 판단을 보여준다고 덧붙였습니다. 러시아와 미국의 신문들에 대해서는 언급조차 하고 싶지도 않다는 것이었습니다.

(서명) 몬트겔라스

원본 문서 청국 35

내용: 간도와 만주에 대한 청일협정

15

원문 p.562

[B. 30941 서신 관련 내용 해군참보 본부장에게 전달]

발신(생산)일		수신(접수)일	1909. 10. 12
발신(생산)자		수신(접수)자	
발신지 정보		수신지 정보	
			A. 16574
메모	도쿄, 8월 28일 187 서울에서 함장들의 알현 A. 16474 원본 문서 R. 연도번호 No. 11115		

A. 16574에 첨부

베를린, 1909년 10월 12일

U. R.

지난달 7일의 서신 B. 30941과 관련해 해군참보 본부장에게 삼가 알려드립니다.

16

원문 p.563

[B. 30941 서신 관련 내용 해군참보 본부장에게 전달]

발신(생산)일		수신(접수)일	1909. 10. 12
발신(생산)자		수신(접수)자	
발신지 정보		수신지 정보	A. 16574
메모	A. 16574 원본 연도번호 No. 11115		

A. 16574 첨부문서 1부

베를린, 1909년 10월 12일

반송 요청과 함께

지난달 7일의 서신 B 30941과 관련해 해군참모 본부장에게 삼가 알려드립니다.

17

원문 p.564

[B. 30941 서신 관련 내용 외무부에 반송]

<table>
<tr><td>발신(생산)일</td><td></td><td>수신(접수)일</td><td>1909. 10. 12</td></tr>
<tr><td>발신(생산)자</td><td></td><td>수신(접수)자</td><td></td></tr>
<tr><td rowspan="2">발신지 정보</td><td></td><td rowspan="2">수신지 정보</td><td>베를린 외무부</td></tr>
<tr><td></td><td>A. 16574</td></tr>
</table>

A. 16574에 첨부

베를린, 1909년 10월 21일

B. 3512. III

외무부 장관께 삼가 반송합니다.

대리하여

18

원문 p.565

인게놀 제독의 서울 방문

발신(생산)일	1909. 9. 27	수신(접수)일	1909. 10. 17
발신(생산)자	크뤼거	수신(접수)자	베트만홀베크
발신지 정보	서울 주재 독일 영사관	수신지 정보	베를린 정부
	K. No. 68		A. 17032
메모	연도번호 No. 1092 10월 19일 해군 참모본부에 전달		

A. 17032 1909년 10월 17일 오전 수신

서울, 1909년 9월 27일

K. No. 68

독일제국 수상 베트만홀베크 각하 귀하

지난달 말에 도쿄 주재 독일제국 대사관의 서신을 통해, 본인은 순양함 함대의 신임 함대장 인게놀[1] 해군소장이 기함 "샤른호르스트"[2]호를 타고 "아르코나"[3]호를 대동해 9월 21일부터 24일까지 제물포에 기항할 계획이라는 것을 알게 되었습니다. 인게놀 해군소장은 서울을 방문할 예정이었으며, 그 기회에 한국 황제를 알현하려 하는데 혹시 반대하느냐고 본인에게 물었습니다.

이에 대해 본인은 일본의 고위관리들과 장교들이 – 7월 20일부터 9월 20일까지 궁중의 여름휴가 기간을 제외하고는 – 정기적으로 한국 황제를 배알한다고 답변할 수 있었습니다. 또한 통감부는 1년 반 내지 2년 전쯤부터 외국의 군함 함장들과 여행 중인 고위층 인사들의 알현을 흔쾌히 주선했다고 덧붙였습니다. 이는 일본이 조약에서 확약한 바와 같이, 한국 황실을 예우하고 한국 황제를 절대 포로 취급하지 않는다는 것을 (널리 알리기 위해) 직접 확인할 기회를 주기 위한 것입니다.

몇 주 후, 인게놀 제독은 9월 21일 제물포에 도착할 것이라고 칭다오에서 전보로

1 [감교 주석] 인게놀(Ingenhole)

2 [감교 주석] 샤른호르스트(Scharnhorst)

3 [감교 주석] 아르코나(Arcona)

본인에게 알려왔습니다. 그리고 도착한 다음날이나 아니면 그 다음 다음날에 황제를 알현할 수 있도록 주선해줄 것을 본인에게 부탁했습니다.

본인은 즉시 통감부에 문의했고, 통감부의 중재로 9월 23일 목요일 오전 11시로 알현 일시가 정해졌습니다.

계획대로 "샤른호르스트"호는 (그러나 그 사이 샌프란시스코의 Portalafeier에 가라는 명령을 받은 "아르코나"를 대동하지 않고) 뤼순항을 떠나 이달 21일 제물포 정박장에 무사히 도착했습니다. 그러나 이미 해가 진 후에 도착해서 육지와 연락이 닿지 않았습니다.

다음날 본인은 제독을 환영하기 위해 첫 기차를 타고 제물포로 향했습니다.

친절하게도 세관 소속의 소형 선박이 본인에게 제공되었고, 본인은 그 선박을 타고 9시 직후에 기함에 올랐습니다. 선상에서 본인은 마닐라 시절부터 잘 알고 있는 제독, 함장과 사관들을 만나서 차후의 계획에 대해 의논했습니다.

우리가 담화를 나누는 동안, 제물포의 독일인 두 명이 찾아왔습니다. 그들은 콜레라가 위험하게 창궐한 탓에 알현이 중단되었다는 기사가 "Seoul Press"의 조간에 났다고 말했습니다. 본인은 즉시 상륙해 통감부에 전화 연락을 취했고, 그 뉴스가 사실이라는 확인을 받았습니다.

그러자 인게놀 제독은 본인의 초대에 응해 총영사관에서 묵으며 하룻밤을 서울에서 보내려던 계획을 단념했습니다. 그리고 이튿날 사복 차림으로 참모진 및 장교 몇 명과 함께 서울에 와서 시내를 구경하기로 결정했습니다.

본인이 오후 늦게 서울에 돌아오니 알현을 취소하는 공식서한이 사무실에 놓여 있었습니다. 궁궐에서조차 콜레라 환자 한 명이 확인되고 통감부 관리들 중에도 콜레라에 걸린 사람이 있는 등 서울 시내에서 약 30명의 환자가 발생한 것이 알현 취소라는 예방책의 원인이었습니다. 그날 저녁 소네 통감이 주최할 예정이었던 공식 만찬도 취소되었습니다.

본인은 황제 알현에 이어 본인 집에서 아침 새참을 들도록 24인분을 준비했었습니다. 그리고 우리 독일 해군 장교들과 만남의 자리를 마련하려고 통감부의 상급 직원과 일본의 고급 장교들을 그 자리에 초대했습니다. 그러나 유감스럽게도 일본인 참석자 전원이 상부의 지시에 의해 마지막 순간에 거절할 수밖에 없었습니다. 그때 마침 콜레라를 고려해 경찰이 주민들에게 집회와 모임을 금지했기 때문입니다. 소네 자작은 자신과 휘하 직원 상당수가 - "서로를 위해 좋다"는 원칙을 어기고 - 독일 식사에 참여하는 경우 주민들의 오해를 사지 않을까 우려했습니다.

목요일 아침에 본인은 역으로 인게놀 제독을 맞이하러 갔으며, 제독 및 수행원과 함께 먼저 통감부를 방문했습니다. 통감부에서 본인은 소네 자작 등에게 독일 방문객의 명함을 건네주는 것으로 만족했습니다. 일본인들이 본인의 제안에 따라 현 상황에서 약식적인 방문절차에 동의한다고 선언했기 때문입니다.

그런 다음 우리는 통감부 뒤쪽의 남산에 올랐습니다. 남산에 오르면 멀리까지 서울 시가지를 내려다볼 수 있습니다. 그리고 인력거를 타고 시내를 한 바퀴 돌아보았으며, 끝으로 1895년 한국 왕비가 살해된 옛 궁궐(경복궁)을 구경했습니다.

샤른호르스트호 장교들은 본인의 집에서 점심식사를 했습니다. 반갑게도 한국 주둔 일본군 참모부장 아카시[4] 육군소장이 찾아왔습니다. 아카시 육군소장은 예전에 2년 동안 베를린에서 무관으로 근무한 적이 있습니다.

오후에 별안간 비가 내리는 바람에 서울 시내를 계속 돌아보려는 계획이 차질을 빚었습니다. 그래서 독일 방문객들은 어두워지기 전에 기함으로 돌아가려고 4시에 이미 제물포행 기차에 올랐습니다. 기함은 이튿날 아침 칭다오로 출항할 예정이었습니다.

인게놀 제독의 이번 서울 방문 계획에서 가장 중요했던 황제 알현은 뜻밖의 불운한 상황으로 인해 비록 성사되지 못했지만 – 본인의 외람된 생각으로는 사실 인게놀 제독은 손해 본 것이 없습니다. – 어쨌든 우리의 해군 요원들은 서울이 어떤 곳인지 잠시나마 살펴볼 수 있었습니다.

앞으로는 독일 군함이 한국을 방문하는 경우에 좀 더 오래 머무는 편이 바람직할 것입니다. 한국에 이틀 체류하고 그중 단 하루만 서울에 머물다 보니, 그것도 문관과 무관의 수장들을 공식적으로 방문하고 황제를 알현하는 것으로 절반 이상 채워지면, 그야말로 절대적으로 시간이 부족합니다. 한국의 수도에서만 적어도 만 3일은 묵어야 할 것입니다. 그래야만 일본인들에게도 그들이 바라는 대로 외국 손님을 접대할 수 있는 기회를 줄 수 있을 것입니다.

그럴 경우 대략 다음과 같이 시간을 배분할 수 있습니다.

제1일 오전 : 일본의 문관과 무관 수장들 공식 방문. 황제 알현.
오후 : 공식적인 답방 영접. 한국 황제들의 묘소 산책.
저녁 : 총영사관에서의 만찬.

4 [감교 주석] 아카시 모토지로(明石元二郎)

제2일 오전과 오후 : 서울 시내와 근교(궁궐, 사원, 거리, 상점 등등) 관광.
저녁 : 통감 관저에서의 만찬.

제3일 북한산으로의 나들이. 북한산에서 한국의 아름다운 풍경을 즐길 수 있습니다.

이 계획을 잘 활용하면 한국이라는 나라와 한국 국민들에 대해 충분히 살펴볼 수 있습니다.

본인은 이 보고서의 사본을 도쿄에 전달할 것입니다.

크뤼거

내용: 인게놀 제독의 서울 방문

원문 p.569

19
[해군부에 보고서 전달]

발신(생산)일		수신(접수)일	1909. 10. 19
발신(생산)자		수신(접수)자	
발신지 정보		수신지 정보	
			A. 17032
메모	연도번호 No. 11376		

A. 17032에 첨부

베를린, 1909년 10월 19일

1) 해군참모본부장에게
2) 해군부 장관에게
삼가 정보를 알려드림.

동일한 내용을 다음에 전달.
1) 해군부 장관
2) 해군참모본부장

20

원문 p.570

[이토 후작이 하얼빈에서 한국인에게 피살되었다는 보고]

발신(생산)일	1909. 10. 26	수신(접수)일	1909. 10. 26
발신(생산)자	몬트겔라스	수신(접수)자	
발신지 정보	도쿄 주재 독일 대사관	수신지 정보	베를린 외무부
	No. 32		A. 17539

A. 17539 1909년 10월 26일 오후 수신

전보문

도쿄, 1909년 10월 26일 -시

10월 26일 4시 20분 도착

독일제국 대리공사가 외무부에 발송

해독

No. 32

이토[1] 후작이 오늘 오전 9시 하얼빈 승강장에서 한국인의 총탄에 목숨을 잃었다는 소식이 사실임을 외무대신[2]이 확인해 주었습니다. 최대의 조의를 표하길 부탁드립니다.

몬트겔라스

원본 문서 일본 8 No. 2

1 [감교 주석] 이토 히로부미(伊藤博文)

2 [감교 주석] 고무라 주타로(小村壽太郎)

21

원문 p.571

한국의 군사 전신지도

발신(생산)일	1909. 10. 20	수신(접수)일	1909. 11. 31
발신(생산)자		수신(접수)자	베트만홀베크
발신지 정보	선양 주재 독일 영사관	수신지 정보	베를린
	K. No. 99		A. 18065
메모	연도번호 No. 1848		

A. 18065 1909년 11월 31일 오후 수신. 첨부문서 1부

선양, 1909년 10월 20일

K. No. 99

베를린, 독일제국 수상 베트만홀베크 각하 귀하

한국 전신지도의 사본 3통을 이곳 일본인에게서 구입했습니다. 이 전신지도는 극비 사항이라고 합니다. 지도에서 각기 장소들을 연결하는 선들이 전신선입니다. 비교적 작은 전신소에는 하사관 한 명과 병사 몇 명이, 비교적 큰 전신소에는 장교 한 명과 휘하의 병사들이 주둔하고 있습니다.

전신지도의 사본 한 통은 이 보고서에 첨부하고, 다른 한 통은 베이징 주재 독일제국 공사[1]에게 보냈습니다.

내용: 한국의 군사 전신지도

1 [감교 주석] 렉스(G. Rex)

베를린, 1909년 11월 5일

A. 18065에 첨부.

참모본부장 귀하

연도번호 No. 12046

본인은 한국의 군사 전신지도와 관련해 지난 달 20일 자 선양 주재 독일제국 영사의 보고서 사본을 삼가 참모본부장님께 전달하게 되어 영광입니다. 동봉하는 지도는 참모본부장님께서 두고 사용하실 수 있습니다.

22

원문 p.573

[이토의 양자 이토 히로구니의 베를린 방문에 관한 포시쉐 차이퉁의 보도]

발신(생산)일	1909. 11. 9	수신(접수)일	1909. 11. 9
발신(생산)자		수신(접수)자	
발신지 정보		수신지 정보	베를린
			A. 18401

A. 18401 1909년 11월 9일 수신

포시쉐 차이퉁

1909년 11월 9일

아시아

베를린의 이토 후작

피살된 이토 후작의 양아들 이토 히로구니[1] 후작이 토요일부터 베를린에 머물렀다. 이토 히로구니 후작은 팔라스트 호텔에 투숙했으며, 어젯저녁 독일제국의 수도를 떠나 모스코바로 향했다. 후작은 모스크바에서 시베리아를 경유해 귀국길에 오를 예정이다. 이토 히로구니 후작은 베를린 주재 전임 대사 이노우에[2] 백작의 형제이다. 우리 직원 한 명이 이토 히로구니 후작과 대화를 나눌 기회가 있었고, 그 자리에서 그의 임무에 대해 몇 가지 알아냈다. 이토 히로구니 후작은 임박한 일본 왕자의 혼례식 물품들을 구입하고자 일본 궁중의 의전관 신분으로 유럽에 왔다. 아울러 1917년에 있을 일본 천황의 즉위 50주년 기념식에 대비해, 유럽의 궁중에서는 그런 종류의 축제에서 어떤 의식을 치르는지 알아볼 계획이었다. 그러나 양부 이토 후작의 갑작스런 죽음으로 인해 두 번째 계획은 포기했다. 원래 이토 히로구니 후작은 얼마 전 프란츠 요제프 황제의 즉위 50주년 기념식을 치른 빈으로 갈 예정이었다. 이토 히로구니 후작의 말에 의하면, 그는 양부가 하얼빈에서 러시아의 재무대신과 만날 계획이었다는 것조차 몰랐기 때문에 양부의

1 [감교 주석] 이토 히로구니(伊藤博邦)

2 [감교 주석] 이노우에 미쓰토(井上光遠)

피살 소식에 더더욱 놀랐다고 한다. 이토 히로구니 후작은 이탈리아 신문기자에게서 비로소 상세한 소식을 들었으며, 양부가 한국인들을 잔혹하게 대했다는 보도를 중상모략이라고 말했다. 그 기회에 이토 히로구니 후작은 최근 자주 세간에 오르내리는 손탁[3]에 대해서도 언급했다. 손탁은 독일 공사 잘데른[4]의 요리사로 한국에 갔으며, 이토 히로구니 후작의 양부가 한국 황제를 살해하도록 사주했다는 주장을 펼쳤다는 소문이 있다고 한다. 이토 히로구니은 그러한 소문이 손탁에 대한 중상모략이 분명하다고 말했다. 손탁이 항상 자신의 양부에게 최대의 경의를 표했으며, 양부는 한국 통감의 직무에서 물러날 때 손탁에게 감사의 뜻으로 상당한 금액을 선물했기 때문이라는 것이다. (게다가 손탁은 9월 24일 서울을 떠나 상하이로 갔으며, 상하이에서 프랑스 배를 타고 마르세유를 향한 여행길에 올랐다. 손탁은 건강상의 이유로 한국을 떠났다고 전해진다. 손탁의 집은 "서울 호텔"이라는 이름의 영빈관으로 계속 남아 있을 것이다.)

독일어를 유창하게 구사하는 이토 히로구니 후작의 독일 방문은 이번에 5번째이다. 그는 황태자의 혼례식에 참석하기 위해 베를린에 왔던 아리스가와노미야[5]를 수행하기도 했다. 또한 이토 히로구니 후작은 일본에서 안톤 폰 호엔촐러른 왕자를 환영하는 위원회의 일원이기도 했다. 이토 히로구니 후작이 독일에 처음 온 것은 약 20년 전의 일이었다. 당시 그는 할버슈타트의 제27보병연대(루이스 폰 프로이센 왕자) 사관후보생으로 입대했다. 그러나 건강상의 이유로 곧 군인의 길을 접었다. 이번의 베를린 체류는 다만 물건을 구매하기 위한 것이었다. 어젯저녁 일본 대사가 모든 대사관 간부진을 대동하고 프리드리히슈트라세 역에 나와 이토 히로구니 후작과 작별인사를 나누었다. 의전관 A. Bachi가 후작을 수행했다.

원본 문서 일본 8 No. 2

---

3 [감교 주석] 손탁(A. Sontag)

4 [감교 주석] 잘데른(K. Saldern)

5 [감교 주석] 아리스가와노미야(有栖川宮)

23

원문 p.575

한국에서의 영사재판권

발신(생산)일	1909. 11. 13	수신(접수)일	1909. 12. 1
발신(생산)자	몬트겔라스	수신(접수)자	베트만홀베크
발신지 정보	도쿄 주재 독일 대사관	수신지 정보	베를린 정부
	A. 226		A. 19745
메모	12월 3일 다름슈타트, 페라, 드레스덴, 런던, 카를스루에, 마드리드, 뮌헨, 파리, 슈투트가르트, 페테르부르크, 바이마르, 로마 B. 올덴부르크, 빈, 함부르크에 전달		

사본

A. 19745 1909년 12월 1일 수신

도쿄, 1909년 11월 13일

(대사관)

A. 226

독일제국 수상 베트만홀베크 각하 귀하

도쿄 아사히[1]는 오늘자 사설에서 한국에서의 영사재판권 폐지를 주창했으며, 일본이 이달 1일 한국의 사법권을 인수했다고 보도했습니다. 또한 외국 선교사들이 한국에서 거둔 성공은 가히 놀라울 정도여서, 지난 수년 동안 3백만 명 이상의 한국인이 기독교를 믿게 되었다는 소식도 전했습니다. 도쿄 아사히지는 신앙 문제에서 한국인이 일본인보다 근본적으로 더 무관심하고 일본에서는 선교사들이 50년에 걸친 활동에도 불구하고 별로 진전을 보지 못한 점을 감안하면, 그토록 많은 한국인이 기독교로 귀의한 것은 주목할 만하다고 말합니다. 그런데 사실 한국인 대부분은 확신에서 우러나와 기독교에 귀의한 것이 아니라, 외국의 종교와 선교사들에게서 일본 세력의 증대에 맞설 수 있는 발판을 얻을 수 있다고 믿기 때문이라고 합니다. 즉, 외국 선교사들이 재판권 문제에서 예외적인 대우를 받기 때문에 한국인들이 그들을 신뢰한다는 것입니다. 그러므로 한국에서 외국인의 치외법권 자체는 특별히 불리한 영향을 수반하지 않는다고 말할 수 있겠

1 [감교 주석] 도쿄아사히신문(東京朝日新聞)

지만, 한국의 기독교 개종자들의 관점에서 고찰하면 상황이 아주 다르게 보인다는 것입니다. 이러한 이유에서 도쿄 아사히지[2]는 최대한 빠른 시일 내에 한국에서의 치외법권 폐지를 바란다고 합니다. 그리고 외국 열강들이 이에 대해 이의를 제기하지 않을 것이라고 말합니다. 사법권이 일본에 넘어갔으니 외국 열강들은 오히려 이러한 조처를 아주 당연하게 여길 것이라고 주장합니다.

(서명) 몬트겔라스

원본 문서 한국 10

내용: 한국에서의 영사재판권

2 [감교 주석] 도쿄아사히신문(東京朝日新聞)

24

원문 p.577

[이토 히로부미와 이완용 피습에 관한 베를린 지방신문의 보도]

발신(생산)일	1909. 12. 23	수신(접수)일	1909. 12. 23
발신(생산)자		수신(접수)자	
발신지 정보		수신지 정보	베를린
			A. 21078

A. 21078 1909년 12월 23일 수신

베를리너 로칼-안자이거[1]

1909년 12월 23일

한국에서의 새로운 정치적 유혈행위

이토[2] 후작이 하얼빈 역에서 한국인 수명에게 피살되었다. 범인들이 아직까지 밝혀지지 않았는데, 그에 이어 이제는 한국의 고위 정치인이 피습당한 사건이 발생했다. 이 새로운 살인행위는 국권을 상실한 국민이 일본의 통치에 항거하는 일련의 폭력행위 중 하나임이 분명하다. 우리는 다음과 같은 전보문들을 받았다.

서울, 12월 22일. 오늘 총리대신 이완용[3]은 소형 일본차를 타고 외출하던 중 20세의 한국 청년이 휘두른 단도에 의해 하복부와 폐에 치명상을 입었다. 총리대신은 병원으로 이송되었다. 마찬가지로 단도에 찔린 운전기사는 곧 숨을 거두었다. 범인은 체포되었는데 비밀정치단체의 일원으로 추정된다.

페테르부르크, 12월 22일 밤 11시 15분. (A. 통신원). 한국의 총리대신이 오늘 아침 살해되었다. 이완용은 인력거라고 불리는 작은 수레를 타고 서울의 중심 거리를 지나고 있었다. 20세의 한국 청년이 이완용에게 달려들어 단도로 세 차례 중상을 입혔다. 인력거꾼은 단도에 단 한 번 찔려 숨졌다. 살인범은 이토의 피살을 주도한 반일파의 일원이다.

---

1 [감교 주석] 베를리너 로칼-안자이거(Berliner Lokal-Anzeiger)

2 [감교 주석] 이토 히로부미(伊藤博文)

3 [감교 주석] 이완용(李完用)

치명상을 입은 총리대신 이완용은 한국인이며 이곳 일본 대사관 직원들에게는 별로 알려지지 않은 인물이다. 그러므로 한국 내각의 수반에 오른 지 오래되지 않았을 것이다. 어떻게 범행이 일어났고 왜 젊은 청년이 그런 범행을 저질렀는지 이곳 공공기관에서는 알지 못한다. 그러나 조국의 독립상실을 일본 정치가에게 보복하려 한 정치적 광신자에게 이토 후작이 희생되었듯이, 광신적인 애국자의 동일한 보복행위가 서울에서도 벌어졌다고 이곳에서는 확신한다. 다만 하얼빈에서는 한국이 자유 상실의 원흉이라고 여기는 일본인이 피살된 반면에, 이완용 총리의 경우에는 새 지배자의 꼭두각시를 처벌해 본보기를 보여주려 했다는 점에서 다르다. 두 범행은 압제자라고 추정되는 이들에 대한 한국인들의 증오심에서 비롯되었다. 그러나 이완용 사건이 더 의미심상하다. 이 사건은 이토의 피살을 계기로 더욱 엄격해진 일본의 통치가 아침의 나라에서 거두어들일 것으로 예상되는 결실을 암시하기 때문이다.

물론 최근의 암살 사건도 한국의 운명을 막을 수는 없을 것이다. 오히려 일본이 계획한 조처들을 더욱 가속화시키는 결과를 낳을 것이다. 이런 점에서 다음의 사적인 전보문의 내용이 관심을 끈다.

파리, 12월 22일 저녁 7시 45분 발송. (본사 통신원). 일본이 한국의 질서 확립을 위해 곧 군사작전을 펼칠 것임을 러시아에게 우호적으로 알렸다는 소식이 외무부에 도착했다. 공식적인 Liberté는 러시아가 일본에 맞서 무장할 이유가 없다고 생각한다. 그런데도 러시아 군이 시베리아에 집결했다는 소식이 사실로 확인되면, 그것은 다만 청국의 도적단에 대한 예방책일 것이라고 한다.

25

원문 p.579

[독일과 한국의 무역에 관한 쾰른 신문의 보도]

발신(생산)일	1909. 12. 24	수신(접수)일	1909. 12. 24
발신(생산)자		수신(접수)자	
발신지 정보		수신지 정보	베를린
			A. 21152

A. 21152 1909년 12월 24일 오후 수신

쾰니셰 차이퉁[1]

1909년 12월 24일

아시아

독일과 한국의 무역

서울, 12월 2일. 공식적인 세관통계에 의하면, 독일과 한국의 무역교류는 금년 상반기에 불과 560,203마르크를 달성했다. 그중에서 한국의 수입은 526,484마르크이고, 독일로의 수출은 33,720마르크이다. 한국의 중요한 수입품은 설탕, 맥주, 포도주, 아닐린 색소, 직물, 못, 각종 기계류이고, 수출품은 쌀, 콩, 생선, 모피, 금, 구리, 흑연, 그리고 청국에서 높이 평가받는 인삼뿌리다. 그러나 최근 한국 국립인쇄소가 한국의 수도에서 멀지 않은 용산에 문을 연 사실로 미루어, 독일에서 한국으로 간접 수출하는 양이 훨씬 더 많다는 것을 알 수 있다. 모든 기계를 독일에서 구입했지만, 일본을 경유한 까닭에 공식 통계에는 독일로 기록되지 않는다. 대표적인 것으로 빌헬름 페르트, 하임, 오펜바흐 a. M. 쾨니히 & 바우어, 뷔르츠부르크, 섀프너 & 부덴베르크, J. G. 쉘터 & 기제케, 카를 크라우제, 라이프치히, 크렙스, 프랑크푸르트 a. M. F. 훈 & 존, 함부르크, A. 호겐포르스트, 퀴스터만 & Co. 등이 있다. 오로지 전기시설만 미국산이다.

---

1 [감교 주석] 쾰니셰 차이퉁(Kölnische Zeitung)

26

원문 p.580

[한국 내 철도가 통감부에서 일본 철도국으로 이관되었다는 보고]

발신(생산)일	1909. 12. 18	수신(접수)일	1910. 1. 22
발신(생산)자	뭄	수신(접수)자	베트만홀베크
발신지 정보	도쿄 주재 독일 대사관	수신지 정보	베를린 정부
	A. 251		A. 1144

사본

A. 1144 1910년 1월 22일 오전 수신

도쿄, 1909년 12월 18일

(대사관)

A. 251

독일제국 수상 베트만홀베크 각하 귀하

이달 16일 자 관보에 공표된 일련의 법령을 통해, 지금까지 서울의 일본 통감부에 소속되어 있던 한국의 일본 철도가 도쿄의 일본 철도국 산하 조직으로 개편되었습니다. 이로써 이미 수개월 전부터 검토하고 일본 언론에서도 거듭 논의한 조치가 시행되었습니다. 위에서 언급한 법령은 철도와 관련한 일부 권리를 서울의 일본 통감[1]과 한국주차군 사령부의 총사령관[2]에게 인정합니다.

1908년 12월에 공표된 1907년도 통감부의 연차보고서(한국의 개혁과 진보에 대한 1907년도 연차보고서)에 의하면, 회계연도 1907년과 1908년에 한국에서 교통운송용으로 이용된 철도는 641.5 영국마일 = 1,032.17km에 달합니다. 그리고 기관차는 104량, 객차는 158량, 화물차는 955량에 이릅니다.

본인은 이 보고서의 사본을 서울 주재 독일제국 총영사관에 전달했습니다.

(서명) 뭄

원본 문서 한국 10

1 [감교 주석] 소네 아라스케(曾禰荒助)

2 [감교 주석] 오쿠보 하루노(大久保春野)

27

원문 p.581

"Seoul Press"의 황제 폐하의 탄신일 관련 논설

발신(생산)일	1910. 1. 29	수신(접수)일	1910. 2. 18
발신(생산)자	크뤼거	수신(접수)자	베트만홀베크
발신지 정보	서울 주재 독일 영사관	수신지 정보	베를린 정부
	K. No. 8		A. 3026
메모	연도번호 No. 78		

A. 3026 1910년 2월 18일 오후 수신, 첨부문서 1부

K. No. 8 서울, 1910년 1월 29일

독일제국 수상 베트만홀베크 각하 귀하

통감부 기관지 "Seoul Press"는 이따금 과감하게 독일 정책을 칭송하며, 기회 있을 때마다 일본에 대한 독일의 입장과 중요성을 적절히 평가합니다.

예를 들어 작년 여름 이 신문은 도쿄 대학의 독일인 교수 카를 티스의 여행을 계기로 상당히 긴 논설을 보도했습니다. 그리고 이 논설에서 일본이 학문적, 군사적, 기술적인 면에서 독일에게 어떤 신세를 입었는지 열거했습니다.

이제 우리 황제 폐하의 탄신일을 맞이해, "Seoul Press"는 독일 군주가 22년 전부터 부단히 추구해온 평화사업을 찬양하는 논설을 게재했습니다. 아울러 그릇된 중상모략으로 인해 오도된 일본인들에게 마침내 독일에 대한 적대감에서 벗어날 것을 촉구했습니다. 그런 적대감은 양국의 우호관계를 저해할 수 있다는 것입니다.

일본의 많은 신문들이 독일에 대해 지속적으로 적대적인 태도를 보이는 것은 영국의 영향에서 비롯되었습니다. 이런 적대적인 태도를 고려하면, "Seoul Press"가 이따금 보여주는 솔직함은 반가운 소식이며 기록해둘만 합니다.

본인은 본 보고서의 사본을 도쿄에 전달할 것입니다. 크뤼거

내용: "Seoul Press"의 황제 폐하의 탄신일 관련 논설

No. 8의 첨부문서

첨부문서의 내용(원문)은 독일어본 582~583쪽에 수록.

28

원문 p.584

한국 내각의 개편

발신(생산)일	1908. 2. 17	수신(접수)일	1908. 3. 10
발신(생산)자	크뤼거	수신(접수)자	빌로
발신지 정보	서울 주재 독일 영사관	수신지 정보	베를린 정부
	K. No. 26		A. 3691
메모	연도번호 No. 149		

A. 3691 1908년 3월 10일 오후 수신

서울, 1908년 2월 17일

연도번호 No. 149

K. No. 26

독일제국 수상 뷜로 각하 귀하

1907년 7월 24일의 확대된 보호통치조약[1]에 의거해, 일본 측에서는 상부에서 하부에 이르기까지 한국 행정제도의 전면 개혁에 착수했습니다. 이 개혁은 행정부처의 수장에서부터 모든 부처를 완전히 새롭게 개편하는 것으로 끝났습니다.

이와 관련한 황제의 포고령 등을 지난해가 저물기 전에 공표하고 늦어도 1908년 1월 1일에는 시행할 수 있도록 사전작업이 진척되었습니다.

전체적인 내용을 살펴볼 수 있도록 세부 규정 및 항목들을 다음과 같이 간략하게 요약하겠습니다.

본인은 사무실에서 사용하기 위해 칙령 등을 독일어로 번역해 두었습니다. 각하께서 필요하시면 사본을 보내 드릴 수 있을 것입니다.

---

1 [감교 주석] 정미7조약; 한일신협약

I. 궁내부

A. 궁내부 조직

궁내부 관련 법령이 시간적으로 제일 먼저 제정되었습니다. 궁내부 법령은 1907년 11월 27일 자로 제정되었으며, 1907년 11월 29일 자 관보에 내각공고 No. 161의 형식으로 공표되었습니다.

궁내부는 다른 부처들과 완전히 별개로 간주되고 취급됩니다.

궁내부 법령은 33개 항목으로 이루어져 있습니다.

§§1-16은 궁내부대신의 권리와 의무를 다룹니다. 궁내부대신은 황실의 모든 일을 관장하며, 황제의 승인하에 기존의 법률과 칙령 범위 안에서 관할 영역의 독자적인 규정들을 공표할 수 있습니다.

§§17. 궁내부대신과 더불어 차관 한 명을 임명합니다.

§§18과 19. 궁내부 사무실 업무는 추밀비서관 2명과 비서관 3명이 담당합니다.

§ 20. 궁내부에는 다음과 같은 부서들이 있습니다.

1. 대신실 : "대신관방(大臣官房)". 이곳에는 비서관 4명, 사무관 4명, 마부장 1명, 서기 22명, 다수의 마부와 마구간 시종이 있습니다.

대신관방은 4개의 사무실로 구성됩니다(§21).

a. 인사 담당

b. 잡무 담당(행사, 선물 등)

c. 감사 담당

d. 황실 마구간 담당

2. 시종원 : "시종원(侍從院)"(§22). 시종장 1명, 의전관 1명, 시종 12명, 시경 9명, 어의 6명, 약사 1명, 서기 6명이 있습니다.

3. 장례원 : "장례원(掌禮院)"(§23). 장례원장 1명, 사무관 2명, 전례관 10명, 제식의전관 5명, 서기 16명, 한국 음악 및 유럽 음악을 위한 음악감독 2명, 사원 관리인은 30명까지, 관리 보조원은 25명까지 있습니다.

4. 태황제 사무실 : "승녕부(承寧府)"(§24). 실장 1명, 부실장 1명, 시종장 1명, 시종 7명, 사무관 1명, 어의 2명, 취사장 1명, 서기 6명이 있습니다.

5. 황후 사무실 : "황후궁(皇后宮)"(§25). 감독관 1명, 보좌관 1명, 서기 2명이 있습니다.

6. 황태자 사무실 : "동궁(東宮)"(§26). 감독관 1명, 보좌관 1명, 시종 4명, 교수 2명,

서기 2명이 있습니다.

7. 황실 도서관 : "규장각(奎章閣)"(§27). 다수의 교수와 강사(명예 관료), 그 외에 관장 1명, 비서관 2명, 사서 2명, 서기 4명이 있습니다.

8. 회계국 : "내장원(內藏院)"(§28). 국장 1명, 부국장 1명, 사무관 3명, 건축기사 1명, 기사보조원 4명, 서기 15명이 있습니다.

9. 취사관리 : "전선사(典膳司)"(§29). 지배인 1명, 취사장 1명, 서기 4명이 있습니다.

10. 궁궐 관리실 : "주전원(主殿院)"(§30). 실장 1명, 사무관 1명, 서기 7명, 전기기사 1명과 보조원 6명이 있습니다.

11. 황실 회계감사원 : "제실회계감사원(帝室會計監査院)"(§31). 원장 1명, 사무관 1명, 재정감독관 2명, 서기 6명이 있습니다.

12. 황족 전담실 : "종친가직(宗親家職)"(§32). 각기 왕자를 위한 가정관리인 1명과 보조원 1명이 있습니다.

B. 황실 재정 관리실

내각공고 No. 162는 황실의 모든 동산과 부동산의 유지 및 이용을 관장하는 황실 재정 관리실의 설치에 대한 것입니다. 여기에는 실장 1명, 부실장 1명, 사무관 2명, 기사 1명, 기사보조원 3명, 서기 11명의 관리가 배정되었습니다.

C. 귀족학교 규정

궁내부의 귀족학교 규정을 변경한 공고 No. 163이 이와 관련됩니다.

D. 궁내부 관리들의 직급과 급료

공고 No. 164는 궁내부 관리들의 직급과 급료 관계를 규정합니다. 2급("칙임")의 경우 3단계, 3급("주임")의 경우 4단계, 4급("판임")의 경우 5단계로 구성됩니다.

E. 사원과 종묘

공고 No. 165에 의하면 사원, 종묘, 묘지 등의 규정에는 전혀 변함이 없다고 합니다.

F. 사망한 황족의 가산

사망한 황족 8명의 가산(유산)은 지금까지 각기 따로 관리되었습니다. 공고 No. 166은 이 가산이 황실 재정 관리실에 귀속됨을 규정합니다. 이 가산에 대한 제례는 장례원이 담당합니다.

G. 궁중 관리들의 업무 지침

공고 No. 167은 궁중 관리의 업무 지침을 규정하며 27개 항목으로 이루어져 있습니다.

궁중 관리는 정부 일에 개입해서는 안 되고, 자신의 일이든 제3자의 일이든 어떤 것도 개인적으로 황제에게 밀고하거나 전달해서도 안 됩니다. 종교 문제에 대해 논의하거나 점쟁이와 무당을 불러서도 안 됩니다. 선물, 무료입장권, 특가 상품 등을 받거나 압력을 행사해서도 안 되며, 사기업에 참여하거나 영리행위를 해도 안 되고 빚을 져도 안 됩니다. 궁중 관리는 직무상의 비밀을 엄수해야 하고 파벌 형성을 피해야 하며 보건 규약을 준수해야 합니다.

H. 대신관방의 사무규칙

궁내부대신 법령 No. 6은 위의 I. A. 1.에서 열거된 대신관방의 4개 사무실이 어떤 일을 담당할 것인지 규정합니다.

I. 내장원 업무 분담

궁내부대신 법령 No. 7은 내장원에(I. A. 8 참조) 4개 사무실을 설치합니다.

1. 일반 행정
2. 회계를 포함해 수입과 지출
3. 재산목록 사항
4. 건축 사항

K. 황실 재정 관리실의 업무 분담과 사무규칙

궁내부 법령 No. 8은 황실 재정 관리실에 4개의 부서를 설치하고, 이 부서들이 각기 담당해야 할 일을 지정합니다.

1. 결산
2. 산림 문제
3. 측량
4. 회계

여기에서 각기 황실 구성원의 사유재산과 황실재산의 분리 및 황실재산 관리가 중요합니다.

Ⅱ. 내각에 대한 일반규정

내각은 (궁내부를 제외한) 다음의 부들로 구성됩니다.

1. 내부
2. 탁지부
3. 군부
4. 법부
5. 학부
6. 농공상부

먼저 1907년 12월 13일의 칙령 No. 36(1907년 12월 18일 자 관보)에 의거해 위의 6개 부에 일반적으로 통용되는 동일한 규정들이 공포됩니다.

이 칙령은 21개 항목을 담고 있으며, 각 부의 관할 분야를 규정하고, 어떤 사안들을 대신이 아니라 내각이 결정할 것인지 확정짓습니다. 각 대신들에게는 관할 분야에서의 감독권과 명령권을 부여하며, 지방 관찰사와 경찰기관에 지시를 내리고 하급관청이 발표한 규정을 폐지하거나 변경할 수 있는 권한을 인정합니다. 3급(주임) 관리의 임명과 해임의 경우에는 황제의 승인을 받아야 합니다. 4급(판임) 관리의 경우에는 대신이 직접 결정합니다.

각 부에는 본부 1개와 필요한 수만큼의 부서를 설치합니다. 사무규정 등의 제정은 대신의 소관입니다.

각 부는 차관 1명을, 각 부서는 부서장 1명을 두고, 특별비서관과 비서관, 감사관, 통역관, 서기의 지원을 받습니다.

이러한 일반규정에 이어, 1907년 12월 13일에 공표된 총 5개의 칙령(1907년 12월 18일 자 관보) 및 각 부를 위한 특별규정, 그리고 각 부에 따라 상이한 행정직에 대한 다수의 부령이 있습니다.

소문에 의하면 곧 폐지될 것이라고 하는 군부의 경우에만 특별규정이 없습니다.

Ⅲ. 내부

칙령 No. 37은 내부의 조직에 대한 것입니다. 국내 행정과 경찰, 국내의 정부 건물, 정부 운송과 철도, 전력시설, 보건제도, 주민통계, 교회 문제, 검열, 이민, 원호제도가 이에 해당합니다.

내부에는 4개 부서가 있습니다.

1. 지방 행정

2. 경찰

3. 건축

4. 보건제도

내부에는 비서관 12명, 감사관 5명, 경시 5명, 총순 10명과 필요한 수의 순사, 기사장 1명과 기사 4명, 통역관 3명, 서기 62명이 배치됩니다.

서울 시청, 서울 경시청, 도관찰부들이 내부에 귀속됩니다.

A. 서울 시청

칙령 No. 38은 도청과 동급의 시청(한성부)을 서울에 존속시킬 것을 확인합니다.

직원 : 시장 1명, 감사관 2명, 서기 7명, 기사보조원 5명.

외국인이 관여하는 모든 일에서 서울 시장은 일본 주재관의 중재를 통해 당사자와 협상해야 합니다.

B. 서울 경시청

칙령 No. 39는 근교를 포함해 5개 지역으로 나뉜 서울과 궁궐의 모든 경찰조직을 경시총감 산하에 둡니다. 예전에 궁궐을 담당했던 특수경찰은 폐지되었습니다.

직원 : 경시총감 1명, 경시부총감 1명, 경시 12명, 경찰의사 5명, 총순 58명과 필요한 수의 순사.

C. 도청

칙령 No. 40은 지방 행정 조직에 대한 것입니다.

각 도는 도지사 1명, 비서관 1명, 감사관 1명, 필요한 수의 서기 및 경시, 총순과 순사를 둡니다. 모든 13개 도청에서 총순 27명, 순사 147명, 서기 78명이 일하게 됩니다.

내부대신은 관찰사의 직속상관입니다.

관찰사의 업무는 각자 맡은 도에서 법률과 법령을 실행하고 감독하는 것입니다. 관찰사가 업무를 수행하기 어려운 경우에는 비서관이 업무를 대행합니다.

경찰서의 소재지와 업무규정의 한도는 내부대신이 정합니다.

각 도는 개방된 항구지역과 군으로 나뉩니다.

항구도시는 시장에게, 군은 군수에게 예속됩니다. 시장과 군수는 관찰사의 감독을 받으며, 외국인이 관여되는 모든 일에서 당사자와 직접 협상해서는 안 되고 해당 목적을 위해 관할 일본 주재관의 중재를 요청해야 합니다.

Ⅳ. 탁지부

칙령 No. 41은 모든 공공 재정제도를 관장하는 탁지부 조직을 다룹니다. 탁지부는 수입과 지출, 조세, 국채, 화폐, 국책은행과 신용제도를 관리하고 신용기관을 감독합니다.

탁지부에는 3개의 부서가 있습니다.

1. 조세
2. 결산과 예산
3. 재무 조정

직원 : 비서관 13명, 감사관 7명, 통역관 2명, 서기 100명.

국가재원을 확립하기 위한 4번째 부서를 임시로 설치할 예정입니다.

A. 건축소

칙령 No. 42는 건축소본부를 탁지부에 예속시킵니다.

직원 : 소장 1명, 감사관 3명, 기사 3명, 기사보조원 26명, 서기 6명.

B. 국립인쇄소

칙령 No. 43은 탁지부 관할의 국립인쇄소에 대해 규정합니다.

직원 : 소장 1명, 감사관 3명, 기사 8명, 기사보조원 22명, 서기 11명.

C. 관세국

칙령 No. 44는 관세와 톤세 징수, 개항의 등대와 항구시설 유지, 세관경찰, 외국인과의 관세 협상을 목적으로 하는 관세국 조직에 대한 것입니다.

직원 : 국장 1명, 비서관 1명, 감사관 3명, 전문가 2명, 보조원 3명, 서기 17명, 세관감시인 2명과 그 보조원 2명.

D. 세관

칙령 No. 45의 내용은 세관 제도에 대한 것입니다. 세관은 관세, 톤세, 창고, 선박 및 선적 화물 감독, 세관경찰, 세관경계 감시, 어업 보호, 검역업무, 항구질서의 업무를 담당합니다.

다음의 4개 항구도시에 세관이 있습니다.

제물포, 부산, 원산, 진남포.

그 밖의 항구들은 세관 지소로 충분할 것입니다.

직원 : 관장 4명, 감사관 2명, 감찰관 2명과 보조원 5명, 전문가 2명과 보조원 19명, 항무관2명과 보조원 5명, 의사 5명, 서기 75명, 기사보조원 13명과 세관감시인 95명.

E. 세무서

칙령 No. 46에 의거해, 서울과 평양, 대구, Tschötju, 원산에 소재하는 5개 세무서가 국내 세무행정을 담당합니다.

직원 : 서장 5명, 감사관 10명, 서기 80명, 기사보조원 10명.

F. 세무소

칙령 No. 47에 의거해, 세무서의 하급관청으로서 세무소가 설치됩니다. 세무소의 수와 소재지는 탁지대신이 결정합니다. 세무소의 소재지는 1907년 12월 18일 자 탁지부령 No. 23에 의해 결정되었습니다. 13개 도에 총 228개의 세무소가 설치됩니다.

총 직원 수 : 세무관 60명, 서기 520명과 필요한 수의 기사보조원.

G. 세관행정의 특별 건축공사를 위한 사무실

칙령 No. 48은 세관행정을 위한 독자적인 건축 사무실에 대해 규정합니다. 여기에 실장 1명, 감사관 1명, 기사 7명과 보조원 17명, 서기 5명이 배치됩니다.

H. 등대국

칙령 No. 49에 의거해 등대와 뱃길을 관리하기 위한 특별 사무실이 유지됩니다.

직원 : 국장 1명, 기사 3명과 보조원 12명, 서기 5명, 등대지기 52명.

I. 토지측량

탁지부대신은 칙령 No. 50에 의거해 토지 측량이 필요할 때마다 토지 측량사를 고용할 수 있습니다.

V. 법부

칙령 No. 51은 법원과 검찰청의 설치와 관리, 변호사 업무와 법관 양성을 법무에 위임합니다. 법부는 2개 부서로 구성됩니다.

1. 민사
2. 형사

직원 : 비서관 9명, 감사관 4명, 통역관 3명, 서기 43명.

A. 감옥 조직

감옥은 칙령 No. 52에 의거해 법부대신이 관할합니다. 법부대신은 검사장에게 감독을 위임할 수 있습니다.

직원 : 감찰관 9명, 교도관 54명, 의사 12명, 통역관 9명.

여죄수를 위한 특별감시인을 선정할 수 있습니다.

B. 법관양성소

칙령 No. 53은 법관양성소에 대해 다룹니다.

교육과정은 법부대신이 결정합니다.

직원 : 소장 1명. 교원 3명과 보조교원 3명, 학교관리인 1명, 통역관 2명과 보조원 2명, 서기 2명.

Ⅵ. 학부

칙령 No. 54는 모든 교육제도를 학부대신 예하에 둡니다. 학부에는 2개의 부서가 있습니다.

1. 수업(교사 양성, 보통학교, 직업학교와 전문학교, 교육단체, 학교보건, 학교건축 문제, 외국에서 공부하는 대학생, 사립학교 지원).
2. 교과서(제작, 번역, 교과서의 발행과 검열, 학교에 교과서 공급, 연감 발간).

직원 : 비서관 7명, 감사관 4명, 기사 3명과 보조원 6명, 통역관 2명, 서기 28명.

A. 학부 직속 학교

칙령 No. 55는 학부 직속 학교에 대해 다음과 같이 규정합니다.

성균관

(보통학교 교원 양성을 위한) 서울의 사범학교

서울의 외국어학교 4개

제물포의 일본어학교

평양의 일본어학교.

이들 학교의 교원 수는 칙령 No. 56이 정합니다. 도합 교장 5명, 사무원 5명, 교사 57명과 보조교사, 감독관 10명, 보통학교 교사 6명, 서기 10명입니다.

Ⅶ. 농공상부

칙령 No. 57은 농공상부 조직에 대해 규정합니다. 농공상부는 농업, 상업, 공업, 해산물, 삼림, 광업, 지질학, 기상관측소, 해운을 관장합니다. 이와 관련한 업무를 다음의 5개 부서에서 담당합니다.

1. 농업
2. 상공업
3. 삼림
4. 광산
5. 해산물

직원 : 비서관 8명, 감사관 5명, 기사장 1명, 기사 14명과 보조원 60명, 통역관 1명, 서기 49명.

Ⅷ. 맺는말

위의 사항들은 일본인들이 장차 한국을 어떤 관료기구로 통치할 계획인지 명백히 알려줍니다. 모든 요직은 일본인으로 내정되어 있습니다. 신문보도에 의하면, 지난 수개월 동안 한국에서 채용된 일본인의 수는 1800명에 육박합니다. 대신의 직책은 형식상 한국인들 수중에 맡겼지만, 모든 차관과 국장은 일본인입니다. 관찰사의 비서관들도 마찬가지고, 나아가 수많은 기사와 당연히 거의 모든 경찰도 그렇습니다.

상부관청에 보내는 모든 보고서 등을 일본어로 작성해야 한다는 규정이 최근 하달되었습니다. 이 규정은 한국 행정의 일본화가 얼마나 많이 진척되었는지 알려줍니다. 이 규정은 한국 국민의 입을 다물게 만들었습니다. 한국 사람들은 자신의 나라에서 남의 나라 말을 들어야 하는 것을 지켜볼 수밖에 없습니다.

본인은 이 보고서의 사본을 도쿄에 보낼 것입니다.

크뤼거

내용: 한국 내각의 개편

29

원문 p.595

한국 황제의 신년 영접. 영사단 교체와 소네 자작의 안위

발신(생산)일	1910. 1. 2	수신(접수)일	1910. 1. 21
발신(생산)자	크뤼거	수신(접수)자	베트만홀베크
발신지 정보	서울 주재 독일 영사관	수신지 정보	베를린 정부
	K. No. 3		A. 1091
메모	연도번호 No. 17 1월 27일 페테르부르크 125, 카를스루에 62에 전달		

A. 1091 1910년 1월 21일 오후 수신

서울, 1910년 1월 2일

K. No. 3

독일제국 수상 베트만홀베크 각하 귀하

어제 영사단을 위한 신년하례식 시간이 11시로 정해졌습니다. 이전에 이토 후작은 한국 관청이 우리 외국 대표들과 직접 접촉하는 것을 일체 금지했으며, 궁중의 통지를 전하는 경우에 통감부의 중재를 요청할 것을 주지시켰습니다. 그런데 이번에는 한국의 궁내부대신 민병석[1]이 직접 영사단을 초대했습니다.

신년하례식은 20만 엔의 비용을 들여 개축한 동궁(창덕궁)의 영접실에서 거행되었습니다. 이토의 말로는 동궁을 완전히 개축했다고 합니다.

예전에는 사각형 모양의 넓은 앞뜰을 에워싼 건물이 반쯤 트여 있었는데, 이제 건물을 전부 담으로 막았습니다. 그리고 지붕으로 덮은 통로를 만들고, 바깥쪽에는 난방이 잘 되고 현대식 가구가 비치된 대기실을 만들었습니다. 이제는 앞뜰로 이어지는 옥좌 맞은편의 큰 중문이 아니라 옥좌 좌우의 옆문을 지나야 알현실에 들어갈 수 있습니다. 궁궐을 개축하면서 중문을 막아버렸습니다. 지금은 궁궐 경내에 들어서면, 비바람이 불어도 발을 적실 염려 없이 알현실에 이를 수 있으니 예전에 비하면 많이 편해졌습니다.

지난 몇 달 동안 이곳의 영사단에 많은 변화가 있었기 때문에, 신년하례식은 8명의

1 [감교 주석] 민병석(閔丙奭)

영사단 동료들 중 다수에게 한국 황제와의 첫 만남이었습니다.

프랑스 총영사 브렝[2]은 10월에 서울을 떠났으며, 당분간은 부영사 파이야르[3]가 임시로 업무를 대신하고 있습니다.

오랫동안 영사단 단장을 맡았던 벨기에 총영사 뱅카르[4]는 카라카스 주재 임시 대리대사에 임명되었고, (홍콩 영사를 역임한) 보지어[5]가 총영사 직을 물려받았습니다. 그러나 보지어는 부임 직후 곧바로 고국으로 휴가를 떠났습니다. 베이징에서 온 부영사 비르브리트[6]가 현재 총영사 직무를 대행하고 있습니다.

요코하마로 발령난 미국 총영사 세몬스[7] 자리에는 (마지막으로 고베에서 근무한) 시드모어[8]가 부임했습니다.

퇴임한 콕번[9] 대신 (마찬가지로 고베에 근무한) 보나르[10]가 최근 영국 총영사에 임명되었습니다.

이탈리아 동료 카세티[11]는 12월 초에 오랜 숙환으로 세상을 떴으며, 현재 도쿄에서 건너온 대사관 서기관 Rogado가 업무를 보고 있습니다.

우리는 정해진 시간에 시종의 안내를 받아 대기실에서 알현실로 향했습니다. 영사단의 새 단장인 청국 총영사 마팅량[12]이 앞장섰습니다.

예전에 맨바닥이었던 알현실 바닥은 널마루로 바뀌어 있었고, 긴 양탄자가 어디로 가야 할지를 표시해 주었습니다. 벽 역할을 했던 옛날 창호지 문들은 꼭 닫히는 창문으로 대체되었습니다. 벽과 천정에는 이곳 한국에서 좋아하는 선명한 색상으로 많은 그림이 그려져 있었고, 저녁 알현을 대비하여 호광등이 비치되어 있었습니다. 황동 격자로 둘러싸인 커다란 철제난로 6개는 천정이 높은 홀을 데우기에 충분합니다. 그러나 난로들이 공간을 차지하는 탓에, 난로 대신 벽 아래쪽 가장자리를 따라 난방시설을 설치할 것이라고 합니다. 그렇게 되면 지금 창문에 부착된 근대적인 커튼도 사라지는 편이 좋을 것입니

---

2 [감교 주석] 브렝(M. Belin)
3 [감교 주석] 파이야르(M. Paillard)
4 [감교 주석] 뱅카르(Leon Vincart)
5 [감교 주석] 보지어(J.Bribosia)
6 [감교 주석] 비르브리트(A. van Biervliet)
7 [감교 주석] 세몬스(T. Sammons)
8 [감교 주석] 시드모어(G. H. Scidmore)
9 [감교 주석] 콕번(H. Cockburn)
10 [감교 주석] 보나르(H. Bonar)
11 [감교 주석] 카세티(L. Casati)
12 [감교 주석] 마팅량(馬廷亮)

다. 커튼이 전체적인 분위기에 맞지 않아서 어설픈 느낌을 줍니다.

새로 개축한 알현실은 몇 가지 부족한 점이 있지만 전체적으로 예전의 그 어떤 알현실보다도 화려해 보입니다. 그 점에서는 일본인들이 "한국 황실의 품위를 유지할" 것이라는 약속을 어쨌든 완전히 이행했다고 볼 수 있을 것입니다.

한국 황제는 두 계단 높은 단상 위의 옥좌 앞에 서 있었습니다. 노란색 비단에 풍성하게 수놓은 천개가 옥좌 위를 장식했습니다. 황제는 검푸른 색의 군복을 입고 있었고, 지금까지 썼던 투구 대신 깃털로 장식한 일본식 모자가 오른편 탁자에 놓여 있었습니다. 한국 군주는 예전에 비해 살이 빠진 듯 보였지만, 안색은 여전히 잿빛이었고 표정이 전혀 없었습니다. 광채 없이 가늘게 뜬 눈, 축 늘어진 턱과 그로 인해 반쯤 벌어진 입, 두툼한 입술은 언제나 아둔하다는 인상을 일깨웁니다.

옥좌 오른편에는 우리보다 앞서 황제를 알현한 통감 소네 자작과 그의 수행원들(스무 명 가량의 일본인)이 도열해 있었습니다. 옥좌 왼편에는 한국 대신들과 궁중관리들이 서 있었습니다.

우리가 한 사람씩 앞으로 나가면, 의전관 고가 우리의 이름을 말했고 황제가 손을 내밀어 악수를 청했습니다.

그에 이어 영사단 단장 마팅량이 청국어로 축하말을 했습니다. 축하말이 황제에게 통역되었고, 황제는 그에 대해 감사를 표했습니다. 마팅량이 황제의 감사말을 우리에게 영어로 통역해주었습니다.

영사단의 신년하례식은 3분 만에 끝났습니다.

우리는 들어온 입구 맞은편의 문으로 알현실을 나왔으며 복도를 지나 접대실에 이르렀습니다. 접대실에서 차와 샴페인 한 잔, 담배를 대접받았습니다. 우리 뒤를 이어 곧바로 일본과 한국의 고위관리들이 들어왔고, 우리는 그들과 덕담을 주고받았습니다.

소네[13] 자작은 접대실에 들어오자마자 즉각 안락의자를 붙잡고 녹초가 된 듯 털썩 주저앉았습니다. 그러고는 기운을 차리려고 차 한 잔을 요구했습니다. 짧은 의례였지만 지친 게 분명했습니다. 소네 자작 등 뒤로 외풍을 막기 위해 병풍을 세우고, 통감부 직원들은 자신들의 수장이 편히 쉬도록 축하객들을 저지했습니다. 소네의 얼굴은 그다지 수척하지 않았고 혈색도 변함없었지만, 눈빛이 피곤해 보이고 활동력이 현저하게 떨어진 것 같습니다. 이토 후작의 장례식 후로 소네는 공식행사에 모습을 드러내지 않았으며 관례적인 신년하례식도 생략했습니다. 소네가 위장 부근의 압박감에 시달리는데, 의사들

---

13 [감교 주석] 소네 아라스케(曾禰荒助)

은 아직까지 그 원인을 찾아내지 못했다고 합니다. 적어도 소네의 측근들은 그에 대해 굳게 침묵을 지키고 있습니다. 이곳의 신문들은 물론 소네의 건강상태에 대해 좋은 소식만을 전하고 있습니다. 그러나 소네를 직접 눈으로 보면 사실은 정반대라는 것을 알 수 있습니다.

소네 자작은 – 1910년도 한국 예산이 때마침 해를 넘기기 전에 확정되어 공표될 수 있었기에 – 휴식을 취하며 건강을 회복하기 위해 우선 약 6주 예정으로 내일 일본으로 휴가를 떠날 계획입니다. 소네가 한국에 돌아올 것인지 아니면 후임자에게 자리를 넘겨줄 것인지는, 더 온화한 기후에서 체류한 결과와 도쿄의 유력 인물들이 소네에게 받는 인상에 달려 있을 것입니다.

본인은 이 보고서의 사본을 도쿄에 보낼 것입니다.

크뤼거

내용: 한국 황제의 신년 영접. 영사단 교체와 소네 자작의 안위

30

원문 p.598

일본의 주(州)로서 한국

발신(생산)일	1910. 3. 7	수신(접수)일	1910. 3. 31
발신(생산)자	크뤼거	수신(접수)자	베트만홀베크
발신지 정보	서울 주재 독일 영사관	수신지 정보	베를린 정부
			A. 5240

사본

A. 5240 1910년 3월 31일 수신

서울, 1910년 3월 7일

총영사관

독일제국 수상 베트만홀베크 각하 귀하

도쿄에서 한일동맹 문제와 관련해 각하께 올린 1월 12일 자 보고서 사본이 이틀 전에야 비로소 안전한 경로로 본인에게 도착했습니다. 그렇지 않았더라면 본인은 앞선 보고서에서 그 문제에 대해 언급했을 것입니다.

본론을 말씀드리자면, 2월 하순에 전임 대신 송병준[1]과 일진회 회장 이용구[2]가 부산에서 만났습니다. 그 만남의 결과에 대한 신문기사들의 보도 내용은 상반됩니다. "황성신문"은 이용구가 완전히 의기소침해서 서울로 돌아왔다고 주장합니다. 집안에서 두문불출하며 "한숨만 내쉬고 있다"는 것입니다. 송병준에게 들은 소식에 의하면, 도쿄의 내각 및 의회가 동맹 계획에 대한 그 어떤 개입도 거절했기 때문이라고 합니다. 그 반면에 말이 많기로 유명한 송병준은 일본으로 돌아가는 길에 시모노세키와 고베를 지나면서 역에 나온 여러 기자들에게 호언장담했습니다.

한국인들이 일진회의 제안에 대해 동요하는 모습은 이곳 현장에서는 여전히 찾아볼 수 없습니다. 많은 지식인들조차 국법과 관련해 그 제안의 미묘한 개념 차이에 대해 분명히 알지 못합니다. 다만 그들이 한국인으로 남고 싶어 하며 합병될 의사가 없다는

---

1 [감교 주석] 송병준(宋秉畯)

2 [감교 주석] 이용구(李容九)

한 가지 점에서만은 일치합니다. 일본 신문들의 상반되는 기사들은 특종을 보도하거나 이름을 날리고 싶은 이곳 통신원들의 욕망에서 비롯됩니다. 통감부는 전혀 소요가 발생하지 않도록 벌써부터 대처하고 있습니다. 사람들이 조금이라도 소란을 일으킬 조짐만 보였다 하면 즉각 경찰이 출두합니다. 그래서 정치에 관심을 가지고 동맹 문제에 견해를 표명하려는 기색을 보인 한국의 여러 전문단체들이 최근 또 다시 당국의 경고를 받았습니다. 더욱이 일본 의회의 폐회 직후 양국 정부의 동등한 공동성명을 통해 한국과 일본의 통합이 성사될 것이라는 내용의 도쿄 전보문을 그대로 인쇄한 몇몇 신문(예를 들어 대한매일신문과 목포신보)은 압수되었습니다.

Seoul Press의 어제 일요판 사설은 도쿄에서 떠도는 이 소문이 완전히 거짓이며 귀가 얇은 한국인들을 불안하게 만들기에 안성맞춤이라고 주장했습니다. 이 신문의 다른 기사는 정말로 뭔가 일이 벌어질 것 같으면 전임 대신 송병준은 자신이 알고 있는 것을 온 세상에 떠들어대기 어려울 것이라고 지적했습니다.

한국인들이 블라디보스토크에서 발행한 반일적인 선동지 "대동공보"가 지난달 간행 중지됨으로써 요즈음 통감부는 확실히 한 가지 걱정을 덜었습니다. 이미 알려진 바와 같이, 이토의 살해범 안중근이 그 신문 편집부에서 상당히 오랜 동안 일했습니다. 러시아 경찰이 그 신문을 통제했을 것이라는 추측이 무성합니다. 금지된 신문을 몰래 국경 넘어 들여오는 것을 결코 막을 수 없었기 때문입니다. 그에 비해 호놀룰루와 샌프란시스코에서 인쇄되는 비슷한 종류의 한국 신문들은 번번이 별 어려움 없이 압류되고 있습니다.

지난해 한국에서 압류된 "대동공보"는 거의 19,629부에 이릅니다. 이것으로 미루어 얼마나 많은 부수가 비밀리에 유포되었는지 알 수 있습니다.

(서명) 크뤼거

원본 문서 한국 1

내용: 일본의 주[3]로서 한국

3 [감교 주석] 주(州)

31

원문 p.600

[한국 세관행정 개편 보고]

발신(생산)일	1910. 3. 12	수신(접수)일	1910. 4. 11
발신(생산)자	크뤼거	수신(접수)자	베트만홀베크
발신지 정보	서울 주재 독일 영사관	수신지 정보	베를린 정부
	K. No. 20		A. 5635
메모	연도번호 No. 206 I. 4월 4일 페테르부르크 621, 런던 635, 워싱턴 341, 베이징 218에 전달 II. 4월 4일 통상부에 전달		

A. 5635 1910년 4월 11일 오후 수신

서울, 1910년 3월 12일

K. No. 20

독일제국 수상 베트만홀베크 각하 귀하

1907년 7월 24일의 확대된 보호통치조약[1] 체결 후, 일본 측의 촉구에 의해 한국의 모든 행정조직이 개편되었습니다. 80년대 중반에 청국의 해관을 본 따 설치해서 그때까지 존속했던 세관행정은 그 개편 과정에서 별다른 변화를 겪지 않았습니다.

세관의 지위와 구성은 1908년 2월 17일 자 보고서 - No. 26 - 의 "탁지부" 란에서 다루었습니다. 그에 따르면 다음과 같습니다.

C 관세국

D 세관

H 등대국

그 보고서에서 발췌 설명한 1907년의 칙령 No. 44, 45, 49가 1910년 3월 10일 자 관보 No. 4623에 공표된 새로운 3개의 칙령 No. 18, 19, 20으로 방금 대체되었습니다. 이 새로운 칙령들은 1910년 3월 9일 자로 제정되었으며 1910년 3월 15일 자로 발효됩니다.

1 [감교 주석] 한일신협약; 정미7조약

가장 두드러지는 변화는, 세관본부가 한 단계 강등되어서 지금까지 – 청국의 방식을 좇아 – 누렸던 예외적 지위가 박탈되었다는 것입니다. 이는 다른 동등한 행정 분야들과 조화시키기 위한 조치입니다.

1909년 8월 관세국장 나가하마가 퇴임한 후 당시 새로이 관세국장을 임명하지 않아 계속 공석으로 남아 있었습니다. 그리고 관세국장 업무가 임시로 탁지부 비서관 S. Suzuki에게 위임되었습니다. 그러므로 세관의 지위를 조정하려는 조짐이 그때 이미 있었던 것을 알 수 있습니다.

이제 칙령 No. 18에 의거해, 관세국장의 직책이 완전히 폐지되고 관세국은 단순한 관세과로 변환됩니다. 그 업무는 다음과 같습니다.

1. 관세와 톤세, 다른 선박세 및 그 밖의 다양한 세관수입, 세관경찰, 항무, 개항의 보건제도, 끝으로 개항의 유지와 시설, 외국과의 교류
2. 선박, 선원, 항로 표지
3. 세관과 항로표지관리소 감독

세관 관리는 다음과 같이 구성됩니다.

과장 1명 칙임관 (2급)

비서관 2명 주임관 (3급)

사무관 1명 주임관 (3급)

기사 2명 주임관 (3급)

서기 24명 판임관 (4급)

기사보조원 3명 판임관 (4급)

세관순양함 선장 3명

세관순양함 기관사 3명

예전에 청국어에서 차용해 한국의 세관 행정에서 사용해온 명칭 해관(海關)이 폐지되었습니다. 그 대신 이제는 관세국(關稅局)이라는 명칭이 사용됩니다.

칙령 No. 19는 지금까지의 세관(稅關) 임무에 선박과 선원 업무를 추가하고 직원 수를 대폭 증원합니다.

칙령 No. 20은 옛 등대국을 새로운 명칭 "항로표지관리소"로 개칭합니다.

航 Hang = 선박

路 No = 길

標 Pio = 표지

識 Sik = 인지하다

管 Kwan = 관리하다

理 Li = 관리하다

所 So = 사무실

직원 : 소장 1명(기사이어야 합니다), 기사 3명, 서기 5명, 기사보조원 12명, 감시인 84명.

이러한 세관 행정의 개편과 관련해, 본인은 한국 세관에 아직 남아 있는 소수의 외국인 직원들 중에서 제물포에 상주한 영국인 두 명과 미국인 한 명이 퇴직했음을 부언하고 싶습니다. 그러므로 외국인 인력이 완전히 제거되는 시대가 오고 있습니다.

본인은 이 보고서의 사본을 도쿄에 보낼 것입니다.

크뤼거

32

원문 p.603

[한국 관련 내용 내무부와 상공부에 전달]

발신(생산)일		수신(접수)일	1910. 4. 4
발신(생산)자		수신(접수)자	
발신지 정보		수신지 정보	
			A. 5635
메모	연도번호 No. 4240		

A. 5635 II에 첨부

베를린, 1910년 4월 4일

1. 내무부 장관
2. 상공부 장관께

삼가 정보를 알려드립니다. 동일한 내용이 내무부 장관에게서 상공부 장관에게로, 상공부 장관에게서 내무부 장관에게로 전달됩니다.

33

원문 p.604

[데라우치, 야마가타의 통감 · 부통감 임명으로 일본 내 병합파가 우위를 점했다는 보고]

발신(생산)일	1910. 5. 30	수신(접수)일	1910. 5. 31
발신(생산)자	크뤼거	수신(접수)자	-
발신지 정보	서울 주재 독일 영사관	수신지 정보	베를린 외무부
	No. 1		A. 9367

A. 9367 1910년 5월 31일 오전 수신

전보문

서울, 1910년 5월 30일 오후 11시 -분

오후 11시 16분 도착

독일제국 총영사가 외무부에 발송

해독

No. 1

육군대신 데라우치[1] 자작이 현재의 직책을 그대로 유지한 채 통감에, 그리고 전임 체신대신 야마가타[2]는 부통감에 임명되었습니다. 이로써 일본의 합병파가 우위를 점했습니다.

크뤼거

원본 문서 한국 10

---

1 [감교 주석] 데라우치 마사타케(寺內正毅)

2 [감교 주석] 야마가타 이소오(山縣五十雄)

34

원문 p.605

[데라우치, 야마가타가 통감·부통감에 각각 임명되었다는 보고]

발신(생산)일	1910. 5. 31	수신(접수)일	1910. 5. 31
발신(생산)자	몬트겔라스	수신(접수)자	-
발신지 정보	도쿄 주재 독일 대사관	수신지 정보	베를린 외무부
	No. 34		A. 9370

A. 9370 1910년 5월 31일 오전 수신

사본

전보문

도쿄, 1910년 5월 -일 - 시 - 분

5월 31일 오전 7시 20분 도착

독일제국 대리공사가 외무부에 발송

No. 34

육군대신[1]의 한국 통감 임명과 체신대신 야마가타[2]의 부통감 임명이 관보에 발표되었습니다.

(서명) 몬트겔라스

원본 문서 한국 10

1 [감교 주석] 데라우치 마사타케(寺內正毅)

2 [감교 주석] 야마가타 이소오(山縣五十雄)

35

원문 p.606

[한국이 일본에 경찰사무를 위임했다는 보고]

발신(생산)일	1910. 6. 26	수신(접수)일	1910. 6. 26
발신(생산)자	크뤼거	수신(접수)자	–
발신지 정보	서울 주재 독일 영사관	수신지 정보	베를린 외무부
	No. 2		A. 11050

A. 11050 1910년 6월 26일 오후 수신

전보문

서울, 1910년 6월 –일 –시 –분
6월 26일 오후 1시 25분 도착

독일제국 총영사가 외무부에 발송

해독

No. 2

한국은 6월 24일의 조약[1]에 의거해 모든 경찰조직을 일본에 이양했습니다.

크뤼거
원본 문서 한국 10

1 [감교 주석] 한국 경찰사무 위탁에 관한 각서

A. 11197에 첨부

1쪽에 폐하의 메모

말티 남작

페테르부르크

워싱턴

베이징, 서울

함부르크 공사관

내무부

해군부

통상부

독일아시아은행

언론사 사장

I부와 II부

36

원문 p.608

한국과 남만주 정보수집 여행

발신(생산)일	1910. 6. 10	수신(접수)일	1910. 6. 29
발신(생산)자	뭄	수신(접수)자	베트만홀베크
발신지 정보	도쿄 주재 독일 대사관	수신지 정보	베를린 정부
	A. 194		A. 11197
메모	7월 7일 I 페테르부르크 1208, 베이징 A. 349, 런던 1265, 서울 A. 3, 워싱턴 A. 640에 전달 7월 7일 II 내무부, 통상부, 독일아시아은행에 전달 7월 7일 III 해군부에 전달 7월 7일 IV 함부르크 359에 훈령 전달		

A. 11197 1910년 6월 29일 오후 수신

도쿄, 1910년 6월 10일

A. 194

독일제국 수상 베트만홀베크 각하 귀하

본인은 이미 오래전부터 한국과 남만주의 정보 수집 여행을 계획했습니다. 드디어 5월 20일 이 여행길에 올라 이달 7일 이곳에 돌아왔습니다. 유감스럽게도 본인에게 주어진 시간이 너무 짧았습니다. 그래서 여행이 너무 고되었고, 본인이 기대했던 것만큼 유용하지 못했던 것 같습니다. 그러나 본인으로서는 곧 떠날 예정인 휴가 전에 이 여행을 하려 했기 때문에 다른 방도가 없었습니다. 우리 순양함 함대의 방문이 연기됨에 따라 본인도 부득이하게 여행 출발을 늦출 수밖에 없었습니다. 그러나 요한 알브레히트 추 메클렌부르크 공작을 맞이하기 위한 준비 관계로 귀환 날짜는 정해져 있었습니다. 독일제국 순양함 함대장이 요코하마에서 제물포까지 타고갈 수 있도록 본인에게 "라이프치히"호를 제공하는 호의를 베푸셨습니다. 그러나 무척 유감스럽게도 본인은 이 호의를 받아들일 수 없었습니다. 사격훈련 때문에 "라이프치히"호를 5월 17일까지만 사용할 수 있었는데, 본인은 지난달 20일 도쿄에서 거행될 예정이었던 Eduard 왕 전하의 장례예배에 참석하는 의무를 수행해야 했기 때문이었습니다. 그래서 본인은 28시간 기차를 탄 후 5월 21일 저녁 시모노세키에 도착했습니다. 독일제국 대사관 소속의 해군무관 랑에 해군중령이 본인과 동행했고, 나가사키에서 온 통역관 메클렌부르크 박사가 시모노세키에서 본인과 합류했습니다. 틸 영사가 업무에 대해 논의하기 위해 고베에서부터 몇 개 역을 지나는 동안 본인과 동승했습니다. 시모노세키에서 본인은 라인스도르프 영사와 업무 관련 담화를 나누었습니다. 히메지와 히로시마에서는 그곳에 주둔하는 통역장교 바이어 대위와 캠머링 대위하고 짧은 대화를 나누었습니다.

본인은 시모노세키에서 5월 21일 저녁에 부산행 배에 올랐으며 이튿날 아침 9시에 부산에 도착했습니다. 일본 변리공사, 서울에서 마중 나온 통역관과 총영사 크뤼거 박사가 일본기와 독일기로 장식된 부두에서 본인을 기다리고 있었습니다. 본인은 이미 300년 전부터 일본인들이 거주하는 도시를 잠시 훑어보았습니다. 그때 마침 대청소 기간이었습니다. 다시 말해 주민들이 당국의 명령에 따라 모든 가구와 돗자리, 이불 등을 통풍시키기 위해 집안에서 거리로 들어냈습니다. 위생상의 이유에서 일 년에 두 차례 그런 대청소를 실시합니다.

본인에게 서울까지 특등 객실이 제공되었습니다. 여행 도중 볼만한 풍경은 별로 없었습니다. 땅은 그다지 비옥해 보이지 않았고, 아예 경작되지 않는 곳도 군데군데 눈에 뜨였습니다. 그리고 산들은 벌거숭이였습니다. 일본과는 달리 풀을 뜯는 많은 가축들이 주의를 끌었습니다. 역마다 일본 관리와 장교들이 나와서 본인에게 명함을 건네주었고, 그 하루 동안에만 본인은 약 200장의 명함을 받았습니다. 본인은 서울역에서 크게 환영받았습니다. 통감 대리, 사령관, 한국 대신들과 일본인 차관들이 모두 역에 나왔습니다. 본인은 사람들을 너무 실망시키지 않으려고 그 상황에 적응하려 애썼습니다. 그런데도 서울에서 발행되는 일본 신문에 이튿날 본인과 본인의 동행인들이 아주 일상적인 복장을 하고 왔다는 기사가 실렸습니다. 아마 주민들은 제복 차림에 깃털 장식이 달린 모자를 쓰고 칼을 찬 모습을 기대했던 것 같습니다. 총영사 크뤼거의 말에 의하면, 통감부에서는 본인을 어떻게 맞이해야 할지, 대사로 대해야 할지 아니면 단지 "국빈"으로 대해야 할지 처음에 결정을 내리지 못했다고 합니다. 결국 전자로 결정했는데, 그것은 일본 측 입장에서 현명한 선택이었고 현재의 상황을 최대로 고려한 것이었습니다. 또한 이러한 해결책은 한국 측의 견해에도 부합합니다. 도쿄 주재 독일제국 대사관에서 한국과의 외교 관계를 인계받았고, 서울 주재 독일제국 총영사관은 외무부의 훈령에 따라 독일제국 대사관에 소속되었기 때문입니다.

따라서 본인은 도착한 날 저녁에 이미 "손탁 호텔"에서 일본 관리들과 장교들을 첫 방문객으로 맞이했으며, 다음날 답방했습니다. 부득이하게 받아들일 수밖에 없는 많은 일정들이 본인을 기다리고 있었습니다. 그래서 본인은 서울에 머무는 동안 아침 일찍부터 밤늦게까지 잠시도 가만히 있을 수 없었습니다. 그런 여행에서 학교, 병원, 감옥, 공장 등 모든 것을 시찰한다는 것이 믿어지지 않았습니다. 우리 유럽에서는 결코 생각할 수도 없는 일입니다. 180명의 젊은 한국인들이 국비로 도자기 제작, 직조, 목공, 종이 제조 등 온갖 종류의 수공업을 배우는 직업학교의 방문은 상당히 흥미로웠습니다. 한국에는 13개도가 있는데, 각 도마다 그런 학교들이 2개씩 있습니다. 당시 이토 후작의 요청으로 그런 학교들이 설치되었고, 이는 이미 매우 유용한 것으로 증명되었습니다.

서울과 제물포에 거주하는 독일인은 열 손가락으로 셀 수 있을 정도입니다. 크뤼거 총영사가 그들을 만날 기회를 수차례 마련했습니다. Wolter & co. 회사 관계자들 이외에 음악감독 에케르트, 새로 창설된 독일 베네딕트수도원 원장, 한국의 언어학교에서 독일어를 가르치는 교사 한 명이 전부입니다. 음악감독 에케르트가 일본 국가를 작곡했는데, 일본인들은 그것을 옛 일본 노래인 양 내세웁니다. 본인은 총 27명의 학생이 세 학급에서 학습하는 언어학교 수업을 참관했고, 한국인이 일본인보다 언어적 재능이 훨씬 더 뛰어남을 확인할 수 있었습니다. 또한 본인은 서울 근교에 위치한 베네딕트 수도원도 방문했습니다. 현재 수도원장 이외에 신부 2명과 평수도사 3명이 수도원에서 활동하고 있습니다. 이들은 모두 장크트 오틸리엔 수도원에서 파견되었습니다. 수도원 시설은 매우 웅장하게 설계되었으며, 수도원과 성당 이외에 신학교와 중학교, 농업실험실을 포함한다고 합니다. 멀리서도 잘 보이도록 언덕 위에 성당을 지었으며, 매입한 부지는 6천평에 이릅니다. 이것은 거의 2헥타르에 해당합니다. 100명 이상의 일꾼들이 땅을 고르는 작업을 하고 있으며, 나중에 독일 신부 30명 내지 40명이 그곳에서 활동할 것이라고 합니다. 종교적인 면에서 매우 관대한 일본인들은 이 계획에 전혀 반대하지 않으며, 어쨌든 저렴한 교육 기회를 이용해 최대한 이득을 취할 생각입니다.

일본 측에서는 본인이 한국 황제를 알현하는 자리에 "담화 시간"도 편성했습니다. 이 일정은 본인이 한국에 도착한 바로 다음날 5월 23일에 있었습니다. 본인은 한국에 정치적 변화가 임박했다는 소문을 고려해 여행 계획을 확정짓기 전에, 본인의 여행이 혹시 현 시점에서 불편을 야기하지 않을지 고무라[1] 백작에게 문의했습니다. 그와 동시에 지금 임박했다고 전해지는 변화가 만일 본인이 한국에 체류하는 동안 일어난다면, 본인에게 난처할 수 있다고 넌지시 암시했습니다. 그리고 그 변화에 의도치 않게 휩쓸리고 싶지 않다고 덧붙였습니다. 그러나 고무라 백작은 미소 지으며 어서 여행을 떠나라고 말했습니다. 일본의 과격한 애국주의적 신문들이 본인의 여행에 대해 뭐라고 쓰든 개의

---

1 [감교 주석] 고무라 주타로(小村壽太郎)

치 말라는 것이었습니다.

"궁궐"과 한국 황제의 알현 절차는 상당히 궁색했습니다. 사실 옥좌가 있는 큰 홀만이 우아해 보였습니다. 그 홀에서 신년하례식이 열리곤 합니다. 한국의 장군 제복 차림에 한국 훈장을 단 황제는 장식이 별로 없는 작은 방에서 본인을 맞이했습니다. 황제 옆에는 한국 대신 두 명이 서 있었습니다. 일본의 통감대리가 본인을 소개했고, 황제는 축축하고 말랑한 손을 본인에게 내밀었습니다. 마치 물에 젖은 밀기울을 채운 장갑을 만지는 듯한 느낌이 들었습니다. 황제는 본인의 여행과 서울 체류 등에 대해 상당히 상투적인 몇 가지 질문을 던졌습니다. 그러나 대화를 나누는 동안 황제의 눈에 생기가 돌고 축 늘어진 얼굴이 조금 팽팽해졌습니다. 본인에 이어, 본인과 동행한 총영사 크뤼거[2] 박사, 랑에 해군중령, 통역관 메클렌부르크 박사도 마찬가지로 일본 통감대리에 의해 소개되었습니다. 그러나 황제는 그들에게는 한 마디도 하지 않았습니다. 그로써 알현은 끝났고, 그에 이어 옆방에서 차와 샴페인을 대접받았습니다.

본 보고서는 베데커[3] 식의 여행기가 아니기 때문에, 자주 묘사되지만 그다지 중요하지 않은 서울의 관광명소에 대한 설명은 생략하겠습니다. 그러나 한국 태황제가 1896년 초 러시아 공사관으로 피신할 때까지 거주했던 예전의 궁궐 방문은 흥미로웠습니다. 우리는 그 궁궐을 일본인 동행 없이 관람했고, 프랑스어를 제법 유창하게 구사하는 한국 궁중관리가 안내를 맡았기 때문입니다. 궁중관리는 용기를 내어, 당시 그 궁궐에서 일어났던 황후의 살해 사건[4]에 대해 아주 소상히 들려주었습니다. 궁중관리는 당시 한국 왕비가 이미 오래전부터 생명의 위협을 느꼈고 그래서 상궁과 나인의 처소에서 번갈아가며 숙박했다고 이야기했습니다. 그리고 일본 장교들이 저항하는 한국 장교를 쓰러뜨리고 쳐들어갔다고 하는 문과 일본인들이 왕비를 붙잡아 한국 대신 두 명, 시녀 한 명과 함께 살해한 건물이 있었던 곳을 가리켰습니다. 이제 그곳에 건물들은 남아 있지 않고 지금은 경작지로 사용되고 있습니다. 그런 다음 궁중관리는 일본인들이 왕비의 시신을 임시로 묻어 두었다가 다음날 석유를 뿌려 불태웠다고 전해지는 곳으로 우리를 안내했습니다. 초라한 작은 정자가 그 장소를 표시했습니다. 본인과 동행한 통역관 메클렌부르크 박사가 거기 쌓여 있는 목판들을 보고, 심하게 쇠락한 궁궐을 철거해 매각하고 토지는 분할한 것 같다고 추측했습니다. 우리를 안내한 한국인은 그 추측이 사실이라고 확인해주었습니다. 일본인들은 자신들이 정치적 살인을 저질렀다는 곤혹스러운 기억을 아마 이런 식

2 [감교 주석] 크뤼거(Krüger)

3 [감교 주석] 독일의 유명한 여행안내서

4 [감교 주석] 명성황후(明成皇后) 시해사건

으로 없애버리려 한 것 같습니다. 그 기억을 곤혹스러워하는 것은 충분히 이해가 갑니다.

궁궐 담장 안의 경작지가 13개로 나뉘어져 있었는데, 그것은 한국인의 전형적인 사고방식을 보여주었습니다. 총영사 크뤼거는 그 경작지를 한국의 벼농사 측정기라고 지칭했습니다. 그 경작지의 한 부분은 한국 13도의 한 도에 상응한다고 합니다. 만일 어느 한 도에서 흉년이 들면, 한국인들은 그 도를 도와줘야 한다고 믿습니다. 그래서 궁궐 안의 토지에 있는 해당 부분에 물을 주거나 거름을 주거나 사제로 하여금 기도를 드리게 합니다!

서울에서의 저녁시간은 총영사 크뤼거, 통감부[5], 한국주차군사령부의 총사령관[6]의 초대로 채워졌습니다. 그런 기회에 본인은 한국 대신들과도 거듭 만났습니다. 그보다 더 우둔하고 무관심한 사회는 생전 처음이라는 것으로 그들에게 받은 인상을 요약할 수 있습니다. 지성적인 일본 관리들은 그들에 비해 무척 돋보였습니다.

일본인들은 한국의 지배권을 완전히 장악했습니다. 철도에서 멀리 떨어진 곳의 상황이 어떤지 본인은 물론 직접 눈으로 확인하지 못했습니다. 그런 곳에서는 여전히 반란자들이나 도적들이 출몰할 수도 있습니다. 그러나 도시나 철도 연변 지역은 일본인들이 완전히 지배하고 있었으며, – 본인이 추정하는 바로는 – 과거 통치자와 관리들 아래서 완전히 몰락한 나라를 위해 전반적으로 최상의 것을 제공하고 있습니다.

서울의 성문 밖 한강 방향으로 일본인 시가지가 형성되고 있습니다. 넓은 도로, 정돈된 조명, 좋은 하수시설은 한국인 시가지의 악취나 오물과 쾌적하게 대조를 이룹니다.

일본인들이 한국을 합병하려 하면, – 만주의 청국 여론은 음력 7월, 즉 금년 8월에 합병될 것으로 예상했습니다 – 기껏해야 한국 측의 아주 미약한 저항에 직면하게 될 것입니다. 한국인들이 산발적으로 암살을 시도할 수는 있습니다. 그러나 이 나약한 민족이 조직적인 저항을 하기는 어려울 것입니다.

5월 27일 아침에 본인은 안둥[7]을 향해 서울을 떠났습니다. 한국 철도는 압록강, 신의주까지 표준궤간을 유지합니다. 이 구간의 토지는 경부선 구간과는 달리 매우 비옥하며 농사를 잘 짓는 듯 보였습니다. 우리는 일본의 통치하에 생겨난 상당히 큰 일본인 거류지들을 지났습니다. 독일 회사 소유의 광산들이 있는 평양에서 몇몇 독일인이 본인을 환영하려 역에 나왔습니다.

본인은 특등 객실을 제공받았기 때문에, 같은 기차를 탄 외 백작의 아들, 즉 앙투안

---

5 [감교 주석] 크뤼거(Krüger)

6 [감교 주석] 오쿠보 하루노(大久保春野)

7 [감교 주석] 안둥(安東)

드 오를레앙 왕자를 초대했습니다. 오를레앙 왕자는 선양[8]까지 본인과 함께 여행했습니다. 돌연히 도쿄에 모습을 나타낸 이 왕자는 일본인들에게 끊임없는 곤경의 대상이었습니다. 일본인들이 왕자를 어떻게 대우해야 할지 몰랐기 때문입니다. 특히 오를레앙 왕자가 그 어디에서도 담당 영사를 제시하지 않았던 까닭에 일본인들은 골머리를 썩였습니다. 도쿄에서는 오스트리아헝가리제국 대사가 나서서 오를레앙 왕자를 천황에게 소개했습니다. 왕자가 오스트리아의 클라겐푸르트 연대 소속의 장교이기 때문입니다. 그 결과 일본인들은 오를레앙 왕자를 오스트리아 왕자로 여겼으며, 여기 외국에서 오스트리아헝가리제국의 이해관계를 대리하는 우리 영사관들을 곳곳에서 오를레앙 왕자를 위해 동원하려고 했습니다.

부산에서 오를레앙 왕자는 서울의 통감부에 전화를 걸었습니다. 그리고 서울에서 단 하루만 머무를 생각이니, 서울에 도착하면 아침 10시에 한국 황제를 알현할 수 있도록 주선해줄 것을 요청했었습니다. 물론 통감부는 이러한 천진한 대담함에 조금 언짢았지만, 황제를 그렇게 당장 불러낼 수는 없다고 부드럽게 일렀습니다. 그리고 만일 오를레앙 왕자가 이삼일 더 연장해서 궁중의 결정을 기다릴 생각이 있다면 알현 요청을 성사시키려 노력할 것이라고 암시했습니다. 그래서 이런 식으로 오를레앙 왕자는 한국 황제를 알현했습니다. 게다가 오를레앙 왕자는 한국의 훈장을 받고 싶다는 의사를 표명했지만, 이 요구는 수용되지 않았습니다. 일본인들 자신은 기꺼이 한국 훈장으로 가슴을 장식하고 싶어 하지만, 일본인이 아닌 사람들에게 훈장을 수여하는 것은 정치적 이유에서 장려하지 않기 때문입니다. 이러한 태도는 충분히 납득이 갑니다.

오를레앙 왕자는 도쿄에서도 마찬가지로 일본의 훈장을 받을 수 있는지 의사를 타진했고, 그 결과 1등 욱일훈장을 수여받았습니다. 그 이유는 오를레앙 왕자의 부친이 11년 전 일본에 여행 와서 욱일훈장을 받았기 때문이었습니다. 그러나 등 욱일훈장은 왕자의 기대에 부합하지 않은 듯 보입니다. 통치권이 없는 가문의 젊은 왕자에게는 1등 붉은 독수리 훈장과 동등하게 평가되는 훈장으로 족한 듯 보이는데도 말입니다. 하지만 훈장의 가치는12년 전 도쿄에 여행 온 페르디난트 폰 코부르크 코하리 왕자로 인해 이미 추락했습니다. 당시 일본인들은 코하리 왕자에게 – 아무런 이유 없이 – 국화훈장을 수여했습니다.

본인은 5월 27일 저녁 늦게 신의주에 도착했고, 다롄에서 파견된 남만주철도회사 책임자가 마중 나왔습니다. 우리는 모터보트로 압록강을 넘었는데, 이미 물 위로 솟아 있는

---

8 [감교 주석] 선양(瀋陽)

새 철교의 교각이 달빛에 보였습니다. 본인은 청국인 약 2만 명과 일본인 8천 명 이외에 "마이어"라는 이름의 독일인도 살고 있는 안둥에서 숙박했습니다. 마이어는 제물포 소재 Wolter & Co. 회사의 지사를 이끌고 있습니다. 이튿날 아침 특별열차 편으로 선양을 향해 여행이 계속되었습니다. 특별열차라고 해서 물론 대단한 것을 상상해서는 안 됩니다. 현재 운영되는 안둥–선양 철도는 잘 알려진 바와 같이 궤간 폭 2피트 6인치의 협궤 철도입니다. 기차는 이등칸과 삼등칸 소형 객차로 이루어져 있는데, 이등칸에는 긴 의자가 있고 삼등칸에는 바닥 말고는 앉을 곳이 없습니다. 본인은 객차 한 칸을 제공받았습니다. 그 객차는 작년 가을 Kitchener 경의 여행을 위해 마련한 것으로, 붉은색 플러시와 흰색 커튼을 사용해 우대받지 못한 다른 객차들과 차별을 두었습니다. 그 밖에도 본인은 Kitchener 경의 추억에 감사할 기회가 자주 있었습니다. 안둥 호텔에서는 진짜 침대, 그리고 비교적 큰 모든 역에서는 깨끗한 수건, 신선한 물, 좋은 비누가 비치된 정자에서 묵었는데 전부 Kitchener 경 덕분입니다.

안둥–선양 철도 및 그 밖에 본인이 여행 중에 알아낸 일본의 만주 철도 계획에 대해서는 따로 보고 드릴 계획입니다.

그 구간은 풍광이 대단히 아름답습니다. 특히 작은 철도가 구불구불 산을 타고 끝없이 이어지는 멋진 산악지대를 넘어갈 때가 그렇습니다. 한번은 기차 아래로 보이는 철도 굽이를 13번까지 헤아린 적도 있습니다.

안둥–선양 본선은 전 구간에 걸쳐 전력을 다해 확장되었습니다. 터널을 제외하고, 새 철도는 러일전쟁 동안 불과 몇 달 만에 건설된 협궤철도 노선을 거의 정확하게 따라갑니다. 이것은 당시 측량기술의 우수성을 말해주는 것 같습니다.

러시아인들이 청국 동부지방의 철도 연변을 지배했듯이, 물론 일본인들은 철도 연변을 지배합니다. 모든 역에는 일본의 철도경비병이 주둔하고 있었으며, 철도 구간은 일본 군대가 점령했고, 화물칸에 탄 병사들이 기차를 호위했습니다. 비교적 큰 지역의 역에만 일본의 의장병 초소와 더불어 청국의 의장병 초소도 있었습니다. 그러나 사진 찍는 관점에서라면 몰라도, 군사적 관점에서 그것들은 참으로 별 볼일 없는 인상을 주었습니다.

본인은 선양으로 가는 도중 Tsahokou라는 곳에서 하룻밤을 보냈습니다. 그곳은 순전히 철도건설 덕분에 생겨난 곳입니다. "호텔"은 둥근 지붕을 얹은 원형 건물이었는데, 바깥쪽으로는 파노라마처럼 펼쳐졌고 안쪽으로는 독방 감옥이나 기관차차고처럼 보였습니다. 삼각형 모양의 방들이 모두 식당으로 사용되는 중앙의 원형홀로 통했습니다. 착각을 주제로 하는 프랑스 희극의 무대 배경으로 그 호텔을 사용하면 안성맞춤일 것입니다.

5월 29일 오후 2시경에 본인은 선양에서 약 35 영국마일 떨어진 Shichiao에 도착했습니다. 그곳에서부터 철도는 본선으로 확장되어 있습니다. 거기서 특등객실과 식당차와 침대차를 조합한 특별열차 "위대한 형"(der Groβ e Bruder)이 우리를 기다리고 있었습니다. 일본의 협궤철도와 안둥의 작은 역에 비해 그 특별열차는 무척 웅장해 보였습니다.

본인은 오후 4시에 선양에 도착했습니다. 하인트게스 영사와 청국 지사의 사절이 선양 역으로 본인을 마중 나왔습니다. 선양에서 본인은 정치적 관계를 고려해 청국인들의 감정을 상하게 하지 않으려고 신중하게 일본인들의 후의를 거절했습니다. 그에 이어 청국 지사의 안내를 받아 임시숙소로 꾸민 전람회관에 여장을 풀었습니다. 도시의 먼지와 냄새는 지난 수년 동안 청국의 상황을 잊고 산 본인의 눈과 코에 끔찍했으며, 더위도 이미 기승을 부리고 있었습니다. 그 도시에서 본인은 청국의 귀중한 옛 골동품을 간직한 황궁을 특히 눈여겨보았습니다. 유감스럽게도 그 골동품들은 서서히 은밀하게 사라지고 있다고 합니다. 본인이 들은 바에 의하면, 엄청난 도자기 수집가인 Kirchener 경이 선양의 화병 두 개를 골라가져도 좋다는 허가를 베이징에서 얻어냈다고 합니다. 그런데 Kirchener 경은 두 개가 청국어로는 당연히 두 쌍을 의미한다는 뻔뻔한 주장을 내세워 화병 네 개를 가져감으로써 청국인들을 어이없게 만들었다는 것입니다.

선양에 도착한 날, 본인은 하인게스 영사의 집에서 저녁을 보냈습니다. 하인게스는 임대한 사원을 예쁘게 꾸며 살고 있었고, 만주의 어린 곰 두 마리가 반려견을 대신했습니다. 본인이 하인게스 영사와 업무에 대해 나눈 담화에 대해서는 다시 자세히 보고 드리겠습니다.

5월 30일 아침 일찍 본인은 선양 근교의 황릉을 찾은 뒤를 이어 Hsiliang 지사의 집무실을 예방했습니다. 그러자 Hsiliang 지사는 곧 본인의 숙소로 답방했습니다. 그 따분하고 무기력한 노신사와 측근들에게서 본인은 별로 위엄을 느끼지 못했습니다. 그러니 일본인들이 Hsiliang 지사를 홀대해도 놀라운 일은 아닙니다.

아침 10시 반에 본인은 청국과의 우호를 위해 Hsiliang 지사의 집에서 유럽식 식사를 했으며, 청국의 예의범절과 베이징의 추억에 대해 집주인과 대화를 나누었습니다.

지사의 관아에는 말 한 필이 끄는, 낡고 덜커덩거리는 마차가 있었습니다. 본인은 그 마차를 타고서 삭막하고 울퉁불퉁한 거리를 지나는 동안 청국인과 일본인으로 구성된 기병대의 호위를 받았습니다.

그리고 낮 12시에 남만주철도의 보호에 다시 몸을 맡겼습니다. 남만주철도는 청국의 막간극 후에 마치 아브라함의 품처럼 안전하고 아늑하게 느껴졌습니다. 남만주철도의 특별열차는 러시아인에게서 빼앗은 Fushun 인근의 탄광으로 본인을 데려다주었습니다.

그곳에서 일본인들은 비교적 짧은 시간 안에 큰일을 해냈습니다. 불과 5년도 못 되어 관리소, 노동자 숙소, 교회, 학교, 임대주택, 극장을 구비한 깨끗한 일본 도시가 탄생했습니다. 종교적인 면에서 너그러운 일본인들은 자신들이 세운 교회에서 불교 예불과 더불어 기독교예배를 허용합니다. 광산에서는 청국인 6천명과 일본인 1천명이 일합니다. 현재 석탄 산출량은 하루 2,500톤이지만, 7천 톤까지 증대될 수 있을 것이라고 합니다. 지금은 비교적 오래된 탄광 3곳에서 채굴되고 있습니다. 그러나 새로 발굴한 탄갱, Togo갱과 Oyama갱의 작업이 개시되면, 옛 탄광들의 운영은 즉시 중단될 것이라고 합니다. 그렇게 되기까지는 6개월 내지 9개월이 걸릴 것입니다. 탄층의 두께는 평균 140피트이고, 일부는 심지어 185피트에 이르는 곳도 있습니다. 이 탄광은 운송비에도 불구하고 이미 일본 탄광들과의 경쟁에서 우위를 확보했습니다.

5월 30일 밤에 일본의 특별열차가 본인을 뤼순으로 데려다주었습니다. Ryojun에 도착하자, 부재중인 지사를 대리하는 민간 책임자와 주둔사령관 도미오카[9] 해군중장이 본인을 맞이했습니다. 억수같이 쏟아지는 비 때문에 요새에서 거의 아무것도 보이지 않았습니다. 그래서 항구를 둘러보고 병기창과 부두를 살펴보는 일정이 마련되었습니다. 랑에 해군중령은 이미 서울에서 도쿄로 돌아갔고 본인은 해군 업무에 대해 전혀 모르기 때문에, 이 일정은 유감스럽게도 별로 유익하지 못했습니다. 작은 부두는 청국 시절에 이미 청국인들이 축조했고 러시아인들이 확장했습니다. 이제 일본인들은 어뢰정 공격용 구축함을 수용할 수 있도록 작은 부두를 약간 개조했습니다. 그때 마침 개조 작업이 완료되었고, 본인이 도착한 다음날 처음으로 운영될 예정이었습니다. 본인을 안내한 제독의 말에 의하면, 일본인들은 큰 부두의 입항로를 Hattori급의 선박을 수용할 수 있도록 조금 넓힐 생각입니다. 큰 부두는 러시아인들이 처음 토대를 닦으면서 이만톤급의 선박을 염두에 두고 조성했습니다. 일본인들은 작은 부두와는 달리 큰 부두는 확장할 계획이 없습니다. 일본인들 말로는 확장할 필요가 없기 때문입니다. 그러나 일본 정부는 러시아인이 이미 착공한 운하는 확장할 예정입니다. 이 운하를 통해 항구에서 넓은 바다로 나가는 새로운 길이 열릴 것이라고 합니다. 병기창에서는 주로 청국 노동자들이 일합니다. 항구에서는 상선들을 위해 개항 준비를 하려고 부지런히 준설작업 중입니다. 본인이 들은 바에 의하면, 뤼순항 자체는 계속 군항으로 머물 것이지만 서쪽 항구의 일부는 무역선을 위해 개방할 것이라고 합니다. 그렇다고 해서 오고가는 선박이 현저하게 증가하지는 않을 것입니다. 이웃 항구 다롄의 경쟁력이 워낙 막강하기 때문입니다. 뤼순항

9 [감교 주석] 도미오카 사다야스(富岡定恭)

시는 황량한 인상을 줍니다. 많은 집들이 비어 있고, 신축 건물들은 미완성으로 남아 있습니다. 근사하게 닦아놓은 넓은 도로를 달리는 차량이 전혀 눈에 띄지 않습니다.

본인은 뤼순항에 머무는 기회를 이용해, 전쟁 중에 해결되지 못한 독일 측의 몇 가지 반환청구를 이행해줄 것을 지사 대리에게 개인적으로 촉구했습니다. 물론 반환청구가 이행될 가망성은 별로 없습니다.

Kunst & Albers, Sietas, Block & Co. 소유의 몇몇 대지와 가옥 이외에 Sietas와 Block & Co.가 러시아 소유주에게서 사들인 맥주 양조장에도 독일 자본이 출자되어 있습니다. 이 양조장은 얼마 전부터 다시 가동되고 있습니다. 현재 칭다오에서 데려온 독일인 양조 기술자가 뤼순항의 유일한 독일 국민입니다.

본인이 잠시 머무는 동안 지사 대리와 해군기지 사령관이 본인을 위해 향연을 베풀었고, 지사 관아의 관리가 본인을 안내하도록 파견되었습니다.

6월 1일 아침 본인은 특별열차를 타고 다롄으로 이동했습니다. 현재 이웃 청국 도시를 포함하여 인구 약 8만을 헤아린다고 하는 이 도시는 비교적 유럽풍의 인상을 줍니다. 남만주철도회사가 이 도시를 거의 독점 지배하고 있습니다. 역은 말할 것도 없고 호텔, 특히 모든 항구시설과 창고와 부두가 있는 항구가 이 회사 소유입니다. 이 회사는 새로이 커다란 철도작업장들을 세웠고, (독일기계로 작동하는) 가스공장과 발전소를 설치했으며, 전차를 운영하고 있습니다. 최근 몇 주일 전에는 새로운 (산누에고치를 가공하는) 명주방적공장을 창립했습니다.

이 도시가 번영일로에 있는 것은 분명합니다. 도시 곳곳에서 건설공사가 매우 활발하게 진행 중입니다. 콩과 콩과자 및 최근에는 석탄도 주요 수출 품목입니다. 그러나 일본인들은 다롄의 부담을 덜어준다는 명목으로 석탄 수출을 뤼순항와 뉴좡으로 이전하려 합니다. 본인이 체류할 당시 Hapag 소속의 독일 기선 두 척, Admiral von Tirpitz호와 Huangho호가 항구에 정박해 있었습니다. 그곳에는 두 개의 독일회사가 있습니다. 하나는 독일인 관계자 두 명이 근무하는 Meyer & Co.이고, 다른 하나는 직원 한 명이 일하는 Arnhold, Karberg & Co.의 지점입니다. 이 지점은 Hapag의 대행 업무를 맡고 있습니다. 또 다른 두 독일 회사도(그중 하나는 Diedrichsen & Co.입니다.) 몇 개월 안에 지점을 개설하려 한다고 합니다. 본인이 대화를 나눈 독일 상인과 영국 상인들은 다롄의 전망이 좋다고 평합니다.

현재 외국 영사관으로는, 영사와 부영사가 근무하는 영국 영사관, 부영사가 관리하며 네덜란드의 이해관계도 대행하는 미국 영사관, 영사가 관할하는 러시아 영사관이 있습니다. 모든 외국 영사들은 – 물론 – 일본으로부터 허가서를 받습니다. 영국 영사관과 미국 영사관은 요코하마와 도쿄의 총영사관과 대사관에 소속되어 있습니다. 이들 영사들은 통역업무를 보던 사람들로서 일본어에 능통합니다. 두 독일회사는 독일 영사관을 설치해줄 것을 매우 간곡히 청원했습니다. 일본 지사 대리와 남만주철도회사 사장도 본인에게 동일한 요청을 했습니다. 본인은 다롄의 수입에서 독일 무역이 차지하는 비중과 다롄 항구에서의 독일 선박 운행에 대한 몇 가지 통계자료를 작성했으며 영사관 설치 문제에 대한 특별 보고서도 준비해두었습니다.

6월 2일 본인은 Osaka Shosen Kaisha의 선박을 이용해 고베로 돌아갔습니다. 그리고 6월 6일 저녁에 고베에서 도쿄행 기차에 올랐습니다.

본인의 정보 수집 여행은 시간이 넉넉하지 않았던 탓에 당연히 큰 성과를 거두기 어려웠습니다. 그러나 도쿄 주재 독일제국 대표들이 지금까지 방문하지 않은 지역들에 본인이 직접 나타남으로써 그곳에서 사업 활동을 하는 독일인들에게 분명코 좋은 인상을 주었을 것입니다. 그들이 본인의 방문에 대해 감사를 표하는 것에서 그런 사실을 추측할 수 있었습니다. 본인이 일본인들의 새로운 업적에 대해 보여준 관심은 일본인들의 이기심도 흡족하게 해주었습니다. 남만주철도회사의 경영진과 맺은 관계들은 아마 앞으로 무익하지 않을 것입니다. 그러나 본인 스스로도 안목을 넓혔으며 많은 것을 배우고 관찰했습니다. 본인은 일본인들이 뚜렷한 목적의식을 가지고 유능하게 일했으며 한국과 남만주에서 이미 뛰어난 성과를 거두었음을 인정하지 않을 수 없습니다.

뭄

내용: 한국과 남만주 정보수집 여행

37

원문 p.619

[일본의 한국 병합에 관한 전망 보고]

발신(생산)일	1910. 6. 11	수신(접수)일	1910. 6. 29
발신(생산)자	뭄	수신(접수)자	베트만홀베크
발신지 정보	도쿄 주재 독일 대사관	수신지 정보	베를린 정부
	A. 195		A. 11198
메모	7월 1일 워싱턴 A. 124, 런던 1230, 페테르부르크 1177, 베이징 A. 337에 전달		

A. 11198 1910년 6월 29일 오후 수신

도쿄, 1910년 6월 11일

A. 195

독일제국 수상 베트만홀베크 각하 귀하

요코하마의 유럽 서점 진열장에서 “A month in the country of the rising sun”, “A fortnight under the Mikado's scepter”, “A week in Japan”과 같은 제목의 책들이 시선을 끕니다. 본인은 한국과 남만주에서 채 열흘도 머무르지 않았습니다. 그런데도 본인이 그곳의 상황에 대해 어떤 식으로든 확정적인 판단을 내리려 하더라도 각하께서 언짢아 하시지 않길 바라마지 않습니다.

그러므로 오늘 본인이 한 번 더 여행 성과를 간단히 요약하면, 설령 부족한 점이 있더라도 너그러이 살펴주시기를 부탁드립니다. 본인의 생각으로는 정보를 수집하기에 여행 기간이 너무 짧았던 것 같습니다.

본인이 개인적으로 일본을 그다지 좋아하지 않는다는 것을 각하께서도 지금까지 본인의 보고를 통해 아실 것입니다. 그래서 이곳에서의 업무가 흥미롭고 외면적인 지위가 편안한데도, 본인은 호감이 가지 않는 나라에서 많은 세월을 보내야 하는 것을 여러 가지 점에서 개인적인 희생으로 생각합니다. 그러므로 지난번 대만에서 돌아왔을 때처럼 이번 여행에서 돌아와서도 대해서도 본인이 일본인들이 거둔 성과에 대해 많은 경의를 표한다면, 본인의 편견으로 해석할 수 없을 것입니다.

물론 본인은 제일 좋은 면만을 보았습니다. 분명히 부정적인 면이 존재할 테지만, 그런 이면은 본인에게 조심스럽게 감추어져 있었습니다. 그러나 여하튼 본인에게 과시하기 위한 허상들만을 보여준 것은 아니었습니다.

여러 가지 점에서 본인은 일본인들이 이곳 본국에서보다 식민지와 보호통치지역, 보호령에서 훨씬 더 뛰어난 성과를 거두었다고 판단합니다. 그 이유는 본인이 들은 바에 의하면 일본인들이 가장 능력이 탁월하고 유능한 사람들을 그런 지역들에 파견하기 때문입니다. 다른 한편으로는 일본인들이 그런 지역들에서 의회의 지나친 통제나 그릇된 절약을 강요받지 않고 그야말로 마음껏 경제활동에 전념할 수 있기 때문이기도 합니다. 한국 철도, 현재 건설 중인 안둥-선양철도, 남만주철도는 시설과 운영 면에서 감탄할만한 업적들입니다. 일본이 한국에서 성취한 개혁과 다렌 개발도 마찬가지입니다.

그러나 본인은 일본이 한국을 냉혹하게 압박해서 개혁을 진행할 가능성이 아주 높다고 생각합니다. 일본인들은 혹독한 면이 있으며, 자신들이 지배자로 군림할 수 있는 곳에서는 서슴없이 권력을 남용합니다.

좌우간 본인은 새로운 시대가 한국인들에게는 오히려 축복이라고 생각하고 싶습니다. 한국 국민은 가련한 왕조와 시대에 뒤떨어진 궁중 귀족 아래서 점차 완전히 영락했습니다. 이제 한국 국민은 압박받고 있으며 그동안 소중이 여겨온 관습을 버려야 합니다. 하지만 그와 동시에 교육받고 근대화되고 있습니다. 한국인들이 지금 제공되는 가능성을 잘 이용한다면, 지금까지 몰락의 길을 걸은 이 민족에게 언젠가는 다시 더 좋은 시대가 찾아올 것이라고 본인은 생각합니다.

일본인이 한국의 대도시와 항구의 행정을 완전히 장악한 것으로 보입니다. 그 옆에서 한국 대신들은 순전히 장식품에 불과합니다. 그 반면에 시골에서는 한국의 지방 관리들이 여전히 활개를 치고 있습니다. 서울에서 안둥으로 가는 길에 총리대신 서리 박제순[1]이 본인과 같은 열차를 타게 되었습니다. 박제순은 베이징에서 한때 본인의 동료였습니다. 박제순은 일본인들의 강요로 평양의 급수시설을 시찰하러 가는 길이었습니다. 본인은 통역관의 도움을 받아 박제순과 여러 차례 대화를 시도했지만 결과적으로 전혀 얻은 것이 없습니다. 박제순은 도대체 아는 것이 하나도 없었습니다. 그에 비해 박제순의 일본인 동행인들은 본인이 알고 싶어 하는 모든 것에 대해 알려주었고, 하수도와 관개시설 등에 관한 계획들을 열심히 설명해주었습니다.

철도 연변의 일본인 농촌 부락들도 아주 좋은 인상을 주었습니다. 매우 번성하고 있는 것이 분명했습니다. 물론 그것은 일본인들이 매우 저렴한 이자로 땅을 "취득해서" 수익을 올리기 때문이기도 할 것입니다.

1 [감교 주석] 박제순(朴齊純)

한국에서 일본인들의 일반적인 화두는 일본이 한국을 합병할 가능성에 대한 것이었습니다. 일본은 가까운 장래에 한국을 합병할 계획인 듯 보입니다. 본인의 개인적인 생각으로는, 그러한 조치가 정치적으로 현명하지 못한 것 같습니다. 본인은 일본의 지도적인 정치인들도 마음속으로는 본인과 같은 견해일 것이라고 믿습니다. 그런데도 일본의 정치인들이 합병을 계획한다면, 거의 이구동성으로 합병을 요구하는 여론을 무시할 수 없기 때문일 것입니다. 일본인은 허영심이 많고 과격하게 애국주의적인 민족입니다. 정부가 정권을 고수하려면 이따금 확실한 성과를 새롭게 보여줘야 합니다. 지금은 합병이 바로 그런 수단입니다. 본인은 융합이라고 표현하고 싶지만, 어찌되었든 명칭은 중요하지 않습니다. 이 기름진 먹이로 인해 일본 여론은 앞으로 몇 년간은 만족할 것입니다.

합병을 실행해도 별다른 난관은 발생하지 않을 것입니다. 본인이 한국에서 들은 바에 의하면, 일본 정부의 의도는 먼저 한국의 모든 행정을 일본식으로 개편하는 데 있는 것 같습니다. 그렇게 되면, 합병은 순전히 외면적인 절차로서 진행될 것입니다. 다만 한국 왕조의 운명만은 일본인들에게 분명히 골머리를 앓게 할 것입니다. 식사 후에 본인이 그 문제를 화제로 꺼내자, 서울 통감부의 일본인 관리는 류큐섬을 다스리던 "왕"의 운명을 언급했습니다. 당시 류큐섬의 왕은 일본인들에게 연금을 받았으며 온갖 명예로운 권리를 부여받았다는 것입니다. 다른 한편으로 본인은 일본인들이 한국 궁중에 불리한 많은 자료를 수집했다는 추측도 들었습니다. 그래서 한국 궁중을 언제든 세계 여론 재판에 세울 수 있다는 것입니다. 특히 틸 영사도 이러한 견해에 동조합니다. 틸 영사는 일본의 고베 시장과 나눈 대화에 대해 얼마 전 본인에게 다음과 같이 보고했습니다.

마토리 시장은 예상 밖으로 말이 많았으며, 비교적 빠른 시일 안에 "융합"이 성사될 것이라고 말했습니다. 마토리 시장은 이러한 조처를 잘못된 것으로 여깁니다. 현재 상황에서는 그럴 필요가 없다는 것입니다. 현재 일본은 사실상 한국을 지배하고 있으며, 그러한 조처를 취한다고 해서 세력이 현저하게 증대될 가능성은 별로 없다고 마토리 시장은 주장했습니다. 그 반면에 이러한 조처에 대해 일본에 불리한 해석을 내릴 사람들이 유럽과 미국에 분명 있을 것이라고 합니다. 아시아 대륙에서 일본의 침략정치에 대해 왈가왈부하며 일본이 엄중한 약속을 파기했음을 질책할 것이라고 합니다. 그런데도 자신의 이러한 우려에 대해 고위층은 공감하지 못하고, 한국 황실을 압박하는 자료를 수년 전부터 수집하고 있다는 것입니다. 이토 후작이 이미 상당한 분량을 수집했는데 그중에는 특히 한국의 헤이그 밀사 파견에 관한 서류도 있다고 합니다. 이토 후작의 죽음 후에도 이러한 자료는 대폭 증가되었다고 합니다."

만일 융합이 성사되는 경우, 특히 여기에 관심 있는 국가들의 여론에 어떤 영향을 미칠지 본인은 물론 추측할 수 있을 뿐입니다.

며칠 전 본인은 이에 대해 미국 동료와 대화를 나누었습니다. 미국 동료는 상당히 체념한 어조로 말했으며, 미국 측으로부터는 외면적으로 반대하는 것 이상은 기대할 수 없다는 인상을 일깨웠습니다.

러시아는 포츠머스 평화조약에서 이미 공식적으로 무관심을 표명했습니다. 일본인들은 현재 상트페테르부르크에서 진행되는 회담에서 러시아와 타협할 것입니다.

이제 남은 것은 청국입니다. 청국에서는 한국의 합병과 한국 왕조의 폐지를 틀림없이 매우 곤혹스럽게 여기고 격렬한 분노를 표출할 것입니다. 그러나 일본인은 별로 개의하지 않을 것입니다. 그렇습니다. 일본은 한국을 냉혹하게 다룸으로써 대륙의 커다란 이웃나라에 두려움을 불러일으킬 수 있습니다. 그러나 일본이 청국에게서 결코 얻어낼 수 없는 호의보다 그 두려움이 일본의 소원 성취를 위해 청국 측에 유리하게 작용할지는 아직 의문입니다.

뭄

베를린, 1910년 7월 7일

A. 11197에 첨부

함부르크 공사

No. 395

연도번호 No. 8103

본인은 한국과 남만주에 대한 정보를 알려드리고자 지난 달 10일 자 도쿄 주재 독일제국 대사의 보고서 사본 4부를 삼가 보내드립니다. 그리고 폐하의 명령을 받들어, 한자동맹 3개 도시의 정부에 각기 각 한 부씩 전해주시기를 부탁드립니다.

38

원문 p.624

[한국 관련 정보 공람]

<table>
<tr><td>발신(생산)일</td><td></td><td>수신(접수)일</td><td>1910. 7. 7</td></tr>
<tr><td>발신(생산)자</td><td></td><td>수신(접수)자</td><td></td></tr>
<tr><td rowspan="2">발신지 정보</td><td></td><td rowspan="2">수신지 정보</td><td></td></tr>
<tr><td></td><td>A. 11197에 첨부 II</td></tr>
<tr><td>메모</td><td colspan="3">동일한 내용을 1 에서 2에게로 2에서 1로 전달.
연도번호 No. 8101</td></tr>
</table>

A. 11197에 첨부 II.

베를린, 1901년 7월 7일

폐하의 명령을 받들어,

1. 내무부 장관
2. 상공부 장관
3. 독일아시아은행에

정보를 알려드립니다.

39

원문 p.625

[한국 관련 정보 공람]

<table>
<tr><td>발신(생산)일</td><td></td><td>수신(접수)일</td><td>1910. 7. 7</td></tr>
<tr><td>발신(생산)자</td><td></td><td>수신(접수)자</td><td></td></tr>
<tr><td rowspan="2">발신지 정보</td><td></td><td rowspan="2">수신지 정보</td><td></td></tr>
<tr><td></td><td>A. 11197에 첨부 III.</td></tr>
<tr><td>메모</td><td colspan="3">연도번호 No. 8102</td></tr>
</table>

A. 11197에 첨부 III.

베를린, 1901년 7월 7일

해군부 장관께

정보를 알려드립니다. 동일한 내용을 내무부 장관과 상공부 장관께 전달합니다.

40

원문 p.626

[일본의 식민사무소 설치에 관련한 보고서에 관한 메모]

발신(생산)일		수신(접수)일	1910. 7. 13
발신(생산)자		수신(접수)자	베트만홀베크
발신지 정보	도쿄	수신지 정보	베를린 정부
			A. 12035

A. 12035 1910년 7월 13일 수신

메모 !

대만, 한국, 사할린, 광둥 문제를 감독하기 위한 일본의 식민사무소 설치와 관련해 1910년 6월 28일 도쿄에서 보낸 보고서 B 280이 일본 문서 1에 있음.

41

원문 p.627

[일본 추밀원이 승인한 한국 병합조약 내용 보고]

발신(생산)일	1910. 8. 22	수신(접수)일	1910. 8. 22
발신(생산)자	몬트겔라스	수신(접수)자	-
발신지 정보	도쿄 주재 독일 대사관	수신지 정보	베를린 외무부
	No. 45		A. 14256

A. 14256 1910년 8월 22일 오후 수신

전보문

도쿄, 1910년 8월 22일 -시 -분
오후 5시 26분 도착

독일제국 대리공사가 외무부에 발송

해독

No. 45

본인이 확실한 소식통으로부터 입수한 정보에 의하면, 오늘 추밀원[1]이 한국합병조약을 승인했습니다. 그 조약은 내일 조인되어서 수요일 선포된다고 합니다. 한국 황실은 일본 황실과 동등한 대우를 받고 민간인은[2] 계속 급료를 받습니다. 한국에서 지금까지 통용된 세관제도는 몇 년간 존속한다고 합니다.

몬트겔라스
원본 문서 한국 10

1 [감교 주석] 추밀원(樞密院)
2 [감교 주석] 문맥상 관리로 볼 수 있음.

42

원문 p.628

[일본 외무대신의 한국 병합조약 발표 보고]

발신(생산)일	1910. 8. 25	수신(접수)일	1910. 8. 26
발신(생산)자	몬트겔라스	수신(접수)자	-
발신지 정보	도쿄 주재 독일 대사관	수신지 정보	베를린 외무부
	No. 86		A. 14453

A. 14453 1910년 8월 26일 오전 수신

전보문

도쿄, 1910년 8월 25일 -시 -분
오후 10시 38분 도착

독일제국 대리공사가 외무부에 발송

해독

No. 86

외무대신[1]이 한국합병조약에 대해 방송합니다. 한국과의 조약들은 무효이며, 현재 계류 중인 사건들을 제외하고 재판권은 즉시 일본에 귀속됩니다. 지금까지의 세관제도는 향후 10년간 유지됩니다. 한국 해안의 항해 및 한국과 일본 개항장 사이의 선박교통은 10년간 허용됩니다. 마산포항은 폐쇄되고 신의주는 개방됩니다. 합병조약은 8월 29일 공포됩니다.

몬트겔라스
원본 문서 일본 22

1 [감교 주석] 고무라 주타로(小村壽太郎)

43

원문 p.629

[한국 병합 결과로 영사재판권 폐기되기 전 유예기간이 있어야 한다는 보고]

발신(생산)일	1910. 8. 11	수신(접수)일	1910. 8. 26
발신(생산)자	크뤼거	수신(접수)자	베트만홀베크
발신지 정보	서울 주재 독일 총영사관	수신지 정보	베를린 정부
	K. No. 45		A. 9367
메모	연도번호 No. 684 8월 27일 런던, 파리, 워싱턴에 전달		

III을 위한 사본

A. 14483 1910년 8월 26일 오후 수신, 첨부문서 1부

서울, 1910년 8월 11일

총영사관

K. No. 45

독일제국 수상 베트만홀베크 각하 귀하

이토[1] 후작의 피살 직후 일본 언론이 한국 합병을 촉구하기 시작했을 때, 도쿄의 유력 정치인들은 이러한 요구에 대해 전적으로 거부적인 태도를 취했습니다. 그리고 금년 초만 해도 국회의 여러 위원회와 그 밖의 기회에서 일본은 한국의 상황을 변화시킬 계획이 없다고 거듭 공공연히 언명했습니다. 그보다는 이토 후작이 기획하고 천황이 재가한 한국 프로그램을 고수하기로 결정했다는 것이었습니다.

그러다 일본이 – 대략 4월 중순부터 – 승인한 일련의 한국 관련 조치를 정확히 해석하면, 이 문제와 관련해 도쿄에서 급격한 변화가 일어났습니다.

5월 말에 한국을 방문한 뭄[2] 대사도 본인의 생각과 일치하는 말을 했습니다. "약 6주 전부터 도쿄의 분위기가 합병을 찬성하는 쪽으로 현저히 기울었습니다. 이 방책이 가까

1 [감교 주석] 이토 히로부미(伊藤博文)

2 [감교 주석] 뭄(Mumm)

운 장래에 실행될 것으로 예상하는 편이 현명할 것입니다."

그 후로 일본이 진지하게 합병을 추구하는 징후들이 급격하게 늘어났습니다.

총리대신 가쓰라[3] 후작을 소장으로, 체신대신 고토[4] 남작을 부소장으로 하는 식민사무소가 도쿄에 설치되었습니다. 한국은 대만, 사할린, 청국의 임대지역과 함께 이 사무소의 관할지역으로 편입되었습니다. 어린 한국 황태자[5]의 휴가여행이 이미 상당히 오래전에 승인되었는데, 갑자기 이 여행이 중단되었습니다. 소네 자작이 병환으로 통감의 자리에서 물러나자, 다름 아닌 데라우치 자작이 국방대신의 직위를 그대로 유지한 채 곧바로 통감의 자리를 물려받았습니다. 데라우치 자작은 야마가타 원수와 함께 합병을 추구하는 군부의 핵심 인물입니다. 데라우치가 도쿄에서 최초로 수행한 공적인 업무는 한국이 국내의 모든 경찰조직을 일본에게 이양한다는 의정서에 서명하는 것이었습니다. 일본이 합병을 준비하는 최근의 조처들을 이런 식으로 열거할 수 있을 것입니다.

이곳 서울에서는 지금까지도 일본의 계획에 대한 확실한 내용이나 자세한 사항을 입수하지 못했습니다. 이 점에서는 본인의 동료들도 본인보다 나을 바 없습니다. 모든 사항이 전적으로 도쿄에서 결정되고 있습니다.

약 2주 전 데라우치 자작이 도착하기 이전에 통감부 직원들은 섣불리 어떤 암시도 하지 못했습니다. 당시에는 그들 자신도 필경 자세한 내막을 알지 못했을 것입니다. 그러다 데라우치가 서울에 입성하고부터는 통감부 업무가 군사적 색채를 띠었으며 "입 다물라"는 구호가 송달되었습니다.

이곳 언론은 – 한국 신문이든 일본 신문이든 – 절대 합병을 언급해서는 안 되었습니다. 그리고 새로 부임한 일본인 경무총장 아카시[6] 육군 소장은 다가오는 가혹한 사건들에 미리 익숙해지도록 온갖 방법으로 언론을 탄압했습니다. "불평 없이 참는 법을 배우라."

한국어나 일본어로 발간되는 다수의 신문들이 – 오늘까지 꼭 12개 – 압류되었습니다. 심지어는 (아이러니하게도!) 통감부 기관지인 그 착한 "Seoul Press"도 이러한 운명을 비껴가지 못했습니다. 한국이 합병되는 경우 호놀룰루에 거주하는 한국인들이 미국과 시베리아를 경유해 한국으로 달려와 반란군에 합세하기로 결정했다는 "Japan Times"의 기사를 그대로 게재했기 때문입니다.

상황이 이런지라, 저희는 이곳 서울에서 오로지 일본 신문의 보도에 의존했습니다.

3 [감교 주석] 가쓰라 다로(桂太郎)

4 [감교 주석] 고토 신페이(後藤新平)

5 [감교 주석] 영친왕(英親王)

6 [감교 주석] 아카시 모토지로(明石元二郎)

일본 신문들은 이 긴급한 문제가 어떻게 진행될지 간간히 보도했습니다.

지난주에 일본 신문들은 합병의 법적인 효력에 대해 논하는 동시에 서로 상반되는 견해들을 게재했습니다. 즉, 한편에서는 합병과 더불어 곧바로 한국의 모든 조약과 법률이 효력을 상실한다고 주장했고, 다른 한편에서는 이 조약들과 법률들이 우선은 계속 효력을 유지한다고 역설했습니다.

이 문제의 심각성을 고려해 본인은 통감부의 외사국장 고마츠[7]에게 면담을 요청했고, 어제 면담이 성사되었습니다.

다행히도 고마츠 외사국장은 데라우치 자작의 승인하에 본인이 원하는 내용에 대해 알려주었습니다.

본인은 이 상담 내용에 대한 기록을 삼가 덧붙이는 바입니다.

본인은 다음과 같은 사항들을 중요한 요점으로 강조합니다.

합병은 약 4주 후에 성사될 것입니다. 일본 정부는 합병되는 순간에 한국의 모든 조약과 법률을 폐지된 것으로 간주합니다. 그러나 특별명령을 통해 기존의 법률들을 일본의 법률로서 효력을 발휘하게 할 것입니다. 또한 외국과의 무역조약들에 대해서는 현재의 관세율 및 그 밖의 무역특혜들을 계속 존속시킬 것입니다. 외국인의 치외법권과 영사재판권은 폐지됩니다. 그러나 현재 계류 중인 법적 사안들은 끝까지 마무리될 것입니다.

조약을 통해 성사된 합병이 – 일방적으로 무력을 통해 강요된 합병과는 달리 – 일본 정부가 제시하는 결과로 이어질지 본인은 모릅니다. 과연 그럴지 의심스러운 생각이 듭니다. 그러나 이곳 서울에는 본인의 의견에 대한 근거를 제시하는데 필요한 도서자료가 없습니다. 그러므로 각하께서 이 문제를 잘 검토하시고, 본인이 일본의 입장에 어떻게 대처해야 할지 훈령을 내려주시길 부탁드립니다.

일본의 견해가 옳거나 또는 정치적 사안들을 고려해 일본의 견해가 관철되어야 한다면, 이것은 어떤 면에서 한국에 있는 독일인들의 이해관계에 치명적일 수 있습니다. 이에 대한 사례를 하나 들어보겠습니다.

이곳 한국의 유일한 독일 상사인 제물포 소재 Carl Wolter & Co.의 사장 카를 볼터는 제물포의 외국인 거류지에 총 75,273m²에 이르는 34개의 대지를 소유하고 있습니다. 현재 이 대지의 높은 가치는 근본적으로 한국 국내법의 영향에서 벗어나 독일 재판권

7 [감교 주석] 코마츠 미도리(小松綠)

관할에 있기 때문입니다. 독일 재판권이 폐지된다면, 대지의 가치가 최소한 20~30%는 감소할 것입니다. 볼터는 여러 대지를 담보로 대략 총 834,000마르크를 융자받았고, 이곳 총영사관이 그에 대한 독일 저당증권을 발행했습니다. 독일 영사재판권이 폐지되면 – 대부분 독일 – 저당권자들이 지체 없이 해약 조처를 취할 것으로 예상됩니다. 이것은 볼터에게 극심한 곤경을 야기할 수 있습니다. 거의 백만 마르크에 이르는 금액을 갑자기 현금으로 지불해야 한다면, 사업에 돈을 투자한 상인을 쉽게 곤경에 빠트릴 것이기 때문입니다. 그런데 현재로서는 이곳의 부동산을 절대 적정 시세로 현금화할 수 없습니다. 한국에서 번영 중인 독일 상사의 부당한 파산은 슬픈 결과일 것입니다.

일본에서 영사재판권을 폐지할 당시에, 외국인들은 이러한 변화에 대처할 수 있도록 수년간 유예기간을 부여받았습니다. 한국에서도 그와 유사한 준비기간을 설정할 수 있다면 불행을 막을 수 있을 것입니다. 더욱이 일본은 한국의 사법조직을 아직 완성하지 못했습니다. 여전히 법원이 많이 부족합니다. 얼마 안 되는 한국의 국내 감옥들은 죄수로 넘쳐납니다. 예를 들어 서울의 어떤 감옥 구역들은 공간에 비례해 거의 두 배나 많은 죄수들이 수감되어 있습니다. 유럽인에게 적합한 감옥은 지금까지 전무합니다.

이러한 점들을 고려하여, 본인은 양측의 이해관계를 위해서 상황에 따라 영사재판권을 적절히 유예해 줄 것을 일본에 요청하는 것이 바람직하다고 판단합니다. 예를 들어 1912년 12월 31일까지 유예할 수 있을 것입니다.

각하께서 본인의 설명을 적절하게 여기신다면, 이와 관련해 – 사안이 긴급함으로 – 전신으로 독일제국 대사관에 훈령을 내려주실 것을 삼가 요망합니다. 이곳 서울에서는 본인의 제안을 실행할 수 있는 방법이 없습니다. 결정권은 전적으로 도쿄에 있습니다. – 본인은 이 보고서의 사본을 독일제국 대사관에 보낼 것입니다.

(서명) 크뤼거

원본 문서 일본 22

A. 14483/10의 사본
No. 45의 첨부문서

R. 1910년 8월 10일

본인은 오늘 통감부의 외사국장 고마츠를 방문했습니다. 그 자리에서 본인은 최근 도착한 일본 신문들에서 일본의 한국 합병이 미칠 영향에 대해 서로 다른 의견을 보도한다고 말을 꺼냈습니다. 즉, 합병되는 순간에 한국의 모든 조약들과 법률들이 자연히 소멸될 것이라는 주장이 있는가 하면, 일본이 이러한 조약들과 법률들도 같이 인계받아서 다른 조약을 체결하거나 다른 법률을 공표할 때까지 존중한다는 주장이 있습니다.

본인은 적시에 대책을 취할 수 있도록, 일본 정부가 합병 문제 자체 및 나아가 합병의 법률적 영향에 대해 어떤 공식적인 입장을 취할 것인지 절실히 알고 싶다고 말했습니다. 예를 들어 독일 영사재판소의 경우, 갑자기 합병이 성사되고 합병의 결과로서 조독수호통상조약 및 이 조약에 내포된 영사재판권이 즉각 중단되면 현재 계류 중인 소송들이 정상적으로 종결될 수 없기 때문이라고 설명했습니다. 본인은 금년 4월 이후의 일본 조처들은 일본 정부가 이토의 한국 계획을 포기하고 보호국의 합병을 추구하는 것을 거의 강압적으로 암시한다고 말했습니다. 더욱이 지난 수주일 동안 일본 신문들은 합병을 이미 확정된 사실로 보도했다고 덧붙였습니다. 그러나 이 시간까지 그 어떤 유력 인물도 직접 이것을 확인하거나 선언하지 않았다고 본인은 주장했습니다. 이곳 직원들은 데라우치 자작의 도착 이전에도 이후에도 변함없이 의도적으로 굳게 침묵을 지켰으며, 도쿄의 지도적인 정치인들 중 그 누구도 이 문제에 대해 의견을 거의 표명하지 않았다고 말했습니다. 적어도 그런 종류의 글을 읽거나 들은 적이 없다고 부언했습니다. 그리고 고마츠에게 어떤 식으로든 가능하다면 그런 사안들에 대해 확실한 것을 알려달라고 요청했습니다.

그러자 고마츠는 대략 다음과 같이 답변했습니다.

"합병은 성사될 것이며, 그것도 아주 가까운 시일 내에 성사될 것입니다. 정확한 날짜는 아직 확정되지 않았습니다. 필요한 준비 작업이 아직까지 완료되지 않았고, 어쨌든 앞으로 4주는 더 걸릴 것입니다. 국제법과 다른 국가들의 선례를 좇아, 일본의 한국 합병은 한국의 모든 조약과 법률을 즉각 중지시키고 일본의 법률을 발효시킬 것입니다. 그러나 한국은 지금 일본에서 통용되는 근대적인 법률을 받아들이기에 미진하고, 또 가난한 한국 국민은 일본 기준의 높은 관세와 조세도 부담할 수 없습니다. 그러므로 합병과 동시에 공표되는 특별칙령을 통해, 현재 한국에 존재하는 모든 법률들은 한국을 위한 일본 법률로서 다시 발효될 것입니다. 즉, 이것은 현재의 관세율 및 외국인의 모든 조약 권리에 해당될 것입니다. 다만 치외법권과 영사재판권은 제외됩니다. 그러나 영사재판권의 경우, 현재 계류 중인 재판들은 종료될 수 있도록 고려될 것입니다. 광산, 토지 소유, 특허 등 외국인이 정당하게 취득한 권리들은 전적으로 인정받고 존중받을 것으로 예상됩니다. 그러므로 이 부분과 관련해 합병 후에도 달라지는 점은 없을 것입니다. 지금까지 외국인들은 조세를 면제받았는데 물론 이 제도는 폐지될 것입니다. 외국인들도 한국인이나 일본인과 동일한 조세를 납부해야 하며, 또한 동일한 경찰 조치를 따라야 합니다. 현재 상황으로 보아서는, 이삼 년 이내에 관세 변화는 없을 것으로 예상됩니다."

이에 대해 본인은 합병의 영향과 관련해 합병이 어떤 방식으로 이루어지는가 하는 문제가 근본적으로 중요하다고 이의를 제기했습니다. 즉, 전쟁과 승리자의 일방적 선언에 의한 것인지 아니면 양국 당사자의 평화적인 합의에 의한 것인지가 중요하다고 덧붙였습니다. 본인은 일본이 한국에서 행사하는 모든 권리를 지금까지 조약을 통해 양도받았으며, 임박한 합병도 조약을 통해 이루어진다는 소문이 있다고 말했습니다. 만일 그렇다면 절대군주로서 한국 황제는 자신이 소유하고 있는 것, 즉 조약의 부담을 안고 있는 한국 말고는 더 이상 양도할 것이 없다고 말했습니다. 그렇다면 일본은 조약 폐지에 대해 관련 외국들과 논의해야 할 것이라고 덧붙였습니다.

고마츠는 이렇게 답변했습니다. "현재의 상황으로 보아, 물론 한국의 합병은 양국의 합의하에 평화적인 방법으로, 즉 조약에 의해 이루어질 것으로 기대할 수 있습니다. 그러나 어찌되든 합병은 합병이며, 법률적인 영향과 관련해 합병이 어떻게 이루어지는가는 전혀 상관이 없습니다. 적어도 도쿄에서는 이렇게 결정했고, 저와 통감부는 이 결정에 따를 뿐입니다."

고마츠는 담화를 마치면서, 자신이 한 말을 비밀로 해줄 것을 조건으로 내세웠습니다.

(서명) 크뤼거

44

원문 p.635

[한국 병합조약 체결 보고]

발신(생산)일	1910. 8. 27	수신(접수)일	1910. 8. 27
발신(생산)자	크뤼거	수신(접수)자	-
발신지 정보	서울 주재 독일 총영사관	수신지 정보	베를린 외무부
	No. 4		A. 14508

A. 14508 1910년 8월 27일 오전 수신

전보문

서울 - 월 -일 -시 -분

1910년 8월 27일 오전 12시 40분 도착

독일제국 총영사가 외무부에 발송

해독

No. 4

8월 22일 합병조약 체결, 8월 29일 합병조약공표와 동시에 즉각 효력을 발휘하는 것으로 확정.

일본의 추가성명은 전보문 No. 3의 내용과 근본적으로 일치, 기존의 관세는 10년간 보장됨.

크뤼거

원본 문서 한국 10

45

원문 p.636

[일본 관보가 한국 병합조약을 보도했다는 보고]

발신(생산)일	1910. 8. 29	수신(접수)일	1910. 8. 29
발신(생산)자	몬트겔라스	수신(접수)자	-
발신지 정보	도쿄 주재 독일 대사관	수신지 정보	베를린 외무부
	No. 49		A. 14635

A. 14635 1910년 8월 29일 오후 수신

전보문

도쿄 1910년 8월 29일 오전 10시 -분

오후 2시 40분 도착

독일제국 대리공사가 외무부에 발송

No. 49

관보가 한국 합병을 발표했습니다.

(서명) 몬트겔라스

원본 문서 일본 22

외무부
A편

외무부 정치 문서고
영국의 거문도 점령 관계 문서 1

1885년 4월 8일부터
1885년 7월 31일까지

제1권
제2권에서 계속

조선 No. 2

01

원문 p.639

[조선 항구들에 대한 보고]

발신(생산)일	1885. 2. 8	수신(접수)일	1885. 4. 8
발신(생산)자	헨닝	수신(접수)자	비스마르크
발신지 정보	조선 제물포항	수신지 정보	베를린 정부
			A. 2568
메모	첨부문서 1		

A. 2568 1885년 4월 8일 오후 수신

조선-제물포항

1885년 2월 8일

비스마르크 각하 귀하

각하께 삼가 아래와 같은 보고를 올리게 되어 매우 영광입니다.

본인은 조선의 항구들에 대해 보고하라는 리훙장[1] 부왕의 지시를 받고 조선에 파견되어 이곳의 항구들을 시찰하고 묄렌도르프[2]의 자료들을 수집할 수 있는 기회를 가졌습니다. 비록 보잘 것 없는 소견이지만 본인은 그 자료가 우리 조국에 유용할 거라고 믿고 이 서신을 올립니다. 이에 각하께서 본인의 서한에 조금만 관심을 기울여 주시기를 삼가 요청 드립니다.

조선의 남부 해안에는 훌륭한 부동항들이 마치 사슬처럼 쭉 연결되어 있습니다. 남해안에 있는 모든 항구들 가운데 입지로 볼 때 제일 좋은 항구는 거문도[3]라는 데 이론의 여지가 없습니다. 다른 항구들로부터 따로 떨어져 있어 유럽의 어느 한 나라가 독립된 기지로 활용할 수 있기 때문입니다. 독일 해군본부도 거문도항의 이런 기능적인 특성에 다방면으로 관심을 갖고 있을 것 같아서 본인은 거문도항의 도면을 첨부해 그 항구에 대해 몇 가지 설명을 드리고자 합니다. 아시다시피 거문도항을 어떤 식으로 처리할지는 아직 확정되지 않았으나 아마도 매각을 통해 소유권을 넘길 것 같습니다. 조선은 조약에

1 [감교 주석] 리훙장(李鴻章)

2 [감교 주석] 묄렌도르프(P. G. Möllendorff)

3 [감교 주석] 거문도(Port Hamilton)

따라 일본에 12만 달러를 지급할 의무가 있습니다. 이 가난한 나라에 아주 가혹한 의무가 아닐 수 없습니다. 조선은 비상하고자 하는 분명한 의지를 갖고 있습니다. 2년 전만 해도 15명의 어부가 살던 가난한 어촌이었던 제물포항은 이미 아주 빨리 성장하고 있는 훌륭한 식민지 항구가 되었습니다. 이를 경험한 많은 사람들이 육성할 만한 또 다른 항구를 열심히 찾고 있습니다.

하지만 그들은 자금이 없습니다. 조선 정부는 현재 영토의 일부를 양도해 자금부족을 해결하려는 의도를 갖고 있습니다. 거문도항의 양도에는 전혀 문제가 없을 듯합니다. 반면 내륙의 어떤 지역을 획득하는 것은 금지되어 있습니다.

본인이 들은 바에 의하면 매각가는 백만 마르크 정도가 될 것이라고 합니다. 청 정부는 수도인 서울과 최대한 가까운 곳에 있는 항구, 즉 마산포를 확보하는 데 관심을 갖고 있습니다. 하지만 본인은 얼음 때문에 몇 마일 북쪽에 있는 항구를 더 자세히 조사해볼 것을 권유했습니다.

휴직중인 공병대위

헨닝[4] 올림

4 [감교 주석] 헨닝(Hennig)

[보고서 A. 2568의 첨부문서]

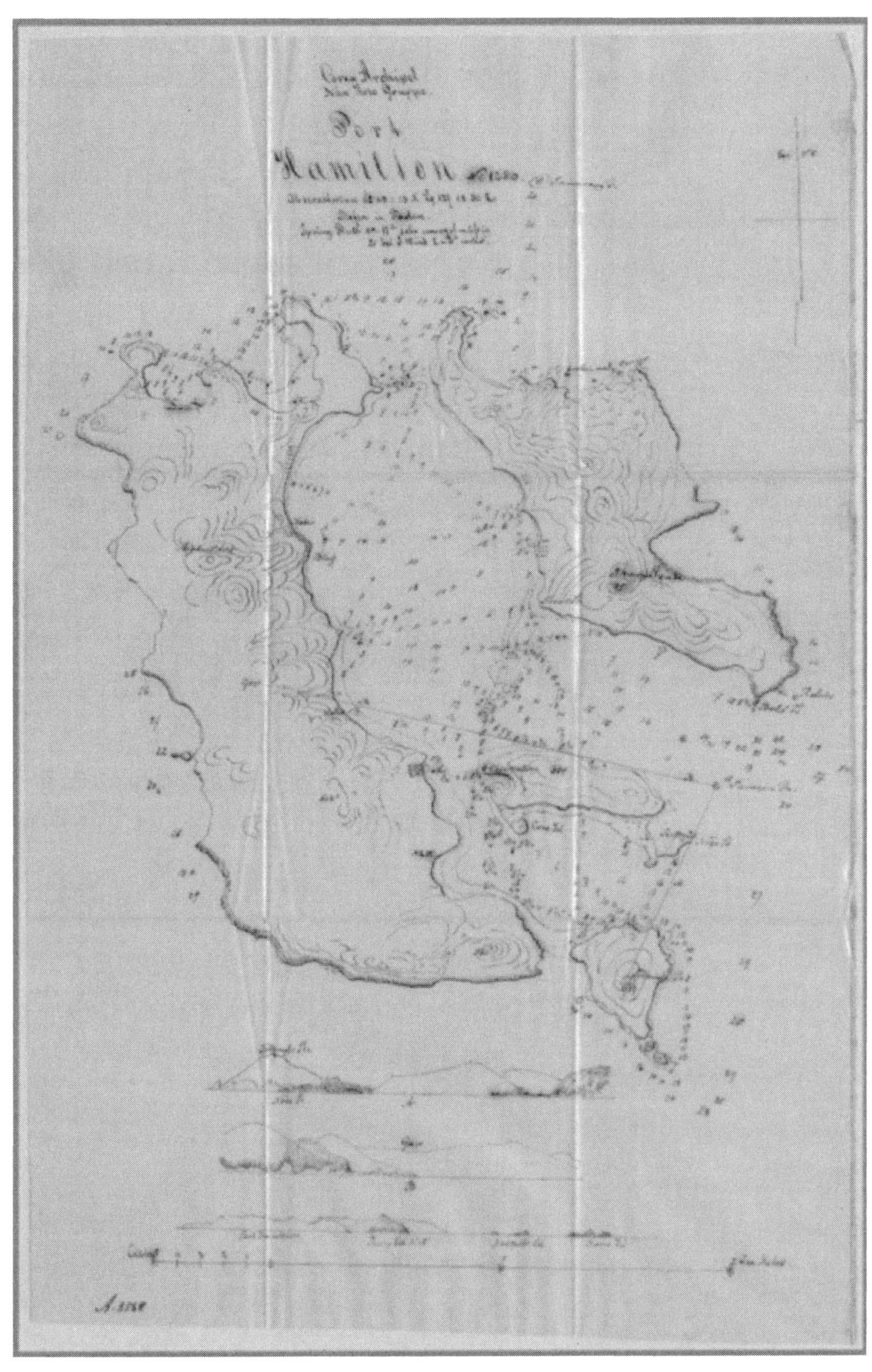

베를린, 1885년 4월 10일 A. 2568에 대하여

II국에 정보로 제공
이후 A국으로

공사관 참사관 케르쇼프[5]에게
정보로 제공

첨부문서 사본을 문서 II국의 태텐바흐한테 제출할 것.

파셴[6] 사령관이 1884년 11월 18일에 상하이에서 보낸 보고서에 의하면, 퇴역 대위 헨닝은 1884년 11월 퇴역 소령 제벨린[7]이 인솔한 퇴역 장교들 일행과 함께 텐진에 도착했습니다. 그들이 텐진에 온 목적은 독일에서 제작한 청나라 전함을 청으로 가져갈 수 있도록 선원들을 교육하기 위해서입니다. 문서로는 헨닝 대위가 어떻게 조선에 가게 됐는지 알 수 없습니다.[8] 그는 군사령부와 아무런 관계가 없습니다. 1877년 경찰총장 모다이[9]한테서 그에 대한 보고서가 올라온 적이 있습니다. 당시 이탈리아 정부가 그에게 훈장을 수여할 계획이 있는데, 우리한테 그래도 되는지 문의한 것입니다. 우리 측에서 긍정적인 답변을 보내자, 이미 Roth. Arl. Ord. IV Kl 훈장을 받은 바 있는 헨닝은 그보다 더 높은 이탈리아 훈장을 받았습니다. 모다이는 당시 "헨닝은 직원이 500명인 기계공장과 적지 않은 재산을 소유하고 있으며 항상 흠 잡을 데 없이 일을 처리했다."고 보고했습니다.

해밀턴항[10]은 조선 남단에 있는 작은 섬으로, 최근 영국이 석탄기지로 확보한 (제주도에 있는) 해밀턴항과 혼동해서는 안 됩니다.

---

5 [감교 주석] 케르쇼프(Kerschow)
6 [감교 주석] 파셴(Paschen)
7 [감교 주석] 제벨린(Sebelin)
8 [원문 주석] 본인 스스로 리훙장의 지시로 조선에 가게 됐다고 보고하고 있다.
9 [감교 주석] 모다이(Modai)
10 [감교 주석] 거문도(Port Hamilton)

02
원문 p.642

동아시아

발신(생산)일	1885. 4. 23	수신(접수)일	1885. 4. 25
발신(생산)자	슈바이니츠	수신(접수)자	비스마르크
발신지 정보	페테르부르크 주재 독일대사관	수신지 정보	베를린 정부
	No. 241		A. 3190

A. 3190 1885년 4월 25일 오전 수신

상트페테르부르크, 1885년 4월 23일

비스마르크 각하 귀하

조선과 조선반도를 둘러싸고 있는 바다에서 최근 벌어진 사건들에 대해 믿을 만한 소식들이 들어오지 않았음에도 불구하고 Katkor 신문을 비롯해 몇몇 러시아 신문에서 이른바 제주도 혹은 해밀턴항[1]의 점령 문제로 영국을 매우 격한 어조로 비난하는 기사들을 싣고 있습니다. 러시아 기자들은 해밀턴항의 정확한 위치도 모르면서 해밀턴항을 동아시아의 지브롤터 해협이라고 부르면서 그것을 영국의 해밀턴항 점령을 반대할 수 있는 근거로 제시하고 있습니다.

추가로 덧붙이자면, 몇 달 전부터 러시아 신문에서 제주도가 자주 언급될 뿐만 아니라 조선의 남단 근처에 러시아의 기지를 확보할 필요성에 대한 논쟁이 벌어지고 있습니다.

슈바이니츠[2]

내용: 동아시아

1 [감교 주석] 거문도(Port Hamilton)

2 [감교 주석] 슈바이니츠(Schweinitz)

03

원문 p.643

[조선은 영국 거문도 점령에 항의하며 중립화를 희망한다는 보고]

발신(생산)일	1885. 6. 1	수신(접수)일	1885. 6. 1
발신(생산)자	젬부쉬	수신(접수)자	
발신지 정보	서울 주재 독일총영사관	수신지 정보	베를린 외무부
	No. 2		A. 4385
메모			

A. 4385 1885년 6월 1일 오전 수신

전보

상하이, 1885년 6월 1일 1시 50분

도착 10시 40분

독일제국 총영사

외무부 귀중

6월 2일 자 전보, 페테르부르크 97

해독

No. 2

영국인들의 해밀턴항[1] 점령으로 조선 정부와 국민들의 불안감이 고조됨. 혹시 러시아와 다른 열강들도 비슷한 행동에 나설까 두려워하고 있음. 조선 정부는 이에 항의하며 조선의 중립화를 바람.

젬부쉬[2]

---

1 [감교 주석] 거문도(Port Hamilton)

2 [감교 주석] 젬부쉬(O. Zembsch)

베를린, 1885년 6월 2일 A. 4385

슈바이니츠 귀하
220 라흐만과 함께 암호로

상트페테르부르크 No. 91

연도번호 No. 2458

암호전보

조선 총영사가 6월 1일 전신으로 보고한 바에 의하면 영국인들이 해밀턴항을 점령하였으며 그로 인해 조선에 불안감이 고조되었다고 함. 조선은 러시아를 비롯해 다른 열강들이 다시 비슷한 유형의 행동에 나설까 두려워하고 있음. 조선 정부는 해밀턴항 점령에 항의하고 조선의 중립화에 대한 소망을 피력함.[3]

이 문제에 관한 새로운 소식들이 들어오면 전달해주기 바람.

St. S. E.

L. 7월 2일

3 [원문 주석] 왜 Sr[원문에 그렇게 표기됨]한테 지시가 전달되지 않았는가? 나는 그 지시를 한 시간 전에 처리했음. GB 6월 2일

04

원문 p.645

[영국의 거문도 점령이 사실이라는 보고]

발신(생산)일	1885. 6. 3	수신(접수)일	1885. 6. 3
발신(생산)자	슈바이니츠	수신(접수)자	-
발신지 정보	페테르부르크 주재 독일대사관	수신지 정보	베를린 외무부
	No. 108		A. 4456

A. 4456 1885년 6월 3일 오후 수신

전보

페테르부르크, 1885년 6월 3일 오후 8시 50분
도착 오후 8시 50분

독일제국 대사
외무부 귀중

해독

No. 108
전보 No. 97[1]에 대한 답신

러시아 전함사령관들이 영국인들의 해밀턴항[2] 점령 소식을 사실이라고 보고했습니다. 기르스[3]는 런던 주재 대사한테 이 문제를 직접 거론하지 말고 단지 손튼[4] 경에게 지나가는 말로 슬쩍 언급해보라고 지시했습니다. 그러자 손튼 경은 영국은 항구를 점령한 것이 아니라 단지 보관창고를 하나 설치한 것뿐이라고 대답했습니다.

기르스는 해군참모총장과의 면담을 통해 보다 상세한 정보를 얻기를 기대하고 있습

1 [원문 주석] 삼가 첨부함.
2 [감교 주석] 거문도(Port Hamilton)
3 [감교 주석] 기르스(N. Giers)
4 [감교 주석] 손튼(E. Thornton)

니다. 도쿄에 있는 공사관 서기관 슈뻬이예르[5]가 서울로 파견될 예정입니다. 총영사 베베르[6]는 인준 받은 통상조약안을 갖고 조선으로 가는 중입니다.

기르스는 영국이 해밀턴항 점령에 대해 청의 동의를 얻었을 것으로 추정하고 있습니다. 본인의 견해로는 러시아는 원래 일본해에서 부동항을 하나 확보할 생각이지만 아직 어느 항구로 할지는 결정하지 않은 듯합니다.

슈바이니츠

5 [감교 주석] 슈뻬이예르(A. Speyer)

6 [감교 주석] 베베르(K. I. Weber)

05

원문 p.646

[영국 거문도 점령 가능성에 대한 일본 외무경의 반응 보고]

발신(생산)일	1885. 4. 22	수신(접수)일	1885. 6. 4
발신(생산)자	된호프	수신(접수)자	비스마르크
발신지 정보	도쿄 주재 독일공사관	수신지 정보	베를린 정부
	A. No. 18		A. 4473
메모	6월 7일 런던 184, 페테르부르크 341에 전달		

A. 4473 1885년 6월 4일 오전 수신

도쿄, 1885년 4월 22일

A. No. 18

비스마르크 각하 귀하

이노우에[1] 백작이 오늘 본인에게, 청 주재 일본 공사인 에노모토 제독으로부터 텐진에서 전신으로 아래와 같은 보고를 받았다고 했습니다. 즉 리훙장이 에도모토 제독한테 영국 함대사령관 도웰[2]이 전투함대 몇 척을 이끌고 조선 남단에 있는 해밀턴 군도[3]로 가서 한동안 그 섬에 정박했다는 전갈을 보냈다는 내용이라고 합니다.

이노우에 대신은 그 보고에 몹시 기분이 상한 듯했습니다. 그는 영국과 러시아 사이에 전쟁이 발발할 경우 영국 함대가 해밀턴항을 군사작전기지로 사용하기 위해 그 섬을 점령하려 들 것이라고 추정하고 있습니다. 또한 설사 영국과 러시아가 공개적으로 서로 충돌하지 않더라도 영국 측에서 러시아를 구실로 내세워 해밀턴항을 점령할지 모른다고 우려하고 있습니다.

선린관계에 있는 영국의 해밀턴항 점령할 가능성에 대해 이노우에 백작은 몹시 불안해하고 있습니다. 특히 그는 영국의 그런 행동을 선례 삼아 러시아가 적절한 시점에 똑같은 행동에 나설 수 있다고 생각하기 때문입니다.

된호프[4]

1 [감교 주석] 이노우에 가오루(井上馨)

2 [감교 주석] 도웰(W. Dowell)

3 [감교 주석] 거문도(Port Hamilton)

4 [감교 주석] 된호프(Donhoff)

06

원문 p.647

[영국 군함의 출현과 러시아의 대응조치에 대한 타임즈의 보도]

발신(생산)일	1885. 6. 6	수신(접수)일	1885. 6. 6
발신(생산)자		수신(접수)자	
발신지 정보	홍콩	수신지 정보	베를린 외무부

Times Ⅱ Edit.
6. June
Hongkong

The telegraph-ship Sherard Osborne has gone to the north, with, as is reported, the object of laying a cable between Port Hamilton and Nagasaki. The naval authorities here are most active in making preparations. Armed cruizers are still being fitted, except the Rosetta, which is equipped and ready for sea. The military authorities, in contrast with the naval, seem taking no energetic steps, officers being granted leave to go home.

The Russian men-of-war, with the admiral on board, beat to quarters and prepared for action on the Agamemnon entering Yokohama Harbour. Captain Long, whose conduct has been much approved, visited the Russian admiral, and remonstrated with him against the disregard of the neutrality of the port. The Japanese press comments indignantly upon the Russian proceedings. A Japanese turret-ship is now anchored in front of the Russian vessel, and the English ships have moved to Yokohsuka, to avoid a chance of collision.

베를린, 1885년 6월 7일 A. 4473

주재 외교관 귀중
1. 런던 No. 184
2. 상트페테르부르크 No. 341

귀하에게 해밀턴항에 관한 4월 22일 자 도쿄 주재 독일제국 공사의 보고서 사본을 삼가 정보로 제공하게 되어 영광입니다.

연도번호 No. 2529

07

원문 p.649

[주청러시아공사 교체 가능성 보고]

발신(생산)일	1885. 6. 11	수신(접수)일	1885. 6. 15
발신(생산)자	슈바이니츠	수신(접수)자	비스마르크
발신지 정보	페테르부르크 주재 독일대사관	수신지 정보	베를린 정부
	No. 196		A. 4822
메모	연락장교를 통해서		

발췌

A. 4822 1885년 6월 15일 오전 수신

연락장교를 통해서.

상트페테르부르크, 1885년 6월 11일

기밀

No. 196

비스마르크 각하 귀하

얼마 전 본인은 믿을 만한 소식통으로부터 비밀엄수를 조건으로, 돌고루키[1] 후작한테 베이징 공사 직 제안이 들어갔다는 이야기를 들었습니다. 기르스[2]는 이 문제를 거론하지 않았습니다. 그가 주목하고 있는 청에 파견된 현 러시아 대표가 별로 만족스럽지 않은 듯합니다. 포포프는 상관과 견해가 늘 일치하지는 않습니다. 그의 상관은 청 제국이 프랑스와 빨리 화해하는 것은 영국의 영향력 때문이라고 생각합니다. 또한 그는 영국과 청 사이에 이미 합의가 존재하거나 준비되고 있을 거라고 생각합니다. 기르스는 해밀턴항[3] 점령을 그런 관계의 또 다른 현상으로 인식하고 있는 것 같습니다.

(서명) 슈바이니츠

원문: 러시아 편 61

1 [감교 주석] 돌고루키(Yuri Dolgoruki)

2 [감교 주석] 기르스(N. Giers)

3 [감교 주석] 거문도(Port Hamilton)

08

원문 p.650

영국인들의 해밀턴항 점령 사건

발신(생산)일	1885. 5. 2	수신(접수)일	1885. 6. 16
발신(생산)자	된호프	수신(접수)자	비스마르크
발신지 정보	도쿄 주재 독일공사관	수신지 정보	베를린 정부
	A. No. 21		A. 4863
메모	6월 18일 페테르부르크 378, 런던 217에 전달		

A. 4863 1885년 6월 16일 수신, 첨부문서 1부

도쿄, 1885년 5월 2일

A. No. 21

기밀

비스마르크 각하 귀하

영국인들의 해밀턴항 점령에 관한 금년 4월 22일 자 본인의 보고서 A. No. 18에 이어, 그 문제와 관련해 본인의 영국 동료와 이노우에[1] 백작 사이에 오간 비밀 서신들의 사본을 동봉해 보고하게 되어 매우 영광입니다. 그 서신들은 외무대신이 본인에게 은밀해 전해주었습니다.

본인에게 그것들을 전해주면서 이노우에 백작은, 런던 주재 일본 공사를 통해 그에게 이 조처에 대해 해명해 달라는 요청이 들어와 서면으로 자신의 의사를 표명하게 되었다고 했습니다. 그는 또한 플런켓[2]이 해밀턴항 점령은 그 자체로 일본에 우호적인 행위임을 뜻한다고 구두로 전했다고 했습니다.

하지만 각하께서도 영국 공사한테 보낸 대신의 답변에서 충분히 통찰하셨겠지만, 대신은 플런켓의 견해에 동조하지 않습니다. 본인에게 은밀히 덧붙여 말한 바에 따르면 그는 서울에 문의해본 결과 의도했는지 결과적으로 그렇게 됐는지 모르겠지만 조선 정부는 해밀턴항 점령에 대해 사전에 아무런 소식도 듣지 못했으며 그가 문의하자 그제야

1 [감교 주석] 이노우에 가오루(井上馨)

2 [감교 주석] 플런켓(F. R. Plunkett)

비로소 점령 사실을 알게 됐다고 답변했다고 합니다.

된호프

내용: 영국인들의 해밀턴항 점령 사건. 첨부문서 1부

A. 4863의 첨부문서

첨부문서의 내용(원문)은 독일어본 651쪽에 수록.

09

원문 p.652

[영국이 조선 거문도를 점령해 기지화한다는 풍문 보고]

발신(생산)일	1885. 5. 1	수신(접수)일	1885. 6. 16
발신(생산)자	뤼르젠	수신(접수)자	비스마르크
발신지 정보	상하이 주재 독일총영사관	수신지 정보	베를린 정부
	No. 64		A. 4873

발췌

A. 4873 1885년 6월 16일 오전 수신

상하이, 1885년 5월 1일

No. 64

(생략)

영국이 중요한 항구를 지닌 조선의 섬들 가운데 하나인 해밀턴항[1]을 점령하여 전쟁용 기지로 만든다는 소문이 이곳에 퍼지고 있습니다.

(서명) 뤼르젠[2]

원문: I. B. 10

1 [감교 주석] 거문도(Port Hamilton)

2 [감교 주석] 뤼르젠(Lührsen)

베를린, 1884년 6월 18일 A. 4863

주재 외교관 귀중

기밀

1. 페테르부르크 No. 378

2. 런던 217

반드시 전달할 것!

연도번호 No. 2755

귀하에게 해밀턴항에 관한 지난달 2일 자 도쿄 주재 독일제국 공사의 보고서에서 발췌한 내용의 사본을 개인적인 정보로 제공하게 되어 영광입니다.

10

원문 p.654

이른바 영국의 해밀턴항 점령에 관하여

발신(생산)일	1885. 4. 25	수신(접수)일	1885. 6. 21
발신(생산)자	브란트	수신(접수)자	비스마르크
발신지 정보	베이징 주재 독일공사관	수신지 정보	베를린 정부
	A. No. 95		A. 5047
메모	6월 21일 페테르부르크 384, 런던 230에 전달		

A. 5047 1885년 6월 21일 오전 수신

베이징, 1885년 4월 25일

A. No. 95

비스마르크 각하 귀하

이곳에 약 열흘 전부터 영국의 윌리엄 도웰[1] 제독이 제주도와 본토 사이의 바다 중간쯤에 위치한 해밀턴항[2]을 점령했다는 소문이 돌고 있습니다. 해밀턴항은 주민 약 1,500명이 사는 작은 항구로 3개의 섬으로 구성되어 있으며 수심이 적당하고 양질의 식수를 보유하고 있습니다. 러시아 쪽 정보에 의하면 도웰 제독은 해밀턴항에 단지 석탄보관소 하나만 세웠다고 합니다. 반면 일본 측에서는 그가 그 섬을 완전히 장악했다고 주장합니다.

각하께서는 이 문제에 대해 이곳보다 베이징에서 더 빠르고 더 정확한 정보를 얻으실 수 있을 것입니다. 다만 본인이 주목하는 것은, 그 바다에 있는 영국 함대의 중요성은 차치하더라도 러시아와 청 사이에 분쟁이 벌어질 경우 홍콩에서 아무르 지역까지 가는 길에 있는 석탄기지와 식수집결지를 확보하는 게 중요하다는 사실입니다. 러시아의 Putiatine 제독이 약 20년 전 그 섬에 있는 지방관청과 계약을 체결해 해밀턴항에 석탄보관소를 설립했던 적이 있는데, 영국이 혹시 그 비슷한 일이 반복될지 모른다는 두려움에 먼저 선수를 친 것으로 보입니다.

1 [감교 주석] 도웰(W. Dowell)

2 [감교 주석] 거문도(Port Hamilton)

사전에 조선이 그것을 양해한 것 같지는 않습니다. 본인의 일본인 동료가 주장하는 것처럼, 영국 정부가 칭[3] 후작을 통해 이곳의 안전을 보장해줄지 여부는 아직 확인하지 못했습니다.

브란트[4]

내용: 이른바 영국의 해밀턴항 점령에 관하여

3 [감교 주석] 칭기저(曾紀澤)

4 [감교 주석] 브란트(M. Brandt)

베를린, 1885년 6월 21일

A. 5047

주재 외교관 귀중
기밀

1. 페테르부르크 No. 384
2. 런던 230
반드시 전달할 것!

연도번호 No. 2817

귀하에게 해밀턴항에 관한 4월 25일 자 베이징 주재 독일제국 공사의 보고서 사본/발췌본을 개인적인 정보로 제공하게 되어 영광입니다.

원문 p.656

11
조선과 동아시아에 관한 러시아 언론의 기사들

발신(생산)일	1885. 6. 20	수신(접수)일	1885. 6. 25
발신(생산)자	슈바이니츠	수신(접수)자	비스마르크
발신지 정보	페테르부르크 주재 독일대사관	수신지 정보	베를린 정부
	No. 206		A. 5156

A. 5156 1885년 6월 25일 오전 수신, 첨부문서 4부

상트페테르부르크, 1885년 6월 20일

No. 206

비스마르크 각하 귀하

[1]얼마 전 독일 신문들이, 독일이 제주도[2]에 있는 항구 하나를, 아니 어쩌면 그 섬 전체를 점령하게 될 거라고 보도했습니다. 상트페테르부르크 신문들은 처음에 아무런 주석도 없이 그 보도를 똑같이 인용해 내보냈습니다. 하지만 이달 14일 폴란드 유대인에 우호적인 자유주의 신문사 "Nowosti"에서 그 문제에 대해 사설을 실었습니다. 사설에는 해군 소식통을 인용해 몇 가지 사실들이 포함되어 있어 삼가 동봉하여 보고 드립니다.

6월 15일 이곳 신문들이 텐진에서 전신으로 들어온 "Times" 기사를 근거로, 러시아가 조선의 항구 하나를 점령했다고 보도했습니다. "Petersburg'sche Russische Zeitung"은 5월 4일 자 150호 16면에서 몇 가지 언급과 함께 이 기사를 다루고 있는데, 해밀턴항 내지 제주도에 대한 영국과 독일의 목적에 대해 노골적인 불신을 표출하고 있습니다. 그 기사 역시 독일어로 번역해 제출하도록 하겠습니다.

반관(半官) 신문인 "Journal de St. Petersburg"는 동봉한 6월 4일 자 16면에서 매우 다급하게 러시아가 조선의 항구 하나를 점령했다는 텐진 발 "Times"의 전신 보도를 부인했습니다. 동시에 영국인의 해밀턴항 점령과 독일의 이른바 제주도 부속 섬 한 개 점령을 반어적이고 회의적으로 다루고 있습니다. "Petersburg'sche Russische Zeitung"은 이 부

1 [원문 주석] 맞다. 뉴스는 처음에 베스트팔렌의 어느 지역신문에 실렸고 이어서 영국 언론으로 퍼져나갔다.
2 [원문 주석] 조선에 있는 섬이다; [감교 주석] 제주도(Quelpark)

인 기사의 논조를 날카롭게 비난했습니다. 그 기사의 원문도 동봉해 보냅니다. "Journal de St. Petersburg"의 정치평론 분야 편집자는 다음과 같은 말로 기사를 마무리하고 있습니다. "그 내용은 통신원이 꾸며낸 것으로, 근거 없는 소문에 불과하다." 본인은 그 기사가 보고할 만한 가치가 있다고 생각했습니다. 왜냐하면 그 기사를 통해 러시아가 조만간 조선반도 전체가 아니라 섬 하나를 점령할 생각이거나 이미 점령했다는 결론을 도출할 수 있기 때문입니다.

해밀턴항 점령 및 "새로운 지브롤터" 건설에 대해 첫 번째 보고를 올린 후 이미 몇 주가 지났습니다. 언론에서는 Katkow가 그것을 즉각적인 전쟁선포를 위한 충분한 근거로 보고 있다며 불만의 목소리를 쏟아내고 있습니다. 기르스[3]는 의혹만 무성하다가 드디어 러시아 해군장교들이 확인하고 보고한 내용에 대해 공식적으로 아무런 언급도 하지 않았습니다. 단지 그는 그것은 기지가 아니라 단지 석탄보관소에 불과하다고 반박하는 에드워드 손튼 경과의 대담에서 그 문제에 대해 부수적으로 언급했을 뿐입니다. 기르스는 전쟁 발발시 아주 중요한 역할을 하게 될 해밀턴항의 위치에 대해서는 조심스레 언급을 회피했습니다. 아프가니스탄의 국경선 문제로 런던에서 협상이 진행될 때 보인 태도와 같습니다. 나중에 기르스와 은밀히 대화를 나눌 기회가 생겼을 때 본인은 여러 가지 이유로 몇 번 그에게 러시아는 조선 정부가 요청하는 중립적 입장을 어떤 식으로 천명할 것인지 묻자 대답을 회피했습니다. 러시아 외무장관은 러시아는 오래전부터, 즉 이미 수년 전부터, 특히 최근에 서울에서 소요사태가 일어난 이후로는 조선 일에 개입하지 않는다는 원칙을 지키고 있다고 했습니다. 하지만 조선에서 다른 한 열강이 우월한 지위를 갖는 것은 용인할 수 없다고 했습니다. 그가 언급한 다른 열강은 미국인 듯합니다.

다른 기회에 본인이 Miklucha-Maklay의 오만불손함에 대해 이야기를 꺼내자 기르스는 재차 러시아는 태평양 남쪽에는 관심이 없기 때문에 곤란한 상황을 야기할 생각이 전혀 없다는 것을 확실하게 밝혀둔다고 했습니다. 하지만 동시에 그는 태평양 북쪽 바다는 러시아에 매우 중요하다고 아주 명확하게 강조했습니다. 그는 러시아에서 정책에 관여하는 모든 사람들이 그 점에 동의할 것이라고 확신하고 있었습니다. 비록 아무르 지역이 비용이 많이 드는 비생산적인 지역이고 만사(인도의 지명-번역자) 사람들이 불안정하게 점령하고 있기는 하지만 백해(white sea) 말고는 그곳이 대양과 이어지는 유일한 해안이기 때문에 러시아인들은 아무르 지역에 높은 가치를 두고 있다는 것입니다. 러시아는 늦봄까지 얼어붙어 있는 아무르유역의 니콜라엡스크에 있던 시설들을 북위 42도에

3 [감교 주석] 기르스(N. Giers)

위치한 블라디보스토크로 이전했으나 몇 달 동안 얼음으로 뒤덮여 있는 블라디보스토크 항에도 만족하지 못하고 사시사철 얼지 않는 기지를 찾을 필요성을 느꼈습니다. 아마도 그것 때문에 러시아인들은 아무르 연안에 근거를 둔 해상 활동의 장점들을 과대평가한 듯합니다. 사할린섬이 석탄을 공급하기는 하지만 장기간 전쟁을 치를 경우 그 섬에는 군대와 함대가 필요로 하는 것들이 전혀 없기 때문입니다. 현재 총독 휘하에는 병사 6,000명 규모의 군대가 있습니다. 작년에 창설된 그 부대는 코르프[4] 남작의 지휘 아래 아무르의 우수리 강 어귀에 있는 Chabarowka에 주둔하고 있습니다. 얼마 전까지 해안 지역에 주둔하고 있던 군대들은 러시아에서 군수품을 지원받았는데, 아마 현재도 마찬가지일 것입니다. 왜냐하면 그곳에서는 거의 아무 것도 생산되지 않기 때문입니다. 러시아에서 이주해온 사람들은 가난한데다가 숫자도 매우 적습니다.

하지만 상황이 이렇게 열악하다는 것이 널리 알려져 있음에도 불구하고 러시아 정치인들은 만약 전쟁이 일어날 경우 자신들이 동아시아에서 영국의 무역을 거의 무너뜨릴 수 있다는 확고한 믿음 속에서 자부심과 열정을 갖고 동아시아의 해상 상황에 대해서 늘 관심을 기울이고 있습니다.

"Moskauer Zeitung"은 이달 6일 자 154호 18쪽에서 독일이 조선을 점령했다는 소문에 대해 불만을 표했습니다. 독일은 '독일인 묄렌도르프를 통해서' 이미 조선에 충분히 영향력을 행사하고 있기 때문에 조선을 강점할 필요까지는 없다는 것입니다.

슈바이니츠

내용: 조선과 동아시아에 관한 러시아 언론의 기사들

---

4 [감교 주석] 코르프(Korff)

A. 5156의 첨부문서 1

"St. Peterburger Zeitung" 기사
1885년 6월 5일 제156호 17쪽

우리 신문 독자들은 이른바 영국인들의 해밀턴항 점령 소문을 접한 뒤 우리 신문이 만약 서유럽 친구들이 조선에 닻을 내리려 하면 그게 러시아에 어떤 위험을 초래할지에 대해 심층적으로 분석해서 보도했던 사실을 기억할 것이다. 그건 우리한테는 거의 블라디보스토크 내지 갈수록 더 중요해지는 조선 바다를 잃는 것이나 마찬가지의 의미라고 했다. 그런데 아주 최근에서야 독일이 제주도 섬에서 물러난다는 소문이 돌았다. 또한 현재 다른 어떤 섬에서도 물러났다고 하는데, 짐작컨대 포트 라자레프[5]인 듯하다. 이런 방식으로 조선에서 유럽의 주요한 세 열강들 사이에 우호적인 관계가 형성될 것으로 보인다. 하지만 그중 두 나라는 꼭 그래야만 할 필요가 없는데도 그곳에 등장한 반면에 우리나라는 생존을 위한 절실한 이해관계 때문에 그곳을 방어하고 있다.

만약 세 가지 소문들이 전부 사실이라면 앞으로 이 "우호적인 관계"가 어떻게 변할 것인가? 현재 벌써 우호적인 관계를 지속하기는 힘들 거라는 말이 돈다. 한 가지 확실한 것은 우리는 아직 조선을 우리의 영향권으로 포섭하지 못했을 뿐만 아니라 심지어 조선에 다른 두 나라의 경비초소까지 생겼다는 것이다. 그 덕분에 그 두 나라는 우리한테 아주 중요하면서도 앞으로 발전할 필요가 있는 무역이나 국가적 이익을 두고 우리와 직접 경쟁하게 되었다.

A. 5156의 첨부문서 2

첨부문서의 내용(원문)은 독일어본 659~660쪽에 수록.

5 [감교 주석] 영흥만(Port Lazareff)

A. 5756의 첨부문서 3

번역

St. Petersburgstiga Wetomoste 기사

1885년 6월 7일 제153호 19쪽

런던에서 러시아가 조선 수역에 있는 어느 항구를 점령했다는 소문이 돈다고 보도한 "Journal de St. Petersbourg"의 기사를 접한 우리 신문은 어제 간단히, 그 반관[6] 신문사는 이미 20년 전부터 러시아가 내놓은 국가 정책들에 대해 매우 열심히 반박해 왔으며, 그때마다 러시아인들을 모욕하는 무례한 언사를 사용해 왔다는 점을 지적했다.

우리는 프랑스어로 발간되는 이 신문이 유럽과 러시아에 대해 매우 기이한 역할을 수행하고 있다고 믿는다. 즉 이 신문은 국민들과는 완전히 다른 의견을 제시할 뿐만 아니라 정치적으로도 반대의 입장을 취한다. 누가 봐도 러시아의 가장 내밀한 이익에 매우 중요한 대상들을 다룰 때 이 신문이 사용하는 풍자적인 어법은 도무지 납득이 안 될 것이다. "완벽한 외국인"의 시각에서 논지를 전개하기 때문이다. 그들이 러시아 정치에 대해 이러쿵저러쿵 말할 수 있는 것은 러시아 내각이 그것을 허락했기 때문이다. 물론 내각 측에서 그걸 허락한 이유는 "Journal de St. Petersbourg" 신문의 독보적인 중요성 때문이다.

내 생각에, 러시아는 수에즈 운하가 영국의 이해관계에 꼭 필요한 것처럼 조선 영해는 러시아의 이해관계에 아주 중요한 지역이라고 큰 목소리로 단호하게 선언해야 한다. 또한 러시아는 조선의 해안이나 영해를 점령하려는 모든 나라의 시도를 의심의 눈초리로 주시해야 하며, 그런 시도를 할 조짐이 엿보이면 그곳에서 확실한 담보를 확보하기 위해 적극적으로 나서야 한다. 러시아 외교관들은 조선 문제와 연관된 이해관계를 잘 인식해야 하며, 납득할 만한 설명 없이 이런 이해관계에 개입하려는 시도에 대한 신문 보도를 결코 그냥 흘러넘겨서는 안 된다.

---

6 [감교 주석] 반관(半官)

노르트도이체 알게마이네 차이퉁[7]

(Nordd. Allg. Ztg.)

1885년 6월 28일 제295호

평소 국제정치와 관련된 새로운 기사를 찾아보기 힘든 프로이센의 한 지방신문이, 독일이 조선 해안에 있는 제주도의 한 섬을, 혹은 제주도 전체를 점령할 것이라고 보도했다. 그러자 친폴란드 성향으로 자주 우리의 이목을 끄는 "Nowosti"가 기대했던 대로 이 뉴스를 이용했다. "Nowosti"는 일단 이 뉴스를 두 개의 주장을 통해 그럴 듯한 소식으로 만들려 했다. 첫 번째 주장은 마치 명령이라도 받은 것처럼 독일 언론이 몇 주 동안 계속 Tusim섬의 점령을 요구했다는 것이다.-하지만 우리는 그런 소식을 들은 기억이 없다. 두 번째 주장은 그 소식을 전한 독일 신문이 종종 다수의 정치 기관들보다 더 나은 정보를 갖고 있는 베를린 정치인들과 커넥션을 갖고 있다는 것이다.-물론 우린 지금까지 그런 사실을 인지한 적이 없다. 그 뉴스의 진위가 입증되고 나자 "Nowosti"는 같은 뉴스를 갖고 독일이 비록 위험하지는 않을지 몰라도 러시아 입장에서는 그리 달갑지 않은 수많은 계획들을 갖고 있는 것으로 보인다고 추론했다.

믿을 만한 소식통에 의하면, 독일 관리들은 조선 영해의 항구나 섬, 혹은 해안가의 땅을 점령할 계획이 있다는 언급을 한 적이 없다고 한다. "Nowosti"는 폴란드 신문으로서 독일과 러시아 사이를 이간질하기 위해 그 뉴스를 이용했을 것이다. 독일과 러시아 사이에 평화가 아니라 불협화음을 야기하려는 쪽에서는 현재 두 나라 사이의 순조로운 의사소통이 껄끄럽게 생각될 것이다.

7 [감교 주석] 노르트도이체 알게마이네 차이퉁(Norddeutsche Allgemeine Zeitung)

A. 5756의 첨부문서 4

번역

"Nowosti"

1885년 6월 2일 자 제14쪽

제149호

러시아가 권리를 갖고 있는 나라들에서 독일의 영향력이 확고해지고 있다는 이야기가 나온 것은 최근이다. 우리는 "콘스탄티노플은 물론이고 테헤란과 서울"은 비록 우리와 아주 우호적인 관계에 있기는 하지만 강한 힘을 가진 다른 나라의 영향력이 우세해질 경우 우리한테 바람직스럽지 않은 일이 일어날 수도 있다는 것을 깨달았다.

독일이 이곳에서 점차 힘을 획득해가는 것을 보면서 우리는 만약 독일과 우리나라의 관계가 나빠질 경우 그게 우리나라에 어떤 피해를 가져올지 고민해야 한다. "Rheinisch-Westfälischen Zeitung"이 보도한 충격적인 기사는 다시 한 번 우리에게 그 고민을 안겨준다. 원래 "Rheinisch- Westfälischen Zeitung"은 독일 산업의 이해관계를 인식해 편파적인 소식들을 확산시키지 않고 단지 베스트팔렌 지역의 제조업자들과 기업가들이 이런저런 관계 속에서 관심을 가질 만한 확실한 소식들과 소문들만 다루는 신문이다. 이 신문은 확실한 소식통으로부터 그런 소식들을 얻어내기 위해서 베를린의 정치 집단들과 교류해왔으며 그 덕분에 때로는 많은 정치기관들보다 더 좋은 정보를 얻어내곤 했다. 우리가 이런 이야기를 하는 이유는 단지 독일이 제주도[8]에 있는 항구 하나, 혹은 제주도 전체를 점령하려는 계획을 갖고 있다는 이야기가 유럽에서 맨 처음 퍼져 나온 곳이 어디인지를 밝히기 위해서다. 우리는 이 소식이 독일 정부가 이미 오래전부터 조선과 조선 영해에서 확고한 토대를 구축하려 애쓰고 있다는 이야기보다 훨씬 더 신빙성이 높다고 생각한다.

제주도는 조선 남쪽, 황해와 중국해에 둘러싸여 있는 섬으로 우리 해군이 이미 오랫동안 선착장이자 석탄기지로 염두에 두고 있던 곳이다. 물론 그 섬은 기지로 사용하기에는 몇 가지 단점이 있다고 한다. 여러 나라 정부, 즉 러시아와 영국은 물론이고 현재 드러났다시피 독일 정부까지 그 섬에 눈독을 들이고 있다는 것은 제주도의 지정학적 위치가 매우 매력적이라는 확실한 증거이다. 우리는 현재 25년 이상을 조선에서 경쟁하고 있는

8 [감교 주석] 제주도(Quelpark)

여러 열강들이 조선 영해에서 가장 장점이 많은 전략적인 지점을 선점하려 경쟁하고 있다는 사실을 잊어서는 안 된다. 이미 1861년 조선해협에 있는 쓰시마의 Toiremura만이 러시아에 양도되는 바람에 8개월 동안 그곳에 러시아 국기가 휘날렸다. Toiremura만에 러시아 군함 "Possadnik"호가 정박하고 있었고 해안에는 창고들과 병영들과 작업장이 설치되었다. 그런데 8개월 후 영국 프리깃함 "Aktarrie"호가 그곳을 찾았다. 러시아인들이 그 섬을 점령했다는 소문이 영국까지 들려오자 사실 여부를 확인하기 위해서였다. 그 후 런던과 페테르부르크 간에 외교 협상들이 연달아 진행되었고, 우리가 거기서 철수하는 것으로 문제가 해결되었다.

Skobelev가 파리에서 그 유명한 연설을 한 지 20년이 지난 후 독일과 러시아의 관계는 일종의 냉각기가 찾아왔고, 독일 언론은 갑자기 러시아가 철수한 쓰시마를 점령하는 것이 독일에 그리 나쁘지 않을 거라고 말하기 시작했다. 그리고 마치 언론에 동시에 무슨 신호라도 주어진 것처럼 몇 주 동안 그 문제가 표제어에서 사라지지 않았다. 동시에 영국에서도 무역거래를 위한 창고를 세운다는 구실로 Jesso섬으로 전함을 파견해 영국 해군장교들이 민간인 복장으로 섬을 조사하도록 했다. 기본적으로 상업적 이익을 얻기 위해 이루어진 이 모든 조처들은 러시아가 일본해로 진출하는 것을 차단하기 위한 것으로 이해할 수 있다. 그러다 영국과 러시아가 분쟁을 벌이는 동안 갑자기 영국이 해밀턴항을 점령했다는 소문이 퍼진 것이다.

우리가 이 모든 사실을 거론한 이유는 한편으로는 러시아와 독일과 영국이 조선 영해의 중요 지점들을 점령하려 경쟁하고 있다는 사실을 밝히고, 다른 한편으로는 주요 지점의 선택이 똑 상업적 목적에 의한 것만은 아니라는 사실을 보여주기 위해서이다. 블라디보스토크에서 남쪽으로 직선으로 이어지는 위치에 있는 섬이나 한국의 영해를 지배할 수 있게 해주는 그런 섬들이 선택된다. Tusien이나 Jesso, 해밀턴이나 켈파트 같은 섬들은 전부 그런 지점들에 있다. 그 섬들은 상업적으로만 우월한 지점에 있는 게 아니라 군사적으로도 우월한 지점이라는 것이 확실하다.

베를린에서 가장 독자가 많은[9] 신문[10]이 제주도 점령 계획과 관련해 순진하게도 아래와 같이 보도했다. "만약 이 소문이 사실로 확인되면 독일뿐만 아니라 우리와 우호적인 관계를 맺고 있는 유럽의 다른 열강들도 기쁘게 환영할 것이다. 제주도는 영국과 러시아 사이에서 불화의 씨앗이 되기 쉽다. 독일이 머나먼 아시아에서도 그의 엄숙한 사명을

---

9 [원문 주석] 헛소리!

10 [원문 주석] B. Tagesblatt

완수한다면 다른 열강들이 전쟁 목적으로 점령할 계획을 세우고 있는 섬을 점령하는 것은 상업적인 이익을 얻을 수 있는 합법적인 행위가 될 수 있다. 러시아는 영국이 러시아의 아시아 쪽 영지의 코앞에 초소를 세우지 못하도록 하는 것에 직접적인 관심을 갖고 있기 때문에 독일이 전략적인 관계에서 중요한 섬을 점령하는 것을 긍정적으로 반길 것이다."

만약 러시아와 독일 간의 평화로운 관계가 영원하고 확실하게 보장된다면 신문에서 주장하는 내용이 완벽히 옳다고 생각할 수 있다. 하지만 세상에 영원한 것은 없다, 몇 년 전만 해도 러시아와 독일의 관계는 그다지 우호적이지 않았다. 당시 우리의 베를린 친구들은 우리 러시아가 블라디보스토크에서 벗어나는 것을 막을 수 있는 전략적인 거점의 확보를 제안했었다. 지금 독일은 그 당시 세웠던 계획을 실행에 옮기려는 것처럼 보인다. 우리는 그 계획에 나쁜 의도는 전혀 없을 거라고 믿고 싶다. 그럼에도 불구하고 우리는 조심할 필요가 있다. 또한 상업적인 목적을 위해서라도 우리 역시 극동아시아에서 우리의 이익을 해칠 수 있는 나라의 도발에 맞설 수 있는 거점을 하나 확보할 필요가 있다.

12

원문 p.665

영국 전함의 해밀턴항 점령에 관하여

발신(생산)일	1885. 5. 8	수신(접수)일	1885. 6. 30
발신(생산)자	브란트	수신(접수)자	비스마르크
발신지 정보	베이징 주재 독일공사관	수신지 정보	베를린 정부
	A. No. 108		A. 5328
메모	더 정확한 소식들로 대체됨		

A. 5328 1885년 6월 30일 오후 수신

베이징, 1885년 5월 8일

A. No. 108

비스마르크 각하 귀하

각하께 영국 전함의 해밀턴항[1] 점령에 관한 금년 4월 25일 자 본인의 보고서 A. No. 95와 관련해 삼가 아래와 같이 보고 드리게 되어 매우 영광입니다. 한시적이든 아니든 현재 해밀턴항 점령은 확실하며 그 사실이 러시아와 일본 정부의 주목을 받고 있습니다. 페테르부르크에서 그 문제와 관련해 이곳 러시아 공사관에 한 첫 번째 문의 역시 런던 주재 일본 공사가 런던의 러시아 대사한테 전한 소식 때문에 벌어진 소동이기 때문입니다.

본인의 러시아 동료가 전해준 바에 의하면, 그는 며칠 전 총리아문에 이 문제에 대해 문의했으며, 총리아문으로부터 청 정부는 그 문제에 대해 아무 것도 알지 못하기 때문에 조선 정부에 그 돌발 사건에 대한 해명을 요청할 예정이라는 답변을 들었다고 합니다.

신문 보도에 따르면, 윌리엄 도웰[2] 경은 조선 정부에 항구 하나를 이양해 달라는 요구를 몇 차례 했으나 전부 거절당하자 해밀턴항 점령에 나섰다고 합니다. 하지만 본인은 아직 이 보도의 진위여부를 확인하지 못했습니다.

브란트

내용: 영국 전함의 해밀턴항 점령에 관하여

1 [감교 주석] 거문도(Port Hamilton)

2 [감교 주석] 도웰(W. Dowell)

13

원문 p.666

영국인들의 해밀턴항 점령에 관하여

발신(생산)일	1885. 5. 24	수신(접수)일	1885. 7. 1
발신(생산)자	된호프	수신(접수)자	비스마르크
발신지 정보	도쿄 주재 독일공사관	수신지 정보	베를린 정부
	A. No. 25		A. 5351
메모	7월 1일 페테르부르크 402, 런던 257에 전달 7월 1일 독일 궁정 및 슈베린(Schwerin)에게 전달		

A. 5351 1885년 7월 1일 오전 수신

도쿄, 1885년 5월 24일

A. No. 25

No. 93 End, 1885년 7월 4일 수신

비스마르크 각하 귀하

각하께 영국인들의 해밀턴항[1] 점령에 관한 본인의 이번 달 2일 자 보고서 A. No. 21과 관련해 삼가 아래와 같이 보고 올리게 되어 영광입니다. 이노우에[2] 백작의 은밀한 전갈에 의하면 조선의 외부협판 묄렌도르프[3]가 며칠 전 청나라 전함을 타고 해밀턴항에 들러 영국 사령관한테 영국 국기를 내려달라고 요청했으나 거절당했다고 합니다. 그러자 묄렌도르프는 나가사키에 머물고 있는 도웰[4] 제독을 찾아가 조선 정부의 이름으로 해밀턴항 점령에 항의한 뒤 영국인들의 행동과 숨은 의도에 대한 해명을 요구하는 서신을 전했다고 합니다.

서신을 받은 도웰 제독은 자신의 행동은 정부의 명령에 따라 이루어진 것이며, 그가 받은 전달내용과 요구사항들을 반드시 런던에 전하겠다고 답변했습니다. 그 후 묄렌도르프는 나가사키를 다시 떠나 조선으로 돌아갔습니다.

된호프

내용: 영국인들의 해밀턴항 점령에 관하여

1 [감교 주석] 거문도(Port Hamilton)

2 [감교 주석] 이노우에 가오루(井上馨)

3 [감교 주석] 묄렌도르프(P. G. Möllendorff)

4 [감교 주석] 도웰(W. Dowell)

베를린, 1885년 7월 1일

첨부문서 1, A. 5351

주재 외교관 귀중
기밀
1. 페테르부르크 No. 402
2. 런던 No. 257

연도번호 No. 2998

귀하에게 해밀턴항에 관한 금년 5월 24일 자 도쿄 주재 독일제국 공사의 보고서 사본을 개인적인 정보로 제공하게 되어 영광입니다.

베를린, 1885년 7월 1일

첨부문서 2, A. 5351

주재 외교관 귀중
1. 뮌헨 No. 271
2. 슈투트가르트 No. 264
3. 드레스덴 No. 276
4. 바이마르 No. 242

반드시(1과 2에게) 발송할 것!

5. 슈베린 폰 바쎄비츠 귀하

연도번호 No. 2999

3월 4일 자 훈령에 따라 귀하에게 점령 중인 해밀턴항에 관한 금년 5월 24일 자 도쿄 주재 독일제국 공사의 보고서 사본을 동봉해 전달하게 되어 영광입니다.

백작 각하께 해밀턴항에 관한 금년 5월 24일 자 도쿄 주재 독일제국 공사의 보고서 사본을 개인적인 기밀 정보로 동봉해 전달하게 되어 영광입니다.

14

원문 p.669

[영국의 거문도 점령에 대해 조선이 모든 체약국에 거중조정을 요청했다는 보고]

발신(생산)일	1885. 7. 3	수신(접수)일	1885. 7. 3
발신(생산)자	젬부쉬	수신(접수)자	-
발신지 정보	서울 주재 독일총영사관	수신지 정보	베를린 외무부
	No. 3		A. 5430
메모	222쪽에 삼가 첨부함 b. 페테르부르크에 그곳에서 어떻게 할 것인지 전신으로 문의할 것		

사본

A. 5430 1885년 7월 3일 오후 수신

전보

나가사키, 1885년 7월 3일 2시 40분

도착 8시 11분 Hchn.

독일제국 총영사

외무부 귀중

7월 4일 페테르부르크 110에 보낸 전보

No. 3

조선은 모든 조약 체결국에 해밀턴항[1] 점령과 관련해 조약 제1조[2]를 성실히 이행해줄 것을 요청함. 추가 보고가 이어질 예정임.

젬부쉬

1 [감교 주석] 거문도(Port Hamilton)

2 [감교 주석] 거중조정(居中調整)

15

원문 p.670

[영국의 거문도 점령과 영러 갈등에 대한 크로이츠 신문의 보도]

발신(생산)일	1885. 7. 3	수신(접수)일	1885. 7. 3
발신(생산)자		수신(접수)자	
발신지 정보		수신지 정보	베를린 외무부

크로이츠 차이퉁[1]

7월 3일

"크로이츠 차이퉁"이 "해외 주둔 해군 소식"이라는 제목하에 그동안 자주 거론된 제주도[2]의 해밀턴항[3]에 관해 아래와 같이 보도했습니다. 아마 이 소식은 러시아에 더 중요한 의미를 가질 것입니다.:

영국과 러시아의 관계가 위기 상황이었을 때 했던 그 유명한 약속, 즉 "아무 것도 생각하지 마라. 단지 영국 전함 한 척이 우연히 그곳에 잠시 들렀을 뿐 다시는 그런 일이 없을 것이다."라는 약속에도 불구하고 아마 이번에는 영국인들이 제주도의 해밀턴항을 다시 그리 쉽게 떠나지는 않을 듯하다. 영국의 군사 전문지 두 곳, 즉 "Army and Navy Gazette"와 "Admiralty and Horse guard Gazette"에서 아주 솔직하게 해밀턴항의 우수한 입지를 다시 포기하는 것은 불가능하다고 밝혔다. 제주도 주둔 영국 해군의 지위는 청과 인도에 있는 영국 기지들을 보호하기 위한 전진 초소이자 출격용 섬이다. 거기서 러시아의 블라디보스토크와 아무르 강 어귀에서 행해지는 모든 조처들을 관찰하고 막을 뿐만 아니라 동시베리아 내 러시아 기지들과 아주 가까운 그곳에서 러시아의 기지들을 공격할 수도 있는 것이다. 해밀턴항은 일본해와 조선으로 이어지는 길목 바로 앞에 위치하고 있어 러시아 동시베리아 함대의 남단 쪽 출구이기도 하다. – 해밀턴섬은 엘베 강과 베저 강어귀에 있는 우리 독일의 헬골란트섬과 마찬가지 역할을 한다! 만약 그 섬이

---

1 [감교 주석] 크로이츠 차이퉁(Die Kreuz-Zeitung)

2 [감교 주석] 제주도(Quelpark). 거문도를 제주도 내 항구로 오인한 것으로 보임.

3 [감교 주석] 거문도(Port Hamilton)

영국의 소유가 되는 것은 독일에 대한 조롱이 되는 것처럼 제주도를 확보하는 것은 러시아에 대한 조롱이 되는 것이다. 이곳을 확실히 점령함으로써, 즉 (지브롤터, 말타, 이집트, 예전의 이오니아 섬들, 앞에서 이야기한 헬골란트섬, 영국이 점령하고 있는 청나라 항구 Aden, 그 밖의 많은 다른 곳들 같은) 남의 둥지에 새 뻐꾸기 알을 넣음으로써 영국은 많은 옛날 둥지에 가연성물질을 더 쌓은 셈이다! 러시아가 소망하는 최종적 해결은 실행이 연기된 것일 뿐 포기한 것은 아니다! 해밀턴항은 러시아의 소망이 소멸되지 않도록 하는데 기여할 것이다. 또한 러시아가 동시베리아로 대규모 함대를 파견할 수 있는 새로운 동기를 부여할 것이다. 이번 기회에 해밀턴항 자체가 가진 지정학적 특성에 대한 보다 자세한 설명이 필요할 것이다. -영국 신문들이 인용하고 있는 사실에 의하면 두 척의 영국 전함과 수병들이 해밀턴항에 석탄을 비롯해 각종 비품들을 보관할 건물들을 지었으며, 지금까지는 단지 그곳을 홍콩에서 석탄을 싣고 온 선박들이 선적된 석탄을 보관하기 위한 임시 기지로 이용했다고 한다. 또한 해밀턴항에서부터 "Gastern Telegraph-Company" 사의 가장 가까운 기지까지 약 350마일의 전신케이블이 놓였다고 한다.- 제3의 영국 전문잡지 "Broad Arrow"의 보도에 따르면 갈등 초기에 러시아인들은 해밀턴항을 점령할 생각이 있었으며, 그걸 위해 러시아 선박 두 척이 그곳에서 며칠 동안 머물며 사진도 찍고 수심도 측정했다. 하지만 영국인들이 러시아인들보다 먼저 재빨리 그 섬을 점령해 버린 것이다.

16

원문 p.672

[조독수호통상조약과 타 체약국의 수호통상조약 내 거중조정 조항에 대한 독일 외무부의 메모]

발신(생산)일	1885. 7. 4	수신(접수)일	1885. 7. 4
발신(생산)자		수신(접수)자	
발신지 정보	베를린 외무부	수신지 정보	베를린 외무부

외무부[1]

베를린, 1885년 7월 4일

1883년 12월 26일 체결된 조독수호통상조약 제1조 2항은 다음과 같다.:

"조약당사국 가운데 한 나라와 제3국 사이에 분쟁이 발생할 시 다른 조약당사국은 조약당사국 한쪽의 요청에 따라 분쟁이 우호적으로 처리될 수 있도록 중재에 나서야 한다.

비슷한 규정은 1882년 5월 22일 체결된 미국과 조선의 조약에도 포함되어 있다. 이 규정과 관련해 조독수호통상조약의 내용과 완전히 일치되는 것은 1883년 11월 26일 체결된 조영수호통상조약과 1885년[2] 6월 26일 체결된 조이수호통상조약이다. 1876년 2월 26일 체결된 일본과 조선 간 조약에는 그런 규정이 포함되어 있지 않다.

1884년 7월 7일 러시아와 조선이 체결한 조약 원문에는 그런 표현이 포함되어 있지 않다.[3] 하지만 –제물포 주재 독일제국 영사의 보고에 의하면– 독일과 조선이 체결한 조약과 내용적으로는 일치한다고 한다.

1 [원문 주석] 러시아가 우리에게 앞으로 우리는 무엇을 할 것이냐고 묻는다.

2 [감교 주석] 1884년의 오기로 보임.

3 [감교 주석] 조러수호통상조약 제1조에도 거중조정 내용이 동일하게 담겨 있음.

베를린, 1885년 7월 4일

A. 5430

슈바이니츠 귀하
상트페테르부르크 No. 110

연도번호 No. 3058

젬부쉬가 이달 3일 전보로, 해밀턴항 점령과 관련해 조선이 조약을 맺은 모든 열강들에게 통상조약 제1조의 의무를 충실히 이행해줄 것을 요청했다고 보고했습니다. 러시아가 앞으로 어떻게 할 것인지 조사해서 전보로 보고해주기 바랍니다.

A. 5579[3]

각하의 결정에 따라 작성된 전보를 런던으로 보내기 전, 본인은 삼가 조선 정부가 영국의 의무 이행을 요구하지는 않을 것으로 생각한다는 말씀을 드립니다. 젬부쉬[4]가 "조약을 맺은 모든 열강들"이라고 표현한 것은 영국을 제외한 모든 나라를 의미하는 것입니다.

Br. 7월 8일

---

3 [원문 주석] 영국은 조약을 맺은 열강인가? S. D.가 분명 그 전보를 갖고 있다. [원문 그대로임]

4 [감교 주석] 젬부쉬(O. Zembsch)

긴급

S. D.는 페테르부르크에 보낸 전보가 현재 필요한 수정을 거쳐 런던에 도착했어야 한다고 분명히 말했습니다. 결국 뮌스터 백작한테 영국 정부가 그 문제에 어떤 입장을 취할 것인지 확인해보라는 지시가 내려갔어야 합니다.

Vh. 7월 9일

영국은 1883년 11월 26일 조약[5]을 체결했으며, 조약 제1조는 우리가 맺은 조약의 규정과 일치합니다.

Br. 7월 9일

5 [감교 주석] 제2차 조영수호통상조약

베를린, 1885년 7월 9일 A. 5579

뮌스터 귀하

런던 No.120

메모: 해밀턴항은 영국인들에 의해 점령되었음. 뮌스터 교수가 이곳에서 그 문제에 관해 6개의 정보를 입수했음.

연도번호 No. 3118

젬부쉬가 이달 3일 자 전보에서 보고한 바와 같이 조선은 해밀턴항 점령과 관련해 조약을 맺은 열강들에게 통상조약 제1조에 따른 의무 이행을 요구했습니다. 따라서 영국 정부가 그 문제에 관해 어떤 입장을 취할 것인지 확인해 보고하기 바랍니다.

7월 8일

19

원문 p.679

[영국의 거문도 점령 및 임대 협상에 관한 보고]

발신(생산)일	1885. 7. 10	수신(접수)일	1885. 7. 11
발신(생산)자	뮌스터	수신(접수)자	
발신지 정보	런던 주재 독일 대사관	수신지 정보	베를린 외무부
	No. 180		A. 5657
메모	9월 1일 자 훈령 페테르부르크 457로, 7월 19일 자 훈령 페테르부르크 439로, s. D를 위한 7월 20일 자 메모는 7월 22일 베이징 11에 전보로 발송		

A. 5657　1885년 7월 11일 오전 수신

Zgk 7월 13일 Vh

전보

전보, 1885년 7월 10일　7시　7분

도착　　9시 40분

독일제국 대사

외무부 귀중

해독

No. 180[1]

전보 No. 120[2]에 대한 답신

솔즈베리[3] 경이 본인에게 기밀각서를 보여주었습니다. 그 각서에 의하면 이전 내각이

1 [원문 주석] 지금까지 조선이 외국과 독자적으로 협상할 권리가 있다는 것에 대해서는 의문의 여지가 없었다. 우리 쪽 각서를 통해 청 고위층 견해가 일본 정부에 알려진 걸까? 어쩌면 일본 정부는 정보 보호 차 러시아 내각의 견해를 전보로 보내지 않고 이 전보의 전달을 신중히 고려하고 있을지 모른다.

2 [원문 주석] 삼가 첨부함.

3 [감교 주석] 솔즈베리(The third Marquess of Salisbury)

해밀턴항[4]을 석탄기지로 잠시 점령하기로 결정했으며, 그 사실에 대해 청 정부와 협상을 벌였습니다. 영국은 현재 점령 기간 동안 매년 조선 정부에 임차료를 지불해야 한다는 내용의 조약을 맺기 위해 청 정부 및 조선 정부와 협상을 진행 중입니다.

이곳 정부의 견해에 따르면, 조선은 외교적인 사안에 대해 청으로부터 독립해 협상을 진행할 수 없습니다. 청의 명확한 동의 없는 조선 정부의 외교문서는 국제적으로 아무런 가치가 없습니다.

뮌스터[5]

4 [감교 주석] 거문도(Port Hamilton)

5 [감교 주석] 뮌스터(Münster)

20

원문 p.681

영국인들의 해밀턴항 점령에 대한 조선 주재 총영사 젬부쉬의 보고

발신(생산)일	1885. 5. 19	수신(접수)일	1885. 7. 12
발신(생산)자	젬부쉬	수신(접수)자	비스마르크
발신지 정보	서울 주재 독일총영사관	수신지 정보	베를린 정부
	No. 39		A. 5682
메모	연도번호 No. 252		

A. 5682 1885년 7월 12일 오전 수신

서울, 1885년 5월 19일

No. 39

비스마르크 각하 귀하

모든 정황으로 미루어 볼 때, 영국인들은 조선 남서해안에서 제주도[1]와 육지 사이에, 그리고 부산에서 그리 멀지 않은 곳에 위치한 해밀턴항[2] 및 그 부속도서를 점령할 의도를 갖고 있음이 확실하다는 소식을 각하께 삼가 보고 드리게 되어 영광입니다.

이미 지난달 말에 일본 신문들은 당연히 다시 논쟁거리가 될 만한 소문들에 대해 보도했습니다. 즉 영국인들은 해밀턴항에, 러시아인들은 제주도에 그들의 국기를 게양했다는 내용이었습니다. 하지만 후자의 내용은 확인된 바가 전혀 없습니다. 그 보도는 사실일 가능성이 거의 없는 것 같습니다. 왜냐하면 제주도에는 쓸 만한 항구가 없기 때문에 러시아인들에게 효용성이 전혀 없기 때문입니다.

반면 해밀턴항은 조건이 매우 좋습니다. 그 항구는 해군기지로서, 또 청의 북쪽 항구들 및 조선과 일본에 대한 작전기지로서, 나아가 러시아가 조선과 일본 사이 바다를 장악하기 위한 작전기지로서도 아주 훌륭합니다.

이곳에 있는 일본인들과 청인들, 조선 정부와 조선인들은 이 문제에 대해 매우 불안해하고 있습니다.

---

1 [감교 주석] 제주도(Quelpark)

2 [감교 주석] 거문도(Port Hamilton)

해밀턴항에 대한 보다 자세한 소식은 아직 들어오지 않았습니다. 조선 정부는 증기선을 한 척도 보유하지 못했기 때문에 해밀턴항까지 선박을 이용해서 가는 것은 불가능합니다.

현재 상하이에서 (나가사키-부산 경유) 제물포를 오가는 독일 증기선 "Hever"호가 4월 30일 제물포를 떠나 부산으로 가면서 해밀턴항을 지나던 중에 영국 전함 4척이 그곳 항구에 정박하고 있는 것을 목격했다고 보고했습니다.

영국 포함 한 척이 해밀턴항을 떠나 부산을 방문했다가 다시 해밀턴항으로 돌아갔습니다.

동아시아함대 소속 영국 전함들이 최근 러시아 전함들을 목격하고 그들을 추적하면서 나가사키 및 그 인근지역에 정박하였습니다. 영국 제독은 웨일즈에서 석탄과 장비들을 가득 싣고 온 커다란 증기선 "Thales"호를 자신의 휘하에 두고 있습니다.

계속되는 신문보도에 의하면, 영국 Eastern Extension Telegraph사의 케이블증기선 "Sherard Osborn"호가 영국 포함 "Daring"호와 함께 4월 29일 Wusung을 떠났습니다. 해밀턴항과 나가사키 간에, 혹은 해밀턴항과 상하이 간에 케이블을 연결하기 위해서입니다.

그건 영국인들한테는 매우 중요한 일입니다. 현재 상하이-나가사키-부산을 잇는 케이블은 러시아의 영향을 매우 크게 받고 있는 덴마크 회사 Great Northern Telegraph사의 것이기 때문입니다.

영국 영사관 부영사 파커[3]가 최근 청을 떠나 조선에 들어와 서울에서 하룻밤 묵은 뒤 부산으로 떠났습니다. 아마도 현재 부산까지만 연결돼 있는 전신선을 해밀턴항까지 제대로 연결하기 위해서인 듯합니다.

며칠 전 마산포에 도착한 청나라 딩[4] 제독이 이곳 서울에서 조선 왕을 알현하였습니다. 그 자리에서 조선 왕은 그에게 그의 선박을 이끌고 해밀턴항으로 가서 영국인들이 거기서 무슨 일을 하고 있는지 알아봐 달라고 요청했습니다. 그때 조선 관리도 한 사람 데려가줄 것을 요청했습니다.

딩 제독은 왕의 요청을 수락하고 해밀턴항으로 떠났다가 며칠 뒤 제물포로 돌아왔습니다. 조선인 한 명 이외에 묄렌도르프[5]도 왕의 명령을 받아 청나라 제독과 함께 해밀턴항으로 떠났습니다.

---

3 [감교 주석] 파커(Parker)

4 [감교 주석] 딩루창(丁汝昌)

5 [감교 주석] 묄렌도르프(P. G. Möllendorff)

현재 영국을 대표하는 부영사[6] 애스턴[7]은 질환으로 인해 아직 일본에 머물고 있습니다.) 일단 영국 전함들이 해밀턴항에 정박 중인 목적에 대해 자신은 아는 게 전혀 없다고 말했습니다. 현재 그는 이 문제에 대해 언급을 회피하고 있습니다.

오늘 제물포에서, 러시아인들이 포트 라자레프[8]에 그들의 국기를 게양했다는 소문이 들어왔습니다.

젬부쉬

내용: 영국인들의 해밀턴항 점령에 대한 조선 주재 총영사 젬부쉬의 보고

---

6 [감교 주석] 총영사의 오기로 보임.

7 [감교 주석] 애스턴(W. G. Aston)

8 [감교 주석] 영흥만(Port Lazareff)

21

원문 p.683

영국인들의 해밀턴항 점령

발신(생산)일	1885. 7. 3	수신(접수)일	1885. 7. 12
발신(생산)자	된호프	수신(접수)자	비스마르크
발신지 정보	도쿄 주재 독일공사관	수신지 정보	베를린 정부
	A. No. 27		A. 5685
메모	기밀 7월 15일 자 훈령을 페테르부르크 436, 런던 290에 전달		

A. 5685 1885년 7월 12일 오전 수신, 첨부문서 2부

도쿄, 1885년 7월 3일

A. No. 27

기밀

비스마르크 각하 귀하.

이노우에 백작이 극비리에 본인에게, 영국인들의 해밀턴항 점령에 관한 조선 주재 일본 대리공사의 보고서 발췌본 및 이 문제와 관련해 나가사키에서 묄렌도르프와 영국의 도웰 제독이 주고받은 서신들(금년 5월 24일 자 보고서 A. No. 25 참조)의 사본을 전해주었습니다.

이에 각하께 그것들을 첨부문서로 동봉하여 전달하게 되어 매우 영광입니다. 또한 병 때문에 고베에 머물고 있던 조선 주재 영국 총영사 애스턴[1]은 런던에서 전신으로 보낸 훈령에 따라 영국 전함을 타고 서울로 돌아갔음을 보고 드립니다. 그 며칠 뒤 이곳 러시아 공사관 서기관 슈뻬이예르[2]가 페테르부르크에서 보낸 훈령에 따라 러시아 전함을 타고 그를 뒤따라 서울로 갔습니다.

된호프

내용: 영국인들의 해밀턴항 점령. 첨부문서 2부

---

1 [감교 주석] 애스턴(W. G. Aston)

2 [감교 주석] 슈뻬이예르(A. Speyer)

A. No. 27의 첨부문서

첨부문서의 내용(원문)은 독일어본 684~685쪽에 수록.

A. No. 27의 첨부문서

첨부문서의 내용(원문)은 독일어본 686~687쪽에 수록.

베를린, 1885년 7월 13일 A. 5685

란트차우 백작 귀하.
Varzin No. 5

각료회의 때문에 직접 보고회에 참석할 수 없어, 본인은 이 계획에 동의한다는 뜻을 미리 밝혀둠.

Br, 7월 13일

귀하에게 해밀턴항에 관한 지난달 3일 자 도쿄 주재 독일제국 공사의 보고서를 제출하게 되어 영광입니다. 본 보고서를 오늘 낮에 발송된 슈바이니츠 대사의 보고서 No. 219와 함께 보고회에 제출해줄 것을 요청드립니다.

서투른 영어로 작성된 첨부문서들은 여기 사본으로 첨부된 5월 24일 자 도쿄 발 보고서를 부연 설명한 것입니다.
(:페테르부르크와 런던, 그리고 독일 궁중에 전달되었습니다.)

6월 3일 자 보고서의 첨부문서들에 새로 포함된 내용은 아래와 같습니다.

1. 도쿄 주재 청 공사의 5월 10일 자 통지에 따르면, 영국 정부는 Tseng 후작을 통해 청 정부에 은밀히 해밀턴항 점령을 인정해주도록 요청했습니다. 또한 그 무렵 러시아 정부는 청 정부에 영국의 요구를 받아주지 말라고 요청했습니다. 따라서 영국과 러시아는 조선 정부의 수장을 무시한 채 협상을 벌이고 있는 것입니다.

2. 도쿄 주재 청 공사는 해밀턴항의 전략적 중요성을 확실히 깨달은 뒤 본국 정부에 보내는 보고서에서 점령에 동의하지 않는다는 뜻을 명확히 밝혔으며 동시에 Tseng 후작한테도 같은 내용의 정보를 전달하였습니다.

3. 조선 외아문 독판은 조선과 영국 사이에 해밀턴항에 관한 협정이 존재한다는 사실을 부인하고 있습니다.

동시에 도착한 5월 17일 자 서울(조선의 수도) 발 젬부쉬의 보고서에 따르면, 러시아가 포트 라자레프에 러시아 국기를 게양했다는 소문이 제물포에 돌고 있다고 합니다. (Port Lazareff는 조선 동해안, 북위 39도에 위치한 항구로 아무르 유역 최남단에서 그리 멀지 않은 곳입니다.) 젬부쉬는 현재 문제되는 항구는 그다지 가치가 없는 제주도의 해밀턴항이 아니라 조선 본토 해안에서 가까운 동명의 어느 항구(남해에 있는 어느 군도)라고 보고했습니다. 이것은 독일에서 건조된 전함의 승무원들을 교육하기 위해 청에 간 독일 공병대위 헤닝[3] 이 금년 2월 8일 외부부에 올린 보고와 내용이 일치합니다.

3 [감교 주석] 헤닝(Henning)

외무부 No. 5 베를린, 1885년 7월 13일

4개의 첨부문서에 덧붙여.

독일제국 비밀 공사관 참사관
란트차우 백작 귀하
현재 Varzin 체류

7월 18일 자 훈령 페테르부르크 436, 런던 290에 발송

귀하에게 해밀턴항에 관한 지난달 3일 자 도쿄 주재 독일제국 공사의 보고서를 제출하게 되어 영광입니다. 본 보고서를 오늘 낮에 발송된 슈바이니츠 대사의 보고서 No. 219와 함께 보고회에 제출해줄 것을 요청드립니다.

서투른 영어로 작성된 첨부문서들은 여기 사본으로 첨부된 5월 24일 자 도쿄 발 보고서를 부연 설명한 것입니다. (페테르부르크와 런던, 그리고 독일 궁중에 전달되었습니다.)

6월 3일 자 보고서의 첨부문서들에 새로 포함된 내용은 아래와 같습니다.

1. 도쿄 주재 청 공사의 5월 10일 자 통지에 따르면, 영국 정부는 Tseng 후작을 통해 청 정부에 은밀히 해밀턴항 점령을 인정해주도록 요청했습니다. 또한 그 무렵 러시아 정부는 청 정부에 영국의 요구를 받아주지 말라고 요청했습니다. 따라서 영국과 러시아는 조선 정부의 수장을 무시한 채 협상을 벌이고 있는 것입니다.

2. 도쿄 주재 청 공사는 해밀턴항의 전략적 중요성을 확실히 깨달은 뒤 본국 정부에 보내는 보고서에서 점령에 동의하지 않는다는 뜻을 명확히 밝혔으며 동시에 Tseng 후작한테도 같은 내용의 정보를 전달하였습니다.

3. 조선 외아문 독판은 조선과 영국 사이에 해밀턴항에 관한 협정이 존재한다는 사실을 부인하고 있습니다.

동시에 도착한 5월 17일 자 서울(조선의 수도) 발 젬부쉬의 보고서에 따르면. 러시아가 포트 라자레프에 러시아 국기를 게양했다는 소문이 제물포에 돌고 있다고 합니다. (Port Lazareff는 조선 동해안, 북위 39도에 위치한 항구로 아무르 유역 최남단에서 그리 멀지 않은 곳입니다) 젬부쉬는 문제되는 항구가 별로 가치가 없는[4] 제주도에 있는 해밀턴항이

아니라 조선 본토의 해안에서 가까운 같은 이름의 어떤 항구(남해에 있는 어느 군도)라고 언급하고 있습니다. 이러한 언급은 독일에서 건조된 전함의 승무원들을 교육하기 위해 청나라에 간 독일 공병대위 헤닝이 금년 2월 8일에 외부부에 올린 보고와 일치합니다.

하츠펠트[5]

4 [원문 주석] 런던 S.와 상트페테르부르크 B.가 그게 사실인지 여부를 묻는다.

5 [감교 주석] 하츠펠트(Hatzfeldt)

22

원문 p.692

해밀턴항과 조선에 관해 기르스와 나눈 대화

발신(생산)일	1885. 7. 8	수신(접수)일	1885. 7. 13
발신(생산)자	슈바이니츠	수신(접수)자	비스마르크
발신지 정보	페테르부르크 주재 독일대사관	수신지 정보	베를린 정부
	No. 219		A. 5709
메모	7월 13일 자 훈령 페테르부르크 439에 전달		

A. 5709 1885년 7월 13일 오전 수신

상트페테르부르크, 1885년 7월 8일

No. 219

비스마르크 각하 귀하

평소 기르스와 친밀한 관계를 맺고 있던 덕분에 본인은 기르스[1] 딸 장례식이 있던 어제 Oranienbaum 건너편에 있는 그의 빌라를 방문할 수 있었습니다. 반복되는 가족의 불행으로 인해 기르스의 기분이 몹시 저조했음에도 불구하고 그 자리에서 정치에 대해 이야기할 기회가 있었습니다.

본인은 조선과 관련해 이달 4일 전신으로 받은 훈령 No. 110에서 제기한 문제를 빨리 처리해야 할 입장이었기 때문에 화제를 그쪽으로 유도했습니다. 그러자 기르스는 그 문제에 대해 비교적 길게 아래와 같이 답변했습니다.

"우리는 조선이 영국의 해밀턴항[2] 점령과 관련해 조약을 체결한 열강들에게 의무 이행을 요청했다는 소식을 전혀 듣지 못했습니다. 비준문서를 전달할 임무를 부여받은 우리 총영사 베베르[3]는 아직 조선에 도착하지 못했으며, 일본 주재 러시아 영사관에서 파견한[4] 공사관 참사관 슈뻬이예르[5]는 서울에 도착했다는 보고가 아직 없습니다. 도쿄 주재

1 [감교 주석] 기르스(N. Giers)

2 [감교 주석] 거문도(Port Hamilton)

3 [감교 주석] 베베르(K. I. Weber)

4 [원문 주석] 지난 달 3일 자 된호프 백작의 보고에 의하면, 슈뻬이예르는 페테르부르크의 지시를 받고 러시

공사의 마지막 보고에는 묄렌도르프가 해밀턴항에 다녀왔다는 언급이 있습니다. 나는 이제 다비도프[6]한테, 우리 측 대표 슈뻬이예르가 목적지에 도착했는지 여부와 조선 정부가 그에게 우리의 의무 이행을 요청했는지 여부를 묻는 전보를 보낼 예정입니다."

"해밀턴항은 우리한테 '가장 중요한' 곳입니다. 우리는 영국인들을 해밀턴항에서 나가게 하는 것에 지대한 관심을 갖고 있습니다."

"당신도 알다시피 나는 스탈[7] 남작을 통해 영국 내각과 협상을 진행하는 동안 그 문제를 전혀 거론하지 않았습니다. 당신도 기억하겠지만 나는 대화를 나누던 중 해밀턴항 문제와 관련해 손튼[8] 경한테 딱 한 번 이의를 제기했습니다. 그러자 손튼 경은 나한테, 그가 알기로 그건 결코 점령이 아니라 단지 석탄과 물을 저장하기 위한 시설물을 설치하기 위한 것이라고 대답했습니다. 현재 나는 런던 주재 러시아 대사한테, 손튼 경이 했던 발언이 사실로 확인되기를 기대하고 있다고 런던 정부에 명확히 전달하라는 지시를 내린 상태입니다." 본인이 조선 정부가 의무 이행을 요청할 경우 러시아는 어떻게 할 것이냐고 묻자 기르스는 상트페테르부크 내각은 조약을 체결한 다른 열강들의 조처를 지지할 것이라고[9] 대답했습니다.

장관의 발언을 듣고 본인은 이곳에서는 전체적으로 최고위층이 동아시아 문제에 커다란 비중을 두고 있기는 하지만 본격적으로 해밀턴항 문제를 다루기 전에 아프가니스탄 국경분쟁을 끝내고 싶어 하는 것 같은 인상을 받았습니다. 본인이 보기에, 만약 현재 이 문제가 조선 정부의 일련의 조처들로 인해 더 오래 미룰 수 없을 경우 기르스는 다수의 다른 조약체결 열강들과 공동 행동에 나설 수 있는 좋은 기회를 열심히 찾고 있는 것으로 보입니다. 그럴 경우 당연히 미국이 어떤 입장을 취할 것인지가 그의 가장 큰 관심사입니다.

청이 영국의 해밀턴항 점령과 관련해 어떤 입장인지에 대해서 러시아 장관은 명확히 모르고 있습니다.[10] 그는 영국이 러시아와의 전쟁 발발 위험 때문에 청에 손을 내밀려

아 전함을 타고 서울로 떠났다.(A. 5685)

5 [감교 주석] 슈뻬이예르(A. Speyer)

6 [감교 주석] 다비도프(Dawidow)

7 [감교 주석] 스탈(E. E. Staal)

8 [감교 주석] 손튼(E. Thornton)

9 [원문 주석] 그 문제에 주목하라고 우리한테 지시하는 것은 전혀 독일에 이롭지 않다.

10 [원문 주석] 우리 역시 모른다!

한다고 생각합니다. 그래서 영국이 하트[11]를 통해 청과 프랑스 간 평화 중재에 나서려는 것으로 추정하고 있습니다. 이러한 중재의 반대급부는 청이 영국의 해밀턴항 점령을 인정하는[12] 것입니다. 그러한 추정에 대한 증거는 없습니다. 베이징 주재 러시아 공사는 러시아 장관의 추정이 옳다는 아무런 정황도 제시하지 못했습니다. 하지만 기르스는 영국과 청 사이에 뭔가 협상이 진행되었을 거라는 의심을 거두지 못하고 있습니다.[13] 그의 이러한 의심은 아마도 영국과 청의 협력이 아무르 지역에 심각한 결과를 초래할 수도 있다는 인식에서 나오는 것 같습니다.[14]

슈바이니츠

내용: 해밀턴항과 조선에 관해 기르스와 나눈 대화

11 [감교 주석] 하트(R. Hart)

12 [원문 주석] 맞다!

13 [원문 주석] 사실이다!

14 [원문 주석] 본인은 이러한 협력이 확실하다고 생각한다. 또한 기르스가 추정하는 것처럼 프랑스와의 평화 중재도 있을 것이다. 본인은 영국 측 소식통으로부터 그에 관한 충분한 정황증거들을 확보했다.

23

원문 p.695

[영국의 거문도 점령이 미칠 영향과 조선 중립화가 독일인에 이익이 되리라는 보고]

발신(생산)일	1885. 5. 25	수신(접수)일	1885. 7. 13
발신(생산)자	젬부쉬	수신(접수)자	비스마르크
발신지 정보	서울 주재 독일총영사관	수신지 정보	베를린 정부
			A. 5726
메모	개인 서신에서 발췌		

A. 5726 1885년 7월 13일 오후 수신

개인 서신에서 발췌

서울, 1885년 5월 25일

비록 해밀턴항[1] 점령을 통지할 때 영국인들이 그것을 일시적인 예방조처라고 했음에도 불구하고 영국인들은 그곳에 계속 정주하려는 목적을 갖고 있는 것으로 보입니다. 그들은 건축자재들과 비품들을 그곳으로 가져갔으며 여러 척의 전함으로 항구를 계속 점령하고 있습니다. 신문 보도들에 따르면, 상하이-해밀턴항-나가사키 간에 전신케이블을 연결할 것이라고 합니다.

조선 정부와 국민들은 해밀턴항 점령에 대해 몹시 불안해하고 있습니다.

외아문 독판[2]은 외국 대표들한테 이것을 막기 위해 조선이 어떤 조처를 할 수 있는지 조언을 구한 뒤 일단 임시로 해밀턴항 점령에 이의를 제기했습니다.

영국인들의 이러한 행위는 조선에 매우 나쁜 결과를 초래할 수 있습니다. 해밀턴항은 전략적으로 매우 중요한 위치에 있습니다. 해밀턴항은 조선의 여러 항구들 가운데 지정학적으로 가장 좋은 위치에 있어 군사작전 기지로 활용될 수 있습니다. 청의 북쪽 항구들 및 조선 본토나 일본과 맞서는 군사작전에 활용할 수도 있고 중국해에서 러시아의 동아

1 [감교 주석] 거문도(Port Hamilton)

2 [감교 주석] 김윤식(金允植)

시아 쪽 영토로 이어지는 수로를 제어하기에도 유리합니다.

만약 러시아한테 적대적인 행동에 나설 핑계거리를 제공할 생각이 아니라면 조선은 절대 이 점령을 인정해서는 안 됩니다.

러시아는 다른 나라들의 조선 점령을 막기 위해 현재 그들에게 적합한 조선의 영토 일부를 점령할 우려가 있습니다.

제물포에서는 벌써 러시아인들이 포트 라자레프[3]에 그들의 깃발을 게양했다는 소문이 돌고 있습니다.

일본인들이 그와 비슷한 행동에 나설 수도 있습니다.

조선의 운명에 관심이 있는 다른 모든 열강들은 영국인들이 취한 것과 똑같은 행동을 할 수 있는 많은 권리를 갖고 있습니다.

만약 조선이 체결한 우호조약들이 그런 식의 폭력(영국인들의 해밀턴항 점령)으로부터 조선을 지켜주지 못한다면 조선인들은 현재 외국인들을 받아들인 것을 후회하게 될 것입니다. 또한 만약 대원군처럼 열정적인 인물이 정부 수반에 오르게 되면 이곳에 있는 모든 외국인들한테 안 좋은 상황이 전개될 것입니다. 어쨌든 영국인들의 행동으로 인해 조선에 우호적인 방법으로 무역과 산업을 도입하려던 다른 열강들의 노력이 상당히 큰 손해를 입게 될 것입니다.

조선 정부는 중립화를 희망하고 있습니다. 영국인들의 해밀턴항 점령은 조선의 중립화를 제안하고 조약을 맺은 열강들의 공동 보장하에서 중립화를 관철시킬 수 있는 계기가 될 수 있습니다. 해밀턴항이 러시아에 의해 점령되지 않을 거라는 확실한 보장만 있다면 어쩌면 영국은 해밀턴항에서 다시 철수할 수도 있습니다.

만약 영국이 그에 동의하고 해밀턴항을 다시 포기하면 러시아는 아마 조선의 중립화를 찬성할 것입니다. 청과 일본은 아마도 거기에 만족할 것입니다. 독일과 미국, 이탈리아, 오스트리아, 프랑스 역시 중립화에 찬성할 수 있는 근거들을 찾을 것입니다.

현재 영국과 러시아 간에 긴박하게 전개되는 전쟁발발 위험이 다행스럽게도 이대로 사라진다 해도 향후에도 이 두 나라 간에 충돌을 유발할 수 있는 원인들은 여전히 남아 있습니다. 그럴 경우 러시아와 영국에 이곳 동아시아의 조선과 해밀턴항은 계속 상대방에 대한 의심과 질투의 대상으로 남아 있을 것입니다.

조선 정부는 앞으로도 오랫동안 스스로 제 영토를 지킬 수 없을 것입니다.

지금까지는 청이 그 역할을 맡아왔습니다. 물론 청은 진짜 인정받을 만한 가치가 있

---

3 [감교 주석] 영흥만(Port Lazareff)

을 뿐 아니라 전혀 이기적이지 않은 방식으로 그 역할을 수행했습니다. 즉 조선에 도움을 주는 아버지와 같은 역할이었다고 할 수 있습니다. 하지만 청은 프랑스와의 갈등으로 인해 압박을 받고 있었던 데다가 최근 일어난 반란으로 인해 지금까지 해왔던 보호자역할을 포기하게 되었습니다.

본인이 보기에 이것은 매우 안타까운 일이 아닐 수 없습니다. 만약 청이 해왔던 보호자의 역할을 이제 모든 조약체결국들의 보호가 대신하게 될 경우 그것은 일종의 조선 중립화의 형식이 될 가능성이 매우 높습니다.

그렇게 될 경우 독일인들은 이익을 얻게 될 것입니다. 만약 그런 조처가 없다면 독일인들의 이익은 계속해서 침해 받을 것입니다.

(서명) 젬부쉬

24

원문 p.697

[러시아 외무장관이 황제에 조선 측 거중조정 요청에 응하는 훈령을 내려달라고 요청하리라는 보고]

발신(생산)일	1885. 7. 13	수신(접수)일	1885. 7. 16
발신(생산)자	슈바이니츠	수신(접수)자	비스마르크
발신지 정보	페테르부르크 주재 독일대사관	수신지 정보	베를린 정부
	No. 223		A. 5798

A. 5798 1885년 7월 16일 오전 수신

상트페테르부르크, 1885년 7월 13일

No. 223[1]

비스마르크 각하 귀하

해독

해밀턴항에 대한 이달 8일 자 보고서 No. 219에 이어서.

기르스[2]는 사절로 파견된 공사관 서기관 슈뻬이예르[3]로부터 조약체결국들에 대한 조선의 요청에 대해 아직 아무 보고도 받지 못했다고 했습니다. 그럼에도 불구하고 그는 러시아의 Alexander 황제한테 내일 Schuwaloff 백작한테 아래와 같은 훈령을 보내도록 허락해줄 것을 요청할 예정이라고 합니다. 즉 우리가 제공한 소식에 대한 러시아 정부의 감사인사를 전하고, 더불어 러시아는 조선 문제에 대해 가장 큰 관심을 갖고 있기 때문에 다른 조약체결국들과 함께 조선의 요청에 응할 것이라는 내용의 훈령입니다. 물론 그는 조선과 러시아가 체결한 조약의 비준서 교환을 기대하지는 않고 있습니다.

기르스는 러시아 황제가 그의 제안을 수락할 것이라고 확신하고 있습니다.

슈바이니츠

1 [원문 주석] 실제로 영국의 W에게 어떤 내용이 전달되었나?

2 [감교 주석] 기르스(N. Giers)

3 [감교 주석] 슈뻬이예르(A. Speyer)

25

원문 p.698

[조선 정부가 거중조정 시행 연기를 요청했다는 보고]

발신(생산)일	1885. 7. 17	수신(접수)일	1885. 7. 17
발신(생산)자	젬부쉬	수신(접수)자	
발신지 정보	서울 주재 독일총영사관	수신지 정보	베를린 외무부
	No. 4		A. 5824
메모	추신. 7월 28일 자 훈령 페테르부르크 439에 전달 발신지 상하이		

A. 5824　1885년 7월 17일 오전 수신

전보

상하이, 1885년 7월 17일　10시 20분
도착　10시 25분

독일제국 총영사
외무부 귀중

해독

No. 4

추신. 7월 28일 자 훈령 페테르부르크 439에 전달
조선 정부가 중재를 연기해줄 것을 요청함.

젬부쉬

베를린, 1885년 7월 18일, 첨부문서 3부 A. 5685

첨부문서 1
슈바이니츠
상트페테르부르크 No. 436
L. R. 폰 홀슈타인에게 정보로
제공함

첨부문서 2
뮌스터 백작
런던 No. 209

기밀
연도번호 No. 3256

귀하에게 해밀턴항과 관련해 란트차우 백작한테 보내는 서신의 사본을 개인적인 정보로 제공하게 되어 영광입니다. 또한 이 서신의 내용을 귀하의 재량에 따라 사용할 수 있는 권한을 드립니다.

앞에 언급된 서신에서 말하는 섬이 제주도에 있는 해밀턴항이 아니라 조선 본토 해안에서 가까운 곳에 위치한 동명의 다른 섬이라는 젬부쉬의 발언이 맞는지 확인하는 것이 중요합니다. 은밀히 그것에 대해 알아본 뒤 그 결과를 보고해주기 바랍니다.

또한 귀하에게 해밀턴항과 관련해 란트차우 백작한테 보내는 서신의 사본을 개인적인 정보로 제공하게 되어 영광입니다.

이것도 (위의 서신과 마찬가지로) 중요합니다.

7월 17일

26

원문 p.700

[영국이 상하이–제주도 혹은 상하이–거문도 간 해저전선을 놓으려 한다는 정보 보고]

발신(생산)일	1885. 7. 11	수신(접수)일	1885. 7. 18
발신(생산)자	슈바이니츠	수신(접수)자	비스마르크
발신지 정보	페테르부르크 주재 독일대사관	수신지 정보	베를린 정부
	No. 225		A. 5854
메모	기회를 봐서		

사본

A. 5854 1885년 7월 18일 오후 수신

상트페테르부르크, 1885년 7월 11일

No. 225

극비!

비스마르크 각하 귀하

상트페테르부르크의 덴마크 전신회사 대표가 입수한 정보에 따르면, 영국이 상하이와 제주도[1], 혹은 상하이와 해밀턴항[2]을 해저케이블로 연결한다고 합니다. 그렇게 될 경우 앞에서 언급한 회사는 피해를 입게 됩니다. 덴마크 쪽 견해에 따르면, 다른 나라 경쟁자를 배제한다는 계약을 청과 체결한 그 회사의 권리가 침해당하기 때문입니다. 그 회사는 러시아의 시베리아 전선을 이용해 빠른 속도로 증가하는 유럽과 동아시아 간 전신의 대부분을 확보하고 있습니다. 또한 프랑스의 전쟁관련 급보들을 거의 독점적으로 처리했고, 대부분 독일인들이 갖고 있다고 하는 주식들도 가격이 상승했습니다. 러시아 쪽에서도 그 회사를 선호했습니다. 본인이 이곳 전신망 관리자와 수차례 은밀히 이야기를 나눴으나 소용없었다고 반복해서 보고했다시피, 러시아는 페테르부르크–Fanö–파리 간 전신망을 선호하기 때문입니다.

1 [감교 주석] 제주도(Quelpark)

2 [감교 주석] 거문도(Port Hamilton)

본인의 덴마크 동료는 최근 Mangaly 외무부장관에게 영국의 케이블 설치에 관해 집중적으로 보고해 큰 반향을 불러 일으켰습니다. Kjoer 장군은 덴마크 회사는 이제야 비로소 조선 정부와의 접촉에 나섰다면서 영국인들이 상하이-제주도 간 케이블 설치로 덴마크 회사를 앞서게 될 것이라고 덧붙였습니다.

그런데 러시아 전함 몇 척이 그 바다에 정박 중임에도 불구하고 현 시점에서 진짜 흥미로운 영국 측의 이러한 시도들에 대해 러시아 내각에 아무런 보고도 올라가지 않았다는 것은 이상합니다. 따라서 덴마크 쪽 정보의 정확성에 대해 의문의 여지가 남아 있습니다.

Mangaly 외무부장관은 Kjoer 장군한테, 총영사 베베르가 그의 임지인 서울에 도착할 때까지는 아무 일도 일어날 수 없다고 답변했습니다.

(서명) 슈바이니츠

원문: 제II국

베를린, 1885년 7월 19일 A. 5709, 5657

슈바이니츠 귀하.
상트페테르부르크 No. 439

괄호 친 부분은 제외하고 연필로 수정한 부분은 주의하기 바람.

연도번호 No. 3279

기르스와 해밀턴항 및 조선에 관해 나눈 대화를 담은 7월 8일 자 보고서에, 기르스가 영국과 청 사이에 협의가 진행되고 있을 거라고 의심하고 있다는 언급이 있습니다. 또한 기르스는 청이 프랑스와 평화협상을 진행하는 동안 영국인들이 청인들에게 우호적인 태도를 보여준 것에 대한 반대급부로 베이징 사람들이 영국의 해밀턴항 점령을 용인할 거라는 의구심을 지우지 못하고 있습니다.

기르스가 아주 조심스럽게 표명했던 의구심은 근거가 있다는 사실이 드러났습니다. 우리는 적어도 영국과 청 사이에 모종의 합의가 있었으며 -영국 측 소식통으로부터 나온 입증된 정황들을 고려해 볼 때- 기르스의 추정대로 그것이 프랑스와의 평화협상과 어느 정도 연관이 있는 게 확실하다고 생각합니다.

개인적인 정보인 런던 주재 독일제국 대사의 7월 10일 자 전보를 사본으로 첨부하였습니다. 기르스와 은밀한 대화를 나누게 될 경우 본인은 그에게 그 내용을 전달하려 합니다. 그 전보에 따르면, 기르스는 여전히 영국과 청 사이에 합의가 있었을 거라는 의구심을 갖고 있는 것으로 보입니다. 왜냐하면 조선의 어느 항구 점령과 관련해 영국이 이미 청 정부와 협상을 진행했을 뿐만 아니라 영국은 청의 명확한 동의 없이 이루어지는 조선 정부의 항의를 아무런 가치가 없다고 간주하고 있기 때문입니다. 영국인들은 해밀턴항 점령을 청이 용인해줄 것으로 확신하고 있을 뿐만 아니라 조선의 항의에도 불구하고 이루어지는 청의 용인을 즐기는 것으로 보입니다.

지금까지 유럽에서는 조선이 독자적으로 외교협상을 진행할 권한을 갖고 있다는 것에 일말의 의문도 품지 않았습니다. 지난 몇 년 동안 조선이 여러 열강들과 맺은 조약들에서 -1883년 11월 26일 영국과 맺은 조약을 포함해서- 조선 왕은 독립적인 군주로 등장했습니다. 상기 조약들이 국제적인 가치를 갖기 위해 청의 명확한 동의가 필수적이라는 사실은 그 어디에도 언급되어 있지 않습니다.[3] 따라서 조선은 청에 종속되어 있으며, 외교적인 사안들에 대해 독자적 협상 권한이 없다는 영국 정부의 견해는 새로운 것입니다.

본인은 기르스한테 이 문제에 관한 러시아 정부의 입장을 밝혀달라고 요청했습니다. 런던의 전보가 그에 맞는 기회를 제공하고 있습니다.

이것에 대한 추신(A. 5824)

L. 7월 18일

3 [원문 주석] ["상기 조약들이…… 않습니다." 문장은 제삼자에 의해 삭제되었다.]

27

원문 p.704

[슈뻬이예르가 조선 측의 거중조정 요청을 러시아에 보고했다는 정보 보고]

발신(생산)일	1885. 7. 16	수신(접수)일	1885. 7. 19
발신(생산)자	슈바이니츠	수신(접수)자	비스마르크
발신지 정보	페테르부르크 주재 독일대사관	수신지 정보	베를린 정부
	No. 233		A. 5887
메모	7월 22일 자 1차 훈령을 페테르부르크 446에 전달		

A. 5887 1885년 7월 19일 오전 수신

상트페테르부르크, 1885년 7월 16일

No. 233[1]

비스마르크 각하 귀하

7월 22일 자 1차 훈령을 페테르부르크 446에 전달

해독

조선으로 파견된 도쿄 주재 러시아 공사관 서기관 슈뻬이예르[2]가, 조선 정부가 해밀턴항[3] 문제와 관련해 러시아의 의무 이행을 요청했다고 보고했습니다. 기르스[4]는 베를린 주재 대사한테 이 문제에 관한 훈령을 하달했습니다. 또한 슈뻬이예르는 묄렌도르프[5]의 입지가 흔들리고 있다고 보고했습니다. 영국을 비롯해 그리 가깝지 않은 나라들 대표들이 묄렌도르프에 대해 거부감을 부추기고 있습니다. 그러자 묄렌도르프만 의지했던 슈뻬이예르는 자신이 아무 것도 할 수 없다는 것을 깨닫고 조선을 다시 떠나기로 했습니다.

기르스는 총영사 베베르[6]가 곧 부임지에 도착할 것으로 믿고 있습니다.

슈바이니츠

1 [원문 주석] 우리는 묄렌도르프와 아무런 교류가 없으며 그에게서 아무런 보고도 받지 않는다.

2 [감교 주석] 슈뻬이예르(A. Speyer)

3 [감교 주석] 거문도(Port Hamilton)

4 [감교 주석] 기르스(N. Giers)

5 [감교 주석] 묄렌도르프(P. G. Möllendorff)

6 [감교 주석] 베베르(K. I. Weber)

베를린, 1885년 7월 20일[7]　　A. 5657에 대해

내용: 조선과 청의 관계 및 해밀턴항에 대해
vSD, 7월 28일

보고자: 린다우(W. L. R. Rindau)

A. 5678 참조(Marg. v. S. D.와 함께)

청과 조선의 관계는 명확하지 않습니다.

I. 청 황제는 조선 왕국이 청의 통치하에 있다고 주장합니다.

II. 조선은 최근에도 여전히 청의 내정 간섭을 받고 있습니다. 하지만 한편으로 외교관계에서는 독립적인 국가로 행동합니다.

III. 일본은 청 정부가 조선의 문제에 어떤 식으로든 개입할 수 있다는 사실을 단호히 거부합니다. 유럽 열강들과 미국 역시 독립적인 조선과 협상했다. 조선과 맺은 조약들은 청을 고려하지 않고 비준되었고 청의 동의나 항의 없이 효력이 발생했습니다.

〈I 에 대해〉

청에 대한 조선의 지위에 대한 청 측 견해는 관보 북경신문에 공표된 황제의 여러 칙령에 언급되어 있습니다. 조선의 소요사태 때 발표된 1882년 9월 23일 자 황제의 칙령은 아래와 같이 시작됩니다.:

"우리 만주-청 왕조의 통치 아래 있는 조선 왕국은 그 군주가 수세기 전부터 우리의 허락하에 우리 제국의 변방에서 통치해 왔으며, 오래전부터 우리에게 특별한 경의와 충성을 보여주고 있다는 평판을 들어왔다. 또한 우리는 조선 왕국을 늘 우리에게 속한 것으로 간주했다. 우리는 법 대신 온유와 은총이 그곳을 지배하기를 원했기 때문에 왕의 부친[8]을 우리나라 직예[9] 지방에 있는 보정부[10]에 구금시키도록 조처한 것이다."(1882년

7 [원문 주석] 우리한테는 청과의 관계가 조선과의 관계보다 더 중요하다. 따라서 조선을 고려해, 혹은 국법상의 영토를 고려해 청과의 관계를 손상시키지 않는 것이 바람직하다. 그런 일이 일어날 경우 청의 요구에 따라 우리의 입장이 모순에 빠질 수 있기 때문이다. 조선에서는 얻을 것이 많지 않다. 조선 문제에 대해 우리가 어떤 입장을 밝힐 필요가 있을 경우 일단 그 문제를 다루는 것에 대해 러시아와 협상할 필요가 있다. 협상할 필요가 없다면 후자가 더 낫다.

8 [감교 주석] 흥선대원군(興宣大院君)

9 [감교 주석] 직예(直隸)

9월 29일 자 베이징 발 보고서 A. 7061 참조)

그 조처는 실행되었습니다. 하지만 조선 왕이 청 황제에게 공손한 형식으로 아버지를 풀어달라고 올린 청원은 거부되었습니다. 브란트는 조선 왕의 부친에 대한 청의 조처에 대한 보고서에서 그 조처가 베이징의 외국인들 사회에 나쁜 인상을 주었다고 했습니다. 왜냐하면 그것은 "조선은 내치에서 완전히 독립적이라고 했던 청의 과거 설명들과는 반대로 실제로는 여전히 청이 자신을 조선의 종주국으로 여기고 있다는 것을 암시했기 때문입니다."[11] 청이 과거에 조선은 내치는 물론이고 대외적으로도 완전한 독립국가라고 언급한 문서들을 찾아보았으나 이곳에서는 전혀 찾지 못했습니다. 하지만 베이징 주재 독일제국 공사한테 그런 문서를 찾아 보고하라는 명령이 하달되었습니다.

관보인 베이징 신문에 공표된 내용들과 관련해서 브란트는, 종종 그 어떤 정당성도 없이 국민들에게 청 황제가 세상에서 가장 강력한 군주이며 무소불위의 권한들을 소유하고 있다고 강조하는 것은 청 정부의 일종의 관례라고 언급했습니다. 하지만 실제로는 이른바 그가 갖고 있다는 권한들 가운데 상당수는 전혀 실행되지 않을 뿐더러 전혀 실행될 수도 없는 권한들입니다.

〈II에 대해〉

1885년 2월 9일 부들러[12] 부영사는 서울에서 이렇게 보고했습니다.:

"조선 왕은 아주 화려한 모습으로 청나라 황제의 사절을 방문했습니다. 청나라 측에서는 이 행차를 조선 왕이 청의 종주권을 다시 명확하게 인정하는 것으로 해석할 것입니다. 조선인들 스스로 청 황제를 항상 그들의 군주로 인정할 준비가 되어 있다는 것입니다."

반면 주목할 만한 사실은 일본 주재 조선 공사관이 반복해서 조선이 독립 국가라는 사실을 강조하는 것입니다.(1882년 10월 25일 자 도쿄 발 보고서 A. 7168과 비교.)

〈III에 대해〉

일본 정부는 항상 청이 조선에 대한 종주권을 갖고 있다는 사실을 인정하지 않았습니다. 일본이 최근(1885년 4월 18일) 조선에서 벌어진 사건들과 관련해 청과 체결한 조약은 특히 청은 조선에 주둔 중인 모든 군대를 일본군과 동시에 조선에서 철수시킬 것이며,

---

10 [감교 주석] 보정부(保定府)

11 [원문 주석] 의심의 여지가 없다.

12 [감교 주석] 부들러(H. Budler)

양국은 독자적인 조선 군대의 양성을 조선 왕에게 맡겨야 한다는 규정을 담고 있습니다. 또한 청은 이번 기회에 실제로 그들이 조선에서 다른 열강들에게 허용된 것 이상의 권리를 갖고 있지 않다는 사실을 인정하였습니다.

〈III에 대해〉

조선이 미국 및 유럽의 열강들과 체결한 조약들에는 단지 조선 왕의 이름만 등장합니다. 조선 왕 단독으로 조약과 관련한 협상을 진행하는 조선 대표에게 전권을 부여한 것입니다. 1883년 11월 26일 영국이 조선과 체결한 조약에도 청의 종주권에 대한 암시는 전혀 없습니다.

따라서 "조선은 청의 명확한 동의 없이는 그 어떤 외교 협상도 시작할 수 없다."는 영국 측의 현재 견해는 새로운 것으로, 지금까지 조선과 영국의 관계에 대해 알려진 모든 것들과 모순됩니다.

일본에서 들어온 예전 보고들에 의하면, 이미 수년 전부터 러시아와 일본 사이에 조선과 관련해 확실한 협약이 존재합니다. 아이젠데허[13]의 1879년 12월 30일 자 보고서에 따르면, 해리 파크스 경이 그 협약서 사본을 5천 달러에 구입했다고 합니다. -그에 따르면 영국과 청은 조선과 관련한 러시아의 계획들 및 러시아와 일본 간의 협약을 저지하기 위한 특별한 목적으로 오래전부터 협의를 진행해온 듯합니다.

영국이 조선과 청의 관계에 대해 새로운 견해를 제시한 것은, 영국 정부가 청이 그들의 해밀턴항 점령을 용인해줄 것이라고 확신하고 -혹시 있을지도 모르는 조선의 반대 의사를 무시하고- 해밀턴항을 점령하는 데 이용하기 위한 목적으로 보입니다. 조선 정부가 해밀턴항 점령과 관련해 조약체결국들한테 했던 중재 요청을 갑자기 다시 철회한 것 역시 조선에 대한 청의 영향력 탓인 듯합니다.

---

13 [감교 주석] 아이젠데허(Eisendecher)

베를린, 1885년 7월 20일

A. 5798, A. 5657에 대해

내용: 해밀턴항에 대해

린다우(W. L. R. Rindau)가
S. D.를 위해 정서(淨書)함.

연도번호 No. 3293

우리 측에서 9일 전보로 런던에 조선이 통상협정 제1조에 의거해 조약체결국들한테 해밀턴항 점령과 관련해 의무 이행을 요청했다는 사실을 전했습니다. 동시에 뮌스터 백작한테 영국 정부는 조선의 요청에 대해 어떤 입장을 취할 것인지 알아보라고 지시했습니다.

뮌스터 백작은 그 지시에 대해 전보로(A. 5697에 첨부함), 영국 정부는 해밀턴항 점령 때문에 청과 협상을 진행 중이며, 영국 정부는 청의 명백한 동의 없는 조선 정부의 항의는 국제적으로 아무런 가치가 없는 것으로 간주하고 있다고 보고했습니다.

그 전보는 오늘 S. D.의 결정에 따라 (연락병을 통해) 페테르부르크에 전달되었으며, 슈바이니츠한테 그 내용을 기르스한테 전하라고 지시했습니다. 또한 독일제국 대사한테 우리는 영국과 청의 합의를 "당연한 것으로" 간주한다는 사실을 기르스가 눈치 채도록 하라고 지시했습니다.

조선이 해밀턴항 점령과 관련해 조약체결국들한테 했던 중재 요청을 잠시 연기하기로 했다는 이달 17일 자 젬부쉬 총영사의 전보는 런던이 아니라 단지 페테르부르크에만 전달되었습니다.

베를린, 1885년 7월 20일

A. 5798에 대해

여기에 첨부문서 1

내용: 해밀턴항에 대해

보고자: 린다우[14]

연도번호 No. 3293

우리 측에서 9일 전보로 런던에 조선이 통상협정 제1조에 의거해 조약체결국들한테 해밀턴항 점령과 관련해 의무 이행을 요청했다는 사실을 전했습니다. 동시에 뮌스터 백작한테 영국 정부는 조선의 요청에 대해 어떤 입장을 취할 것인지 알아보라고 지시했습니다.

뮌스터 백작은 그 지시에 대해 전보로(A. 5697에 첨부함), 영국 정부는 해밀턴항 점령 때문에 청과 협상을 진행 중이며, 영국 정부는 청의 명백한 동의 없는 조선 정부의 항의는 국제적으로 아무런 가치가 없는 것으로 간주하고 있다고 보고했습니다.

그 전보는 오늘 S. D.의 결정에 따라 (연락병을 통해) 페테르부르크에 전달되었으며, 슈바이니츠한테 그 내용을 기르스한테 전하라고 지시했습니다. 또한 독일제국 대사한테 우리는 영국과 청의 합의를 "당연한 것으로" 간주한다는 사실을 기르스가 눈치 채도록 하라고 지시했습니다.

조선이 해밀턴항 점령과 관련해 조약체결국들한테 했던 중재 요청을 잠시 연기하기로 했다는 이달 17일 자 젬부쉬 총영사의 전보는 런던이 아니라 단지 페테르부르크에만 전달되었습니다.

하츠펠트

14 [감교 주석] 린다우(W. L. R. Rindau)

베를린, 1885년 7월 20일 A. 5824

추신: 페테르부르크에 있는 슈바이니츠한테 보내는 보고서 No. 439에 대해

연도번호 No. 3279

확인해 볼 것.

추신

조선 및 상하이 주재 독일제국 총영사가 7월 17일 보낸 전보가 방금 이곳에 도착했습니다. 그 내용을 본인의 판단에 따라 평가하고자 합니다. 총영사의 보고에 따르면, 조선 정부는 해밀턴항 점령 때문에 예전에 그들이 했던 모든 조약체결국들한테 했던 중재 요청을 미루고 싶어 한다고 합니다. 조선 정부의 생각이 이렇게 갑작스럽게 바뀐 것은 청의 영향 탓으로 보입니다. 또한 그것은 영국과 청이 뭔가에 합의에 이르렀다는 새로운 정황으로 볼 수 있습니다.

베를린, 1885년 7월 22일 A. 5657

브란트 귀하
베이징 No. A. 11

met. Rosentock
coll. Brose
Targen

연도번호 No. 3323

조선 문제에 관한 청 황제의 훈령과 관련된 1882년 9월 29일 자 보고서 No. 68에서 귀하는, 훈령이 내치와 외교에서 조선의 완전한 독립성을 인정했던 청의 과거 선언들과 모순되었기 때문에 청의 수도에 있는 외국인들 사회에서는 그 소식이 불쾌하게 받아들여졌다고 언급했습니다.

조선이 정치적으로 매우 중요한 의미를 갖게 된 지금 조선의 국가적인 독립성이 어떤 것에 토대를 두고 있는지를 확인하는 것은 매우 중요합니다. 따라서 조선과 청의 관계에 대해 최대한 상세하게 조사해 보고하기 바랍니다. 또한 청 정부가 조선에 대한 종주권을 실제로 포기하고 내치 및 외교적 사안에 대한 조선의 독립적인 협상권을 인정했음을 암시하는 발표가 있었는지 확인해 보고해주기 바랍니다.

베를린, 1885년 7월 22일

A. 5887

암호우편

슈바이니츠 귀하

상트페테르부르크 No. 446

연도번호 No. 3331

보고서 No. 233에 대한 답신

...(중략) 기회가 되면 기르스한테 구두로, 유감스럽게도 우리는 묄렌도르프와 아무런 교류가 없으며, 따라서 그에게서 아무런 보고도 받지 않고 있다는 사실을 전해주기 바랍니다.

28

원문 p.713

[양자강 어귀 섬과 거문도 간 전선가설 준비가 이뤄진다는 정보 보고]

발신(생산)일	1885. 6. 5	수신(접수)일	1885. 7. 23
발신(생산)자	뤼르젠	수신(접수)자	비스마르크
발신지 정보	상하이 주재 독일총영사관	수신지 정보	베를린 정부
	No. 83		A. 5990

사본

A. 5990 1885년 7월 23일 오전 수신

상하이, 1885년 6월 5일

No. 83

비스마르크 각하 귀하.

영국과 러시아의 무장에 관한 금년 5월 1일 자 본인의 보고서에 이어 각하께 삼가 아래와 같이 보고 드리게 되어 영광입니다. 양자강 어귀에 있는 North Saddle섬에 Eastern Extension Australia and China Telegraph Company Limited 사가 기지를 세워 그 섬에서부터 해밀턴항까지 케이블을 놓기 위한 준비를 하고 있다고 합니다. 그 케이블은 추후에 North Saddle 섬에서 곧장 홍콩까지 확장될 것이라고 합니다.

North Saddle 섬은 Great Northern Telegraph Company 사의 기지가 있는 Gutzlaff 섬에서 13마일 떨어진 곳에 위치하고 있습니다. (중략)

(서명) 뤼르젠

원문: I B 10

29

원문 p.714

[해밀턴항 점령에 관한 러시아 영사와의 대담]

발신(생산)일	1885. 7. 24	수신(접수)일	1885. 7. 25
발신(생산)자	뤼르젠	수신(접수)자	비스마르크
발신지 정보	상하이 주재 독일총영사관	수신지 정보	베를린 정부
	No. 83		A. 6051
메모	연도번호 No. 3380		

A. 6051 1885년 7월 25일 오후 수신

베를린, 1885년 7월 24일

내용:
해밀턴항 점령에 관한
러시아 대사와의 대담

S. D.를 위한 메모

7월 25일 저녁에 Varzin에 전달

러시아 영사가 기르스의 지시에 따라 조선 문제(해밀턴항 점령)가 현재 어떻게 진행되고 있지 이야기를 나누고자 본인을 방문했습니다. 러시아 대사는 대담에서 기본적으로 첨부문서로 동봉한 이달 8일 자 상트페테르부르크 보고서의 내용을 확인해 주었습니다. 그 보고서에 따르면, 페테르부르크 내각은 조선과 맺은 조약이 아직 비준을 받지 못했음에도 불구하고 만약 우리가 영국인들의 해밀턴항 점령에 반대하는 조처를 취할 경우 우리 입장에 동조할 생각이 있다고 합니다. Schuwaloff 백작은 대화를 나누면서 조선에서의 독일의 무역적 이해관계가 러시아의 이해관계보다 더 중요하다고 말했습니다. 해밀턴항 점령 문제와 관련해 그는 우리나라가 주도권을 쥐고 조처에 나서 주기를 바라는 것처럼 보였습니다.

본인은 Schuwaloff한테 그 문제는 이미 새로운 단계로 진입했다고 말했습니다. 조선이 해밀턴항 문제로 조약체결국들한테 의무 이행을 요청한 상황에서는 러시아가 그 문제에 대해 어떤 입장을 취할 것인지를 확인하는 것이 우리의 이익에 중요하기 때문에 현재 우리는 논의를 페테르부르크로 이관했다고 말했습니다. 하지만 그 이후 조선에서 조약체결국들한테 중재의 연기를 요청한다는 새로운 전보가 도착했다고 합니다.

30

원문 p.715

[해밀턴항 점령에 관한 러시아 영사와의 대담]

발신(생산)일	1885. 7. 24	수신(접수)일	1885. 7. 25
발신(생산)자	뤼르젠	수신(접수)자	비스마르크
발신지 정보	상하이 주재 독일총영사관	수신지 정보	베를린 정부
	No. 83		A. 6051
메모	연도번호 No. 3380		

A. 6051 1885년 7월 25일 오후 수신

베를린, 1885년 7월 24일

내용:
해밀턴항 점령에 대한
러시아 대사와의 대담

vSD 7월 28일

여기에 첨부문서 1

보고자: W. L. R. 린다우

페테르부르크에 보낸 8월 1일 자 훈령

러시아 대사가 기르스의 지시에 따라 조선 문제(해밀턴항 점령)가 현재 어떻게 진행되고 있지 이야기를 나누고자 본인을 방문했습니다. 러시아 대사는 대담에서 기본적으로 첨부문서로 동봉한 이달 8일 자 상트페테르부르크 보고서의 내용을 확인해 주었습니다. 그 보고서에 따르면, 페테르부르크 내각은 조선과 맺은 조약이 아직 비준을 받지 못했음에도 불구하고 만약 우리가[1] 영국인들의 해밀턴항 점령에 반대하는 조처를 취할 경우 우리 입장에 동조할 생각이 있다고 합니다. Schuwaloff 백작은 대화를 나누면서 조선에서의 독일의[2] 무역적 이해관계가 러시아의 이해관계보다 더 중요하다고 말했습니다. 해밀턴항 점령 문제와 관련해 그는 우리나라가 주도권을 쥐고 조처에 나서주기를 바라는 것처럼 보였습니다. 왜 우리가 그래야 할까요?[3]

1 [원문 주석] 그게 우리한테 무슨 이익을 가져다줄까? 만약 그게 러시아에 이익이 된다면 우리는 러시아와의 우정을 위해 함께 나설 수 있을 것이다. 독일의 [sic.]는 존재하지 않는다.

2 [원문 주석] 나는 그렇게 믿지 않는다.

3 [원문 주석] 과거의 부당한 요구.

본인은 Schuwaloff한테 그 문제는 이미 새로운 단계로 진입했다고 말했습니다. 조선이 해밀턴항 문제로 조약체결국들한테 의무 이행을 요청한 상황에서는 러시아가 그 문제에 대해 어떤 입장을 취할 것인지를 확인하는 것이 우리의 이익에 중요하기 때문에 현재 우리는 논의를 페테르부르크로 이관했다고 말했습니다. 하지만 그 이후 조선에서 조약체결국들한테 중재의 연기를 요청한다는 새로운 전보가 도착했다고 합니다.

하츠펠트

31

원문 p.716

[영국의 거문도 점령에 대한 총리아문 대신들의 입장 보고]

발신(생산)일	1885. 6. 3	수신(접수)일	1885. 7. 27
발신(생산)자	브란트	수신(접수)자	비스마르크
발신지 정보	베이징 주재 독일공사관	수신지 정보	베를린 정부
	A. No. 128		A. 6078

A. 6078 1885년 7월 27일 오전 수신

베이징, 1885년 6월 3일

A. No. 128[1]

비스마르크 각하 귀하.

젬부쉬 총영사의 보고를 통해 각하께서는 영국 함대의 해밀턴항 점령을 조선 정부가 몹시 우려하고 있다는 사실을 알고 계실 것입니다. 믿을 만한 소식통으로부터 들은 바와 같이 조선 정부는 해밀턴항에 주둔하고 있는 영국 최고사령관한테 항의하기 위해 묄렌도르프[2]와 그 일을 맡은 조선 관리 한 명[3]을 해밀턴항으로 파견했습니다.

총리아문의 대신들은 아래와 같이 주장하고 있습니다. 즉 청 정부는 리홍장[4]한테 보낸 조선 왕의 서신을 통해 조선 정부가 항의할 예정이라는 것은 알고 있으나, 실제로 항의를 했거나 혹은 그로 인해 어떤 결과가 야기되었는지에 대해서는 알지 못한다는 것입니다. 또한 그들은 혹시 조선이 항의하더라도 청 정부는 절대 그에 동조하지 않을 것으로 생각한다고 덧붙였습니다. 왜냐하면 조선은 조약체결국들과 완벽하게 독립적인 관계를 맺고 있기 때문이라고 했습니다.

브란트

1 [원문 주석] 이 보고서는 SrD가 그 사안에 대해 결정을 내린 이후 다시 만들어 배포해야 한다. 뭄(Mumm)
2 [감교 주석] 묄렌도르프(P. G. Möllendorff)
3 [감교 주석] 엄세영(嚴世永)
4 [감교 주석] 리홍장(李鴻章)

A. 6078에 대해

G M L R v 린다우

하츠펠트 백작은 아래의 사항에 동의하였습니다.

1) SrD의 6월 3일 자 보고서는 브란트의 보고서가 올라온 이후에 비로소 제출한다.

2) 슈바이니츠한테 SrE가 Schuwaloff 백작과 나눈 대화에 관한 비망록과 이달 25일 자 비망록을 개인적인 정보로 제공한다. 또한 슈바이니츠 백작한테 현재 조선의 마지막 발표를 고려할 때 우리는 입장을 밝힐 이유가 전혀 없다고 전한다. 또한 우리는 청에서의 우리의 경제적 이익을 고려해 일단 추가 논의를 중단하는 것이 바람직하다. 동기들이 충분히 마련된 이후에 우리는 러시아와 의견을 조율해야 한다.

32

원문 p.718

[양자강 어귀 섬과 거문도 간 전선가설이 완료되었다는 보고]

발신(생산)일	1885. 6. 12	수신(접수)일	1885. 7. 27
발신(생산)자	뤼르젠	수신(접수)자	비스마르크
발신지 정보	상하이 주재 독일총영사관	수신지 정보	베를린 정부
	No. 86		A. 6080
메모	원문 I. B. 10		

A. 6080 1885년 7월 27일 오전 수신

상하이, 1885년 6월 12일

No. 86

비스마르크 각하 귀하

이달 5일 자 본인의 보고서 No. 83에 이어 각하께 해밀턴항에서부터 North Saddle 섬 기지까지의 전신선 연결이 이미 완료되었다는 사실을 보고 드리게 되어 영광입니다.

뤼르젠

33

원문 p.719

[조선 때문에 청과 불화해서는 안 된다는 주석 전달]

발신(생산)일	1885. 7. 27	수신(접수)일	1885. 7. 28
발신(생산)자	란트차우	수신(접수)자	
발신지 정보	Varzin 주재 독일비밀공사관	수신지 정보	베를린 정부
			A. 6115
메모	A. 5657에 대한 비망록 8월 1일 자 훈령 페테르부르크 457에 전달		

A. 6115 7월 28일 오후 수신, 첨부문서 4부

Varzin, 1885년 7월 27일

A. 5657에 대한 비망록

각하께서 우리한테 전혀 얻을 것이 없는 조선 때문에 청과 불화에 빠져서는 안 된다는 점을 명심해야 한다는 주석을 붙이셨습니다. 각하께서는 이달 20일 자 비망록을 페테르부르크 주재 독일제국 대사한테 보내라고 지시했습니다.

란트차우

34

원문 p.720

[거문도 위치 및 거문도 점령에 대한 러시아의 대응 보고]

발신(생산)일	1885. 7. 24	수신(접수)일	1885. 7. 31
발신(생산)자	슈바이니츠	수신(접수)자	비스마르크
발신지 정보	페테르부르크 주재 독일대사관	수신지 정보	베를린 정부
	No. 241		A. 6192
메모	8월 5일 자 훈령 도쿄 7, 서울 2에 전달		

A. 6192 1885년 7월 31일 오전 수신, 첨부문서 1부

상트페테르부르크, 1885년 7월 24일

No. 241[1]

비스마르크 각하 귀하

조선과 관련된 이달 18일 자 고위 훈령 No. 436과 7월 19일 자 훈령 No. 439를 수령하였습니다. 첫 번째 훈령은 해밀턴항[2]이 제주도[3]에 있는 항구가 맞는지 아니면 조선의 해안에서 가까운 동명의 다른 항구가 맞는지를 확인해보라는 내용입니다.

세 개의 작은 섬으로 구성된 동명의 항구는 훨씬 더 안전하고 수심도 더 깊습니다. 그 문제와 관련해 본인이 최대한 입수한 정보들은 베이징 주재 독일제국 공사의 금년 4월 25일 자 보고서 내용과 일치합니다. 키게르트[4]나 앙드레[5]의 지도가 아니라 슈틸러[6]의 지도에 해밀턴항으로 표시되어 있는 그 섬 주민들은 조선 왕의 지배를 받고 있습니다. 훈령 No. 439가 첨부된 이달 10일 자 런던 주재 독일제국 대사의 전보를 받고 본인은 기르스를 만나 은밀한 대화를 나눴습니다. 그때 그에게 본인은 그의 추정대로 영국과

1 [원문 주석] 원문 그대로 14쪽 방주(傍註)에 있음. 조선과 청의 관계에 대한 일본 주재 공사와 청 주재 공사의 보고서들이 우리한테는 전혀 없다. 지난 달 22일 자 보고서(A. 5657)에서 브란트는 조선과 청의 관계를 상세하게 보고하라는 지시를 받았다. 같은 내용의 훈령이 다시 도쿄와 서울에 하달되었다. L. 8월 4일.

2 [감교 주석] 거문도(Port Hamilton)

3 [감교 주석] 제주도(Quelpark)

4 [감교 주석] 키게르트(Kiegert)

5 [감교 주석] 앙드레(Andre)

6 [감교 주석] 슈틸러(Stieler)

청 사이의 모종의 합의가 이루어진 게 확실하다는 정황들이 존재한다는 사실을 전했습니다.

기르스[7]는 예리하고 정확한 눈으로 성공적인 평화중재 이후 청 주재 영국 대표로 임명된 하트[8]의 활동을 지켜봤음에도 불구하고 그의 의구심을 뒷받침해 주는 구체적인 사실들을 접하고 매우 당혹해했습니다.

기르스는 러시아의 다른 모든 정치인들보다 먼저 러시아와 청의 불화 내지 영국과 청의 협력이 러시아의 동아시아 지역에 초래할 수 있는 위험들을 인식했습니다. 그러한 자신의 인식에 입각해 기르스는 수많은 반대에도 불구하고 러시아 언론들의 비방을 적절히 무마하면서 쿨자 반환을 관철시켰습니다. 그런 다음 아무르 지역을 동시베리아에서 분리하여 그가 총독으로 임명한 코르프[9] 남작한테 그 지역을 맡겼습니다. 그리고 그곳의 병력 규모를 6,000명으로 증강했습니다.

허약한 러시아 식민지 개척은 이런 방식으로 만주 지역에 사는 청인들, 즉 만주족의 대규모 유입을 차단하고 우수리 라인을 방어할 것이라고 합니다. 새 총독의 거처는 Chabarowka의 아무르 지역에 있는 우수리 강 유역에 마련되었습니다. 또한 블라디보스토크에 있는 해군기지의 군사력도 강화되었으며 블라디보스토크에 인접한 조선과도 우호적인 관계가 시작되었습니다.

조선과는 통상 및 선박운항 조약이 체결되었습니다. 우리가 체결한 조약과 같은 내용입니다. 하지만 이 조약은 해안 및 세 개의 항구하고만 관련이 있기 때문에 국경지역에서의 활발한 교류를 촉진할 수 있도록 더 특별한 조약을 준비 중이라고 합니다. 코르프 총독이 그것을 준비하고 베베르 총영사가 그것을 완성할 것입니다.

황제의 고문단 가운데 기르스를 가장 잘 뒷받침해주는 해군참모총장 Scheftakoff 제독 역시 이 문제에서 기르스와 힘을 합쳤습니다. 지원함대가 보유하고 있는 대형 증기수송선을 이용해 해안국가의 식민지화를 지원하는 것입니다. 하지만 그 해안에 주둔하고 있는 전함 사령관들은 그것에 관심이 없습니다. 최근에 보고한 바와 같이 그들은 영국인들이 양자강 유역에서부터 제주도와 해밀턴항까지 케이블을 연결했다는 사실을 알지 못했습니다. 또한 그들은 조선 해안지역들과 일본해에서 일어나고 있는 여러 가지 선박운항과 관련된 상황변화들에 관심을 기울이지 않았습니다. 기르스는 Scheftakoff 제독이 포트 라자레프[10]의 부동항 여부조차 정확히 말해주지 못하는 것에 대해 불만을 토로했습

7 [감교 주석] 기르스(N. Giers)

8 [감교 주석] 하트(R. Hart)

9 [감교 주석] 코르프(Korff)

니다. 기르스는 그들이 실제로 이용할 수 있는 것이 무엇인지에 대한 이러한 무지와 불확실성이 일 년 내내 이용할 수 있는 부동항 점령을 방해했다고 믿고 있는 듯합니다. 블라디보스토크는 일 년에 넉 달은 얼음에 갇혀 있습니다.

이달 20일 자 훈령에 따라 본인이 기르스한테 상하이 주재 총영사 젬부쉬[11]가 7월 17일 전신으로 보고한 내용을 전해주자 그는 아주 깊은 인상을 받은 듯합니다. 그는 조선 정부가 해밀턴항 점령 때문에 요청했던 중재를 연기하고 싶어 한다는 이야기를 여러 번 들은 것 같았습니다. 같은 날, 그러니까 24일 도쿄 주재 러시아 공사[12]가 전보로 그 사실을 확인해 주었습니다. 다비도프는 중재 요청이 완전히 철회되었으며 일본 정부도 조선의 이러한 요청에 동의했다고 보고했습니다.

하지만 기르스는 그 이외에도 Pagoff한테서 또 다른 전보를 받았습니다. 베이징 주재 러시아 공사 Pagoff는 서울에서 발생한 지난 번 소요사태로 인해 청과 일본 사이에 미해결로 남아 있던 협상이 합의에 이르렀다고 보고했습니다. 그 합의에 따라, 청과 일본의 조선 내 영향력이 양쪽 모두에게 만족스러운 방식으로 균형을 이루게 되었습니다. 청일 양국은 조선 정부가 군대를 양성하기 위해 외국의 지도를 받을 수 있도록 하였습니다.

만약 그 보고가 사실이라면 청 정부는 솔즈베리[13] 후작이 생각했던 것처럼 조선에 대해 배타적 종주권을 요구하지 않고 일본의 영향력을 청과 똑같이 인정했다는 것을 입증한 셈입니다. 하지만 영국과 마찬가지로 일본은 조선 정부와 조약을 체결함으로써 조선 정부가 실제로 외교적인 사안에 대한 협상권을 갖고 있다는 것을 인정했습니다.[14]

러시아 외무장관은 조선의 외교적 상황에 대한 솔즈베리 경의 생각을 근거 없는 것으로 판단하고 있는 듯합니다. 하지만 그는 토리 정부의 이러한 입장이 어떤 결과를 초래할지에 대해서는 명확히 예측하고 있습니다. 일단 그는 현재 조선에서 영국의 영향력이 우세하다는 것과 묄렌도르프가 중심에서 밀려났다는 것을 부인할 수 없는 사실로 인정하고 있습니다. 조선에서 아무런 성과도 거두지 못하고 돌아온 공사관 서기관 슈뻬이예르의 보고가 묄렌도르프의 위상을 실제보다 더 안 좋게 묘사한 것 같습니다.

현재 기르스는 동아시아의 상황을 비관적으로 보고 있습니다. 또한 그는 동아시아에서 발생하는 사건들을 "러시아인들에게 최고로 중요한" 문제로 여기고 있기 때문에 당장

---

10 [감교 주석] 영흥만(Port Lazareff)

11 [감교 주석] 젬부쉬(O. Zembsch)

12 [감교 주석] 다비도프(A. P.Davydow)

13 [감교 주석] 솔즈베리(The third Marquess of Salisbury)

14 [원문 주석] 청 주재 공사는 조선과 청의 관계에 대해 상세하게 조사한 반면에 일본의 경우는 아직 관련 서류가 우리한테 없다. 따라서 즉시 그것에 대한 조사에 착수해야 한다.

어떤 조처를 취해 행동으로 나서거나 말로 뭐라고 언급하고 싶지 않은 것 같습니다. 본인이 보고 드린 바와 같이 그는 스탈[15] 남작을 통해 손튼[16] 경이 해밀턴항은 요새가 아니라 단지 석탄기지로 활용될 것이라고 말했다는 공식 조서만 작성하도록 했습니다. 런던 주재 대사는 그의 지시를 수행했는지, 또 손튼 경의 발언을 어떻게 확보했는지에 대해 아직 보고하지 않았습니다. 스탈은 기르스와 마찬가지로 다른 문제들을 끌어들임으로써 아프가니스탄 국경분쟁의 조정이 지체되지 않도록 하는 것에 신경을 쓰고 있는 듯합니다. 영국 입장에서는 청과 분쟁에 빠지는 것보다 더 곤란한 일은 없을 것입니다. 어느 날 "하찮은 일"이 중요한 일이 되면 러시아는 멀리 떨어져 있는 국경을 지키고 밀려드는 청나라 이주민들의 무자비한 행위로부터 그곳에 거주하는 러시아 이주민들을 보호하기 위해 엄청난 노력을 기울이게 될 것입니다.

러시아 언론에서 수차례 접했던 아무르 유역에 대한 러시아인들의 입장을 보여드리기 위해 7월 12일 자 "Journal de St. Pétersbourg" 제183호 24쪽에 다시 실린 "Nowosti" 기사를 삼가 동봉하여 제출합니다.

슈바이니츠

내용: 조선

No. 241의 첨부문서
첨부문서의 내용(원문)은 독일어본 723~725쪽에 수록.★

15 [감교 주석] 스탈(E. E. Staal)
16 [감교 주석] 손튼(E. Thornton)

35

원문 p.726

조선의 천연자원 및 조선과의 무역에 관하여

발신(생산)일	1885. 7. 31	수신(접수)일	1885. 7. 31
발신(생산)자	하츠펠트	수신(접수)자	
발신지 정보	베를린 외무부	수신지 정보	린다우
			A. 6192

사본

A. 6219 1885년 7월 31일 오후 수신

베를린, 1885년 7월 31일

보고자: M. L. R. 린다우[1]

다시 동봉해 보내는 이달 26일 자 "쾰니셰 차이퉁"[2]의 기사에는 조선의 천연자원에 대해 이곳에 들어온 보고들과 크게 모순되는 내용은 전혀 포함되어 있지 않습니다. 하지만 그 기사는 상황을 잘못 파악하고 있습니다. 왜냐하면 유럽인들이 조선과의 무역을 그리 생산적인 것으로 보지 않는 요소들을 언급하지 않고 그냥 넘어가고 있기 때문입니다.

물론 조선은 땅이 비옥하고 기후도 그리 나쁘지 않습니다. 또한 산에는 금과 은이 풍부하게 매장돼 있다고 합니다. 하지만 조선 정부는[3] 꼭 필요한 지출조차 감당할 수 없을 만큼 가난한 나라입니다. 국민들의 경우도 다르지 않습니다. (1884년 10월 4일 자 총영사 차페[4]의 보고서 II 4146) 더욱이 유럽인들은 조선에서 청이나 일본과 치열한 경쟁을 벌여야 하는데, 유럽인들은 이 나라에서 경쟁력이 떨어질 수밖에 없습니다. 유럽 무역상사의 "일반경비"가 아시아 국가들에 비해 열 배나 높기 때문입니다.

조선에서 무역이 크게 발전할 경우에는 유럽인들이 –백분율로 볼 때– 적은 이득에도

1 [원문 주석] 반복해서 말하건대, 조선에는 우리가 청과의 관계를 손상시켜 가면서 얻을 만한 가치 있는 것이 전혀 없다.

2 [감교 주석] 쾰니셰 차이퉁(Kölnische Zeitung)

3 [원문 주석] 이 나라가 언제 부유한 적이 있었던가? 국민들은 가난하고 욕심 없는 사람들이 아닌가?

4 [감교 주석] 차페(Zappe)

만족할 수 있을 것입니다. 하지만 조선의 무역거래는 아직 제한적입니다.[5] 또한 약 800만에서 950만 정도로 추산되는 조선의 적은 인구를 고려할 때, 조선과의 무역이 약 4억의 인구를 갖고 있는 청이나 약 3,300만 명의 인구를 가진 일본과의 무역만큼 중요해지는 것은 거의 생각하기 힘듭니다.

조선 무역에 대해 지금까지 발표된 통계자료에 의하면, 일본산 구리와 영국의 목화솜이 맨 윗자리를 차지하고 있습니다. 독일의 경우는 특이하게도 지금까지 단지 염료만이 목록에 올라 있습니다. 하지만 이 품목의 거래량 역시 그리 많지 않습니다.

조선의 중심항인 제물포로 1883년에 17,500달러어치의 염료가 수입되었습니다. 외국에서 들여온 수입품의 총액은 약 120만 달러에 달합니다. 그중에서 일본산 구리의 수입액이 단독으로 60만 달러, 영국산 목화솜 수입액이 2십만 달러에 이르렀습니다. 따라서 나머지 무역거래의 총액은 단지 40만 달러에 불과합니다.

조선의 수출 품목들 중에는 독일이 특별한 관심을 가질 만한 품목이 전혀 없습니다. 가장 많은 금액을 차지하는 것은 귀금속과 말린 생선입니다. 생선들은 대부분 청과 일본으로 수출됩니다.

짐작컨대, "쾰니셰 차이퉁"의 일방적인 기사는 조선의 상황이 실제보다 더 우호적으로 언급되는 것이 개인적으로 더 이득이 되는[6] 어느 상인에 의해 촉발된 것으로 보입니다.

(서명) 하츠펠트 백작

원문: 조선 1

내용: 조선의 천연자원 및 조선과의 무역에 관하여

---

5 [원문 주석] 주민들이 상품과 무역거래의 욕구를 갖기 전까지는 앞으로도 계속 그럴 것이다.

6 [원문 주석] 매우 가능성이 높다.

Auswärtiges Amt

Abth. A.

Politisches Archiv d. Auswärt. Amts

Acten

Betreffend

Allgemeinen Angelegenheiten Koreas

Vom 01. August 1907

Bis 31. August 1909

Bd. 37

f. Bd. 38

Politisches Archiv des Auswärtigen Amts

R 18937

KOREA. No. 1.

Inhalts-Verzeichnis.	
Tel. i. Z. a. Seoul v. 1. 8. № 8. Auflösung der koreanischen Miliz. Neugestaltung der Wehrkraft in Aussicht. Unruhen bei Versuch der Entwaffnung. - Urschr. i. d. A. Korea 10 -	12005. cop. 2. 8.
Tel. a. Tokio v. 10. 8. № 73. Jap. Reg. dürfte kaum versuchen, im handelspolitischen Verhältnis zwischen Korea und den Mächten eine Änderung herbeizuführen.	12499. 10. 8.
Tel. a. Tokio v. 10. 8. № 75. Mitteilung der jap. Reg., daß Prinz Yoeng, Bruder des jetzigen Kaisers, unter Umgehung des bisherigen japan. Protegés Prinz Wihwa zum Kronprinzen von Korea eingesetzt worden ist. Angebliche Demission des korean. Premierministers. Der jetzige Kaiser von Korea sei ein willenloses Werkzeug u. daher für Japans Absichten am bequemsten. Japan wollte ursprünglich den bisherigen Kaiser nicht entthronen, wurde aber durch dessen Intrigen hierzu gezwungen.	6413. 11. 4.
Frankfurter Zeitung v. 8. 8. Korea und Deutschland.	12447. 9. 8.
Tel. a. Tokio v. 17. 8. № 77. Angeblicher amerikanischer Vorschlag zu einem amerikanisch-japanischen Abkommen, wonach amerikan. Reg. geg. Ausschluß jap. Arbeiter von Einwanderung in Abschaffung der Konsularsgerichtsbarkeit in Korea, in japan. -korean. Zollunion u. in Naturalisierung von Japanern in Amerika einwilligen will.	12837. 17. 8.
Ber. a. Tokio v. 26. 7. № A. 297. Der Exkaiser von Korea hat seine Abdankungserklärung nachträglich so auszulegen versucht, daß der jetzige Kaiser nur Regent sein solle. Die geistige Minderwertigkeit des jetzigen Kaisers.	13316. 26. 8.
Ber. a. Tokio v. 26. 7. № A. 298. Zur Abdankung des Kaisers v. Korea.	13317. 26. 8.
desgl. v. 16. 8. № A. 338. Proklamierung eines neuen Kronprinzen für Korea.	14679. 20. 9.
Mar. Ber. a. Tokio v. 18. 7. B. 242. Bitte um Genehmigung einer Dienstreise nach Korea u. Wladiwostock.	ad A. 13051. 21. 8.
Ber. a. Tokio v. 6. 8. A. 319. Bericht des japanischen Oberbefehlshabers in Korea über die Auflösung der koreanischen Armee.	13670. 1. 9.
desgl. v. 24. 9. A. 385. Weitere Ausbildung des Kronprinzen von Korea in Japan.	16504. 28. 10.

desgl. v. 26. 9. A. 396. Neugestaltung der japanischen Generalsresidentur in Korea. Einsetzung des Vicomte Sone als Vize-Generalresident. Kandidatur des Marquis Katsura als Nachfolger des Fürsten Ito.	16514. 29. 10.
Ber. a. Soeul v. 21. 10. № 65. Besuch des japanischen Kronprinzen beim Kaiser von Korea.	17505. 17. 11.
Ber. a. Tokio v. 20. 8. A. 337. Von Japan beabsichtigte Maßnahmen gegen den engl. Journalisten in Seoul wegen seiner antijapanischen Haltung.	15124. 29. 9.
desgl. v. 15. 9. A. 364. Japanisches Bestreben auf Aufhebung der Konsulargerichtsbarkeit in Korea.	16230. 23. 10.
desgl. v. 15. 9. A. 366. Anwendung einer neuen englischen „order in council" gegen den engl. Journalisten Bethnell in Seoul.	16232. 23. 10.
Ber. a. Tokio v. 24. 10. A. 427. Gelddepositen des Exkaisers von Korea bei der Deutsch-Asiatischen Bank. Ankauf des französ. Generalkonsulats in Seoul und Grunderwerbung in Tsingtau durch ihn.	17884. 25. 11.
Ber. a. Tokio v. 29. 10. A. 435. Besuch des japanischen Kronprinzen beim Kaiser von Korea.	17889. 25. 11.
Ber. a. Mukden v. 23. 9. № 54. Grenzfrage zwischen China und Korea wegen des Distrikts Chien Tao.	15622. 10. 10.
Ber. a. Peking v. 24. 10. A. 212. Chinesisch-koreanischer Streit um das Chientao-Gebiet. Auffassung Yuanshikais darüber.	18364. 5. 12.
Notiz zu Bericht a. Tokio v. 26. 11. A. 482. Die V. St. von Amerika haben für Ausschliessung der japanischen Arbeiter aus der Union u. a. Anerkennung einer japanisch-koreanischen Zollunion in Aussicht gestellt, was Japan abgelehnt hat.	zu 19386. 23. 12.
Ber. a. Tokio v. 15. 9. A. 365. Streit zwischen China und Korea um das Chientao-Gebiet.	16231. 23. 10.
desgl. v. 13. 11. A. 454. Strafrechtliches Verfahren gegen den Eigentümer der „Korea Daily News" wegen Störung des öffentlichen Friedens.	19088. 18. 12.
Ber. a. Peking v. 12. 12. A. 257. Bericht aus Mukden über den japan. -chinesischen Grenzstreit um das Chientao-Gebiet.	19744. 31. 12.

Ber. a. Seoul v. 7. 10. № 64. Japanische Bemühungen, in den Besitz des Gelddepots des koreanischen Exkaisers zu gelangen.	16674. 31. 10.
desgl. v. 15. 11. № 68. desgl.	18538. 8. 12.
1908.	
Ber. a. Tokio v. 10. 12. A. 500. Rückkehr des bisherigen Beraters der koreanischen Regierung, Mr. Stevens, nach Washington.	909. 19. 1.
Kölnische Zeitung v. 21. 1. Posten im koreanischen Staatshaushalt für das Kaisl. Haus. Unterdrückung des Aufstands in Korea. Neue Verwaltungsvorschriften.	1035. 21. 1.
Kölnische Zeitung v. 22. 1. Zunahme des koreanischen Handels.	1071. 22. 1.
Ber. a. Seoul v. 13. 1. № 13. Japanische Hetze gegen die amerikanische Elektrizitätsgesellschaft in Seoul.	1656. 2. 2.
Ber. a. Tokio v. 3. 1. A. 1. Übersiedlung des koreanischen Kronprinzen nach Tokio.	
Ber a. Seoul v. 17. 2. № 26. Neuorganisation der koreanischen Ministerien.	3691. 10. 3.
Kölnische Zeitung v. 23. 3. Der wirtschaftliche Wert der Außenbesitzungen für Japan.	4458. 23. 3.
Berl. Tageblatt v. 24. 3. Attentate von Koreanern auf den Berater des koreanischen Staatsrats Mr. Stevens bei seinem Aufenthalt in San Francisko.	4499. 24. 3.
Berliner Lokalanzeiger v. 25. 3. desgl.	4528. 25. 3.
Ber a. Peking v. 24. 12. A. 269. Proklamation des chines. Kommissars im Chientao-Gebiet. Bericht aus Mukden über die rechtliche Stellung der Koreaner in der Mandschurei.	789. 16. 1.
Ber. a. Peking v. 19. 2. A. 54. Die chinesische Regierung hat dem japan. Gesandten alle Papiere, die ihre Rechte auf das Chientaogebiet beweisen sollen, übergeben.	3304. 3. 3.
Ber. a. Seoul v. 20. 3. № 28. Japanisches Eisenbahnprojekt von Nordost-Korea nach Kirin in der Mandschurei.	3953. 15. 3.

Kölnische Zeitung v. 12. 6. Die antijapanische Zeitung „Korea Daily News“ u. das Organ des Prinzen Ito „Seoul Press“.	9139. 12. 6.
Ber. a. Seoul v. 18. 8. № 70. Rückzahlung des Gelddepots des Exkaisers von Korea.	14415. 6. 9.
Ber. a. Tokio v. 13. 8. A. 302. Audienzen am koreanischen Hofe.	15241. 20. 9.
Ber. a. Tokio v. 22. 11. A. 441. Neues japanisch-koreanisches Fischerei-Abkommen v. 31. 10. 08.	21633. 25. 12.
desgl. v. 22. 8. A. 316. Japanisches Reformwerk in der koreanischen Verwaltung u. militärische Aktionen Japans zur Unterdrückung der Unruhen in Korea.	15253. 20. 9.
1909.	
Ber. a. Tokio v. 16. 1. A. 18. Reise des Kaisers von Korea durch den Süden seines Landes.	2204. 4. 2.
Kölnische Ztg. v. 9. 2. desgl. Gegensatz zwischen der japanischen Kriegspartei u. der Friedenspartei des Fürsten Ito.	2577. 10. 2.
Ber. a. Seoul v. 6. 1. № 7. Der koreanische Hof. Neujahrsempfang. Reise des Kaisers nach den Süden des Landes. Der Exkaiser Yi-Hui. Studien des Kronprinzen in Japan.	2834. 14. 2.
Ber. a. Tokio v. 6. 2. A. 42. Aufenthalt des Kronprinzen von Korea in Japan. Falsche Gerüchte über japanische Pläne bezüglich des Kronprinzen.	3741 28. 2.
Notiz betr. Bericht a. Tokio v. 29. 1. über einen gehässigen Artikel der „Seoul Press“ gegen SM den Kaiser.	zu 3733. 28. 2.
Ber. a. Seoul v. 21. 1. № 11. Reise des Kaisers nach den südlichen Provinzen.	3866. 2. 3.
Bericht a. Seoul v. 7. 2. № 18. Reise des Kaisers in die nordwestlichen Provinzen.	4788. 17. 3.
desgl. v. 6. 2. № 19. Abreise des Fürsten Ito nach Japan. Gerüchte von seinem Rücktritt. Besuch des Kaisers von Korea bei ihm.	5676. 30. 3.
Ber. a. Tokio v. 25. 2. № A. 58. Jahresbericht über Reformen u. Fortschritte in Korea f. 1907 mit Sammlung der jap.-koreanischen Verträge seit 1904.	5209. 23. 3.

[ ]

PAAA_RZ201-018937_013			
Empfänger	Auswärtiges Amt in Berlin	Absender	Krueger
A. 12005 pr. 2. August 1907. a. m.		Seoul, den 1. August 1907.	

A. 12005 pr. 2. August 1907. a. m.

Telegramm.

Seoul, den 1. August 1907. - Uhr - Min. - n.
Ankunft: 1. August 7 Uhr 20 Min. n. m.

Der K. Konsul an Auswärtiges Amt.

Entzifferung.

№ 8.

Durch Kaiserliches Dekret von gestern abend wird koreanische Miliz aus Sparsamkeitsrücksichten aufgelöst und Neugestaltung der Wehrkraft in Aussicht gestellt. Soldaten weigern einstweilen Befehl befolgen. Heute vormittag aus Anlass Versuchs Entwaffnung zweistündiges heftiges Schiessen um Kaserne herum.

Krueger.
Urschr. i. d. A. Korea 10

[ ]

PAAA_RZ201-018937_014 f.			
Empfänger	[o. A.]	Absender	[o. A.]
A. 12447 pr. 9. August 1907. p. m.		[o. A.], den 8. August 1907.	

A. 12447 pr. 9. August 1907. p. m.

Frankfurter Zeitung.
8. 8. 07.

Korea und Deutschland.

Von Dr. Robert Brunhuber.

Soeul, Mai, 1907.

Die wirtschaftliche Lage[1]).

Der Reisende, der das moderne Korea auf prächtigen Dampfern oder im sausenden Expreßzuge bereist, erkennt auf den ersten Blick die wirtschaftliche Uebermacht Japans. Die Dampfer sind japanisch, die Eisenbahn ist japanisch die Post, japanisch die vielen neuen Ansiedlungen an der Eisenbahnroute und in den großen Städten. Auf Schritt und Tritt wird ihm das eine vor Augen geführt: was Japan durch die Annexion staatspolitisch begonnen, wird jetzt durch eine rastlose innere Kolonisation fortgeführt und gekrönt. Während jene äußerlichen politischen Bande eines papiernen Staatsvertrages vielleicht einmal bei einer Erstarkung Koreas zu lösen gewesen wären, zieht sich hier ein Netz über Korea, so fest und eng, daß es sich nie mehr daraus wird befreien können. Der erste Eindruck über diese außerordentliche Neugestaltung aller Verhältnisse in dem Zeitraum weniger Jahre ist bei jedem unvoreingenommenen Politiker eine staunende Bewunderung. Man kommt in Fusan an: eine 280 Meter lange Pier ist ins Meer gebaut, ein darauf liegendes Gleis bringt die Waren gleich zum Anschluß an die große Bahnstrecke Fusan-Soeul, neues Terrain ist aufgeschüttet, sodaß dem Meere breite, bebauungsfähige Streifen an dieser schmalen Küste abgewonnen wurden. Die Schiffsverbindungen sind nach Japan ausgezeichnet geregelt. Die Bahnstrecken wachsen in geradezu rapidem Maße. Nach Norden gehen von Soeul aus große Zweiglinien nach der Broughton-Bai und dem japanischen Meere, nach Nordwest ist schon heute die Verbindung über Widju am

1 Vergl. die Artikel über die politische Lage im I. und IV. Morgenblatt vom 20. Juli.

Yalu-Fluß und darüber hinaus mit Mukden hergestellt. An eine Verbesserung der bisher jämmerlichen Wegeverhältnisse ist die japanische Zentralresidentur bereits herangetreten. Die Post und Telegraphenverwaltung ist nach japanischem Muster reorganisiert, das Bankwesen wird geordnet und der Zolldienst neu gestaltet.

Das alles jedoch - an sich gewiß schon bedeutende Maßnahmen - sind nur Mittel zu dem großen Hauptzweck, für den Japan die Halbinsel bestimmt hat: aus Korea eine große Ackerbau- und Ansiedlungskolonie zu machen. Treffend faßt Dr. Ney dieses ganze Streben in einem seiner letzten Konsularberichte in die Worte zusammen: „Japan hat sich in erster Linie die Aufgabe gestellt, Korea zu einem erstklassigen, landwirtschaftlichen Produktionsland zu machen, das die Kornkammer für Japan, den zukünftigen Industriestaat Ostasiens, bilden soll." Zunächst wirft es jetzt, nach den zahlreichen militärischen und administrativen Pionieren, ganze Massen von Ansiedlern nach Korea. An allen Häfen strömen sie hinein. Besonders Fusan ist ein Einfallstor für diese friedlichen Eroberer. Die Schiffe von Schimonoseki nach Fusan haben einen vollkommenen Auswandererdienst etabliert und können die Zwischendecker kaum fassen. Genaue Zahlen kann man, da Japan sich möglichst ausschweigt, nicht angeben. Offiziell werden bisher etwa 100,000 Japaner registriert, aber es sind nach sachverständigem Urteil weit mehr. Viele davon werden Handwerker, die meisten Ackerbauern.

Trotzdem schon bisher Korea ziemliche Mengen an Ackerbauproduktion, besonders an Reis, Bohnen und Erbsen, ausführte, ist das Land immer noch sehr spärlich bebaut. Weite Strecken, die im Verhältnis zum zweitklassigen japanischen Boden sehr bebauungsfähig sind, liegen bei der notorischen Arbeitsscheu des Koreaners brach und stehen zu billigen Preisen zur Verfügung. So ist bei der Rührigkeit des japanischen Bauers und bei der speziellen Unterstützung der koreanischen Kolonisationspolitik durch die Tokioer Regierung zu erwarten, daß die Ausfuhr an Reis von Korea nach Japan sich sehr bald beträchtlich steigern wird, und daß sich auch die Hoffnungen auf Hebung der Weizen- und Baumwollkultur in beachtenswertem Maße erfüllen werden.

An dieser bedeutsamen Entwicklung des koreanischen Ausfuhrhandels ist Deutschland nicht direkt interessiert, da es keinen Bedarf für den koreanischen Export hat. Und dennoch darf es die Erstarkung des inneren Wirtschaftsmarktes von Korea nicht aus dem Auge verlieren, liegt doch darin zugleich die Aussicht auf eine Hebung des Einfuhrhandels. Schon heute ist Deutschland an diesem Importhandel durch das Handelshaus von E. Meyer n. Co. in Tschemulpo, das auch in Fusan eine Zweigniederlassung hat, nicht unbeträchtlich beteiligt. Japans gesamte Tätigkeit in Korea bedeutet eine Hebung des volkswirtschaftlichen Niveaus dieser in Faulheit verkommenen Halbinsel. Jeder derartige Aufschwung nützt aber nicht allein der inneren Volkswirtschaft, sondern er ist die Vorbedingung für ein Erstarken des Auslandhandels. Alle am Auslandhandel beteiligten Mächte - besonders die Industrieländer kommen dabei in Frage - können deshalb grundsätzlich Japans Tätigkeit in Korea nur willkommen heißen. Ein Grundrecht muß allerdings gewahrt bleiben: die volle, uneingeschränkte Gleichstellung aller Staaten in dem Wettbewerb. In den früheren Aufsätzen habe ich nachzuweisen versucht, daß Japan bisher in loyalster Weise dieser Pflicht nachgekommen ist und seine politische Suprematie nicht zu einer wirtschaftlichen Bevorzugung ausgenutzt hat. Damit ist der Weg frei für eine günstige Entwicklung - für Korea wie für die andern beteiligten Mächte. Wird auch Japan zweifellos stets den Löwenanteil haben - neben seiner natürlichen günstigeren Lage hat es ihn durch seine Kulturarbeiten auch redlich verdient - so kann doch in der Zukunft auch Deutschland in gesteigertem Maße an dem volkwirtschaftlichen Aufschwung Koreas Anteil nehmen. Wir dürfen uns allerdings über die sehr beschränkten Möglichkeiten keinem Zweifel hingeben. Die größte Hoffnung für deutsche Interessen liegt zur Zeit bei dem erneuten Versuch einer großen Goldbergwerks-Anlage. Das ganze Unternehmen befindet sich noch in einem Vorstadium. Die im März 1907 erteilte Konzession liegt bei Söntschön in der Provinz Nord-Pönjang-do, an der Bahnstrecke Soeul-Widju. Sie besteht aus fünf Plätzen, die insgesamt zwei Millionen Tsubo (zu 3,34 qm) umfassen. Die Konzession ist wieder dem deutschen Korea-Syndikat erteilt worden, dessen Vertreter, die Firma E. Meyer u. Co. ist, hinter der die Diskonto-Gesellschaft steht. Bis jetzt hat man eine Studiengesellschaft mit geringem Kapital zur bergmännischen Erforschung des Geländes gegründet. Zwei deutsche Mineningenieure und einige Obersteiger sind bereits an Ort und Stelle, um den Wert der Konzession festzulegen und die nötigen Pläne zum Abbau aufzustellen. Alsdann wird die Frage an Deutschland herantreten, ob es nach einer genauen Prüfung der Garantien bereit ist, ein Kapital für derartige Auslandunternehmen aufzubringen, oder ob wieder England der Markt dafür sein wird.

Einen Aufstieg zu höherem Daseinswerte möchte man diesem an sich so guten und wohlbeanlagten Volke in dem schönen Lande von Herzen wünschen. An ihm selbst wird es liegen, alte Gewohnheiten und kulturfeindliche Sitten wegzuräumen, die in ein träumendes Schlaraffenland passen, aber nicht in einen Teil des modernen Weltwirtschaftsgetriebes. Siegfried Genthe erzählt in seinem Buche über Korea ein launiges Geschichtchen von der Pfeife als Kulturhindernis: auf dem alten deutschen Bergwerk in Tangkogä wäre es bald zum Aufstand gekommen, weil die koreanischen Goldwäscher nicht von ihrer ¾ Meter langen Pfeife lassen wollten, die die Arbeiter bei dem fortgesetzten Gebrauch an einer ordnungsmäßigen, rationellen Arbeit hinderte. Erst nach langen Schwierigkeiten einigte man sich auf ein beschränkteres Längenmaß, wodurch erst eine Fortsetzung der gesamten Bergwerksarbeiten ermöglicht wurde. Derartige

Erscheinungen sind symptomatisch für den Koreaner. Noch manche solche Pfeife muß gekürzt werden, noch manches kindliche Laster und Vergnügen, noch manche lächerliche oder gemeingefährliche Gewohnheit muß er bannen, ehe er den Begriff der Arbeit und damit den eines höheren Kulturstrebens erfaßt hat. Geschieht das, so könnte noch einmal trotz der geringen Hoffnung der Zustand eintreten, an den der Staatsvertrag zwischen Japan und Korea denkt, wenn er Korea die Selbständigkeit wieder verspricht für den Fall, daß es „anerkannterweise seine nationale Stärke erhalten hat". Weiß sich Korea nicht zu ermannen, so wird die harte Entwicklung mit ihrer Auslese der Besten über dies Land zur Tagesordnung übergehen; Korea wird dann aus seinem jetzigen, schon zu lange währenden Schlaf nicht wieder erwachen und die Zeit wird nicht fern sein, in der das koreanische Volk zu den durch den Kulturfortschritt überwundenen ethnologischen Begriffen gehört.

Orig. i. a. Korea 10

[ ]

PAAA_RZ201-018937_016			
Empfänger	Auswärtiges Amt in Berlin	Absender	Mumm
A. 12499 pr. 10. August 1907. p. m.		Tokio, den 10. August 1907.	

A. 12499 pr. 10. August 1907. p. m.

Telegramm.

Tokio, den 10. August 1907. - Uhr - Min. - m.
Ankunft: 2 Uhr 48 Min. n. m.

Der K. Botschafter an Auswärtiges Amt.

Entzifferung.

№ 73.

Nach diesseitiger Auffassung wird Japanische Regierung vorläufig kaum versuchen, im handelspolitischen Verhältnis zwischen Korea und den Mächten eine Änderung herbeizuführen.

Ausführlicher Bericht folgt.

Mumm.

Orig. i. a. Korea 10

[ ]

PAAA_RZ201-018937_017 f.			
Empfänger	Auswärtiges Amt in Berlin	Absender	Mumm
A. 12527 pr. 11. August 1907. a. m.		Tokio, den 10. August 1907.	

A. 12527 pr. 11. August 1907. a. m.

Telegramm.

Tokio, den 10. August 1907. - Uhr - Min. - m
Ankunft: 11. August 12 Uhr 22 Min. Vor m.

Der K. Botschafter Mumm, Ler. v. 12. 8. an Auswärtiges Amt.

Entzifferung.

№ 75.

Japanische Regierung teilt mir mit dem Ersuchen, die Kaiserliche Regierung entsprechend zu benachrichtigen, mittelst Note vom heutigen Tage mit, daß Prinz Yoeng am 7. d. M. zum Kronprinzen von Korea eingesetzt worden sei.

Der Prinz ist der zehnjährige Bruder des regierenden Kaisers von Korea, ein Sohn der sogenannten Lady Ohm; somit ist der frühere japanische Protegé Prinz Wihwa bei der Thronfolge übergangen.

Baron Hayashi bezweifelte gesprächsweise Richtigkeit der Zeitungsmeldungen von Demission des koreanischen Premierministers. Dabei äußerte Hayashi, derzeitiger Kaiser von Korea sei vollständig willenslose Persönlichkeit in der Hand seines Ministeriums und gebe für Regierungshandlungen lediglich seinen Namen her. Unter gegenwärtigen Umständen sei eine solcher Regent für Korea am praktischsten. Ursprünglich habe japanische Regierung nicht beabsichtigt, bisherigen Kaiser zu entthronen sondern sich damit begnügen wollen, ihn unter strenger Beaufsichtigung formell weiter regieren zu lassen, was ihr aber durch des Kaisers Intrigen unmöglich gemacht worden sei.

Der bisherige Kaiser müsse von den regierenden Kreisen in Zukunft sorgfältig getrennt gehalten werden und werde einen abgeschiedenen Teil des Palastes als Wohnung angewiesen erhalten. Ueberführung nach Japan sei nicht beabsichtigt.

Marquis Ito werde zur Besprechung organisatorischer Fragen demnächst hier erwartet. Generalresidentur solle wesentlich verkleinert werden.

Mumm.

Orig. i. a. Korea 10

[ ]

PAAA_RZ201-018937_019 f.			
Empfänger	Auswärtiges Amt in Berlin	Absender	Mumm
A. 12837 pr. 17. August 1907. p. m.		Tokio, den 17. August 1907.	

A. 12837 pr. 17. August 1907. p. m.

Telegramm.

Tokio, den - 1907. - Uhr - Min. - m
Ankunft: 17. 8. 12 Uhr 59 Min. p m.

Der K. Botschafter an Auswärtiges Amt.

Entzifferung.

№ 77.

In Presstelegrammen aus Washington wird angeblich amerikanischer Vorschlag zu einem amerikanisch- japanischen Abkommen mitgeteilt, wonach amerikanische Regierung gegen Ausschluss japanischer Arbeiter von Einwanderung in Abschaffung der Konsulargerichtsbarkeit in Korea, in japanisch-koreanische Zollunion und in Naturalisierung von Japanern in Amerika einwilligen würde.

Halte erneut vertragliche Zustimmung der japanischen Regierung zu der im bestehenden amerikanisch-japanischen Vertrage stipulierten Berechtigung der amerikanischen Regierung zur Ausschliessung japanischer Arbeiter für ausgeschlossen. Für Japan würde meines Erachtens gerade die völlige Gleichberechtigung in Einwanderungsfrage conditio sine qua non eines jeden neuen Abkommen mit Amerika sein.

Mumm.

Orig. i. a. Nordamerika 29

[ ]

PAAA_RZ201-018937_021			
Empfänger	Staatssekretär des Reichsmarineamts.	Absender	Lange
A. 13051 pr. 21. August 1907.		Tokio, den 18. Juli 1907.	
Memo	Marine-Attaché bei der Deutschen Botschaft.		

Abschrift.

ad A. 13051 pr. 21. August 1907.

Tokio, den 18. Juli 1907.

B. 242.

An den Staatssekretär des Reichsmarineamts. Berlin.

Bitte um Genehmigung einer Dienstreise nach
Korea und Wladiwostock.

Die immer grössere Bedeutung, welche Korea in marinepolitischer Beziehung gewinnt, lässt es mir wünschenswert erscheinen, die koreanischen Verhältnisse aus eigener Anschauung kennen zu lernen.

Chinkaiwan und Gensan werden, wie ich schon berichtet habe, mit der Zeit zu Stützpunkten der japanischen Marine gemacht werden. Diese Orte zu besuchen ist daher für mich besonders wichtig.

Da nun seit Kriege Wladiwostock wegen der Minengefahr von einem Schiff des Kreuzergeschwaders nicht besucht worden ist, bitte ich meine Reise bis dorthin ausdehnen zu dürfen.

gez. Lange.

Orig i. a. Deutschland 135. № 19.

Thronwechsel in Korea.

PAAA_RZ201-018937_022 f.			
Empfänger	Bülow	Absender	Mumm
A. 13316 pr. 26. August 1907.		Tokio, den 28. Juli 1907.	
Memo	mtg. 26. 18. Pera, London, Madrid, Paris, Petbug., Rom, Wash., Wien, Athen, Darmst., Dresden, Karlsr., München, Stuttg., Weimar, Oldenbg., Hamburg.		

Abschrift.

A. 13316 pr. 26. August 1907.

Tokio, den 28. Juli 1907.

A. 297. Botschaft.

Seiner Durchlaucht
dem Fürsten von Bülow.

Die Fassung der Proklamation, durch die der bisherige Kaiser von Korea die Regierungsgewalt an den bisherigen Kronprinzen übertragen hat, und zwar insbesondere die Worte „We hereby relegate it to the Crown Prince to administer the great affairs of State" haben anscheinend in Soeul anfänglich zu Zweifeln darüber Veranlassung gegeben, ob der neue Herrscher als Kaiser oder als Regent anzusehen sei. Zeitungsnachrichten zufolge hatte auch der bisherige Kaiser selbst nachträglich versucht, die Bedeutung Seines Verzichtes abzuschwächen, und darauf bestanden, dass Kaiserliche Edikte auch fernerhin in Seinem Namen zu erlassen seien. Der „Überredung" der koreanischen Minister scheint es indessen gelungen zu sein, den Ex-Kaiser von diesem Standpunkt abzubringen. Wenigstens hat Er seither den Titel „Dajo Kotei"/retired Emperor/ angenommen, aus dem sich die Tatsache der Abdankung ergibt, und auch das hiesige Auswärtige Amt hat bestätigt, dass der neue Herrscher den Titel „Kaiser" führen und nicht bloss „Regent" sein werde.

Über die Persönlichkeit des neuen Herrschers verlautet, dass er nahezu geistesschwach sei. Viel wird auf Seine Fähigkeiten freilich nicht ankommen. So lange ihm die Japaner die Kaiserwürde belassen, wird Er lediglich eine Marionette in ihrer Hand sein.

gez. Mumm.

Orig. i. a. Korea 10

Inhalt: Thronwechsel in Korea.

Thronwechsel in Korea.

PAAA_RZ201-018937_024 ff.			
Empfänger	Bülow	Absender	Mumm
A. 13317 pr. 26. August 1907.		Tokio, den 26. Juli 1907.	
Memo	mitget: 1. 9. Pera, London, Haag, Kopenh., Madrid, Lissab., Paris, Petersbg., Stockh., Rom B. Cairo, Sofia, Washington, Tanger, Wien, Darmst., Athen, Dresden, Beigrad, Karlsr., Bern, München, Brüssel, Stuttg., Bukarest, Weimar, Oldenbg., Hambg.		

Abschrift.

A. 13317 pr. 26. August 1907.

Tokio, den 26. Juli 1907.

A. 298.

Seiner Durchlaucht
dem Herrn Reichskanzler
Fürsten von Bülow.

In einer Unterredung, die ich am Vormittag des 15. d. M. mit dem Minister des Äussern, Vicomte Hayashi, hatte, teilte mir dieser sua sponte mit, er werde noch am selben Tage im Auftrage seines Souveräns nach Söul abreisen, um Marquis Ito die Entschliessungen der japanischen Regierung mitzuteilen und gemeinsam mit ihm die weiter zu ergreifenden Massregeln zu berathen, die durch die Entsendung der koreanischen Deputation nach dem Haag erforderlich geworden seien. Da ich es nicht für angebracht hielt, irgend welches besondere Interesse für die koreanische Angelegenheit zu bekunden, begnügte ich mich mit dieser Mitteilung des Ministers und vermied es, weitere Fragen über die japanischen Absichten bezüglich Koreas an ihn zu richten.

Dem englischen Botschafter soll Vicomte Hayashi, wie ich aus Kreisen der englischen Botschaft streng vertraulich erfahre, vor seiner Abreise noch gesagt haben, es liege nicht in der Absicht der japanischen Regierung, den Kaiser von Korea zur Abdankung zu zwingen. Auch mit dem russischen Gesandten hat jedenfalls eine Aussprache stattgefunden, da dieser bereits am Tage vor der Abreise Vicomte Hayashi´s zum Sommeraufenthalt Nikko-Chuzenji abgereist ist, was er als „der Nächste dazu“ schwerlich getan hätte, wenn nicht bereits zwischen der russischen und der japanischen Regierung prinzipielles

Einvernehmen über das Korea gegenüber einzuschlagende Verhalten erzielt gewesen wäre. Zu mir hat sich Herr Bakhmeteff mit recht sauersüsser Miene hinsichtlich der Vorgänge in Korea geäussert, die naturgemäss zu einer Verstärkung des dortigen japanischen Übergewichts führen müssten. Bezüglich des Kaisers von Korea äusserte der russische Gesandte „Quos Deus perdere vult dementat prius“ und meinte dann, dem Lande sei nicht mehr zu helfen, die koreanischen Staatsmänner seien eben zu dumm. Das Ende des Kaisers von Korea werde wohl die Internierung auf irgend einem japanischen Schloss, etwa in Nagoya, sein.

Die Reise Vicomte Hayashi`s verzögerte sich infolge der durch Überschwemmung herbeigeführten Unterbrechung der Eisenbahn um einen Tag, so dass er erst am 18. abends in Söul eintraf. Unter den Personen, die sich zu seiner Begrüssung am Bahnhof eingefunden hatten, war, wie die japanischen Zeitungen hervorgeben, als einziger fremder Vertreter der russische Generalkonsul erschienen. Am Nachmittag des gleichen Tages war Marquis Ito auf wiederholtes Verlangen des Kaisers von Korea von diesem in Audienz empfangen worden, wobei der Generalresident es nach japanischer Angabe abgelehnt haben soll, dem Kaiser irgendwelchen Rat zu geben. In der Nacht entschloss sich dann der Kaiser auf den Rat seiner Minister und der sogenannten „alten Staatsmänner“ zur Abdankung.

In der Nacht vom 18. auf den 19. Juli und am 19. Juli selbst kam es in Söul zu Strassenunruhen, die indessen von japanischer Polizei und japanischem Militär rasch unterdrückt wurden. Angesichts der vielfachen Anschuldigungen, die in der japanischen Presse in den letzten Monaten gegen die politische Stellungnahme der amerikanischen Missionen in Korea laut geworden sind, ist es vielleicht nicht uninteressant, dass Zeitungstelegrammen zufolge an den antijapanischen Strassendemonstrationen koreanische Mitglieder der Young Men´s Christian Association in grosser Zahl beteiligt gewesen sein sollen. In Tokio misst man diesen Unruhen eine ernstere Bedeutung nicht bei. Man glaubt, dass die Japaner seit langem auf alle Eventualitäten vorbereitet sind und die Zügel fest in der Hand halten. Nicht ganz ausgeschlossen ist freilich die Ermordung japanischer Staatsmänner oder projapanischer koreanischer Würdenträger durch koreanische Fanatiker, doch sind auch hiergegen alle nur irgend möglichen Sicherheitsmassregeln jedenfalls getroffen worden.

Am 20. d. M. liess der japanische Vizeminister des Äussern, Chinda, die hiesigen Vertreter der Grossmächte zu sich bitten und gab ihnen, jedem einzeln, von den durch die Zeitungen bereits bekannten Vorgängen in Korea Kenntnis. Dabei betonte Herr Chinda den durchaus privaten Charakter seiner Mitteilung mit dem Hinzufügen, die amtliche Notifikation der Abdankung des Kaisers von Korea werde durch die japanischen Vertreter in Europa bezw. Amerika erfolgen. Wiederholt und nachdrücklich hob Herr Chinda den fremden Vertretern gegenüber hervor, dass die japanische Regierung in keinerlei Verbindung mit der Abdankung zu bringen sei, die lediglich auf Betreiben der koreanischen Staatsmänner erfolgt sei. Diese seien durch die Nachricht von der bevorstehenden Ankunft Vicomte Hayashi`s über den Ernst der Lage aufgeklärt worden und hätten wohl geglaubt, dass es sich, um das Schlimmste von ihrem Lande abzuwenden, empfehlen würde, dem Kaiser persönlich die alleinige Verantwortung für die Entsendung der Deputation nach dem Haag aufzubürden. Im Übrigen schilderte der Vizeminister die Vorgänge in Söul so, wie sie aus den japanischen Zeitungen bereits bekannt waren, ohne sich über die weiteren Pläne Japans in Korea auszusprechen.

Dem italienischen Legationssekretär, der Herrn Chinda direkt frug, ob beabsichtigt sei, den bisherigen Kaiser von Korea nach Japan zu bringen, hat Herr Chinda geantwortet, das würde an sich wohl die beste Lösung sein, er glaubte jedoch nicht, dass man dies dem lediglich an koreanische Lebensverhältnisse gewöhnten Herrn zumuten könne. Im übrigen vermied es der Vizeminister dem italienischen Diplomaten gegenüber auf die voraussichtliche weitere Entwicklung der Dinge in Korea einzugehen. Auch dem österreichischen Attaché, der Herrn Chinda in Abwesenheit des Geschäftsträgers über die weiteren Absichten Japans bezüglich Koreas befragte, hat der Vizeminister lediglich ausweichend geantwortet.

In der gesamten hiesigen Presse wird, ebenso wie dies seitens des Herrn Chinda geschah, übereinstimmend hervorgehoben, dass die Japanische Regierung der Abdankung des Kaisers durchaus fern stehe. Im übrigen wird betont, dass der Thronwechsel Japan noch keineswegs eine genügende Garantie für die künftige Loyalität Koreas gewähre und die Mission Vicomte Hayashi`s daher durch die Abdankung des Kaisers durchaus nicht gegenstandslos geworden sei.

Aufmerksam wird die Haltung der auswärtigen Presse verfolgt und deutsche Zeitungsäusserungen - z. B. der Kölnischen Zeitung und der Nationalzeitung - in denen das Vorgehen Japans als gerechtfertigt anerkannt wird, werden mit sichtlicher Befriedigung registriert.

Ob Marquis Ito bei der Abdankung des Kaisers seine Hand im Spiele gehabt hat oder nicht, erscheint nun, nachdem das fait accompli der Abdankung vorliegt, ziemlich gleichgültig. Möglich ist schon, dass der General-Resident der Ankunft Vicomte Hayashi`s zuvorkommen wollte, um sich als starker Mann zu zeigen und dem Minister des Äussern nicht den Rue zu lassen, dass dieser durch sein Erscheinen als deus ex machina die Lösung bewirkt habe. Möglich ist aber ebenso wohl, dass die japanische Version richtig ist, wonach die koreanischen Staatsmänner den Kaiser in dem Bestreben geopfert haben, den japanischen Zorn von Korea abzuwenden und so die Selbständigkeit ihres Landes zu retten.

In dem japanischen Programm hat, wie ich glaube, die Absetzung des Kaisers nur eine nebensächliche Rolle gespielt. Worauf es der japanischen Regierung ankommt, ist die tatsächliche Ausübung der Herrschaft in Korea. Wer nominell den koreanischen Kaiserthron einnimmt, ist für Japan ziemlich gleichgültig, sofern es nur in Zukunft dort die innere Verwaltung ebenso kontrolliert, wie schon bisher die äusseren Angelegenheiten.

Ich vermag dem hiesigen russischen Gesandten nur völlig beizustimmen, wenn dieser sagt, dass Japan nichts Angenehmeres habe passieren könne, als die Entsendung der koreanischen Deputation nach dem Haag, die Japan die erwünschte Handhabe geboten habe, den Vertrag vom 17. November 1905 umzustossen. In der Tat habe ich Grund zu der Annahme, dass die Entsendung der koreanischen Deputation nach dem Haag der Japanischen Regierung schon seit Wochen bekannt war, von ihr aber sorgfältig verschwiegen wurde, um das Erscheinen der Deputation im Haag nicht zu stören.

Soweit unsere deutschen Interessen in Frage kommen, glaube ich, dass wir gleichmütig dem Vorgehen Japans zuschauen können. Das Schicksal Koreas war durch den Ausgang des russisch-japanischen Krieges und durch die Konvention von November 1905 besiegelt. Was sich jetzt ereignet, sind lediglich Folgeerscheinungen jener Ereignisse. Mit der vollendeten Tatsache haben wir uns abzufinden. Gefühlspolitik zu treiben dürfte Euerer Durchlaucht Neigungen schwerlich entsprechen. Aber selbst Mitleid kann man kaum mit dem koreanischen Volke und seiner Dynastie haben. „Hilf Dir selbst und Gott wird Dir beistehen“ ist ein Grundsatz, den jenes schwächliche Volk in der Gegenwart niemals auch nur ernstlich versucht hat in die Praxis zu übersetzen. Nachdem die Dinge einmal so weit gekommen sind, ist es, glaube ich, besser, dass reiner Tisch gemacht wird, indem Japan die volle und ungeteilte Kontrolle über Korea und damit auch die volle Verantwortung für die Regierung dieses Landes übernimmt. Wir wissen dann wenigstens, an wen wir uns wegen unserer übrigens nur geringfügigen Handelsinteressen in Korea zu halten haben.

Die Situation ist geklärt.

gez. Mumm.

Orig. i. a. Korea 10

Inhalt: Thronwechsel in Korea.

[ ]

PAAA_RZ201-018937_030			
Empfänger	Bülow	Absender	Mumm
A. 13670 pr. 1. September 1907. a. m.		Tokio, den 6. August 1907.	

Abschrift.

A. 13670 pr. 1. September 1907. a. m.

Tokio, den 6. August 1907.

A. 319.

Seiner Durchlaucht
dem Herrn Reichskanzler
Fürsten von Bülow.

Euerer Durchlaucht beehre ich mich anbei den Bericht des japanischen Oberbefehlshabers in Korea über die Auflösung der koreanischen Armee in einer englischen Uebersetzung der Japan Times vom 3. d. Mts. in drei Exemplaren gehorsamst einzureichen.

gez. Mumm.
Urschr. i. a. Korea 10

Proklamierung eines neuen Kronprinzen von Korea.

PAAA_RZ201-018937_031 ff.			
Empfänger	Bülow	Absender	Mumm
A. 14679 pr. 27. September 1907.		Tokio, den 19. August 1907.	
Memo	mtg. 27. 9. Wien, Italy. London, Wash., Paris, Haag, Petersb., Dresden, Rom, München.		

Abschrift.

A. 14679 pr. 27. September 1907.

Tokio, den 19. August 1907.

A. 338.

Seiner Durchlaucht
dem Reichskanzler
Fürsten von Bülow.

Wie ich Euerer Durchlaucht bereits anderweitig zu melden die Ehre hatte, ist mir am 10. d. M. die Zirkularnote zugegangen, durch die Vicomte Hayashi mich benachrichtigt, dass Seine Kaiserliche Hoheit Prinz Yöng am 7. d. M. zum Kronprinzen von Korea eingesetzt worden sei. Der Minister bittet mich hiervon meine hohe Regierung in Kenntnis setzen zu wollen. Da mir nach Lage der Sache eine Empfangsbestätigung dieser Note völlig unbedenklich erschien, habe ich dem Minister den Eingang seiner Note angezeigt.

Etwas auffallend ist mir, dass die japanische Regierung die Einsetzung des Kronprinzen von Korea den Mächten nicht durch die japanischen Vertreter im Auslande, sondern durch die hier beglaubigten fremden Vertreter notifiziert hat. Ich glaube indessen im Sinne Euerer Durchlaucht gehandelt zu haben, wenn ich mich nicht formalisierte, sondern die Anzeige an Euere Durchlacht weitergab.

Bereits vor Eingang der Note hatte Vicomte Hayashi mich bei einem Besuche, den ich ihm im Auswärtigen Amt machte, von der Einsetzung des Kronprinzen mündlich in Kenntnis gesetzt. Der Minister hatte dabei bemerkt, die Einsetzung sei nötig geworden, um etwaige Hofintriguen auszuschliessen. Prinz Yöng sei ein aufgeweckter Knabe von 10 Jahren.

Die Einsetzung des Prinzen Yöng, eines Sohnes der sogenannten Lady Ohm, der bekanntesten Nebenfrau des abgedankten Herrschers, hat hier einigermassen überrascht. Man hat ziemlich allgemein angenommen, der etwa 30 Jahre alte Prinz Gi Wa Kyu (auf

Koreanisch Eui hwa kung, in der fremden Presse gewöhnlich Prinz Ihwa oder Wihwa genannt), ein Sohn der Nebenfrau Cho (koreanisch Chyang) werde von der Japanischen Regierung zum Kronprinzen eingesetzt werden, da er seit langer Zeit als japanischer Protégé galt, viel in Japan gelebt hat und mit Japanerinnen mehr oder weniger verheiratet ist.

Ueber die Gründe, die zur Bevorzugung des Prinzen Yöng geführt haben, hat sich Vicomte Hayashi nicht näher ausgelassen. Von der japanischen Presse wird angenommen, dass seine Einsetzung erfolgt sei, weil der bisherige Herrscher sie dringend gewünscht habe und weil es so vielleicht gelingen werde, den in Korea ziemlich mächtigen Anhang von Lady Ohm mit den Ereignissen auszusöhnen.

Es verlautet, dass der neu eingesetzte Kronprinz eine ganz japanische Erziehung, zum Teil in Japan selbst, erhalten solle.

Die Note Vicomte Hayashi`s lässt sich nicht näher darüber aus, ob Prinz Yöng nur als präsumptiver Thronfolger (nach Art des früheren Grossfürsten-Thronfolgers von Russland) oder als endgültiger Thronfolger eingesetzt ist. Ich neige zu der letzteren Auffassung, aus der folgern würde, dass Prinz Yöng auch dann Kronprinz bleibt, wenn dem derzeitigen Herrscher von Korea noch ein Sohn geboren wird.

Letztere Eventualität scheint indessen nicht besonders nahe zu liegen, wenn man den Berichten der japanischen Zeitungen über den Gesundheitszustand des derzeitigen Herrschers Glauben schenken darf.

Bezüglich des Geisteszustandes des jetzigen Herrschers hat Vicomte Hayashi sich mir gegenüber ausserordentlich wegwerfend geäussert. Er sei völlig geistesschwach, ein willenloses Werkzeug in der Hand seiner Umgebung, keiner eigenen Initiative fähig. Für die gegenwärtige Lage in Korea sei dies übrigens ganz gut. Um dort Ordnung zu schaffen, müsse die japanische Regierung eine Zeitlang wenigstens unumschränkt regieren; da sei es also ganz praktisch, wenn seitens des koreanischen Hofes vorerst keine Friktionen zu gewärtigen seien, wie sie unter dem abgedankten Herrscher unausbleiblich gewesen wären. Ursprünglich habe die japanische Regierung letzteren gar nicht beseitigen, sondern nur zur Anerkennung der japanischen Suprematie zwingen wollen. Da er sich in die ihm zugemutete passive Rolle nicht habe schicken wollen, sei seine Ersetzung notwendig geworden. Man werde ihn auch jedenfalls vom jetzigen Herrscher trennen und ihm einen besonderen Palast anweisen müssen, denn solange der jetzige Herrscher dem Einfluss seines Vaters nicht entrückt sei, würden die Intriguen am Hofe nicht aufhören.

gez. Mumm.

Orig. i. a. Korea 10

Inhalt: Proklamierung eines neuen Kronprinzen von Korea.

[ ]

PAAA_RZ201-018937_034 f.			
Empfänger	Bülow	Absender	Mumm
A. 15124 pr. 29. September 1907. p. m.		Tokio, den 20. August 1907.	

Abschrift.

A. 15124 pr. 29. September 1907. p. m.

Tokio, den 20. August 1907.

A. 337.

Seiner Durchlaucht
dem Fürsten von Bülow.

Der englische Botschafter, Sir Claude Macdonald, ist dieser Tage aus der Sommerfrische von Chuzenji zu kurzem Aufenthalt hier eingetroffen, um, wie er mir vertraulich sagt, wegen der gegen einen englischen Staatsangehörigen in Korea namens Bethnel[2] japanischerseits beabsichtigten Massnahmen mit Vicomte Hayashi zu verhandeln.

Nachdem die japanische Regierung den Amerikaner Hulbert aus Korea glücklich los geworden ist, macht ihr jetzt seit einigen Monaten der Engländer Bethnel viel Sorge. Dieser gibt in Söul eine in englischer Sprache erscheinende Zeitung heraus, die eine sehr prononzierte antijapanische Haltung einnimmt und die japanische Verwaltung angreift, wo immer sich dazu Gelegenheit bietet. Besonders heftig ist Bethnell unter anderem auch gegen den japanischen Hausminister, Vicomte Tanaka, aus Anlass der „Entführung" einer historischen Pagode vorgegangen, worüber in der diesseitigen Berichterstattung seinerzeit Näheres mitgeteilt worden ist. Da die Fremden in Korea bekanntlich noch der Konsular-Jurisdiktion unterstehen, ist die japanische Regierung dem genannten englischen Staatsangehörigen gegenüber ziemlich machtlos und auch kaum in der Lage, die neuerdings von ihr erlassenen Pressregulationen, über die der hier gehorsamst beigefügte Artikel der Söul Press vom 1. d. Mts. Näheres mitteilt, zur Anwendung zu bringen. Sie hat sich deshalb, wie mir Sir Claude sagt, schon vor Monaten an die englische Botschaft gewandt, um diese zum Einschreiten, eventuell auf Grund einer neu zu erlassenden order

2 [edit.] Ernest Thomas Bethell, der auch unter seinem koreanischen Namen Bae Seol(배설, 裵說) bekannt ist. In verschiedenen Dokumenten wird er als Bethel, Bethnel oder Bethnell bezeichnet.

in council, zu veranlassen. Sir Claude hat die Angelegenheit seiner Regierung unterbreitet, die aber anscheinend noch zu keiner Entscheidung gelangt ist.

Die japanische Regierung hat daraufhin angefangen, die Geduld zu verlieren und Sir Claude nunmehr benachrichtigt, sie werde sich eventuell genötigt sehen, ihrerseits „drastic measures" gegen Bethnell zu ergreifen. Diese Drohung hat nun wieder den Botschafter in Harnisch gebracht, der mir in ziemlich erregtem Ton erklärt hat, England werde seine Staatsangehörigen zu schützen wissen.

Ernstere Verwickelungen werden aus dem Zwischenfall selbstverständlich nicht entstehen. Englischerseits wird man jedenfalls einsehen, dass man Japan auf die Dauer nicht zumuten kann, in Korea einen fremden Journalisten zu dulden, der es sich zur Aufgabe gemacht hat, der japanischen Regierung auf Schritt und Tritt Schwierigkeiten zu bereiten. Japanischerseits wird man dann auch etwas mildere Saiten aufziehen und es wird ein Kompromiss gefunden werden, das die Entfernung Bethnells, vielleicht gegen eine finanzielle Abfindung, zur Folge haben wird.

Das Kaiserliche Generalkonsulat in Söul erhält Abschrift dieses Berichts.

gez. Mumm.

Urschr. i. a. Korea 10

[ ]

PAAA_RZ201-018937_036			
Empfänger	Bülow	Absender	Heintges
A. 15622 pr. 10. Oktober 1907. a. m.		Mukden, den 23. September 1907.	
Memo	J. № 2086.		

Abschrift.

A. 15622 pr. 10. Oktober 1907. a. m.

Mukden, den 23. September 1907.

K. № 54.

Seiner Durchlaucht
dem Herrn Reichskanzler
Fürsten von Bülow.

pp.

Anders scheint die Sache mit der Besetzung des zwischen Korea und China in dem von dem Tumen und seinem Nebenfluss Tiumen gebildeten Keil belegenene Grenzdistrikts Chien Tao zu stehen, um den sich in den letzten Jahrhunderten keiner der beiden Staaten gekümmert hat, und der daher als neutrales Gebiet mit gemischter Bevölkerung zwischen ihnen bestand. Vermutlich auf die Nachricht hin, dass dort reiche Mineralschätze zu finden seien, haben zuerst die Chinesen und bald darauf die Japaner Beamte und Soldaten hingeschickt, um von dem Lande Besitz zu ergreifen. Es scheint nun, dass bereits vor längerer Zeit China und Korea ein Abkommen dahin getroffen haben, den Bezirk auf Grund einer mittleren Grenzlinie aufzuteilen, dass die Angelegenheit dann aber liegen geblieben ist. Jedenfalls wird man sich auch jetzt auf eine Aufteilung einigen.

pp.

gez. Heintges.

orig. i. a. China 25

[ ]

PAAA_RZ201-018937_037			
Empfänger	Bülow	Absender	Mumm
A. 16230 pr. 23. Oktober 1907. a. m.		Tokio, den 15. September 1907.	

Abschrift.

A. 16230 pr. 23. Oktober 1907. a. m.

Tokio, den 15. September 1907.

A. 364.

Seiner Durchlaucht
dem Herrn Reichskanzler
Fürsten von Bülow.

pp.

Wenn nach dem Vorstehenden auch die Frage eines japanisch-koreanischen Zollbündnisses zunächst bis auf weiters vertagt ist, so glaube ich doch Grund zu der Annahme zu haben, dass auf einem anderen Gebiete, nämlich dem der Konsularjurisdiktion, Japan in absehbarer Zeit in Korea eine Änderung anstreben wird. Wenigstens ist dieser Gedanke wiederholt in der Presse ventiliert worden; die Jiji glaubt sogar ohne weiteres annehmen zu können, dass nach Einführung einer gesunden Rechtspflege unter der Kontrolle des Generalresidenten die fremden Mächte von selbst die Konsulargerichtsbarkeit aufgeben werden.

pp.

gez. Mumm.

Urschr. i. a. Korea 10

[ ]

PAAA_RZ201-018937_038 ff.			
Empfänger	Bülow	Absender	Mumm
A. 16231 pr. 23. Oktober 1907. a. m.		Tokio, den 15. September 1907.	

Abschrift.

A. 16231 pr. 23. Oktober 1907. a. m.

Tokio, den 15. September 1907.

A. 365.

Seiner Durchlaucht
dem Fürsten von Bülow.

Zu den verschiedenen Differenzpunkten, die seit längerer Zeit den Gegenstand der Verhandlungen zwischen China und Japan bilden, ist vor kurzem eine Grenzstreitigkeit an der chinesisch-koreanischen Grenze getreten, in der Japan als Protektoratsmacht von Korea dessen Interessen gegenüber China wahrzunehmen gewillt ist.

Es handelt sich um ein Gebiet, das von den Japanern Kanto, von den Chinesen Chientao oder Nan-kang genannt wird und das im Südosten von den Hauptstrom Tumen / japanisch Toman /, im Nordwesten von dem gleichnamigen Nebenfluss des Tumen / japanisch Toman / eingeschlossen wird; die geographische Lage des Gebiets ist aus der gehorsamst beigefügten, der Zeitung „Mainichi Dempo" vom 10. d. M. entnommenen Kartenskizze ersichtlich, auf der das streitige Gebiet gelb markiert ist; bezeichnenderweise ist auf der Kartenskizze - wie ich nebenbei bemerken darf - die Grenzlinie nach chinesischer und nicht nach japanischer Auffassung eingezeichnet.

Über die historische Entwickelung dieser Grenzstreitigkeit zwischen China und Korea enthält der im Ausschnitt gehorsamst beigefügte Leitartikel der „Japan Times" vom 5. d. M. nähere Angaben; hiernach ist bereits im Jahre 1712 eine gemischte Kommission zur Regulierung der Grenze eingesetzt worden; diese Kommission soll damals auf der Wasserscheide des Paitenshan einen Grenzstein mit einer Inschrift errichtet haben, wonach die Grenze zwischen China und Korea vom Paitenshan aus in westlicher Richtung durch den Yalu und in östlicher Richtung durch den Tumen gebildet werden soll. Bei dieser Abmachung soll es von 1712 bis 1882 verblieben sein, ohne dass jemals Zweifel über den Lauf der Grenze laut geworden seien. Erst im Jahre 1882 soll der chinesische General

Ming An die Wahrnehmung gemacht haben, dass das Land nordwestlich vom Hauptstrom Tumen von koreanischen Ackerbauern in Besitz genommen sei.

Der zuständige Gouverneur habe daraufhin seinen Entschluss kundgegeben, alle Koreaner, die sich westlich des Tumen-Flusses niedergelassen hätten, aus diesem Gebiet auszuweisen. Während jedoch der Gouverneur mit der Bezeichnung Tumen den Hauptstrom gemeint habe, habe er dafür das chinesische Zeichen für den phonetisch gleichlautenden Nebenfluss gesetzt; die ganze Grenzstreitigkeit laufe überhaupt darauf hinaus, ob China mit seiner Behauptung Recht habe, dass die beiden chinesischen Zeichnen für Tumen, die zwar verschieden geschrieben, jedoch gleich gelesen werden, auch ein und dieselbe Sache nämlich dem Hauptfluss Tumen bedeuteten und somit alles Gebiet nordwestlich des Hauptflusses als chinesisches Territorium anzusehen sei. Korea dagegen stütze seinen Anspruch darauf, dass von dem eingangs erwähnten Grenzstein auf dem Paitenshan nach Osten zu in regelmässigen Zwischenräumen Steinhaufen aufgeschichtet seien, durch die die Grenze markiert werde; an der Stelle, wo diese Steinhaufen aufhörten, begänne eine Reihe von Erdhügeln und an deren Auslauf befinde sich die Quelle des Tumen-Nebenflusses; hieraus folgerten die Koreaner, dass das Land südöstlich des Tumen-Nebenflusses bereits koreanisches Territorium sei. Verhandlungen über diese Grenzfrage waren bereits zwischen China und Korea im Gange, wurden jedoch durch den Ausbruch des russisch-japanischen Krieges unterbrochen. Die japanische Regierung will jetzt die Verhandlungen mit China wiederaufnehmen. Auf wessen Seite in der vorliegenden Angelegenheit das Recht liegt, dürfte nicht ohne weiteres zu entscheiden sein. Dagegen wird man wohl in der Annahme nicht fehlgehen, dass die offiziöse japanische Darstellung des Sachverhalts stark pro domo gefärbt ist. Dies hat mir indirekt auch der Minister des Äussern, Graf Hayashi, zugegeben, als ich ihn gesprächsweise danach fragte, ob die in der japanischen Presse enthaltenen Angaben den Sachverhalt im allgemeinen richtig wiedergäben. Graf Hayashi erwidert mir, darauf, dies sei eben der japanische Standpunk, der Standpunkt Chinas sei diametral entgegengesetzt.

Nach offiziösen japanischen Angaben sollen sich in dem strittigen Gebiete ungefähr 200 000 Koreaner aufhalten; andere Zeitungen geben deren Zahl schätzungsweise auf 600 000 an; gleichzeitig wird behauptet, dass sie von den Chinesen ebenso schlecht behandelt werden, wie „die Juden in gewissen Ländern Europas". Aus diesem Grunde habe die koreanische Regierung schon im Jahre 1903 einen Beamten nach dem strittigen Gebiete entsandt, der sich der unterdrückten Landsleute annehmen sollte; der betreffende Beamte sei jedoch durch den russisch-japanischen Krieg gezwungen worden, sich zu entfernen.

Die Japanische Regierung hat kürzlich „zum Schutz der armen unterdrückten Koreaner" – angeblich auf Grund einer im November v. J. vom Kaiserlichen Hof in Söul an die

Japanische Generalresidentur gestellten Bitte- den Oberstleutnant Saito mit 60 Gendarmen nach dem Kanto-Gebiet entsandt; dieser Schritt scheint in China ziemliche Aufregung hervorgerufen zu haben; wenigstens soll nach den hierher gelangten Nachrichten die chinesische Regierung der japanischen Gesandtschaft in Peking eine energische Note haben zugehen lassen, in der die Abberufung des Oberstleutnants Saito und der ihm unterstellten Organe verlangt und ausserdem behauptet wird, dass von einer Grenzstreitigkeit überhaupt nicht die Rede sein könne. Gleichzeitig soll die Chinesische Regierung mehrere Beamte zur Augenscheinnahme von Mukden nach Kanto gesandt haben.

Graf Hayashi hat mir demgegenüber mitgeteilt, dass die Entsendung des Oberstleutnants Saito nicht als Entsendung von Truppen aufzufassen sei; sie habe lediglich den Zweck, die Ordnung unter den dortigen Koreanern aufrecht zu erhalten und ihnen nötigenfalls Schutz und Beistand angedeihen zu lassen.

Meines Erachtens hat die japanische Regierung durch ihr Vorgehen das chinesische Selbstgefühl entscheiden verletzt; die Entsendung des Oberstleutnants Saito wird jedenfalls dazu beitragen, die Japaner in China noch unbeliebter zu machen, als sie es zur Zeit überhaupt schon sind. Die Behauptung, dass die Entsendung auf Ansuchen des zu diesem Zwecke wieder ausgegrabenen Ex-Kaisers von Korea erfolgt sei, wird an dieser Sachlage nichts ändern. China wird darin, - und wohl mit Recht – einen neuen Vorstoss Japans erblicken, der unter Umständen noch zu recht unbequemen Verwickelungen führen kann. Auf die Dauer wird jedoch China kaum etwas anderes übrig bleiben, als gutwillig nachzugeben, da man hier entschieden zu energischem Vorgehen entschlossen zu sein scheint. Dies kommt auch in der Tonart der hiesigen Presse zum Ausdruck, die sich dahin zusammenfassen lässt, dass das Kantogebiet ungeachtet aller Proteste Chinas koreanisch sei und deshalb als unter Japans Protektorat stehend erachtet werden müsse.

Abschrift dieses Berichtes erhalten auf sicherem Wege die Kaiserliche Gesandtschaft in Peking und das Kaiserliche Generalkonsulat in Söul.

gez. Mumm.

Urschr. i. a. Korea 10

[ ]

PAAA_RZ201-018937_042 f.			
Empfänger	Bülow	Absender	Mumm
A. 16232 pr. 23. Oktober 1907. a. m.		Tokio, den 15. September 1907.	

Abschrift.

A. 16232 pr. 23. Oktober 1907. a. m.

Tokio, den 15. September 1907.

A. 366

Seiner Durchlaucht
dem Herrn Reichskanzler
Fürsten von Bülow.

Euerer Durchlaucht habe ich bereits früher zu berichten die Ehre gehabt, dass sich die japanische Regierung wiederholt an die hiesige englische Botschaft gewandt hat, um gegen den englischen Journalisten Bethnell in Söul, der die japanische Verwaltung bei jeder sich bietenden Gelegenheit angreift, Beschwerde zu führen. Die hiesige englische Botschaft hatte die Angelegenheit seinerzeit dem Auswärtigen Amt in London unterbreitet, war jedoch bis vor kurzem noch ohne Bescheid. Inzwischen ist jedoch hier eine neue „Order in Council" bekannt geworden, auf Grund deren die Verfasser von aufreizenden Artikeln, die in China oder Korea nicht nur -wie bisher- gegen die Behörden oder Untertanen einer England befreundeten Macht veröffentlicht werden, strafrechtlich zur Verantwortung gezogen werden können. Die „Order in Council" trägt zwar bereits das Datum des 11. Februar 1907, ist jedoch erst jetzt hier bekannt und auch in der Presse besprochen worden. Die hiesige englische Botschaft hat mir den Wortlaut der Verordnung zur Einsicht überlassen und beehre ich mich Euerer Durchlaucht anliegend eine auszugsweise Abschrift derselben, soweit sie für die vorliegende Angelegenheit von Interesse ist, zu überreichen.

Sir Claude Macdonald hat mir kein Hehl daraus gemacht, dass es ihm sehr erwünscht sei, nunmehr eine Handhabe zu besitzen, auf Grund deren der englische Generalkonsul in Söul, auf den nach der erwähnten Verordnung die Jurisdiktionsbefugnisse des früheren britischen Ministerresidenten in Söul übergegangen sind, gegen Bethnell vorzugehen in der Lage sei.

Über den Termin des Inkrafttretens der neuen Order in Council ist in derselben nichts gesagt; der Vizeminister der auswärtigen Angelegenheiten, mit dem ich die Sache gesprächsweise berührte, glaubte jedoch zu wissen, dass sie am 15. d. M. in Kraft treten sollte.

gez. Mumm.

Urschr. i. a. Korea 10

Übersiedelung des Kronprinzen von Korea nach Japan.

PAAA_RZ201-018937_044 f.			
Empfänger	Bülow	Absender	Mumm
A. 16504 pr. 28. Oktober 1907. a. m.		Tokio, den 24. September 1907.	

A. 16504 pr. 28. Oktober 1907. a. m.

Tokio, den 24. September 1907.

A. 385.

Seiner Durchlaucht
dem Fürsten von Bülow.

Marquis - jetzt Fürst - Ito hat mir bei einem mir kürzlich gemachten Besuche erzählt, der Kronprinz von Korea solle zu Anfang des kommenden Winters nach Japan übersiedeln, um hier seine weitere Ausbildung zu erhalten.

Fürst Ito sieht voraus, dass der Exkaiser von Korea und Lady Ohm sich dem Plane widersetzen werden, glaubt aber, dass sich dieser Widerstand überwinden lassen wird.

Mumm.

Inhalt: Uebersiedlung des Kronprinzen von Korea nach Japan.

Japanische Verwaltung in Korea.

PAAA_RZ201-018937_046 ff.			
Empfänger	Bülow	Absender	Mumm
A. 16514. pr. 28. Oktober 1907.		Tokio, den 26. September 1907.	

Abschrift.

A. 16514. pr. 28. Oktober 1907.

Tokio, den 26. September 1907.

A. 396.

Seiner Durchlaucht, dem Fürsten von Bülow.

Die Organisation der japanischen Generalresidentur in Korea hat durch eine Kaiserliche Verordnung vom 19. d. Mts. verschiedene Abänderungen erfahren. Eine Neugestaltung der Generalresidentur war schon durch die im Zusammenhange mit den jüngsten Ereignissen in Söul eingetretene Änderung des Vertragsverhältnisses zwischen Japan und Korea bedingt; zum Teil spielen bei dieser Neuerung aber auch interne japanische Verhältnisse mit. Die Änderungen sind in der Hauptsache folgende:

Dem Generalresidenten wird die Kontrolle der gesamten Regierungsgeschäfte in Korea übertragen, während er früher auf gewisse Gebiete, insbesondere die auswärtige Politik des Landes, beschränkt war.

Es wird der Posten eines Vize-Generalresidenten neu geschaffen, der dem Generalresidenten zur Seite stehen und ihn in Behinderungsfällen vertreten soll.

Verschiedene Beamtenstellen werden abgeschafft, weil die Japanische Regierung es jetzt in ihrer Hand hat, durch Ernennung von Japanern zu koreanischen Beamten auch alle Einzelheiten der koreanischen Verwaltung unter ihre Kontrolle zu bringen. So werden z. B. die Posten der Vizeminister durchweg mit Japanern besetzt, die dann im Nebenamt Räte der Generalresidentur sind.

Unter den Neuerungen ist die wichtigste die Einsetzung des Vize-Generalresidenten und zwar in verschiedener Beziehung. Zunächst wird dadurch dem bisherigen Zustand ein Ende gemacht, dass bei Abwesenheit des Generalresidenten die japanische Regierungsgewalt in Korea auf den Oberkommandeur der japanischen Truppen dortselbst überging. Diese Vertretungsbefugnis wird nunmehr dem Vize-Generalresidenten zufallen. Von mancher Seite wird diese Massnahme daher als eine Niederlage der Militärpartei angesehen. Sodann ist die Einsetzung eines Vize-Generalresidenten nach Pressmeldungen in dem Sinne zu deuten, dass Fürst Ito die Absicht hat, fortan nur mehr vorübergehend in Korea zu weilen. Er wird angeblich seinen Stellvertreter in sein Amt einführen, ihn mit genauen Instruktionen bezüglich der durchzuführenden Reformen versehen und dann nach Japan zurückkehren, um die Geschäfte der Generalresidentur im wesentlichen von seinem Tusculum Oiso aus zu leiten. Diese Annahme ist nicht ganz unwahrscheinlich. Fürst Ito steht jetzt im 67. Lebensjahre, einem Alter, in dem der Japaner nach der hiesigen Landessitte schon ein Jahrzehnt sich der verdienten Ruhe zu erfreuen pflegt. Es ist daher erklärlich, dass auch Ito nicht gern mehr längere Zeit im Auslande zubringt. Andererseits ist auch seine persönliche Anwesenheit in Söul wohl nicht mehr so dringend geboten. Die Japaner können dort auf Grund ihrer Wünsche erzwingen, und bei dem gegenwärtigen Herrscher ist die Geltendmachung des persönlichen Einflusses des Fürsten Ito sicher nicht in dem Masse erforderlich, wie bei seinem Vorgänger.

Die Schaffung des Vize-Generalresidenten -Postens ist in der japanischen Presse nicht ganz ohne Opposition geblieben. Man wandte ein, dass gerade jetzt eher eine Verminderung der Geschäfte der Generalresidentur eintreten würde, da für eine Kontrolle der Regierungsakte schon durch die zahlreichen japanischen Beamten gesorgt sei, die in Bälde in die koreanische Beamtenschaft eingereiht werden würden. Diese Stimmen konnten indessen nicht aufkommen bei der grossen Popularität, deren sich Ito bei seinem eben beendigten Aufenthalt in Japan nach seinen jüngsten Erfolgen in Korea erfreute.

Ernannt zum Vizegeneralresidenten ist der Vicomte /früher Baron/ Sone, der eine Zeit lang Gesandter in Paris war und dann mehrere Ministerportefeuilles inne hatte.

In diesem Zusammengange mag erwähnt werden, dass Marquis Katsura im Laufe des kommenden Monats im Gefolge des Kronprinzen von Japan nach Korea gehen wird. Wie der Marquis einem Pressvertreter mitgeteilt hat, gedenkt er sich nach dem offiziellen Teil des kronprinzlichen Besuchs von dem Gefolge zu trennen, um eine Informationsreise durch Korea zu machen. Diese Tatsache ist insofern von Interesse, als Marquis Katsura schon wiederholt als Kandidat für die Nachfolgerschaft des Fürsten Ito genannt worden ist.

gez. Mumm.

Urschr. i. a. Korea 10

Inhalt: Japanische Verwaltung in Korea.

Japanische Verwaltung in Korea.

PAAA_RZ201-018937_050 f.			
Empfänger	Bülow	Absender	Krüger
A. 16674 pr. 31. Oktober 1907. a. m.		Söul, den 7. Oktober 1907.	
Memo	Unter Bezugnahme auf Bericht vom 21. Dezember 1903. - № 130. 2 Anlagen. J. № 826.		

A. 16674 pr. 31. Oktober 1907. a. m. 2 Anl.

Söul, den 7. Oktober 1907.

K. № 64.

An Seine Durchlaucht
den Herrn Reichskanzler
Fürsten von Bülow.

Als das Auftauchen der 3 koreanischen Abgesandten im Haag der japanischen Regierung gewünschte Gelegenheit zu energischen Massnahmen gegen den hiesigen Herrscher in die Hand gespielt hatte, und in Tokio die Herreise des Ministers Hayashi mit Spezialaufträgen beschlossen war, liess sich vermuthen, dass Hayashi´s Instruktionen auch die Kaiserlich Koreanischen Privatmittel und deren Verwendung umfassen würden.

Marquis Ito bat mich mit Rücksicht hierauf offiziell um genauere Angaben über das Kaiserliche Depot in Deutschland.

Da Marquis Ito vor Jahresfrist durch Vizekonsul Dr. Ney über die Existenz dieses Depots unterrichtet worden war und Dr. Ney´s diesbezüglicher Schritt (nach einem bei den hiesigen Akten befindlichen Privatbrief des Vortragenden Rates Dr. Zimmermann an Minister von Saldern vom 14. Februar 1907) in Berlin Billigung gefunden hatte, so lag für mich kein Anlass vor, dem Ito´schen Antrage etwa nicht zu entsprechen.

Abschrift meiner Note an Marquis Ito anbei.

Daraufhin hat mich kürzlich die Generalresidentur ersucht, die Rückzahlung des Depots herbeizuführen und ihr das Geld zur Weiterleitung zukommen zu lassen.

Ich habe den Antrag nach Shanghai übermittelt. Eine Antwort steht noch aus. Ich möchte nach Sachlage bezweifeln, ob die Bank sich ohne eine in irgend welcher Form vorliegende Willensäusserung des Ex-Kaisers darauf einlassen wird und kann, dessen Privatgelder den Japanern auszufolgen. Der jetzige Antrag spricht nur von: „the Court having deceided et.". The Court d. h. der jetzige Kaiser dürfte indessen nicht ohne weiters absolute Verfügungsbefugnisse über private Vermögensobjekte des alten Kaisers besitzen.

Es hat somit den Anschein, als wenn es dazu kommen wird, dass Fürst Ito noch auf Mittel und Wege zu sinnen hat, um eine direkte Erklärung des Ex-Kaisers zu erlangen, was ihm indessen mit mit einigem Hochdruck wohl gelingen dürfte.

Meinerseits wird natürlich Alles geschehen, um Marquis Ito gefällig zu sein.

Krüger.

Inhalt: Gelddepot des koreanischen Ex-Kaisers in Deutschland.

Anlage 1 zur Bericht № 64.
Abschrift.

Seoul, July 17th 1907.

General-Konsulat
des Deutschen Reiches für Korea.

J. № 532.

Monsieur le Marquis,

Your Excellency having officially requested me to furnish you with particulars in regard to the private monetary deposits in Germany of His Majesty the Emperor of Korea, I have the honour to give the following informations.

Towards the close of 1903 His Majesty the Emperor of Korea had the German Ministerresident Herr von Saldern petitioned, to assist in depositing for Him securely private monies in Germany.

Baron von Saldern corresponded therefore on the subject with Herr Buse, the Director of the Deutsch-Asiatische Bank at Shanghai who was willing to accept the management of the monies and execute the deposits.

Herr Buse came to Seoul and received treasure partly in gold ingots (23 pieces) and partly in Japanese bank notes, which altogether should have represented a value of 180 000 Yen.

A later official examination of the gold ingots proved however their contents of gold to be only 789 instead of the Shanghai standard of 978. The value of the ingots was thereby reduced accordingly.

The Deutsch-Asiatische Bank had the notes exchanged, and the gold ingots sold; and bought secure interest bearing German stock, which the bank deposited in her name with the Disconto Gesellschaft in Berlin under the title of „Effecten des Kaiserlich Koreanischen Staatsschatzes".

A few months later His Majesty the Emperor of Korea paid the additional sum of 18 500 Yen in notes and lastly one more amount of 50 000 Yen also in notes.

These later amounts were disposed of in the same way as before.

The interest due every half year were added to the original capital, and used for buying up further effects.

The Deutsch-Asiatische Bank tendered accounts twice a year viz. of the 30th of June and on the 31st of December each year, which accounts were received by His Majesty the Emperor of Korea.

The last account sent here dates from the 31st December 1906; duplicate of which is herewith enclosed.

The nominal value of all the deposits amounted in December 1906 to 518 800 Mark.

In a few weeks the account to Juni 1907 may be expected to come to hand.

I take this opportunity, Monsieur le Marquis to renew to you the assurance of my highest consideration.

(signed) Krüger Dr.

His Excellency Marquis Ito,
His Imperial Japanese Majesty´s Resident General.

Anlage 2 zur Bericht № 64.
Abschrift.

Seoul, August 31, 1907.

№ 134.

H. I. J. N´s Residency General.

Sir:

With Reference to the monetary deposits in Germany of the late Emperor of Korea, of which you were so kind as to furnish His Excellency Marquis Ito with particulars in your note under date of July 17th, I have the honour to inform you that the Court having decided to withdraw all the money so far deposited and accrued to the credit of the Emperor, I am instructed by the Resident General to request that you will be so good as to take necessary measures looking to the refunding to the Emperor the whole amount of the deposits together with interest due to date.

In this connection I have to call your special attention to the desirability of treating the matter through formal channels in order to avoid any possible misunderstanding or complication, and I beg therefore to ask you to address all communications to the Residency General with regard to the settlement of the accounts with the late Emperor.

I have the honour to be,
Sir,
Your obedient servant,
(signed) S. Tsuruhara.

Dr. Fr. Krüger,
H. I. G. M`s Consul General,
etc., etc., etc.,
S E O U L.

Besuch des japanischen Kronprinzen in Söul.

PAAA_RZ201-018937_056 ff.			
Empfänger	Bülow	Absender	Krüger
A. 17505 pr. 17. November 1907.		Seöul, den 21. Oktober 1907.	
Memo	mtg. 19. 11. n. Pera, London, Madrid, Paris, Petersbg., Rom.		

Abschrift.

A. 17505 pr. 17. November 1907.

Seöul, den 21. Oktober 1907.

№ 65.

Seiner Durchlaucht
dem Herrn Reichskanzler
Fürsten von Bülow.

Die Abdankung des alten Kaisers von Korea, die sich an dieses Ereignis anschliessenden blutigen Zusammenstösse zwischen koreanischem Militär und japanischer Polizei, die demnächstigen, auch jetzt noch nicht völlig unterdrückten Aufstandsbetätigungen in Stadt und Land, schliesslich die allen japanischen Liebeswerbungen trotzende argwöhnische Passivität der gesamten Bevölkerung basierte zum weitaus grössten Teil in der bei den Koreanern nun einmal zur fixen Idee gewordenen Annahme, dass es die Japaner im Endziel auf Beseitigung des koreanischen Herrscherhauses abgesehen hatten und haben. Gelegentlich wiederkehrende Drohartikel der japanischen Presse sorgten für Wachhaltung des Angstgefühls und paralysierten alle gegenteiligen Beteuerungen des Fürsten Ito und der hiesigen massgebenden Japaner. Würde es gelingen Hof und Volk in Korea vom redlichen Festhalten Japans am garantierten Fortbestand der koreanischen Krone zu überzeugen, so wäre damit ein gut Stück zur Anbahnung verständiger Annäherung gewonnen.

Von dieser Erkenntnis ausgehend, hat es Fürst Ito während seines Sommeraufenthaltes in Japan angeregt, betrieben und durchzusetzen gewusst, dass in Tokio ein Staatsbesuch des japanischen Kronprinzen beim koreanischen Kaiserhause genehmigt wurde, in der gewiss richtigen Erwägung, dass nichts so geeignet sein könne, die besorgten hiesigen Gemüter zu beruhigen, als ein persönlich vom Mikado ausgehender direkter Akt offizieller Anerkennung des koreanischen Thrones.

Nachdem der Besuch fest beschlossene Sache geworden und nach Söul hin angekündigt war, geschah in Japan Alles, um den Besuch eindrucksvoll und würdig zu gestalten. Eine glänzende Suite wurde zur Begleitung des Kronprinzen ausersehen, eine grössere Kavallerie-Eskorte eigens von Japan herübergesandt, und das gesamte erste Geschwader dazu bestimmt, den Kronprinzen nach Chemulpo zu bringen.

Nur langsam begann sich im schwerfälligen, zaghaften Söul ein Verständnis für das Ereignis herauszubilden, kam dann aber zum vollständigen Durchbruch als erst Fürst Ito nach seiner Rückkehr Anfang Oktober persönlich auf den hiesigen Kaiser und seine Minister einzuwirken und sie den negaiven Einflüsterungen des Ex-Kaisers und dessen Clique zu entziehen vermochte.

Jetzt willigte der Kaiser, welcher Söul bisher nie verlassen, nie eine Eisenbahn gesehen hatte, endlich auch darin ein, dem Kronprinzen die ca. 40 Kilometer bis Tschemulpo entgegenzufahren, um ihn gleich beim Betreten koreanischen Bodens zu begrüssen und ihn persönlich zur Hauptstadt zu geleiten. Die alte Hofpartei, welche hierin ein Zuviel, eine Art Demütigung erblickt und dies durch ihr Mundstück die „Korea Daily News" öffentlich hatte erklären lassen, war damit abgetan.

Söul begann rechtzeitig sich für den Empfang zu schmücken, und es soll den Japanern unumwunden zugestanden werden, dass sie es fertig gebracht haben, das Menschenmögliche zu leisten und eine für hiesige Verhältnisse wirklich imponierende Feststrasse vom Bahnhof bis zum Kronprinzen-Quartier in der japanischen Generalresidentur herzurichten. Mit einem Aufwande von 100 000 Yen reinigte die Sanitätsverwaltung gründlichst die so unsaubere, nichtkanalisierte Stadt und gebot hierdurch der Cholera, welche von der Mandschurei südwärts der Bahn entlang in Korea eingedrungen war und sich auch schon vereinzelt in Söul gezeigt hatte, Einhalt.

Zur festgesetzten Stunde am Mittwoch den 16. Oktober warf das japanische Geschwader auf der Tschemulpo-Reede Anker und feuerte den Kaisersalut für den zur nämlichen Zeit mit seinem Halbbruder dem jungen koreanischen Kronprinzen Yöng per Bahn eingetroffenen koreanischen Herrscher. Von Fürst Ito geführt begab sich der japanische Kronprinz an Land und fand bei oder auf dem Bahnhofe die erste Begegnung der hohen Herrschaften statt. In gemeinsamer einstündiger Fahrt langte man in Söul gegen 3 Uhr in der reich dekorierten Empfangshalle an. Ein Salut vom Namsan /Südberg/ verkündete der Stadt die Einfahrt des Zuges. Das Konsularkorps war auf Einladung zur Begrüssung erschienen und hatte am Eingang zum Wartesaal einen reservierten Platz inne.

Nach dem Verlassen des Eisenbahnwagens verabschiedete sich der Kaiser, welcher eine kleine Uniform in Khakifarbe mit Mütze trug, vom japanischen Kronprinzen und fuhr von japanischer Kavallerie unter Vorantragen der gelben Kaiserstandarte eskortiert direkt in seinen Palast. Es war dies für das Publikum die erste Gelegenheit den Kaiser sich im

Freien bewegend zu beobachten. Ungeachtet seiner Brille vermochte sich der Kaiser bei seiner an Blindheit grenzenden Kurzsichtigkeit doch kaum zurecht zu finden und musste rechts und links von koreanischen Ministern geleite werden, um auf dem gelegten Teppichstreifen zu bleiben und nicht Gefahr zu laufen, gegen einen Hallenpfeiler anzurennen. Mit seinem fahlen, aufgedunsenen Gesicht, seinem blöden Augenausdruck und bei seinem unsicheren, schleppenden Gang präsentierte sich der Kaiser in Uniform womöglich noch unvorteilhafter als in der sonst von ihm bevorzugten weiten koreanischen Nationaltracht.

Solchem Partner gegenüber war es dem japanischen Kronprinzen nicht schwer, recht günstig abzuschneiden. Er trug Marineuniform mit Mütze, machte darin entschieden eine gute Figur und bewegte sich aufrecht und sicher durch die Spalier bildenden Geladenen, nach beiden Seiten hin freundlichst grüssend. Die anwesenden Japaner, zumal die Militärs zeigten sich denn auch ersichtlich zufrieden mit ihrem künftigen Staatsoberhaupte und dessen erstmaligem selbständigen Auftreten ausserhalb Japans, sowie mit dem Eindruck, welchen er bei der ihn erwartungsvoll prüfenden Menge hervorrief.

Wenig nach Abfahrt des Kaisers bestiegen die beiden Kronprinzen und Gefolge ihre Wagen und begaben sich unter den Klängen der japanischen Nationalhymne und unter Vorantritt von Lanzenreitern in langsamen Zuge durch das grosse Südtor zu der am Abhange des Namsan belegenen Generalresidentur /der früheren japanischen Gesandtschaft/. Gewiss ein Dutzend zum Teil recht geschmackvoller Ehrenpforten gab es zu passieren. Die gesamte lange Wegstrecke war durch Infanterie und reichlich aufgebotene Polizei besetzt. Alle Schulen und Vereine hatten Plätze angewiesen erhalten. Dahinter verteilte sich die aus allen Stadtteilen herbeigeströmte neugierige Bevölkerung in ihrer weissen Gewandung. Die schmutzigen gelben koreanischen Lehmhütten entzogen sich dem Auge durch vorgespannte bunte Zeugdraperien. Gekreuzte koreanische und japanische Flaggen krönten jede Hausmitte. Glänzender Sonnenschein sorgte für effektvolle Beleuchtung. So war das Gesamtbild ein nach jeder Richtung erfreuliches.

Der Koreaner ist nicht daraufhin erzogen, seiner Gemütsstimmung lauten Ausdruck zu verleihen. Von lebhaften Banzairufen, von welchen die Zeitungen zu berichten wissen, ist denn auch nichts zu hören gewesen. Aus dem ehrfurchtsvollen Schweigen der Menge darf aber nicht gefolgert werden, dass die Veranstaltung etwa ihre beabsichtigte Wirkung verfehlt hätte. Nach allem was man hört, und was ich und meine Kollegen selbst wahrgenommen haben, hat der festliche Einzug des japanischen Kronprinzen Seite an Seite mit dem kleinen koreanischen Kronprinzen einen tiefen Eindruck bei den Koreanern hinterlassen.

Am folgenden Tage liess sich der Kronprinzen von Japan zunächst die koreanischen

Staatsminister vorstellen, stattete mittags in grosser Generalsuniform dem Kaiser seinen offiziellen Besuch ab, begrüsste hierauf die Kaiserin, blieb zum Tiffin im Palast und sah dann auch noch den Ex-Kaiser in einem separaten Gemach. Orden und Geschenke wurden ausgetauscht. Das Arrangement der Hin- und Rückfahrten war ähnlich wie am Einzugstage.

Freitag den 18. Oktober inspizierte der Kronprinz von Japan vormittags das Hauptquartier, nahm mittags in der Generalresidentur die Meldungen sämtlicher höheren japanischen Beamten entgegen und empfing daran anschliessend die Chefs der hiesigen fremden Konsularbehörden. Zu letzterem Akte war auch der junge koreanische Kronprinz erschienen. Wir Konsuln wurden vom Vorzimmer einzeln in den Empfangssalon vorgelassen, woselbst an der Rückseite vor einem wertvollen Wandschirm der Kronprinz von Japan stand sich zur Rechten den koreanischen Kronprinzen und zur Linken den Prinzen Arisugawa. Fürst Ito besorgte die Vorstellung. Für Jeden hatte der Kronprinz von Japan einige freundliche Worte, welche der dem Generalresidenten attachierte Generalmajor Murata ins Französische übersetzte. Hinterher wurde im neu angebauten grossen Speisesaale ein kalter Imbiss gereicht. Für die hohen Herrschaften war daselbst eine Tafel gedeckt, an welcher bei der beschränkten Platzzahl von uns Konsuln aber nur die beiden Dienstältesten, d. h. der Doyen M. L. Vincart /belgischer Generalkonsul/ und der chinesische Generalkonsul Sitze einnehmen konnten. Wir übrigen standen mit den etwa 60 Geladenen am Buffet und hatten hierdurch erwünschte Bewegungsfreiheit, um die Bekanntschaft der im Gefolge befindlichen japanischen Grössen /General Marquis Katsura, Admiral Graf Togo, Viscount Hanabusa und wie sie alle heissen/ zu machen. Der japanische Kronprinz unterhielt sich frei und unbefangen zumeist mit seinen japanischen Tischnachbarn, richtete aber gelegentlich auch einige Fragen in Französisch an den ihm schräg gegenübersitzenden belgischen Generalkonsul.

Am Sonnabend mittag empfing der Kronprinz den Gegenbesuch des Kaisers. Letzter blieb zum Luncheon in der Generalresidentur. Nachmittags fuhren die beiden Kronprinzen zusammen zu den alten Palästen, zunächst zu dem Nord-Palast /Kiung Pok Kung/, in welchem 1895 die damalige Königin ermordet worden war, und ferner zu dem von schönen alten Parkanlagen umgebenen Ost-Palast /Tsang Tök Kung/, welcher gerade jetzt als zukünftige Residenz für den neuen Kaiser restauriert wird. Auf dem Rückwege verabschiedete sich der Prinzliche Gast im Kaiserlichen Palais. Nach Dunkelwerden huldigten 5000 Schulkinder und etwa die gleiche Anzahl von Mitgliedern verschiedener Vereine dem Kronprinzen in einem imposanten Lampionzuge. Der Schuljugend hatte man Banzairufe einstudiert. Weithin über die Stadt halten die Tausenden von hellen Stimmen, von welchen dann auch bald die Erwachsenen mit fortgerissen wurden, sodass dieser Tag wirklich in einem Volksjubel ausklang.

Zur Abendtafel an allen Tagen hatte der Kronprinz von Japan an die Spitzen der koreanischen und japanischen Beamten Einladungen ergehen lassen. Es waren regelmässig circa 30 Gedecke. Der kleine koreanische Kronprinz fehlte bei keiner Gelegenheit auf seinem ständigen Platz zur Rechten des Gastgebers.

Für Sonntag 10 Uhr war die Abfahrt des japanischen Kronprinzen angesetzt. Der Kaiser stellte sich am Bahnhofe ein. Die beiden Fürstlichkeiten tauschten längere Abschiedsworte aus und trennten sich mit herzlichem Händeschütteln. Der koreanische Kronprinz gab bis Tschemulpo das Geleit, fuhr sogar mit auf den Panzer „Katori" hinüber und kam hierdurch zum ersten Mal auf Salzwasser und auf ein Kriegsschiff als Vorübung für seine demnächstige Reise nach Japan. Denn der Kaiser und der Exkaiser plus Lady Om haben dem japanischen Kronprinzen auf spezielle Aufrage erklärt, dass die Erziehung des jungen Kronprinzen Yŏng in Japan fest beschlossene Sache sei, das Kind würde demjenigen Manne mitgegeben werden, welchem sie am meisten vertrauten, nämlich dem Fürsten Ito, der ja Ende dieses Jahres nach Japan übersiedelte. Hierin liegt zugleich die Bestätigung eines umlaufenden Gerüchtes, dass Fürst Ito mit Jahresschluss von seinem Statthalterposten definitiv zurücktreten, und der Vize-Generalresident Viscount Sone sein Nachfolger werden wird.

Die hiesigen Zeitungen aller Richtungen haben nur eine Stimme der Anerkennung über das vollständige Gelingen des kronprinzlichen Besuches. Wenn sogar die antijapanische „Korea Daily News" zugestehen muss: „The visit has been most successful in every way", so ist anzunehmen, dass auch die Partei des Exkaisers sich befriedigt zeigt und begonnen hat, sich mit dem selbstverschuldeten Schicksal auszusöhnen, um in Zukunft der Entwickelung Koreas ohne heimliche Quertreibereien den von Japan vorgezeichneten Gang zu erlauben, womit Fürst Ito allerdings Alles erreicht hätte, was er bei Inszenierung des Prinzenbesuches nur erhoffen konnte.

gez. Krüger.

Urschr. i. a. Korea 10

Inhalt: Besuch des japanischen Kronprinzen in Söul.

Betrifft Gelddepositen des Kaisers von Korea und Grunderwerb in Tsingtau.

PAAA_RZ201-018937_065 f.			
Empfänger	Bülow	Absender	Mumm
A. 17884 pr. 25. November 1907. a. m.		Tokio, den 24. Oktober 1907.	

A. 17884 pr. 25. November 1907. a. m. 4 Anl.

Tokio, den 24. Oktober 1907.

A. 427

Seiner Durchlaucht
dem Fürsten von Bülow.

Im Laufe des vergangenen Sommers enthielten die japanischen Zeitungen mehrfach Notizen über angebliche Gelddepositen des Kaisers von Korea bei der Deutsch-Asiatischen Bank und über Grunderwerb Seiner Majestät in Tsingtau.

Da weder seitens der früheren Kaiserlichen Ministerresidentur noch auch seitens des jetzigen Kaiserlichen Generalkonsulats in Söul über diese politisch bedeutsame und für die Kaiserliche Botschaft wichtige Angelegenheit jemals irgendwelche Mitteilung hierher gelangt war, ersuchte ich Generalkonsul Dr. Krüger Mitte August um nähere Ankunft.

Darauf ist mir nunmehr ein Bericht Generalkonsul Dr. Krügers vom 7. d. Mts. zugegangen, den ich, da er eine zusammenfassende Sachdarstellung der ganzen Angelegenheit giebt, Euerer Durchlaucht anbei in Abschrift gehorsamst vorzulegen die Ehre habe.

Mumm.

Inhalt: Betrifft Gelddepositen des Kaisers von Korea und Grunderwerb in Tsingtau.

I zu A. 427.
Abschrift.

Söul, den 7. Oktober 1907.

J. № 819.

Generalkonsulat des Deutschen Reiches für Korea.
Auf Schreiben vom 16. August 1907. -A. 999.

An Seine Exzellenz
dem Kaiserlichen Botschafter
Herrn Dr. Freiherrn Mumm von Schwarzenstein, Tokio.

I. Ende 1903 hatte der Kaiser von Korea dem damaligen Kaiserlichen Ministerresidenten von Saldern durch einen Palastbeamten den Wunsch vortragen lassen, ihm dabei behülflich zu sein, disponibele Gelder in Deutschland sicher anzulegen.

Herr von Saldern wandte sich an den Direktor der Deutsch-Asiatischen Bank in Shanghai Herrn Buse und fand letzteren bereit, die Deponierung zu übernehmen.

Herr Buse, welchen d. Z. noch sonstige Geschäfte nach Korea riefen, kam persönlich nach Söul und erhielt aus der Kaiserlichen Schatulle Werte von zunächst ca. 180 000 Yen.

Herr von Saldern berichtete darüber nach Berlin. Ein Antworterlass liegt nicht vor.

Wenig später liess der Kaiser an Herrn von Saldern zwei weitre Summen von 18 500 Yen bezw. 50 000 Yen übermitteln, welche dieser nach Shanghai weitergab.

Die Deutsch-Asiatische Bank legte die Gelder in deutschen Papieren an und deponierte dieselben unter ihrem Namen als: „Effekten des Kaiserlichen Koreanischen Staatsschatzes" bei der Diskonto Gesellschaft in Berlin. Für die jeweils aufgelaufenen Zinsen wurden neue Papiere gekauft. Halbjährlich sandte Shanghai Abrechnung nach Söul in deutscher und chinesischer Sprache. Das chinesische Exemplar ging an den Kaiser.

Herr von Saldern hat die ganze Angelegenheit ständig als Privatsache behandelt und die bezüglichen Ein- und Ausgänge nicht durch das Journal gehen lassen.

Mit Herrn von Saldern Abreise im Herbst 1905 fiel das Weitere dem Vizekonsul Dr. Ney zu.

Als sich die politischen Verhältnisse in Korea in der Folge vollständig geändert hatten, und Japan Protektoratsmacht geworden war, glaubt Dr. Ney die Gelddeponierung vor den Japanern nicht länger geheim halten zu sollen. Er zog Ende 1906 den Ratgeber Mr. d. M. Stevens ins Vertrauen und ermächtigte ihn, Marquis Ito entsprechend zu verständigen, was denn auch geschehen ist. Dieser Schritt sollte sich bald als richtig erweisen, denn kurze Zeit darauf hinterbrachte ein in Ungnade gefallener koreanischer Palastbeamter dem Marquis Ito die Depotgeschichte, sodass letzterer deutscherseits schon vorher unterrichtet war, und der hiesigen Amtsstelle der mögliche Vorwurf erspart geblieben ist, mit dem Kaiser hinter dem Rücken der Japaner Durchstechereien zu treiben.

Dr. Ney hat Herrn von Saldern über alles privatschriftlich auf dem Laufenden erhalten. Minister von Saldern legte das Material mit seiner Ansichtsäusserung dem Auswärtigen Amt vor und erhielt von der Hand des vortragenden Rates Dr. Zimmermann eine zustimmende Erklärung von Exzellenz von Mühlberg.

Eine Rückzahlung auf das Depot ist bislang nicht erfolgt. Dr. Ney erzählte mir, dass einmal ein Palastbeamter angeblich im Auftrage des Kaisers 30 000 Yen hätte abheben sollen, sich aber nicht hätte legitimieren können.

In diesem Stadium fand ich im Juni 1907 die Sache in Söul vor.

Das Auftauchen der drei koreanischen Abgesandten im Haag brachte dann den Stein ins Rollen. In Tokio wurde Minister Hayashi`s Herreise mit Spezialaufträgen beschlossen. Da anzunehmen war, dass dessen Instruktionen auch die Kaiserlichen Privatmittel und deren Verwendung umfassen würden, bat mich Marquis Ito offiziell um genauere Angaben über das Depot. Diese gab ich ihm in der abschriftlich anliegenden Note.

Von der Generalresidentur ist demnächst das Ersuchen an mich gerichtet worden, die Rückzahlung des Depots herbeizuführen und ihr das Geld auszuhändigen mit der Begründung: the Court having decided to withdraw all the money." Ich habe den Antrag nach Shanghai weitergeleitet. Antwort steht noch aus. Meinerseits wird in dieser Angelegenheit alles geschehen, um Fürst Ito gefällig zu sein. Ich glaube aber nicht, dass sich die Bank ohne eine in irgend welcher Form vorliegende Vollmacht des Ex-Kaisers darauf einlassen kann, die Gelder den Japanern einfach auszukehren, denn „the Court" d. h. der jetzige Kaiser hat doch nicht ohne weiteres Verfügungsbefugnisse über Privatmittel des alten Kaisers.

Fürst Ito wird daher wahrscheinlich zur Erreichung seines Zweckes auf Mittel und Wege sinnen müssen, sich eine bezügliche persönliche Willensäusserung des Ex-Kaisers zu verschaffen, was ihm jetzt nach seiner Rückkehr mit einigem Hochdruck wohl unschwer gelingen dürfte.

Nach Berlin habe ich die Rückforderung des Depots gemeldet.

II. Darüber, ob auch noch andere fremde Missionen in Söul dem Ex-Kaiser behülflich gewesen sind, sein Vermögen im Auslande in Sicherheit zu bringen, ist weder etwas bestimmtes bekannt geworden, noch hat sich jetzt etwas feststellen lassen.

Aus dem etwa vor Jahresfrist abgeschlossenen Ankauf des französischen

Generalkonsulats (vormals Legation) in Söul plus Inventar durch den Ex-Kaiser ist nie ein Geheimnis gemacht worden. Als Preis werden eine Viertel Million Yen genannt (220 000 Yen für Grund und Gebäude und 30 000 Yen für Inventar). Die französische Regierung hat sich indessen das Recht vorbehalten, das Generalkonsulat noch für 3 weitere Jahre zu benutzen, bis ein anderes Gebäude fertiggestellt ist. Der Kaufpreis ist voll bezahlt. Er soll zum Ausbau der französischen Botschaft in Tokio verwandt werden.

Der Kaufbrief lautet einstweilen auf den Namen eines dänischen Elektrotechnikers H. J. Mühlensteth, um zu verhindern, dass sich die Japaner in Besitz des Grundstückes setzen. Fürst Ito, welchem die jetzige Generalresidentur (frühere japanische Legation) zu klein ist, soll schon ein Auge auf das günstig gelegene, ausgedehnte und dem Palast benachbarte Anwesen geworfen haben.

III. Weiter kann ich noch folgendes anführen;

Als die bekannte Palastintendantin Fräulein Antoinette Sontag vor ca. 2 Jahren für längere Zeit in Europa weilte, wurde sie auf ihrem hiesigen Posten durch die Ehefrau eines Hauptmanns a. D. Kroebel aus Tsingtau vertreten. Hauptmann a. D. Kroebel selbst hielt sich auch wiederholt vorübergehend in Söul auf. Er hat den Ex-Kaiser zu beschwatzen gewusst, ein angeblich Kroebel'sches Grundstück in Tsingtau käuflich zu erwerben. Zu besagtem Zweck soll p. Kroebel im ganzem 60 000 Yen bar erhalten und nach Tsingtau mitgenommen haben. Es war Weisung ergangen, das Grundstück auf Namen von Fräulein Sontag, die hiervon derzeit aber nichts wusste, einzutragen. Wie der im Frühjahr 1907 auf Urlaub in Söul anwesende Kaiserliche Richter Dr. Lehmann aus Tsingtau, der zur Sache befragt wurde, an Fräulein Sontag geschrieben hat, war bis Ende Juni d. Js. die Umschreibung des fraglichen Grundstückes, über welches dem p. Kroebel übrigens durchaus kein Verfügungsrecht zusteht, nicht erfolgt. Auch heute ist noch nichts veranlasst. Um die 60 000 Yen wird der Ex-Kaiser wohl durch den edlen Hauptmann a. D. gebracht worden sein. Vielleicht hat die Affaire noch einmal ein kriminelles Nachspiel in Tsingtau, falls die Japaner erst dahinterkommen.

Zwei in Söul vor dem grossen Westtor belegene europäisch gebaute Häuser, in welchen z. Z. der amerikanische Palastelektriker Mr. Koën bezw. der französische Geschäftsmann Plaisant zur Miete wohnen, sind Privateigentum des Ex-Kaisers, die Grundtitel lauten aber auf Namen von Fräulein Sontag.

Von anderweiten Terrainoperationen des verflossenen koreanischen Herrschers mit Ausländern wüsste ich nichts zu melden.

gez. Krüger Dr.

2 zu A. 427.

Abschrift.

Söul, den 21. Dezember 1903.

J. № 952.

K. № 130.

Kaiserlich Deutsche Ministerresidentur in Korea.

An Seine Exzellenz
den Herrn Reichskanzler
Grafen von Bülow.

Vor einigen Monaten schickte der Kaiser zu mir und liess mir sagen, er habe den Wunsch etwas von seinem Privatvermögen in Deutschland anzulegen, ich möge ihm dabei behülflich sein, die Sache aber sehr geheim behandeln. Da es sich um eine nicht politische Angelegenheit handelt, so habe ich mich mit dem Direktor der Deutsch-Asiatischen Bank in Shanghai in Verbindung gesetzt, dieser ist vor einiger Zeit hier gewesen und hat 180 000 Yen, also etwa 370 000 Mark in japanischen Noten und Goldbarren mit sich genommen, mit der Bestimmung, in Berlin in Deutschen Konsols oder in anderen ähnlichen sicheren Papieren angelegt zu werden. Es scheint als ob noch mehr Geld denselben Weg gehen wird.

gez. von Saldern.

Abschrift.

Auswärtiges Amt.

Berlin, den 14. Februar 1907.

Sehr geehrter Herr Minister!

Der Herr Unterstaatssekretär hat mich in meiner Eigenschaft als Referent für Korea beauftragt, Ihnen seinen verbindlichsten Dank für Ihre Mitteilung vom 5. d. Mts. in der koreanischen Depositen-Angelegenheit zu übermitteln. Ich darf hinzufügen, dass Herr v. Mühlberg mit der Behandlung ganz einverstanden ist, die diese Sache durch Dr. Ney erfahren hat.

Mit vorzüglichster Hochachtung

Ihr ganz ergebener

gez. Zimmermann.

3 zu A. 427.

Abschrift.

Translation.

Söul, July 17th 1907.

A. 17884. 07.

Monsieur le Marquis,

Your Excellency having officially requested me to furnish you with particulars in regard to the private monetary deposits in Germany of His Majesty the Emperor of Korea, I have now the honour to give the following information.

Towards the close of 1903 His Majesty the Emperor of Korea had the German Minister-Resident, Herr von Saldern, petitioned, to assist in depositing for Him securely private monies in Germany.

Baron von Saldern corresponded therefore on the subject with Herr Buse, the Director of the Deutsch-Asiatische Bank at Shanghai who was willing to accept the management of the monies and execute the deposits.

Herr Buse came to Soul, and received treasure partly in gold ingots (23 pieces) and partly in Japanese bank notes, which altogether should represent a value of 180 000 Yen.

A later official examination of the gold ingots proved however their contents of gold to be only 789 instead of the Shanghai standard of 978. The value of the ingots was therefore reduced accordingly.

The Deutsch-Asiatische Bank has the notes exchanged, and the gold ingots sold; and bout interest bearing German Stock, which the bank deposited in her name with the Disconto Gesellschaft in Berlin under the title of „Effecten des Kaiserlich Koreanischen Staatsschatzes".

A few month later, His Majesty the Emperor of Korea paid the additional sum of 18 500 Yen in notes and lastly one more amount of 50 000 Yen also in notes.

The later amounts were disposed of in the same way as before.

The interests due every half year were added to the original capital, and used for buying up further effects.

The Deutsch-Asiatische Bank tendered accounts twice a year viz. on the 30th of Juni and on the 31st of December each year, which accounts were received by His Majesty the Emperor of Korea.

The last account sent here dates from the 31st December 1906 duplicate of which is herewith enclosed.

The nominal value of all the deposits amounted in December 1906 to 518 800 Mark.

In a few weeks the account to June 1907 may be expected to come to hand.

I take this opportunity, Monsieur le Marquis, to renew to you the assurance of my highest consideration.

singed: Krüger Dr.

Abschrift.

Seoul, August 31, 1907.

№ 134.

H. J. J. M`s Residency General.

Sir:

With reference to the monetary deposits in Germany of the late Emperor of Korea, of which you were so kind as to furnish His Excellency Marquis Ito with particulars in your note under date of July 17th I have the honour to inform you that the Court having decided to withdraw all the money so far deposited and accrued to the credit of the Emperor, I am instructed by the Resident General to request that you will be so good as to take necessary measures looking to the refunding to the Emperor the whole amount of the deposits together with interest due to date.

In this connection I have to call your special attention to the desirability of treating the matter through formal channels in order to avoid any possible misunderstanding or complication and I beg therefore to ask you to address all communications to the Residency General with regard to the settlement of the accounts with the late Emperor.

I have the honour to be,

Sir,

Your obedient servant

signed. S. Tsuruhara.

Dr. Fr. Krüger, H. I. G. M`s Consul General, etc etc. etc.

Seoul.

4 zu A. 427.

Abschrift.

Tsingtau, den 10. Juli 1907.

Verehrtes Fräulein Sontag!

Meinem Versprechen gemäss will ich Ihnen heute kurz über die besprochene Angelegenheit berichten, was mir inzwischen bekannt geworden ist. Ich hätte Ihnen bereits früher geschrieben, bin aber etwas später als beabsichtigt von meiner Reise zurückgekehrt und fand in den ersten Tagen sehr viel zu tun vor.

Das fragliche Grundstück (Villa Kappler) ist bis auf ein kleines Stück, das unbebaut und auf Herrn Hauptmann a. D. Kroebel übertragen und im Grundbuch umgeschrieben ist, noch Eigentum Kapplers. Verkaufsverhandlungen haben wohl bereits geschwebt, sind aber offenbar noch nicht zum Abschluss gelangt. Jedenfalls sind bezüglich des bebauten Grundstücks beim Landamt, das eventuell ein gesetzliches Vorkaufsrecht geltend machen könnte und daher seine Zustimmung zum Verkauf geben muss, Anträge bisher nicht eingegangen. Ueber den eventuellen Kaufpreis habe ich nichts erfahren können.

Das ist das Ergebnis meiner Nachfrage.

Indem ich Ihnen nochmals meinen verbindlichsten Dank für die freundliche Aufnahme in Ihrem gastlichen Hause ausspreche, bin ich mit der Bitte, die bekannten Herren Dr. Ney und Bolljahn freundlichst grüssen zu wollen

Ihr dankbar ergebener

gez. E. Lehmann.

Der Besuch des japanischen Kronprinzen am koreanischen Hof.

PAAA_RZ201-018937_079 ff.			
Empfänger	Bülow	Absender	Mumm
A. 17889 pr. 25. November 1907.		Tokio, den 29. Oktober 1907.	
Memo	I. mtg. 28. 11. n. Paris, London, Madrid etc. II. 〃 〃 〃 an Hausmin.		

Abschrift.

A. 17889 pr. 25. November 1907.

Tokio, den 29. Oktober 1907.

A. 435.

Seiner Durchlaucht
dem Herrn Reichskanzler
Fürsten von Bülow.

Während Fürst Ito zu längerem Sommerurlaub in Japan weilte, gelang es ihm, das hiesige Kabinett und insbesondere den kaiserlichen Hof dazu zu überreden, daß ein Besuch des japanischen Kronprinzen am Hofe zu Seoul der japanischen Sache in Korea sehr förderlich sein werde. Es scheint, als ob man hier einen derartigen Besuch zuerst etwas riskant gefunden habe. Gerade damals, als Fürst Ito mit seinem Plan hervortrat, tobte noch der Aufstand in allen Teilen Koreas, sodaß General Hasegawa wiederholt um militärische Verstärkungen bat. Man hegte daher hier wohl nicht ganz mit Unrecht einige Besorgnisse hinsichtlich der Sicherheit des Kronprinzen. Die Nachrichten über die Cholera-Epidemie in der Mandschurei und in Nord-Korea, die auch in Seoul selbst einige Opfer forderte, mögen diese Besorgnisse noch erhöht haben. Schließlich war man vielleicht auch des Eindrucks der Persönlichkeit des Kronprinzen nicht ganz sicher, da derselbe bisher noch nie das Land verlassen hat. Offenbar hat jedoch Fürst Ito alle Bedenken zu überwinden vermocht; noch vor seiner Rückkehr auf seinen Posten war der Besuch des Kronprinzen beschlossene Sache, und der Fürst selbst kündigte denselben bei seiner Rückkehr nach Seoul offiziell dort an.

Am koreanischen Hofe scheint indessen anfangs über den hohen Besuch wenig Begeisterung, dagegen ein gut Teil Mißtrauen geherrscht zu haben. Die Sondergesandten des Mikado haben gewöhnlich Korea nichts Gutes gebracht. Sie haben dagegen Gutes aus

Korea weggetragen, wie das Beispiel des trotzdem in den Vicomte-Stand erhobenen Hausministers Tanaka lehrt, der die berühmte Songdo-Pagode nach Japan entführte. Wenn jetzt der Kaiser von Japan den höchsten Gesandten, den er zur Verfügung hatte, nach Seoul abordnete, so hegte man wohl den Argwohn, daß dieses Mal der Kaiser von Korea höchstselbst mitgenommen werden würde. Daß die sogenannte konservative Partei in Korea ihren Souverän bei dieser Gelegenheit zu beeinflussen versucht hat, erhellt aus der Tatsache, daß der Kaiser, der nach Fürst Itos Programm den japanischen Kronprinzen am Bahnhof von Seoul empfangen sollte, plötzlich streikte. Man weiß nicht, welche Mittel der resolute Generalresident schließlich angewandt hat, um den koreanischen Kaiser, der noch nie zuvor die Hauptstadt verlassen hatte, zu dem außerordentlichen Schritt zu bewegen, dem japanischen Kronprinzen bis nach Tschemulpo entgegenzufahren.

Dort traf der hohe Besucher am 16. d. M. mit glänzender Suite ein. Prinz Arisugawa, der in Besuchen an fremdländischen Höfen Erfahrung hat, war dem Kronprinzen beigegeben worden. Außerdem befanden sich General Marquis Katsura, Admiral Graf Togo, Oberhofmarschall Fürst Iwakura, Vize-Hausmeister Vicomte Hanabusa und eine Reihe anderer hoher Militär und Hofbeamten in seiner Begleitung. Vor allem aber hatte das ganze erste Geschwader den Kronprinzen nach Korea eskortiert, und der Salut, den die ganze Flotte beim Eintreffen des koreanischen Monarchen in Tschemulpo feuerte, mag diesem wohl recht eindringlich in den Ohren geklungen haben.

Über die Einzelheiten des fünftägigen Aufenthalts des japanischen Kronprinzen in Seoul und Tschemulpo bemerke ich nur, daß sich nach den ausführlichen Mitteilungen der Tageszeitungen hinsichtlich der offiziellen Besuche, Geschenke, Audienzen, Diners, Trinksprüche, Ordensverleihungen u. s. w., ja, bis zu den Ansichtspostkarten, alles ungefähr so abgespielt hat, wie es sich bei ähnlicher Veranlassung an einem europäischen Hof abspielen würde. Der Kronprinz hat alles getan, um Japans Versprechen, die Würde des koreanischen Kaiserhauses zu wahren, gerecht zu werden. Bemerkenswert ist es insbesondere, daß er auch dem Ex-Kaiser einen Besuch abgestattet hat. Der „Japan Daily Mail" zufolge hatte letzterer den Generalresidenten wenige Tage zuvor um ein Zusammentreffen mit dem Kronprinzen gebeten; Fürst Ito hatte jedoch diese Bitte rundweg abgeschlagen. Wenn nachträglich diesem Wunsch dennoch stattgegeben worden ist, so sollte dadurch vielleicht in erhöhtem Maße dokumentiert werden, daß Japan dem abgedankten Herrscher großmütig verzeihen will, obgleich er es eigentlich nicht verdient habe.

Die japanischen Zeitungen haben über alle Details dieses Besuches ihres Kronprinzen in Korea mit dem größten Enthusiasmus berichtet und sind einstimmig der Ansicht, daß dieser Besuch einen ausgezeichneten Eindruck in Seoul gemacht hat. Dasselbe wird von der „Seoul Press“ und von allen Spezial-Berichterstattern hiesiger Zeitungen gemeldet.

Zweifellos gehört dieser Prinzen Besuch zu den geschicktesten politischen Manövern des alten Fürsten Ito. Nachdem er seit den Ereignissen im Juli die Koreaner die ganze Härte des Protektorats hatte fühlen lassen, war es nunmehr an der Zeit, wieder einzulenken und zu versuchen, das vergewaltigte Volk auf gütlichem Wege für die japanischen Absichten gefügig zu machen. Und dies konnte in keiner Weise besser geschehen als durch die Komödie dieses Besuches, durch den der Erbe des japanischen Thrones vor den Augen des koreanischen Volkes bekundet hat, daß er das koreanische Kaiserhaus, dessen nahe bevorstehende Depossedierung durch Japan den Koreanern durch ihre „Patrioten“ andauernd prophezeit wird, als ebenbürtig anerkennt. Wird auch nicht, wie einige hiesige Blätter annehmen, nunmehr in die Herzen der Koreaner absolutes Vertrauen gegenüber dem Protektor einziehen, so wird doch zweifellos Japans Kredit infolge des Kronprinzenbesuches wieder steigen.

gez. Mumm.

Urschr. i. a. Korea 10

Inhalt: Der Besuch des japanischen Kronprinzen am koreanischen Hof.

Gelddepot des Exkaisers von Korea.

PAAA_RZ201-018937_085 ff.			
Empfänger	Bülow	Absender	Krüger
A. 18538 pr. 8. Dezember 1907. a. m.		Söul, den 15. November 1907.	
Memo	Im Anschluss an Bericht vom 7. Oktober 1907. - № 64. 3 Anlagen. J. № 962.		

A. 18538 pr. 8. Dezember 1907. a. m. 3 Anl.

Söul, den 15. November 1907.

K. № 68.

An Seine Durchlaucht, den Herrn Reichskanzler, Fürsten von Bülow.

Wie sich vermuten liess, ist die Antwort der Deutsch-Asiatischen Bank dahin ausgefallen, dass die Herausgabe des Depots nur auf Grund einer Autorisation des Exkaisers erfolgen könne.

Mich persönlich entlastete dieses Entscheidung von einer grossen Verantwortlichkeit und zwar in erhöhtem Masse um deswillen, weil nachträglich der französisch sprechende Zeremonienbeamte Kim Cho Hion bei mir im Bureau war, um mir im Auftrage des Exkaisers im Geheimen zu bestellen: Das Depot solle nicht ohne seine (des Exkaisers) Genehmigung ausbezahlt werden. Bei dieser Sachlage hätten schwierige Weiterungen entstehen können, wenn etwa die Bank bereite auf Grund der ersten Rückforderung Zahlung geleistet hätte.

Die Generalresidentur hat nach Kenntnisnahme der Bankantwort zunächst den Standpunkt vertreten, dass das fragliche Geld gar nicht Privatgeld des Exkaisers gewesen sei, sondern nachweislich dem koreanischen Kronschatze entstamme und somit einen Teil des Kaiserlichen Hausvermögens bilde, über welches der jeweilige regierunde Chef der Familie volle Verfügungsbefugnis besitze.

Demgegenüber betonte ich, dass nach Aktenlage der Exkaiser s. Zt. ausdrücklich angeordnet habe, das Geld als sein Privatgeld zu hinterlegen, was dann auch geschehen sei. Ob der Exkaiser zu solcher Absonderung von Krongeld für Privatzwecke ein Recht gehabt hätte oder nicht, vermöchte ich nicht zu entscheiden. Diese Frage müsse die Generalresidentur mit dem Exkaiser selbst ausfechten. Für mich und die Bank käme lediglich die erwähnte aktenmässige Tatsache in Betracht.

Daraufhin hat mich die Generalresidentur unter Vorlage der mit dem koreanischen

Premierminister und dem Hausminister erwachsenen Korrespondenz wissen lassen, dass der im ersten Schreiben gewählte Ausdruck: „the Court having descided" ungenau und ungeschickt gewählt war, und dass die von der Bank gestellte Bedingung von Anbeginn an erfüllt gewesen sei. Der Exkaiser sei nämlich gleich anfänglich im August d. Js. gefragt worden und habe auf entsprechende Vorstellungen seine Genehmigung zur Depotkündigung erteilt.

Auf Ansuchen hat mir die Generalresidentur hierüber eine entsprechende schriftliche Bestätigung übermittelt, welche ich nach Shanghai weiterleitete.

Wenig später erhielt ich von Seiten des Exkaisers eine damit übereinstimmende direkte Nachricht durch den zu mir gesandten Zeremonienbeamten Uh Ki Won, welcher sich gleichzeitig erkundigte, ob und welchen Auftrag mir sein Kollege Kim unlängst überbracht hätte. Letztere Frage hat folgenden Zusammenhang. Von der nachträglichen heimlichen Konterorder des Exkaisers und Kim`s Besuch bei mir müssen die Japaner auf irgend welche Weise Wind bekommen haben. Fürst Ito hat wenigstens bei nächster Gelegenheit dem Exkaiser ernste Vorwürfe über seine Duplizität gemacht, worauf letzterer in gewohnter Weise -ähnlich wie im Falle der 3 koreanischen Deligierten zur Haager Konferenz- Alles rundweg abgeleugnet hat.

Um dem Unrecht die Krone aufzusetzen, ist Kim -Zeitungsnachrichten zufolge- jetzt sogar auf Betreiben des Hausministeriums arretiert worden, um sich gerichtlich zu verantworten. Ihm wird im Gefängnis wohl solange und mit so nachdrücklichen Mitteln zugesetzt werden, bis er zur Entlastung des hohen Sünders erklärt, dass er auf eigene Faust ohne Auftrag des Exkaisers zu mir gegangen sei.

Die Verurteilung der Haag-Deputierten zum Tode entbehrte insofern nicht einer gewissen Komik, als auch die Koreaner „keinen hängen, sie hätten ihn denn". Der arme Kim befindet sich aber tatsächlich in Söul hinter Schloss und Riegel in Händen seiner Peiniger, und was aus ihm wird, lässt sich gar nicht absehen. Die Komödie ist empörend. Hoffentlich spricht Fürst Ito, wenn die Sache zu bunt werden sollte, ein Machtwort und sorgt dafür, dass der Kaiserliche Lügenherausgeber sich keine Sitzredakteure halten darf.

Nach soeben eingetroffener Depesche aus Shanghai hat die Bank die Depotkündigung angenommen, empfiehlt aber mit Rücksicht auf die gegenwärtige Geldkrisis in Europa den Verkauf der Effekten zur Vermeidung von Verlusten bis nach Rückkehr normaler Börsenzeiten aufzuschieben. Damit ist die Generalresidentur einverstanden. Die Angelegenheit wird also erst in einigen Monaten geregelt sein.

Krüger.

Betrifft: Gelddepot des Exkaisers von Korea.

Anlage 1 zu Bericht № 68.
Abschrift.

Seoul, Oct. 30th, 1907.

H. I. J. M`s Residency General.

Sir:

In a letter addressed to you on the 31st of August last Mr. Tsuruhara stated that the Court having decided to withdraw the funds deposited by the late Emperor through Baron von Saldern, former German Minister, with the German-Asiatic Bank, he was instructed by the Resident General to request you to take the necessary measures to that end.

As the correspondence which has passed discloses the fact that some misapprehension has arisen regarding the terms of Mr. Tsuruhara`s letter, I am instructed to assure you that it was written in compliance with a formal request from the Korean Gouvernment, asking, in conformity with the wishes of the late Emperor, that the funds so deposited should be returned to him.

I have the honour to be,
Sir,
Your obedient servant,
(signed) K. Nabeshima.

Dr. Fr. Krüger,
H. I. G. M´s Consul General,
etc., etc., etc.,
S E O U L.

Anlage 2 zu Bericht № 68.
Abschrift.

Söul, den 2. November 1907.

A. 18538.

An die Deutsch-Asiatische Bank - Shanghai.

J. № 913.
Auf Schreiben vom 15. Oktober 1907.

re: Depot des Exkaisers von Korea.

Den Inhalt Ihrer gefälligen Antwort vom 15. v. Mts. habe ich zur Kenntnis der japanischen Generalresidentur gebracht.

Es fanden daraufhin verschiedene Rücksprachen mit dem Direktor der Abteilung für auswärtige Angelegenheiten Exzellenz Nabeshima statt, bei welchen letzterer mir erklärte, dass gleich zu Anfang der Exkaiser in der Angelegenheit befragt worden sei und auf entsprechende Vorstellungen die Kündigung und Rückforderung des Depots ausdrücklich angeordnet habe. Es sei somit schon Alles geschehen, was die Bank wünsche und nach Sachlage etwa notwendig sei. Zum Beweise dessen hat mir Herr Nabeshima dann noch die Korrespondenz der Generalresidentur mit dem koreanischen Premierminister und dem Hausministerium vorlegen lassen.

Ich habe Exzellenz Nabeshima unter besagten Umständen gebeten, mir offiziell schriftlich zu bestätigen, dass der Exkaiser die Rückzahlung des Depots befohlen habe und erklärt, dass -soweit meine Person in Frage komme- eine derartige Versicherung mir genügen würde.

Noch ehe eine schriftliche Aeusserung im erwähnten Sinne mir vorlag, hat Fürst Ito bei einem gelegentlichen Zusammentreffen mich auf die Depotgeschichte hin angeredet und mir angeboten, mich persönlich zum Exkaiser zu geleiten, um mir aus dessen Munde die Depotkündigung wiederholen zu lassen und mich fernerhin nach Eingang des Geldes wiederum zum Exkaiser zu bringen, um diesem persönlich die Banknoten oder den Check auszuhändigen, falls etwa noch irgendwelche Bedenken auf meiner Seite bestehen sollten. Ich erwiderte dem Fürsten Ito, dass mir dieser umständliche Weg nicht nötig erscheine, wenn die in Aussicht gestellte Erklärung von Exzellenz Nabeshima dasjenige enthalte, was dieser mir mündlich versichert habe.

Abschrift der mir demnächst behändigten vom 30. v. Mts. datierten Erklärung beehre ich mich anliegend ergebenst zu übersenden.

Da hierin klar gesagt ist, dass der Exkaiser die Rückzahlung des Depots gewünscht hat, so bin ich zufriedengestellt und bitte Sie ergebenst, gefälligst den Verkauf der Effekten in Berlin und die Ueberweisung des Provenues zuzüglich der inzwischen aufgelaufenen Zinsen an mich zu veranlassen.

Auf welche Weise das Geld mit möglichst geringem Kostenaufwande sowie geringem Zeit- und Zinsverlust nach Söul gelangt, überlasse ich Ihrer sachverständigen Entscheidung. Eventuell schlage ich Check auf die hiesige Dai Ichi Ginko vor, mit welcher Bank Sie ja in Geschäftsverbindung stehen. Das amtliche Konto des Generalkonsulates befindet sich gleichfalls bei der Dai Ichi Ginko.

Dass Verkauf der Effekten und Geldübermittelung vermutlich einige Zeit in Anspruch nehmen werden, habe ich der Generalresidentur angedeutet.

Ich bitte mir den Empfang dieses Schreibens anzuzeigen und mir zu bestätigen, dass Ihrerseits das Weitere veranlasst werden wird, sodass in absehbarere Zeit auf Eingang des Geldes zu rechnen ist.

Der Kaiserliche Generalkonsul.
gez. Krüger Dr.

Anlage 3 zu Bericht № 68.
Abschrift.

Uebersetzung
aus der Hoangsöng Sinmun vom 12. November 1907.

Der Hausminister teilte dem Justizminister mit, dass er einen Bericht vom Präsidenten des Palastes Sung-Yöng-Pu (Palast des alten Kaisers), Yi Chä Wan erhalten habe, in welchem dieser mitteilte, dass er den Beamten des Zeremonienamtes Uh Ki Won nach dem Deutschen Konsulate gesandt habe, um sich wegen des in Deutschland deponierten Geldes zu erkundigen. Uh Ki Won kam zurück und berichtete, dass der Zeremonienbeamte Kim Cho Hion dem Deutschen Konsul gesagt habe, der alte Kaiser hätte ihn (Kim) in der Geldsache gesandt. Der Ex-Kaiser hat dies aber nicht getan. Der Hausminister ersuchte den Justizminister, Kim Cho Hion einsperren und streng vernehmen zu lassen.

[ ]

PAAA_RZ201-018937_094 ff.			
Empfänger	Bülow	Absender	Mumm
A. 19088 pr. 18. Dezember 1907. a. m.		Tokio, den 13. November 1907.	

Abschrift.

A. 19088 pr. 18. Dezember 1907. a. m.

Tokio, den 13. November 1907.

A. 454.

Seiner Durchlaucht
dem Reichskanzler
Fürsten von Bülow.

Euerer Durchlaucht habe ich bereits zu melden die Ehre gehabt, dass vor kurzem eine das Datum des 11. Februar 1907 tragende englische Order in Council veröffentlicht worden ist, auf Grund deren die Verfasser von aufreizenden Artikeln die in China oder Korea nicht nur -wie bisher- gegen die Behörden oder Untertanen von China und Korea selbst, sondern auch gegen die Behörden oder Untertanen einer England befreundeten Macht veröffentlicht werden, strafrechtlich zur Verantwortung gezogen werden können.

Wie mir der Kaiserliche Generalkonsul in Söul inzwischen berichtet hat, hatte auch die Söul Presse vom 17. September d. J. den Wortlaut der englischen Order in Council veröffentlicht und gleichzeitig als offizielles Blatt der japanischen Generalresidentur die Anwendung der fraglichen Vorschriften gegen die notorisch antijapanischen „Korea Daily News" in Aussicht gestellt. Tatsächlich wurde auch dem Eigentümer der genannten Zeitung Herrn Ernest Thomas Bethell bald darauf ein Straferöffnungsbeschluss wegen Störung des öffentlichen Friedens mit Vorladung vor das britische Konsulargericht in Söul zugestellt.

Die öffentliche Verhandlung, die am 14. und 15. v. M. stattfand, endigte mit dem Erkenntnis, dass die dem Angeklagten zur Last gelegten Handlungen als erwiesen anzusehen seien; ferner wurde ihm unter Bestellung einer Kaution von Pfund 300 für 6 Monate Wohlverhalten auferlegt.

Nach dem Berichte des Kaiserlichen Generalkonsuls Dr. Krüger lag dem Strafverfahren unzweifelhaft ein Antrag der japanischen Generalresidentur zugrunde, obwohl der als

Einzelrichter fungierende britische Generalkonsul Mr. Cockburn in der Sitzung die Auskunft über diese Frage verweigerte. Dies geht u. a. auch aus dem Umstande hervor, dass sich unter den Zeugen Beamte der Generalresidentur, wie z. B. der Sekretär Komatsu (Dolmetscher für die englische Sprache) befanden, der in seiner amtlichen Eigenschaft wohl nicht vor dem englischen Gericht hätte erscheinen dürfen, wenn seine vorgesetzte Behörde nicht der treibende Faktor gewesen wäre.

Auffallend ist an dem Verfahren, dass nach den Aeusserungen des britischen Generalkonsuls Mr. Cockburn das englische Konsulargericht nicht etwa auf Grund der neuen Order in Council vom 11. Februar d. J., sondern auf Grund von Artikel 83 ff der Order in Council von 1904 vorgegangen ist. Dies ist umso merkwürdiger als sich der hiesige britische Botschafter mir gegenüber noch diesen Sommer dahin ausgesprochen hatte, das englische Konsulargericht in Söul habe keine Handhabe, um gegen Journalisten vom Schlage des Herrn Bethell vorzugehen. Bei Anwendung der neuen Order in Council wäre übrigens nicht das Konsualrgericht in Söul, sondern der Supreme Court in Shanghai die zuständige Instanz gewesen.

Während nach dem Berichte des Kaiserlichen Generalkonsuls in Söul die „Seoul Press“ mit Stillschweigen über die ganze Angelegenheit hinweggegangen ist, hat das Urteil der in englischen Sprache erscheinenden Presse in Japan Anlass gegeben, sich eingehend mit dem Fall Bethel zu beschäftigen. Insbesondere Japan Chronicle und Japan Daily Herald haben darauf hingewiesen, dass eine derartige Rechtsprechung für die englische Presse in China nicht ohne Gefahr sei, insbesondere, wenn sich ihre Kritik nicht mit der Ansicht der englischen Behörden in Uebereinstimmung befinde. Eine Anklage wegen aufrührerischer Artikel sei leicht zu formulieren und wenn man aus der Art der Beweisaufnahme im Falle Bethell Schlüsse zu ziehen berechtigt sei, seien nicht viele Beweise erforderlich, um eine Verurteilung herbeizuführen.

gez. Mumm.

Urschr. i. a. Korea 10

[ ]

PAAA_RZ201-018937_097			
Empfänger	[o. A.]	Absender	[o. A.]
A. 19386 pr. 23. Dezember 1907.		[o. A.]	

A. 19386 pr. 23. Dezember 1907.

Notiz.

Bericht aus Tokio vom 26. November 1907 -A. 428-, betr. die Frage der japanischen Auswanderung nach Amerika. Die Vereinigten Staaten wollen die Frage im Wege eines Abkommens mit Japan regeln u. haben für die Ausschließung der japanischen Arbeiter aus dem Staatsgebiet der Union u. a. Anerkennung einer japanisch-koreanischen Zollunion in Aussicht gestellt. Japan hat abgelehnt.

Orig. i. a. N. Amerika 29

[ ]

PAAA_RZ201-018937_098			
Empfänger	Bülow	Absender	Rex
A. 19744 pr. 31. Dezember 1907. p. m.		Peking, den 12. Dezember 1907.	

Abschrift.

A. 19744 pr. 31. Dezember 1907. p. m.

Peking, den 12. Dezember 1907.

A. 257.

Seiner Durchlaucht
dem Herrn Reichskanzler
Fürsten von Bülow.

Euerer Durchlaucht beehre ich mich anbei Abschrift eines Berichts des Kaiserlichen Konsulats in Mukden vom 2. d. Mts., den chinesisch-japanischen Grenzstreit um das Chientao-Gebiet betreffend, vorzulegen.

Danach ist die chinesische Regierung keineswegs gesonnen nachzugeben, sondern beabsichtigt die Frage nötigenfalls dem Schiedsgerichtshof im Haag zu unterbreiten.

Dass die chinesische Regierung nicht nachgeben will, bestätigte vor einigen Tagen der zweite Vizepräsident im Waiwupu, Liangtuny-en. Der chinesische Kommissar im Chientao-Gebiet habe dort eine Proklamation anschlagen lassen, dass das Land chinesisches Gebiet sei und die Bewohner den chinesischen Behörden zu gehorchen hätten. Japan habe dagegen mit der Begründung protestiert, dass China nicht das Recht habe ein Gebiet als chinesisch zu bezeichnen, dessen Besitz noch streitig sei.

Inzwischen scheinen sich die Japaner nach dem Grundsatz „beatus possidens“ bereits ganz häuslich eingerichtet zu haben. Ausser der in dem Bericht aus Mukden erwähnten Telegraphenlinie sollen sie auch bereits ein Postamt eingerichtet und mit der Eröffnung von Kohlengruben begonnen haben. Auch Gold soll angeblich in dem umstrittenen Gebiete vorkommen.

pp.

gez. Rex.

Urschr. i. a. Korea 10

[ ]

PAAA_RZ201-018937_099			
Empfänger	Bülow	Absender	Rex
A. 789 pr. 16. Januar 1908. p. m.		Peking, den 24. Dezember 1907.	

Abschrift.

A. 789 pr. 16. Januar 1908. p. m.

Peking, den 24. Dezember 1907.

A. 269.

Seiner Durchlaucht
dem Herrn Reichskanzler
Fürsten von Bülow.

Wie ich Euerer Durchlaucht kürzlich zu berichten die Ehre hatte, hat der chinesische Kommissar im Chientao-Gebiet dort mittels Proklamation bekannt gegeben, dass das Land chinesisches Gebiet sei und die Bewohner den chinesischen Behörden zu gehorchen hätten.

Nach Meldungen japanischer Zeitungen sollte sich diese Proklamation nicht nur auf die chinesische, sondern auch auf die koreanische Bevölkerung des strittigen Gebiets erstreckt haben, eine Nachricht, die dadurch an Glaubwürdigkeit gewann, dass sie von der häufig die Auffassung chinesischer amtlicher Kreise wiedergebenden „Mukdener Tunsansheng Jihpao" bestätigt wurde. Jetzt ist dem Kaiserlichen Vizekonsul in Mukden die Richtigkeit der Nachricht auch von chinesischen Beamten indirekt bestätigt worden. Vizekonsul Mezger hat aus diesen Anlass in dem abschriftlich beigefügten Bericht vom 18. d. M. die rechtliche Stellung der Koreaner in der Mandschurei einer näheren Prüfung unterzogen.

Die Kaiserlichen Vertreter in Shanghai und Tokio erhalten Berichtsabschrift.

gez. Rex.

Urschr. i. a. Korea 10

[ ]

PAAA_RZ201-018937_100			
Empfänger	Bülow	Absender	Mumm
A. 909 pr. 19. Januar 1908. a. m.		Tokio, den 10. Dezember 1907.	
Memo	mtg. 21. 1. n. Washington.		

Abschrift.

A. 909 pr. 19. Januar 1908. a. m.

Tokio, den 10. Dezember 1907.

A. 500.

Seiner Durchlaucht
dem Fürsten von Bülow.

Vertraulich erfahre ich, dass Mr. Stevens, der bisher auf Empfehlung der japanischen Regierung Berater der koreanischen Regierung war, nach Washington zurückkehrt, um dort als Berater der japanischen Botschaft tätig zu sein. Die gleiche Stelle hatte Mr. Stevens bereits früher lange Jahre hindurch bei der damaligen japanischen Gesandtschaft in Washington inne, aus welcher Zeit ich gut mit ihm bekannt bin. Ein gemeinschaftlicher Bekannter in Washington hat mir neulich geschrieben, ich möchte meinen Einfluss bei Mr. Stevens geltend machen, damit er angesichts der gespannten Beziehungen zwischen Amerika und Japan den japanischen Dienst quittiere, ich habe es aber für vorsichtiger gehalten, mich nicht in Dinge zu mischen, die mich nichts angehen.

gez. Mumm.

Urschr. i. a. Korea 10

[ ]

PAAA_RZ201-018937_101			
Empfänger	[o. A.]	Absender	[o. A.]
A. 1035 pr. 21. Januar 1908. p. m.		[o. A.], den 21. Januar 1908.	

A. 1035 pr. 21. Januar 1908. p. m.

Kölnische Zeitung.
21. 1. 1908.

Korea. ▣ Seoul, 20. Dez. Für das kaiserliche Haus stehen im nächstjährigen Staatshaushalt nur 1½ Millionen Jen, etwa 3 Millionen Mark, davon 300 000 Jen für den Exkaiser. Für den Kaiser soll auf Vorschlag des koreanischen Kriegsministers eine berittene Leibgarde ausgebildet werden, um ihn bei seinen Ausfahrten zu geleiten; bisher hat japanische Kavallerie diesen Ehrendienst vollzogen. Die Pferde, Instruktionsoffiziere, Sattelzeug usw. kommen aus Japan. Um dem Einflusse seines Vaters, des Exkaisers, entzogen zu werden, siedelte schon am 13. November der junge Kaiser nebst Gemahlin sowie dem mittlerweile nach Japan gesandten Kronprinzen und dem ganzen Hofstaate nach dem Ostpalaste über, der wegen seiner herrlichen Parkanlagen zu den größten Sehenswürdigkeiten der koreanischen Hauptstadt zählt. Da die Gebäude seit 1883 unbewohnt geblieben und stark in Verfall geraten waren, mußten bedeutende Summen aufgewendet werden, um sie wieder für einen Kaiser wohnlich zu machen. Auch der Exkaiser ist nicht in seiner zwischen dem amerikanischen und russischen Generalkonsulate gelegenen Behausung geblieben; für ihn sollte der Nordpalast wieder hergestellt werden, aber weil dort vor 12 Jahren seine Gemahlin auf grausame Weise ermordet worden ist, wollte er ihn nicht mehr betreten. Er hat sich deshalb den Hochzeitspalast des jungen Kaisers als Wohnsitz erwählt. Gerüchtweise verlautet, nach den verlassenen Palästen solle die japanische Generalresidentur verlegt werden, wozu auch das im griechischen Stil erbaute neue Palais vorzüglich geeignet erscheint. Die Aufständischen, deren Führer meist entlassene koreanische Offiziere und Soldaten sind, machen den Japanern noch immer viel zu schaffen, und obgleich die Polizei, die wesentlich verstärkt worden ist, vom japanischen Militär aufs wirksamste unterstützt wird, so will es nicht gelingen, den Aufstand, der im ganzen Süden tobt und auch schon nach den nördlichen Provinzen übergreift, niederzuwerfen. Die koreanische Regierung hat deshalb befohlen, in sämtlichen Ortschaften des aufständischen Gebiets sogenannte Bürgerwehren zu errichten, die unter Führung der jeweiligen Ortspolizisten zur Niederwerfung des Aufstandes mit beitragen sollen. Trotzdem dehnen sich die Unruhen weiter aus, und mancher Japaner wird von den Aufständischen auf häufig grausame Weise ums Leben gebracht; so erst kürzlich eine japanische Militärpatrouille, bestehend aus einem Offizier und zwei Mann. Am 19. d. M. zeigte sich sogar eine größere Insurgentenbande in der Nähe des hauptstädtischen Osttores, deren Verfolgung der japanische Polizeioberst sofort selbst in die Hände nahm; einer wurde ergriffen und gestand, daß beabsichtigt war, während der Nacht in die Stadt einzudringen und zu plündern. Alle Zusicherungen der Behörden an die Aufständischen, daß sie straflos ausgehen sollen, wenn sie die Waffen niederlegen und einer friedlichen Beschäftigung nachgehen, fruchten nichts; ebensowenig werden die kaiserlichen Erlasse beachtet. Natürlich leidet das arme Volk darunter am meisten; denn die Kosten zur Unterdrückung des Aufstandes wachsen ins Ungeheure und, der diesjährige Etat wird - wie wir aus sicherer Quelle erfahren - einen Ausfall von 10 Millionen Mark aufweisen, der durch eine neue Anleihe in Japan gedeckt werden soll. Am 1. Januar 1908 treten die von der japanischen Generalresidentur im Verein mit den koreanischen Ministern ausgearbeiteten neuen Verwaltungsvorschriften in Kraft, die sicher den Staatsbetrieb in bessere Bahnen leiten werden. Eine ganze Anzahl überflüssiger Hofbeamten ist entlassen worden. Von Neujahr 1908 an soll auch der chinesische Kalender nicht mehr gebraucht werden. Der japanische Leiter des japanisch-koreanischen Holzsyndikats, das die Wälder an der linken Seite des Jaluflusses ausbeutet, ist zurückgekehrt, da im Winter die Holzflößerei nicht betrieben werden kann. Der Streit mit den Chinesen wegen Fällung der Wälder an der rechten Seite dieses Grenzflusses und auf der vielgenannten Insel Kwando ist nocht nicht beigelegt, anscheinend wollen die Chinesen nicht nachgeben. Das deutsche Minenunternehmen in Ssöntschön (Nordwestkorea), begründet von Karl Wolter, dem langjährigen und allzeit rührigen Chef der weltbekannten deutschen Firma E. Meyer u. Co. in Tschemulpo, hat nach den letzten Berichten des leitenden Ingenteurs F. Kegel die besten Aussichten, was uns auch der bisherige Leiter der benachbarten, erst kürzlich aufgegebenen englischen Mine, Holloway mit Namen, der auch in deutschen Universitätskreisen als Fachmann Geltung hat und hier für die englische Weltfirma Mattiesen u. Co. tätig war, bestätigt hat. Er ist aber auch der Ansicht, daß infolge der sehr scharfen Minenbestimmungen die Aufbringung des Kapitals keine leichte Aufgabe sein wird. Vielleicht ließe sich auf diplomatischem Wege eine Aenderung der Minengesetze in Korea herbeiführen.

[ ]

PAAA_RZ201-018937_102			
Empfänger	[o. A.]	Absender	[o. A.]
A. 1071 pr. 22. Januar 1908. p. m.		[o. A.], den 22. Januar 1908.	

A. 1071 pr. 22. Januar 1908. p. m.

Kölnische Zeitung.
22. 1. 08.

Korea. ▣ Ssoul, 31. Dez. Der Handel Koreas wächst stetig; die Ausfuhr belief sich laut Zollamtsstatistik bis Ende November d. J. auf fast 30 Mill. Mark und die Einfuhr auf 72 Mill. Mark; das bedeutet im Vergleich mit demselben Zeitraum 1906 eine Zunahme von 12 Mill. Mark beim Import. Leider ist der deutsche Anteil nicht festzustellen. Doch entfällt wohl ein nicht unbeträchtlicher Teil auf die Hamburger Firma E. Meyer u. Co. in Tschemulpo, die Zweiggeschäft in Fusan und in Antung am Jalufluß unterhält. Wir begrüßen es darum mit Freuden, daß die Hapag wieder eine Verbindung zwischen Schanghai und Tschemulpo herzustellen beabsichtigt. Der Dampfer Peiho, der früher diesen Dienst versah, erfreute sich unter Kapitän Deinats Führung großer Beliebtheit. Regelmäßige Rundfahrten dieses oder eines ähnlich eingerichteten Dampfers von Schanghai über Tsingtau, Tschifu, Dalni, Antung am Jalu und Tschemulpo dürften einem weitgefühlten Bedürfnis entsprechen; wenn wir aber nicht bald zugreifen, wird eine englische oder japanische Linie auf der Bildfläche erscheinen.

Japanische Hetze gegen die amerikanische Elektrizitäts-Gesellschaft in Söul.

PAAA_RZ201-018937_103 ff.			
Empfänger	Bülow	Absender	Krüger
A. 1656 pr. 2. Februar 1908. p. m.		Söul, den 13. Januar 1908.	
Memo	mtg. 5. 2. Wash. 97, Peking 36. J. № 49.		

A. 1656 pr. 2. Februar 1908. p. m.

Söul, den 13. Januar 1908.

K. № 13.

An Seine Durchlaucht
den Herrn Reichskanzler
Fürsten von Bülow.

Die gegenwärtige Spannung zwischen Japan und den Vereinigten Staaten von Amerika war dieser Tage auf dem besten Wege, sich in dem abgelegenen Korea in bedenklicher Weise Luft zu machen.

Die „American Korean Electric Co." ist bekanntlich die Konzessionärin der elektrischen Strassenbahn in Söul. Unter ihren Hauptaktionären zählt sie -nebenbei bemerkt- den Exkaiser von Korea.

Die bisherige Einheitsrate pro Teilstrecke betrug 5 Sen koreanische.

Als diese Rate vor Jahren festgesetzt wurde, bestand eine Kursdifferenz zwischen koreanischer und japanischer Währung nicht. Die spätere hiesige Münzverschlechterung, und die demnächstigen Münzreformen des japanischen Finanzratgebers Megata hatten zur Folge, dass das alte koreanische Geld zum halben Werte des japanischen angenommen wurde, sodass 5 Sen koreanisch nurmehr noch 2½ Sen japanische repräsentieren.

Mit Rücksicht hierauf hat die Elektrizitäts-Gesellschaft ihre Einheitsrate jetzt vom 1. Januar d. Js. ab verdoppelt, d. h. von 5 Sen koreanisch auf 5 Sen japanisch erhöht. In einem an den Bürgermeister der japanischen Niederlassung in Söul gerichteten Schreiben rechtfertigt genannte Gesellschaft ihr Vorgehen des Weiteren damit, dass eine Reihe von Teilstrecken vergrössert worden seien, namentlich durch verschiedentliche Umwandlung von 3 Teilstrecken in 2 Teilstrecken, und dass die jetzt in japanischer Währung zu zahlenden Gehälter des Betriebspersonals um 50% und mehr gegen früher gestiegen wären.

Japanischerseits setzte alsbald eine starke Agitation gegen die Fahrpreiserhöhung ein. Besonders die Presse bemächtigte sich der Angelegenheit. Während die „Seoul Press" (das Blatt der Generalresidentur), die „Taikan Nippo", die „Keijo Nippo" und andere im grossen und ganzen sachlich blieben, steigerte die in Tschemulpo erscheinende „Chosen Nichi Nichi Shimbun" ihre drohenden Ausfälle von Tag zu Tag und predigte ihren Lesern schliesslich „offene Gewaltanwendung gegen die amerikanische Gesellschaft in Vergeltung der den Japanern in Californien zu Teil gewordenen Behandlung" („inciting people to acts of violence against the American Korean Electric Company in retaliation for the outrages suffered by the Japanese in America").

In diesem Stadium griff glücklicherweise die Generalresidentur ein, liess Ende voriger Woche durch den japanischen Residenten Shinobu in Tschemulpo das fragliche Hetzblatt suspendieren und die schon fertiggestellte Ausgabe für den nächsten Tag beschlagnahmen.

Am gleichen Abende (Freitag den 10. d. Mts.) fand eine von ca. 500 Japanern besuchte Protestversammlung im Hon-machi Theater in Söul statt. Nachdem einige Ansprachen gehalten waren, erhob sich ein Redner und begann in aufgeregter Weise über die amerikanisch-japanischen Beziehungen im Verhältnis zur amerikanischen Elektrizitäts-Gesellschaft zu sprechen. Die überwachenden Polizeiorgane lösten daraufhin die Versammlung auf.

Dank der Stellungsnahme der Generalresidentur werden sich die hiesigen Gemüter mit der Zeit wohl beruhigen, und dürfte der Agitationsstrom im Sande verlaufen.

Immerhin gewährt der Vorfall ein Anzeichen für den auch in Korea unter den Japanern vorhandenen Zündstoff und verdient daher der Erwähnung.

Krüger.

Inhalt: Japanische Hetze gegen die amerikanische Elektrizitäts-Gesellschaft in Söul.

zu A. 1656.

V.

Mit folgender Inhaltsangabe:

wie Orig.

mitzuteilen	zur	Information.
an die Missionen in:	Abges.:	durch:
Washington	№ A. 97.	
Peking	№ A. 36.	

Sicher.

Zu A. 2301.

Der Bericht ist für die Welt-Korrespondenz verwertet.

Übersiedelung des koreanischen Kronprinzen nach Tokio.

PAAA_RZ201-018937_109 ff.			
Empfänger	Bülow	Absender	Mumm
A. 2301 pr. 15. Februar 1908. p. m.		Tokio, den 3. Januar 1908.	
Memo	mitget: - 17. 2. Pera 152, Darmst. 78, London 225, Dresden 85, Madrid 89, Karlsr. 84, Paris 190, München 86, Petersb. 201, Stuttg. 87, Rom B. 136, Weimar 80, Washington 128, Oldenbg. 78, Wien 162, Hambg. 84, Athen 67, Lueby 47.		

A. 2301 pr. 15. Februar 1908. p. m.

Tokio, den 3. Januar 1908.

A. 1.

Seiner Durchlaucht
dem Fürsten von Bülow.

Die Versöhnungspolitik, die Japan mit dem offiziellen Besuche des Kronprinzen am Hofe zu Söul in Korea inauguriert hat, nachdem es dort zuvor so scharf die Geißel geschwungen, kommt von neuem zum Ausdruck in der Aufnahme, die man hier dem jungen koreanischen Thronfolger bei seiner jüngsten Übersiedlung nach Tokio bereitet hat.

Wie Euerer Durchlaucht aus der hiesigen Berichterstattung bekannt, bestand japanischerseits die Absicht, den zwölfjährigen Prinzen Söng von dem Tage an in Japan zu erziehen, an dem er zum koreanischen Thronfolger ernannt wurde. Der heftige Widerstand, den der koreanische Hof, insbesondere Lady Om, die Mutter des Prinzen, diesem Plane entgegensetzte, wurde von dem allmächtigen Generalresidenten überwunden. Der japanische Kronprinz erhielt bei Seinem Besuche in Söul die Kaiserliche Sanktion zu dem Plane. Der koreanische Kaiser sollte damals geäußert haben, Prinz Söng werde in Begleitung des Mannes nach Japan gehen, dem allein Er das Wohl des jungen Bruders voller Zuversicht anvertraue, nämlich des Fürsten Ito.

So trat, als der zum „Grand Tutor“ des Kronprinzen mit dem Range eines Kaiserlichen Prinzen ernannte Generalresident Söul zum Winteraufenthalt in Japan verließ, der junge Herr auf dem japanischen Kreuzer „Manshu“ von Tschemulpo aus die Reise nach Tokio an. Drei gleichaltrige Knaben, Söhne hoher koreanischer Staatsbeamter, folgten dem Kaiserlichen Schulkameraden. Die Koreanischen Minister des Kaiserischen Hauses und der

Landwirtschaft gaben Ihm das Geleit. Und zu gleicher Zeit begab sich Prinz Yi Chaimen, ein entfernterer Verwandter des Thrones, als Gesandter in außerordentlicher Mission an den japanischen Kaiserhof. Die Japanische Regierung hat, wie Eingangs angedeutet, alles getan, um schon diese Reise so eindrucksvoll als möglich zu gestalten. Bei der Ankunft in Bakan am 7. v. Mts. wurde der koreanische Kronprinz mit den höchsten Ehren empfangen. Ein hoher Beamter des hiesigen Hausministeriums hieß Ihn im Namen des japanischen Hofes auf Japans Boden willkommen. Ein ganzes Geschwader feuerte Ihm den Salut. Die Fahrt durch Westjapan, die durch mehrfache kurze Aufenthalte in den größeren Städten unterbrochen war, glich einem Triumphzug - als käme der koreanische Kaisersohn in Sein eigenes Reich. Überall Empfänge mit Galauniformen, Ansprachen und dem größten Pomp.

Am 15. Dezember nachmittags traf der Kronprinz mit Fürst Ito in Tokio ein. Bei der Einfahrt in den Bahnhof wurde Salut gefeuert. Böllerschüsse ertönten. Vor dem Bahnhofe war eine aus zwei Gardebataillonen gebildete Ehrenwache aufgestellt. Die Stadt hatte Flaggenschmuck angelegt. Ihre Kaiserlichen Hoheiten Prinz Arisugawa und Prinz Kanin, gefolgt von den Alten Staatsmännern und so ziemlich allen hohen und höchsten japanischen Beamten, empfingen den jungen Herrn auf dem Bahnsteig. Der japanische Kronprinz, der stark erkältet war, begab Sich, angeblich gegen das Gebot der Ärzte, zum Bahnhof und begrüßte den koreanischen Thronfolger im Warteraum. Die Zeitungen ergingen sich in rührseligen Beschreibungen über die äußerst herzliche und brüderliche Widersehensscene. Sie waren auch des Lobes voll über die würdige Haltung des koreanischen Kaisersprößlings, der in seiner Khaki-Uniform überall einen tiefen, herzgewinnenden Eindruck gemacht haben sollte.

Der koreanische Kronprinz wurde im Shiba-Palast untergebracht und es wurden Ihm zunächst zwei Tage gegönnt, um Sich an die neue Umgebung zu gewöhnen. Am 18. Dezember begab Er Sich, von einer Schwadron Gardereiter eskortiert, zur Audienz bei den Kaiserlichen Majestäten, an die sich das obligate Frühstück im Palast anschloß. Die dazu ergangenen Einladungen waren außergewöhnlich zahlreich. Zwei Tage später stattete der Mikado Seinem jugendlichem Gaste im Shiba-Palais einen Besuch ab, dem auch Fürst Ito, die hier weilenden koreanischen Staatsminister und andere Würdenträger beiwohnten. Der Kaiser schenke dem koreanischen Kronprinzen bei dieser Gelegenheit eine goldene Uhr mit dem Chrysanthemum-Wappen. Die Zeitungen sprechen viel von der langen, leutseligen Unterhaltung des Kaisers mit dem koreanischen Kaisersohn. Sie erwähnten den hohen Grad von ungezwungener Herzlichkeit, die in dem Verkehr des koreanischen Gastes mit den Mitgliedern des japanischen Kaiserhauses herrschen sollte und betonten, daß der japanische Hof alles tue, was dem koreanischen Kronprinzen als künftigem Erben eines gleichberechtigten souveränen Hauses zukäme. Der Mikado wünsche Ihn wie Seinen eigenen Sohn behandelt und erzogen zu sehen. Daher habe Seine Majestät auch angeordnet, daß der Allerhöchste Leibarzt sich die Pflege der Gesundheit des koreanischen Kronprinzen angelegen sein lassen sollte.

Am 21. Dezember stattete der koreanische Thronfolger dem japanischen Kronprinzen im Aoyama-Palais einen Besuch ab. Bei der Fahrt dorthin sah ich den jungen Herrn recht schüchtern und weltverloren aus dem Fenster des geschlossenen Hofwagens schauen. Am 28. Dezember hatte ich Gelegenheit, Ihn bei der Parlamentseröffnung im Oberhause, der Er in der Hofloge beiwohnte, aus näherer Entfernung zu beobachten. Von dem besonders aufgeweckten Temperament und den hervorragenden Geistesgaben, die Er besitzen soll, war in Haltung und Gesichtsausdruck jedenfalls nichts zu bemerken. Der junge Herr ist ein Kind, wie andere Kinder sind - ein Kind, den diese Entsendung auf die hohe Schule in Tokio manche stille Thräne kosten mag.

Daß der japanische Hof, der mit Ehrenbezeugungen gegenüber Ausländern, insbesondere Asiaten, in neuerer Zeit eher zurückhaltend ist, dieses Kaiserliche Kind für voll nimmt und Es mit Ehren förmlich überhäuft, ist in hohem Grade bemerkenswert. Um die Person des kleinen Kronprinzen ist es den Japanern dabei sicherlich nur in zweiter oder dritter Linie zu tun. Sie rechnen stark darauf, daß die dem koreanischen Kronprinzen erwiesenen Ehren, für deren Bekanntwerden in der japanischen und koreanischen Presse sie Sorge getragen haben, jenseits der Tsushima-Straße Eindruck machen und das Vertrauen zu den japanischen Protektoren stärken werden. Und in der Tat scheinen sie sich in dieser Annahme, wenn man Preßnachrichten aus Söul Glauben schenken darf, nicht verrechnet zu haben.

Was die Japaner fernerhin mit dem koreanischen Kronprinzen vorhaben, läßt sich vorläufig noch nicht absehen. Sie werden versuchen ein gefügiges Werkzeug für die japanische Politik in Korea aus Ihm zu machen. Sollte ihnen dies nicht gelingen, so wird der Kronprinz vielleicht zu einem zweiten Duc de Reichstadt werden. Zum Leiter Seiner Erziehung ist vorläufig vom japanischen Hofe der Schwiegersohn des Fürsten Ito, Vicomte Suyematsu, erkoren worden, der für diese Stellung nach seiner Aufführung auf dem Reichspostdampfer „Zieten" nicht gerade als die geeignetste Persönlichkeit gelten kann. Wie er sich die Erziehung des Prinzen denkt, darf aus einer Notiz der „Japan Mail" geschlossen werden, in der es heißt Vicomte Suyematsu „has warned the Prince Imperial`s entourages against endeavouring to develop the lad`s intelligence too rapidly."-

Der koreanische Sondergesandte Prinz Yi Chaimen ist neben dem Kronprinzen und dem Fürsten Ito hier ganz in den Hintergrund getreten. Er wurde einen Tag später als der Kronprinz in Audienz empfangen und überreichte dabei ein Handschreiben seines

Souveräns. Nach einigen nicht sonderlich bemerkenswerten ihm zu Ehren gegebenen Festen ist er am 26. v. Mts. wieder abgereist.

Mumm.

Inhalt: Übersiedelung des koreanischen Kronprinzen nach Tokio.

[ ]

PAAA_RZ201-018937_117			
Empfänger	Bülow	Absender	Rex
A. 3304 pr. 3. März 1908. a. m.		Peking, den 13. Februar 1908.	

Abschrift.

A. 3304 pr. 3. März 1908. a. m.

Peking, den 13. Februar 1908.

A. 54.

Seiner Durchlaucht
dem Herrn Reichskanzler
Fürsten von Bülow.

Wie mir der japanische Gesandte sagte, hat die chinesische Regierung ihm alle Papiere, die ihre Rechte über das Chientao-Gebiet beweisen sollen, behufs Vorlage in Tokio übergeben. Seine Regierung sei nun an der Arbeit, diese Schriftstücke sowie die Kokumente der Koreaner über das gedachte Gebiet zu prüfen.

Die Kaiserliche Botschaft in Tokio erhält Abschrift dieses Berichts.

gez. Rex.
Urschr. i. a. Korea 10

Japanisches Bahnprojekt durch Nordost-Korea nach Kirin (Mandschurei).

PAAA_RZ201-018937_118 ff.			
Empfänger	Bülow	Absender	Krüger
A. 3953 pr. 15. März 1908. a. m.		Söul, den 20. Februar 1908.	
Memo	mtg. - 15. 3. Petbg. 396. J. № 173.		

A. 3953 pr. 15. März 1908. a. m. 2 Anl.

Söul, den 20. Februar 1908.

K. № 28.

An Seine Durchlaucht
den Herrn Reichskanzler
Fürsten von Bülow.

Die „Seoul Press" vom 7. d. Mts. brachte eine aus der „Osaka Asahi" übernommene Notiz, dass die japanische Regierung ernstlich den Bau einer Eisenbahn von der Nordostküste Koreas durch die Mandschurei nach Kirin plant.

Als Anfangspunkt ist Kjönsöng (Provinz Hamgyöng) ausersehen. Von dort bieten sich zwei Wege:

a. direkt nördlich via Puryöng und Hoiröng zum Tumen, sodann dessen Lauf folgend bis zur Einmündung des Polohotun und nunmehr westlich das Tal letzteren Flusses hinauf in der Richtung auf Omso und von dort nach Kirin;
b. zunächst nordwestlich nach Musan am Tumen, hierauf scharf westlich zum oberen Sungari, und von da ab an dessen Ufer entlang nach Kirin.

Beide Strecken werden auf ca. 220 englische Meilen berechnet, und die Baukosten auf 42 - 42 Millionen Yen geschätzt.

Dem Vernehmen nach sind japanische Ingenieure z. Zt. bereits damit beschäftigt, die geeignetste Trace zu ermitteln und topographische Aufnahmen der Strecke zu machen.

Das Projekt wird in Zusammenhang gebracht mit der Inspektionstour des japanischen Kriegsministers Terauchi durch die Mandschurei im Mai/Juni v. Js. von welcher zurückkehrend er sich auch einige Tage in Söul aufgehalten hat.

Hier am Platze war Näheres über die Angelegenheit nicht in Erfahrung zu bringen.

Auf dem russischen sowie dem chinesischen Generalkonsulat wusste man nicht mehr, als die Zeitungsnotiz enthalten hatte.

Schon die Tatsache, dass der Name des Kriegsministers in Verbindung mit dem Bahnprojekt genannt wird, beweist, dass es sich um ein vorwiegend, wenn nicht ausschliesslich strategisches Unternehmen handelt. Der Schienenstrang würde von Westen in das Herz der Mandschurei vorstossen und sich dem letzten Teile der sibirischen Bahn von Wladiwostock von Süden her bedrohlich näheren.

Wird für die erste Weghälfte die Linie von Musan zum Sungari gewählt, so führt die Bahn ein gut Stück durch das umstrittene Kanto (Chientao) Gebiet. Die Lösung der Streitfrage über die Eigentumsverhältnisse dieser Ländereien im koreanisch-japanischen Sinne entgegen den Ansprüchen Chinas gewinnt hierdurch für Japan ausserordentlich an Bedeutung.

Tokio, Peking und Mukden erhalten Berichtsdurchschlag.

Krüger.

Inhalt: Japanisches Bahnprojekt durch Nordost-Korea nach Kirin (Mandschurei).

Anlage 1 zu Bericht № 28.

Ausschnitt
aus „The Seoul Press“ vom 7. Februar 1908.

THE KIRIN-KYONGSANG RAILWAY.

The above is the subject of a Tokyo message recently printed by the *Osaka Asahi.* According to the message, the same railway is destined to be a practical question in the near future, and is attracting the great attention of the authorities. The first conception was for the building of a line between Kirin and Kyöngsang; but mature deliberations have suggested some alternations in the plan. No one questions its value in the development of the natural resources of Manchuria, but it is feared that the system may fail to get satisfactory result from a financial point of view. Though an important centre of traffic, it is argued, Kirin owes its prosperity more to the valleys on the upper reaches of the Sungari rather than to the region round about it. The present commerce of Kirin representes only a portion of the products of theses fertile valleys, and it would be the duty as well as for the interest of the proposed railway to give opportunity for a more advantageous disposition of the remaining portion, and to exploit the natural resources of the valleys at large. For this object it ought to be extended from Kirin to the valley scores of miles north-east. From a military point of view too, the line will be of great consequence. It is stated that since his tour in Manchuria and this country last year General Terauchi, the War Minister, has been paying attention to this side of the question. It is rumoured that surveying corps in that direction are carrying on the survey preparatory to the building of the railway besides topographical survey. There are two tracks to be chosen for the line. One is to run from Kirin in the direction of Omsk for some distance, then, turning to the right, to follow the branch stream of the Tumen to Kyongsong. The other is to run up along the Sungari from Kirin and then branch off in the direction of Musan across the north eastern range. Each track measures some 220 miles in length, and the estimates for construction work are reported to be between 42 and 43 million *yen*.

Anlage 2 zu Bericht № 28.

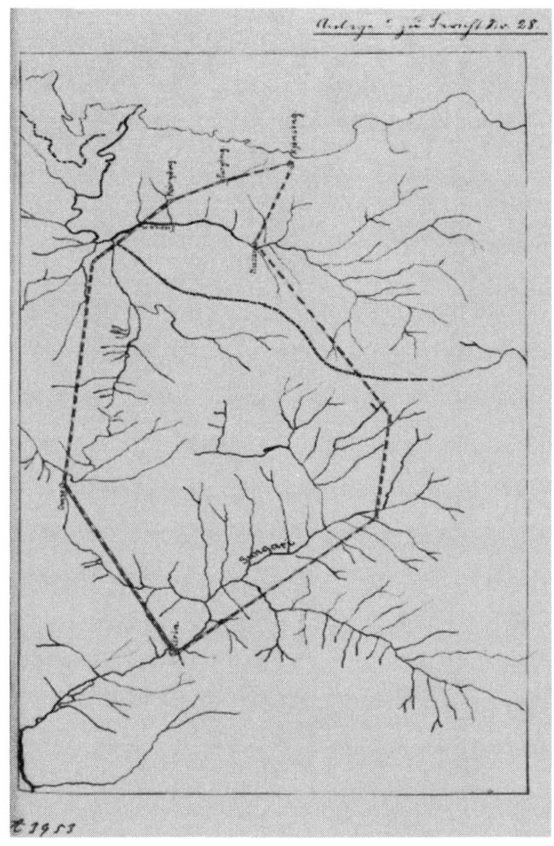

v. zu A. 3953.

Mit folgender Inhaltsangabe:

1.) Japanisches Bahnprojekt von Korea nach Kirin mitzuteilen ohne Stab zur Information an die Mission in: Petersburg № 396.

2.) U. R. dem Herrn Kriegsminister z. s. K.
Eing. mit Stab.

Berlin den 18. März 1908.
J. № 3178 v. 18. 3. 08.

A. 3953. / J. № 3178.

3 Anlagen.

Unter Rückerbittung

Dem Herrn Kriegsminister zur gefälligen Kenntnisnahme.

Berlin, den 19. März 1908.

[Stempel]

Gesehen im Kriegsministerium

Berlin, den 10. April 1908.

Im Auftrage

[*sic.*]

[ ]

PAAA_RZ201-018937_127 f.			
Empfänger	[o. A.]	Absender	[o. A.]
A. 4458 pr. 23. März 1908.		[o. A.]	

A. 4458 pr. 23. März 1908.

Kölnische Zeitung.

№ 312. 23. 3. 08.

Der wirtschaftliche Wert der Russenbesitzung für Japan.

Tokio, 19. Februar.

Das Haupt der Zivilverwaltung Formosas, Imai, hat kürzlich vor der volkswirtschaftlichen Gesellschaft in Tokio einen Vortrag gehalten, in dem er sagte: „Wie Indien des britischen Reichs Geldschrank und Aegypten seine Kornkammer ist, so ist Formosa das unerschöpfliche Schatzhaus Japans." Diese Aeußerung über Formosa ist ein Erzeugnis der ausschweifendsten Schönfärberei. Formosa, 39 000qkm groß, also etwas kleiner als die Provinz Brandenburg (mit 39 839qkm), ist größtenteils mit Gebirgen bedeckt, die höher aussteigen als die Gebirge von Altjapan und außerordentlich schwer zugänglich sind, wie die Trasse einer jetzt im Bau befindlichen Bahn beweist. Die Flüsse haben einen weit kürzeren Lauf als die der mehr als sechsmal größern japanischen Hauptinsel Hondo, führen viel Geschiebe mit sich und richten häufig Ueberschwemmungen und Zerstörungen an. Eine der größten Brücken der die Insel in nordsüdlicher Richtung durchziehenden Hauptbahn von Kilung nach Amping ist kürzlich weggespült worden und noch nicht wiederhergestellt, so daß die Fahrgäste auf Booten übergesetzt werden. Der für den Naßbau geeignete Boden ist vollständig von drei Millionen Chinesen besiedelt, während die bisher eingewanderten 50 000 Japaner fast nur in den Städten wohnen. Soweit die Hand reichen konnte, ist die Insel nach ostasiatischer Unsitte abgeholzt. Nur in den höchsten Gebirgsgegenden, also im Bereiche der Eingeborenen, gibt es noch schöne Hinoki- und Kampfer-Waldungen, deren Stämme zwar nur mit großen Schwierigkeiten und Kosten verfrachtet, wegen ihres hohen Wertes aber in Japan noch immer mit Gewinn verkauft werden können. Hauptsächlich dieser Wälder willen sucht Japan die Eingeborenen auszurotten. Es hat daher, wie unsern Lesern bekannt ist, im vergangenen Jahre Kämpfe gegeben, die unerwartet blutig verliefen, und die auch die Ursache davon sind, daß der oben erwähnte, von dem sehr tüchtigen Großunternehmer Fudsita, dem Besitzer des Kupferbergwerks von Kosaka auf Nordhondo, unternommene Bahnbau zu den von ihm gepachteten Waldungen zurzeit ruht.

Die formosanische Landwirtschaft liefert vor allem Reis, Zuckerrohr und Tee, sodann Gemüse, eine Orangenart, Bananen und andere Früchte. Die Niederschläge sind nicht in allen Teilen der Insel so reich wie in Altjapan, weil die Gebirge den Wolken je nach dem Winde hier und da den Zutritt verwehren. Der frühere Präsident der Zivilverwaltung, der jetzige Präsident der südmandschurischen Eisenbahn, Goto, hat daher den Plan zu einer künstlichen Bewässerung gewisser Gebiete entworfen, die mit einem Kostenaufwand von 80 Millionen Mark ausgeführt werden soll. Kohle ist bisher wenig gefunden, Gold und Edelmetall noch weniger. Es leuchtet daher ein, daß Formosa für die japanische Einwanderung kein Feld ist. Die den Japanern zusagende Bodenfläche, die größtenteils eine dreimalige Reisernte liefert, befindet sich im Besitz der Chinesen, der unzugängliche Wald im Besitz der Eingebornen. Unebene Flächen, die sich für Kornbau und Viehzucht eignen würden, kommen für die Japaner nicht in Betracht. Nicht viel besser steht es mit dem japanischen Handel. Während der schwache Koreaner kauft, was ihm angeboten wird, sei es gegen Barzahlung oder auf Kredit, macht der Chinese von Formosa mit den neuen Landesherren nur vorteilhafte Geschäfte. Er ist dem Japaner als Kaufmann weit überlegen. Was er nicht von seinen Landsleuten auf der Insel durch Tauschhandel erhalten kann, das bezieht er vom Mutterlande, mit dem ein lebhafter Dschunkenverkehr unterhalten wird. Die Einfuhr aus fremden Ländern nach Formosa ist in den Jahren 1897 bis 1906 dieselbe geblieben, 12 Milionen Jen gegenüber einer Ausfuhr von 9 Millionen. Die Ausfuhr nach Japan in der Höhe von 18 Millionen übersteigt dagegen die Einfuhr von Japan um 2 Millionen. Der Fehlbetrag in der japanischen Handelsbilanz ist also etwa so groß, wie der Mehrbetrag in der Bilanz des Auslandes. Gewinne sind nur der japanischen Schiffahrt erwachsen, die allein den Verkehr zwischen Japan und Formosa vermittelt, weil sie in Kilung den einzigen guten Hafen oder Ankerplatz an der Nordostküste besitzt, der aber – einige Meilen von der Küste entfernt – nur sieben Meter tief ist. Der japanische Staat dagegen hat bis jetzt 60 Millionen Jen Unterstützung gewährt, 40 Millionen Jen Anleihen vermittelt und wird demnächst eine neue Anleihe von 40 Mill. Jen beschaffen. Wenn nun auch im Jahre 1906 das Gleichgewicht des formosanischen Budgets hergestellt ist, so hat die Insel doch bis dahin große Auswendungen aus den Taschen der japanischen Steuerzahler erfordert und wird in Zukunft aus den angegebenen Gründen jedenfalls keine großen Gewinne abwerfen. Wird der künstliche Kampfer ferner verbessert, so sind auch die Kampferwaldungen von Formosa entwertet. Die Behauptung, daß die kleine, sehr gebirgige, an Mineralschätzen arme Insel „das unerschöpfliche Schatzhaus Japans" sei, ist also völlig unbegründet. Nicht einmal der japanische Arbeiter findet auf Formosa Verdienst, da er dem chinesischen Arbeiter an Leistungsfähigkeit und Arbeitswilligkeit weit nachsteht, dagegen viel höheren Lohn verlangt. Es kann sich für ihn höchstens um das Barbier-Geschäft handeln. [Wie in № 354 des vorigen Jahres nach der halbamtlichen Japan Weekly Mail mitgeteilt wurde, müssen die Japaner gegen die Kopfjäger des Hochgebirges, die Herren der Kampferwaldungen, die sogenannten Aiju, Linien unterhalten, eine Militärgrenze aus rund 5000 chinesischen Söldnern. Die neue Anleihe von 40 Millionen Jen oder 80 Millionen Mark dient gleichfalls der Verdrängung der Wilden durch Aufschließen ihres Kampferwaldgebietes mit Eisenbahnen und Landstraßen. Das von der japanischen Regierung seit 1899 angestrebte Kampferweltmonopol läßt sich aber nach den überreinstimmenden Berichten des Ostasiatischen Lloyds und der englisch-japanischen Handelszeitung (The Anglo-Japanese Gazette, London, Februar 1908) gegenüber dem freien Kampferbau in Altjapan und auf dem Formosa gegenüberliegenden chinesischen Festlande gar nicht durchführen. Dazu verwenden die Zelluloidfabriken seit langem vielfach schon den künstlichen Kampfer, das Ergebnis der Einwirkung von trockenem Chlorwasserstoff auf Terpentinöl.]

Günstiger sind die Aussichten für Korea. Zwar hat sich die allgemeine japanische Ansicht, daß man ernten könne, ohne zu säen, auch dort halb als Irrtum herausgestellt. Viele hochstehende Japaner äußerten schon im zweiten Kriegsjahre: „Wir haben uns bezüglich Koreas getäuscht. Wir versprachen uns reichen Gewinn und sind bereits zu der Erkenntnis gekommen, daß aus Korea nicht viel herauszuholen ist." Aber so ungünstig kann doch nur der die Dinge ansehen, der die Geschichte des Kolonialwesens nicht kennt. Selbst wenn Korea ein nahezu unbewohntes und tropisch fruchtbares Land wäre, gehörte viel Geld, Arbeit und Zeit dazu, um Wohn- und Wirtschaftsgebäude zu bauen und auszustatten, Pflanzungen anzulegen und mit geschultem Personal ein lohnendes Ausfuhrgeschäft zu errichten. Oder wenn Korea ein mineralreiches Land wäre, so bedürfte man zum Bergwerkbetrieb noch größerer Aufwendungen. Nun ist aber Korea so mineralarm, daß der Großbetrieb in Bergwerken sich nicht lohnt und bereits überall wieder aufgegeben ist. Und die landwirtschaftliche Bevölkerung ist so zahlreich, daß die in Wirtschaft genommene Bodenfläche bei der jetzigen Wirtschaftsform zur Ernährung eben ausreicht. Eine größere Menschenmasse kann in Korea nur dann ernährt werden, wenn die Wirtschaft entweder intensiver gestaltet oder über bisher brach liegende Hügelgebiete ausgedehnt wird; es läßt sich auch in den Flußniederungen hier und da noch Reisland gewinnen, falls man die Flüße reguliert. Die intensivere Gestaltung der Wirtschaft ist Sache der koreanischen Grundbesitzer, denen die neue Regierung nur durch guten Rat helfen kann und darf. Die

Bewirtschaftung von Wüstländereien und Eindeichung von Ufergebieten kostet Geld und Zeit. Die Aufforstung des infolge der leicht zugänglichen Gebirge fast völlig abgeholzten Waldbodens trägt erst nach vielen Jahrzehnten Zinsen. Doch kann in Korea schon in absehbarer Zeit erheblicher Gewinn erzielt werden. Die Koreaner sind, im Gegensatz zu den Japanern, Viehzüchter. Sie benutzen das Rindvieh zwar hauptsächlich zur Arbeit auf ihren größern Ackerflächen, essen aber doch auch seit alters Fleisch und können den japanischen Einwanderern auf neu zu bebauendem Boden als Lehrmeister der Viehzucht dienen. Da das japanische Volk seit der Einführung der europäischen Wissenschaft und Maschinenindustrie geistig und körperlich angestrengter als vor Meidsi-Periode arbeitet und eine kräftigere Ernährung nötig hat, so ist der früher auf Geflügel und Fisch beschränkte Fleischkonsum stark gewachsen. Im Jahre 1875 entfiel auf den Kopf der Bevölkerung von Tokio eine jährliche Ausgabe von 1,50 Jen für Fisch und Gemüse, im Jahre 1900 bereits 4,35 Jen und heute 18,25 Jen. Im Jahre 1875 wurden in Tokio nur 6193 Stück Rindvieh, 613 Schweine und 82 Schafe verzehrt, im Jahre 1900 27 145 Stück Rindvieh, 7057 Pferde, 5906 Schweine und 79 Schafe. Heute werden jährlich 50 000 Stück Rindvieh in Tokio geschlachtet, und außerdem werden große Massen Fleisch von auswärts geschlachtetem Rindvieh nach Tokio gesandt. Der Verbrauch von Rind- und anderm Fleisch hat sich also seit dem Jahre 1875 verzehnfacht, während die Bevölkerung in derselben Zeit kaum auf das Vierfache angewachsen ist. In andern Städten herrsch ein ähnliches Verhältnis. Es liegt daher im Interesse Japans, die Viehzucht sowohl in den alten Gebieten wie auch in Korea, wo sie wahrscheinlich raschere Fortschritte machen würde, mit aller Tatkraft zu heben. In Korea dürften sogar Schafe gedeihen, die sich auf den japanischen Inseln nicht akklimatisieren wollen und die auch in Korea bisher ebenso wenig vorhanden sind wie Ziegen. Die Viehzucht ist zugleich die unerläßliche Vorbedingung des Kornbaues, der die Einfuhr fremden Korns und Mehls überflüssig machen und den unnötigen Abfluß von Bargeld verhüten würde. Auch Bohnen, die Japan zum größern Teil aus der Mandschurei, zum kleinern schon jetzt aus Korea bezieht, könnten auf neu bewirtschafteten Ackerflächen reichlich geerntet werden.

Das Klima Koreas ist mehr kontinental, die Luftfeuchtigkeit und die Regenhöhe geringer, der Sommer trockener als in Japan, wenn auch kein wesentlicher Unterschied vorliegt. Jedenfalls sind die klimatischen Verhältnisse für die Vegetation sehr günstig. Die Koreaner bauen sehr viel Reis, Bohren, Raps und Gemüse, ziemlich viel Weizen, ferner Gerste und Hafer. Doch essen sie den Reis nicht, wie die Japaner mit Schoju (Bohnensoße) sondern mit der auch in Europa, z. B. im Ungarn viel gebrauchten Paprika, also nach indischer Art (curry and rice). Besonders aber eignet sich das koreanische Wüstland für den Baumwoll- und Seidenbau, die beide unabhängig sind von künstlicher

Bewässerung. Ein geringartige Baumwollart wächst im Südwesten der japanischen Hauptinsel Hondo, zwischen Kioto und Schimonoseki. Nach Korea läßt sich die amerikanische und indische Baumwolle verpflanzen. Im Seidenbau sind die Japaner den Koreanern weit überlegen, können also auf diesem Gebiete in Korea gleichfalls viel leisten und ihre größte Einnahmequelle (Seidenausfuhr) bedeutend ergiebiger gestalten. Mit Recht hat Baron Schibusawa, einer der erfahrensten Finanzmänner und Wirtschaftspolitiker Japans, der die Seele aller neuen Unternehmungen in Korea ist, gesagt: „Wir können Korea nur als Ackerland betrachten." Als solches aber kann es intensiv und extensiv noch sehr entwickelt und bedeutend ertragreicher gemacht werden. Endlich ist die Fischerei an den koreanischen Küsten von großem Wert. Die japanische Gesellschaft, die an der Ostküste Koreas fischt, fängt vier- bis fünfmal soviel Walfische wie die Gesellschaft, die in der Nähe Hondos arbeitet. Wobei erwähnt sein mag, daß der Bruttoertrag eines im Sommer gefangenen Wals 1000 Jen, eines im Winter gefangenen 2000 Jen beträgt, der Wal ist im Sommer magerer.

Das Urteil über Korea lautet also: Korea hat sehr geringe Mineralschätze (bei Pingjang soll kürzlich ein Kohlenlager entdeckt sein). Es läßt sich aber land- und forstwirtschaftlich entwickeln und wirft sofortigen Gewinn durch die Fischerei ab. Auch der Handel mit Korea wird aufblühen, falls die japanische Regierung die Kaufkraft des Volkes stärkt, statt sie, wie bisher, zu schwächen. Nimmt die Regierung schon in Altjapan auf die Volksmasse keinerlei Rücksicht, so ist das koreanische Volk noch schlechter gefahren. Einzelne Personen in Japan sehen jetzt bereits ein, daß man ein Pferd füttern muß, falls es Arbeit verrichten soll, und daß auch Korea nur dann für Japan von Wert ist, wenn das Volk in befriedigenden wirtschaftlichen Verhältnissen lebt. Die scheinbare Doppelregierung muß aufhören, weil sie der Untergang des Volkes ist. Japan hat die Pflicht, Korea zur japanischen Provinz zu machen, alsdann aber auch die Bewohner dieser Provinz als Landeskinder zu behandeln. Sie sind nicht Wilde wie die Gebirgsformosaner, sondern ein biederes Volks, dem nichts fehlt als eine gute Regierung. Was Japan bisher in Korea getan hat, das war alles von rein japanisch-militärischen Rücksichten vorgeschrieben.

Ein Hauptfehler der Japaner aber ist, daß sie räumliche mit innerer Größe verwechseln. Weil England, Frankreich und Holland großen Kolonialbesitz haben, Rußland und die Vereinigten Staaten große Reiche sind, so scheint es ihnen, als ob auch sie nur als großes Kolonialreich bestehen könnten und innerhalb ihrer jetzigen Grenzen umkommen müßten. Da, wo die Ernte am schnellsten auf die Saat folgen würde, sät Japan nicht. Hätte es die 60 Millionen Jen japanischer Steuern und die beiden Anleihen von je 40 Millionen statt für Formosa für Hondo und Hokkaido verwendet, so würde die wirtschaftliche Entwicklung Altjapans viel weiterer vorgeschritten sein, als sie es tatsächlich ist. Denn es fehlt in

Altjapan so sehr an Waldaufschlußbahnen, daß der Holzpreis um 50 Prozent höher steht als bei uns, trotzdem Japan 56,4 Prozent Waldfläche hat und das Deutsche Reich nur 25 Prozent. Holz ist im Ueberfluß vorhanden, aber man kann es nicht holen, weil es an Eisenbahnen fehlt. Und man führt Schlachtvieh, Korn und Mehl ein, trotzdem auf Hondo und Hokkaido guter Ackerboden für 28 Millionen Menschen brach liegt. Wie man in Japan beim Hausbau zuerst das Dach fertigstellt, so beginnt man auch mit der Kolonisation in der Ferne und vergißt die Grundlage des Volkswohlstandes, den heimatlichen Boden.

1. Ersch. i. a. Korea 10

[ ]

PAAA_RZ201-018937_129			
Empfänger	[o. A.]	Absender	[o. A.]
A. 4499 pr. 24. März 1908.		[o. A.]	

A. 4499 pr. 24. März 1908.

Berliner Tagesblatt.
24. 3. 08. № 153.

Koreanische Rache.
(Kabel-Telegramm unseres Korrespondenten.)

New-York, 23. März.

In San Francisco versuchten gestern Abend, wie vom dort telegraphisch gemeldet wird, vier Koreaner den Mr. D. W. Stevens, in seinem Hotel zu erdolchen. Stevens wußte sich zwar der gegen ihn gerichteten Messer zu erwehren, wurde aber braun und blau geschlagen. Auf den bei dem Kampfe entstandenen Lärm eilten mehrere Hotelangestellte zu Hilfe herbei, die indessen nicht verhindern konnten, daß die Angreifer entkamen. Heute traten abermals zwei Koreaner dem Mr. Stevens entgegen, als er gerade im Begriffe war, nach Washington abzureisen, und gaben drei Schüsse auf ihn ab. Der Angegriffene erwiderte das Feuer und schoß einen der Koreaner nieder; der andere konnte sich abermals durch eilige Flucht in Sicherheit bringen. Ob die Verletzungen Mr. Stevens, der erst am vergangenen Freitag aus dem fernen Osten in San Francisco angekommen ist, ernsterer oder leichter Natur sind, ist noch nicht festgestellt. Das Attentat wird auf Aeußerungen zurückgeführt, die Mr. Stevens einem ihm interviewenden Journalisten gegenüber machte, und worin er sich über die gegenwärtige Führung der koreanischen Verwaltungsgeschäfte durch Japan sehr lobend aussprach.

1. Ersch. i. a. Korea 10.

[ ]

PAAA_RZ201-018937_130			
Empfänger	[o. A.]	Absender	[o. A.]
A. 4528 pr. 25. März 1908.		[o. A.], den 25. März 1908.	

A. 4528 pr. 25. März 1908.

Berliner Lokal-Anzeiger.

25. 3. 08.

Wie bereits in der gestrigen Morgenausgabe gemeldet, ist auf den diplomatischen Beirat der koreanischen Regierung, den Amerikaner Stevens, in San Franzisko von mehreren Koreanern ein Attentat verübt worden, wobei der Angegriffene verwundet wurde. Der Beweggrund der Tat war Stevens´ japanfreundliche Wirksamkeit in Korea. Weitere Einzelheiten berichtet uns folgendes Privattelegramm:

London, 24. März, 9 Uhr 87 Min. abends. (Von unserem St. -Korrespondenten.) Nach amerikanischen Meldungen war Denham White Stevens vorgestern in San Franzisko eingetroffen. Er erklärte Interviewern gegenüber, daß er die japanische Schutzherrschaft als einen Segen für Korea betrachte. Eine Stunde darauf griffen ihn vier Koreaner im Fairmont-Hotel, wo er wohnte, mit Dolchen an. Es gelang ihm mit Hilfe des Hotelportiers, die Angreifer in die Flucht zu schlagen. Als er gestern in Begleitung des japanischen Konsuls an der Ueberfahrt nach Oakland eintraf, um mit der Bahn nach Washington abzureisen, kamen mehrere Koreaner auf ihn zu; einer schlug ihm ins Gesicht, zog dann einen mit einem Taschentuch bedeckten Revolver und gab mehrere Schüsse auf ihn ab. Eine Kugel durchbohrte Stevens´ Lunge, eine zweite seinen Unterleib, eine dritte verwundete einen der Genossen des Mörders. Das Attentat verursachte große Aufregung, und gegen vierhundert Menschen verfolgten den Täter, der schließlich festgenommen wurde. Stevens ist ein in Washington geborener Amerikaner: er war bis 1883 Sekretär der amerikanischen Gesandtschaft in Tokio.

1. Ersch. i. a. Korea 10

[ ]

PAAA_RZ201-018937_132			
Empfänger	[o. A.]	Absender	[o. A.]
A. 9139 pr 12. Juni 1908.		[o. A.]	

A. 9139 pr 12. Juni 1908.

Kölnische Zeitung.
12. 6. 08. № 628.

Asien.
Die Korea Daily News.

▣ Seoul, 12. Mai. Unsere Leser wissen, daß die vom einem Engländer, namens Bethell herausgegebene antijapanische Korea Daily News, die sich früher einer bedeutenden Geldunterstützung des jetzigen Exkaisers erfreute, nichts unterläßt, um die Koreaner zu bewegen, sich den vom Fürsten Ito für nötig erachteten Reformen zu widersetzen und das verhaßte japanische Joch abzuschütteln. Infolgedessen sah sich die Generalresidentur gezwungen, dem bisherigen koreanischen Preßgesetze drei Paragraphen hinzuzufügen, wonach der Minister des Innern die Macht hat, selbst gegen die von Ausländern in koreanischen oder chinesischen Schriftzeichen herausgegebenen Zeitungen vorzugehen. Da die Zeitung auch in „Oenmun", den koreanischen Schriftzeichen für die Arbeiterklasse, und in einer chinesischen Ausgabe für die Gebildeten erscheint und sich beide einer weiten Verbreitung erfreuen, so wird man zugeben müssen, daß sie großen Einfluß auf die Stimmung des Volkes auszuüben imstande ist. Die verruchte Tat eines Koreaners in San Francisco, der den amerikanischen Ratgeber bei der hiesigen Generalresidentur, D. W. Stevens, erschoß, wird darin als Heldentat hingestellt. In einem andern Leitartikel „Selbst hundert Metternichs hätten nicht vermocht, Italien zu knechten", wurde vor einigen Tagen unter fortwährenden, nicht mißzuverstehenden Anspielungen, Erhebung und Kampf gegen Knechtschaft als das einzig Wahre gepriesen. Dies führte zur Beschlagnahme aber erst, nachdem schon eine große Anzahl Blätter in die Hände der Abonnenten gelangt war. Uebereifrige japanische Polizisten waren dabei ohne Erlaubnisschein des hiesigen englischen Generalkonsuls in das Zeitungsgebäude des Engländers gedrungen, hatten also gegen das Exterritorialrecht verstoßen, und darum mußten die beschlagnahmten Nummern herausgegeben werden. Die Seoul Press, das englische Organ des Prinzen Ito, erkannte die Machtlosigkeit der Behörden gegen solche Zeitungshetzereien trotz der erwähnten Zusatzparagraphen an, zumal erst nach dem Erscheinen eingeschritten werden darf. Ihr Herausgeber, ein Japaner, namens Zumoto, schlägt darum als gründlichstes Abhilfsmittel Ausweisung seines englischen Kollegen vor, der eine ständige Bedrohung der öffentlichen Sicherheit und Ordnung sei; die koreanische Regierung habe wohl das Recht, solch eine gefährliche Person auszuweisen. Dies alles läßt aber den furchtlosen Sohn Albions kalt und ermutigt ihn, in der chinesischen Ausgabe seiner Zeitung unter der Ueberschrift „Maklergeschäfte“ nachzuweisen, daß alles in Korea an Japan verschachert wird. Ministerposten, die ganze Verwaltung, Post-, Telegraphen- und Eisenbahnwesen, Grund und Boden „salo salo“ (verkauft). In der englischen Ausgabe vom 9. ds. wird der Herausgeber der Seoul Press als Feigling und Lügner bezeichnet.

orig. i. a. Korea 10

Gelddepot des Ex-Kaisers von Korea.

PAAA_RZ201-018937_133 f.			
Empfänger	Bülow	Absender	Wendschuch
A. 14415 pr. 6. September 1908. a. m.		Söul, den 18. August 1908.	
Memo	Im Anschluss an Bericht № 68. vom 15. November v. Js. 2 Anlagen. J. № 862.		

A. 14415 pr. 6. September 1908. a. m. 2 Anl.

Söul, den 18. August 1908.

K. № 70.

An Seine Durchlaucht
den Herrn Reichskanzler
Fürsten von Bülow.

Nach Eintritt leichteren Geldstandes in Europa hat die Deutsch-Asiatische Bank mit dem Verkaufe der für den koreanischen Ex-Kaiser bei der Diskonto-Gesellschaft in Berlin hinterlegte Wertpapiere begonnen und den Erlös nach Abzug ihrer Provision von vom Hundert in zwei Raten mit 154 501,06 Yen und 96 185,25 Yen hierher überwiesen.

Inzwischen war dem Kaiserlichen Generalkonsulat von der General-Residentur noch eine mit dem Siegel des Ex-Kaisers versehene und vom Hausministerium gegengezeichnete Rückzahlungsorder vom 14. November v. Js. zugegangen und demnächst der Deutsch-Asiatischen Bank in Abschrift nebst Uebersetzung mitgeteilt worden. Die Bank erklärte indes, dass ihr diese Urkunde keine genügende Sicherheit bietet; denn sie enthalte zwar die Anweisung, das Depot auszuzahlen, lasse aber die Benennung einer bestimmten Behörde oder Person vermissen, die zum Empfang des Geldes berechtigt sei. Erst nach Beseitigung dieses Mangels sei sie in der Lage, das Generalkonsulat von der Verantwortung ihr gegenüber zu entlasten.

Es blieb daher nichts anders übrig, als der General-Residentur anheimzugeben, vom Ex-Kaiser ein entsprechend ergänztes Schriftstück zu erwirken.

Nachdem auch diesem Wunsche mittelst Urkunde vom 13. April d. Js. Rechnung getragen worden war, sind dem koreanischen Hausministerium durch Vermittelung der General-Residentur nach Abzug der gemäss Position 3 des Tarifs zur Konsulatskasse zu vereinnahmenden Gebühren von zusammen 901,75 Yen am 24. März d. Js. 153 939,52

Yen und am 13. v. Mts. 95 836,75 Yen ausbezahlt worden. Ueber beide Beträge hat das Hausministerium gesonderte Empfangsbescheinigungen sowie, auf Wunsch der Deutsch-Asiatischen Bank, ausserdem über den Empfang des gesamten Depots General-Quittung erteilt.

Uebersetzung der unterm 25. v. Mts. ausgestellten General-Quittung sowie Abschrift des Uebersendungsschreibens der General-Residentur vom 11. d. Mts. füge ich gehorsamst bei. In beiden Schriftstücken ist zum Ausdruck gebracht, dass der Deutsch-Asiatischen Bank und dem Kaiserlichen Generalkonsulat in der Depot-Angelegenheit des Ex-Kaisers Entlastung erteilt wird.

Damit hat auch diese Episode in der Geschichte des entthronten Herrschers von Korea ihren Abschluss gefunden.

Abschrift dieses Berichts habe ich dem Kaiserlichen Herrn Botschafter in Tokio mitgeteilt.

Wendschuch.

Inhalt: Gelddepot des Ex-Kaisers von Korea.

Anlage 1 zu Bericht № 70.
Abschrift.
Uebersetzung.

Empfangsschein über 249 776,28 Yen.

Den zurückzahlten gesamten Betrag des Geldes, das Seine Majestät der Exkaiser (bei der Disconto-Bank) deponiert hatte (hat das Hausministerium) wie folgt empfangen:

1. 153 939,53 Yen am 23. April 1908.

und

2. 95 836,75 Yen am 25. Juli 1908.

Auf Grund der Befehlsschreiben Seiner Majestät des Koreanischen Exkaisers vom 14. November 1907 und vom 13. April 1908 (hat das Hausministerium) in der oben angegebenen Weise den gesamten Betrag, den Seine Majestät der Exkaiser durch Vermittelung der in Shanghai befindlichen Deutsch-Asiatischen Bank bei der Disconto-Bank in Berlin deponiert hatte, von dieser durch Vermittelung des Deutschen Generalkonsulats und der Generalresidentur in Söul richtig zurückerhalten. Ich erkenne daher an, dass das

Hausministerium von der genannten Bank nichts mehr zu fordern hat.

25. Juli 1908.
Der Hausminister.
gez. Min Piung Suk.

Anlage 2 zu Bericht № 70.
Abschrift.
№ 27.

H. I. J. M´s Resudency General,
Seoul, August 11, 1908.

Sir,

Acknowledging the receipt of your note addressed to Mr. Tsuruhara under date of the 13th ultimo, enclosing a cheque on the Dai Ichi Ginko for the sum of Yen 95 853,75 and the documents concerning the refundment of the deposit of the Ex-Emperor of Korea prepared by the German Asiatic Bank, I have the honour to forward you herewith the receipt for the above sum as well as that for the whole amount of the said deposit declaring that no claim shall be made in future on account of the said deposit, both signed by the Minister of the Imperial Household of Korea and each accompanied by its copy, and request that you will kindly return the provisional receipt for the above mentioned cheque given by Mr. Komatsu.

I beg in conclusion to express on behalf of the Korean authorities concerned the high appreciation of your and Dr. Krüger´s good offices so kindly used in connection with this matter.

I have the honour to be,
Sir,
Your obedient servant,
(signed) Y. Ishizuka.

Dr. Wendschuch,
H. I. G. M´s Acting Consul General,
etc., etc., etc.,
SEOUL.

Audienzen am Koreanischen Hofe.

PAAA_RZ201-018937_137			
Empfänger	Bülow	Absender	Mumm
A. 15241 pr. 20. September 1908. p. m.		Tokio, den 13. August 1908.	

A. 15241 pr. 20. September 1908. p. m. 1 Anl.

Tokio, den 13. August 1908.

A. 302.

Seiner Durchlaucht
dem Fürsten von Bülow.

Euerer Durchlaucht beehre ich mich anliegend Abschrift eines Berichts des Kaiserlichen Generalkonsulats in Söul vom 30. v. Mts., betreffend Audienzen am Koreanischen Hofe, zur hochgeneigten Kenntnisnahme zu überreichen.

Dem Allerhöchst mit der Führung des Kreuzergeschwaders beauftragten Kontre-Admiral Coerper ist von hier gleichfalls eine Abschrift des Berichts zur vertraulichen Kenntnis übersandt worden.

Mumm.

Inhalt: Audienzen am Koreanischen Hofe.

zu A. 302.
Abschrift.

Kaiserlich Deutsches Generalkonsulat für Korea.

Söul, den 30 Juli 1908.

K. № 31.
J. № 797.

Seiner Exzellenz dem Kaiserlichen Botschafter
Herrn Dr. Freiherrn Mumm von Schwarzenstein, Tokio.

Auf das Schreiben vom 15. d. Mts. -№ 15. - das sich mit dem diesseitigen Schreiben vom 3. v. Mts. - № 28. - gekreuzt hat.

Euerer Exzellenz beehre ich mich im Anschluß an das nebenbezeichnete Schreiben des Kaiserlichen Generalkonsuls vom 3. v. Mts. ganz ergebenst mitzuteilen, daß am 15. d. Mts. der österreichisch-ungarische Kreuzer „Kaiser Franz Josef I.“ in Tschemulpo eintraf. Der Kommandant Kapitän z. S. Pacher stattete dem Generalkonsul am folgenden Tage seinen Besuch ab und bat bei dieser Gelegenheit um Erwirkung einer Audienz bei Hofe. Nach Rücksprache mit dem stellvertretenden General-Residenten Viscount Sone erklärte dieser sich zum Empfang des Kommandanten und seines Adjutanten am Vormittage des 18. d. Mts. bereit und versprach zu versuchen, im Anschluß an den Besuch eine Audienz beim Kaiser herbeizuführen. Er bemerkte hierbei, daß in Tokio während der heißen Sommermonate Audienzen nicht gewährt würden. Da er noch keinen Sommer hier zugebracht habe, wisse er nicht, ob eine gleiche Gepflogenheit auch beim Koreanischen Hofe bestehe. Jedenfalls werde er beim Zeremonialamt anfragen lassen, ob der Kaiser uns in Audienz zu empfangen wünsche.

Demnächst teilte Generalkonsul Dr. Krüger der Generalresidentur mit, daß ich sein designierter Stellvertreter, inzwischen in Söul eingetroffen sei und zweckmäßig den Besuch bei Exzellenz Sone und gegebenen Falles die Audienz gleich mitmachen würde. Hierauf lief von der General-Residentur die Antwort ein, daß der Kaiser uns am 18. d. Mts. um 11 Uhr Vormittag in Audienz empfangen werde. Der Besuch bei Exzellenz Sone in Fürst Ito´s Wohnung und im unmittelbaren Anschluß daran die Audienz beim Kaiser, zu der uns Viscount Sone persönlich begleitete und in einem Wagen der General-Residentur zum Ostpalast fahren ließ, fanden alsdann programmmäßig statt. Nach uns wurde an diesem Tage noch der japanische Rechtsgelehrte Professor Uwe, der mit der Codifizierung des neuen koreanischen Straf- und Zivilrechts befaßt ist, vom Kaiser in Audienz empfangen.

Als vor einigen Tagen der hiesige französische Generalkonsul Belin bei der General-Residentur um Herbeiführung einer Audienz für den am 20. d. Mts. vor Tschemulpo mit dem französischen Kreuzer „Bruix“ eingetroffenen Kommandanten Kapitän z. S. Rochas nachsuchte, erhielt er die Antwort, daß der Kaiser in der Zeit vom 20. Juli bis 20. September keine Audienzen erteilte. Der französische Kommandant ist darauf unverrichteter Sache wieder abgereist.

Wie ich aus Akten festgestellt habe, sind die Hofferien, während der Seine Majestät Audienzen nur in sehr wichtigen Angelegenheiten zu erteilen bereit ist, schon eine Reihe von Jahren in Übung. Unter Berufung darauf ist auch im Juli 1903 eine für Kontre-Admiral Grafen Baudissin und 10 seiner Offiziere vom Minister-Residenten von Saldern erbetene Audienz vom Zeremonial-Amt abgelehnt worden. Während jedoch in früheren Jahren den fremden Vertretern vom Zeremonialamt eine offizielle Mitteilung über Beginn und ende der Hofferien zugegangen war, ist eine solche seit 1906 unterblieben.

gez. Dr. Wendschuch.

Die Lage in Korea.

PAAA_RZ201-018937_142 ff.			
Empfänger	Bülow	Absender	Mumm
A. 15253 pr. 20. September 1908.		Tokio, den 22. August 1908.	
Memo	mtg 3. 10. n. Pera, London, Madrid, Paris, Petersbg. etc.		

Abschrift.

A. 15253 pr. 20. September 1908.

Tokio, den 22. August 1908.

Seiner Durchlaucht

dem Fürsten von Bülow.

Die energischen Massnahmen der japanischen Regierung zur Lösung des koreanischen Problems haben in letzter Zeit hier wieder viel von sich reden gemacht. Um Ruhe und Ordnung in seinem Protektorat zu schaffen, zieht Japan die Zügel der Regierung jetzt etwas straffer an. Vom Beschützer ist es immer mehr zum Zuchtmeister übergegangen, dessen Hand schwer auf dem Lande ruht. Was Korea nicht selbst fertig gebracht hat, das Land aus seiner tiefen Verkommenheit und dem Dahindämmern im jahrhundertelangen Schlaf herauszureissen, besorgt jetzt der japanische Lehrmeister mit seiner vor der Rute nicht zurückschreckenden Zwangsschule, gegen die zu revoltieren ein vergebliches Bemühen ist. Während Militär und Gendarmerie seit kurzem dabei sind, in gesteigerter Tätigkeit und mit rücksichtsloserem Vorgehen den noch immer im Innern tobenden Aufstand zu bändigen, schreitet das japanische Reformwerk der koreanischen Verwaltung Schritt für Schritt vorwärts und bereitet das Land weiter für seine neuzeitliche Umbildung vor.

Was zunächst diese militärischen Aktionen Japans zur Unterdrückung der Unruhen angeht, so herrscht hierüber seit fast 2 Monaten ein schier undurchdringliches Dunkel. Alles wird streng geheim gehalten und niemand weiss, wo sich die Operationen abspielen, nach welchem Plane die verschiedenen Truppen verteilt sind oder das Land durchziehen und was sie für Erfolge haben. Die Presse meldet ab und zu Zusammenstösse mit Insurgenten bei Ortschaften, die auf der Karte nicht zu finden sind; regelmässig kämpft ein Häuflein unerschrockener japanischer Helden gegen eine Philisterschar von Koreanern, die mit blutigen Köpfen heimgeschickt wird. Das Wesentlichste aber, wann denn endlich das ganze Land von den Ruhestörern befreit und die innere Ruhe hergestellt sein wird, lässt sich nicht absehen.

Die Japaner haben ihre Fehler begangen, auch in der Behandlung des Aufruhrs, nachdem schon der Hauptanlass, die Auflösung des koreanischen Militärs, ein unüberlegter Streich war. Er verschaffte den Aufrühren einen starken Zuzug aus den Reihen der mittellos auf die Strasse gesetzten 10 000 Soldaten, die vom Kriegshandwerk gelebt hatten und es nun praktisch auf eigne Faust und als Banditen auch zum privaten Erwerb gegen die Japaner fortsetzten. Aehnlich verfehlt erwies sich eine spätere Massnahme, die in der Beschlagnahme sämtlicher Waffen in ganzen Distrikten bestand. Da gewisse Teile des Landes nämlich mehr oder weniger von der Jagdbeute leben, so wurden dadurch neue Glieder der Bevölkerung dem Räuberunwesen in die Arme getrieben. In beiden Fällen wurde die gleichzeitige Sorge für Schaffung neuer Erwerbsmittel verabsäumt. Sodann wurde in diesem Frühjahr eine allgemeine Kaiserliche Amnestie für alle diejenigen Insurgenten erklärt, die freiwillig die Waffen niederlegen und sich unterwerfen würden. Die Ziffer der sich hiernach Unterwerfenden klingt zwar recht stattlich: Es wurden über 4000 angegeben, die bis zum Juli davon Gebrauch gemacht hätten. Bald darauf hiess es aber, dass viele von ihnen unter den Drohungen der Aufrührer und bei dem unzureichenden Regierungsschutz für Leben und Eigentum gezwungen gewesen seien, die Reihen der Insurgenten aufs neue zu füllen.

Ein Gutes aber hatte die Erklärung des grossen Pardon für Japan doch gehabt. Sie bot die willkommene Handhabe, um den geplanten durchgreifenden Massnahmen in den Augen der Welt den Mantel der Gerechtigkeit umzuhängen. Denn jetzt wurde von den leitenden japanischen Staatsmännern die Parole ausgegeben, dass die Bewegung ihres politischen Charakters völlig entkleidet sei. Jedem war es freigestellt gewesen, unbestraft wieder als ruhiger Bürger zu seinem Berufe zurückzukehren; wer dem nicht nachkam, war nichts als eine gemeiner Bandit und Mordgesell, dem gegenüber keine Schonung mehr angebracht war. Die in Korea stehenden Truppen, die 13. Division, die 12. Infanterie-Brigade und ein Kavallerie-Regiment, wurden um zwei weitere Infanterie-Regimenter verstärkt, die in der zweiten Hälfte Mai mit in Aktion gegen die Aufrührer gesetzt wurden. Die Truppe wird ausserdem durch Gendarmerie und Polizei unterstützt. Im ganzen sollen 2000 japanische Gendarmen und ein grösseres Kontingent japanischer und koreanischer Polizisten aufgeboten sein. Ein neues System, Koreaner mit in die Gendarmerie einzustellen, scheint sich vorzüglich zu bewähren. Sie leisten der Truppe durch ihre Ortskenntnisse gute Dienste und sollen sich überdies zum Teil aus früheren Insurgenten selbst rekrutieren, da die lohnende Beschäftigung viele mittellose Existenzen anzuziehen scheint. Nach Äusserungen, die der Vize-Generalresident Vicomte Sone im Mai hier getan hat, ist mit Beginn der grösseren Operationen seit Eintreffen der Verstärkungen auch die Gefechtsweise geändert worden. Bisher wurden auf die Meldungen hin, dass die Empörer irgendwo aufgetreten seien, stets einzelne Detachements zur Verfolgung der Aufständischen entsandt, die später wieder zurückgezogen wurden, wenn die Ordnung hergestellt schien. Auf diese Weise wurde aber nicht viel erreicht. Gewöhnlich waren die Aufständischen vom Nahen der Truppe rechtzeitig unterrichtet und konnten sich entweder zurückziehen oder im Gewand des harmlosen Landmanns der Verfolgung entgehen. War die Luft wieder rein, so griffen sie erneut zu den Waffen. Anstelle dieser ermüdenden Kampfesweise werden jetzt zahlreiche kleine Abteilungen über das ganze Land stationiert, erhalten bestimmte Gebiete zugewiesen und schlagen hier mit rücksichtsloser Gewalt jedes Aufflackern der Revolte nieder. Nebenher scheinen aber gewisse Truppenteile gleichzeitig mit einer grossen Streife durch die hauptsächlich noch in Gährung befindlichen nördlichen Provinzen beschäftigt zu sein. Die Nachrichten über Scharmützel mit den Aufrührern haben sich denn seit kurzem auch bedeutend vermehrt. Durch ein verbessertes Meldesystem, Anlage eines ausgedehnten Fernsprech- und Telegraphennetzes, sollen die Operationen der japanischen Truppen sehr erleichtert sein. Die Insurgenten stellen den Truppen nur schlecht bewaffnete, jeder einheitlichen Führung entbehrende Banden gegenüber. Wenn sie trotzdem der regulären Truppe solche Schwierigkeiten machen, so hängt das mit dem unwegsamen oder unbekannten Gelände und der geheimen oder erzwungenen Unterstützung zusammen, die die Aufrührer bei der Landbevölkerung finden. Das weite Areal, über das der Aufstand dahinflackert und die nicht geringe Zahl der offen Insurgierenden - Sone schätzt im Mai 10 000 solcher Banditen - machen es augenscheinlich, dass Japan noch fortgesetzt grosse Opfer an Geld und Menschenleben zu bringen hat, ehe es der Bewegung vollständig Herr werden wird.

Nach Zeitungsnachrichten aus Wladiwostock schien es neuerdings, als ob der koreanische Aufstand auch von den russischen Küstengebieten her Unterstützung erführe. Koreanische Flüchtlinge sollen sich dort unter Führung eines Vi Yonyun ansammeln, militärisch gedrillt und im Gebrauch der Waffen geübt werden, die sie überall von den Russen kaufen könnten. Wie es heisst, hat die russische Regierung aber auf Vorstellungen von Tokio aus zugesagt, dass sie eine Benutzung russischen Hoheitsgebiets seitens der Aufständischen als Basis für Operationen gegen eine befreundete Regierung keinesfalls dulden werde.

Dass Japan genügend Kraft besitzt, den Aufstand mit Militärgewalt niederzuwerfen, ist ausser Frage. Aber der Aufstand hat alle die Kennzeichen eines langwierigen kolonialen Guerillakrieges, wie ihn die Welt des letzten Jahrzehntes zur Genüge kennen gelernt hat, und dessen Ende nur mit brutalem Durchgreifen unter Strömen von Blut, Vernichtung und Ausrottung herbeigeführt wird. Soweit sich von hier aus übersehen lässt, ist Japan jetzt beim Schlussakt dieses unerfreulichen Dramas angelangt und kehrt das Land mit dem eisernen Besen aus. Freunde schafft es sich damit nicht, weder innerhalb noch ausserhalb des Landes. Die europäischen Press-Kritiker können sich noch nicht an ein rein japanisches Korea gewöhnen, viel weniger an ein in seinem angeblichen Freiheitskampf mit roher Gewalt niedergeworfenes Korea und doch sollte man Japan fast beneiden, um die ihm durch nichts als die politische Klugheit eingeschränkten, durch keine deplazierten Skrupel verlegten Möglichkeiten bei der Verwendung der notwenigen Machtmittel zur Dämpfung der Aufstandsbewegung. Sicherlich würde die wohlwollende Politik des japanischen Generalresidenten diese äussersten Mittel gerne vermieden haben, schon um des Urteils des Auslands und besonders um der rascheren wirtschaftlichen Erschliessung Koreas willen. Denn dass die koreanischen Früchte für Japan etwas später reifen und ihm die Trauben für lange Zeit sauer schmecken werden, ist die bitterste Erfahrung, die ihm die koreanischen Unruhen eingetragen haben.

Auch auf dem Gebiete der Verwaltungsreformen hat Japan in den letzten Monaten in Korea mit energievoller Hand zugegriffen. Einschneidende Massregeln sind getroffen worden, die teils der Unterdrückung des Aufstandes in die Hand arbeiten, teils zum allgemeinen Besten des Landes dienen sollen. Zeitungsnachrichten zufolge erging am 25. Juni in Söul eine Kaiserliche Verordnung, durch die das gesamte Kaiserliche Krongut in koreanisches Staatsvermögen verwandelt wurde. Durch diese Bestimmung, die sicher nicht ohne langen Kampf und heftigen Widerspruch durchgedrückt worden ist, wird den Intriguen und heimlichen Spenden an Feinde der japanischen Herrschaft seitens der Hofpartei der finanzielle Boden entzogen. Wie beträchtlich der Reichtum der Kaiserlichen Schatzkammer gewesen ist, beschreibt die „Nichi Nichi", nach der die Krone fast ein Viertel des ganzen koreanischen Areals als ihr Privat- oder Domänen-Gut in Anspruch genommen habe. Durch das traditionelle Kronrecht auf Einziehung von 25 Acker Land für jedes Grab eines Mitglieds des Kaiserlichen Hauses sei der Besitz allmählich immer mehr angeschwollen. Die Höflinge hätten das Land zur steuerfreien Benutzung überwiesen erhalten, wodurch dem Staat ein wichtiger Teil seiner Einnahmen entzogen worden sei. Nach der Neuordnung der Dinge bleiben dem Hof nichts als die Paläste und der unmittelbar zu den Grabmälern der Kaiserlichen Familie gehörige Grund und Boden. Auch das Eigentum der Lady Om ist dem Staat anheimgefallen. Die Staatskasse übernimmt dafür die Verbindlichkeiten des Kaiserlichen Haushalts, die sich auf 2 Millionen Yen belaufen sollen. Ob die Regierung dem Kaiser Ersatz in Form einer Zivilliste gewähren wird, ist noch nicht bekannt geworden.

Die Durchführung dieser wichtigen Neuregelung wird dem Wirken des Ministers des Innern, Sung, zugeschrieben, der als das bereitwilligste und mächtigste Werkzeug der japanischen Regierung angesehen wird. Mit ihm an der Spitze hat die koreanische Regierung ferner eine bedeutungsvolle Reform der Provinzialverwaltung eingeführt, die darauf hinzielt, die Beamtenschaft von korrumpierten Elementen zu säubern. Die Provinzialbeamten wurden bisher sämtlich von der Zentralregierung und zwar in gewisser Verteilung auf die einzelnen Ministerien ernannt. Dieser Zustand brachte es mit sich, dass sich zurzeit der Vergebung der Staatsämter stets ein Haufen von Bewerbern in der Hauptstadt umhertrieb und durch Intriguen und Bestechungen zum Ziel zu kommen suchte. Der Minister Sung hat es erreicht, dass jetzt nur noch die 13 Gouverneure für die Provinyen von der Regierung direkt und zwar ausschliesslich vom Minister des Innern angestellt werden. Die zentrale wird eine strenge Kontrolle über die Gouverneure ausüben, eine Aufgabe, die sie bei der geringen Anzahl der Gouverneure glaubt bewältigen zu können. In der Erkenntnis, dass andererseits die Gouverneure aus ihrer Vertrautheit mit den provinzialen Verhältnissen eher in der Lage sind, einwandfreie und geeignete Vertreter für die Staatsstellungen in ihrer Provinz ausfindig zu machen, sind sie mit der Machtvollkommenheit zur Anstellung aller Beamten ihrer Provinz betraut worden. Die Befugnisse dieser Provinzial-Oberpräsidenten scheinen demnach ausserordentlich weitgehende zu sein. Ob sich diese Organisation bewähren wird, wird in erster Line von der glücklichen Hand des Ministers des Innern bei Auswahl der Gouverneure abhängen. In den scharfen Instruktionen, die diesen zur Durchführung der erwünschten Reformen erteilt worden sind, verdient namentlich ein Passus hervorgehoben zu werden, der ihnen vorschreibt, dass sie in den Schulen für Unterdrückung antijapanischen Geistes zu sorgen und das Verständnis für das Verhältnis Koreas zu Japan zu wecken haben. Man weiss also auch hier, „wie´s gemacht werden muss.“

Getrennt von der Neuorganisation der koreanischen Verwaltung wird an der Reform des Justizwesens gearbeitet. Eine unter Leitung des namhaften japanischen Juristen Ume wirkende Kommission ist mit der Ausarbeitung moderner Gesetzentwürfe befasst und soll nach kürzlichen Meldungen schon erhebliche Fortschritte gemacht haben. In Ostasien entstehen mühelos die grössten Codices, über die man sich in Europa jahrelang die Köpfe zerbricht. Der Hebel der Gesetzgebungsmaschine ist zuerst bei dem Gerichtsverfassungsgesetz angesetzt worden. Am 1. August d. Js. hat die Eröffnung von einem Kassationshof, drei Oberlandesgerichten in Söul, Phyöngyang und Taiku, acht Landgerichten und 16 Amtsgerichten stattgefunden. Der japanische Staatsanzeiger veröffentlichte hierüber eine Bekanntmachung der Generalresidentur, das abgeänderte koreanische Gerichtsverfassungsgesetz (mit Rechtskraft vom 1. Januar 1908) mit den Ausführungsbestimmungen und dem Gesetz betreffend Einrichtung der Gerichte. Bis auf die Amtsgerichte, von denen 102 vorgesehen, aber zunächst nur 16 eröffnet werden, haben sämtliche Gerichte ihre Wirksamkeit am 1. August d. Js. begonnen. Die Markenschutzkonvention zwischen Japan und Amerika scheint bei ihrer Geltung für Korea die beschleunigte, anscheinend ziemlich übers Knie gebrochene Einsetzung der neuen Gerichtshöfe bewirkt zu haben. Denn vorläufig wird sich der Mangel geeigneter Richter noch sehr fühlbar machen, und wenn Japan zunächst auch eine Reihe eigener Richter an die Spitze der neuen Gerichte stellt, so wird dieser Nachschub aus Japan bei dem notorischen Mangel an schulgerecht ausgebildeten Juristen im eignen Lande bald versiegen müssen.

Eine Serie von neuen japanischen Verordnungen dehnen die Rechtskraft der japanischen Gesetze betreffend das geistige und gewerbliche Eigentum mit Geltung für die Vertragsstaaten des japanisch-amerikanischen Markenschutzabkommens auch auf Korea aus. Im Zusammenhang hiermit steht die Errichtung eines Patentamts in der Generalresidentur, die am 12. August d. Js. erfolgt ist. Für Einführung koreanischer Gesetze über diese gesamte Materie wird die japanische Regierung Sorge tragen.

Von den großen in Vorbereitung befindlichen Justizgesetzen für Korea soll das Hauptwerk, das Bürgerliche Gesetzbuch, bereits in seinen Grundzügen fertiggestellt sein. Wenn die Nachricht zutrifft, daß das koreanische Bürgerliche Gesetzbuch gleichzeitig das Prozeßrecht in seine Paragraphen mit verwebt, also eine Zivilprozeßordnung entbehrlich macht, so kann man auf diese Leistung des japanischen Gesetzgebers gespannt sein. Das neue Strafgesetzbuch wird sich an das hochmoderne japanische Gesetz halten mit der Abweichung, daß die Prügelstrafe beibehalten wird, eine Einrichtung, die Wirksamkeit und Sparsamkeit, um die Gefängnisse nicht zu bequemen Herbergen für Missetäter und Nichtstuer werden zu lassen, aufs glücklichste vereinigen soll.

Schließlich sei darauf hingewiesen, daß auch das koreanische Preßgesetz mit Rücksicht auf die sich gegen das japanische Regiment richtende Preßhetze „Besserungen" unterworden worden ist.

Daß die von den Japanern besorgte koreanische Justizreform sehr wesentlich darauf hinzielt, die fremde Konsulargerichtsbarkeit in Korea über kurz oder lang auszuschalten, wurde von japanischen Zeitungen bei Gelegenheit der Inkraftsetzung des erwähnten Markenschutzvertrags mit Amerika mehrfach unumwunden ausgesprochen. Glücklicherweise fehlt es maßgebenden Blättern jedoch nicht an der Einsicht, daß die Gerichtsbarkeit mit fremden japanischen Richtern, die kein Koreanisch verstehen und Sitte und Gewohnheit des Landes nicht kennen, noch über starke Mängel verfügt und eine die Aufhebung der Exterritorialität rechtfertigende Gewähr der Rechtssicherheit in Korea wohl noch für längere Zeit nicht zu bieten vermag.

Ueber die Verwaltung der koreanischen Finanzen seien hier nur einige kurze

Bemerkungen über die von hier aus besonders interessierenden Seiten dieser Frage gemacht. Die japanische Generalresidentur strebt nach Einschränkung ihres Budgets. So sind die im japanischen Budget erscheinenden Ausgaben allmählich von 1,8 Millionen auf 1,6 und dann auf 1,2 Millionen Yen gesunken, wobei sie auch im nächsten Rechnungsjahre stehen bleiben sollen. Die verminderten Kosten werden dadurch erreicht, daß gewisse niedere Beamtenfunktionen der Koreanischen Regierung aufgebürdet werden.

Das Budget der Koreanischen Regierung, das für das laufende Jahr mit rund 20 Millionen Yen balanciert, ist dem Vernehmen nach infolge des Aufstandes schwer aus dem Gleichgewicht gebracht. Die tatsächlichen Einnahmen aus der Steuereinziehung sollen weit hinter den Voranschlägen zurückbleiben, und das Defizit soll angeblich schon über 3 Millionen Yen ausmachen. Daß bei dieser Lage der Dinge die koreanischen Finanzen noch lange nicht auf eigenen Füßen stehen und weitere Zuschüsse Japans notwendig machen, ist klar. Mitte dieses Jahres hatte Japan schon 5.9 Millionen Yen an Korea vorgestreckt. Wie ich bereits in einem früheren Berichte angedeutet habe, sollten die kleinen Vorschüsse nach gesprächsweisen Mitteilungen Itos nur dazu dienen, die Maschine in Gang zu halten, bis die Koreanische Regierung durch ein größere eigene Anleihe selbständig gemacht würde. Die vorbereitenden Maßnahmen zur Aufnahme einer solchen Anleihe durch Vermittelung der japanischen Industriebank sind zwar getroffen. Dem Landtag hat ein Gesetz vorgelegen, wonach die Bank mit der Garantie der Regierung für Kapital und Verzinsung für eine Anleihe bis zu 20 Millionen Yen ausgestattet wird. Allem Anschein nach hat die flaue Lage des fremden Geldmarkts der Bank aber noch keinen Gebrauch von den ihr gewährten Anleihebefugnissen gestattet, und deswegen ist das Gesetz auch bisher nicht publiziert worden.

Diese letztere Tatsache erinnert stark an das Verfahren der Regierung gegenüber einem anderen Projekt, der zu gründenden „Orientalischen Kolonisationsgesellschaft". Auch die Summe, mit der sich die Japanische Regierung für das Unternehmen verbürgen will, ist die gleiche. Japan beabsichtigt demnach seinen Kredit im ganzen bis zur Höhe von 40 Millionen Yen für die Entwickelung Koreas zur Verfügung zu stellen. Daß beide Gesetze noch nicht zur Veröffentlichung gelangt sind, kennzeichnet die japanische Finanzlage in drastischer Weise.

Unter den Plänen Japans zur wirtschaftlichen Entwickelung Koreas verdient zweifellos die letztgenannte Kolonialgesellschaft die größte Beachtung. Die Gesellschaft ist momentan noch im Gründungsstadium begriffen. Nachdem aber den neusten Nachrichten zufolge das koreanische Kabinett den japanischen Gesetzentwurf gutgeheißen hat, dürfte die Bildung des Gründungsausschusses nun demnächst zu erwarten sein.

Aus den geschilderten Reformen Japans in Korea leuchtet die von der japanischen

Regierung entfaltete rege Tätigkeit zur Hebung des Landes deutlich hervor. Es spricht für die verständige Politik des Generalresidenten, Fürsten Ito, daß er gleichzeitig die Augen auch gegenüber der Mißwirtschaft im Lager der eigenen Landsleute nicht verschießt. So ist kürzlich ein bemerkenswerter Schritt seitens der Generalresidentur unternommen worden, der den japanischen Kommunen in Korea das Recht, ihre eigenen Ortsvorsteher zu wählen, abspricht und dafür die japanischen Residenten mit der Lokalverwaltung betraut. Diese Bestimmung erfolgte wegen der mannigfachen finanziellen mißstände innerhalb der Gemeinden, namentlich aber deswegen, weil die Gemeinden ihre Ortsvorsteher in verschwenderischer Weise dotierten, während sie in anderer Hinsicht stark auf die finanzielle Beihülfe der Regierung bauten. Heftige Preßangriffe und Proteste, die dieserhalb seitens der japanischen Kolonisten gegen den Generalresidenten gerichtet sind, wurden prompt mit Beschlagnahme und Suspension der betreffenden Hetzblätter beantwortet.

Auch in diesem Falle zeigte sich bei der Generalresidentur Festigkeit und ein ernster Wille. Wo Japan selbst zivilisieren will, muß es die eigenen Landsleute, von denen bekanntlich nicht die besten Teile nach Korea auszuwandern pflegen, vor dem schlechten Beispiel schädlicher Zersetzung zu bewahren suchen.

Der Generalresident, Fürst Ito, der gegenwärtig wieder zu seiner Erholung in Japan weilt, ist seit Abgang des alten Kabinetts wiederholt der Gegenstand lebhaften Interesses der japanischen Presse gewesen. Man vermutete, daß er vielleicht als notwendiges Gegengewicht gegen die Yamagata-Katsura-Partei dauernd in Japan bleiben und sein Amt als Generalresident niederlegen würde. Yamagata, so hieß es, wolle ihm den Posten des Präsidenten des Geheimen Staatsrats überlassen, den er selbst zu alt sei, weiter zu verwalten. Wie Ito in seiner Redseligkeit kürzlich kundgegeben hat, traf dieses Gerücht tatsächlich zu. Yamagata versuchte, ihn hier zu halten, wohl um mit diesem Akt jener sprichwörtlichen japanischen Großmut, die den Gegner überwältigt, ihn für das neue Kabinett gewogen zu machen. Ito erklärte jedoch, daß die Lage in Korea seine Anwesenheit noch für einige Zeit dringend notwendig mache. Sein Werk sei erst halb getan, und er wolle es nicht unvollendet aus den Händen geben. Es ist jedenfalls ein kluger und richtiger Entschluß, wenn die japanische Regierung die vertrauenswürdige und einflußreiche Persönlichkeit Itos, solange wie irgend möglich, in Korea beläßt. Sagt man doch, daß die Koreaner stets mit Zittern und Zagen den Moment herannahen sehen, wo sich Ito zu seinen Reisen nach Japan rüstet. Er würde für Japan, nachdem Katsura durch seine Ministerpräsidentschaft als Generalresident in spe ausgeschaltet ist, unersetzlich sein.

gez. Mumm.

Urschr. i. a. Korea 10

Inhalt: Die Lage in Korea.

Japanisch-Koreanisches Fischereiabkommen.

PAAA_RZ201-018937_156 f.			
Empfänger	Bülow	Absender	Mumm
A. 21633 pr. 25. Dezember 1908.		Tokio, den 22. November 1908.	
Memo	mtg. 31. 12. u. Petersbg. 2247.		

Abschrift.

A. 21633 pr. 25. Dezember 1908. 1 Anl.

Tokio, den 22. November 1908.

A. 441.

Sr. Durchlaucht
dem Herrn Reichskanzler
Fürsten v. Bülow.

Der japanische Staatsanzeiger vom 18. d. M. veröffentlicht das hier in Übersetzung gehorsamst beigefügte neue Japanische-Koreanische Fischerei-Abkommen vom 21. Oktober d. J. Der Vertrag, der zwischen der Generalresidentur und der koreanischen Regierung abgeschlossen ist, gewährt den beiderseitigen Untertanen das Recht, unter Befolgung der betreffenden Landesgesetze die Fischerei im Hoheitsgebiete beider Staaten uneingeschränkt auszuüben. Ein Japaner kann demnach genau wie ein Koreaner in Korea die Fischerei betreiben. Für Fälle von Rechtsstreitigkeiten in Fischerei-Angelegenheiten sind für Japaner die japanischen Residenturen anstelle der koreanischen Gerichtshöfe zuständig.

Das Abkommen soll nach Art. 4 gleichzeitig mit einem neuen koreanischen Fischereigesetz in Kraft treten, das die koreanische Regierung erlassen hat. Letzteres ist im japanischen Staatsanzeiger vom gleichen Tage in der gewohnten Weise durch die Generalresidentur in japanischer Übersetzung bekannt gegeben worden. Der Tag des Inkrafttretens ist indessen noch besonderer Verordnung vorbehalten. Alle früheren japanisch-koreanischen Abmachungen mit Bezug auf das Fischereigewerbe sind aufgehoben.

Es kann kein Zweifel darüber sein, wer der allein gewinnende Teil bei diesem Abkommen ist.

gez. A. v. Mumm.

Urschr. i. a. Korea 10

Inhalt: Japanisch-Koreanisches Fischereiabkommen. 1 Anlage.

[Anlage] Abschrift zu A. 21633/08.

Übersetzung aus dem japanischen Staatsanzeiger
vom 18. November 1908.

Bekanntmachung der Generalresidentur
№ 186.
vom 13. November 1908.

Zwischen der Generalresidentur und der koreanischen Regierung ist am 31. Oktober d. J. das nachstehende Fischerei-Abkommen geschlossen worden, das gleichzeitig mit dem koreanischen Fischereigesetz in Kraft treten wird.

Art. 1.

Japanische und koreanische Staatsangehörige sind gleichmässig befugt, in den Küstengewässern, Buchten, auf Strömen, Flüssen, Seen und Teichen eines der beiden Vertragsstaaten die Fischerei auszuüben.

Art. 2.

Bei Ausübung der Fischerei haben die Untertanen des einen die Fischereigesetze des anderen Staates zu befolgen, innerhalb dessen Hoheitsgebiet sie sich befinden.

Art. 3.

In Fällen, wo in Korea die Zuständigkeit der Gerichte in Fischereisachen begründet ist, sind für Japaner die japanischen Behörden zuständig.

Art. 4.

Die am 12. November 1889 zwischen Japan und Korea.

Fischereibestimmungen und anderweitige Abmachung zwischen den beiden Ländern, die auf die Fischerei Bezug haben, werden hiermit sämtlich aufgehoben.

Für die Übersetzung
gez. Vogt.

ad A. 2204.

Bemerkungen Seiner Majestät auf Seite 1.

Zu den Allerh. Marquis Ito ist imstande in solcher Sache ganz selbstständig zu verfahren. Die Regierung läßt ihm sehr freie Hand.

So.

6. 2.

Reise des Kaisers von Korea.

PAAA_RZ201-018937_161 ff.			
Empfänger	Bülow	Absender	Mumm
A. 2204 pr. 42. Februar 1909. a. m.		Tokio, den 16. Januar 1909.	
Memo	Über Sibirien.		

A. 2204 pr. 42. Februar 1909. a. m.

Tokio, den 16. Januar 1909.

A. 18.

Seiner Durchlaucht
dem Fürsten von Bülow.

Seine Majestät der Kaiser von Korea ist zur Zeit auf einer Reise durch den Süden des Landes begriffen, über deren Einzelheiten, wie ich annehme, der Kaiserliche Generalkonsulatverweser in Söul Euerer Durchlaucht berichten wird.

Die Reise, die in Begleitung des Generalresidenten Fürsten Ito unternommen wird, erregt hier sowohl wie in Korea grosses Aufsehen, was angesichts der sonst üblichen orientalischen Abschliessung des koreanischen Hofes wohl begreiflich ist.

Graf Komura, den ich bei seinem letzten Diplomatenempfang auf diese Reise des Kaisers von Korea anredete, erwiderte mir, Fürst Ito habe zwar die Tatsache der bevorstehenden Reise hierher gemeldet, sich dabei aber nicht über die Gründe geäussert (?), die ihn, den Generalresidenten, bestimmt hätten, dem Kaiser von Korea den Rat zu dieser Reise zu erteilen.

Zweifelsohne, meinte der Minister, sei Fürst Ito bei dem Plane von der Absicht geleitet gewesen, die immer noch aufgeregte Bevölkerung Koreas über das Schicksal ihres Herrschers zu beruhigen und ihr das Einvernehmen zwischen Kaiser und Generalresident vor Augen zu führen.

Nicht allenthalben scheint freilich diese Absicht von dem Volke so gewürdigt worden zu sein, wie die japanischen Arrangeure dies erwartet haben mochten. Wenigstens hat Zeitungsnachrichten zufolge der Besuch eines japanischen Kriegsschiffes in Fusan durch den Kaiser bei der loyalen Bevölkerung anscheinend die Besorgnis erweckt, dass die Japaner damit umgingen, den Kaiser zu deportieren. Schüler sollen den Versuch gemacht haben, den Fortgang des Kaiserlichen Zuges nach Fusan dadurch aufzuhalten, dass sie sich vor der Lokomotive auf die Schienen warfen und die Bevölkerung in Fusan selbst habe, als die Rückkehr des Kaisers von der Rhede sich unerwartet verzögerte, mit gänzlich unzulänglichen Mitteln den Versuch gemacht, durch einen Putsch den Kaiser aus der Hand der Japaner zu befreien.

Das alles klingt wohl rührend und mag die menschliche Teilnahme für das sehr harte Geschick dieses untergehenden Volkes noch erhöhen. Der eherne Gang der Weltgeschichte wird aber durch solche kindlichen Demonstrationen nicht aufgehalten.

Mumm.

Inhalt: Reise des Kaisers von Korea.

[ ]

PAAA_RZ201-018937_164			
Empfänger	[o. A.]	Absender	[o. A.]
A. 2577 pr. 10. Februar 1909. p. m.		[o. A.] den 9. Februar 1909.	

A. 2577 pr. 10. Februar 1909. p. m.

Kölnische Zeitung.
9. 2. 1909.

Akten.
Japans koreanische Politik.

▣ In № 96 haben wir einen Bericht unsers Berichterstatters in Seoul über die erste Reise des koreanischen Kaisers in die aufständischen Provinzen wiedergegeben. Der Kaiser hat vom 7. bis zum 12. Januar mit dem japanischen Generalresidenten Fürsten Ito den Süden besucht. Auf spätern Kaiserreisen kam es nach Berichte aus Tokio (in № 103) zu japanischen Kundgebungen, die nach einem Reutertelegramm aus Seoul vom 6. Februar zu einer Änderung der japanischen Politik in Korea, zum Ersatz des versöhnlich gesinnten Fürsten Ito durch einen Führer der Kriegspartei, den japanischen Kriegsminister Terautschi führten. Daß ein Gegensatz zwischen der Friedenspartei Itos und der Kriegspartei schon vor den japanfeindlichen Kundgebungen bestanden hat, folgt aus dem unten folgenden Bericht, der 14 Tage vor diesen Kundgebungen geschrieben ist:

▣ Seoul, 14. Jan. Der koreanische Kaiser ist von seiner sechstägigen Erkundungsreise nach Südkorea, die er auf Anregung und in Begleitung des Fürsten Ito mit einem glänzenden Gefolge unternommen hat, gestern nachmittag glücklich zurückgekehrt. Es ist Ito gelungen, einem großen Teil der Bevölkerung in den unruhigen Provinzen Gelegenheit zu geben, des Kaisers Antlitz zu schauen, seinen ermahnenden Worten, sie sollten den Weg des Fortschrittes einschlagen und die veralteten Zöpfe abschneiden, zu lauschen und vor allem den Eindruck mitzunehmen, daß Ito nicht nur ein treuer Berater des Kaisers, sondern auch der beste Freund Koreas ist. Gleichzeitig erlaubte sich Japan, der koreanischen Majestät seine Seemacht vorzuführen; ein starkes Geschwader war nach Fusan und ein anderes nach Masan hin beordert. In Begleitung Itos besichtigte der Kaiser, der bis dahin nicht gewußt hatte, was ein Kriegsschiff von heute ist, die beiden Schlachtschiffe Akuma und Katori, sah den Geschütz- und Torpedoübungen mit größter Aufmerksamkeit zu und zeigte für alles mehr Interesse, als man erwartet hatte.

Die Rückkehr des Kaisers gestaltete sich zu einer großartigen Kundgebung. Eine ungeheure Menschenmenge, darunter sämtliche Schüler und Schülerinnen der Staats- und Privatschulen, die japanischen und koreanischen Staatsbeamten, auch eine Anzahl Europäer und zahlreiche Offiziere hatten sich eingefunden, um den Kaiser zu empfangen. Mit Hurra wurde der kaiserliche Sonderzug begrüßt, als er langsam in die Südbahnhofshalle einfuhr. Unter den Klängen der Nationalhymne, gespielt von der Hofkapelle, die die Reise mitgemacht, entstieg der Kaiser dem Galawagen; er sah frisch und gesund aus und schien sichtlich erfreut über den großartigen Empfang. Fürst Ito rieb sich vor Vergnügen die Hände in dem Bewußtsein, seinem friedlichen Ziele bedeutend näher gekommen zu sein. Der kommandierende General der japanischen Truppen, Vicomte Haßegawa, hatte sich – angeblich wegen Unwohlseins – zum Empfange nicht eingefunden. Man munkelt aber, daß zwischen den japanischen Militär- und Zivilbehörden allerhand kleine Reibereien und Eifersüchteleien bestehen, und daß Fürst Ito die Befriedigung Koreas nicht mit der Schärfe des Schwertes, sondern mit Milde und Güte durchzuführen sucht. Am 20. d. M. verläßt General Haßegawa Korea, um sein neues Amt in Tokio anzutreten. Sein Nachfolger, Generalleutnant Okubu, ist schon von Japan abgereist und dürfte am 18. d. M. eintreffen.

Vom Kaiserhofe in Korea.

PAAA_RZ201-018937_166 ff.			
Empfänger	Bülow	Absender	Wendschuch
A. 2834 pr. 14. Februar 1909. a. m.		Söul, den 6. Januar 1909.	
Memo	mitget. 19. 2. Pera 323, London 360, Madrid 209, Paris 303, Petersbg. 321, Rom B. 235, Washington 229, Wien 360, Athen 206, Beigrad 193, Bern 177, Brüssel 178, Bukarest 209, Cettinje 204, Christian. 185, Luksembg. 187, Haag 179, Kopenh. 183, Lissab. 176, Rom 183, Stockh. 183, Cairo 179, Sofia 215, Tanger 198, Darmst. 193, Dresden 198, Karlsr. 196, München 201, Stuttg. 194, Weimar 192, Oldenbg. 193, Hambg. 198, Peking 189. J. № 58.		

A. 2834 pr. 14. Februar 1909. a. m. 1 Anl.

Söul, den 6. Januar 1909.

K. № 7.

An Seine Durchlaucht
den Herrn Reichskanzler
Fürsten von Bülow.

Am 1. Januar d. Js. empfing Seine Majestät der Kaiser Yi Tschök im Tschangtök-Palast in Gegenwart des Generalresidenten Fürsten Ito die Minister, die höchsten Zivilbeamten und Militärs und das Konsularkorps in Neujahrsaudienz. Zu diesem Zwecke war eine der grossen, in chinesischem Stile gebauten Empfangshallen zum Thronsaal umgewandelt, wodurch der Empfang ein feierlicheres und würdigeres Gepräge erhielt, als es bisher bei derartigen Gelegenheiten der Fall gewesen war. Der Kaiser, der jedem der fremden Vertreter beim Kommen und Gehen die Hand reichte, trug japanisch-europäische Generalsuniform; sein Aussehen war frischer und seine Haltung würdiger, als man es sonst bei ihm gewohnt war.

Am 4. d. Mts. hat der Kaiser durch das in Uebersetzung gehorsamst beigefügte ein Reskript den ausserordentlichen und überraschenden Entschluss kund getan, sich aus eigener Anschauung von den Zuständen im Lande und von dem Ergehen seines Volkes zu überzeugen, und zu diesem Zwecke die südlichen Provinzen seines Reiches zu bereisen. Während der Exkaiser, getreu den Traditionen orientalischer Herrscher, nie die

Hauptstadt und selten seinen Palast verlassen hat, ist dies bereits das dritte Mal seit seiner Thronbesteigung, dass Kaiser Yi Tschök sich auf Reisen begibt: das erste Mal im Oktober 1907, als er den Kronprinzen von Japan in Tschemulpo auf koreanischem Boden empfing [vergl. Bericht № 65[3] vom 21. Oktober 1907], das zweite Mal im Oktober v. Js., um seinen Ahnen im Kaiserl. Mausoleum bei Suwon persönlich Opfer darzubringen, was seit 39 Jahren nicht geschehen war.

Die jetzt beabsichtigte, auf 6 Tage berechnete Reise wird morgen früh angetreten. Sie führt zunächst nach Taiku, der Hauptstadt der fruchtbaren Provinz Kyöngsang, von da zu je zweitägigem Aufenthalte nach Fusan und Masampo, wohin der Mikado zu seiner Begrüssung das 1. Geschwader unter Vizeadmiral Ijuin, bestehend aus den Schlachtschiffen Katori und Schikischima, sowie den Panzerkreuzern Tsukuba, Ikoma, Nisshin und Kasuga, sowie vom 2. Geschwader unter dem Kommando des Vizeadmirals Dewa die Kreuzer Azuma, Akitsushima und Yayeyama sowie einen Torpedobootszerstörer und 4 Torpedoboote für die Festtage entsenden wird. Von Masampo erfolgt mit nochmaliger eintägiger Unterbrechung in Taiku die Rückreise nach Söul. In der Begleitung des Kaisers werden sich ausser den Prinzen Yi Chai Kak der Generalresident Fürst Ito, dessen Adjutant Generalmajor Murata, der Marineattaché Kapitän z. S. Tonami und zwei Sekretäre der Generalresidentur, ferner sämtliche Staatsminister mit Ausnahme des Justiz- und Unterrichtsministers, die Minister des Kaiserlichen Haushalts, mehrere Zeremonienmeister, der Oberhofmarschall, die Präsidenten des Schatzmeisteramts, der Kaiserlichen Bibliothek und des Ordensamts, eine Anzahl Kammerherren, 4 Hofdamen und die Kaiserliche Kapelle befinden, insgesamt etwa 140 Personen. In Taiku wird der Kaiser im Yamen des Provinzialgouverneurs, in den anderen Städten in den japanischen Residenturen absteigen. Die Kosten der Reise sind auf 13 000 Yen veranschlagt. Wie verlautet, ist bereits für die nächste Zukunft eine zweite Reise nach den nördlichen Provinzen in Aussicht genommen.

Während der Kaiser, den Ratschlägen des Fürsten Ito folgend, dergestalt anfängt, sich als moderner Herrscher in der Oeffentlichkeit zu zeigen, sitzt der Exkaiser Yi Hui, ein grollender Löwe, in seinem Palaste Töksu, unsichtbar für die Aussenwelt. Gelegentlich liest man, dass die Kaiserlichen Majestäten, eine Kaiserlicher Prinz oder Fürst Ito ihm einen Besuch abgestattet haben, um sich nach seinem Befinden zu erkundigen oder ihm über das Wohlergehen des Kronprinzen Yi Un in Japan Bericht zu erstatten. Ganz untätig scheint der jetzt im 57. Lebensjahre stehende Monarch indessen nicht zu sein, denn wie die offiziöse „Seoul Press" vom heutigen Tage zu berichten weiss, befindet sich Lady Om, die seine halb freiwillige, halb ihm auferlegte Gefangenschaft getreulich teilt, in

3 cf 17505[02] gef. beigefügt.

gesegneten Umständen und sieht ihrer Niederkunft im kommenden März entgegen. Mögen von japanischer Seite auch noch so grosse Anstrengungen gemacht werden, den Exkaiser, besonders unter Hinweis auf die Fürsorge, die man in Japan seinem Sohne, dem Kronprinzen, angedeihen lässt, von der Uneigennützigkeit und aufrichtigen Freundschaft der japanischen Regierung zu überzeugen, ihr Liebeswerben bleibt doch vergeblich, denn nie wird er den Usurpatoren vergessen, was für Leid sie ihm angetan haben. Bei den in letzter Zeit wiederholt in japanischen Blättern aufgetauchten Gerüchten, er und Lady Om würden demnächst den Kronprinzen in Japan besuche, ist daher wohl auch nur der Wunsch der Vater des Gedankens gewesen. In der Generalresidentur weiss man nur zu gut, dass man es in der Person des Exkaisers mit einem unversöhnlichen, unablässig intriguierenden Feinde zu tun hat. Man überwacht ihn daher aufs Genaueste und entzieht ihm vor allem die Mittel, Parteigänger innerhalb und ausserhalb des Landes zu werben.

Der jetzt 12-jährige Kronprinz Yi Un liegt seit nunmehr einem Jahre in Japan eifrig den Studien zur Vorbereitung für seinen künftigen Herrscherberuf ob. Wie die offiziösen Zeitungen zu berichten wissen, ist er ein aufgeweckter Knabe; er soll Japanisch bereits ohne Schwierigkeit sprechen und in den Wissenschaften sich besonders in Arithmetik auszeichnen. Mit 4 auserwählten anderen Knaben erhält er täglich von 10 bis 3 Uhr Unterricht. Seine Mussestunden sind dem Reitsport und dem Photographieren gewidmet. An keinem Tage soll er es versäumen, als erstes Tagewerk seinen Eltern zu schreiben. Den japanischen Majestäten stattet er einmal im Monat einen Besuch ab; mit dem Kronprinzen von Japan soll ihn brüderliche Zuneigung verbinden. Im kommenden Frühjahre wird er in die Mittelklasse der Adelsschule in Tokio eintreten. Trotz seiner Jugend beschäftigt man sich bereits ernstlich mit der Frage seiner Vermählung und angeblich hat Fürst Ito im Auftrage des Kaisers auch schon eine Jungfrau aus japanischem Uradel als passende Lebensgefährtin für den künftigen Herrscher von Korea ausgewählt. Da die Wahl die Billigung des Exkaisers und der Lady Om gefunden haben soll, wird sich Fürst Ito, wie es heisst, nach Rückkehr von der jetzigen Reise zur Vorbereitung der Vermählungsfeierlichkeiten nach Tokio begeben, zu denen auch der Besuch des Exkaisers in Japan erwartet wird.

Von den übrigen Prinzen des Kaiserlichen Hauses, Yi Kang (bekannt unter den Namen Eui Wha), Yi Chai Kak, Yi Chai Whan, dessen Sohn Yi Tal Yong, und Yi Chun Yong, ist Besonderes nicht zu erwähnen: Man sieht sie gelegentlich bei offiziellen festlichen Veranstaltungen, ohne dass dabei besondere Umstände mit ihnen gemacht werden.

Der Gesamteindruck ist der, dass die Mitglieder des Kaiserlichen Hofes, mit einziger Ausnahme des Exkaisers, Marionetten in den Händen des Generalresidenten sind, der sie nach Bedarf in Szene setzt, um dem Volke und der Welt etwas vorzuspielen. Durch die in Artikel 2 des Protokolls vom 23. Februar 1904 von Japan übernommene Garantie für „die Sicherheit und Ruhe des Kaiserlichen Hauses“ und durch die in Artikel 5 des Abkommens vom 17. November 1905 ausgesprochene Verpflichtung, „die Wohlfahrt und Würde des Kaiserlichen Hauses zu wahren“ werden alle im Interesse des Hofes für gut befundenen Massnahmen des Generalresidenten gedeckt. Dies hat naturgemäss dazu geführt, dass sein Wille und seine Anordnungen allein massgebend sind. Nur dem ausserordentlichen Takt und dem staatsmännischen Geschicke des Fürsten Ito ist es zuzuschreiben, wenn den betroffenen Personen nicht zum Bewusstsein kommt, dass sie geschoben werden, wo sie zu schieben glauben. Hierbei ist indes nicht zu verkennen, dass es nur auf diese Weise möglich war, der politischen Ränkeschmiederei, der Protektionswirtschaft, dem Aemterverkaufe durch Hofbeamte und der jeder Beschreibung spottenden Misswirtschaft im Kaiserlichen Haushalte ein Ende zu machen. Mit Recht und mit Erfolg haben hier die Japaner mit eisernem Besen Auskehr gehalten und den Palast von Eunuchen, Kaiserlichen Tänzerinnen, die nichts weiter als Kebsen der Palastbeamten waren, von Zauberern, Wahrsagern, Priestern und einem Heere sonstiger geldsaugender Schmarotzer gesäubert. Eine Palastordnung vom Jahre 1906 verfügt die Stationierung von Polizisten an den Palasteingängen, die Befehl haben, nur solche Personen einzulassen, die sich im Besitze eines vom Hausministerium ausgestellten Passes befinden. Durch Verordnung vom 27. November 1907 wurde das Hausministerium neu organisiert und von den übrigen Ministerien, die das Kabinet bilden, abgetrennt. Hierbei wurde die Zahl der Hofämter von 24 auf 13 herabgesetzt und verfügt, dass fortan nur die Minister des kaiserlichen Haushalts berechtigt sein sollen, sich unmittelbar an den Thron zu wenden, indes nur in Angelegenheiten, die den Haushalt selbst betreffen. Um Ordnung in die durch Willkürherrschaft verlotterten Hof- und Staatsfinanzen zu bringen, sind besondere Bureaus für die Regulierung des Staats- und Kroneigentums sowie für die Verwaltung des kaiserlichen Privatbesitzes eingerichtet und eine besondere Kommission ist mit der Untersuchung und Tilgung der bis zur Thronbesteigung des jetzigen Kaisers aufgelaufenen Verbindlichkeiten des Hofes beauftragt worden. Von den zur Anmeldung gelangten Forderungen von angeblich rund 5 Millionen Yen sind nach einer jüngst erfolgten Veröffentlichung der Schuldentilgungskommission 2 040 000 Yen anerkannt worden, wovon 90% auf koreanische und 10% auf japanische, chinesische, amerikanische und französische Gläubiger entfallen sollen.

Wenn die japanische Regierung auch bei diesem Reinigungsprozesse mit möglichster Schonung verfahren und wohlverdienten Beamten bei ihrer Entlassung Entschädigungen in Höhe des einfachen oder mehrfachen Jahresgehalts gewährt hat, so hat sie es doch nicht vermeiden können, sich durch diese im Interesse der Allgemeinheit notwendigen

Massnahmen in gewissen Kreisen neue Feinde zu machen.

Erhellt aus dem Vorstehenden schon zur Genüge, dass der Kaiser von Korea nur noch dem Namen nach Herrscher ist, so offenbart sich sein Schattenkaisertum erst voll und ganz in den Beziehungen Koreas zum Auslande, deren Kontrolle und Leitung auf Grund des Abkommens vom 17. November 1905 aussschliesslich von der japanischen Regierung wahrgenommen werden. Zur Illustrierung, in wie kleinlicher Weise japanischerseits dieses Abkommen ausgelegt wird, mögen folgende Vorkommnisse aus jüngster Vergangenheit dienen: Als beim Tode der chinesischen Majestäten der Kaiser durch einen seiner Hofbeamten ein Beileidstelegramm nach Peking gesandt hatte, wurde dies -wie mir der betreffende Beamte selbst erzählt hat- von der Generalresidentur gerügt und sofort in der offiziösen „Seoul Press" den Tatsachen zuwider bekannt gemacht, der Kaiser habe „through the proper channel", d. h. durch die Generalresidentur, dem Hofe in Peking sein Beileid ausgesprochen. Eine Hoftrauer ist damals nicht angesagt worden. Als gleichwohl versehentlich in der „Seoul Press" nach Ablauf von 21 Tagen die Nachricht von der Aufhebung der Hoftrauer erschien, musste sie am nächsten Tage die Berichtigung bringen, dass mangels Ansage einer Hoftrauer auch von der Beendigung einer solchen nicht die Rede sein könne. -Sapienti sat!-

Abschrift dieses Berichts habe ich dem Kaiserlichen Herrn Botschafter in Tokio mitgeteilt.

Wendschuch.

Inhalt: Vom Kaiserhofe in Korea.

Anlage zu Bericht № 7.
Uebersetzung

Kaiserliches Reskript.
(Beiblatt zum Staatsanzeiger vom 4. Januar 1909.)

Wir sind der Ansicht, dass das Volk die wahre Grundlage des Staates bildet; ist die Grundlage aber nicht gut, so kann auch der Staat nicht in Sicherheit und Frieden bestehen. Seitdem Wir in tiefster Ehrfurcht den Thron Unseres Vaters, des Kaisers, bestiegen haben, haben Wir Tag und Nacht den Wunsch gehegt, dass Unser Land von verderblichen Zuständen und Unser Volk von Elend befreit sein möge. Wir beschlossen daher die Verbesserung der Verwaltung und leisteten darauf im ersten Jahre Unser Regierung einen Eid im Kaiserlichen Mausoleum. Seitdem ist es Unser Bestreben gewesen, dem Eide getreu, nicht nachzulassen in der Durchführung Unserer Entschliessung. Mit Bedauern bemerken Wir daher, dass gleichwohl die Unterdrückung der Unruhen im Lande nur langsam vor sich geht und Unsere Kinder noch grosse Not leiden. Betrübnis und Schmerz ergreift Uns über ihr trauriges Los, besonders jetzt, wo die bittere Kälte ihr Leiden noch erhöht. Wie könnten Wir da allein Uns auch nur einen Augenblick dem Wohlleben hingeben. Wir haben deshalb beschlossen, in Begleitung mehrerer Staatsdiener im neuen Jahre das Land zu bereisen, um Uns persönlich nach der Notlage des Volkes zu erkundigen.

Der Gross-Vormund des Kronprinzen, Generalresident Fürst Ito, ist redlich bemüht, Unserem Lande zu helfen wie auch Uns mit Rat und Tat zur Seite zu stehen. Gefühle tiefster Dankbarkeit bewegen Uns, wenn Wir daran denken, dass Fürst Ito, trotz seines Alters und seiner geschwächten Gesundheit während der brennenden Sommerhitze im vergangenen Jahre weite Reisen mit dem Kaiserlichen Kronprinzen im Japan unternommen hat, allein zur Bereicherung von dessen Kenntnissen. Jetzt bitten Wir ihn, Uns auf Unserer vorerwähnten Reise zu begleiten und Uns bei der Erfüllung Unserer Pflichten zu unterstützen. Auf diese Wiese hoffen Wir, die Grundlage Unseres Staates zu festigen und Unser Volk aus seiner bedrängten Lage zu retten.

Mögen alle Untertanen, hoch und niedrig, von dieser Unserer Absicht Kenntnis nehmen!

4. Januar 1909.
gez. Yi Tschök (L. S.)
Der Premierminister.
gez. Yi Wan Yong.

[ ]

PAAA_RZ201-018937_176			
Empfänger	[o. A.]	Absender	[o. A.]
A. 3733 pr. 28. Februar 1909.		[o. A.]	

zu A. 3733 pr. 28. Februar 1909.

Notiz.

Ein Bericht aus Tokio v. 29. 1. 09. № A. 26 btr. gehässiger Artikel der „Seoul Press“ gegen S. M. d. Kaiser befindet sich in den Akten.

In. Amerika 2

Betrifft den Koreanischen Kronprinzen.

PAAA_RZ201-018937_177 f.			
Empfänger	Bülow	Absender	Mumm
A. 3741 pr. 28. Februar 1909. p. m.		Tokio, den 6. Februar 1909.	
Memo	mtg. 4. 3. Gesandts. Söul A. 1.		

A. 3741 pr. 28. Februar 1909. p. m.

Tokio, den 6. Februar 1909.

A. 42.

Seiner Durchlaucht
dem Fürsten von Bülow.

Der Kaiserliche Generalkonsulatverweser in Söul hat in seiner Berichterstattung gelegentlich erwähnt, dass japanischerseits die Absicht bestehe, den Kronprinzen von Korea demnächst mit einer Japanerin aus altadeligem Hause zu vermählen.

Auch hier ist dieses Gerücht verbreitet gewesen, doch haben die von mir eingezogenen Erkundigungen keinen Anhalt für dessen Richtigkeit ergeben. Im Gegenteil haben japanische Hofbeamte, in deren Aussagen ich einiges Vertrauen setze, das Vorhandensein eines solchen Planes entschieden bestritten und erklärt, die japanische Regierung denke gar nicht daran, das verderbliche koreanische System der Kinderehen beim Kronprinzen von Korea, der gegenwärtig erst 11 Jahr alt sei, zur Anwendung zu bringen.

Ein anderes hier unter den Fremden verbreitetes Gerücht besagt, die japanische Regierung verfolge den Plan, den Kronprinzen von Korea durch Anleitung zu jugendlichen Ausschweifungen physisch zugrunde zu richten, um hierdurch die Einverleibung Koreas vorzubereiten. Dieses Gerücht halte ich für eine böswillige Erfindung. Der japanischen Regierung und den Japanern wird von den Ausländern so gar Manches angehängt, wozu auch nicht die geringste Veranlassung vorliegt. Hält die japanische Regierung den Augenblick für gekommen, Korea einzuverleiben, so wird sie die Existenz eines regierungsfähigen koreanischen Kronprinzen daran ebensowenig hindern wie die Existenz des Kaisers von Korea seinerzeit die Protektoratserklärung verhindert hat. Man braucht dazu den Kronprinzen nicht erst zu vertrotteln. Widerstand kann Er doch keinen leisten.

Ich habe den Kronprinzen von Korea, Der hier Seinen Studien obliegt, persönlich nicht kennen gelernt, aber ziemlich häufig fahren gesehen. Seinem Aeusseren nach macht Er den Eindruck eines frischen, aufgeweckten Knaben. Er wird mit einigen ausgewählten japanischen Altersgenossen zusammen erzogen. Doch ist die Rede davon, Ihn im Frühjahr auf die Adelsschule (Peer´s school) zu geben.

Mumm.

Inhalt: Betrifft den Koreanischen Kronprinzen.

Nachklänge zur Kaiserreise.

PAAA_RZ201-018937_179 ff.			
Empfänger	Bülow	Absender	Wendschuch
A. 3866 pr. 2 März 1909. a. m.		Söul, den 21. Januar 1909.	
Memo	Im Anschluss an Bericht № 7. vom 6. Januar d. Js. mitget. 4. 3. Pera 384, London 443, Madrid 254, Paris 283, Petersbg. 394, Rom B. 286, Washington 278, Wien 458, Athen 257, Beigrad 238, Bern 216, Brüssel 219, Bukarest 253, Cettinje 249, Christian. 227, Luksembg. 231, Haag 221, Kopenh. 226, Lissab. 216, Rom 226, Stockh. 223, Cairo 218, Sofia 265, Tanger 245, Darmst. 285, Dresden 280, Karlsr. 288, München 244, Stuttg. 236, Weimar 233, Oldenbg. 235, Hambg. 243, Peking 232. J. № 108.		

A. 3866 pr. 2 März 1909. a. m. 1 Anl.

Söul, den 21. Januar 1909.

K. № 11.

An Seine Durchlaucht
den Herrn Reichskanzler
Fürsten von Bülow.

Am 13. d. Mts. nachmittags ist der Kaiser von Korea von seiner denkwürdigen Reise nach den südlichen Provinzen seines Reiches wohlbehalten in die Hauptstadt zurückgekehrt, bejubelt von der auf dem Wege vom Bahnhofe zum Palaste zu diesem Zwecke aufgestellten koreanischen und japanischen Schuljugend. Auch die „Heilsarmee" die seit einiger Zeit Anhänger in Söul wirbt, hat es sich nicht nehmen lassen, bei dieser Gelegenheit den Monarchen mit einer Festhymne zu begrüssen.

Die Reise, die ganz programmmässig und ohne Zwischenfall verlaufen ist, wird von der gesamten japanischen und offiziösen koreanischen Presse als ein bedeutsames Ereignis und als ein Markstein in der Geschichte Koreas gefeiert, war es doch das erste Mal, dass ein „Verehrer Gottes und Erbe des göttlichen Glücks" sich auf Reisen begeben hat, um sich aus eigener Anschauung von dem Wohl und Wehe seiner Untertanen zu überzeugen, wie dies als Grund der Reise im Kaiserlichen Reskript vom 4. d. Mts. angegeben war. In Wirklichkeit hat Kaiser Yi Tschök unterwegs natürlich nichts anderes zu hören und zu sehen bekommen, als was die Regie für angebracht erachtet hat, für ihn in Szene zu setzen.

Der eigentliche Reisezweck war ein ganz anderer: es galt dem Volke glauben zu machen, dass zwischen dem Kaiser und der japanischen Regierung im Lande eitel Friede und Freundschaft herrscht und das Verhältnis zwischen den benachbarten Dynastien ein ungetrübtes und herzliches ist. Wer könnte wohl daran zweifeln, wo die Tatsachen es klar beweisen: Fürst Ito als Begleiter und Berater des Kaisers, mehrfacher freundschaftlicher Depeschenwechsel mit dem Hofe in Tokio, Entsendung von zwei japanischen Geschwadern zur Begrüssung des Kaisers nach Fusan und Masampo, Besuch der Flaggschiffe! Die Wirkung, die man sich von dem kostspieligen Unternehmen verspricht, ist, dass nun endlich auch das Volk den Irrtum einsieht, in dem es bisher befangen gewesen ist, seinen törichten Widerstand aufgibt und in den Japanern nicht mehr die nur auf seine Ausbeutung bedachten Feinde, sondern gute und hilfreiche Freunde und getreue Nachbarn sehen möchte. Die Mittel zur Erreichung dieses Zweckes waren die zu allen Zeiten und Völkern üblichen: panis et circenses, in der moderneren Form festlicher Empfänge, Bankette und reichlicher Geldgeschenke.

Mit dem in der hiesigen „Seoul Press" erschienenen ausführlichen Berichte über den Verlauf der Kaiserreise [füge ich im Ausschnitte gehorsamst bei] muss selbst der unbefangenste Leser entnehmen, dass nicht der Kaiser, sondern Fürst Ito die Hauptperson gewesen ist, wie auch seine vier Reden in Taiku, Fusan und Masampo die bemerkenswertesten Ereignisse der ganzen Reise gebildet haben: das Übrige drum und dran diente nur zur mise en scéne, für deren Kosten das Land und der Kaiser aufzukommen hatten. Die im Vorbericht erwähnten 13 000 Yen stellen nur die Fuhrkosten dar, die die Eisenbahnverwaltung, nebst 2 000 Yen Gratifikation für die Bahnbeamten, ausbezahlt erhalten hat; an Kaiserlichen Geldgeschenken sind an Koreaner rund 15 000 Yen, an Japaner rund 9 000 Yen verteilt worden. Die gesamten Ausgaben sollen sich nach Aeusserung eines hohen Beamten der Generalresidentur auf etwa 150 000 Yen belaufen.

Kaum zurückgekehrt, werden schon die Vorbereitungen für die zweite Tour nach den nördlichen Provinzen getroffen, die am 27. d. Mts. angetreten werden soll. Wie ein Beamter der Generalresidentur naiver Weise zu einem der fremden Konsularvertreter geäussert hat, geht der Kaiser „dieses Mal wirklich ganz freiwillig" auf Reisen. Die wiederum auf sieben Tage berechnete Reise gilt den Provinzen Kiungki, Hoanghai, Süd- und Nord-Pyöng-an und führt bis an die nördliche Grenze des Reiches, den Yalu-Fluss. [Das genaue Reiseprogramm ist im Zeitungs-Ausschnitte gehorsamst beigefügt.

Forscht man nach den besonderen Gründen, die dazu geführt haben mögen, den Kaiser mit dieser Eilfertigkeit zur kältesten Jahreszeit zweimal auf Reisen zu schicken, so drängt sich einem der Gedanke auf, dass es zum Teil mit geschieht, um den Unternehmungen der nunmehr glücklich unter Dach und Fach gebrachten „Orientalischen Kolonisations-

Gesellschaft" [(vergl. Berichte der Kaiserlichen Botschaft in Tokio A. 319 und 336 vom 23. August und 10. September v. Js.)] in Korea die Wege zu bahnen, indem man die Bevölkerung noch möglichst versöhnlich zu stimmen versucht, ehe die Gesellschaft ihre Tätigkeit beginnt. Denn dass es bei der Uebernahme der von der Koreanischen Regierung als Gegenwert für 60 000 Aktien in die Gesellschaft einzubringenden Staatsländereien ohne erheblichen Widerstand der jetzigen Nutzniesser nicht abgehen wird, darüber dürften sich die Einsichtigeren unter den Japanern klar sein. In gewissen Kreisen und auch von manchem still beobachtenden Fremden wird sogar befürchtet, dass im Zusammengange damit zu Beginn des Frühjahrs ein neuer heftiger Ausbruch der Aufstandsbewegung erfolgen wird. Mit dessen blutiger Unterdrückung dürfte es alsdann zugleich auch mit dem letzten Reste der noch verbliebenen Selbständigkeit und der Herrschaft der Dynastie Yi endgültig vorbei sein. Finis Coreae!

Abdruck dieses Berichts habe ich dem Kaiserlichen Herrn Botschafter in Tokio mitgeteilt.

Wendschuch.

Inhalt: Nachklänge zur Kaiserreise.

Anlage zu Bericht № 11.

„The Seoul Press"
vom 8. Januar 1909.

THE EMPEROR.

Yesterday morning H. M. the Emperor left the capital on his journey to Southern Korea.

Leaving Changtok Palace at 6.40 a. m. the Imperial procession wended its way first to Toksu Palace where His Majesty the Emperor had a farewell interview with the Retired Emperor and Lady Om. His Majesty arrived at South Gate Station at 7.40 a. m., and at the entrance, was received by Viscount Sone, General Viscount Hasegawa, and other functionaries who had already assembled there. He had been but a short time in the temporary throne-room, when H.E. Prince Ito and suite arrived at the station. The Resident-General was at once received in audience by His Majesty who was pleased to shake hands with His Excellency. A little past eight the Emperor followed by Prince Yi Chaikak, the Resident-General and others, boarded the train, the platform between the throne-room and the train being thickly lined by officials and representative members of the foreign communities including a fair number of ladies. The Imperial train started punctually at 8.10 a. m.

The weather was exceedingly fine, and the *route* between Toksu Palace and the station was lined by a large number of citizens and students.

THE IMPERIAL PARTY.
AT TAIKU.

TAIKU, January 7.

H. M. the Emperor and H. E. Prince Ito safety arrived here to-day at 3.25 p. m.

His Majesty was escorted by the Government from the platform to the provisional throne-room in the station where he had a brief rest.

The Emperor rode in a beautiful palanquin to the Government's Office where he is to spend the night. The Resident-General followed the Imperial procession in a carriage. A very enthusiastic welcome was accorded by the people.

The Resident-General put up at the official residence of the Resident.

Various presents of local produce were made to the Emperor. His Majesty showed great pleasure and attention in inspecting these presents.

Later.

In the evening a welcome dinner was given at the Tatsujo-kwan in honour of Prince Ito and Korean Ministers of State. During the function, Major-General Tsuneyoshi and the Governor, on behalf of the Japanese and Korean hosts respectively, delivered speeches. The Resident-General replied.

A big lantern procession was organised by local citizens in honour of the memorable event.

„The Seoul Press"
vom 9. Januar 1909.

IMPERIAL JOURNEY.

(FROM A CORRESPONDENT.)

Taiku, January 7.

It is my pleasant duty to report to you that I was completely relieved of my only concern in this journey when I saw His Majesty alighting from his carriage this afternoon. He looked in excellent spirits, and there was nothing in his bright face which would betoken that he had just finished a journey of over seven hours and by far the longest one he ever before had undertaken. His Excellency the Resident-General was also in very good spirits. I was told by one of those who were privileged to sit in the Imperial carriage that His Majesty continued in talk with Prince Ito almost throughout the whole journey. At Song-whan, Tai-chon und Choo-pung-lyong, a large crowed of people thronged each station in anticipation of their Monarch´s arrival, while the welcome at less important stations was scarcely less enthusiastic.

At Taiku, Government Pak Chungyang, Governor Whang Chol, Major-General Tsuneyoshi, other Japanese and Korean officials, Red Cross Society members and Press representatives had been admitted to the arrival platform to receive the party. The arrival of the Imperial train in the station yard was the signal for the firing of twenty-one rockets, while the Band struck up the Korean Anthem. After a brief rest in the temporary throne room His Majesty rode to the Governor´s Office in a palanquin covered with a yellow canopy, and escorted by a body of cavalry. In front of the station two Japanese infantry companies were drawn up and presented arms. A large number of school children lined streets *en route* and gave lusty cheers when the Imperial palanquin passed before them. Behind the students there was a large concourse of people eager to get a glimpse of His Majesty and the Resident-General who drove in a carriage following the Imperial procession.

After the retirement of Prince Ito from his presence at the Governor´s Office the Emperor received in audience some thirty local notables including Major-General Tsuneyoshi, and the Japanese Resident.

Subsequently His Majesty bestowed a sum of money upon thirteen people of seventy years old and above. Various presents were made by residents including medical grass by the Governor, a silver flower vase by the Resident and a table-cover and some article for ornament by the Japanese Municipality.

At the welcome dinner arranged by local notables, both Korean and Japanese, there were present over 170 all told. The Resident-General delivered a speech in the course of which His Excellency gave a brief but clear explanation of the object of the Imperial journey. The atmosphere of the room seemed charged with gaiety and deepest amity. The lantern procession was also a great success.

The station was effectively decorated for the occasion and a big arch of evergreens was erected in front of the entrance to it.

The following is the substance of telegrams received at the Court from the Household Minister:-

Taiku, January 7.

Mis Majesty was accorded a very enthusiastic welcome by the people *en route*. At Songwhan Station His Majesty had European luncheon, and arrived at Taiku at 3.25 p. m. in good spirits. There Japanese joined Koreans in extending a most hearty reception to His Majesty. A green arch was erected in front of the railway station and of the Governor´s Office where His Majesty put up. The whole town was decorated with national flags, and people demonstrated their joy at the Imperial visit by the firing of huge bundles of crackers.

January 8.

To-day at 5.20 a. m. the physician inordinary attended His Majesty whom he found in very good health. His Majesty breakfasted at 7 a. m. The Emperor boarded the train for Fusan at 9.10 a. m.

THE IMPERIAL PARTY.
DEPARTURE FROM TAIKU.
ARRIVAL AT FUSAN.
IMPERIAL SALUTE BY JAPANESE FLEET.

Taiku, January 8.

The Emperor and Prince Ito left here for Fusan to-day at 9.10 a. m. There was a large assemblage of the public outside the station and the *route* from the Governor´s Office.

Fusan, January 8.

The Imperial train reached the station at a quarter to twelve. In anticipation of His Majesty´s arrival large crowds had assembled near the station. His Majesty put up at the Japanese Residency.

Prior to this, the battleship *Katori* and five warships of the First Squadron under command of Vice-Admiral Ijuin and the armoured cruiser *Asama* and two other vessels of the Second Squadrons under command of Vice-Admiral Dewa, had arrived in the harbour. A salute of 21 guns announced to the port and neighbouring towns the anxiously expected arrival of the Korean Monarch.

Vice-Admiral Ijuin, Vice-Admiral Dewa and other principal officers on board the two squadrons were received in audience by His Majesty.

Later.

This evening a dinner was given at the Moriya Hotel in honour of Prince Ito and Korean Ministers of State. A lantern procession was organised.

„The Seoul Press"
vom 10. Januar 1909.

THE IMPERIAL JOURNEY.

A correspondent of the Keijo Nippo, in his letter from Taiku, relates a remarkable episode which marked the brief stay of the Imperial train at Taichon on Thursday. Among those who were admitted to the platform in order to welcome His Majesty were about twenty conservative *yang-pan* of some local influence. Their conservatism was intense, and a hundred expostulations had so far failed to persuade them to cut off their cherished top-knots. These gentlemen stood very near to the saloon where His Majesty was seated, their costume being of an ancient style now rarely seen in Seoul. His Majesty noticed them and smilingly said. „What! You have yet not laid aside your old fashioned costume? What conservative men you are!" For a moment they were silent, but quickly recovering from their surprise did not attempt to hide their admiration of their Monarch in his uniform with hair dressed in European style. Presently Prince Ito alighted from the carriage and addressed them. His Excellency stated that His Majesty, in defiance of the severe weather, was now travelling far from his capital on order personally to inspect the condition of the lives of his people and to comfort the distressed. His Majesty expressed constant solicitude about the harm which the disturbances in the interior were doing to the country. The „Resident-General told them to think matters over again and not suffer themselves to be victims of any misunderstanding, but recognize the Emperor´s true and sincere wish for their welfare. These remarks of the Resident-Genera, we are told, highly impressed the assembly, and many were in tears when His Excellency uttered the last words of his short but telling speech.

According to the same correspondent, people resident within a radius of twelve miles around Taiku hae contributed one man´s service for each house in the work of preparations for the Imperial visit. Some 15,000 men were thus secured, and taking into account the short notice, the decoration of the town reflected no small credit on those who had charge of the work.

The above paper prints in length what purports to be Prince Ito's speech at the welcome dinner at Taiku. His Excellency laid great stress upon the importance of friendly relations between Japanese and Koreans, to inspect which relations His Excellency stated was one of the principal objects of the present Imperial journey. The distinguished speaker regarded the great enthusiasm shown by the Japanese and Koreans at Taiku in their welcome of His Majesty as a strong proof that they understood His Majesty's real wishes. But he hoped that each and every one would exercise further efforts for the maintenance of local peace and the promotion of educational and industrial progress, and thus fulfill the Imperial expectations and wishes. The Resident-General then proceeded to state that from various reports reaching him, some Koreans seemed to suspect Japan's sincerity and were concerned about what they called their country's fall. Japan, however, was not such an insincere nation. She earnestly hoped that she might help and guide her neighbour successfully and thus become instrumental in adding to the welfare of the Korean people. The Prince thought that the sound principle of government was first of all to provide for security of its people and then the development of the people could be expected. The journey of His Majesty the Emperor had in view this object. His Excellency concluded his able speech by hoping that the people would work to make the present journey of the Korean Emperor most fruitful.

THE IMPERIAL JOURNEY.
AT FUSAN.

Fusan, January 8.

To-day at 3 p. m. His Majesty the Emperor and Prince Ito paid a visit to Tongnai where they inspected manufactured articles and agricultural produce. In front of the Magistrate's Office where theses things were on view, a big arch of evergreens was erected, and the building was draped. The ferry steamers in the harbour were illuminated.

Fusan, January 9.

At the welcome dinner given here last evening, H. E. Prince Ito delivered a speech in which he dwelt upon the object of the present Imperial journey. Some two hundred covers were laid. Distinguished sailors from the Japanese Squadrons in the harbour were among the guests.

Later.

An Imperial telegram was received from Tokyo by the Korean Emperor with regard to the cruise of the Japanese warships to Fusan in order to greet His Majesty.

Korean Emperor wired a cordial acknowledgement to the Tokyo Court, thanking His Majesty for his courtesy in dispatching his warships, and adding that he would pay a visit to-day to the *Azuma*, flagship of the Second Squadron.

At 10 a. m. His Majesty and Prince Ito proceeded to the *Azuma*, and inspected the training of bluejackets. His Majesty and Prince Ito launched on board.

In the afternoon they visited the Schools and Commercial Museum.

Later.

The two squadrons are fully dressed in honour of the occasion, and the town is tastefully decorated. When the Imperial Party arrived yesterday about 300 naval officers were present at the station while over 2,000 bluejackets were drawn up *en route* between the Station and the Japanese Residency which has been temporarily given over to the use of the Emperor.

„The Seoul Press "
vom 12. Januar 1909.

PRINCE ITO´S SPEECH.

At the dinner given at Fusan on Friday evening, H. E. Prince Ito delivered a remarkable speech lasting for nearly one hour. The following is a summary of a letter to the *Keijo Nippo* containing a detailed account of the function. His Excellency is quoted as saying:-With the object of personally inspecting the condition of the lives of his people the Korean Emperor undertook his journey first to South Korea, and he had the honour of being requested by His Majesty to accompany him on the present tour. The Prince, however, did not visit Fusan and other towns in company with the Korean Monarch from claims of a duty which properly developed upon him as Resident-General, but from the desire to give what little service he could by complying with His Majesty´s request. His Excellency was deeply impressed with the foresight of the Korean Emperor who was desirous of contributing to the development of his people by undertaking this inspection tour in the third year of his reign; that was why he visited Fusan following in the Imperial procession. H. M. the Emperor of Japan, on his part, was sincerely desirous that Korea, through Japan´s help and guidance, should attain to a higher stage of civilization side by side with the latter. The Resident-General entertained no doubt that the present journey would prove beneficial to Japanese-Korean relation in no small degree. The distinguished speaker then proceeded to speak in some length of his duties as Resident-General. Over and above discharging the obligations which naturally fell upon the Resident-General of Korea as the result of the treaty concluded between the two Sovereigns, the Emperor, while doing his utmost to enlighten and guide the Korean Government in the line of political progress. The Resident-General therefore believed that he was far from acting contrary to the wishes of his Imperial Master when he was helping the Korean Emperor, while at the same time loyally obeying the Imperial Commands from home.

The eminent statesman then emphasized the fact that H. M. the Emperor of Japan had in view more than good relation between the two countries simply as such. He did not think he was mistaken in asserting that His Majesty sincerely hoped and calculated that the friendship between the two nations would first be instrumental in preserving peace in the East and finally would contribute to the peace of the world at large. The relation between the two Imperial Houses, he assured his audience, was one of the happiest kind, while the Governments in Tokyo and Seoul agreed in aiming at safeguarding the security of both countries and the preservation of peace in Asia. Under these circumstances, it was unfortunate that the two peoples were still in disagreement. Their sovereigns frequently expressed their solicitude at this unhappy phenomenon and His Excellency did not doubt that by undertaking the journey, the Korean Emperor wished to respond to the cordial friendship and good will of the Japanese Emperor towards Korea by advising his people to live in harmony with the Japanese settlers in this country while by his presence and acts he comforted his distressed people. The eminent speaker once more announced his determination of doing his best for the Korean Emperor while loyally discharging his duties towards his Imperial Master. He would not deviate from this object but would pursue it in single heartedness of purpose. He would also pay due attention to local or individual interests and strive as far as possible to mete out justice to all claimants. His Excellency concluded his speech by a brief reference to the history of Fusan. The speech was listened to in profound silence and made, we are told, a great impression on the audience.

THE IMPERIAL PARTY.
AT FUSAN.

Fusan, January 9.

During the luncheon on board the armoured cruiser *Azuma*, the Korean Emperor proposed the following toast which was drunk by all present standing: „I appreciate very much that the Resident-General, Prince Ito, in spite of the cold weather, was good enough to accompany me in my present journey to the south. Above all I am glad from the bottom of my heart that thanks to your Emperor's great kindness, two squadrons were dispatched to this part to do me honour and that I have had the pleasure of seeing you on board this vessel. I wish you to join me in drinking the health of Your Emperor."

On board the *Azuma* His Majesty was entertained with gun-drill, wrestling by bluejackets, firing of torpedoes, explosion of mines, boating, fencing and other exercises and sports, the two other vessels of the Second Squadron contributing their share to theses entertainments. Your correspondent is told that His Majesty expressed himself greatly satisfied with his reception by the Japanese naval officers, and even said that he never before passed such pleasant hours.

Fusan, January 10.

To-day the Korean Emperor wired a message to the Tokyo Court to the following effect:-„On receipt of Your Majesty's kind telegram, I myself paid a call to-day on the flagship of the Second Squadron of Your Majesty's Navy and inspected Your grand and imposing armament. On board the flagship I received cordial hospitality from Your officers including the Commander-in-Chief. I am extremely gratified and feel deep pleasure. I hereby offer to Your Majesty heartfelt thanks for Your Majesty's high courtesy and at the same time express my wish for the ever-increasing prosperity of Your Majesty."

Fusan, January 10.

To-day at 9. a. m. the Emperor and Prince Ito proceeded to Masan by rail. The departure of the Imperial train was the signal for a salute of 21 guns by the Second Naval Squadron in the harbour.

AT MASAN.

Masan, January 10.

The special train conveying the Emperor and Prince Ito arrived at Masan to-day at 11.25 a. m. The First Squadron of the Japanese Navy in the harbour announced to the whole port the arrival of the party by a salute of 21 guns. The squadron and all other vessels, Japanese and Korean, dressed ship in honour of the occasion. Vice-Admiral Ijuin, in command of the First Squadron, accompanied by his staff and principal officers was present at the station. The streets between the station and the Japanese Residency where His Majesty put up were lined with school children and a large number of spectators. Hearty ovations were given when the Emperor passed before them.

Later.

To-day at 2 p. m. the Emperor and Prince Ito paid a visit to Chang-won where they inspected a collection of local produce and manufactures.

On arrival at his destination His Majesty received in audience the Magistrates of the different districts of south Kyong-san-do and representative citizens. The party returned to Masan at 3.40 p. m.

Later.

The Emperor and Prince Ito will pay a visit to the battleship *Katori*, flagship of the First Squadron, to-morrow. The Squadron was illumined during the evening.

To-morrow at 6 p. m. a welcome dinner will be organised by local notables in honour of Prince Ito.

To-morrow His Majesty will be entertained by the sight of a net-fishing party, in which scores of Japanese and Korean boats will take part.

It is reported that yesterday some 600 Koreans at Fusan cut off their top knots, as a result of the Imperial visit.

Many presents were made to the Emperor by the principal Japanese and Koreans here.

Masan, January 11.

To-day at noon the Korean Emperor and Prince Ito paid a visit to the *Katori*, flagship of the First Squadron. They launched on board the vessel. His Majesty was entertained with various exercise and sports.

ANOTHER SPEECH BY PRINCE ITO.

Our special correspondent sends us from Masan a full report of Prince Ito´s speech at the welcome dinner there on Sunday. It is the third important speech delivered by His Excellency during the present journey. We give an epitome of the speech below:-

With regard to the motives of the Imperial journey His Excellency did not think it necessary to dilate upon them, as those present must already be aware of them. But nevertheless there was something which the Resident-General was desirous of having his audience fully acquainted with. It was this. Chin-hai Bay being one of the most important harbours of the world-or rather an incomparably important one- the port of Masan occupied a position almost indispensable, from the point of view of national defence especially in view of the relations of Japan and Korea. Any Power in possession of the port could all but control Japan and Korea. The progress made of late by the Navy was almost indescribable, but if the Bay was once lost to the two countries, they would find it difficult to discover another base equally adapted by nature for the accommodation of a navy defending the Sea of Japan between Korea and Japan. The waters running between the two countries might be regarded as a wall for the defence of the two nations, and if they desired not to have their wall destroyed by others, they must hold the harbour in secure and united possession.

Referring to the actual condition of this important harbour the Resident-General stated that after negotiations between the Prince himself and the Korean Government, it was established as a Korean naval port and then was ceded to the Japanese Government by Korea because the latter possessed no Navy. The Imperial Japanese Navy thus came to control it on the strength of this concession. As long as the Sea of Japan continued to exist, the Imperial Japanese Navy would take care to make sufficient provision for the port to keep it as a citadel for the common defence of the two countries. The Korean Emperor honoured Masan with his presence since he was aware of this necessity from the point of view of national defence as well as the need of inspection of the lives of his people. The distinguished speaker then reminded his attentive hearers that the Emperor of Japan had sent two squadrons of his Navy with a view of having them inspected by the Korean Monarch at that all important port for the welfare of the two nations. The Resident-General finally made reference to the ever-increasing intimacy between the Courts of Tokyo and Seoul, and earnestly hoped that both peoples would maintain and develop faithful intercourse with each other, while refraining from giving way to empty conceit and a too great display of national pride. His Excellency specially warned Japanese settlers in this country to be always mindful of the good relations between the two countries and to take care to live in harmony with their Korean neighbours.

THE IMPERIAL JOURNEY.

A correspondent of the *Keijo Nippo*, wiring from Fusan, reports that on the occasion of his departure from Fusan on Sunday, His Majesty the Emperor accosted the aged Koreans assembled at the station to bid him farewell. His Majesty asked of them what they thought of his costume and pointed out the necessity of their endeavouring to keep pace with the progress of the times. According to the same correspondent, all houses scattered *en route* between Samlangchin and Masan had been newly roofed for the occasion and small Japanese and Korean flags were seen in brotherly embrace over the cottages. At Fusan and Masan many elderly members of both the Japanese and Korean communities had the honour of being received in audience by His Majesty.

KOREAN MINISTERS.

On the 10th inst. the Ministers of Education and of Justice left the capital for Masan to join the Imperial party and the Minister of Finance returned to Seoul.

THE IMPERIAL PARTY.

AT MASAN.

Masan, January 11.

The Korean Emperor granted a gracious message to Vice-Admiral Ijuin on the occasion of his visit to the battleship *Katori* to-day.

During luncheon on board the *Katori* Prince Ito is reported to have made a representation to the Emperor to the following effect: -

It need scarcely be said that the present wealth and power of Japan owe their origin in the vast virtues of H. M. the Emperor of Japan, but His Majesty′s trust in his advisers and readiness to consult the latter in all state affairs were the most important factors in attaining this result. The Resident-General together with all others present would be always ready to advise the Korean Sovereign if the latter, after the example of the Emperor of Japan, frankly invited his (Prince Ito′s) opinion on any matter. His Excellency with other officials had hitherto enjoyed the great confidence of His Majesty and hoped that still greater confidence would be placed in them in the future. The Prince was sure that the Korean Ministers would be only too willing to reply to all questions from the Throne.

To this the Emperor replied that His Majesty fully understood and appreciated what Prince Ito then said and announced that he would place implicit confidence in him in the future and desire his opinion without reserve on affairs of State. His Majesty requested the Resident-General to continue to work on behalf of Korea.

After the speech from the Throne, Prince Ito called for three cheers each for the two Imperial Courts. They were loudly responded to.

In addition to the Resident-General Korean Ministers were present at the luncheon.

On his way ashore from the *Katori* His Majesty witnessed a net-fishing party. He thoroughly enjoyed the sight. A salute of twenty-one guns was fired on the occasion of the arrival of His Majesty on and departure from the battleship.

Masan January 12.

The Emperor and Prince Ito left here on their return journey to-day at 8.40. A very brilliant and enthusiastic send-off was given them. A salute of 21 guns was fired by the First Squadron in the harbour.

AT TAIKU.

Taiku, January 12.

To-day at 11.45 a. m. the Emperor and Prince Ito arrived here from Masan. On arrival His Majesty summoned to his presence seven Governors of South Korea and inquired of them details of the lives of his people. An Imperial message was granted.

„The Seoul Press“
vom 14. Januar 1909.

THE EMPEROR AND PRINCE ITO.

THEIR CONVERSATION.

On the occasion of the recent visit of the Korean Emperor to the Japanese armoured cruiser *Azuma* at Fusan, a highly interesting conversation took place between His Majesty and the Resident-General. Correspondence to the *Keijo Nippo* from Masan refers to the episode in detail. The conversation was held during the luncheon on board the man-of-war. We reproduce the following passages from the Japanese paper above mentioned: -

Prince Ito began the dialogue by asking His Majesty if he might telegraphically report to the Tokyo Court on the presence of the Korean Emperor on board the *Azuma*. His Majesty gave a shake of the head and said: „No, thank you. On arrival ashore, I myself will see that a message is wired to your Emperor conveying my hearty thanks for His Majesty´s cordial friendship.“ By and by the Resident-General stated that he had heard an amusing story while they were at Taiku in the way to Fusan. It was that some Koreans of dull mind, hearing of the intended visit of His Majesty to a Japanese warship at Fusan, were greatly embarrassed. They said they feared that if His Majesty were once on board the Japanese warship she would at once weigh anchor and convey His Majesty to Japan. So they held a conference among themselves to see what they should do to frustrate this wicked Japanese intrigue. After some discussion they came to the decision that on the following day when His Majesty was journeying southward, they would lay themselves down on the rails in order to prevent the progress of the Imperial train. His Majesty, they concluded, would then abandon his journey south, as it seemed to them most unlikely that a sovereign so kindhearted as their Emperor would allow the train to run over the bodies of his prostrate subjects. „Now“ said Prince Ito with a laugh, „What will they say when His Majesty safely reaches Taiku a few days hence, after having made the so much dreaded visits to Japanese men-of-war." Here His Excellency's talk was interrupted by a hearty laugh from the Emperor who then said that they would be at a loss to find words to answer him, and that he pitied their great folly in entertaining such fears.

The conversation next turned on conservative Koreans. This topic was dismissed by a remark by the Emperor that on his return journey he would see again at Taichon those very conservative *yangpan* whom he had addressed from his carriage (This episode was printed in the *Seoul Press* of Sunday), and awaken them from the deep dreams they seemed still to be dreaming. The Resident-General finally referred to the laziness of many Koreans, continuing in effect:

The construction of the very vessel on board which His Majesty was present cost Japan some ten million *yen*. This amount nearly equaled the ordinary revenue of the Korean Government for the current fiscal year. His Excellency did not say it with any ides of depreciation of Korea. Far from that was the Prince's object. Only some decades ago Japanese finances had scarcely cut any better figure than those of Korea at the present day. To-day, however, the Japanese nation had attained a degree of wealth which enabled them more than barely to endure an annual burden of 600 million *yen*. What was it that had brought about this great change? In the Prince's opinion, it was nothing more than the co-operation between the Government and governed in their endeavours for the attainment of a higher stage of civilization and at the same time for the achievement of commercial and industrial development. The Resident-General regretted to say that Korea's wealth was yet anything but satisfactory, and that the standard of living of its people was also low. If, however, the whole nation of Korea became awake to this fact and did not cease in future to strive to reach a higher goal, it would not be a very difficult task for Korea to become a rich and strong Power. His Excellency, for practical purpose, cited the case of the so-called *yang-pan* in Seoul. Many people belonging to this class had little or no work and it would seem advisable to persuade them to engage in agriculture for the double purpose of enabling them to contribute to the national wealth and of setting a good example to the rest of the Korean people.

We are informed that these utterances were made by Prince Ito in a most enthusiastic manner, and evidently very strongly appealed to the mind of the Emperor who more than once showed his approval by energetically nodding his head.

ANOTHER IMPERIAL TELEGRAM FROM TOKYO.

In acknowledgment of the second telegram sent by the Korean Emperor from Fusan to the Tokyo Court on Saturday last, H. M. the Emperor of Japan wired a message on the following day to the Korean Emperor. It substantially states: - „I am in receipt of Your Majesty´s second message from which I know that you have visited my squadron in compliance with my desire. I regard your Majesty´s visit as a glory for my squadron, and nothing will please me more than the honour thus paid to it by you. I take this opportunity to pay my respects to you and to wish you excellent health.“

„The Seoul Press “
vom 15. Januar 1909.

THE EMPEROR AT TAIKU.

PRINCE ITO´S SPEECH

Our special correspondent wired from Taiku that the Emperor summoned to his presence the Governors and District Magistrates of seven Southern provinces at Taiku on Tuesday and granted a message to the assembly. The text of the Rescript is now available. The following is a translation of it:-

„The primary motive which has induced Us to undertake the present journey is Our People. Our second motive is still Our Subjects. All Our questions and instructions to you, Governors, Magistrates, and other officials, are exclusively concerned with Our beloved subjects. There are a variety of expediences for the salvation of the Korean people and many avenues for their progress, but they are all summed up in national regeneration and eager exertion. We now give you these four words as embodying Our personal instructions to you. If you are always mindful of these words and continue to observe instructions, Our concern for Our subjects may be lightened in a more or less degree.“

At 2.30 p. m. on the same day (Tuesday last) the Resident-General addressed some 400 Koreans assembled from seven Southern provinces in the open courtyard of the Japanese Residency, the speech lasting for one hour and twenty minutes. The gathering consisted mostly of District Magistrates and *yu-sang* (sinologues). Details are unavoidably reserved for a future issue.

PRINCE ITO´S REPORT TO TOKYO.

Reporting on the visit of the Korean Emperor to the *Katori*, Prince Ito wired to Marquis Tokudaiji, Lord Chamberlain to H. M. the Emperor, as follows:

Masan, Monday (Jan. 11).

To-day at noon H. M. the Korean Emperor paid a visit to H. I. J. M.´s battleship *Katori*, on which His Korean Majesty was entertained to luncheon by Vice-Admiral Ijuin, in command of the First Squadron. Subsequently he was shown over the different parts of the battleship and witnessed preparations for an engagement, fire-drill, maneuvering of a torpedo flotilla, exercises for a landing party of bluejackets etc. At 4 p. m. the Korean Emperor returned to Masan.

The special despatch of the naval squadrons by His Majesty has deeply impressed the Korean Emperor who recognizes that in his inspection of them he has reaped one of the most important benefits gained by him in his present journey to the southern provinces. Everything has so far gone very satisfactorily. I do not doubt that his success is entirely due to His Majesty´s cordial friendship towards the Korean Emperor which has made a deep impression on all classes of Koreans. I request you to offer my hearty thanks to the Throne for the despatch of the squadrons and report, on my behalf, the above facts. Details will be given by letter.

Marquis Tokudaiji's answer to the above telegram was received at Taiku on the 12th inst. It states:-

On receipt of your telegram reporting on the Korean Emperor´s visit to the *Katori*, I at once conveyed it, on your behalf, to the Throne. His Majesty was above all satisfied at your report that the dispatch of the two squadrons has been highly appreciated by the Korean Emperor and at the same time has produced a great impression on the Korean mind. His Majesty has expressed his genuine appreciation of the services your Excellency has performed, in the depth of winter, in accompanying and personally helping the Korean Emperor in the present journey.

THE EMPEROR.

SPEECH AT TAICHON.

As announced by His Majesty during the conversation on board the *Azuma* (reported by the *Seoul press* yesterday), the Emperor once more addressed a company of influential Koreans at Taichon on his return journey. While still at Masan, it seems, His Majesty issued instructions that all the influential people near Taichon should be summoned for the purpose and special messengers even were sent our in order to secure their presence. There were about eighty *yangpan* including some possessed of the greatest influence in Choong-chong-do. When the Imperial train reached Taichon, His Majesty alighted and proceeded to the Station Master´s room which was temporarily prepared as a throne-room and in front of which the eighty *yangpan* were standing. The Emperor addressed the assembly, we are told, in an unusually loud and clear voice. The gist of the address may be translated as follows:

His Majesty had frequently been informed that the people of South and North Choongchong Provinces were ignorant of the trend of the world´s progress in modern times. His Majesty was told that many of these people were mischievously conservative, and not only would not lay aside their bigoted prejudice, but even attempted to resist the tide of modern civilization. In His Majesty´s opinion that accounted for industrial inactivity in the two provinces. His Majesty was extremely grieved and regretted to see that these provinces could show nothing in proof of advancement and development of late year. The old-fashioned cumbersome costume which those assembled there wore went far to show what conservative men they were. His Majesty undertook the present journey in the Southern provinces in spite of his feeble health solely with the desire of awakening his bigoted people from their ultra-conservatism, of leading them out into the main current of the flow of the world´s civilization and finally of bringing Korea into the paths of progress and development. The Imperial speaker was aware that those present were men of rank and influence among his people, and thought therefore that upon them rested the responsibility of awakening their neighbours and dependents from their deep dreams of long years, and of contributing to the country´s welfare. His Majesty concluded his able speech by saying: „It is now high time for you all to awake. Look at me, my head, my costume! Then possibly you may understand a little of what I say.“

It seems scarcely necessary to add that His Majesty´s speech made a great impression on his hearers and we are told that they swore that they would strive in future for the good of their fatherland.

Then the Emperor received in audience about 1,000 elderly inhabitants of the two provinces who were lined up in the station. He did not forget to address some kind words to them, saying that His Majesty was exceedingly gratified with their welcome in the severe weather, and advising them to take good care of themselves on their return journey so that they might reach their homes in unbroken health. It is said that the Imperial words were invariably responded to by floods of tears on the part of the aged so addressed.

„The Seoul Press “
vom 16. Januar 1909.

PRINCE ITO`S SPEECH

AT TAIKU.

The following is the substance of a great speech addressed by Prince Ito to some 400 Koreans at Taiku on Tuesday. The audience included the Governors and District Magistrates of seven Southern provinces but mainly consisted of *yunsang* (sinologues). As already reported it lasted for one hour and twenty minutes during which the venerable statesman stood in the Courtyard of the local Japanese Residency, in the teeth of a cold winter wind.

His Excellency said he believed that those present must be awe-struck when they reflected that their Emperor, in the depth of winter, was travelling far from his palace in order to enquire into the lives of his people. From ancient times, it was the rule of a wise Prince to toil for the welfare of his subjects and exert himself that his country might be judiciously governed. The distinguished speaker had been informed that his hearers were all of the middle or upper class of Korea and that many were men of learning. If therefore there were among them any who did not heartily welcome His Majesty who was really care worn from his anxiety over the destiny of the country, because of their presumption that His Majesty was travelling for other motives at present concealed, such men must be looked upon as presenting the extreme example of men unreasonably suspecting their own ruler.

Prince Ito came to Korea as Resident-General in obedience to the command of his Imperial Master that Korea as a nation must be rescued from its weak condition so that it might walk of itself along the paths leading to wealth and strength. His Excellency was firmly determined to be loyal to the Imperial command and faithfully to work for the good of the peninsula. Things had greatly changed between present and past times. Of old there was more or less frequent intercourse between China, Korea and Japan, but this ancient international communication between nations of the East was incomparably less intimate than that ruling to-day. In these days, however, there were few nations of the globe outside his international amity. Again, the primary object of ancient heroes seemed almost invariably to have been invasion and usurpation of the lands of others. That was not the idea of modern statesmanship. The guiding principle for a modern state was co-operation and harmony with foreign countries. Under these circumstances, a weak country, far from being a coveted prize, now became a burden and an obstacle to its strong neighbours upon whom rested the responsibility of helping it, of guiding it in the paths of wealth and strength, and of thus preparing it for contribution to their common defence. Ignorant and heedless of this change, a people could not maintain its status as a nation. A nation must be beware of suffering the fatherland to fall into decay by refusing to see this self-evident reason and by persistence in self-repose, wrapped in dreams of ancient glory.

Supposing, for argument's sake, that there was a country which cherished the secret desire of possessing itself of one of the countries adjacent to it, and disguised its real policy by an apparent friendship for, and assistance towards, its future victim, would it be possible that such country would take measures calculated to promote the education of its doomed neighbours, to encourage their industry and, above all, to cultivate their ruler's virtue and goodness so that they might live in peace? Since the Prince took up his present office in this country, He had always taken special care to preserve and develop good relations with Japan, and had never yet slackened his energies in endeavouring to make all classes of Koreans understand, and respond to, the sincere friendship entertained by His Majesty the Emperor of Japan towards Korea. The Resident-General asked his audience to reflect upon what he had said over and over again. His Excellency declared that his duties and responsibilities as adviser to the Korean Emperor demanded that he should cause them to understand the present connection between the two countries.

Continuing the eminent speaker referred to the mutual trust and cordial friendship existing between the Emperors of Japan and Korea. His Excellency styled them as „purely brotherly" and stated that they were-were such a proof ever required-sufficiently proved by the frequent telegraphic messages recently exchanged between the two Courts. He was not, however, blind to the fact that there was as yet some doubt and suspicion on the part of both peoples, which fact gave cause for the anxiety still haunting the two Imperial minds. History showed that the intercourse between Japan and Korea lasting for tens of centuries had indeed been broken at intervals by temporary enmity, but affairs were different then from those of the present day. The Prince next touched upon the actual condition of Asiatic nations, putting in contrast Japan and China, and explaining how the first country had attained her present state of civilisation by three four decades of strenuous effort.

Now, Prince Ito declared, Japan's only desire and aim in this country was to have the situation here altered for the better, to guide its people in enlightenment and industry, to cause her enjoy the blessing of a civilization similar to that enjoyed by Japan, and thus prepare her for co-operation with her Japanese guides. It went without saying that by the co-operation of Korea and Japan, the defence of the East would gain greatly. It was the sincere hope of the Japanese people. Moreover, Korea had a population of over ten million souls and a territory of 80,000 square miles. The conquest of such a people by arms might be gained, but no benefit would accrue from such a conquest, unless the conquered were brought to be satisfied with their changed status. On the other hand, strengthening her power would have the benefit of her co-operation in the efforts put forth for preserving peace in the East. His Excellency was unable to perceive how such an evident fact could be regarded with suspicion.

Not to mention China, both Japan and Korea regarded the teachings of Confucius and Mencius with more than mere respect. They were the principal food of the moral life of the two peoples. In the Prince′s opinion, Koreans were not a whit inferior to Japanese either in physical constitution or in cerebral capacity. Nor were they inferior to the Chinese. What then was the factor that had brought about the present difference between the two peoples of the same race, Japanese and Korean. The Prince recognised this factor in the national movement of each nation. If a nation pursued a wrong course and would not retract from it but was content to lead and old-word life, her attitude could only be considered as one of self-abandonment and self-destruction. A people could not too soon repent of such an attitude and correct itself. No sage taught that a people should weaken the fatherland. If he had thought that the strengthening of Korea was beyond his power, the Resident-General would never have tried to protect her or have endeavoured to secure her well-being. Because such effort would not only be of no purpose but would be a folly on his part. The Resident-General emphasised his firm belief in the intellectual and physical capacity of Koreans, and expected that he could ultimately bring about a hopeful change in this country-a hope which alone made him continue his efforts here.

Finally the Prince referred to the Crown Prince who, he said, was hard at his studies in Japan, under the fatherly care of the Emperor of Japan and at the same time enjoying all possible comforts. Could such a course be regarded as one of the intrigues for the accomplishment of Korea′s downfall? His Excellency concluded his great and touching speech by expressing his hope that in obedience to the wishes of their Emperor who was really anxious for the welfare of his people, his Korean hearers would lead their neighbours in the paths of progress, and, as a gentry, would endeavour to raise their country to the dignity of a civilized Power as soon as possible.

His Excellency had scarcely finished his speech when a Korean stepped out and attempted to say something, but he was prevented by his fellow hearers. This incident made Prince Ito say a few more words. He stated that he sincerely advised all present to obey the Imperial will and hoped that the whole nation of Korea would change its course for one of progress. The speech was interpreted by Mr. Kokubu, and the assembly seemed to appreciate the great exertions of the Prince for the good of their country. It was said that the impression the speech produced was such that not a few gave way to tears.

IMPERIAL JOURNEY NORTH KOREA.

By an extra of the *Official Gazette*, it is announced that H. M. the Emperor will start on his journey to the northern provinces on the 27th inst. As in the recent journey to the south, H. E. Prince Ito will accompany His Majesty. We understand that the itinerary will be as follows:-

His Majesty the Emperor leaves Chang-tok Palace at 6.30 a. m. on the 27th inst. and proceeds direct to Toksu Palace in order to have a farewell interview with the Retired Emperor. The Imperial Party will entrain at South Gate Station for the north at 8 a. m. the same day.

Arrives at Pyongyang at 3.30 p. m.; stays the night at the Governor's office.

Leaves Pyongyang at 10 a. m. on the 28th; arrives at New Wiju at 4 p. m.; spends the night at the Japanese Residency.

Leaves New Wiju for Wiju (old), on the 29th, the distance, about ten miles, to be covered in processions. His Majesty puts up at the Governor's Office.

Returns from Wiju to New Wiju on the 30th.

Leaves New Wiju at 9.30 a. m. on the 31st. The train stops at Chyongju for an hour. The night and the following day, February 1, will be spent at Pyongyang.

Leaves Pyongyang at 10 a. m. on the 2nd prox. The train stops at Whang-ju for an hour, and arrives at Kaisong at 4.30 p. m. His Majesty will put up at the residence of Mr. Yi Kyong-hyok. local magnate.

Leaves Kaisong at 1 p. m. on the 3rd prox.; arrives at South Gate Station at 3.30 p. m.

Mr. Komatsu of the Residency-General and Mr. Kawakami of the Home Office are to leave here for the north to-day in connection with the coming Imperial journey.

„The Seoul Press“
vom 21. Januar 1909.

H. H. Prince Yi Chaikak and all the members of the Cabinet with a single exception will accompany the Emperor. The exception above mentioned will be Mr. Im, Education Minister. It is said that Mr. Komiya, Vice-Minister of the Household Department, who remained here during the recent journey in the south, will be a member of the Imperial retinue.

Mr. Nakagiri, Civil Engineer, started for the North on Wednesday in order to oversee the repairs to the roads between New Wiju and Wiju. Mr. Matsui, Director of the Police Bureau, started for Pyongyang the same day.

Eighteen Japanese cavalry and gendarmes and fifteen Korean horsemen will accompany His Majesty as guard.

Local Japanese papers understand that preparations for welcome have already been begun at Pyongyang where a subscription list has been opened towards the expenditure. With regard to provincial administration, the Governor of Whanghai-do will report to His Majesty at Pyongyang and the Governor of Kwang-won-do at Kaisong.

It is stated that the Imperial suite in the coming journey to the North will number some forty members including the Ministers of State. Prince Ito will be accompanied by about twenty officers and officials, General Okubo among the number. The whole party will probably number approximately 200 persons.

Nachklänge zur zweiten koreanischen Kaiserreise.

PAAA_RZ201-018937_196 ff.			
Empfänger	Bülow	Absender	Wendschuch
A. 4788 pr. 17. März 1909. p. m.		Söul, den 7. Februar 1909.	
Memo	Im Anschluss an Bericht № 11. vom 21. v. Mts. mitget. 20. 3. Pera 488, London 548, Madrid 321, Paris 484, Petersbg. 494, Rom B. 357, Tokio, Washington 352, Wien 536, Athen 317, Beigrad 303, Bern 276, Brüssel 281, Bukarest 325, Cettinje 312, Christian. 289, Luksembg. 296, Haag 282, Kopenh. 286, Lissab. 279, Rom 288, Stockh. 284, Cairo 278, Sofia 339, Tanger 314, Darmst. 297, Dresden 301, Karlsr. 301, München 306, Stuttg. 299, Weimar 295, Oldenbg. 296, Hambg. 305, Peking A. 296. J. № 198.		

A. 4788 pr. 17. März 1909. p. m. 1 Anlage.

Söul, den 7. Februar 1909.

K. № 18.

An Seine Durchlaucht
den Herrn Reichskanzler
Fürsten von Bülow.

Auch die zweite mit grossem Gefolge und Kostenaufwand unternommene Reise des Kaiser Yi Tschök in die nordwestlichen Provinzen seines Reiches, von der er am 3. d. Mts. wohlbehalten wieder in Söul eingetroffen ist, wird von japanischer Seite als höchst erfolgreich in Bezug auf Aufklärung des Volkes über die friedlichen Zwecke und Ziele der japanischen Politik in Korea wie in Betreff der gegenseitigen Freundschaft zwischen den beiden Völkern bezeichnet. Nach den Zeitungsberichten ist der Kaiser überall mit Jubel von einer tausendköpfigen Bevölkerung empfangen worden und sein persönliches Erscheinen, verbunden mit der wiederholten Mahnung, mit den alten Gewohnheiten zu brechen und seinem Beispiele folgend sich zu modernisieren, hat so tiefen Eindruck auf seine Landeskinder gemacht, dass angeblich 6000 Koreaner ihren über Alles geliebten und in Ehren gehaltenen Haarschopf ihrem Kaiser zuliebe freiwillig auf dem Altare der Zivilisation geopfert und an Stelle ihrer alten koreanischen Gewänder zum Teil europäische Kleidung angelegt haben.

Ganz so glatt, wie es nach den amtlichen Reiseberichten und Darstellungen der offiziösen Presse den Anschein hat, ist indes die Reise dem Vernehmen nach nicht verlaufen. Wenn auch ein angebliches Bombenattentat in Sondo (Kaisöng) am Tage vor dem Eintreffen des Kaisers daselbst sich als ein harmloser Racheakt gegen den dortigen allgemein unbeliebten koreanischen Magistratsbeamten Pak herausgestellt hat und ferner der in Tätigkeiten ausgeartete Streit zwischen dem Minister des Innern Song Pyeng Chun und dem Obersten O Tam, der sich auf der Eisenbahnfahrt in nächster Nähe des Kaisers abgespielt hat, auf persönlicher Feindschaft der Beteiligten beruhte und von dem leicht angetrunkenen Minister provoziert war, beide von der Presse in sensationeller Weise aufgebauschte Vorgänge also mit der Kaiserreise selbst nichts zu tun haben und jedes politischen Beigeschmackes entbehren, so werden doch nachträglich kleine Episoden ruchbar, an deren Verschweigen die Regie ein nur zu erklärliches Interesse hatte, da sie den laut verkündeten Erfolg der Reise in unliebsamer Weise zu beeinträchtigen geeignet sind. So verlautet, dass der Kaiser am zweiten Tage kurz vor der Abreise von Pyong Yang plötzlich erklärt habe, er fühle sich zu krank, um die Reise fortsetzen zu können. Alle Überredungskünste der Minister, ihn unter Hinweis auf die bereits allerorten für seinen Empfang getroffenen Vorbereitungen zur Aufgabe seines Entschlusses zu bewegen, seien vergeblich gewesen. Schliesslich habe Fürst Ito die Weiterreise selbständig angeordnet und der Kaiser habe sich fügen müssen. Die programmmässig vorgesehene „Kundgebung freundschaftlicher Gefühle für Japan durch Schwenken beider Nationalflaggen beim Einzuge“ scheint gänzlich versagt zu haben: die mit der Ausführung dieser Nummer beauftragte, spalierbildende Schuljugend hat die von den Behörden an sie verteilten japanischen Flaggen -jedenfalls auf Anstiften der Lehrer und Eltern- einfach zu Haus gelassen, oder wie in Widju, im entscheidenden Augenblicke in ostentativer Weise zerrissen.

In ihren übrigen Phasen hat sich die Reise wie die erste abgespielt: Empfänge, Bankette, Lampionzüge, Geldgeschenke und Reden. Dem Kaiser werden mehrere Ansprachen in den Mund gelegt, deren Inhalt -wie bereits erwähnt- in der Aufforderung bestand, dem Geiste der Neuzeit durch Ablegung der alten Trachten Rechnung zu tragen. Fürst Ito hat in Pyöng-yang und Widju vor einer grossen japanisch-koreanischen Zuhörerschaft erklärt, dass er mehr und mehr den Eindruck gewonnen habe, dass Korea der Leitung und Hülfe Japans nicht entbehren könne und dass sich Japan trotz der Abneigung der Koreaner dagegen in der Durchführung der übernommenen Aufgaben und der Erfüllung der sich selbst auferlegten Kulturmission in Korea nicht beirren lassen werde. Er rechne hierbei auf die Unterstützung aller wahrhaft patriotisch gesinnten Koreaner.

Wie verlautet ist für das Frühjahr eine dritte Reise nach der nordöstlichen Provinz Hamkyöng und im kommenden Juli eine vierte Reise nach der südwestlichen Provinz

Tschölla in Aussicht genommen.

Abdruck dieses Berichts habe ich dem Kaiserlichen Herrn Botschafter in Tokio mitgeteilt.

Wendschuch.

Inhalt: Nachklänge zur zweiten koreanischen Kaiserreise.

Anlage zu A. 4788. [Bericht № 18.]

[Yi Tschök, Kaiser von Korea]

Anlage zu Bericht № 18.

Anlage zu Bericht № 18.

CARTE POSTALE

郵便はがき

A 4788 09

zu A. 5209 pr. 23. März 1909.

Notiz.

Bericht a. Tokio v. 25. 2. № A. 58.

betr. Jahresbericht über Reformen und Fortschritte in Korea seit 1907, der eine Sammlung der jap.- koreanischen Konventionen seit 1904 enthält,

befindet sich
orig. i. a. Korea 10

Fürst Ito.

PAAA_RZ201-018937_204 ff.			
Empfänger	Bülow	Absender	Wendschuch
A. 5676 pr. 30. September 1909.		Seoul, den 16. Februar 1909.	
Memo	mtg. 2. 4. n. Petersburg, London, Washington.		

Abschrift.

A. 5676 pr. 30. September 1909.

Seoul, den 16. Februar 1909.

№ 19.

Seiner Durchlaucht
dem Reichskanzler
Fürsten v. Bülow.

Ew. Durchlaucht beehre ich mich ganz gehorsamst zu berichten, daß Fürst Ito am 10. d. M. Seoul verlassen und sich nach Tschemulpo begeben hat, von wo er an Bord des Flaggschiffs „Azuma" unter Eskorte des Panzerkreuzers „Akitsushima" nach kaum zweimonatigem Aufenthalt in Korea die Heimreise angetreten hat.

Vor seiner Abreise ist Fürst Ito vom Kaiser Yi Tschök in bisher noch nie dagewesener Weise durch einen Besuch in seiner Residenz geehrt worden. Bei dieser Angelegenheit hat der Kaiser eine schriftliche Botschaft an den Fürsten ergehen lassen, worin er ihm für ihm persönlich wie auch dem Lande, insbesondere auch während der jüngst unternommenen beiden Reisen, geleistete Dienste seinen kaiserlichen Dank ausspricht.

Die auf Befehl des Mikado beschleunigte Abreise des Fürsten dürfte auf innere politische Vorgänge in Japan zurückzuführen sein, die seine Anwesenheit, auch in seinem eigenen Interesse, dringend erheischen. Ein Mitglied des Unterhauses hat bereits eine Interpellation im Reichstage angekündigt, in der Fürst Ito, die bisher befolgte Korea-Politik und die japanischen Beamten in Korea scharf angegriffen werden. Auch die Budgetberatungen werden dem japanischen Reichstag verschiedentlich Anlaß geben, sich mit Korea zu beschäftigen. Zur Vertretung des diesjährigen Haushaltungsplanes für Korea vor dem hohen Hause hat sich daher dieser Tage der hiesige Vize-Finanzminister Arai mit sämtlichen Unterlagen nach Tokio begeben. Die Einreichung dieses Budgets darf ich gehorsamst besonderer Berichterstattung vorbehalten.

Über die Möglichkeit seiner Rückkehr nach Korea hat sich Fürst Ito ausweichend dahin geäußert, daß diese ganz von der Entschließung seines kaiserlichen Herrn abhänge. Die wiederholt auftauchenden Gerüchte von seinem alsbaldigen Rücktritt von der Leitung Koreas werden von Japan aus dementiert. Verschiedene Anzeichen, wie die Verbringung des größten Teils seiner Wohnungseinrichtung aus der hiesigen Residenz nach seiner Villa in Oiso sowie Äußerungen aus der nächsten Umgebung des Fürsten lassen indes darauf schließen, daß er Korea für immer verlassen hat. Damit deckt sich die Ansicht japanischer Zeitungen, daß er vorläufig die koreanischen Geschäfte von Tokio aus leiten werde. Jedenfalls hat es der Fürst verstanden, sich durch die von ihm noch rasch in Szene gesetzten Kaiserreisen, bei denen er die Hauptrolle gespielt hat, einen guten Abgang von der koreanischen Schaubühne zu sichern. Anderer Ansicht ist allerdings die seit kurzem wieder in Erscheinung getretene Bethelsche „Korea Daily News" die in ihrer Wochenausgabe vom 13. d. M. dem Fürsten einen Nachruf widmet und mit dem Ergebnis seines dreijährigen Wirkens für und in Korea scharf ins Gericht geht.

Mit der Vertretung des Fürsten in Korea ist vorläufig der Vize-Generalresident Viscount Sone beauftragt worden. Zwischen ihm und dem Fürsten bestand während der letzten Zeit eine Spannung, die in einer politischen Erkrankung, von der er alsbald nach der Abreise des Fürsten genas, ihren unverkennbaren Ausdruck fand.

Das Kommando über die japanischen Streitkräfte in Korea hat von dem am 20. v. M. heimgekehrten General Viscount Hasegawa der frühere Kommandeur der 3. Division in Nagoya, General Baron Ohkubo, übernommen. Ohkubo, der von der Pike an gedient hat, war in früheren Jahren zusammen mit Viscount Sone eine Zeit lang der japanischen Gesandtschaft in Paris zugeteilt und spricht etwas Französisch; er gilt für eine rauhe Natur.

Auch in den leitenden Stellungen bei der Generalresidentur scheinen sich für die nächste Zeit Änderung vorzubereiten, die vielleicht mit einer Änderung der Politik im allgemeinen zusammenhängen. Bestimmtes hat sich nach dieser Richtung indes noch nicht feststellen lassen.

Am meisten bestürzt über die Nachricht, Fürst Ito werde nicht nach Korea zurückkehren, ist die japanfreundliche Gesellschaft „Ill Chin Hoi". Wie verlautet, hat sie beschlossen, eine Abordnung nach Tokio zu entsenden, die bei der Regierung dahin vorstellig werden soll, daß Fürst Ito die Leitung Koreas beibehält. Besonders unangenehm ist es ihr in dieser kritischen Zeit, daß ihre Säule, der Minister des Innern, Song Pyeng-Chun, durch sein taktloses Benehmen während der letzten Kaiserreise den Unwillen nicht nur der übrigen Minister, sondern auch die Entrüstung der gesamten Bevölkerung erregt und damit seine Stellung unhaltbar gemacht hat. Vorläufig hat ihn der Fürst unter dem schnell gefundenen Vorwand mit nach Japan genommen, sich nach dem Wohlergehen des koreanischen Kronprinzen zu erkundigen. Anstatt sich nun möglichst ruhig zu verhalten bis der Sturm verrauscht ist, hat der weinfreudige Minister in einem Interview sich dahin geäußert, die amerikanischen Missionare in Korea hetzten die Konvertiten gegen die Regierung und das japanische Regime auf. Nicht nur die Missionare, die erst kürzlich noch bei Anwesenheit des Kaisers in Pyöng-yang ihn und den Fürsten Ito ihrer Loyalität versichert hatten, sondern auch die Tai-Hann-Hiophoi (Gesellschaft zur Herbeiführung der Unabhängigkeit Koreas), die viele Christen unter ihren Mitgliedern zählt sind hierüber entrüstet und fordern Songs Entfernung. So wird sich auch das Kabinett, das Fürst Ito bisher trotz aller Fährnisse zusammengehalten hatte, demnächst wohl teilweise umgestalten.

Nicht unerwähnt möchte ich zum Schluß lassen, daß Fürst Ito, entgegen seiner sonstigen Gepflogenheit, während seines letzten Aufenthalts in Korea kein einziges Mitglied des Konsularkorps als Gast bei sich gesehen hat. Ob dieses gesellschaftliche Schneiden lediglich auf seine diesmal von vornherein nur kurz bemessene Anwesenheit in Seoul und seinen geschwächten Gesundheitszustand zurückzuführen ist oder aber einen tieferen Grund hat, habe ich bisher nicht ermitteln können. Bei Begegnungen an drittem Ort war dem Fürsten eine Verstimmung gegen das Konsularkorps nicht anzumerken.

gez. Wendschuch.
Urschr. i. a. Korea 10

Inhalt: Fürst Ito.

Auswärtiges Amt
Abth. A.

Politisches Archiv d. Auswärt. Amts

Acten

Betreffend
Allgemeinen Angelegenheiten Koreas

Vom 1. April 1909
Bis August 1910

Bd. 38
Fortsetzung
cfr. acta Japan 22

Politisches Archiv des Auswärtigen Amts
R 18938

KOREA. No. 1.

Inhaltsverzeichnis.	
Kölnische Zeitung v. 1. 4. Entlassung des koreanischen Ministers des Innern Song. Sammlungen für die Hungersnot in Korea.	5855. 1. 4. 09
Ber. a. Seoul v. 14. 3. № 31. Presse und Preßgesetzgebung in Korea.	5904. 2. 4.
desgl. v. 9. 3. № 26. Veränderungen im koreanischen Kabinett. Entlassung des Ministers des Innern Song.	6413. 11. 4.
desgl. v. 3. 4. № 40. Vertragslösung zwischen der Reichsangehörigen Frl. Sontag und dem koreanischen Hausministerium.	7381. 27. 4.
desgl. v. 26. 4. 09 № 47. cop. Die Aufstandsbewegung. Haltung der Presse.	8466. 14. 5.
Kölnische Ztg. v. 12. 5. Koreanischer Gold-Bergbau.	8415. 13. 5.
Ber. a. Seoul v. 1. 5. № 48. Presse in Korea.	8740. 19. 5.
desgl. v. 6. 5. № 50. Grundbesitzverhältnisse. Orientalische Kolonisationsgesellschaft.	8970 23. 5.
Ber. a. Tokio v. 7. 5. A. 111. Exterritorialität der Fremden in Korea.	9828. 9. 6.
desgl. v. 10. 5. A. 112. Von den Japanern veranstaltete Studienreise einflußreicher Koreaner in Japan.	9829. 9. 6.
Schrb. des Admiralstabes v. 7. 9. № B. 3094. S. M. hat Antrag des Chefs des Kreuzergeschwaders, bei Aufenthalt in Korea eine Audienz beim Kaiser von Korea nachsuchen zu dürfen, genehmigt.	14879. 7. 9.
Ber. v. Tokio v. 28. 8. № A. 187. Hat gegen Audienz des Konteradmirals v. Ingwohl beim Kaiser von Korea keine Bedenken gehabt, nachdem verschiedene andere Schiffskommandanten solche hatten.	16574. 10. 10.
Ber. a. Seoul v. 27. 9. № 68. Besuch des Konteradmirals v. Ingwohl in Seoul. Die Audienz beim Kaiser hat ausfallen müssen. Auch sind 2 Tage für einen solchen Besuch zu kurz.	17032. 17. 10.
Ber. a. Mukden v. 20. 10. -99. Militärtelegraphen-Karte von Korea.	18065. 3. 11.

Ber. a. Seoul v. 2. 8. -63. Aufhebung des koreanischen Kriegsministeriums.	14154. 25. 8.
Tel. a. Tokio v. 26. 10. -32. Ermordung des Fürsten Ito durch einen Koreaner in Charbin.	17539. 26. 10.
Vossische Zeitung v. 9. 11. Marquis Ito sucht die Behauptung des Frl. Sonntag zu widerlegen, die Ermordung der Kaiserin von Korea sei durch seinen Vater, den Fürsten Ito veranlaßt worden.	18401. 10. 10.
Ber. a. Tokio v. 20. 9. -A. 203. Zum chines. -jap. Abkommen über Chientao.	16783. 13. 10.
desgl. v. 13. 11 -A. 226. Der zahlreiche Übertritt von Koreanern zum Christentum u. die Frage der Aufhebung der fremden Konsulargerichtsbarkeit.	19745. 13. 10.
Berl. Lokalanzeiger v. 23. 12. Ermordung des koreanischen Ministerpräsidenten Yi.	21078. 23. 12.
Kölnische Zeitung v. 24. 12. Deutschlands Handel mit Korea.	21152. 24. 12.
1910	
Ber. a. Seoul v. 2. 1. -K. 3. Der Neujahrsempfang des Konsularkorps beim Kaiser von Korea.	1091. 21. 1.
desgl. v. 29. 1. -8. Anerkennender Artikel der Seoul-Press zu Kaisers Geburtstag.	3026. 18. 2.
desgl. v. 7. 3. Zur japanisch-koreanischen Bündnisfrage.	5240. 25. 3.
Bericht a. Seoul v. 17. 2. Ermordung des koreanischen Ministerpräsidenten Yi.	3691. 23. 12.
Ber. a. Seoul v. 12. 3. Reorganisation der koreanischen Zollverwaltung durch Japan.	5635. 1. 4.
desgl. v. 18. 7. - A. 251. Unterstellung der jap. Eisenbahn in Korea dem Eisenbahnamt in Tokio.	1144. 21. 1. cop.
Tel. a. Seoul v. 30. 5. - 1. Japan. Annexionspartei hat Oberhand.	9367. cop. 31. 5.
Tel. a. Tokio v. 31. 5. - 34. Ernennung Kriegsministers zum General-Residenten Koreas.Vize-Gen. Res. Yamagata.	9370. cop. 31. 5.

Tel. a. Seoul v. 26. 6. - 2. Übernahme der koreanischen Polizei durch Korea.	11050. 26. 6.
Ber. aus Tokio v. 10. 6. 10 № 194. Informationsreise des Botsch. Frhn. von Mumm nach Korea u. der Südmanschurei.	11197. 29. 6.
Notiz: Ber. aus Tokio v. 28. 6. 10 - B. 250. betr. die Errichtg. eines japan. Kolonialamts bef. sich i. a. Japan 1.	12035. 13. 7.
Tel. aus Tokio v. 22. 8. 10 - № 45. Inhalt des Annexionsvertrages mit Korea.	14256. 22. 8.
Bericht aus Tokio v. 11. 6. A. 195. Eindrücke von der japanischen Kolonisation in Korea. Die Annexion.	11198. 29. 6.
Tel. i. Z. aus Seoul v. 22. 8. № 45. Genehmigung des Annexionsvertrags mit Korea. Einzelheiten über Inhalt.	14256. 22. 8.
Tel. i. Z. aus Seoul v. 27. 8. № 4. Annexionsvertrag tritt 29. 8. in Kraft. Zölle für 10 Jahre garantiert.	14508. 27. 8. cop.
Tel. i. Z. aus Tokio v. 29. 8. № 49. Staatsanzeiger veröffentlicht Annexionsvertrag.	14635. cop. 29. 8.
Tel. i. Z. aus Tokio v. 25. 8. № 86. Min. d. Ausw. Angelegenheiten sendet Annexionsvertrag, der 29. 8. verkündet wird.	14453. 26. 8. cop.
Ber. a. Seoul v. 11. 8. № 45. Geschichtliche Vorgänge der Annexion Koreas. Folgen davon, besonders hinsichtlich der Konsulargerichtsbarkeit. Kaufmann Wolter und der ihm drohende Schaden. Es möchte für die Ausübung der Konsulargerichtsbarkeit eine Frist gewährt werden.	14483. 16. 8.

[ ]

PAAA_RZ201-018938_009			
Empfänger	[o.A.]	Absender	[o.A.]
A. 5855 pr. 1. April 1909.		[o.A.]	

A. 5855 pr. 1. April 1909.

Kölnische Zeitung.

1. 4. 1909.

Akten.

Korea. Seoul, 7. März. Der Minister der Innern Song ist auf Betreiben des amerikanischen Botschafters in Tokio entlassen worden. Er hatte sich abfällig über die Tätigkeit der amerikanischen Missionare in Korea geäußert und erklärt, daß er bereit sei, bei der ersten besten Gelegenheit sämtliche koreanische Christen über den Hausen schießen zu lassen. - In der Provinz Süd-Hamkiöng, in Nordostkorea, ist als eine Folge der großen Überschwemmungen im vergangenen Herbste eine Hungersnot ausgebrochen. Die Behörden sind nicht imstande, allen Bedrängten zu helfen; darum haben Japaner und Koreaner freiwillig Sammlungen veranstaltet, um die Not der Hungernden zu lindern. Unter den in Korea lebenden Fremden waren es zuerst die Deutschen, die obwohl nur klein an Zahl, gern der Anregung des stellvertretenden deutschen Generalkonsuls Dr. Wendschuch folgten und dem Hilfskomitee durch den deutschen Reichsvertreter 1050 M. konnten übermitteln lassen.

Presse und Pressgesetzgebung in Korea.

PAAA_RZ201-018938_010 ff.			
Empfänger	Bülow	Absender	Wendschuch
A. 5904 pr. 2. April 1909. p. m.		Söul, den 14. März 1909.	
Memo	J. № 358.		

A. 5904 pr. 2. April 1909. p. m.

Söul, den 14. März 1909.

K. № 31.

An Seine Durchlaucht
den Herrn Reichskanzler
Fürsten von Bülow.

Durch Gesetz № 6 vom 26. v. Mts. (Staatsanzeiger № A 311) mit Kraft vom gleichen Tage, sind für Korea nachstehende Bestimmungen für die „Veröffentlichung von Schriften und bildlichen Darstellungen" erlassen worden:

Artikel 1: Alle durch Druck sowie auf andere Weise hergestellten, zur Verbreitung d. h. zum Verkauf oder zur Veröffentlichung bestimmten Schriften und bildlichen Darstellungen fallen unter dieses Gesetz. Je nach der Mitwirkung ist zu unterscheiden zwischen dem Verfasser, dem Herausgeber und dem Drucker.

Artikel 2: Für jede Veröffentlichung ist durch den zuständigen Provinzialgouverneur, in Söul durch den Polizeigouverneur, die Genehmigung des Ministeriums des Innern einzuholen. Dem Gesuche, das vom Verfasser oder dessen Rechtsnachfolger und vom Herausgeber zu unterschreiben ist, ist eine Abschrift des Originals beizufügen.

Artikel 3: Wer amtliche Schriftstücke oder Reden und dergleichen, an denen einem Dritten das Urheberrecht zusteht, verbreiten will, hat dem Gesuche die Erlaubniserteilung der zuständigen Behörde oder des Verfassers beizufügen. Als Verfasser gilt in solchen Fällen der Gesuchsteller.

Artikel 4: Wollen Privatschulen, Gesellschaften oder sonstige Vereinigungen Schriften und bildliche Darstellungen verbreiten, so haben deren Vertreter gemeinsam mit dem Herausgeber das Gesuch einzureichen. Als Verfasser gilt der betreffende Vertreter.

Artikel 5: Nach erfolgter Genehmigung zur Verbreitung sind dem Ministerium des Innern zwei Abdrücke des Werks einzureichen.

Artikel 6: Auch Behörden haben dieser Vorschrift nachzukommen.

Artikel 7: Der Verfasser oder sein Rechtsnachfolger kann zugleich auch Herausgeber sein.

Artikel 8: Herausgeber und Drucker haben am Schlusse jedes Schriftwerks oder jeder bildlichen Darstellung ihre Namen und Adresse sowie das Datum des Druckes und der Herausgabe anzugeben. Betreiben mehrere den Druck und die Herausgabe gemeinsam, so gilt ihr Vertreter als Drucker und Herausgeber.

Artikel 9: Die beabsichtigte Herausgabe einer zweiten Auflage ist unter Beifügung von zwei Abdrucken des Werkes dem Ministerium des Innern anzuzeigen, es sei denn, dass Zusätze oder sonstige Aenderungen daran vorgenommen werden sollen; in diesem Falle sind die Bestimmungen des Artikels 2 zu befolgen.

Artikel 10: Für die Veröffentlichung von Briefen, Berichten, Geschäftsanzeigen, Gesellschaftsstatuten, Rechnungen, gewöhnlichen Bekanntmachungen und dergleichen bedarf es der vorherigen Genehmigung nicht, es sei denn, dass ihr Inhalt unter die Bestimmungen der Artikel 1, 2, 3 und 11 fällt.

Artikel 11: Verfasser und Herausgeber werden bestraft, wenn durch den Inhalt der Schriften und bildlichen Darstellungen.

a. die Freundschaft mit anderen Staaten gestört und die eigene Regierung und ihre Staatseinrichtungen verächtlich gemacht werden, mit Zuchthaus bis zu 3 Jahren,

b. Staatsgeheimnisse verraten werden, mit Zuchthaus bis zu zwei Jahren,

c. die Ruhe und Ordnung gestört sowie Anstand und Sitte gefährdet werden, mit Gefängnis bis zu 10 Monaten,

d. in allen übrigen Fällen tritt Geldstrafe bis zu 100 Yen ein.

Vorstehende Strafbestimmungen gelten auch für den Drucker

Artikel 12: Die Verbreitung von Schriften und bildlichen Darstellungen in Korea, die im Auslande oder von Ausländern im Inlande herausgegeben werden, kann vom Minister des Innern verboten werden, wenn ihr Inhalt den öffentlichen Frieden, die Ruhe und Ordnung im Lande gefährdet und Anstand und gute Sitte verletzt. Das Original kann beschlagnahmt werden.

Artikel 13: Schriften und bildliche Darstellungen, die in Zuwiderhandlung gegen vorstehende Bestimmungen verbreitet worden sind, unterliegen der Beschlagnahme; desgleichen das Original und die Platten.

Artikel 14: Wer trotz eines bestehenden Verbots Schriften und bildliche Darstellungen verbreitet oder von Auslande einführt, wird mit Gefängnis bis zu 6 Monaten bestraft, unbeschadet der Strafbestimmungen in Artikel 11.

Artikel 15: Für bereits vor Inkrafttreten dieses Gesetzes verbreitete Schriften,

Abbildungen und Darstellungen ist die erforderliche Genehmigung bei Herausgabe der 2. Auflage nachzusuchen.

Artikel 16: Der Minister des Innern ist indes befugt, die Verbreitung dieser Werke sofort zu verbieten und die Platten und das Original zu beschlagnahmen, falls durch sie der öffentliche Friede, Ruhe und Ordnung gefährdet und Anstand und Sitte verletzt worden.

Die in Artikel 12 vorgesehene Beschlagnahmung wird nicht wirksam werden, solange die Fremden Exterritorialitätsrechte in Korea geniessen.

Für die Herausgabe von Tageszeitungen und periodisch erscheinenden Zeitschriften gelten die besonderen Bestimmungen des Pressgesetzes vom 24. Juli 1907 (Staatsanzeiger № 3 829). Danach hat der Herausgeber 300 Yen Sicherheit zu hinterlegen, es sei denn, dass die Zeitung ausschliesslich wissenschaftlichen, künstlerischen und wirtschaftlichen Zwecken dient. Die Veröffentlichung von Nachrichten, die der Würde des Kaiserlichen Hauses, dem öffentlichen Frieden und den guten Beziehungen zu befreundeten Mächten nachteilig sind, wird mit Gefängnisstrafe bis zu 3 Jahren und mit Einziehung der Maschinen u. s. w. geahndet. Der Minister des Innern kann die Herausgabe einer Zeitung bis zur Dauer eines Jahres verbieten, falls durch sie der öffentliche Frieden, Ruhe und Ordnung im Lande gefährdet oder Anstand und gute Sitte verletzt worden sind.

Da sich dieses Gesetz den fremden nach Korea eingeführten oder hier von Ausländern herausgegebenen Zeitungen gegenüber als machtlos erwies, wurde es durch Gesetz № 8 vom 20./29. April v. Js. (Staatsanzeiger № 4060) dahin ergänzt, dass

Artikel 34: Die Verbreitung von Zeitungen in Korea, die auf koreanisch, gemischt koreanisch-chinesisch oder chinesisch im Auslande erscheinen oder im Inlande von einem Ausländer herausgegeben werden, vom Minister des Innern verboten und beschlagnahmt werden können, wenn ihr Inhalt den öffentlichen Frieden, Ruhe und Ordnung im Lande gefährdet oder den Anstand und die guten Sitten verletzt;

Artikel 35: ein Koreaner, der in Zuwiderhandlung gegen vorstehende Bestimmung, zur Verbreitung einer solchen Zeitung mitgewirkt hat, mit Geldstrafe bis zu 100 Yen,

Artikel 36: ein Koreaner der eine Zeitung ausgetragen hat, von der er wusste, dass ihre Verbreitung verboten ist, mit Geldstrafe bis zu 50 Yen bestraft wird.

Diese Ergänzungsbestimmungen richteten sich gegen die von dem Engländer E. T. Bethell in Söul auf koreanisch und gemischt koreanisch-chinesisch herausgegebene „Tai Han Mai Il Shimpo“ (vergl. Bericht № 68 vom 8. August v. Js.) und gegen die in San Franzisko, Hawaii und Wladiwostock erscheinenden koreanischen Zeitungen. Auf Grund dieser Bestimmungen sind denn auch seit ihrem Inkrafttreten bis Ende Dezember v. Js.

folgende Beschlagnahmungen erfolgt:

Name der Zeitung	Ort der Herausgabe	Zahl der Ausgaben	Zahl der Blätter
Tai Han Mai Il Shimpo	Söul	15	11 663
Kong Sip Shimpo	San Franzisko	18	10 264
Hap Song "	Hawaii	11	542
Hai Song "	Wladiwostock	17	1 569
Tai Tong "	"	3	668
		64	24 706

Von japanischen Zeitungen wurden auf Grund des Pressgesetzes im vergangenen Jahre je eine in Söul und Tschemulpo untersagt, weil sie die Verfügung der Generalresidentur, wodurch fortan die Bürgermeister in den japanischen Gemeinden in Korea von der Regierung, statt wie bisher durch freie Wahl der Bürger, ernannt werden, heftig befehdet hatten. Beide Zeitungen erscheinen indes bald wieder unter anderem Namen.

In Söul mit einer Bevölkerung von etwa 190000 Koreanern, 30 000 Japanern und 300 Europäern und Amerikanern erscheinen zur Zeit folgende Zeitungen:

Name	Preis für ein Blatt	Jahres-Abonnement	Sprache	Herausgeber	Tägliche Ausgabe	Bemerkungen über Tendenz
Seoul Press	22 Sen	25, --Yen	englisch	Zumoto (deutsch-feindlich)	-	Amtsblatt der Generalresidentur, im übrigen Käseblättchen.
Korea Daily News	-	20, --Yen	"	E. T. Bethell	200	anti-japanisch; erscheint täglich mit einer Seite und in einer Wochenausgabe, beide Ausgaben Wurstblättchen.
Tai Han Mai Il Shimpo	2 Sen	3,30 Yen	korean.	A. W. Marnham	3 000	anti-japanisch.
"	"	"	korean.-chinesisch	"	7 000	"

Name	Preis für ein Blatt	Jahres-Abonnement	Sprache	Herausgeber	Tägliche Ausgabe	Bemerkungen über Tendenz
Hoansöng Sinmun	2 Sen	3,90 Yen	korean.	Yu Kun	3 000	Organ des Il Chin Hoi (Fort-schrittsverein) pro-japanisch.
Chekuk Sinmun	"	3,20 "	"	Chung Un Pok	2 000	
Taihan Sinmun	"	3,-- "	"	SinKwang Hui	3 000	
Kukmin Sinpo	"	3,20 "	"	Yi In	1 000	
Taikan Nippo	"	4,-- "	japanisch	Oka	-	
Keijo Shimpo	"	4,-- "	"	Akiyama	-	
Chosen Nichi Nichi Shimbun	"	4,-- "	"	Yamasaki	-	
Keijo Nippo	2 Sen	-	"	Okuta	-	
Chosen Shimbun	"	4,30 "	"	Onishi	-	

Ausserdem geben die französischen Missionare und die amerikanische Presbyterian Mission für ihre Mitglieder eine Wochenschrift heraus.

Ueber die chinesische Presse in Söul sowie die in anderen Plätzen Koreas erscheinenden koreanischen und japanischen Zeitungen bin ich nicht in der Lage berichten zu können.

Abdruck dieses Berichts habe ich dem Kaiserlichen Herrn Botschafter in Tokio zur Kenntnis mitgeteilt.

Wendschuch.

Inhalt: Presse und Pressgesetzgebung in Korea.

Veränderungen im koreanischen Kabinet.

PAAA_RZ201-018938_016 ff.			
Empfänger	Bülow	Absender	Wendschuch
A. 6413 pr. 11. April 1909. a. m.		Söul, den 9. März 1909.	
Memo	mtg. 14. 4. Washington 496, Petersburg 683, London 780. Im Anschluss an Bericht № 19. vom 16. v. Mts. 1 Anlage. J. № 329.		

A. 6413 pr. 11. April 1909. a. m. 1 Anl.

Söul, den 9. März 1909.

K. № 26.

An Seine Durchlaucht, den Herrn Reichskanzler, Fürsten von Bülow.

Wie vorauszusehen war, hat der Sturm der Entrüstung, den der Minister des Innern Song Pyöng Chun gegen sich entfacht hatte, ihn hinweggejagt: Am 27. v. Mts. hat er seine Entlassung erhalten und sein Portefeuille an Pak Chai Sun abgegeben. Wenn es auch offiziell heisst, dass er freiwillig gegangen sei, so unterliegt es doch keinem Zweifel, dass seine Entlassung vom Fürsten Ito dekretiert worden ist, nachdem der amerikanische Botschafter in Tokio das in Abschrift gehorsamst beigefügte Schreiben vom 26. v. Mts. an den Fürsten gerichtet hatte, worin dieser um Stellungnahme zu den Aeusserungen des Ministers über die amerikanischen Missionare in Korea ersucht wird. Schärfer kann wohl kein Minister abgetan werden, als Song durch den Fürsten Ito in dessen gleichfalls beigefügter Antwort an den amerikanischen Botschafter, worin Song „der Unkenntnis der Verhältnisse im eigenen Lande" geziehen wird.

Das Volk ist indes mit dieser capitis diminutio noch nicht zufrieden, sondern verlangt stürmisch, dass Song´s Kopf in Wirklichkeit falle. In einer am 27. v. Mts. im Vereinshause der „Christlichen jungen Männer Korea´s" in Söul abgehaltenen, von über 4 000 Koreanern besuchten Versammlung wurde Song von mehreren Rednern in der heftigsten Weise angegriffen, „Schande Korea´s" genannt und des Landesverrats beschuldigt. Hierfür müsse er nach den Gesetzen bestraft und zu diesem Zwecke, nötigenfalls mit Gewalt, aus Japan nach Korea zurückgebracht werden. Diese in orientalischer Weise in gewaltigen Reden sich austobende Wut wird sich zwar bald legen doch wird Herr Song gut daran tun, Korea nicht wieder zu betreten, da er hier vor der Kugel eines Fanatikers keinesfalls sicher sein dürfte.

Stevens´ Schicksal zeigt, wessen die Koreaner unter Umständen fähig sind, und das Gerücht, dass sich bereits zwei Heissporne als Exekutor des Volkswillens nach Japan begeben haben sollen, entbehrt nicht der Wahrscheinlichkeit.

In zweiter Linie richten sich die Angriffe der Patrioten, besonders des Unabhängigkeitsvereins „Tai Han Hiophoi", gegen den japan-freundlichen Fortschrittsverein der „Il Chin Hoi", dessen moralische und finanzielle Stütze Song war. Nun er gestürzt ist und seine Hand, die allmonatlich, wie es heisst, 1 000 Yen für die Kasse der Gesellschaft spendete, von ihr abgezogen hat, werden viele ihrer Mitglieder abtrünnig und schlagen sich zur Partei der „Tai Han Hiophoi".

Den dritten Sturm hat das Kabinet auszuhalten. Dem Premierminister Yi Wan Yong wird vorgeworfen, dass er Song über Gebühr gehalten habe, und es wird ihm daher nahegelegt, auch seinerseits zu demissionieren. Dem Justiz- und dem Unterrichtsminister sagt man nach, dass sie längst amtsmüde seien, und man nennt bereits ihre Nachfolger. Vorläufig sind dies jedoch nur Gerüchte, deren Vaterschaft man gewissen Kliquen und deren Kandidaten zuzuschreiben haben wird. Da die koreanischen Minister nichts zu sagen haben und eigentlich nur Statisten sind, so wäre es an sich ganz gleichgültig, wer dazu gemacht wird, wenn nicht zu befürchten stände, dass mit einem häufigen Wechsel im Kabinet wieder das alte Ränkespiel und die frühere Protektionswirtschaft einreissen.

Der neue Minister des Innern Pak Chai Sun, ein Mann von etwa 50 Jahren, gilt für intelligent und ehrlich. Vor dem japanisch-koreanischen Abkommen vom 17. November 1905, das er als damaliger Minister der Auswärtigen Angelegenheiten gezeichnet hat, stand er beim Volke in grosser Gunst. Nach diesem Akte beschuldigte man ihn des Verrats und des Treuebruchs dem Premierminister Han Kiu Sul gegenüber, dessen Nachfolger er wurde. Dass er damals der Not gehorchend, nicht dem eigenen Triebe folgend, gehandelt hat, erhellt aus dem Berichte № 72 des Ministerresidenten von Saldern vom 20. November 1905. Denn als zwei Jahre später das Kabinet die Abdankung des Kaisers verlangte, verweigerte er seine Mitwirkung und war ehrlich genug, sein Amt niederzulegen. Seitdem hat er als Privatmann still und zurückgezogen gelebt. Wie es heisst, ist er dazu ausersehen, den jetzigen Premierminister in Bälde zu ersetzen. Wenn man auch keine grossen Taten für das Volk von ihm erwarten darf, so wird er doch seinen Posten jederzeit mit Würde und Anstand ausfüllen.

Abdruck dieses Berichts habe ich dem Kaiserlichen Herrn Botschafter in Tokio auf sicherem Wege mitgeteilt.

Wendschuch.

Inhalt: Veränderungen im koreanischen Kabinet.

Anlage zum Bericht № 26.

„The Japan Times“
vom 2. März 1909.

AMERICAN MISSIONARIES IN KOREA.

PRINCE ITO´S ASSURANCE.

Copies of the following correspondence which speak for themselves have been placed at our disposal.

Feb. 26, 1909.

My dear Prince Ito:

On the 16th instant, Mr. Song, Korean Minister for Home Affairs, submitted to an interview for the Asahi Shimbun touching the present condition in his country. The interview concluded as follows:

„The most serious question now before us relates to the native Christians, numbering about 350,000, whose affiliations are of a questionable nature. They are united in the common object of opposing the present administration and resort to underhand methods. I am going to adopt drastic steps and annihilate them as soon as they take up arms in insurrection. Of course they are backed by a group of American missionaries. It is likely that this will become one of the most important questions in Korea.“

I have not noticed that His Excellecy has made any correction in respect to the accurancy of the published statement, and since the matter has been published throughout the United States a large number of estimable people, apart from the missionaries, residing in Korea, are deeply concerned.

From your well understood opinions and expressions in respect to the native Christians, as well as the missionaries, in Korea, I am confident that you do not share His Excellency´s views, I venture to call your attention to the matter, in the hope that your opinions may be given such expression as the situation will suggest.

I beg to remain, my dear Prince,
Your obedient servant,
(Sgd) THOMAS J. O´BRIEN.

His Highness,
Prince Ito.

Tokyo, Feb. 27, 1909.

My dear Mr. Ambassador:

I am pleased to acknowledge the receipt of Your Excellency's note dated the 26th instant relating to the interview of Mr. Song, Korean Minister for Home Affairs, which was published in the *Asahi Shimbun* of the 16th instant. Minister Song has not yet masterd the Japanese language, and is therefore unable to express himself satisfactorily in that language. The published interview ascribed to him contains not a few points which were misunderstood by press reporters. Nothing, however, has so far been done with the interview, since it was published in a number of newpapers and it is almost impossible to make any correction. If Minister Song made any such remarks regarding the American missionaries in Korea as he is represented by the *Asahi Shimbun* to have made, I am of the opinion that such misrepresentation of the real facts would indicate the Minister's ignorance of the condition existing in his own country.

During the Korean Emperor's recent trip to the northern and southern parts of Korea, I met a number of missionaries at Pingyang, where many of them reside, and had an opportunity to ascertain that they not only take no steps whatever in opposition to the administration of the Korean Government, but that they are in sympathy with the new regime inaugurated after the establishment of the Residency-General and are endeavoring to interpret to the Korean people the true purpose of that regime. I am personally acqainted with many American missionaries stationed at Seoul, with whose conduct and views I am fully familiar. The fact that they are in sympathy with the new regime in Korea which is under the guidance of the Residency-General, and that, in co-operation with the Residency-General, they are endeavoring to enlighten the Korean people, does not, I trust, require any special confirmation. Not only is the attitude of the American missionaries in Korea what I have just represented, but I have all along been recommending to the Korean Government a policy of not restricting the freedom of religious belief. I may also state that the Christians in Korea will continue to receive equal treatment with other subjects and to be dealt with only in case of distinct violation of the laws of the country. Should the Korean Government undertake any policy differing from the foregoing principle, I, who am in a position to supervise that Government, will certainly not approve of it. I, however, presume that Your Excellency will appreciate the fact that a large number of the Korean people are unfavorably inclined toward Christianity, which is a new foreign religion. It may also be stated that among the many Korean Christians not a few are attempting to make use of that religion for inspiring the idea of independence. This fact, however, cannot be regarded as due to the instigation of the American missionaries. They, therefore, cannot be held responsible for such action, and I wish to make this explanation of the matter on behalf of the American missionaries in Korea. I hope that Your Excellency will publish this in such a way as may seem suitable.

I beg to remain, my dear Mr. Ambassador,

Your obedient servant,

(Sgd.) Prince HIROBUMI ITO.

Vertragslösung zwischen der Reichsangehörigen Fräulein Antoinette Sontag und dem koreanischen Hausministerium.

PAAA_RZ201-018938_021 ff.			
Empfänger	Bülow	Absender	Wendschuch
A. 7381 pr. 27. April 1909. a. m.		Söul, den 3. April 1909.	
Memo	J. № 452.		

A. 7381 pr. 27. April 1909. a. m.

Söul, den 3. April 1909.

K. № 40.

An Seine Durchlaucht
den Herrn Reichskanzler
Fürsten von Bülow.

Nachdem Japan die Zügel der Regierung in Korea in die Hand genommen hatte, ist sein Bestreben begreiflicherweise vor allem mit darauf gerichtet gewesen, die in koreanischen Diensten befindlichen Ausländer aus ihren gut bezahlten Stellungen zu entfernen und durch Angehörige des eignen Landes zu ersetzen. In erster Linie hatte man es auf diejenigen abgesehen, die als Ratgeber und dergleichen zum Hofe in dienstlichen Beziehungen standen und zufolge unmittelbaren Verkehrs mit den Majestäten in der Lage waren, Einfluss auf diese auszuüben. Von dieser Massnahme wurden Angehörige aller Nationalitäten betroffen. Zu irgendwelchen Schwierigkeiten bei den Verabschiedungen, die zu einer Intervention der Regierungen der Betroffenen geführt hätten, ist es meines Wissens, ausgenommen bei Entlassung des Generalzolldirektors McLeavy Brown (vergl. Bericht № 58 vom 1. September 1905) nicht gekommen. Die einzige Person, die bisher in ihrer Stellung bei Hofe noch belassen worden war, ist die Reichsangehörige Fräulein Antoinette Sontag, die seit 17 Jahren den Posten einer Palast-Intendantin für die Veranstaltung von Banketten und Festlichkeiten für Bewirtung fremdländischer Gäste inne hat. Obwohl ihr Vertrag noch bis zum 13. Mai 1914 läuft, hat das Ministerium des Kaiserlichen Hauses mit Rücksicht darauf, dass ihre Dienste zufolge der veränderten Verhältnisse nur noch selten in Anspruch genommen zu werden brauchen, im Februar d. Js. die Absicht zu erkennen gegeben, den Vertrag mit ihr zu lösen. Da Fräulein Sontag in den letzten Jahren viel unter dem schikanösen Verhalten missgünstiger japanischer und auch koreanischer Hofbeamten zu leiden gehabt hat, so entsprach die alsbaldige Lösung des Vertrags zu angemessenen Bedingungen völlig ihren Wünschen, um so mehr, als sie 70 Jahre alt ist und den Rest ihres Lebens in Europa verleben möchte. Auf ihren Antrag bin ich daher zur Wahrung ihrer berechtigten Interessen mit der Generalresidentur in Verhandlungen eingetreten, die glatt und ohne irgendwelche Schwierigkeiten verlaufen sind und zu dem alle Teile befriedigenden Ergebnisse geführt haben, dass

1. Fräulein Sontag in Anerkennung ihrer dem Hofe treu geleisteten Diensten den Betrag von 30 000,- Yen (= 63 000, -M), einschliesslich Gratifikation und Reisespesen, beim Verlassen Koreas ausbezahlt erhält
2. ihr zum grössten Teile auf Kaiserlicher Schenkung beruhender Grundbesitz in Söul als ihr unbestrittenes Eigentum anerkannt wird und
3. gegenseitig keinerlei Ansprüche aus dem Anstellungsvertrag und dessen Lösung in Zukunft geltend gemacht werden.

Mit Rücksicht auf den bevorstehenden Besuch Ihrer Majestät der Königinwitwe Magherita von Italien in Korea hat sich Fräulein Sontag auf Ersuchen des Hausministeriums bereit erklärt, zu den bisherigen Bedingungen noch bis zum Herbste d. Js. in ihrer Stellung zu verbleiben.

Mit Fräulein Sontag, die vor 24 Jahren mit der Familie des damaligen russischen Gesandten C. v. Waeber nach Söul gekommen ist, wird die kleine deutsche Gemeinde Koreas ihr ältestes Mitglied verlieren, dessen Gastfreundschaft sich mancher durchreisende Landsmann und vor Allem auch die Offiziere S. M. Schiffe, die jemals koreanische Häfen angelaufen haben, mit Dankbarkeit erinnern werden.

Von Deutschen befinden sich in koreanischen Diensten nun nur noch der Reichangehörige Königlich Preussischer Musikdirektor Franz Eckert als Dirigent der Kaiserlichen Hofkapelle und der Schutzgenosse Johann Bolljahn als Leiter der deutschen Sprachschule in Söul. Ihre Verträge laufen bis Ende d. Js. und bis Ende 1910.

Abdruck dieses Berichts habe ich dem Kaiserlichen Herrn Geschäftsträger in Tokio zur Kenntnis mitgeteilt.

Wendschuch.

Inhalt: Vertragslösung zwischen der Reichsangehörigen Fräulein Antoinette Sontag und dem koreanischen Hausministerium.

[ ]

PAAA_RZ201-018938_025			
Empfänger	[o. A.]	Absender	[o. A.]
A. 8415 pr. 13. Mai 1909. p. m.		[o. A.], den 12. Mai 1909.	

A. 8415 pr. 13. Mai 1909. p. m.

Kölnische Zeitung.

12. 5. 09.

Koreanischer Goldbergbau.

Seoul, 21. April. Eine englische Gruppe, die Oroya Brownhill-Minen-Gesellschaft, wohlbekannt durch ihre Unternehmungen in Australien und Südafrika, hat die Tschiksan-Goldminen in Südkorea zunächst auf ein Jahr von dem bekannten japanischen Bankier Schibusawa probeweise erworben. Da nach den Mitteilungen des Vertreters der Gesellschaft W. S. Holleman, der beiläufig bemerkt auf deutschen Universitäten studiert hat, die Versuche aufs glänzendste ausgefallen sind, so wird diese große Minengerechtsame, die sich über ein Areal von 250 engl. Quadratmeilen erstreckt, wohl dauernd in den Besitz der Gesellschaft übergehen. Herr Holleman hat auch die Ssuktscho-Gold-Mine, die sich am Jalu unweit der alten Stadt Wiju befindet, von einem Koreaner für die gleiche Gesellschaft käuflich erworben. Geradezu großartig sind die Erfolge der amerikanischen Goldmine im Unsan-Distrikt in Nordwestkorea, die mit 240 Stampfen arbeitet und etwa 4000 Koreaner, 100 Japaner, 500 Chinesen und 80 Europäer beschäftigt. Die Aktien dieser Mine sind nur in den Händen einiger Amerikaner und gar nicht käuflich zu haben. Jeden Monat liefert diese Mine Gold im Werte von über einer halben Million Mark, das vertragsmäßig von der Osaka-Münze übernommen wird. Auch die deutsche Berggerechtsame in Ssöntschen in Nordkorea weist sehr goldreichhaltiges Quarz auf, weshalb eine Anlage mit zwanzig Stampfen errichtet wird. Die Seoul-Minen-Gesellschaft unter amerikanischer Führung hat die Bearbeitung der Schuan-Goldmine, östlich von der Stadt Pjengjang unternommen und geradezu glänzende Ergebnisse erzielt; zwanzig Stampfen werden demnächst das sehr goldhaltige Quarz zerkleinern. Den Aktionären ist eine Dividende von über 40 v. H. zugesichert worden. - Die amerikanische Firma Messrs. Collbran u. Bostwick hat die Gerechtsame zur Bearbeitung der Kapsan Kupferminen in Nordostkorea in diesen Tagen erhalten.

Die Lage in Korea.

PAAA_RZ201-018938_026 ff.			
Empfänger	Bülow	Absender	Krüger
A. 8466 pr. 14. Mai 1909.		Söul, den 26. April 1909.	
Memo	mtg 15. 5, Petbg. 815, Peking 483, Washingt. 580, London 942, Paris 816. Generalkonsulat		

Abschrift für № 47. vom 15. Mai 1909.

A. 8466 pr. 14. Mai 1909.

Söul, den 26. April 1909.

Seiner Durchlaucht
dem Reichskanzler
Fürsten von Bülow.

Bei meiner Rückkehr nach Söul vom sechsmonatigen Heimatsurlaub habe ich eine Besserung der Lage im Lande nicht vorgefunden. Im Gegenteil, die Aufstandsbewegung hat letzthin gegenüber den Verhältnissen im Sommer 1908 entschieden an Umfang zugenommen. Jede Nummer der „Seoul Press" beschäftigt sich in mindestens einer halben Spalte mit den blutigen Zusammenstößen mit Rebellen. Von 2-3 weiteren Renkontres, welche das Blatt der japanischen Generalresidentur verschweigt, weiss die „Korea Daily News" zu berichten. Die Monatssumme dieser Zahlen spricht für sich selbst. Es gährt gleichmässig im Norden wie im Süden Koreas. Vor zwei Tagen hat denn auch das Korpskommando unter Zuziehung der Chefs von Gendarmerie und Polizei über schärfere Massnahmen gegen die Insurgenten des längeren konferiert. Hilfsabteilungen werden in die besonders infizierten Gebiete entsandt werden.

Zu dem neuerlichen Anschwellen der feindseligen Haltung der Bevölkerung dürfte das zunächst verschleiert, dann aber immer bestimmter auftretende Gerücht von einer baldigst bevorstehenden vollständigen Einverleibung Koreas als japanische Provinz nicht unwesentlich beigetragen haben. Sicher ist, dass diese Massnahme den Wünschen der Merhzahl der hiesigen Japaner nur zu genau entspricht und seit Monaten offenen Gesprächsstoff in deren Kreisen gebildet hat. Auch das Kabinett soll sich mit der Angelegenheit beschäftigt haben. Was Wunder, wenn die immer wieder und wieder aufgetischte Nachricht schliesslich nicht allein im Volke Glauben fand, sondern selbst die hier lebenden Europäer zu beunruhigen begann, die sich sagten, dass diesbezüglich doch irgend etwas im Werke sein müsse, sonst würde sich das Gerücht nicht so konstant halten können, ohne von massgebender Seite eine Berichtigung zu erfahren. Letztere ist nunmehr in der „Seoul Press“ von Sonnabend den 24. April erfolgt. Anlass bot die Meldung der „Korea Daily News“ vom 22. d. M., besagend, dass der in Japan weilende verflossene koreanische Minister des Innern Song dem Bureau der „Il Chin Hoi“ telegraphiert habe, dass Japan der vorgeschlagenen Annexion Koreas jetzt zugestimmt habe. Die „Seoul Press“ (d. h. die Generalresidentur) erklärt die Nachricht für absurd. Die Einverleibung Koreas würde gerade das Gegenteil von dem, was man japanischerseits anstrebe, erzeugen und das gesamte koreanische Volk aufständisch machen. Also solange Fürst Ito am Ruder ist, dürften Ueberraschungen in angedeuteter Richtung nicht zu befürchten sein.

Die „Korea Daily News“ von heute wirft bei geschilderter Sachlage den leitenden japanischen Kreisen vor, dass diese viel früher als geschehen dem Gerüchte hätten entgegentreten müssen und verweist auf einen Vorartikel vom 17. d. M.

Vize-Generalresident Sone befindet sich zur Zeit auf einer etwa dreiwöchigen Inspektionsreise, die ihn via Fusan und Masampo der Ostküste Koreas entlang nach Gensan führen wird.

Das hiesige halbamtliche japanische Blatt „Keijo Nippo“ hatte vor einigen Monaten den Besuch Japans durch eine grössere Anzahl von Koreanern angeregt und betrieben, um diesen Gelegenheit zu geben, sich ein richtigeres Urteil über Japan und seine Haltung und Absichten Korea gegenüber zu bilden. Fünfzig den besseren Ständen angehörige Koreaner sind zur Teilnahme zugelassen worden, weitere fünfzig haben sich sonstwie der Partie angeschlossen. Seit 14 Tagen weilt die Gesellschaft in Japan. Zeitungsnachrichten zufolge sind die Leute allseitig und überall-zumal gegenwärtig in Tokio- auf das entgegenkommendste empfangen, herumgeführt und bewirtet worden und haben versprochen, nach ihrer Heimkehr-jeder in seinen Kreisen und nach seinen Kräften- dazu beizutragen, um die Abneigung und das Misstrauen ihrer Landsleute gegen Japan zu zerstreuen. An Liebeswerbungen Japans fehlt es also nicht. Eine nachhaltige Wirkung auf die unteren Volksschichten wird indessen wohl ausbleiben, solange auf diesen die schwere Hand des japanischen Zuchtmeisters lastet.

gez. Krüger.

Orig i. a. Korea 10

Inhalt: Die Lage in Korea.

Presse in Korea.

PAAA_RZ201-018938_029 f.			
Empfänger	Bülow	Absender	Krüger
A. 8740 pr. 19. Mai 1909. p. m.		Söul, den 1. Mai 1909.	
Memo	Im Anschluss an Bericht № 31. vom 14. März d. Js. J. № 598.		

A. 8740 pr. 19. Mai 1909. p. m.

Söul, den 1. Mai 1909.

K. № 48.

An Seine Druchlaucht
den Herrn Reichskanzler
Fürsten von Bülow.

In der Leitung der beiden hierselbst in englischer Sprache erscheinenden Blätter sind letzthin Veränderungen vorgekommen.

I. M. Zumoto hat in der ersten Aprilhälfte seine Stellung als Herausgeber der von der japanischen Generalresidentur protegierten „Seoul Press" aufgegeben.

Sein Nachfolger ist Isoh Yamagata geworden, bis dahin bei der „Yorodzu Choho" in Tokio. Genannter besitzt nicht die schriftstellerische Gewandtheit und das Zeug seines Vorgängers. Schon jetzt macht sich ein Abfallen der „Seoul Press" gegen früher bemerkbar. Namentlich hat sie von ihrer bisherigen engen Fühlung mit der Generalresidentur eingebüsst.

Motosada Zumoto fungierte ehedem als Privatsekretär des Fürsten Ito, als dieser Premierminister war, und gründete dann 1897 die „Japan Times". 1906 zog ihn Fürst Ito nach Korea und übertrug ihm die Leitung der „Seoul Press". Nebenbei korrespondierte Zumoto für den „London Standard".

p. Zumoto wird demnächst nach New York übersiedeln, um daselbst eine japanische Zeitungsagentur einzurichten, welche -wie man hier erzählt- wesentlich bezwecken soll, die amerikanische Presse für japanische Anleiheabsichten günstig zu stimmen. Der Anregung zu diesem Schritte dürfte Fürst Ito schwerlich fern stehen.

Zumoto besitzt keine Sympathien für Deutschland. Antideutschen Meldungen öffnete er nur zu willig die Spalten seines Blattes.

II. Der Eigentümer der japanfeindlichen „Korea Daily News“ (koreanische Ausgabe „Dai Han Mai Il Shinpo“), der durch seine wiederholten Bestrafungen wegen Pressvergehen bekannte Engländer E. T. Bethell ist soeben nach kurzer Krankheit einem Herzleiden erlegen.

Sein Mitarbeiter der Engländer A. W. Marnham setzt die Publikation fort.

Die Generalresidentur wird also die ihr so unbequeme Kritik zunächst noch nicht loswerden.

Berichtsdurchschlag geht nach Tokio.

Krüger.

Inhalt: Presse in Korea.

Orientalische Kolonisationsgesellschaft.

PAAA_RZ201-018938_031 ff.			
Empfänger	Bülow	Absender	Krüger
A. 8970 pr. 23. Mai 1909. p. m.		Söul, den 6. Mai 1909.	
Memo	mtg. 27. 5. Petbg. 894, London 1022, Peking 526, Washgt. 631. J. № 620.		

A. 8970 pr. 23. Mai 1909. p. m. 1 Anl.

Söul, den 6. Mai 1909.

K. № 50.

An Seine Durchlaucht
den Herrn Reichskanzler
Fürsten von Bülow.

Die Tätigkeit des Ende 1907 zur Regulierung des koreanischen Kronvermögens eingesetzten Bureaus hat bekanntlich zur Folge gehabt, dass dem Kaiserhause lediglich die Palastgrundstücke mit Gebäuden sowie die Kaiserlichen Gräber nebst nächster Umgebung belassen wurden, während der gesamte sonstige, bisher als Kaiserliches Privateigentum behandelte und über alle Provinzen zerstreute Grundbesitz von der Krone vollständig abgetrennt, als koreanisches Staatseigentum (Staatsdomäne) erklärt und dem Landwirtschaftsministerium unterstellt worden ist. Die Kaiserfamilie hat fortan mit den im Budget ausgeworfenen 1 Millionen Yen pro anno auszukommen.

Sind auch gegenwärtig zuverlässige Zahlen über die genaue Grösse der neugeschaffenen Staatsdomänen noch nicht erhältlich, und lässt sich namentlich die Angabe, dass fragliche Liegenschaften ein volles Viertel der in Korea z. Zt. unter dem Pflug befindlichen Felder ausmachen, auf ihre Richtigkeit hin nicht kontrollieren, so handelt es sich doch sonder Zweifel um recht ausgedehnte Flächen und zwar vom besten ergiebigsten Boden. Denn nur ertragreiche Aecker und nicht etwa steriles Brachland haben die koreanischen Herrscher während der langen Reihe von Jahren ungestörten Schaltens an sich zu reissen gewusst. Dienten doch diese Ländereien dazu, um mit ihrer Nutzniessung die zahllosen Palastschmarotzer und jeweiligen Günstlinge zu dotieren, welche ihrerseits dann die Felder -meist unter der Bedingung halbschichtiger Teilung der Ernten- in Pacht weitergaben.

Von der koreanischen Landbevölkerung hat hiernach seit jeher ein grosser Prozentsatz pachtweise auf den Kaiserlichen Besitzungen -nunmehrigen Staatsdomänen- gelebt und durch deren Bewirtschaftung für sich und ihre Familie Beschäftigung und Unterhalt gefunden.

Mit Sorgen haben diese Leute die jüngste Veränderung in den Eigentumsrechten ihres Pachtlandes verfolgt und wähnten sich schon in Kürze von japanischen Kolonisten von Haus und Hof verdrängt als zu Anfang dieses Jahres des Weiteren bekannt wurde, dass die koreanische Regierung als Gegenwert der von ihr übernommenen 60 000 Aktien der Orientalischen Kolonisationsgesellschaft einen entsprechenden Teil der Staatsdomänen an die Gesellschaft abgetreten habe.

Gerade diese Möglichkeit in Verbindung mit dem erdrückenden pekuniären Uebergewicht der Gesellschaft dem schwachfundierten Koreanertum gegenüber haben den Fürsten Ito von Anfang an verhindert, sich für die Gesellschaft zu erwärmen; da er als ehrlicher Mittelsmann eine Ausschlachtung der Koreaner durch seine eigenen japanischen Landleute unter keinen Umständen gutheissen konnte.

Dem Einflusse des Fürsten Ito ist es denn wohl auch zuzuschreiben, dass der Präsident der Gesellschaft Baron Usagawa soeben zu Beginn seiner Geschäftsführung in Korea durch alle koreanischen Zeitungen sowie durch Flugblätter eine offizielle Bekanntmachung erlassen hat, in welcher nach kurzer Aufzählung der Ziele der Gesellschaft den gegenwärtigen Pächtern der an die Gesellschaft abgetretenen Staatsdomänen die bündige Zusicherung gemacht wird, dass die laufenden Pachtverträge strikt innegehalten und bei fleissiger Arbeit auch erneuert werden würden. Benötige die Gesellschaft für eigene Wirtschaftszwecke Land, so werde sie solches zu angemessenen Preisen zu kaufen oder zu pachten versuchen, in keinem Falle aber auch nur den geringsten Zwang anwenden. Die Bevölkerung möge diesbezüglich volles Vertrauen haben und nichts fürchten, zumal zwei Regierungen, die japanische und die koreanische, die Kontrolle ausübten. Englische Uebersetzung der Proklamation aus der „Seoul Press“ vom 4. d. Mts. gehorsamst anbei.

Zu den Aufgaben, welche die Gesellschaft sich gestellt hat, gehört unter anderm auch die Einrichtung von Kreditstellen im Lande. Die diesbezüglich ausgearbeiteten Regulative sind jetzt behördlicherseits genehmigt und veröffentlicht worden. Sie behandeln die Geldhergabe gegen Verpfändung von Grundstücken, Häusern und Bodenprodukten. Für die Kreditbewilligung an Ansiedler werden besondere Bestimmungen folgen. s. Ausschnitt aus der „Seoul Press“ vom 6. d. Mts.

Tokio erhält Abschrift.

Krüger.

Inhalt: Orientalische Kolonisationsgesellschaft.

Anlage zum Bericht № 50.

"Seoul Press"

vom 4. Mai 1909.

THE ORIENTAL DEVELOPMENT CAMPANY.

PUBLIC ANNOUNCEMENT OF ITS POLICY.

Baron Usagawa has prepared an announcement in regard to the policy of the Oriental Development Company for distribution among Koreans. It is now in the press and some 5,000 copies have been ordered. This following is our translation of the announcement : -

„The object of the Oriental Development Company is on the one hand to foster the strength of Korea and unfold her national resources through the improvement and promotion of various industries; and on the other hand to enhance the prosperity of Japan and Korea by stimulating their economic development. In order to attain this object agriculture in this land must be reformed and developed. The company therefore has deceided to meet the necessity by establishing model farms, irrigation purposes, bringing across experienced Japanese farmers to show an efficient example to Koreans and doing anything conceivable likely to promote the improvement of Korean agriculture. Meanwhile the company will create some monetary organs for the purpose of supplying funds for industrial enterprises on security of fields, agricultural produce and other articles; and gradually adopt such measures as may be deemed necessary for the reformation and progress of general industries. As for the fields to be directly managed by the company, they are to consist for the time being in the landed property offered by the Korean Government by way of paying for its share of the company´s capital. In these fields, outstanding contracts will be maintained with tenants and the latter not only need not fear lest they should lose their work from no tenable reason, but may work hard and in peace as the company will take steps to protect and encourage the diligent. The company will, when occasion demands, purchase and lease fields, but in so doing will settle with the landowners concerned in a fair way and pay reasonable recompense to them. The landowners, therefore, have no reason to fear that their proprietary rights may ever be overridden or injured. Further, the company may in future undertake the transfer of Koreans for the purpose of the betterment of some particular part of the land, but such transfer will be done only after asking for and obtaining the expressed assent of people so to be migrated. No steps resembling coercion will be resorted to in these transactions, and the possibility of such arising does not justify the slightest anxiety on the part of Koreans. In brief, the enterprises of the Oriental Development Company will be carried strictly in obedience to the dictates of the law, both of Japan and Korea, and under the supervision of the two Governments, and has as its end in view the promotion of Korean economic development and solidification of the foundation of her national wealth and prosperity. Now the company has entered upon its business, I take the opportunity of publishing as clearly as I can the course the company is hereafter to pursue. I hope the above will be intelligible enough to make the general public understand the company and its aims.

"Baron K. Ugasawa,

President of the Oriental

Development Joint Stock Co."

"Seoul Press"

vom 6. Mai 1909.

THE ORIENTAL DEVELOPMENT COMPANY.

The Oriental Development Company has secured the required official recognition for its newly drafted Regulations in regard to negotiation of loans. They consist of ten articles according to which the Company shall lend money by virtue of the Law, Company´s Regulations and present Regulations. Borrowers from the Company must bear all expenses incurred in the preliminary investigation and examination of securities offered made by the Company, whether the negotiation be successful or not. Loans on the security of immovables cannot exceed two-thirds of the apprised value of the security offered, while buildings accepted as security must be covered by insurance for an amount beyond that to be borrowed. Agricultural produce and fruits intended for security must be stored in one of the appointed warehouses and insured. For loans to be advanced for settlers a separate rule will be specially drawn up.

We are told that the Company has also obtained the necessary permission from the concerning documentary bills on agricultural produce and fruits.

Baron Usagawa, President of the above Company, accompanied by Mr. Inouye, Director, yesterday went outside the East Gate in order to inspect some landed property transferred by the Korean Governmet to the Company.

Exterritorialität der Fremden in Korea.

PAAA_RZ201-018938_036			
Empfänger	Bülow	Absender	Montgelas
A. 9828 pr. 9. Juni 1909.		Tokio, den 7. Mai 1909.	

Abschrift.

A. 9828 pr. 9. Juni 1909.

Tokio, den 7. Mai 1909.

A. 111.

Seiner Durchlaucht
dem Fürsten von Bülow.

Hiesige Zeitungen meldeten kürzlich, dass der Vize-Minister der Justiz in Korea Kuratomi und der Präsident des Obersten Gerichtshofes in Söul Kosaka in Tokio eingetroffen seien, um mit den hiesigen fremden Vertretern Verhandlungen wegen Aufhebung der Exterritorialität der Fremden in Korea einzuleiten. In einem Communiqué vom heutigen Tage tritt die offiziöse Japan Times diesen Meldungen entgegen und weist darauf hin, dass die Organisation der Gerichte und die Rechtsprechung in Korea noch in den Kinderschuhen stecken, so dass der Augenblick noch nicht gekommen sei, um die Aufhebung der Exterritorialität in Korea zur Diskussion zu stellen. Die Zeitung lässt jedoch durchblicken, dass früher oder später die Exterritorialität in Korea aufhören müsse.

gez. A. Montgelas.
orig. i. a. Korea 10

Inhalt: Exterritorialität der Fremden in Korea.

Eine koreanische Reisegesellschaft in Japan.

PAAA_RZ201-018938_037 ff.			
Empfänger	Bülow	Absender	Montgelas
A. 9829 pr. 9. Juni 1909.		Tokio, den 10. Mai 1909.	

Abschrift.

A. 9829 pr. 9. Juni 1909.

Tokio, den 10. Mai 1909.

Seiner Durchlaucht
dem Fürsten von Bülow.

Die Japaner sind in ihrem Liebeswerben um das Vertrauen Koreas auf eine originelle Idee verfallen: sie haben eine grössere Anzahl einflussreicher Koreaner auf eine Studienreise nach Japan geschickt.

Die Reisegesellschaft, die unter den Auspizien der in Söul erscheinenden halbamtlichen Zeitung „Keijo Nippo" seit dem 13. v. Mts. bis gestern in Japan geweilt hat, zählte 111 koreanische Teilnehmer. Unter ihnen befanden sich Fürst Min, ein Oheim der ermordeten Kaiserin Min, und sechs koreanische „Elder Statesmen", die sämtlich Ministerportefeuilles inne gehabt hatten. Die übrigen Reisemitglieder setzten sich aus Beamten, Gelehrten, Bankiers, Kaufleuten, Landwirten, Künstlern und Journalisten zusammen, - vermutlich durchweg aus Leuten, deren Wort in ihrer Heimat etwas gilt. Der Chefredakteur der „Keijo Nippo" hatte es sich, im Verein mit den hier weilenden Herren der Generalresidentur, angelegen sein lassen, umfassende Vorbereitungen für eine eindruckvolle Aufnahme der koreanischen Gäste in die Wege zu leiten.

Die Reisegesellschaft traf am 13. v. Mts. in Bakau ein und besuchte auf der Reise nach der Hauptstadt den Hafen Shimonoseki, die Eisenwerke zu Edamatsu, die schöne Insel Miyajima, den Kriegshafen Kure mit seinen Werften und Arsenalen, die Stadt Osaka mit ihren zahlreichen industrielen Etablissements, sowie die Städte Nara und Kioto mit ihren hervorragenden Naturschönheiten und Kunstschätzen. Wo immer sie eintrafen, warteten ihrer feierliche Empfänge mit Musik und Feuerwerk und grosse Schmausereien, zum Teil mit japanischen Geishas. Den Höhepunkt der Reise bildete naturgemäss der Aufenthalt in Tokio, der in die Tage vom 29. April bis zum 3. Mai fiel. Nach einem festlichen Empfange am Bahnhofe wurden die Koreaner durchweg in japanisch-grosszügiger Weise von dem

Finanzier Okura, ferner von der Oriental Association, deren Vorsitzender Marquis Katsura ist, sowie von zahlreichen anderen Vereinigungen bewirtet und gefeiert. Fürst Ito gab ihnen am 28. April ein grosses Gartenfest in seiner Besitzung zu Omori, und der japanische Hof bewirtete sie am 1. d. Mts. im Hama Rikyu Palast, bei welcher Gelegenheit Prinz Arisugawa die Honneurs machte. Die Elite der Reisegesellschaft wurde von Seiner Majestät in Audienz empfangen und mit Einladungen zum Kaiserlichen Gartenfest bedacht. Soweit die Zeit nicht durch die zahlreichen Feste in Anspruch genommen war, wurde sie auch in Tokio durch Besuch von Museen, Tempeln und Palästen und insbesondere durch Besichtigung von Schulen und industriellen Etablissements ausgefüllt. Sogar ein Regimentexerzieren wurde den Besuchern vorgeführt. Es ist, kurz gesagt, alles geschehen, um den Koreanern, die nach kurzem Aufenthalte in Nikko, Nagoya und Kobe gestern von Moji aus die Heimreise angetreten haben, nicht nur mit Japans Natur-und Kunstschönheiten bekannt zu machen, sondern ihnen auch das Land, dem sie sich haben beugen müssen, als modernen Kulturstaat in den glänzendsten Farben ad oculos zu demonstrieren.

Und während man so den Besuchern Japans Grösse zu Gemüte führte, wurde ihnen auch ein eindruckvoller Beweis von Japans aufrichtiger Loyalität geliefert, indem ihnen bei dem Gartenfeste des Fürsten Ito der koreanische Kronprinz in japanischer Dressur vorgeführt wurde. Der junge Herr wurde von den anwesenden japanischen Beamten mit ganz besonderer Ehrerbietung behandelt. Unter anderem wurde ihm bei dem Festmahle an einer besonderen Tafel auf einem Podium serviert, eine Ehre, die hier sonst nur den Allerhöchsten Personen zusteht. Nach dem Mahle nahm der Kronprinz an dem militärischen Übungen und Spielen seiner mit ihm erzogenen japanischen und koreanischen Altersgenossen teil, und der Fürst Ito wies seine Gäste darauf hin, wie hervorragend sich ihr Thronerbe sowohl geistig als körperlich seit seiner Übersiedelung nach Japan entwickelt habe. „It goes without saying“, versicherte hierzu die Japan Times, „that the visitors were most deeply impressed by all that they had seen, especially the treatment accorded to their Crown Prince. Indeed many of them ventured to remark that all their suspicions had dispersed“. Mit köstlicher Naivität fügt die Zeitung hinzu: „And they seemed to mean it“.

Von den zahlreichen rhetorischen Leistungen, die die verschiedenen Feste gezeitigt haben, ist eine vom Fürsten Ito bei dem Banquet der Oriental Association gehaltene Rede beachtenswert. Bezugnehmend auf das Programm der Gesellschaft, die sich die Förderung der Freundschaft und der gemeinsamen Interessen der Völker Asiens zur Aufgabe macht, wies der Generalresident darauf hin, dass ihre Arbeit hinsichtlich Koreas eine ganz besondere sei. Für die Beziehungen der Länder Ostasiens zu den Mächten gelte das Prinzip der Offenen Tür. Zwischen Japan und Korea aber gäbe es keine Türen; der Grundsatz der gleichen Gelegenheit habe daher in dieser Beziehung keinen Sinn. Die beiden Länder steuerten vielmehr dem Ziele zu, eine einzige Familie zu werden. Der Erreichung dieses Zieles, auf das er unablässig hinwirke, werde leider noch immer durch widerstrebende Elemente entgegengearbeitet. Es gäbe in Korea bislang noch allzu viele Leute, die, obwohl in ihrer Art ganz tüchtige Männer, von der grossen Welt im allgemeinen und von japanischen Angelegenheiten im besonderem keine Ahnung hätten. Die anwesenden koreanischen Gäste möchten es sich daher angelegen sein lassen, noch ihrer Rückkehr nach Korea ihren Landsleuten mizuteilen, was sie in Japan gesehen und erlebt, und so zur Förderung der Einigung zwischen Korea und Japan beitragen. In der Einigung der beiden Länder liege ihre Stärke. Sähen doch selbst die Grossmächte sich genötigt, Allianzen mit einander zu schliessen! Allianz aber bedeute nichts weiter als Einigung. Was Japan und Korea daher dringend not tue, sei feste Einigung und Kooperation. Beide Länder müssten gemeinsam steigen oder fallen.

Die Mahnung, das in Japan Geschaute daheim zu verkünden, ist an die koreanischen Gäste noch mehrfach, unter anderem auch von Marquis Katsura, gerichtet worden. Der Sprecher der Reisegesellschaft, Fürst Min, hat regelmässig versprochen, dass er und seine Genossen die Mahnung beherzigen würden.

Ob das von den Japanern mit dieser Studienreise angestellte Experiment den nicht unbeträchtlichen Aufwand an Geld und Liebenswürdigkeit lohnen wird, wird sich schwer überblicken lassen; jedenfalls wird man ihm aber die Anerkennung nicht versagen können, dass es mit grossem Geschick angelegt und durchgeführt worden ist.

gez. A. Montgelas.
orig. i. a. Korea 10

Inhalt: Eine koreanische Reisegesellschaft in Japan.

[ ]

PAAA_RZ201-018938_042			
Empfänger	[o. A.]	Absender	[o. A.]
A. 14154 pr. 25. August 1909.		[o. A.]	

zu A. 14154 pr. 25. August 1909.

Notiz.

Ber. a. Seoul v. 2. 8. 63.

über die Aufhebung des koreanischen Kriegsministeriums

befindet sich orig. i. a. Korea 10.

[ ]

PAAA_RZ201-018938_043			
Empfänger	Auswärtiges Amt in Berlin	Absender	[Unterschrift]
A. 14879 pr. 7. September 1909. p. m.		Berlin, den 7. September 1909.	

A. 14879 pr. 7. September 1909. p. m. 2 Angabe.

Berlin, den 7. September 1909.

B. 3094. I.

An den Staatssekretär
des Auswärtigen Amts.

Euere Exzellenz beehrt sich der Admiralstab der Marine ergebenst zu benachrichtigen, daß der Chef des Kreuzergeschwaders bei Seiner Majestät dem Kaiser beantragt hat, während eines Aufenthalts in Chemulpo vom 21. bis 24. September eine Audienz bei Seiner Majestät dem Kaiser von Korea nachsuchen zu dürfen; der Kaiserliche Botschafter in Tokio hat, wie der Geschwaderchef telegraphiert, Bedenken gegen diese Audienz nicht zu erheben.

Seine Majestät der Kaiser haben den Antrag des Chefs des Kreuzergeschwaders zu genehmigen geruht.

Im Auftrage.

[Unterschrift]

Audienz der Kommandanten S. M. Schiffe am Kaiserlichen Hofe in Söul.

PAAA_RZ201-018938_044 ff.			
Empfänger	Bethmann-Hollweg	Absender	Montgelas
A. 16574 pr. 10. Oktober 1909. a. m.		Tokio, den 28. August 1909.	

A. 16574 pr. 10. Oktober 1909. a. m.

Tokio, den 28. August 1909.

A. 187.

Seiner Exzellenz
dem Herrn Reichskanzler
Dr. von Bethmann-Hollweg.

Der Allerhöchst mit der Führung des Kreuzergeschwaders beauftragte Kontreadmiral von Ingenhole, Admiral á la suite Seiner Majestät des Kaisers und Königs, hat mir mittelst Schreibens vom 4. d. M. mitgeteilt, dass er in der zweiten Hälfte des Monats September mit dem Flaggschiff S. M. S. „Scharnhorst" in Begleitung von S. M. S. „Arcona" in Tschemulpo zu ankern beabsichtige. Gleichzeitig hat Admiral von Ingenohl angefragt, ob seitens der Kaiserlichen Botschaft Bedenken dagegen bestünden, dass er für sich und die Herren seines Stabes sowie die Kommandanten der beiden Schiffe während des Aufenthalts in Tschemulpo um eine Audienz bei Seiner Majestät dem Kaiser von Korea nachsuche.

Es war mir bekannt, dass seitens der japanischen Generalresidentur in Söul in früheren Jahren derartigen Audienzgesuchen Schwierigkeiten in den Weg gelegt worden waren; andererseits war mir jedoch zu Ohren gekommen, dass die Generalresidentur in der letzten Zeit ihr Verhalten in dieser Frage geändert habe. Ich habe deshalb zunächst den Kaiserlichen Generalkonsul in Söul um eine Aeusserung darüber ersucht, welche Stellung die japanische Generalresidentur in jüngster Zeit zu derartigen Audienzgesuchen eingenommen habe.

Wie mir Generalkonsul Dr. Krüger hierauf mitgeteilt hat, vermittelt die japanische Generalresidentur seit etwa zwei Jahren bereitwilligst Audienzen fremder Kriegsschiffkommandanten beim Kaiser von Korea, und zwar aus eigenstem japanischen Interesse, um der Welt zu zeigen, dass der Kaiser würdig behandelt wird und nicht etwa ein Gefangener ist. So seien z. B. die beiden Kapitäne der österreichisch-ungarischen Kreuzer „Kaiser Franz Joseph I" und „Leopard" Anfang Juli bezw. Ende September vergangenen

Jahres auf Antrag des Kaiserlichen Generalkonsulats hin in Audienz empfangen worden. Eine Vorstellung der japanischen Admirale und Kapitäne etc. habe regelmässig stattgefunden.

Der italienische Kreuzer „Puglia" sei in diesem Sommer in Tschemulpo gewesen, indessen schon nach Beginn der sogenannten „warmen Jahreszeit", sodass aus diesem Grunde für den Kommandanten eine Audienz nicht in Frage gekommen sei.

Der englische Admiral Lambton habe beabsichtigt, Anfang Juli d. J. von Weihaiwei aus einen Besuch in Tschemulpo abzustatten, sei auch schon unterwegs gewesen, aber durch Nebel an der Einfahrt verhindert worden und nach dreitägigem vergeblichen Warten auf sichtiges Wetter unverrichteter Sache wieder umgekehrt. Nach Angaben des englischen Generalkonsuls in Söul soll Admiral Lambton aus persönlicher Abneigung gegen zeremonielle Empfänge nicht beabsichtigt haben, sich um eine Audienz beim Kaiser zu bemühen und glaubt hierzu auch nicht verpflichtet zu sein, da er zur Herfahrt nicht sein Flaggschiff, sondern seine Yacht „Alacrity" benutzt habe, somit sein Besuch als inoffiziell gelten könne. Ob der englische Admiral indessen diesen Standpunkt aufrecht erhalten hätte, wenn er erst einmal in Söul als Gast im englischen Generalkonsulat gewesen wäre, glaubt Generalkonsul Dr.Krüger bezweifeln zu sollen.

Jedenfalls entspricht es nach den Mitteilungen des Kaiserlichen Generalkonsuls in Söul durchaus den dortigen Gepflogenheiten, wenn Admiral von Ingenohl von Tschemulpo aus sich beim Kaiser von Korea meldet.

Unter diesen Umständen habe ich den Geschwaderchef telegraphisch davon in Kenntnis gesetzt, dass seitens der Kaiserlichen Botschaft kein Bedenken dagegen bestehen, dass er während seines Aufenthalts in Tschemulpo um eine Audienz am Kaiserlichen Hofe in Söul nachsucht.

Gleichzeitig habe ich Kontreadmiral von Ingenohl anheimgestellt, sich wegen der Anbringung des Audienzgesuche seiner Zeit mit dem Kaiserlichen Generalkonsulat in Söul ins Benehmen zu setzen.

A. Montgelas.

Inhalt: Audienz der Kommandanten S. M. Schiffe am Kaiserlichen Hofe in Söul.

Japanisch-chinesisches Abkommen über Chientao und die Mandschurei.

PAAA_RZ201-018938_049 ff.			
Empfänger	Bethmann Hollweg	Absender	Montgelas
A. 16783 pr. 13. Oktober 1909.		Tokio, den 20. September 1909.	
Memo	mtg. 16. 10. London 19.		

Abschrift.

A. 16783 pr. 13. Oktober 1909.

Tokio, den 20. September 1909.
(Botschaft.)

A. 203.

Seiner Exzellenz
dem Reichskanzler
Herrn von Bethmann Hollweg.

Durch eine Sonderausgabe des Staatsanzeigers vom 8. September d. J. sind die am 4. d. M. in Peking unterzeichneten Abkommen über Chientao und die japanisch-chinesischen Streitfragen in der Mandschurei veröffentlicht worden.

Prüft man den Inhalt der beidem Abkommen als Ganzes, so ergibt sich, dass trotz des Nachgebens Japans in der Chientao-Frage und bezüglich einiger untergeordneter Punkte in der Mandschurei Japan der gewinnende Teil bleibt. Die Bahnlinie Kirin-Hoiryong gibt im Verein mit den bereits bestehenden und den geplanten Bahnbauten in der Mandschurei und Korea-Japan ein solches Uebergewicht in dem östlichen Teile der Mandschurei, dass die Aufregung, die das Abkommen anscheinend in der öffentlichen Meinung Russlands hervorgerufen hat, wohl verständlich erscheint. Allerdings ist der Zeitpunkt für den Beginn des Bahnbaus China überlassen. Man neigt jedoch in Kreisen der hiesigen russischen Botschaft zu der Annahme, dass gerade über diesen Punkt geheime Abmachungen zwischen der chinesischen und japanischen Regierung bestehen.

Durch den Abschluss der beiden Abkommen sind die seit Jahr und Tag zwischen Japan und China schwebenden Streitfragen innerhalb weniger Wochen mit überraschender Schnelligkeit aus dem Wege geräumt worden. Während es von Anfang an zu erwarten war, dass China dem selbständigen Vorgehen Japans in der Antung-Mukden Bahnfrage keinen ernstlichen Widerstand entgegensetzen würde, musste es doch einigermassen überraschen, dass nach jahrelangem Hinziehen der Verhandlungen nunmehr auf einmal alle Streitfragen in einer Schnellligkeit erledigt wurden, die jeder europäischen Staatskanzlei Ehre gemacht hätte. Es liegt ausserhalb des Bereichs der diesamtlichen Berichterstattung, Vermutungen über die Beweggründe anzustellen, die die Chinesen, diese Meister des passiven Widerstands, zu einem so plötzlichen Einlenken auf der ganzen Linie veranlasst haben mögen. Ich möchte hier nur erwähnen, was mir vom hiesigen chinesischen Gesandten über diesen Punkt erzählt worden ist. Nach seinen Angaben hatte die chinesische Regierung schon vor geraumer Zeit sich bereit erklärt, in Verhandlungen bezüglich der Streitfragen in der Mandschurei einzutreten, sofern Japan vorher die Oberhoheit Chinas in Chientao und die Gerichtsbarkeit Chinas über die dort wohnenden Koreaner anerkenne. Hierauf einzugehen habe Japan abgelehnt, da es nicht auf Chientao verzichten und der Eventualität ausgesetzt sein wollte, bei den Verhandlungen über die mandschurischen Fragen von neuem auf Chinas Unnachgiebigkeit zu stossen. Als jedoch die chinesische Regierung im August des Jahres sich bereit erklärt habe, über alle Fragen gleichzeitig zu verhandeln, sei Japan auf den chinesischen Vorschlag eingegangen, dessen Ergebnis die beiden Abkommen vom 4. September d. J. seien.

Die japanische Presse hat die Beilegung der Differenzen mit China fast durchweg mit grosser Zufriedenheit begrüsst.

K o k u m i n hebt hervor, dass aus den Verträgen für alle Mächte Nutzen erwachse, deshalb sei es falsch, von japanischen Monopolbestrebungen zu sprechen. Japan habe offen und ehrlich gehandelt. Die Bestimmungen über die Kirin-Hoiryong Bahn schienen überrascht zu haben, doch sei es nur natürlich, dass China in dieser Angelegenheit im Verein mit Japan vorgehe, da doch diese Bahn an das koreanische Netz anschliessen solle. Das Blatt ist hochbefriedigt, dass die jahrelangen Unterhandlungen nun in ebensoviel Wochen zum Abschluss gebracht worden seien.

J i j i bespricht die Verträge im einzelnen und meint, wenn auch nicht alle Punkte gänzlich einwandfrei seien, so wolle man doch eine Kritik unterlassen und sich lieber der Freude hingeben, dass alle Fragen endlich erledigt seien.

A s a h i will nicht untersuchen, wer bei dem Abkommen besser gefahren sei: man müsse mit der erreichten Verständigung zufrieden sein und hoffen, dass in Zukunft Missverständnisse zwischen China und Japan vermieden werden würden.

N i c h i N i c h i ist gleichfalls erfreut, bedauert aber, dass es des eigenmächtigen Vorgehens Japans in der Antung-Mukden Bahnfrage bedurft habe, um China zur Raison zu bringen. Sodann wendet sich die Zeitung gegen die Auffassung amerikanischer Blätter, dass Japan ein Eisenbahnmonopol in der Mandschurei anstrebe. In den Verträgen finde sich nichts, was als Anhaltspunkt für diese Auffassung dienen könne. Die Japan freundlichen

Aeusserungen der Morning Post werden dagegen unterstrichen, die Hoffnung auf eine weitere Annäherung zwischen Japan und China ausgesprochen; einer Kritik der einzelnen Abmachungen will die Zeitung sich enthalten, da das Ergebnis in seiner Gesamtheit befriedige.

O s a k a M a i n i c h i allein ist unzufrieden. Die Zeitung betont zunächst die Uneigennützigkeit Japans, das sich wieder einmal für die Allgemeinheit „aufgeopfert" habe, indem es Chientao für den fremden Handel geöffnet habe. Für das Aufgeben seiner Ansprüche auf dieses Gebiet habe Japan keinerlei Gegenkonzession erhalten. Den Bau der Kirin-Hoiryong Bahn könne man nicht als solche ansehen, da doch die europäischen Mächte ohne weiteres ähnliche Konzessionen in Zentralchina erhalten hätten. Auch in anderen Punkten sei Japan zu nachgiebig gewesen. Graf Komura habe sich von den klugen chinesischen Diplomaten wieder einmal hereinlegen lassen. Dabei klinge es sonderbar, wenn man von dem Klagen der Chinesen und von ihren geplanten Gegenmassregeln höre; vielmehr könnten die Japaner sich über die Abmachungen beklagen. Auch die Amerikaner hätten keinen Grund zur Unzufriedenheit, Japan verdiene vielmehr Dank, dass es „unter Hintansetzung seiner eigenen Interessen" (1) wieder einmal die Führung in der Politik der offenen Türe übernommen habe.

Zu den telegraphisch hierher übermittelten Kommentaren der russischen Presse äussert man sich in hiesigen amtlichen Kreisen naturgemäss mit grosser Zurückhaltung; die russische Presse habe wieder einmal gezeigt, dass sie über den wahren Sachverhalt der Dinge im fernen Osten recht mangelhaft unterrichtet sei. Insbesondere der Verkehrsminister Baron Goto hielt mir neulich einen längeren Vortrag über dieses Thema und hob dabei hervor, er habe sich bei seinem Besuch in St. Petersbug im vergangenen Jahre in dieser Beziehung kein Blatt vor den Mund genommen und den amtlichen Stellen der russischen Hauptstadt offen seine Meinung über den mangelhaften Nachrichtendienst der russischen Presse über ostasiatische Verhältnisse gesagt. Die jetzige Haltung der russischen Presse beweise, wie recht er mit seinem damaligen Urteil gehabt habe.

Dass Russland amtlich hier vorstellig geworden sei, wie dies von einigen Zeitungen behauptet worden war, stellt man im hiesigen Ministerium des Aeusseren entschieden in Abrede. Graf Komura meinte, die Aufregung in Russland beschränke sich auf die Presse, doch hoffe er, dass auch diese sich beruhigen werde, wenn sie erst den genauen Text der Abmachungen vor sich habe.

Dass die massgebenden deutschen Zeitungen die Abkommen wohlwollend beurteilen, hat man im hiesigen Ministerium der auswärtigen Angelegenheiten mit besonderer Genugtuung konstatiert. Das Telegramm des Depeschendienstes der Deutschen Japan-Post, demzufolge die Kölnische Zeitung die Verständigung zwischen Japan und China begrüsste, die den Handelsinteressen der beiden Staaten grosse Vorteile biete, hat hier sehr guten Eindruck gemacht. Auch der Verkehrsminister Baron Goto nahm Gelegenheit, mir gegenüber dies besonders zu betonen und hinzuzufügen, er habe in letzter Zeit die Wahrnehmung gemacht, dass die leitenden deutschen Zeitungen über Vorgänge in Ostasien im allgemeinen ein weit gesünderes Urteil an den Tag legten als die englische Presse; von den russischen und amerikaniscen Zeitungen wolle er erst gar nicht reden.

gez. Montgelas.

orig. i. a. China 35

Inhalt: Japanisch-chinesisches Abkommen über Chientao und die Mandschurei.

[ ]

PAAA_RZ201-018938_054			
Empfänger	[o. A.]	Absender	[o. A.]
zu A. 16574.		Berlin, den 12. Oktober 1909.	
Memo	Tokio 28. 8. 187 Audienzen der Kommandanten in Seoul. A. 16574. orig. u. R. J. № 11115.		

zu A. 16574.

Berlin, den 12. Oktober 1909.

U. R.

dem Herrn Chef des Admiralstabes zur gefl. Kenntnisnahme.

Mit Bez. auf das geh. Schreiben B. 3094 I. vom 7. vor. Mts.

(Stpl.)

[ ]

PAAA_RZ201-018938_055			
Empfänger	[o. A.]	Absender	[o. A.]
A. 16574.		Berlin, den 12. Oktober 1909.	
Memo	A. 16574 orig. J. № 11115.		

A. 16574. 1 Anl.

Berlin, den 12. Oktober 1909.

Unter Rückerbittung
dem Herrn Chef des Admiralstabes der Marine
zur gefälligen Kenntnisnahme mit Bezug auf das gefällige Schreiben B. 3094 I. vom 7.
v. M.
[Siegel]

[ ]

PAAA_RZ201-018938_056			
Empfänger	[o. A.]	Absender	[*sic*.]
A. 16574		Berlin, den 21. Oktober 1909.	

zu A. 16574.

Berlin, den 21. Oktober 1909.

B. 3512. III.

U. dem Staatssekretär des Auswärtigen Amts

h i e r

ergebenst zurückzusenden.

Im Auftrage.

[Unterschfrift]

Besuch des Kontreadmirals von Ingenohl in Söul.

PAAA_RZ201-018938_057 ff.			
Empfänger	Bethmann-Hollweg	Absender	Krüger
A. 17032 pr. 17. Oktober 1909. a. m.		Söul, den 27. September 1909.	
Memo	mtg. 19. 10. Ad. Stab. R. Mar. Amt. J. № 1092.		

A. 17032 pr. 17. Oktober 1909. a. m.

Söul, den 27. September 1909.

K. № 68.

An Seine Exzellenz
den Herrn Reichskanzler
Dr. von Bethmann-Hollweg.

Durch Schreiben der Kaiserlichen Botschaft in Tokio war ich Ende vorigen Monats davon verständigt worden, dass der neue Chef des Kreuzergeschwaders Kontreadmiral von Ingenohl beabsichtige, mit seinem Flaggschiff S. M. S. „Scharnhorst" in Begleitung von S. M. S. „Arcona" vom 21. - 24. September in Tschemulpo zu ankern und Söul einen Besuch abzustatten. Gleichzeitig wurde ich befragt, ob einer Audienz des Admirals beim Kaiser von Korea etwa Bedenken entgegenständen.

Ich konnte darauf erwidern, dass die oberen japanische Beamten und Militärs dem Kaiser regelmässig -ausgenommen während der vom 20. Juli bis 20. September dauernden Sommerferien des Hofes- vorgestellt worden seien, und dass die Generalresidentur seit ca 1 - 2 Jahren auch Audienzen fremder Kriegsschiffskommandanten und durchreisender hochgestellter Persönlichkeiten bereitwilligst vermittelt habe, schon um letzteren Gelegenheit zu geben, sich persönlich (zwecks Weiterverbreitung) davon zu überzeugen, dass Japan das koreanische Herrscherhaus, wie vertragsmässig zugesichert würdig behandele, und der Kaiser nicht etwa als Gefangener gehalten werde.

Einige Wochen später bestätigte mir Admiral von Ingenohl telegraphisch von Tsingtau aus als Ankunftstag den 21. September und ersuchte mich, seine Audienz für einen der nächstfolgenden zwei Tage zu arrangieren.

Ich wandte mich alsbald an die Generalresidentur, durch deren Vermittelung die Audienz auf Donnerstag den 23. September Vormittags 11 Uhr angesetzt wurde.

Programmässig traf S. M. S. „Scharnhorst“ (allerdings ohne die inzwischen nach San Francisco zur Portolafeier beorderte S. M. S. „Arcona“) von Port Arthur kommend am 21. d. Mts. wohlbehalten auf Tschemulpo-Reede ein, indessen erst nach Sonnenuntergang, sodass mit Land nicht mehr in Verkehr getreten werden konnte.

Ich fuhr folgenden Tags mit dem ersten Zuge nach Tschemulpo hinunter, um den Admiral zu begrüssen.

Der mir gefälliger Weise zur Verfügung gestellte kleine Hafendampfer der Zollbehörde brachte mich kurz nach 9 Uhr an Bord des Flaggschiffs, woselbst ich dem mir von Manilazeiten her wohlbekannten Admiral, dem Kommandanten und der Offiziermesse meine Aufwartung machte und das weitere Programm besprach.

Während unserer Unterhaltung meldeten sich zwei deutsche Tschemulpoherren als Besucher, welche erzählten, dass die Morgenausgabe der „Seoul Press“ eine Notiz über die Absage der Audienz wegen bedrohlichen Umsichgreifens der Cholera gebracht habe. Ich fuhr sofort an Land, setzte mich telephonisch mit der Generalresidentur in Verbindung und erhielt eine Bestätigung der Richtigkeit der Nachricht.

Daraufhin änderte Admiral von Ingenohl seinen Plan, nahm von einem Übernachten in Söul als mein Gast im Generalkonsulat Abstand und beschloss nur in Zivil folgenden Tages mit den Herren seines Stabes und einigen Offizieren nach Söul zu kommen, um sich die Stadt anzusehen.

Bei meiner Rückkehr nach Söul am späten Nachmittage fand ich im Bureau die offizielle schriftliche Audienzabsage vor. Ein innerhalb des Palastgrundstückes selbst konstatierter Cholerafall, ferner ein Fall unter den Beamten der Generalresidentur und ca 30 Fälle in der Stadt hatten Veranlassung zu dieser Vorsichtsmassregel gegeben. Auch die Einladungen zu einem von Generalresident Vicomte Sone für den nämlichen Abend angesetzten offiziellen Diner waren aufgehoben worden.

Ich meinerseits hatte bei mir im Hause ein grösseres Gabelfrühstück zu 24 Gedecken im Anschluss an die Audienz vorbereitet und dazu die leitenden Beamten der Generalresidentur und die obersten japanischen Militärs gebeten, um diese mit unsern deutschen Marineherrn zusammenzubringen. Zu meinem Leidwesen mussten aber sämtliche japanische Teilnehmer auf höhere Weisung im letzten Augenblick sich entschuldigen, da der Einwohnerschaft soeben die Anhaltung von Versammlungen und Zusammenkünften mit Rücksicht auf die Cholera polizeilich untersagt worden war, und Vicomte Sone befürchtete, dass es bei der Bevölkerung übel vermerkt werden würde, wenn er selbst und seine Beamten -entgegen dem Grundsatz: „was dem einen recht, ist dem andern billig“- in grösser Anzahl einem deutschen Essen beiwohnen würden.

Donnerstag früh holte ich Admiral von Ingenohl von der Bahn ab und fuhr mit ihm und seiner Begleitung zunächst bei der Generalresidentur vor, woselbst ich mich darauf beschränkte, Karten der deutschen Besucher für Vicomte Sone etc. abzugeben, mit welcher abgekürzten Erledigung der Besuchsformalitäten sich die Japaner auf meinen Vorschlag unter den obwaltenden Umständen einverstanden erklärt hatten.

Demnach bestiegen wir den hinter der Generalresidentur belegenen Namsan(Südberg) mit weiter Übersicht über die Stadt, machten dann eine Rundfahrt in Rickschahs durch die Strassen und besichtigten schliesslich den alten Palast(Kiung-Pok), woselbst 1895 die Kaiserin ermordet worden war.

Das Tiffin (II. Frühstück) nahmen die Scharnhorstherren bei mir ein. Erfreulicherweise erschein dazu auch Generalmajor Akashi, Chef des Generalstabes der in Korea stehenden japanischen Truppen, welcher vordem 2 Jahre Militärattaché in Berlin gewesen war.

Ausbrechender Regen verhinderte am Nachmittage eine Fortsetzung der Stadtbesichtigung. So fuhren denn die deutschen Besucher schon mit dem 4 Uhr Zuge nach Tschemulpo zurück, um noch vor Dunkelheit das Flaggschiff zu erreichen, welches am nächsten Morgen nach Tsingtau in See gehen sollte.

Ist auch die Audienz beim Kaiser als die wesentlichste Programmnummer in Folge der unvorhergesehenen widrigen Umstände nicht zur Ausführung gekommen -wobei übrigens meiner unmassgeblichen Ansicht nach Admiral von Ingenohl wirklich nichts verloren hat- so haben unsere Marineherren immerhin einen flüchtigen Eindruck von Söul gewinnen können.

Wünschenswert wäre es, wenn zukünftige Kriegsschiffsbesuche sich etwas länger ausdehnten. Zwei Tage in Korea, davon nur einen Tag in Söul, welcher an sich schon durch die offiziellen Besuche bei den Zivil- und Militärchefs sowie die Audienz beim Kaiser mehr als zur Hälfte besetzt ist, sind entschieden zu wenig. Mindestens drei volle Tage sollten für Koreas Hauptstadt bestimmt werden, auch um den Japanern die ihnen durchaus erwünschte Möglichkeit einer Bewirtung der fremden Besucher zu geben.

Die Zeiteinteilung würde sich dann etwa wie folgt gestalten:

erster Tag: Vormittags: Offizielle Besuche bei japanischen Zivil- und Militärchefs.
Audienz beim Kaiser
Nachmittags: Empfang der offiziellen Erwiderungsbesuche. Spaziergang zu den Kaisergräbern.
Abends: Diner im Generalkonsulat.

zweiter Tag: Vor- und Nachmittags: Besichtigung von Stadt und Umgebung (Paläste, Tempel, Strassen, Läden etc.)
Abends: Diner beim Generalresidenten.

dritter Tag: Tagesausflug auf den Pukhan (Nordberg) mit sehr lohnendem Einblick in die koreanische Landschaft.

Bei Innehaltung und Ausnutzung dieses Programmes bekommt man von Land und Leuten genügend zu sehen.

Tokio erhält Berichtsdurchschlag.

Krüger.

Inhalt: Besuch des Kontreadmirals von Ingenohl in Söul.

[ ]

PAAA_RZ201-018938_063			
Empfänger	[o. A.]	Absender	[o. A.]
A. 17032.		Berlin, den 19. Oktober 1909.	
Memo	J. № 11376.		

zu A. 17032.

Berlin, den 19. Oktober 1909.

Dem Herrn 1.) Chef des Admiralstabes der Marine.
2.) St. d. R. M. A.
zur gefälligen Kenntnisnahme.
Gleiche Mitteilung ergeht an den Herrn
ad 1) St. d. R. M. A.
ad 2) Chef d. Adm. d. M.
(Stpl.)

[ ]

PAAA_RZ201-018938_065			
Empfänger	Auswärtiges Amt in Berlin	Absender	Montgelas
A. 17539 pr. 26. Oktober 1909. p. m.		Tokio, den 26. Oktober 1909.	

A. 17539 pr. 26. Oktober 1909. p. m.

Telegramm.

Tokio, den 26. Oktober 1909. - Uhr Min. m.
Ankunft: 26. 10. 4 Uhr 20 Min. Nm.

Der K. Geschäftsträger an Auswärtiges Amt.

Entzifferung.

№ 32.

Minister der auswärtigen Angelegenheiten bestätigt Nachricht, dass Fürst Ito heute Vormittag 9 Uhr bei Ankunft Charbin auf Perron von Koreaner mit Revolver tödlich verwundet. Anheimgebe Allerhöchste Beileidskundgebung.

Montgelas.

Militärtelegraphen Karte von Korea.

PAAA_RZ201-018938_066			
Empfänger	Bethmann Hollweg	Absender	[*sic.*]
A. 18065 pr. 3[4] November 1909. p. m.		MUKDEN, den 20. Oktober 1909.	
Memo	J. № 1848.		

A. 18065 pr. 3. November 1909. p. m. 1 Anl.

MUKDEN, den 20. Oktober 1909.

K. № 99.

An Seine Exzellenz
den Reichskanzler
Herrn Dr. von Bethmann Hollweg, BERLIN.

Von einem Japaner sind hier drei Kopien einer koreanischen Militärtelegraphenkarte erworben worden, die angeblich geheim ist. Die Linien, die die einzelnen Orte verbinden, stellen die Telegraphenlinien dar. Die kleineren Stationen sind mit einem Unteroffizier und einigen Soldaten besetzt, die grösseren mit einem Offizier und entsprechender Mannschaft.

Eine der Kopien ist hier beigefügt, eine zweite habe ich Seiner Exzellenz dem Kaiserlichen Herrn Gesandten in PEKING eingereicht.

[Unterschfrift]

Inhalt: Militärtelegraphen Karte von Korea.

Berlin, den 5. November 1909.

zu A. 18065.

An den Herrn Chef des Generalstabs der Armee
Hier.

J. № 12046.

Ew. beehre ich mich anbei Abschrift eines Berichts des Kais. Konsuls in Mukden v. 20. v. Mts., betreffend eine Militärtelegraphenkarte von Korea, zu übersenden. Die beigefügte Karte steht zur Verfügung.

St. S.
i. A.

[ ]

PAAA_RZ201-018938_068			
Empfänger	[o. A.]	Absender	[o. A.]
A. 18401 pr. 9. November 1909.		[o. A.], den 9. November 1909.	

A. 18401 pr. 9. November 1909.

Vossische Zeitung.
9. 11. 09.

Asien.
Marquis Ito in Berlin.

Der Adoptivsohn des ermordeten Fürsten Ito, Marquis Hirofuni Ito, der seit Sonnabend in Berlin weilte und im Palast-Hotel abgestiegen war, hat die deutsche Reichshauptstadt gestern Abend wieder verlassen, um sich nach Moskau zu begeben und von dort über Sibirien die Rückreise nach Japan anzutreten. Einer unserer Mitarbeiter hatte Gelegenheit, sich mit Marquis Ito, der ein Bruder des früheren Botschafters in Berlin, Grafen Inouye, ist, zu unterhalten und von ihm einiges über seine Mission zu erfahren. Marquis Ito kam in seiner Eigenschaft als Zeremonienmeister des japanischen Hofes mit der Absicht nach Europa, Einkäufe für eine bevorstehende japanische Prinzenhochzeit zu machen und sich zugleich wegen des 50jährigen Regierungsjubiläums des Mikado, das auf das Jahr 1917 fällt, über das europäische Hofzeremoniell bei derartigen Festlichkeiten zu unterrichten. Infolge des plötzlichen Todes des Fürsten Ito verzichtete Marquis Ito jedoch auf die letztere Absicht, die ihn, da Kaiser Franz Josef unlängst das 50jährige Regierungsjubiläum gefeiert hat, auch nach Wien führen sollte. Wie Marquis Ito erklärte, wurde er durch die Nachricht von der Ermordung seines Adoptivvaters um so mehr überrascht, als er nicht einmal gewußt hat, daß der Fürst die Absicht gehabt hat, mit dem russischen Finanzminister in Charbin zusammenzutreffen. Die Einzelheiten der Ermordung habe er erst von einem italienischen Journalisten erfahren. Die Meldungen von der Grausamkeit des Fürsten Ito gegenüber den Koreanern erklärte Marquis Ito für Verleumduungen. Er kam bei dieser Gelegenheit auch auf das in letzter Zeit öfters genannte Fräulein Sonntag zu sprechen. Die als Köchin des deutschen Gesandten v. Saldern nach Korea kam und die behauptet haben soll, Fürst Ito hätte die Ermordung der Kaiserin von Korea veranlaßt.

Marquis Ito glaubte diese Beschuldigungen bei Fräuleins Sonntag nicht besser widerlegen zu können, als durch die Versicherung, daß Fräulein Sonntag für den Fürsten stets die größte Hochachtung bewiesen und der Fürst selbst ihr bei seinem Rücktritt vom Amte des Generalresidenten von Korea eine beträchtliche Geldsumme als Anerkennung geschenkt habe. (Frl. Sonntag hat sich übrigens am 24. September von Söul noch Schanghai begeben und hat von dort auf einem französischen Dampfer die Reise nach Marseille angetreten. Angeblich hat sie Korea wegen ihrer geschwächten Gesundheit verlassen. Ihr Häuschen wird unter dem Namen „Hotel Söul" als Gasthaus weiterbestehen.)

Marquis Ito, der fließend Deutsch spricht, war jetzt zum fünften Male in Deutschland. Er hatte sich auch im Gefolge des Prinzen Arisugawa befunden, als dieser zur Hochzeit des Kronprinzenpaares nach Berlin kam. Er gehörte auch dem Komitee zum Empfange des Prinzen Anton von Hohenzollern in Japan an. Zum ersten Male kam er vor ungefähr zwanzig Jahren nach Deutschland. Er trat damals als Fähnrich beim 27. Infanterie-Regiment (Prinz Louis Ferdinand von Preußen) in Halberstadt ein. Aus Gesundheitsrücksichten entsagte er jedoch bald der militärischen Laufbahn. Seinen diesmaligen Aufenthalt in Berlin hat Marquis Ito nur zu einigen Reiseeinkäufen benutzt. Zum Abschied von Marquis Ito hatten sich gestern Abend auf dem Bahnhof Friedrichstraße der japanische Botschafter mit dem gesamten Botschaftsstab eingefunden. In Begleitung des Marquis befand sich der Zeremonienmeister A. Bachi.

orig. i. a. Japan 8. № 2.

Konsularjurisdiktion in Korea.

PAAA_RZ201-018938_069 f.			
Empfänger	Bethmann Hollweg	Absender	Montgelas
A. 19745 pr. 1. Dezember 1909.		Tokio, den 13. November 1909.	
Memo	mtgs. 3. 12. Darmst., Pera, Dresd., London, Karlsr., Madrid, Münch., Paris, Stuttg., Petbg., Weim., Rom B., Oldbg., Wien, Hambg.		

Abschrift.

A. 19745 pr. 1. Dezember 1909.

Tokio, den 13. November 1909.

A. 226.

Seiner Exzellenz
dem Reichskanzler
Herrn von Bethmann Hollweg.

Die Tokio Asahi befürwortet in ihrem heutigen Leitartikel die Aufhebung der Konsularjurisdiktion in Korea. Am 1. d. M. habe Japan die Gerichtshoheit in Korea übernommen. Die Erfolge, die die fremden Missionare in Korea erzielten, seien erstaunlich; im Laufe der Jahre hätten mehr als 3 Millionen Koreaner den christlichen Glauben angenommen. Wenn man dabei berücksichtige, dass die Koreaner in Glaubenssachen im Grunde noch indifferenter seien als die Japaner, und dass in Japan die Missionare trotz 50jähriger Tätigkeit nur wenig Fortschritte gemacht hätten, so müsse der Uebertritt so zahlreicher Koreaner zum Christentum auffallen. In der Tat täten denn auch die meisten Koreaner nicht aus Ueberzeugung über, sondern weil sie glaubten, an der fremden Religion und an den Missionaren einen Halt gegen die zunehmende Ausdehnung des japanischen Einflusses zu haben. Das Vertrauen in die fremden Missionare gründe sich namentlich auf deren Ausnahmestellung in Jurisdiktionssachen. Wenn man also auch sagen könne, dass die Exterritorialität der Fremden in Korea an sich nicht von besonders nachteiligen Wirkungen begleitet sei, so säe sich die Sache, vom Standpunkt der Auffassung dieser koreanischen Konvertiten betrachtet, doch ganz anders an. Die Zeitung wünscht aus diesem Grunde eine möglichst baldige Beseitigung der Exterritorialität in Korea und meint, dass die fremden Mächte hiergegen keinen Einspruch erheben würden. Vielmehr sei anzunehmen, dass sie diese Massnahme nach dem Uebergang der Justizhoheit an Japan als etwas ganz Natürliches ansehen würden.

gez. Montgelas.

orig. i. a. Korea 10

Inhalt: Konsularjurisdiktion in Korea.

[ ]

PAAA_RZ201-018938_071			
Empfänger	[o. A.]	Absender	[o. A.]
A. 21078 pr. 23. Dezember 1909.		[o. A.], den 23. Dezember 1909.	

A. 21078 pr. 23. Dezember 1909.

Berliner Lokal-Anzeiger.
23. 12. 1909.

Eine neue politische Bluttat in Korea.

Auf die Ermordung des Fürsten Ito auf dem Bahnhofe zu Charbin durch mehrere bisher unentdeckt gebliebene Koreaner ist jetzt ein Anschlag gegen den höchsten politischen Beamten von Korea erfolgt. Ohne Zweifel ist diese neue Mordtat ein weiteres Glied in der Kette von Gewaltakten, mit denen das seiner nationalen Selbständigkeit verlustig gegangene Volk gegen die japanische Fremdherrschaft protestieren will. Telegramme melden uns:

Söul, 22. Dezember, Premierminister Yi wurde heute während einer Ausfahrt in einem kleinen japanischen Wagen von einem 20jährigen Koreaner durch Dolchstiche in den Unterleib und die Lungen tödlich verletzt. Der Premierminister wurde ins Hospital gebracht. Ein Wagenführer wurde gleichfalls durch Dolchstiche verletzt und starb bald darauf. Der Täter wurde verhaftet. Man nimmt an, daß er Mitglied einer geheimen politischen Gesellschaft ist.

Petersburg, 22. Dez., 11Uhr 15 M. nachts. (Von uns. v. A.-Korrespondenten.) Die Ermordung des koreanischen Ministerpräsidenten geschah heute morgen. Yi ließ sich in einem kleinen Wagen, einer sogenannten Rikscha, durch die Hauptstraße Söuls ziehen. Ein 20jähriger Koreaner stürzte auf ihn zu und verwundete ihn schwer durch drei Dolchstiche. Der Wagenzieher wurde durch einen Dolchstich getötet. Der Mörder gehört der japanfeindlichen Partei an, die auch die Ermordung Itos veranlaßte.

Der tödlich verwundete Premierminister Yi ist Koreaner. Den Mitgliedern der hiesigen japanischen Botschaft ist Yi nicht näher bekannt. Er dürfte daher noch nicht lange an der

Spitze des Ministeriums gestanden haben. Wie über die Tat selbst, so war man an diesen offiziellen Stellen auch über die Beweggründe, die den jungen Menschen zu seiner Tat veranlaßt haben, nicht unterrichtet. Man ist aber auch hier davon überzeugt, daß, ebenso wie Fürst Ito das Opfer eines politischen Fanatikers wurde, der sich an dem japanischen Staatsmann für die untergegangene Selbständigkeit seines Vaterlandes rächen wollte, jetzt auch in Söul der gleiche Racheakt eines fanatisierten Patrioten vorliegt. Der Unterschied besteht nur darin, daß in Charbin ein Japaner getroffen worden war, auf den vornehmlich Korea den Verlust seiner Freiheit zurückzuführen hat, während in Yi nur ein Werkzeug der neuen Herren gestraft und an ihm ein Exempel statuiert werden sollte. Beide Taten sind aus dem Haß der Koreaner gegen ihre vermeintlichen Unterdrücker entstanden. Das letzte blutige Ereignis ist jedoch noch insofern bedeutsamer, als es die Früchte erkennen läßt, die das durch Itos Ermordung veranlaßte, noch straffere Regiment in dem Lande der Morgenröte zu zeitigen verspricht.

Natürlich wird auch die neueste Bluttat das Schicksal Koreas nicht aufhalten können, eher wird eine Beschleunigung der geplanten

japanischen Maßnahmen

die Folge sein. Von Interesse ist in dieser Beziehung der Inhalt des nachstehenden Privattelegramms:

Paris, 22. Dezember, 7 Uhr 45 Min. abbs. (Von unserem u. -Korrespondenten.) Im Ministerium des Aeußern trafen Meldungen ein, daß Rußland von Japan freundnachbarlich von dessen bevorstehender militärischer Aktion zur definitiven Herstellung der Ordnung in Korea unterrichtet wurde. Die offizielle Liberté meint, daß Rußland keinen Anlaß habe, gegen Japan zu rüsten. Wenn sich dennoch die Meldung russischer Truppensammlungen in Sibirien bestätige, so könne es sich nur um eine Vorsichtsmaßregel gegen die räuberischen Chinesenbanden handeln.

[ ]

PAAA_RZ201-018938_072			
Empfänger	[o. A.]	Absender	[o. A.]
A. 21152 pr. 24. Dezember 1909. p. m.		[o. A.], den 24. Dezember 1909.	

A. 21152 pr. 24. Dezember 1909. p. m.

Kölnische Zeitung.
24. 12. 1909.

Asien.
Deutschlands Handel mit Korea.

Ssoul, 2. Dez. Nach der amtlichen Zollstatistik wies der Handelsverkehr zwischen Deutschland und Korea in den ersten sechs Monaten dieses Jahres einen Gesamtwert von nur 560 203 M auf, wovon auf die Einfuhr nach Korea 526 484 M und auf die Ausfuhr nach Deutschland 33 720 M kommen. Wichtige Einfuhrgegenstände sind Zucker, Bier, Wein, Anilinfarben, Tuche, Nägel und Maschinen aller Art. Für die Ausfuhr kommen in Betracht: Reis, Bohnen, Fische, Häute, Gold, Kupfer, Graphit und die in China hochgeschätzte Ginseng-Wurzel. Daß aber der indirekte Einfuhrhandel Deutschlands nach Korea bedeutend größer ist, zeigte sich bei der jüngst stattgehabten Eröffnung des Anbaues der koreanischen Staatsdruckerei in Japan unweit der koreanischen Hauptstadt. Sämtliche Maschinen sind aus Deutschland bezogen, aber über Japan eingeführt und daher in der amtlichen Statistik nicht unter Deutschland aufgeführt. Da sind vertreten: Willheim Ferd. Heim, Offenbach a. M., König & Gieseke, Karl Krause, Leipzig, Krebs, Frankfurt a. M., F. Huhn & Sohn, Hamburg, A. Hogenforst, Küstermann & Co. und andere. Nur die elektrische Anlage stammt aus Amerika.

[   ]

PAAA_RZ201-018938_074 f.			
Empfänger	Bethmann Hollweg	Absender	Mumm
A. 1144 pr. 22. Januar 1910. a. m.		Tokio, den 18. Dezember 1909.	

Abschrift.

A. 1144 pr. 22. Januar 1910. a. m.

Tokio, den 18. Dezember 1909.

A. 251.

S. E. dem Herrn R. K.

Dr. v. Bethmann Hollweg.

Durch eine Reihe von Verordnungen, die im Staatsanzeiger v. 16. d. M. veröffentlicht wurden, werden die japan. Eisenbahnen in Korea, die bisher der japan. Generalresidentur in Seoul unterstanden, dem japan. Eisenbahnamt in Tokio unterstellt. Hierdurch ist eine bereits seit mehreren Monaten erwogenen u. auch in der japan. Presse wiederholt besprochene Maßnahme verwirklicht worden. Dem japan. Generalresidenten in Seoul u. dem Höchstkommandierenden der japanischen Truppen in Korea werden in den oben erwähnten Verordnungen gewisse Rechte bezgl. der Bahnen vorbehalten.

Nach dem im Dezember 1908 veröffentlichten Jahresbericht der Generalresidentur für das Jahr 1907 (Annual report for 1907 on reform and progress in Korea) betrug im Rechnungsjahr 1907/8 die Meilenzahl der dem Verkehr übergebenen Bahnlinien in Korea 641,5 engl. Meilen = 1032,17 km; Die Zahl der Lokomotiven belief sich auf 104, der Personenwagen auf 158, der Güterwagen auf 955.

Das Ksl. General-Konsulat in Seoul hat Abschr. dieses Berichts erhalten.

gez. Mumm.

Orig. i. a. Korea 10

[   ]

PAAA_RZ201-018938_076 f.			
Empfänger	Bethmann-Hollweg	Absender	Krüger
A. 3026 pr. 18. Februar 1910. p. m.		Söul, den 29. Januar 1910.	
Memo	J. № 78.		

A. 3026 pr. 18. Februar 1910. p. m. 1 Anlage.

Söul, den 29. Januar 1910.

K. № 8.

An Seine Exzellenz
den Herrn Reichskanzler
Dr. von Bethmann-Hollweg.

Die „Seoul Press", das Blatt der Generalresidentur, gewinnt es mitunter über sich, der deutschen Politik Anerkennung zu zollen und bei sich bietender Gelegenheit der Bedeutung und Stellung Deutschlands Japan gegenüber gerecht zu werden.

So brachte sie im vergangenen Sommer aus Anlass der Durchreise des deutschen Professors Carl Thiess von der Tokio Universität einen längeren Artikel, in welchem aufgezählt wurde, was Japan in wissenschaftlicher, militärischer und technischer Beziehung Deutschland verdanke.

Jetzt zum Geburtstage Seiner Majestät des Kaisers widmet sie den Leitartikel dem von Deutschlands Herrscher seit nunmehr 22 Jahren unentwegt bestätigten Friedenswerke und fordert die durch falsche Verdächtigungen irregeleiteten Japaner auf, endlich einmal von ihrer feindseligen Stimmung gegen Deutschland abzulassen, durch welche die guten Beziehungen beider Länder zu einander nur geübt werden könnten.

Angesichts der auf englische Beeinflussung zurückzuführenden konstant antideutschen Haltung so mancher japanischer Blätter wirkt der gelegentliche Freimut der „Seoul Press" erfreulich und verdient registriert zu werden.

Tokio erhält Berichtsdurchschlag.

Krüger.

Anlage zum Bericht № 8.

"The Seoul Press"
vom 27. Januar 1910.

THE KAISER.

TO-DAY His Majesty the Emperor of Germany celebrates his 52nd birthday. It is a very pleasant task for us to offer our hearty congratulations to the loyal subjects of His Majesty on this occasion and to express our earnest hope that His Majesty will enjoy a long and happy life. It is but idle to dwell on his greatness as a sovereign, for it is too well known. We may, however, take this opportunity to try to dispel the enormous idea about the Kaiser, which appears to us to be entertained by some of our countrymen. His Majesty is often called War Lord and it is suspected that he is bent on the conquest of the world by the use of his great army and navy. In the brains of some Japanese, the Kaiser exists as an imperious and energetic sovereign with a very fiery and warlike character, whose absorbing ambition is the making of Germany a second Roman Empire and who will not hesitate to declare war against any nation standing in his way. Nobody, however, can possibly condemn His Majesty for aiming at securing for his country dominance in world politics, for this is the legitimate ambition of the ruler of every country on the face of the earth. It is the methods, which a ruler employs to attain that ambition that causes critical discussion. Now during his long reign has the Kaiser ever resorted to the use of arms in pursuing his great object of making Germany great? His Majesty has achieved brilliant success, but has done so by peaceful measures. It is his wonderful energy, remarkable far-sightedness, perseverance, wisdom, tact-in short all that goes to make a great sovereign and not his army and navy that placed Germany in the proud position in which she now stands. With the exception of a litte war in Africas, Germany, during the reign of William II., has never unsheathed her sword against a civilised country, and that in the face of not a few provocations. It is of great credit to the Kaiser that possessing, as he does, so powerful an army and navy, His Majesty has never allowed himself to be tempted to use them, though occasions for their successful use have come up more than once. The "War Lord" is not in fact a warlike sovereign, but a very powerful upholder of peace. Suspicion breeds all sorts of evil. It leads among others to enmity between the man suspected and the man who suspects. Germany and Japan should continue to maintain the very friendly and close relation, which has happily existed in the past and exists today. But if the groundless suspicion, entertained by a region of the Japanese people against Germany on the empty thought that her ruler is a warlike sovereign of the fiercest type, should spread, great harm will be done to the maintenance of close friendship between the two nations. For this reason, we take this opportunity of proving its falsity. Let our countrymen be frank and judge the Kaiser in the light of his past conduct. All of them, then, will join with us in wishing that His Majesty may see many happy returns of his birthday.

Inhalt: Leitrartikel der "Seoul Press" zu Kaiser-Geburtstag.

Neuorganisation der koreanischen Ministerien.

PAAA_RZ201-018938_082 ff.			
Empfänger	Bülow	Absender	Krüger
A. 3691 pr. 10. März 1908. p. m.		Söul, den 17. Februar 1908.	
Memo	J. № 149.		

A. 3691 pr. 10. März 1908. p. m.

Söul, den 17. Februar 1908.

K. № 26.

An Seine Durchlaucht
den Herrn Reichskanzler
Fürsten von Bülow.

Die auf Grund des erweiterten Protektoratsvertrages vom 24. Juli 1907 japanischerseits in Angriff genommene Reformierung des koreanischen Verwaltungswesens an Haupt und Gliedern hat bei den Verwaltungsspitzen eingesetzt und zu einer völligen Neuorganisation sämtlicher Ministerien geführt.

Die Vorarbeiten wurden so gefördert, dass die bezüglichen Kaiserlichen Edikte etc. noch vor Schluss des vergagenen Jahres herauskommen und spätestens mit dem 1. Januar 1908 in Kraft treten konnten.

Zwecks Ermöglichung einer allgemeinen Uebersicht dürfte eine kurzgefasste Inhaltsangabe der einzelnen Bestimmungen bezw. Paragraphen ausreichen.

Zur Benutzung im Bureau angefertigte deutsche Uebersetzungen der Edikte etc. liegen indessen vor, und könnten auf Erfordern Abschriften übersandt werden.

I. Hausministerium.

A. Ordnung des Hausministeriums.

Die der Zeit nach älteste Verordnung betrifft das Hausministerium, trägt das Datum des 27. November 1907 und ist in Gestalt einer Ministerialveröffentlichung № 161 im Staatsanzeiger vom 29. November 1907 publiziert worden.

Das Hausministerium wird von den anderen Ministerien vollständig gesondert gehalten und behandelt.

Die Verordnung enthält 33 Paragraphen.

§§ 1 - 16 behandeln Rechte und Pflichten des Hausministers. Er hat sämtliche Angelegenheiten des Kaiserlichen Hauses zu verwalten und kann mit Kaiserlicher Genehmigung innerhalb seines Ressorts im Rahmen der bestehenden Gesetze und Edikte selbstständige Vorschriften erlassen.

§ 17. Neben dem Hausminister steht ein Vizehausminister.

§§ 18 und 19. Die Bureauarbeiten besorgen 2 Geheimsekretäre und 3 Sekretäre.

§ 20. Das Hausministerium umfasst folgende Abteilungen:

1. Bureau des Ministers: „Tä sin Kwan-pang" (大臣官房) mit 4 Sektretären, 4 Geschäftsführern, 1 Stallmeister, 22 Kanzlisten und einer Anzahl von Kutschern und Reitknechten.

Es besteht aus 4 Bureaus (§ 21):

a. für Personalangelegenheiten,

b. für gemischte Angelegenheiten (Prozessionen, Geschenke etc.),

c. für Kontrolausübung,

d. für den Kaiserlichen Marstall.

2. Hofmarschallamt: „Si djong won" (侍從院) mit (§ 22) 1 Oberhofmarschall, 1 Hofmarschall, 12 Kammerherrn, 9 Kammerjunkern, 6 Aerzten, 1 Apotheker, 6 Kanzlisten.

3. Zeremonienamt: "Djang rei won" (掌禮院) mit (§ 23) 1 Oberzeremonienmeister, 2 Geschäftsführern, 10 Zeremonienmeistern, 5 Ritual-Zeremonienmeistern, 16 Kanzlisten, 2 Musikdirektoren für koreanische bezw. europäische Musik, bis zu 30 Tempelaufsehern und bis zu 25 Aufsehergehülfen.

4. Bureau des Exkaisers: „Sung Yong pu" (承寧府) mit (§ 24) 1 Präsident, 1 Vizepräsident, 1 Oberkammerherrn, 7 Kammerherrn, 1 Geschäftsführer, 2 Aerzten, 1 Küchenchef, 6 Kanzlisten.

5. Bureau der Kaiserin: „Hoang hu kung" (皇后宮) mit (§ 25) 1 Superintendenten, 1 Assistenten, 2 Kanzlisten.

6. Bureau des Kronprinzen: „Tong kung" (東宮) mit (§ 26) 1 Superintendenten, 1 Assistenten, 4 Kammerherrn, 2 Professoren, 2 Kanzlisten.

7. Kaiserliche Bibliothek: „Kiu djang kak" (奎章閣) mit (§ 27) einer grösseren Anzahl von Professoren und Vorlesern (Ehrenbeamte), ferner 1 Präsidenten, 2 Sekretären, 2 Bibliothekaren, 4 Kanzlisten.

8. Schatzmeisteramt: „Nä djang won" (內藏院) mit (§ 28) 1 Präsident, 1 Vizepräsident, 3 Geschäftsführern, 1 Bauingenieur, 4 Ingenieurassistenten, 15 Kanzlisten.

9. Küchenverwaltung: „Djun sön sa" (典膳司) mit (§ 29) 1 Direktor, 1 Küchenchef, 4 Kanzlisten.

10. Palastverwalteramt: „Dju djön won" (主殿院) mit (§ 30) 1 Präsident, 1 Geschäftsführer, 7 Kanzlisten, 1 Elektrizitäts-Ingenieur und 6 Assistenten.

11. Rechnungskammer des Kaiserlichen Hauses: „Djei sil Hoi kei Kam sa won" (帝室會計監査院) mit (§ 31) 1 Präsidenten, 1 Geschäftsführer, 2 Finanzinspektoren, 6 Kanzlisten.

12. Bureau für Angelegenheiten der Kaiserlichen Verwandten: „Djang tschin ka djik" (宗親家職) mit (§ 32) je 1 Hausmeister und 1 Hausmeisterassistenten für jeden Prinzen von Geblüt.

B. Bureau für Verwaltung der Kronfinanzen.

Ministerialveröffentlichung № 162 betrifft die Errichtung eines Bureaus für Verwaltung der Kronfinanzen, welchem die Unterhaltung und Ausbeutung des gesamten beweglichen und unbeweglichen Kronvermögens obliegt. Folgende Beamte sind vorgesehen: 1 Präsident, 1 Vizepräsident, 2 Geschäftsführer, 1 Ingenieur, 3 Ingenieurassistenten und 11 Kanzlisten.

C. Ordnung für die Adelsschule.

Hieran schliesst sich Veröffentlichung № 163 mit Abänderungen der Ordnung für die Adelsschule im Hausministerium.

D. Rang und Gehälter der Beamten des Hausministeriums.

Veröffentlichung № 164 regelt die Rang- und Gehaltsverhältnisse der Beamten des Hausministeriums. Bei der Rangklasse II („Tschik im") werden 3 Stufen gebildet, bei der Rangklasse III („Tschuim") 4 Stufen und bei der Rangklasse IV („Pan im") 5 Stufen.

E. Tempel und Ahnenhallen.

Laut Veröffentlichung № 165 soll an den Ordnungen für Tempel, Ahnenhallen, Gräber etc. einstweilen nichts geändert werden.

F. Haushalte von verstorbenen Mitgliedern der Kaiserfamilie.

Veröffentlichung № 166 bestimmt, dass die bisher getrennt verwalteten Haushalte (Nachlässe) von 8 verstorbenen Mitgliedern der Kaiserlichen Familie dem Bureau für die Kronfinanzen unterstellt werden. Die Ahnenfeiern für diese Haushalte übernimmt das Zeremonienamt.

G. Dienstinstruktion für die Palastbeamten.

In 27 Paragraphen bringt Veröffentlichung № 167 die Dienstinstruktion für die Palastbeamten.

Die Palastbeamten dürfen sich nicht in Regierungsangelegenheiten mischen, dürfen dem Kaiser privatim weder in eigenen Angelegenheiten noch in Angelegenheiten Dritter etwas hinterbringen oder übergeben, Religionsfragen nicht diskutieren oder Wahrsager und Zauberer anrufen, dürfen keine Geschenke, Freikarten, Waren zu Vorzugspreisen etc. annehmen oder Erpressungen ausüben, dürfen sich nicht an Privatunternehmungen beteiligen oder Handel treiben, dürfen keine Schulden machen, sie müssen Amtverschwiegenheit bewahren, Parteibildungen vermeiden und die sanitären Vorschriften beobachten.

H. Arbeitsordnung für das Bureau des Hausministers.

Verordnung des Hausministers № 6 bestimmt, welche Sachen von den oben sub I. A. 1 genannten 4 Abteilungen des Bureaus des Hausministers zu erledigen sind.

I. Einteilung des Schatzmeisteramts.

Verordnung des Hausministers № 7 richtet im Schatzmeisteramt (cfr. I. A. 8) 4 Bureaus ein:

1. für allgemeine Verwaltung,
2. für Einnahmen und Ausgaben nebst Buchführung,
3. für Inventarsachen,
4. für Bausachen.

K. Einteilung und Arbeitsordnung des Bureaus für Verwaltung der Kronfinanzen.

Verordnung des Hausministers № 8 gibt dem Bureau für Verwaltung der Kronfinanzen vier Abteilungen:

1. für Regulierungen,
2. für Forstangelegenheiten,
3. für Vermessungen,
4. für Rechnungslegung,

und weist diesen Abteilungen die von jeder zu bearbeitenden Sachen zu.

Hierbei handelt es sich namentlich um Trennung des Kronvermögens vom Privatvermögen der einzelnen Mitglieder des Kaiserhauses und um Verwaltung des Kronvermögens.

II. Allgemeine Bestimmungen für die Ministerien.

Für die übrigen Staatsministerien (ausgenommen also das Hausministerium) als da sind:

1. Ministerium des Innern,
2. Finanzministerium,
3. Kriegsministerium,
4. Justizministerium,
5. Unterrichtsministerium,
6. Landwirtschafts-, Verkehrs- und Handelsministerium,

werden zunächst mittelst Edikt № 36 vom 13. Dezember 1907 (Staatsanzeiger vom 18. Dezember 1907) allgemein gültige und gleichlautende Bestimmungen erlassen.

Dieses enthält 21 Paragraphen und regelt die Ressortverhältnisse, setzt fest, welche Angelegenheiten der Entscheidung der Einzelminister entzogen und dem Kabinet zur Beschlussfassung vorzulegen sind, gibt den einzelnen Ministern Aufsichtrecht und Verordnungsbefugnisse innerhalb ihrer Ressorts, gestattet ihnen den Provinzgouverneuren und Polizeiorganen Befehle zu erteilen und die von diesen Unterbehörden erlassenen Verfügungen aufzuheben oder abzuändern. Bei Ernennungen und Entlassungen von Beamten der III. Rangklasse („Tschu im") ist die Genehmigung des Kaisers einzuholen. Gegenüber Beamten des IV. Rangklasse („Pan im") entscheidet der Minister selbstständig.

In jedem Ministerium wird ein Ministerialbureau und ferner die erforderliche Anzahl von Abteilungen eingerichtet. Der Erlass von Arbeitsordnungen etc. ist Sache der Minister.

Jedes Ministerium erhält einen Vizeminister und jede Ministerialabteilung einen Direktor, unterstützt von Geheimsekretären, Sekretären, Kontrolleuren, Dolmetschern und Kanzlisten.

An diese allgemeinen Bestimmungen reihen sich fünf sämtlich vom 13. Dezember 1907 datierte Edikte (Staatsanzeiger vom 18. Dezember 1907) mit Spezialordnungen für die einzelnen Ministerien, sowie eine Anzahl von Nebenedikten mit Ordnungen für verschiedene den Ministerien angegliederte Verwaltungsstellen.

Nur für das Kriegsministerium, dessen Aufhebung dem Vernehmen nach bevorsteht, ist keine Spezialordnung erfolgt.

III. Ministerium des Innern.

Edikt № 37 behandelt die Ordnung für das Ministerium des Innern. Demselben unterstehen die innere Verwaltung, Polizei, Regierungsbauten im Landesinnern, Regierungstransporte und Eisenbahnen, Elektrizitätsanlagen, Sanitätswesen, Bevölkerungsstatistik, kirchliche Angelegenheiten, Zensur, Auswanderung, Unterstützungswesen.

Das Ministerium erhält 4 Abteilungen:

1. für Provinzangelegenheiten,
2. für Polizei,
3. für Bausachen,
4. für Sanitätswesen.

An Unterpersonal sind vorgesehen: 12 Sekretäre, 5 Kontrolleure, 5 Polizeidirektoren, 10 Polizeiinspektoren und die erforderliche Anzahl von Polizisten, 1 Oberingenieur und 4 Ingenieure, 3 Dolmetscher, 62 Kanzlisten.

Unterbehörden sind das Bürgermeisteramt in Söul, das Polizeigouverneuramt in Söul und die Provinzgouvernements.

A. Bürgermeisteramt in Söul.

Edikt № 38 bestätigt die Beibehaltung des mit den Provinzgouvernements gleichrangierenden Bürgermeisteramtes in Seöul (Hansöng pu).

Personal: 1 Gouverneur, 2 Kontrolleure, 7 Kanzlisten, 5 Ingenieurassistenten.

In allen Angelegenheiten, bei denen Fremde beteiligt sind, hat der Stadtgouverneur durch Vermittelung des japanischen Residenten mit den Parteien zu verhandeln.

B. Polizeigouvernement für Söul.

Edikt № 39 unterstellt das gesamte Polizeiwesen in der Hauptstadt mit ihren 5 Bezirken nebst Umgebung sowie in den Kaiserlichen Palästen einem Polizeigouveneur. Die vormalige Spezialpolizei für die Paläste ist abgeschafft.

Personal: 1 Polizeigouverneur, 1 Vize-Polizeigouverneur, 12 Polizeidirektoren, 5 Polizeiärzte, 58 Polizeiinspektoren und die benötigte Anzahl von Polizisten.

C. Provinzgouvernements.

Edikt № 40 behandelt die Einrichtung der Provinzverwaltungen.

Jede Provinz erhält 1 Gouverneur, 1 Sekretär, 1 Kontrolleur, die erforderliche Anzahl von Kanzlisten sowie von Polizeiinspektoren, Polizeisergeanten und Polizisten. Für die Gouverneursämter aller 13 Provinzen beträgt die Zahl der Polizeiinspektoren 27, der Polizeisergeanten 147, der Kanzlisten 78.

Der Minister des Innern ist direkter Vorgesetzter der Provinzgouverneure.

Den Gouverneuren liegt Ausführung und Ueberwachung der Gesetze und Verordnungen in ihren Provinzen ob. In Behinderungsfällen werden sie durch den Sekretär vertreten.

Sitz und Grenzen der Polizeiämter und deren Dienstvorschriften bestimmt der Minister.

Die Provinzen werden in Bezirke der geöffneten Hafenplätze und in Distrikte eingeteilt.

Den Hafenplätzen stehen Gouberneure und den Distrikten Magistrate vor. Sie unterstehen den Provinzgouverneuren und dürfen in allen Angelegenheiten, bei denen Fremde beteilitgt sind, nicht direkt mit den Parteien verhandeln, sondern haben zu besagtem Zweck die Vermittelung des zuständigen japanischen Residenten nachzusuchen.

IV. Finanzministerium.

Edikt № 41 enthält die Ordnung des Finanzministeriums, welchem das gesamte öffentliche Finanzwesen unterstellt ist. Es verwaltet Einnahmen und Ausgaben, Steuern, Staatsschulden, Münzen, Staatsbanken und Kreditmittel und beaufsichtigt die Kreditanstalten.

3 Abteilungen werden gebidet:

1. für Steuern,
2. für Abrechnungen und Budget,
3. für Finanzregulierung.

Personal: 13 Sekretäre, 7 Kontrolleure, 2 Dolmetscher, 100 Kanzlisten.

Als vorübergehende Einrichtung ist eine vierte Abteilung zur Feststellung der Finanzquellen des Landes vorgesehen.

A. Baubureau.

Edikt № 42 gliedert das Zentralbaubureau dem Finanzministerium an.

Personal: 1 Direktor, 3 Kontrolleure, 3 Ingenieure, 26 Ingenieurassistenten, 6 Kanzlisten.

B. Staatsdruckerei.

Edikt № 43 bringt die Ordnung für die Staatsdruckerei, welche zum Ressort des Finanzministeriums gehören soll.

Personal: 1 Direktor, 3 Kontrolleure, 8 Ingenieure, 22 Ingenieurassistenten, 11 Kanzlisten.

C. Zolldirektion.

Edikt № 44 betrifft die Ordnung der Zolldirektion zwecks Erhebung der Zölle und Tonnengelder, Unterhaltung der Leuchtfeuer und Hafenanlagen in den geöffneten Höfen, Zollpolizei, Verhandlungen mit Ausländern in Zollfragen.

Personal: 1 General-Zolldirektor, 1 Sekretär, 3 Kontrolleure, 2 Sachverständige, 3 Assistenten, 17 Kanzlisten; 2 Zollwächter mit 2 Assistenten.

D. Zollämter.

Die Ordnung für Zollämter bildet Inhalt des Ediktes № 45. Die Dienstobliegenheiten der Zollämter erstrecken sich auf: Zölle, Tonnengelder, Lagerhäuser, Ueberwachung der Schiffe und deren Ladung, Zollpolizei, Bewachung der Zollgrenzen, Schutz der Fischerei, Quarantänedienst, Hafenordnungen.

Folgende 4 Hafenplätze erhalten Zollämter:

Tschemulpo, Fusan, Wönsan, Tschinampo.

Die übrigen Hafenplätze müssen sich mit Zollagenturen begnügen.

Personal: 4 Direktoren, 2 Kontrolleure, 2 Inspektoren und 5 Assistenten, 2 Sachverständige und 19 Assistenten, 2 Hafenmeister und 5 Assistenen, 5 Aerzte, 75 Kanzlisten, 13 Ingenieurassistenen und 95 Zollwächter.

E. Finanzämter

In Gemässheit von Edikt № 46 liegt die Ausübung der Finanzverwaltung im Inneren des Landes 5 Finanzämtern ob, mit Sitz in Söul, Pyöngyang, Taiku, Tschötju und Wönsan.

Personal: 5 Direktoren, 10 Kontrolleure, 80 Kanzlisten, 10 Ingenieurassistenten.

F. Finanzbureaus.

Als Unterabteilungen der Finanzämter werden laut Edikt № 47 Finanzbureaus errichtet, deren Anzahl und Sitz der Finanzminister bestimmt. Letzteres ist durch Finanzverordnung № 23 vom 18. Dezember 1907 erfolgt. Die 13 Provinzen erhalten im ganzen 228 Finanzbureaus.

Gesamtzahl des Personals: 60 Finanzbeamte 520 Kanzlisten und die erforderlichen Ingenieurassitenten.

G. Bureau für die ausserordentlichen Bauarbeiten der Zollverwaltung.

Edikt № 48 sieht ein eigenes Baubureau für die Zollverwaltung vor mit 1 Direktor, 1 Kontrolleur, 7 Ingenieuren und 17 Assistenten und 5 Kanzlisten.

H. Bureau für Leuchtfeuer.

Die Unterhaltung der Leuchtfeuer und Bezeichnung der Schiffahrtsstrassen erfolgt nach Edikt № 49 von einem besonderen Bureau.

Personal: 1 Direktor, 3 Ingenieure und 12 Assistenten, 5 Kanzlisten, 52 Feuerwärter.

I. Landesvermessung.

Zur Vornahme der Landesvermessung kann der Finanzminister laut Edikt № 50 vorübergehend die jeweils benötigten Landmesser anstellen.

V. Justizministerium.

Edikt № 51 betraut das Justizministerium mit der Einrichtung und Verwaltung der Gerichte und Staatsanwaltschaften, den Angelegenheiten der Rechtsanwälte und der Ausbildung von Richtern. Es besteht aus zwei Abteilungen:

1. für Zivilsachen,
2. für Strafsachen.

Personal: 9 Sekretäre, 4 Kontrolleure, 3 Dolmetscher, 43 Kanzlisten.

A. Gefängnisordnung.

Die Gefängnisse unterstehen zufolge Edikt № 52 dem Justizminister, welcher die Aufsicht durch den Oberstaatsanwalt ausüben lässt.

Personal: 9 Inspektoren, 54 Wärter, 12 Aerzte, 9 Dolmetscher.

Für weibliche Gefangene sind besondere Aufseher zu wählen.

B. Schule für Ausbildung von Richtern.

Mit der Ordnung für die Richter-Schule befasst sich Edikt № 53.

Den Lehrplan bestimmt der Justizminister.

Personal: 1 Direktor, 3 Lehrer und 3 Hülfslehrer, 1 Schulverwalter, 2 Dolmetscher und 2 Assistenen, 2 Kanzlisten.

VI. Unterrichtsministerium.

Edikt № 54 unterstellt das gesamte Erziehungswesen dem Unterrrichtsminister. Das Ministerium erhält 2 Abteilungen:

1. für Unterrricht (Ausbildung von Lehrern, Volksschulen, Gewerbe- und Fachschulen, Erziehungsverreine, Schulsanität, Schulbausache, Studenten im Auslande, Subsidien an Privatschulen),
2. für Lehrbücher (Anfertigung, Uebersetzung, Verlag und Revision von Lehrbüchern, Bücherlieferung an Schulen, Herausgabe des Kalenders.)

Personal: 7 Sektretäre, 4 Kontrolleure, 3 Ingenieure und 6 Assistenten, 2 Dolmetscher, 28 Kanzlisten.

A. Direkt vom Unterrichtsministerium verwaltete Schulen.

Edikt № 55 bringt die Ordnung für die vom Unterrichtsminister direkt verwalteten Schulen, als da sind:

die Konfuzius-Hochschule,

die Normalschule in Söul (zur Ausbildung von Volksschullehrern),

die vier fremden Sprachschulen in Söul,

die japanische Sprachschule in Tschemulpo,

die japanische Sprachschule in Pyöngyang.

Die Zahl der Lehrkräfte dieser Schulen bestimmt Edikt № 56 auf zusammen: 5 Direktoren, 5 Verwalter, 57 Lehrer und Hülfslehrer, 10 Aufseher, 6 Volksschullehrer, 10 Kanzlisten.

VII. Ministerium für Ackerbau, Handel und Gewerbe.

Die Ordnung für nebenverzeichnetes Ministerium legt Edikt № 57 fest. Dem Ressort unterstehen Landwirtschaft, Handel, Industrie, Meeresprodukte, Forste, Bergwerke, Geologie des Landes, meteorologische Observatorien, Schiffahrt. Die betr. Angelegenheiten werden in folgenden 5 Abteilungen bearbeitet:

1. für Landwirtschaft,
2. für Handel und Industrie,
3. für Forste,
4. für Bergwerke,
5. für Meeresprodukte.

Personal: 8Sekretäre, 5 Kontrolleure, 1 Oberingenieur, 14 Ingenieure und 60 Assistenen, 1 Dolmetscher, 49 Kanzlisten.

VIII. Schlussbemerkungen.

Obige Angeben machen ersichtlich, mit welchem Beamtenapparat die Japaner in Zukunft Korea zu regieren beabsichtigen. Für alle wesentlichen Posten sind japanische Staatsangehörige in Aussicht genommen. Zeitungsnachrichten zufolge beträgt die Zahl der in den letzten Monaten für koreanische Dienste verpflichteten Japaner nicht weniger als 1 800. Die Ministerportefeuilles hat man pro forma in Händen von Koreanern belassen, aber alle Vizeminister und Ministerial-Direktoren sind Japaner, ebenso die Sekretäre der Provinzgouverneure, ferner die zahlreichen Ingenieure und selbstverständlich fast die gesamte Polizei. Mit dem Richterpersonal wird es sich ähnlich verhalten.

Wie weit die Japanisierung der Verwaltung schon gediehen ist, lehrt eine dieser Tage getroffene Verfügung, dass alle Berichte etc. an die oberen Behörden in japanischer Sprache abgefasst sein müssen. Mit dieser Anordnung ist das koreanische Volk mundtot gemacht, und können die Leute zusehen, wie sie sich im eigenen Lande in fremder Zunge Gehör verschaffen.

Tokio erhält Berichtsdurchschlag.

Krüger.

Inhalt: Neuorganisation der koreanischen Ministerien.

Neujahrsempfang beim Kaiser, Wechsel im Konsularkorps und Vikomte Sone's Befinden.

PAAA_RZ201-018938_099 ff.			
Empfänger	Bethmann-Hollweg	Absender	Krüger
A. 1091 pr. 21. Januar 1910. p. m.		Söul, den 2. Januar 1910.	
Memo	mtg 27. 1. 125, Karlsruh 62. J. № 17.		

A. 1091 pr. 21. Januar 1910. p. m.

K. № 3. Söul, den 2. Januar 1910.

An Seine Exzellenz
den Herrn Reichskanzler
Dr. von Bethmann-Hollweg.

Der gestrige Neujahresempfang beim Kaiser von Korea war für das Konsularkorps um 11 Uhr angesetzt gewesen. Während s. Zt. Fürst Ito jeden direkten Verkehr der koreanischen Behörden mit uns fremden Vertretern inhibiert und darauf gehalten hatte, dass zur Bekanntgabe der bezüglichen Hofanzeige die Vermittelung der Generalresidentur in Anspruch genommen wurde, lag diesmal eine direkte Einladung des koreanischen Hausministers Min Piung Suk vor.

Die Audienz fand in der mit einem Kostenaufwand von 200000 Yen und noch nach Fürst Ito's eigenen Angaben jetzt vollständig renovierten Empfangshalle des Ostpalastes (Tschang-Tok-Kung) statt.

Die vordem halboffenen Umfassungsgebäude des grossen viereckigen Vorhofes hat man mit Mauerwerk geschlossen, hierduch gedeckte Zugänge geschaffen und an den Aussenseiten gut heizbare, modern möbilierte Wartegemächer eingerichtet. Man gelangt jetzt in die Audienzhalle nicht mehr durch die zum Vorhof führende und dem Thron gegenüberliegende grosse Mitteltür, sondern durch Seitentüren rechts und links vom Thron. Die Mitteltür ist beim Umbau geschlossen worden. Nach Betreten des Gebäudeskomplexes kann man nunmehr unbekümmert um Wind und Wetter trockenen Fusses die Audienzhalle erreichen, eine grosse Annehmlichkeit gegen früher.

Da sich in den letzten Monaten ein starker Wechsel im hiesigen Konsularkorps vollzogen hatte, so war für die Mehrzahl von uns 8 Kollegen dieser Gratulationsempfang mit der ersten Vorstellung beim Kaiser verbunden.

Der französische Generalkonsul Josef Belin ist im Oktober für gut von Söul abgereist, und geriert vor der Hand Vizekonsul M. Paillard.

Unser langjähriger Doyen der belgische Generalkonsul Léon Vincart hat den Chargé d´Affaires-Posten in Caracas erhalten und wurde durch Herrn José Bribosia (weiland Konsul in Hongkong) abgelöst, der indessen gleich nach seiner Amtsübernahme einen Heimatsurlaub antrat und z. Zt. durch Vizekonsul A. van Biervliet aus Peking vertreten wird.

Den für Yokohama ernannten amerikanischen Generalkonsul Thomas Sammons hat Mr. G. H. Scidmore (zuletzt in Kobe) ersetzt.

Als britischer Generalkonsul ist an Stelle des aus dem Dienst geschiedenen H. Cockburn kürzlich Mr. Henry Bonar (zuletzt gleichfalls in Kobe) eingetroffen.

Unser italienischer Kollege L. Casati ist Anfang Dezember seinem langen Leiden erlegen, und ordnet z. Zt. der aus Tokio herübergekommene Botschaftssekretär Rogadeo die Amtsgeschäfte.

Zur festgesetzten Stunde wurden wir von einem Kammerherrn aus dem Versammlungszimmer unter Vorantritt unseres neuen Doyen des chinesischen Generalkonsuls Ma Ting-liang in die Audienzhalle abgeholt.

Die Halle hat an Stelle des früheren Estrichs einem Parkettfussboden erhalten. Teppichläufer bezeichnen den zu wählenden Weg. Die alten als Seitenwände dienenden, papierbeklebten Holzrahmen haben gutschliessenden Fenstern Platz gemacht. Die reiche Wand- und Deckenmalerei zeigt die hier zu Lande beliebten krassen Farben. Für eventuelle Abendempfänge sind Bogenlampen vorgesehen. Sechs grosse, mit Messinggittern umkleidete Eisenöfen vermögen die hohe Halle mässig zu erwärmen. Sie sollen aber, da sie die Raumverhältnisse stören, durch eine unten an den Wänden entlang geleitete Heizanlage ersetzt werden. Hoffentlich schwinden dann auch die jetzt angebrachten modernen Fenstervorhänge, welche zum Stil nicht passen und befremdend wirken.

Trotz einzelner Mängel prässentiert sich die renovierte Audienzhalle im grossen und ganzen als ein weit prächtigerer Empfangsraum, als ihn wohl je zuvor ein koreanischer Herrscher besessen hat. Insoweit hätten also die Japaner ihr Wort: „die Würde des koreanischen Kaiserhauses zu wahren" jedenfalls voll eingelöst.

Der Kaiser stand auf einem um zwei Stufen erhöhten Podium vor einem Thronsessel unter einem reichbestickten Baldachin von gelber Seide. Er trug ein dunkelblaue Militäruniform. Auf einem Tische zu seiner Rechten lag anstatt des bisher benutzen Helmes eine Mütze japanischer Form mit Federbusch. Der hohe Herr schien weniger beleibt als früher. Sein Gesicht zeigte aber die alte aschgraue Färbung und war ohne jegliches Minenspiel. Die gekniffenen, glanzlosen Augen, das herunterfallende Kinn und der dadurch halbgeöffnete Mund mit breiten Lippen machen auf mich immer einen blöden Eindruck.

Rechts vor dem Throne hatte der unmittelbar vor uns empfangene Generalresident Vikomte Sone mit den Herrn seines Gefolges (etwa 20 Japaner) Aufstellung genommen. Links vom Thron standen koreanische Minister und Hofbeamte.

Wir traten einzeln vor, der Zeremonienmeister Ko nannte unsere Namen, und der Kaiser reichte Jedem die Hand.

Hierauf brachte unser Doyen Ma Ting-liang in chinesischer Sprache unsere Glückwünsche an, welche dem Kaiser verdolmetscht und von ihm mit Dankesworten erwidert wurden, die uns Ma Ting-liang ins Englische übersetzte.

In drei Minuten war für uns die ganze Zeremonie erledigt.

Wir verliessen die Audienzhalle an der unserm Eintritt entgegengesetzten Seite und gelangten nach Passieren eines Korridors in einen Traktierraum, woselbst Tee, ein Glas Champagner und Zigaretten gereicht wurden. Gleich nach uns traten auch die japanischen und koreanischen Würdenträger ein, mit denen wir Glückwünsche austauschten.

Vikomte Sone musste alsbald nach einem Sessel greifen, auf dem er erschöpft zurücksank. Zur Stärkung verlangte er nach einer Tasse Tee. Die Zeremonie, so kurz sie auch gewesen war, hatte ihn sichtlich angegriffen. Zum Schutze gegen möglichen Zug wurde ein Wandschirm in seinem Rücken aufgestellt, und die Herrn der Generalresidentur wehrten Gratulanten ab und sorgten dafür, dass ihr Chef in Ruhe gelassen wurde. Sone´s Gesicht ist zwar nicht merklich abgemagert, hat auch noch etwas Farbe bewahrt, aber sein Blick ist müde und seine Leistungsfähigkeit erscheint erheblich gemindert. Offiziellen Veranstaltungen ist er seit der Trauerfeier für Fürst Ito fern geblieben, hat auch den üblichen Neujahrsempfang bei sich ausfallen lassen. Ihn quält ein Druck in der Magengegend, dessen Grund die Ärzte angeblich bis jetzt nicht haben feststellen können, wenigstens beobachtet seine Umgebung darüber strengstes Schweigen. Die hiesigen Zeitungen dürfen natürlich nur Günstiges über Sone´s Gesundheitszustand bringen. Ein Blick auf den Mann lehrt aber das Gegenteil.

Morgen gedenkt Vikomte Sone -nachdem das koreanische Budget für 1910 noch gerade vor Jahresschluss hat fertiggestellt und publiziert werden können- einen zunächst etwa sechswöchigen Urlaub nach Japan anzutreten, um sich zu erholen und auszukurieren. Von dem Erfolge seines Aufenthaltes im milderen Klima und dem Eindrucke, den er alsdann in Tokio auf die massgebliche Persönlichkeiten machen wird, dürfte es wohl abhängen, ob man ihn nach Korea zurücklässt, oder ihm einen Nachfolger gibt.

Tokio erhält Berichtsruchschlag.

Krüger.

Inhalt: Neujahrsempfang beim Kaiser, Wechsel im Konsularkorps und Vikomte Sone´s Befinden.

Korea als Bundesstaat Japans.

PAAA_RZ201-018938_104 f.			
Empfänger	Bethmann-Hollweg	Absender	Krüger
A. 5240 pr. 31. März 1910.		Söul, den 7. März 1910.	

Abschrift.

A. 5240 pr. 31. März 1910.

Söul, den 7. März 1910.

Generalkonsulat.

Seiner Exzellenz

dem Herrn Reichskanzler

Dr. von Bethmann-Hollweg.

Der Euerer Exzellenz unter dem 12. Januar zur japanisch-koreanischen Bündnisfrage erstattete weitere Tokiobericht ist mir erst vor zwei Tagen in Abschrift durch sichere Gelegenheit zugegangen. Andernfalls würde ich nicht unterlassen haben, auf denselben in meinem Vorberichte Bezug zu nehmen.

Zur Sache kann ich melden, dass Exminister Song und der Il-Tshin-Hoi-Präsident Yi im letzten Februardrittel eine Zusammenkunft in Fusan hatten. Ueber das Ergebnis lauten die Nachrichten direkt entgegengesetzt. Die „Hoangsöng Sinmun" will wissen, dass Yi vollständig niedergeschlagen nach Söul zurückgekehrt sei, sich in seinem Hause eingeschlossen halte und „nur noch seufze", weil nach Song´s Eröffnungen sowohl Kabinett wie Parlament in Tokio jedwedes Eingehen auf den Bündnisplan abgelehnt hätten. Song hingegen hat sich in seiner bekannten Geschwätzigkeit auf der Heimfahrt beim Durchpassieren durch Shimonoseki und Kobe verschiedenen zur Bahn bestellten Reportern gegenüber höchst zuversichtlich ausgesprochen.

Von einer Aufregung unter den Koreanern über den Il-Tschin-Hoi-Antrag, dessen feine staatsrechtliche Begriffsunterschiede selbst vielen Gebildeten nicht klar sind, ist an Ort und Stelle nach wie vor nichts zu merken. Nur über einen Punkt herrscht Einigkeit: sie wollen Koreaner bleiben und nicht annektiert sein. Gegenteilige Nachrichten japanischer Zeitungen beruhen auf Sensationssucht oder Wichtigtuerei ihrer hiesigen Korrespondenten. Eine Bewegung lässt die Generalresidentur schon gar nicht aufkommen. Wo nur irgend die Möglichkeit einer Störung der Gemüter zu vermuten ist, schreitet die Polizei alsbald ein. So sind letzthin wieder verschiedene koreanische Fachvereine, welche Miene machten, sich mit Politik zu beschäftigen, und zur Bündnisfrage Stellung zu nehmen, amtlich verwarnt worden. Ferner wurden einzelne Zeitungen (z. B. Tai-Han- Mai-Il-Sinmun und Mokpo-Shimpo), welche ein Tokio-Telegramm abgedruckt hatten des Inhalts, dass die Vereinigung Koreas mit Japan sofort nach Schluss des japanischen Parlaments durch gleichmässige Erklärungen beider Regierungen vollzogen werden solle, konfisziert.

Die gestrige Sonntagsnummer der Söul Press bezeichnet in ihrem Leitartikel diese Tokiogerüchte als absolut unwahr und nur geeignet, die leichtgläubigen Koreaner in Unruhen versetzen. An anderer Stelle weist sie darauf hin, dass Minister Song schwerlich sein Wissen in alle Welt hinausposaunen würde, wenn an der Sache etwas dran sei.

Eine gewisse Sorge ist die Generalresidentur dieser Tage dadurch los geworden, dass das in Wladiwostock von Koreanern herausgegebene antijapanische Hetzblatt „Tai-Tong-Kong-Po" im vergangenen Monat sein Erscheinen eingestellt hat. Bekanntlich hatte Fürst Ito´s Mörder An Djung Kun längere Zeit in der Redaktion gearbeitet. Man wird wohl annehmen dürfen, dass die russische Polizei die Zeitung unterdrückt hat. Die Einschmuggelung verbotener Nummern über die Grenze hatte sich niemals mit Erfolg stoppen lassen, während dagegen die Beschlagnahme der gleichartigen in Honolulu und San Franzisko gedrückten koreanischen Blätter regelmässig ohne Schwierigkeiten glückt.

Im Laufe vergangenen Jahres sind in Korea nicht weniger als 19 629 Exemplare genannter Zeitung abgefasst worden, woraus erhellt, wie gross die geheime Verbreitung gewesen sein muss.

gez. Krüger. Dr.

Orig. i. a. Korea 1

Inhalt: Korea als Bundesstaat Japans.

Änderung der Zollverwaltung.

PAAA_RZ201-018938_106 ff.			
Empfänger	Bethmann-Hollweg	Absender	Krüger
A. 5635 pr. 11. April 1910. p. m.		Söul, den 12. März 1910.	
Memo	I. Mtg. 4. 4. Petersburg 621, London 635, Washingt. 341, Peking 218. II. Mtg. 4. 4. R. A. d. Inn. Handelsmin. J. № 206.		

A. 5635 pr. 11. April 1910. p. m.

Söul, den 12. März 1910.

K. № 20.

An Seine Exzellenz
dem Herrn Reichskanzler
Dr. von Bethmann-Hollweg.

Bei der nach Abschluss des erweiterten Protektoratsvertrages vom 24. Juli 1907 auf japanisches Betreiben durchgeführten Neuorganisation des gesamten Verwaltungswesens in Korea hatte man die derzeit bestehende, und Mitte der achtziger Jahre nach dem Muster des chinesischen Seezolles eingerichtete koreanische Zollverwaltung im wesentlichen unverändert belassen.

Stellung und Zusammensetzung der Zollbehörde findet sich im Berichte vom 17. Februar 1908 -№ 26- unter dem Titel „Finanzministerium“ behandelt, nämlich:

sub C die General-Zolldirektion
sub D die Zollämter
sub H das Bureau für Leuchtfeuer.

Die dortselbst auszugsweise widergegebenen Edikte № 44, 45 und 49 von 1907 sind nun soeben durch drei neue im Staatsanzeiger № 4623 vom 10. März 1910 publizierte Edikte, № 18, 19 und 20, ersetzt worden. Sie tragen das Datum des 9. März 1910 mit Rechtskraft vom 15. März 1910.

Als Hauptänderung ist hervorzuheben, dass die Zollzentrale sich eine Rangminderung hat gefallen lassen müssen und ihrer bisherigen -chinesischen Verhältnissen nachgebildeten- eximierten Stellung entkleidet worden ist, um besser in den Rahmen gleichwertiger Verwaltungszweige hineinzupassen.

Dass die Absicht einer derartigen Egalisierung in der Luft schwebte, liess sich daraus erkennen, dass die im August 1909 durch Ausscheiden des General-Zolldirektors M. Nagahama vakant gewordene Stelle des „Chief Commissioners of Customs" unbesetzt blieb, und die Wahrnehmung der Geschäfte seither dem Sekretär im Finanzministerium S. Suzuki kommissarisch übertragen wurde.

Jetzt hebt das Edikt № 18 den Posten des General-Zolldirektors ganz auf und wandelt dessen Bureau in eine einfache Zolldirektion um, welcher folgende Angelegenheiten unterstellt sind:

1. Zölle, Tonnengelder und andere Schiffabgaben sowie sonstige verschiedene Einnahmen der
   Zollämter, Zollpolizei, Hafendienst, Sanitätswesen in den offenen Häfen, schliesslich
   Unterhaltung, Einrichtung, ausländischer Verkehr der offenen Häfen;
2. Schiffe, Seeleute, Seezeichen;
3. Überwachung der Zollämter und des Bureaus für Seezeichen.

Die Beamten setzen sich zusammen aus:

1 Direktor im Tschik-im Rang (II. Stufe)
2 Sekretäre im Dju-im Rang (III. Stufe)
1 Geschäftsführer„ " "
2 Ingenieure " " "
24 Kanzlisten im Pan-im Rang (IV. Stufe)
3 Ingenieurassistenten " " "
3 Schiffsführer für die Zollkreuzer.
3 Maschinisten für die Zollkreuzer.

Die früher in Korea für die Zollverwaltung gebräuchliche und der chinesischen Sprache entlehnte Bezeichnung

海關 : Hai-Kwan = See- (Zoll) Verwaltung ist aufgegeben worden. Jetzt wird statt dessen

關稅局 : Kwan-Se-Kuk = Zolldirektion angewendet.

Edikt № 19 fügt den bisherigen Funktionen der Zollämter(稅關 = Se-Kwan) die Angelegenheiten der Schiffe und Seeleute hinzu und vermehrt die Beamtenzahl um ein Beträchtliches.

Edikt № 20 gibt dem alten Leuchtturm-Bureau den neuen Namen: „Bureau für Seezeichen"

航	Hang	=	Schiff
路	No	=	Strasse
標	Pio	=	Zeichen
識	Sik	=	merken
管	Kwan	=	verwalten
理	Li	=	verwalten
所	So	=	Bureau.

Personal: 1 Vorsteher (welcher Ingenieur sein muss), 3 Ingenieure, 5 Kanzlisten, 12 Ingenieurassistenten, 84 Wächter.

Zusätzlich möchte ich nicht unerwähnt lassen, dass wohl im Zusammenhang mit der vorliegenden Neuordnung der Zollverwaltung von den wenigen annoch im koreanischen Zolldienst geduldeten Ausländern zwei zuletzt in Tschemulpo stationierte Engländer und ein Amerikaner ausgeschieden sind, sodass die Zeiten heranrücken, wenn mit fremden Beamtenkräften völlig aufgeräumt sein wird.

Tokio erhält Berichtsabschrift.

Krüger.

Inhalt: Änderung der Zollverwaltung.

[ ]

PAAA_RZ201-018938_110			
Empfänger	[o. A.]	Absender	[o. A.]
zu A. 5635 II.		Berlin, den 4. April 1910.	
Memo	J. № 4240.		

zu A. 5635 II.

Berlin. den 4. April 1910.

Dem Herrn
1. Staatssekr. d. Innern
2. Pr. Min. für Handel u. Gewerbe

zur gefl. Kenntnisnahme. Gleiche Mitteilung ergeht an den Herrn ad 1. ins. 2
ad 2. ins. 1

(Stpl.)

[ ]

PAAA_RZ201-018938_111			
Empfänger	Auswärtiges Amt in Berlin	Absender	Krüger
A. 9367 pr. 31. Mai 1910. a. m.		Söul, den 30. Mai 1910.	

A. 9367 pr. 31. Mai 1910. a. m.

Telegramm.

Söul, den 30. Mai 1910. 11 Uhr - Min. Nm.
Ankunft: 11 Uhr 16 Min. Nm.

Der K. Generalkonsul an Auswärtiges Amt.

Entzifferung.

№ 1.

Kriegsminister Vicomte Terauchi unter Belassung auf seinem Posten zum General-Residenten und früherer Verkehrsminister Yamagata zum Vice-General-Residenten ernannt japanische Annexionspartei hat hierdurch Oberhand

Krüger.
Orig. i. a. Korea 10

[ ]

PAAA_RZ201-018938_112			
Empfänger	Auswärtiges Amt in Berlin	Absender	Montgelas
A. 9370 pr. 31. Mai 1910. a. m.		Tokio, den - Mai 1910.	

Abschrift.

A. 9370 pr. 31. Mai 1910. a. m.

Telegramm.

Tokio, den - Mai 1910. - Uhr - Min. -m.
Ankunft: 31. Mai 1910. 7 Uhr 20 Min. a. m.

Der K. Geschäftsträger an Auswärtiges Amt.

Entzifferung.

№ 34.

Staatsanzeiger veröffentlicht Ernennung Kriegsministers zum General-Residenten Korea, Vize-General-Resident ehemaliger Verkehrsminister Yamagata.

gez. Montgelas.
Orig. i. a. Korea 10

[ ]

PAAA_RZ201-018938_113			
Empfänger	Auswärtiges Amt in Berlin	Absender	Krüger
A. 11050 pr. 26. Juni 1910. p. m.		Söul, den -. Juni 1910.	

A. 11050 pr. 26. Juni 1910. p. m.

Telegramm.

Söul, den -. Juni 1910. - Uhr - Min. -m.
Ankunft: 26. 6. 1 Uhr 25 Min. Nm.

Der K. Generalkonsul an Auswärtiges Amt.

Entzifferung.

№ 2.

Korea hat durch Vertrag vom 24. Juni gesamtes Polizeiwesen an Japan abgetreten.

Krüger.
Orig. i. a. Korea 10

Ad. A. 11197.

Bemerkungen Seiner Majestät auf Seite 1.

Frh. v. Malty
Petersburg
Washington
Peking, Seoul.
Gesandtsch. Hamburg
R. A. d. Innern
R. Marine Amt
Handelsminist.
Deutsch-Asiatische Bank
Presse-Chef
Abt. I u. II

Informationsreise nach Korea und der Südmandschurei.

PAAA_RZ201-018938_115 ff.			
Empfänger	Bethmann Hollweg	Absender	Mumm
A. 11197 pr. 29. Juni 1910. p. m.		Tokio, den 10. Juni 1910.	
Memo	7. 7. mtg. I. Petersbg. 1208, Peking A. 349, London 1265, Söul A. 3, Washingt. A. 640. 7. 7. mtg. II. R. A. d. Inn., Handels-Min. Dtsch - Asiat. Bank. 7. 7. mig. III. R. War. Amt. 7. 7. mtg. IV. Erl. Hamburg 359.		

A. 11197 pr. 29. Juni 1910. p. m.

Tokio, den 10. Juni 1910.

A. 194.

Seiner Exzellenz
dem Reichskanzler
Herrn von Bethmann Hollweg.

Am 20. Mai habe ich die von mir schon seit Langem geplante Informationsreise nach Korea und der Südmandschurei angetreten, von der ich am 7. d. Mts. hier wieder eingetroffen bin. Leider war die mir zur Verfügung stehende Zeit allzu kurz bemessen und die Reise daher etwas zu anstrengend und vielleicht nicht ganz so nutzbringend, wie ich gehofft hatte. Allein wenn ich die Reise vor meinem demnächstigen Urlaubsantritt überhaupt noch machen wollte, so hatte ich keine andere Wahl. Meine Abreise hatte sich notgedrungener Weise verzögert durch die Verschiebung des Besuchs unseres Kreuzergeschwaders; meine Rückkehr aber war bedingt durch Vorbereitungen für die demnächstige Ankunft Seiner Hoheit des Herzogs Johann Albrecht zu Mecklenburg. Der Chef des Kaiserlichen Kreuzergeschwaders hatte mir in liebenswürdigster Weise S. M. S. „Leipzig“ für die Fahrt von Yokohama nach Chemulpo zur Verfügung gestellt. Zu meinem größten Bedauern konnte ich mich dieses freundlichen Anerbietens indessen nicht bedienen, da die „Leipzig“ wegen Schießübungen pp. nur bis zum 17. Mai zur Verfügung stand, während mir andererseits meine Pflicht gebot noch dem für den 20. v. Mts. angesetzten feierlichen Trauergottesdienst für Seine Majestät König Eduard in Tokio beizuwohnen. So fuhr ich denn am 20. Mail Nachmittags von Tokio nach Shimonoseki ab, wo ich nach 28 stündiger Bahnfahrt am 21. Mai Abends eintraf. In meiner Begleitung befand sich der Marine-Attaché der Kaiserlichen Botschaft, Fregattenkapitän Lange; in Shimonoseki schloß sich mir Dolmetscher Dr. Mechlenburg aus Nagasaki an. Von Kobe aus begleitete mich Konsul Thiel einige Stationen weit zur Besprechung geschäftlicher Angelegenheiten, in Shimonoseki hatte ich eine dienstliche Unterredung mit Konsul Reinsdorf. In Himeji und in Hiroshima sprach ich kurz die dort stationierten Sprachoffiziere Hauptmann Beyer und Hauptmann Kämmerling.

In Shimonoseki schiffte ich mich am 21. Mai Abends nach Fusan ein, wo ich am folgenden Morgen um 9 Uhr eintraf. Der Japanische Resident, ein mir von der Generalresidentur entgegengesetzter Dolmetscher und Generalkonsul Dr. Krüger aus Söul erwarteten mich an der mit japanischen und deutschen Flaggen geschmückten Landungsstelle. Die Stadt, seit 300 Jahren bereits japanische Niederlassung, wurde flüchtig besichtigt. Es war gerade großes Reinemachen, d. h. auf amtlichen Befehl waren alle Möbel, Matten, Decken u. s. w. aus den Häusern zur Lüftung auf die Straße geschafft, was aus sanitären Gründen alljährlich zweimal geschieht.

Für die Fahrt nach Söul stand ein Salonwagen zur Verfügung. Die Reise bot landschaftlich wenig; das Land war anscheinend nicht sehr fruchtbar und stellenweise überhaupt nicht angebaut; die Berge waren kahl. Auffallend im Vergleich zu Japan war die Menge von Vieh, das man auf der Weide sah. An allen Stationen erschienen japanische Beamte und Offiziere und überreichten ihre Visitenkarten, deren ich an diesem einen Tage an die zweihundert Stück vereinnahmte. In Söul war großer Empfang am Bahnhof; der stellvertretende Generalresident, der kommandierende General, die koreanischen Minister und die japanischen Vizeminister hatten sich vollzählig eingefunden. Ich bemühe mich der Situation gewachsen zu erscheinen, um das Publikum nicht allzusehr zu enttäuschen. In der japanischen Zeitung Söul´s stand aber gleichwohl am nächsten Tage zu lesen, ich und meine Begleiter seien in ganz den auch sonst üblichen Anzügen angekommen. Vermutlich erwartete die Bevölkerung Uniform mit Federhut und Degen. Wie ich von Generalkonsul Krüger erfuhr, hatten anfänglich bei der Generalresidentur Zweifel bestanden, wie man mich empfangen solle, ob als Botschafter oder lediglich als „étranger de distinction". Schließlich hatte man sich für die erstere Alternative entscheiden, was vom japanischen Standpunkte aus gewiß das Klügere war und den Verhältnissen, wie sie nun einmal tatsächlich sind, am Besten Rechnung trug. Auch der dortseitigen Auffassung dürfte diese Lösung entsprechen, nachdem die Wahrnehmung der diplomatischen Beziehungen zu Korea auf die Kaiserliche Botschaft in Tokio übergegangen ist und das Kaiserliche Generalkonsulat in Söul nach den Erlassen des Auswärtigen Amtes zum Ressort der Kaiserlichen Botschaft gerechnet wird.

Ich empfing demgemäß noch am Abend meiner Ankunft im „Hotel Sontag“ die ersten Besuche Seitens der japanischen Beamten und Militärs, die ich am folgenden Tage erwiderte. Man legte mir ein sehr reichhaltiges Programm vor, das ich notgedrungen über mich ergehen lassen mußte, und das mich während meines Aufenthaltes in Söul von früh bis spät in Atem hielt. Es ist unglaublich, was man auf solchen Reisen alles inspiziert, woran man zu Hause in Europa nie denken würde. Schulen, Hospitäler, Gefängnisse, Fabriken u. s. w. u. s. w. Nicht uninteressant war der Besuch einer Gewerbeschule, in der 180 junge Koreaner auf Regierungskosten in allerlei Handwerken, Töpferei, Weberei, Tischlerei, Papierfabrikation u. s. w. unterrichtet wurden. Diese Schulen, deren es in jeder der 13 koreanischen Provinzen je 2 giebt, sind s. Zt. auf Betreiben des Fürsten Ito eingerichtet worden und haben sich schon jetzt als sehr nützlich erwiesen.

Die in Söul und Chemulpo ansässigen Deutschen, die man an den zehn Fingern abzählen kann, gab mir Generalkonsul Krüger wiederholt Gelegenheit zu sehen. Außer den Teilhabern der Firma Wolter & Co. sind es Musikdirektor Eckert, der Komponist der japanischen Nationalhymne, die aber die Japaner als alte japanische Weise ausgeben, der Prior einer neugegründeten deutschen Benediktinerniederlassung und ein Lehrer, der an der koreanischen Sprachenschule deutschen Unterricht giebt. Ich wohnte einer solchen Unterrichtsstunde in drei Klassen von zusammen 27 Schülern bei und konnte dabei konstatieren, daß die Koreaner entschieden sehr viel mehr Sprachtalent haben als die Japaner. Auch der vor der Stadt gelegenen Benediktinerniederlassung stattete ich einen Besuch ab. An ihr wirken zurzeit außer dem Prior zwei Patres und drei Laienbrüder, die sämtlich von dem Mutterkloster in St. Ottilien herausgesandt sind. Die Anlage ist sehr großartig geplant und soll außer dem Kloster und der Kirche ein Priesterseminar, eine Mittelschule und eine landwirtschaftliche Versuchsanstalt umfassen. Die Kirche wird weithin sichtbar auf einem Hügel erbaut, das angekaufte Terrain, mit dessen Planierung über 100 Arbeiter beschäftigt sind, beträgt sechstausend Tsubo gleich annähernd 2 Hektar. Später sollen hier 30 bis 40 deutsche Patres tätig sein. Die in religiöser Beziehung sehr duldsamen Japaner legen dem Unternehmen keinerlei Hindernisse in den Weg und rechnen jedenfalls darauf, von der gebotenen billigen Erziehungsgelegenheit tunlichst Nutzen zu ziehen.

In das „Unterhaltungsprogramm“ war japanischerseits auch eine Audienz beim Kaiser von Korea aufgenommen worden, die gleich am Tage nach meiner Ankunft, am 23. Mai, stattfand. Mit Rücksicht auf die Gerüchte über die in Korea bevorstehenden politischen Veränderungen hatte ich vor Feststellung meines Reiseplanes den Grafen Komura befragt, ob ihm eine Reise im gegenwärtigen Zeitpunkte nicht unbequem sei und ihm dabei angedeutet, daß es mir doch peinlich sein würde, wenn die angeblich geplanten

Veränderungen etwa gerade während meiner Anwesenheit in Korea ausgeführt würden und ich so unversehens mit amalgamiert würde. Der Minister meinte aber lächelnd, ich solle nur losreisen und mich nicht um das kümmern, was etwa japanische chauvinistische Blätter über meine Reise schreiben würden.

Der „Palast" und die ganze Aufmachung der Audienz beim Kaiser von Korea war ziemlich kümmerlich. Vornehm wirkte eigentlich nur die große Thronhalle, in der die Neujahrscour abgehalten zu werden pflegt. Der Kaiser, Höchstwelcher mich in einem kleinen, ziemlich schmucklosen Raume empfing, hatte koreanische Generalsuniform und koreanische Orden angelegt. Ihm zur Seite standen ein Paar koreanische Minister. Der japanische stellvertretende Generalresident stellte sich vor. Der Kaiser reichte mir eine feuchte, knochenlose Hand, die sich etwa anfühlte wie ein mit nasser Kleie gefüllter Handschuh, und richtete einige ziemlich stereotype Fragen über meine Reise, meinen Aufenthalt in Söul u. D. an mich. Während des Gesprächs belebten sich Seine Augen aber doch einigermaßen und Seine schlaffen Züge spannten sich etwas. Nach mir wurden meine Begleiter, Generalkonsul Dr. Krüger, Fregattenkapitän Lange und Dolmetscher Dr. Mechlenburg gleichfalls vom japanischen stellvertretenden Generalresidenten vorgestellt, ohne daß indessen der Kaiser das Wort an sie richtete. Damit war die Audienz zu Ende. In einem Vorzimmer wurde sodann noch Tee und Champagner gereicht.

Da dieser Bericht keine Bädecker´sche Reisebeschreibung werden soll, übergehe ich die Schilderung der oft beschriebenen nicht allzu bedeutenden Sehenswürdigkeiten Söuls. Interessant war indessen ein Besuch des ehemaligen Kaiserpalastes, in dem der jetzige Exkaiser bis zu Seiner Flucht in die Russische Gesandtschaft Anfangs 1896 residierte. Diesen Palast besichtigten wir nämlich ohne japanische Begleitung und deshalb wohl nahm sich unser Führer ein ganz leidlich französisch sprechender koreanischer Hofbeamter, das Herz, mir von selbst allerlei Einzelheiten über die in diesem Palaste erfolgte Ermordung der Gemahlin des Exkaisers mitzuteilen. Er erzählte mir, die damalige Königin sei schon längere Zeit sehr besorgt um Ihr Leben gewesen und habe daher abwechselnd in den Häusern Ihrer Hofdamen und Dienerinnen genächtigt. Er zeigte mir dann das Tor, durch das, seiner Behauptung nach, die japanischen Offiziere unter Niedermachung eines sich zur Wehr setzenden koreanischen Obersten eingedrungen seien und die Stelle, wo das Haus gestanden habe, in dem die Japaner die Königin gefaßt und zugleich mit zwei koreanischen Ministern und einer Dienerin getötet hätten. Gebäude stehen dort nicht mehr. Der Platz ist jetzt Ackerland. Dann führte er uns an einen Platz, wo angeblich die Leiche der Königin provisorisch eingescharrt und am nächsten Tage, nachdem sie mit Petroleum übergossen, verbrannt worden sei. Ein unscheinbarer kleiner Pavillion bezeichnet die Stelle. Wie der sich begleitende Dolmetscher Dr. Mechlenburg aus aufgestellten Holztafeln entnahm und unser koreanischer Führer dann bestätigte, ist der stark in Verfall begriffene Palast auf Abbruch verkauft und der Grund und Boden ist parzelliert worden. Vermutlich wollen die Japaner die ihnen begreiflicher Weise peinliche Erinnerung an jenen politischen Mord auf diese Weise auslöschen.

Charakteristisch für die Denkweise der Koreaner war ein in 13 Stücke geteiltes Feld innerhalb der Palastmauern, das Generalkonsul Krüger als den Reisthermometer Koreas bezeichnete. Je ein Stück Feld soll nämlich einer der 13 Provinzen Koreas entsprechen und wenn die Ernte in einer der Provinzen schlecht stand, so glaubten die Koreaner dem abzuhelfen, indem sie das entsprechende Stück Feld im Palastgrundstück begossen oder düngten oder durch Priester segnen ließen!

Die Abende in Söul waren durch Einladungen zu Generalkonsul Krüger, in die Generalresidentur und zum japanischen kommandierenden General ausgefüllt, wobei ich auch mit den koreanischen Ministern wiederholt zusammenkam, über die ich meinen Eindruck wohl dahin zusammenfassen darf, daß mir eine stupidere, indolentere Gesellschaft noch nie vorgekommen ist. Die intelligenten japanischen Beamten hoben sich sehr vorteilhaft von ihnen ab.

Überhaupt haben die Japaner in Korea das Heft vollkommen in der Hand. Wie es entfernt von der Bahn aussieht, weiß ich natürlich aus eigener Anschauung nicht, dort mögen sich noch Insurgenten oder Räuber genug herumtreiben, aber in den Städten und längs der Bahn gebieten die Japaner unumschränkt und - wie ich annehmen möchte - im Allgemeinen zum Besten des unter seinen früheren Herrschern und Beamten ganz verkommenen Landes.

Vor den Toren Söuls, in der Richtung nach dem Han-Flusse, ist eine japanische Stadt im Entstehen begriffen mit breiten Straßen, ordentlicher Beleuchtung und guter Kanalisation, die gegen den Gestank und Schmutz der koreanischen Stadt angenehm absticht.

Wollen die Japaner Korea annektieren - wofür die chinesische vox populi in der Mandschurei den 7. chinesischen Monat, also August d. J., in Aussicht genommen hat - so wird koreanischerseits wohl nur ein sehr schwacher Widerstand geleistet werden. Einzelne Mörder stellen die Koreaner wohl, zu einem organisierten Widerstand ist das weiche Volk aber kaum mehr in der Lage.

Am 27. Mai Morgens verließ ich Söul in der Richtung nach Antung. Bis zum Yalufluß, zur Stadt Sin-Wiju, geht die koreanische Bahn mit ihrer Normalspur. Das Land scheint, im Gegensatz zur Strecke Fusan-Söul, sehr fruchtbar und vortrefflich angebaut. Wir kamen an ziemlich großen japanischen Niederlassungen vorbei, die dort bereits unter der japanischen Herrschaft entstanden sind. In Ping Yang, wo einer deutschen Firma gehörige Bergwerke liegen, kamen einige Deutsche zu meiner Begrüßung an die Bahn.

Da man mir einen Salonwagen gestellt hatte, lud ich den mit dem gleichen Zuge fahrenden Prinzen Antoine von Orléans, Sohn des Grafen d'Eu, zu mir ein, der dann die Reise bis Mukden in meiner Gesellschaft zurücklegte. Für die Japaner war der Prinz, der schon in Tokio aufgetaucht war, ein fortgesetztes Verlegenheitsobjekt, da sie Ihn so recht nicht deklinieren konnten. Insbesondere, daß Er nirgends einen zuständigen Konsul aufzuweisen hatte, machte ihnen Kopfzerbrechen. In Tokio hatte sich der österreichisch-ungarische Botschafter des Prinzen angenommen und Ihn dem Kaiser von Japan vorgestellt, da Er Offizier in einem österreichischen Regiment in Klagenfurt ist. Infolgedessen galt der Prinz den Japanern hinfort als österreichischer Prinz, sodaß sie allenthalben unsere hier draußen die österreichisch-ungarischen Interessen wahrnehmenden Konsulate für Ihn mobil zu machen suchten.

Von Fusan hatte der Prinz die Generalresidentur in Söul telegraphisch ersucht, Ihm für den Morgen nach Seiner Ankunft um 10 Uhr eine Audienz beim Kaiser von Korea zu verschaffen, da Er nur einen Tag in Söul zu bleiben beabsichtige. Die Generalresidentur war über diese naive Unverfrorenheit begreiflicher Weise etwas piquiert und deutete dem Prinzen denn auch zart an, daß man so auf Anhieb doch nicht in der Lage sei, den Kaiser zu produzieren. Wolle der Prinz Seinen Aufenthalt auf zwei bis drei Tage ausdehnen und die Entschließungen des Hofes abwarten, so werde man suchen, Seinen Wunsch nach einer Audienz zu erfüllen. Und so geschah es. Aber das weitere vom Prinzen geäußerte Verlangen nach einem koreanischen Orden ging nicht in Erfüllung, da die Japaner, aus begreiflichen politischen Gründen, die Verleihung koreanischer Orden an Nichtjapaner nicht eben begünstigen, so gern sie sich auch selber die Brust mit solchen schmücken lassen.

In Tokio hatte der Prinz ebenfalls wegen einer japanischen Ordensverleihung sondiert und daraufhin die erste Klasse des Ordens der Aufgehenden Sonne mit der Motivierung erhalten, daß diese auch Seinem Herrn Vater vor elf Jahren bei einer Reise nach Japan verliehen worden sei. Der eigenen Einschätzung des Prinzen hat diese Ordensauszeichung anscheinend jedoch nicht ganz entsprochen, obwohl für einen so jungen Prinzen aus nicht regierendem Hause eine dem Roten Adler Orden erster Klasse gleichgeschätzte Dekoration doch wohl genügend erscheint. Die Preise sind aber durch den vor zwei Jahren in Tokio zugereisten Prinzen Ferdinand von Koburg-Kohary verdorben worden, dem die Japaner damals - der Himmel weiß warum - den Chrysanthemum-Orden verliehen hatten.

Am 27. Mai Abends spät kam ich in Neu Wiju an, wo mich ein mir von Dairen entgegengesandter Direktor der Südmandschurischen Eisenbahngesellschaft empfing. Der Yalu wurde in einem Motorboot übersetzt, wobei wir im Mondenschein die bereits aus dem Wasser ragenden Pfeiler der neuen Eisenbahnbrücke sehen konnten. In Antung, wo neben etwa 20 000 Chinesen und 8000 Japanern auch ein Deutscher „Meyer“ ansässig ist, der einer Zweigniederlassung der Firma Wolter & Co. in Chemulpo vorsteht, wurde übernachtet. Am folgenden Morgen ging es mit Sonderzug weiter gen Mukden. Zu großartig darf man sich diesen Sonderzug freilich nicht vorstellen. Die zurzeit in Betrieb befindliche Antung-Mukden Bahn ist bekanntlich eine Schmalspurbahn mit Spurweite von 2 Fuß 6 Zoll; die Waggons sind kleine Wagen zweiter und dritter Klasse, erstere mit Längsbänken, letztere, abgesehen vom Fußboden, ohne Sitzgelegenheit. Mir hatte man einen Wagen zur Verfügung gestellt, der vorigen Herbst für eine Reise Lord Kitchener´s konstruiert worden war und sich durch Verwendung von rotem Plüsch und weißen Fenstervorhängen von seinen minder bevorzugten Kameraden unterschied. Lord Kitchener´s Andenken hatte ich übrigens noch öfter Gelegenheit zu segnen. Ihm verdankte ich im Antung-Hotel ein wirkliches Bett und an allen größeren Stationen für ihn errichtete Pavillions mit reinen Handtüchern, frischem Wasser und ordentlicher Seife.

Über die Antung-Mukden Bahn und das, was ich sonst gelegentlich meiner Reise über die Eisenbahnpläne der Japaner in der Mandschurei erfuhr, werde ich gesondert Bericht erstatten.

Landschaftlich ist die Strecke sehr hübsch, besonders an den interessanten Gebirgsübergängen, die das Bähnchen in zahllosen Serpentinen erklimmt. An einer Stele konnte ich unter mir bis zu 13 Bahnwindungen zählen.

An dem Ausbau der Vollbahn Antung-Mukden wird auf der ganzen Strecke mit größter Energie gearbeitet. Von den Tunnels abgesehen, folgt die neue Bahn fast genau der Trace der im russisch-japanischen Kriege in wenigen Monaten erbauten Schmalspurbahn, was mir für die Vortrefflichkeit des damaligen survey zu sprechen scheint.

Der Bahn entlang sind die Japaner natürlich ganz ebenso die Herren, wie die Russen längs ihrer ostchinesischen Eisenbahn. An allen Stationen lagen japanische Bahnschutzwachen, die Strecke war militärisch besetzt, der Zug durch im Gepäckwagen mitfahrende Soldaten eskortiert. Nur an größeren Orten waren an den Stationen neben den japanischen auch chinesische Ehrenwachen aufgebaut, die aber, zwar nicht vom photographischen, wohl aber vom militärischen Standpunkte aus einen ganz minderwertigen Eindruck machten.

Halbwegs Mukden wurde einem Orte Namens Tsachokou übernachtet, der seine Entstehung allein dem Bahnbau verdankt. Das „Hotel“, ein Rundbau mit Kuppel, glich äußerlich einem Lokomotivschuppen. Die dreieckigen Zimmer gingen mit ihren Türen alle konzentrisch auf eine Rotunde, die als Speisezimmer diente, sodaß das Hotel sich in seiner Anlage vortrefflich für ein französisches Lustspiel mit Verwechslungen eignen würde.

Am 29. Mai Nachmittags gegen 2 Uhr kam ich in Shichiao, ca. 35 englische Meilen von Mukden, an, von wo aus die Bahn bereits als Vollbahn ausgebaut ist. Dort erwartete uns „der große Bruder“, ein Sonderzug aus Pullman Salonwagen, Speisewagen und Schlafwagen zusammengesetzt, der nach den japanischen Schmalspurbahnen und dem Antung Bähnle ganz gewaltig imponierte.

Ankunft in Mukden Nachmittags 4 Uhr, wo mich Konsul Heintges und Abgesandte des chinesischen Generalgouverneurs an der Bahn abholten. Für Mukden hatte ich aus politischen Erwägungen und um die Gefühle der Chinesen nicht zu verletzen unter Selbstverleugnung die japanische Gastfreundschaft abgelehnt und war von dem Generalgouverneur daraufhin in einem provisorisch als Absteigequartier hergerichteten Ausstellungsgebäude untergebracht worden. Staub und Gerüche in der Stadt waren für meine den chinesischen Verhältnissen in den letzten Jahren wieder etwas entwöhnten Augen und Nase etwas Schauderhaftes; auch die Hitze war schon sehr stark. Von der Stadt besah ich mir insbesondere den Kaiserpalast mit unschätzbaren alten chinesischen Kurios, die aber leider allmählich unter der Hand verschwinden sollen. Von Lord Kitchener, der ein großer Porzellansammler ist, wurde mir erzählt, er habe in Peking die Erlaubnis erwirkt, sich in Mukden zwei Vasen aussuchen zu dürfen, dann aber habe er sich zur Verblüffung der Chinesen vier Vasen mitgenommen, mit der dreisten Begründung, zwei Vasen bedeute nach chinesischen Sprachgebrauch doch selbstverständlich zwei Paar Vasen.

Den Abend meiner Ankunft in Mukden verbrachte ich bei Konsul Heintges in dem von ihm gemieteten und hübsch eingerichteten Tempel, in dem zwei mandschurische junge Bären die Stelle der Haushunde vertreten. Auf meine geschäftlichen Besprechungen mit Konsul Heintges werde ich wohl an anderer Stelle noch zurückkommen.

Am 3. Mai in aller Frühe stattete ich den Kaisergräbern bei Mukden und dann dem Generalgouverneur Hsi liang in seinem Amtsgebäude einen Besuch ab, den dieser alsbald in meinem Absteigequartier erwiderte. Imponiert hat mir der langweilige, energielose alte Herr ebensowenig wie seine Umgebung, sodaß es mich nicht wundert, wenn auch die Japaner sich von ihm nicht imponieren lassen.

Um halb elf Uhr Morgens nahm ich, der chinesischen Freundschaft zu Liebe, ein europäisches Mahl beim Generalgouverneur ein und tauschte chinesische Höflichkeiten und Pekinger Erinnerungen mit meinem Gastgeber aus.

Bei meinen Fahrten durch die verwahrlosten und holperigen Straßen der Stadt, die ich in einem vorsindflutlichen klapperigen Einspänner des Generalgouvernements zurücklegte, war ich von einer gemischten, chinesisch-japanischen Kavallerie-Eskorte begleitet.

Mittag um 12 Uhr begab ich mich wieder in die mir nach dem chinesischen Intermezzo wie Abrahams Schoß erscheinende Obhut der Süd-Mandschurischen Eisenbahn, die mich mittels Sonderzuges nach dem den Russen abgenommenen Kohlenbergwerk bei Fushun beförderte. Dort haben die Japaner in verhältnismäßig kurzer Frist Großes geschaffen. In kaum 5 Jahren ist eine saubere japanische Stadt mit Direktorialgebäuden, Arbeiterwohnungen, Kirchen, Schulen, Mietshäusern und Theatern ins Leben gerufen worden. In der von ihnen erbauten Kirche lassen die in religiöser Beziehung toleranten Japaner christlichen Gottesdienst neben ihrem buddhistischen zu. In den Minen sind 6000 Chinesen und 1000 Japaner beschäftigt. Die Kohlenförderung beträgt gegenwärtig 2500 Tonnen pro Tag, soll aber auf 7000 Tonnen gebracht werden können. Zurzeit werden drei ältere Minen ausgebeutet. Deren Betrieb soll indessen eingestellt werden, sobald die neuerbohrten Schächte, der Togo Pit und der Oyama Pit, betriebsfähig sind, was in sechs bezw. neun Monaten der Fall sein wird. Die Dicke des Kohlenflötzes ist im Durchschnitt 140 Fuß, an einzelnen Stellen sogar 185 Fuß. Die Konkurrenz der Mine macht sich, trotz der Fracht, sogar schon dem Absatz der japanischen Minen fühlbar.

Während der Nacht vom 30. zum 31. Mai brachte mich der japanische Sonderzug dann nach Ryojun (Port Arthur), wo mich bei der Ankunft der den abwesenden Generalgouverneur vertretende Zivilgouverneur und der Stationschef Vizeadmiral Tomioka empfingen. Wegen strömenden Regens konnte ich von der Festung selbst fast nichts sehen, weshalb man mir eine Hafenfahrt und einen Besuch des Arsenals und der Docks arrangierte. Da Fregattenkapitän Lange bereits von Söul nach Tokio zurückgekehrt war, ich selbst aber von Marinedingen nichts verstehe, war diese Besichtigung leider wenig fruchtbringend. Das kleinere, schon aus chinesischer Zeit stammende, von den Russen erweiterte, Dock ist jetzt von den Japanern etwas umgebaut worden, um Torpedobootzerstörer aufnehmen zu können. Es ist gerade fertig geworden und sollte am Tage nach meiner Ankunft zum ersten Mal in Betrieb genommen werden. Das größere Dock wollen die Japaner, wie der mich führende Admiral sagte, an der Einfahrt etwas erweitern, um Schiffe der Hattori-Klasse aufnehmen zu können. Das von den Russen begonnene große, auf Zwanzigtausend-Tonnen-Schiffe berechnete Dock wollen die Japaner dagegen nicht ausbauen, da sie es, wie sie sagen, nicht benötigen. Jedoch beabsichtigt die japanische Regierung einen schon von den Russen angefangenen Kanal auszubauen, der eine neue Verbindung von Hafen nach dem Meere zu schaffen soll. Im Arsenal sind vornehmlich chinesische Arbeiter beschäftigt. Im Hafen wird eifrig gebaggert, um die Eröffnung des Hafens für Kauffahrteischiffe vorzubereiten. Nach dem, was man mir sagte, soll Port Arthur an sich Kriegshafen bleiben, doch soll ein Teil des Westhafens für Handelsfahrzeuge freigegeben werden. Aber auch das wird den Verkehr kaum sehr wesentlich heben. Die Konkurrenz des benachbarten Dairen ist zu stark. Die Stadt Port Arthur macht einen verödeten Eindruck. Viele Häuser stehen leer; Neubauten sind unfertig gelassen. Auf den schönen, breiten, gut angelegten Straßen bewegt sich kein Fuhrwerk.

Ich benutzte die Gelegenheit meiner Anwesenheit, um beim stellvertretenden Generalgouverneur persönlich die Erledigung einiger, allerdings nicht sehr aussichtvoller deutscher Reklamationen zu monieren, die noch aus der Zeit des Krieges anhängig sind.

Außer einigen den Firmen Kunst & Albers und Sietas, Block & Co. gehörigen Grundstücken und Häusern ist deutsches Kapital noch in einer von Sietas, Block & Co. den russischen Vorbesitzern abgekauften Bierbrauerei angelegt, die seit Kurzem wieder in Betrieb gesetzt ist. Der aus Tsingtau impotierte deutsche Braumeister ist zurzeit der einzige deutsche Staatsangehörige in Port Arthur.

Während meines kurzen Aufenthaltes veranstalteten der stellvertretende Generalgouverneur und der Kommandant der Marinestation ein Fest für mich; ein Beamter des Generalgouvernements war zu meiner Führung abgeordnet.

Am 1. Juli Morgens beförderte man mich mittels Extrazuges nach Dairen. Die einschließlich der benachbarten Chinesenstadt jetzt angeblich ca. 80000 Einwohner zählende Stadt macht einen verhältnismäßig europäischen Eindruck. Die Südmandschurische Eisenbahngesellschaft ist so ziemlich Alleinherrscherin. Ihr gehört das Hotel, selbstverständlich der Bahnhof und vor Allem der Hafen mit allen Hafenanlagen, Lagerhäusern und Docks; sie hat große neue Eisenbahnwerkstätten angelegt, eine Gasanstalt (mit deutschen Maschinen) und ein Elektrizitätwerk errichtet, eine elektrische Tramway in Betrieb gesetzt. Ihre neuste Gründung ist die erst seit einigen Wochen eröffnete Seidenspinnerei (aus den Cocons des Eichenspinners).

Die Stadt ist unverkennbar in starkem Aufblühen begriffen; allenthalben herrscht eine sehr rege Bautätigkeit. Bohnen und Bohnenkuchen sowie neuerdings auch Kohle bilden Hauptausfuhrartikel. Den Kohlenexport möchten die Japaner indessen, angeblich zur Entlastung Dairen´s, nach Port Arthur und Newchwang verlegen. Im Hafen lagen zurzeit meiner Anwesenheit auch zwei deutsche Dampfer der Hapag, Admiral von Tirpitz und Huangho. Am Platze giebt es zwei deutsche Firmen, Meyer & Co. mit zwei deutschen Teilhabern und eine Niederlassung von Arhold, Karberg & Co. mit einem deutschen Angestellten, der die Vertretung der Hapag übertragen ist. Zwei weitere deutsche Firmen (eine davon Diedrichsen & Co.) wollen angeblich in den nächsten Monaten Zweigniederlassungen errichten. Sowohl die deutschen wie die englischen Kaufleute, die ich sprach, beurteilen die Aussichten Dairen´s günstig.

An Konsulaten sind vorhanden ein englisches Konsulat mit einem Konsul und Vizekonsul; ein amerikanisches Konsulat, zurzeit von einem Vizekonsul verwaltet, dem auch die Wahrnehmung der niederländischen Interessen übertragen ist; ein russisches Konsulat unter einem Konsul. Alle fremden Konsuln erhalten ihr Exequatur -

selbstverständlich - von Japan; das englische und amerikanische Konsulat stehen unter den betreffenden Generalkonsulaten und Botschaften in Yokohama und Tokio; die Titulare sind aus dem Dolmetscherdienst hervorgegangen und der japanischen Sprache mächtig. Beide deutsche Firmen petitionierten sehr dringend um die Errichtung eines deutschen Konsulats. Den gleichen Wunsch äußerten mir der stellvertretende japanische Generalgouverneur und der Präsident der Südmandschurischen Eisenbahngesellschaft. Ich habe mir einiges statistisches Material über den Anteil des deutschen Handels an der Einfuhr und über den deutschen Schiffsverkehr im Hafen von Dairen verschafft und behalte mir gesonderte Berichterstattung über die Frage der Errichtung eines Konsulats gehorsamst vor.

Am 2. Juni bin ich mit einem Dampfer der Osaku Shosen Kaisha nach Kobe zurückgefahren, von wo ich am 6. Juni Abends die Eisenbahn nach Tokio benutzt habe.

Wenn auch meine Informationsreise angesichts ihrer kurzen Dauer größere Ergebnisse naturgemäß nicht zeitigen konnte, so hat doch meine persönliche Anwesenheit in diesen bisher von den Kaiserlichen Vertretern in Tokio noch nicht besuchten Gegenden bei den dort geschäftlich tätigen Deutschen offenbar einen günstigen Eindruck gemacht, was ich ihren Dankesäußerungen über mein Kommen entnehmen konnte. Auch der Eigenliebe der Japaner hat das von mir an den Tag gelegte Interesse an ihren Neu-Schöpfungen geschmeichelt und die mit den Direktoren der Südmandschurischen Eisenbahngesellschaft angeknüpften Beziehungen werden vielleicht nicht ohne Nutzen bleiben. Ich selbst aber habe meinen Gesichtskreis erweitert, Mancherlei gelernt und beobachtet und kann nicht umhin, den Japanern das Zeugnis auszustellen, daß sie tüchtig und zielbewußt gearbeitet und sowohl in Korea wie in der Süd-Mandschurei schon schöne Ergebnisse erzielt haben.

Mumm.

Inhalt: Informationsreise nach Korea und der Südmandschurei.

Reiseeindrücke.

PAAA_RZ201-018938_131 ff.			
Empfänger	Bethmann Hollweg	Absender	Mumm
A. 11198 pr. 29. Juni 1910. p. m.		Tokio, den 11. Juni 1910.	
Memo	mitgef. 1. 7. Washington A. 124, London 1230, Petersburg 1177, Peking A. 337.		

A. 11198 pr. 29. Juni 1910. p. m.

Tokio, den 11. Juni 1910.

A. 195.

Seiner Exzellenz
dem Reichskanzler
Herrn von Bethmann Hollweg.

Im Schaufenster des europäischen Buchladens in Yokohama prangen zwar Werke mit dem Titel: „A month in the country of the rising sun", „A fortnight under the Mikado´s scepter", „A week in Japan". Trotzdem werden es mir Euere Exzellenz, hoffe ich, nicht verargen, wenn ich nach kaum zehntägigen Aufenthalte in Korea und der Süd-Mandschurei Bedenken trage, ein irgendwie abschließendes Urteil über die dortigen Verhältnisse zu fällen.

Wenn ich daher heute nochmals kurz auf meine Reiseerlebnisse zurückkomme, so bitte ich meinen Ausführungen diejenige Nachsicht schenken zu wollen, zu der mich meines gehorsamsten Dafürhaltens die kurze Dauer meiner Informationsreise berechtigt.

Euere Exzellenz wissen aus meiner bisherigen Berichterstattung, daß ich persönlich kein übergroßer Freund der Japaner bin, sodaß ich es trotz der interessanten dienstlichen Tätigkeit und der hiesigen angenehmen äußeren Stellung in mancher Hinsicht als ein individuelles Opfer betrachte, so lange Jahre in einem mir nicht sympathischen Lande habe zubringen zu müssen. Es wird mir daher wohl nicht als Voreingenommenheit ausgelegt werden können, wenn ich Euerer Exzellenz melde, daß ich von dieser jetzigen Reise ebenso wie schon vorher aus Formosa doch einen recht großen Respekt für die Leistungen der Japaner mit heimgebracht habe.

Selbstverständlich freilich habe ich alles nur in bester Beleuchtung gesehen, während die - jedenfalls auch vorhandene - Kehrseite der Medaille mir sorgfältig vorenthalten worden ist. Immerhin aber waren es doch nicht nur Potemkin´sche Dörfer, die man mir vorgespiegelt hat.

In vieler Hinsicht finde ich die Leistungen der Japaner in ihren Kolonien, Protektoraten und Schutzgebieten weit hervorragender als hier im Mutterlande. Zum Teil mag dies daher kommen, daß die Japaner, wie man mir sagt, gerade ihre besten und tüchtigsten Leute in diese Gebiete schicken; zum Teil auch kommt ihnen aber wohl zu Statten, daß sie dort noch so recht aus dem Vollen wirtschaften können, ohne allzuviel parlamentarische Kontrolle und ohne aufgezwungene falsche Sparsamkeit. Die Eisenbahn in Korea, die im Bau begriffene Antung-Mukden Bahn, die Südmandschurische Eisenbahn sind in Anlage und Betrieb achtunggebietende Leistungen. Dasselbe gilt von dem japanischen Reformwerk in Korea und von der Entwickelung Dairen´s.

Daß die Reorganisierung Koreas nicht ohne große Härten und Bedrückungen abgeht, halte ich allerdings für höchstwahrscheinlich. Die Japaner haben eine harte Hand und wo sie als Herren auftreten können, da mißbrauchen sie zweifelsohne nicht selten ihre Macht.

Immerhin möchte ich annehmen, daß die neue Aera für die Koreaner eher segensreich wirkt. Unter seiner elenden Dynastie und dem veralteten Hofadel verkam das koreanische Volk allmählich gänzlich. Jetzt wird es zwar bedrückt und in seinen liebsten Gewohnheiten gestört, aber es wird doch gleichzeitig auch erzogen und modernisiert. Wenn die Koreaner aus den ihnen jetzt gebotenen Möglichkeiten den richtigen Nutzen ziehen, so halte ich es doch nicht für gänzlich ausgeschlossen, daß für dies bisher im Niedergang befindliche Volk auch noch einmal bessere Tage anbrechen.

In den großen Städten und in den Hafenorten ist die Verwaltung offenbar völlig in den Händen der Japaner, neben denen die Koreanischen Minister pp. nur eine rein dekorative Rolle spielen. Auf dem platten Lande dagegen mögen die koreanischen Lokalbeamten noch ihr Wesen treiben. Von Söul bis halbwegs Antung fuhr im gleichen Zuge wie ich der jetzige stellvertretende Premierminister Pak, der einst in Peking mein Kollege gewesen war. Er befand sich auf einer ihm von den Japanern aufgezwungenen Inspektionsreise, die die Wasserversorgung der Stadt Ping yang zum Gegenstand hatte. Mehrfach suchte ich durch Dolmetscher eine Unterhaltung mit ihm anzuknüpfen, der Erfolg war aber rein negativ; offenbar hatte er von Nichts eine Ahnung. Seine japanischen Begleiter dagegen gaben mir Aufschluß über Alles, was ich wissen wollte und entwickelten mir mit großem Eifer ihre Pläne auch bezüglich Kanalisation, Bewässerung u. s. w.

Einen sehr günstigen Eindruck machten auch die japanischen Ackerbau-Kolonien längs der Bahn, die offenbar vortrefflich prosperieren, vielleicht freilich mit deshalb, weil die Preise, zu denen sie das Land „erworben“ haben, schon bei sehr geringer Verzinsung rentieren.

Die allgemein von den Japanern in Korea ventilierte Frage war die Eventualität einer

Einverleibung Korea´s durch Japan. Persönlich möchte ich es für eine politische Unklugheit halten, wenn Japan, wie es den Anschein hat, schon in naher Zukunft zur Annexion schreitet. Und im Grunde ihres Herzens sind, glaube ich, auch die leitenden Staatsmänner Japans dieser Meinung. Wenn sie gleichwohl jetzt die Annexion planen, so geschieht dies wohl aus Konnivenz gegen die öffentliche Meinung, die die Annexion ziemlich einmütig fordert. Die Japaner sind ein eitles, chauvinistisches Volk. Eine Regierung, die sich am Ruder halten will, muß von Zeit zu Zeit mit einem neuen, greifbaren Erfolge aufwarten. Dazu ist jetzt die Annexion oder meinetwegen auch die Amalgamierung - das Wort tut herzlich wenig zur Sache - ausersehen. Durch diesen fetten Bissen wird die öffentliche Meinung dann wieder für ein Paar Jahre gesättigt.

Besondere Schwierigkeiten wird die Durchführung der Annexion kaum bereiten. Nach dem, was ich in Korea hörte, scheint die Absicht der Japanischen Regierung die zu sein, zunächst die ganze Verwaltung Korea´s zu japanisieren. Ist dies geschehen, so soll dann die Annexion als eine rein äußerliche Formalität nachfolgen. Kopfzerbrechen macht den Japanern da besonders nur das Schicksal der Koreanischen Dynastie. Ein japanischer Beamter der Generalresidentur in Söul, den ich nach Tische auf das Thema ansprach, verwies mich auf das Schicksal des „Königs“ der Liukiu-Inseln, der s. Zt. von den Japanern pensioniert und mit allerlei Ehrenrechten ausgestattet worden sei, von einer anderen Seite ist mir dagegen die Mutmaßung ausgesprochen worden, die Japaner hätten so viel belastendes Material gegen den Hof zusammengebracht, daß sie jederzeit in der Lage seien, dem Koreanischen Hofe vor dem Tribunal der öffentlichen Meinung der Welt den Prozeß zu machen. Dieser Ansicht ist u. A. auch Konsul Thiel, der mir dieser Tage über eine Unterhaltung mit dem japanischen Gouverneur von Kobe das Folgende berichtete:

> „Gouverneur Mattori war über Erwarten gesprächig und meinte, die „Amalgamierung“ werde wohl verhältnismäßig schon bald kommen. Er hielte diesen Schritt für einen Fehler, weil er nach Lage der Verhältnisse nicht nötig erscheine. Japan sei schon jetzt tatsächlich im Besitz der Herrschaft über Korea und könne kaum einen erheblichen Machtzuwachs aus der Maßregel erwarten. Dagegen werde es nicht an Leuten in Europa und in Amerika fehlen, die dem Schritt eine Japan ungünstige Deutung geben würden, man würde von einer aggressiven Politik Japans auf dem asiatischen Kontinent reden und man würde Japan des Bruchs feierlich gegebener Versprechungen zeihen. Diese seine persönlichen Bedenken gegen die Maßregel würden aber anscheinend in maßgebenden Kreisen nicht geteilt. Man habe seit Jahren erdrückendes Material gegen das Koreanische Kaiserhaus gesammelt. Schon Fürst Ito habe eine Menge zusammengebracht, besonders auch Dokumente

mit Bezug auf die koreanische Mission nach dem Haag und dieses Material sei seit seinem Tode noch erheblich vermehrt worden."

Über den Eindruck, den die Amalgamierung, wenn sie kommt, auf die öffentliche Meinung der hauptsächlich interessierten Länder machen wird, kann ich selbstverständlich nur Mutmaßungen äußern.

Mein amerikanischer Kollege, mit dem ich vor ein paar Tagen eine dieselbezügliche Unterhaltung hatte, sprach sich ziemlich resigniert aus und erweckte in mir nicht den Eindruck, als ob Seitens der Vereinigten Staaten eine mehr als platonische Opposition zu erwarten sei.

Mit Rußland, das sich formell bereits im Portsmouther Friedensvertrag desinteressiert hat, werden die Japaner sich ja wohl während der jetzt in St. Petersburg schwebenden Verhandlungen verständigen.

Bleibt China. Dort wird die Einverleibung Koreas und die Beseitigung der koreanischen Dynastie sicherlich höchst peinlich berühren und einen Sturm des Unwillens hervorrufen. Den Japanern wird dies aber wohl verhältnismäßig gleichgültig sein. Ja, es ist sogar noch die Frage, ob nicht der Schreck, den Japan seinem großen festländischen Nachbar durch sein rücksichtsloses Vorgehen gegen Korea einjagen wird, für die Erfüllung japanischer Wünsche Seitens Chinas günstiger wirken wird, als es die Liebe tun würde, zu der Japan China ja doch nie zwingen kann.

Mumm.

Inhalt: Reiseeindrücke.

Berlin, den 7. Juli 1910.

zu A. 11197.

Gesandter Hamburg.
№ 359.

J. № 8103.

Ew. pp. übersende ich ergeb. anbei vier Abschriften eines Berichts des Kaiserlichen Botschafters in Tokio vom 10. v. M., betr. Korea und die Südmandschurei, zur gefl. Kenntnisnahme und mit dem Ersuchen, je eine Abschrift auf Allerhöchsten Befehl den Regierungen der drei Hansestädte zu übermitteln.

St. S.
i. m.

[ ]

PAAA_RZ201-018938_138			
Empfänger	[o. A.]	Absender	[o. A.]
zu A. 11197 II.		Berlin, den 7. Juli 1910.	
Memo	ad 1 ins. 2 u. d. Herrn Staatss. des Reichs-Marine-Amts. ad 2 ins. 1 J. № 8101.		

zu A. 11197 II.

Berlin, den 7. Juli 1910.

Auf Allerhöchsten Befehl.

Dem Herrn 1. Staatssekretär d. Innern

2. Min. für Handel u. Gewerbe

der 3. deutsch-asiatischen Bank

zur gefl. Kenntnisnahme. Entsprechende Mitteilung ergeht an den Herrn.

U. St. S.

i. m.

[ ]

PAAA_RZ201-018938_139			
Empfänger	Herrn Staatssekretär	Absender	[o. A.]
zu A. 11197 III.		Berlin, den 7. Juli 1910.	
Memo	J. № 8102.		

zu A. 11197 III.

Berlin, den 7. Juli 1910.

Dem Herrn Staatssekretär
des Reichsmarineamts.

zur gef. Kenntnisnahme. Entsprechende Mitteilung ergeht an den Herrn Staatssekr. d. Innern und den Herrn Min. für Handel u. Gewerbe.

(Stempel)

[ ]

PAAA_RZ201-018938_140			
Empfänger	[o. A.]	Absender	[o. A.]
A. 12035 pr. 13. Juli 1910.		[o. A.]	

A. 12035 pr. 13. Juli 1910.

Notiz!

Bericht aus Tokio v. 28. 6. 10, B. 280, betr. die Errichtung eines japan. Kolonialbüros zum Zweck der Uberwachung der Angelegenheit von Formosa, Korea, Saghalin u. Kwantung,

befindet sich i. d. A. Japan 1

[ ]

PAAA_RZ201-018938_141 f.			
Empfänger	Auswärtiges Amt in Berlin	Absender	Montgelas
A. 14256 pr. 22. August 1910. p. m.		Tokio, den 22. August 1910.	

A. 14256 pr. 22. August 1910. p. m.

Telegramm.

Tokio, den 22. August 1910. - Uhr Min. m.
Ankunft: 5 Uhr 26 Min. p. m.

Der K. Geschäftsträger an Auswärtiges Amt.

Entzifferung.

№ 45.

Wie ich aus sicherer Quelle erfahre, genehmigte geheimer Staatsrat heute Annexionsvertrag Korea, der morgen unterzeichnet, Mittwoch proklamiert werden soll. Kaiserliche Familie wird japanischer gleichgestellt Zivilisten weiterbezahlt, bisher für Korea gültiges Zollregime soll einige Jahre bestehen.

Montgelas.

Orig. i. a. Korea 10

[ ]

PAAA_RZ201-018938_143			
Empfänger	Auswärtiges Amt in Berlin	Absender	Montgelas
A. 14453 pr. 26. August 1910. a. m.		Tokio, den 25. August 1910.	

A. 14453 pr. 26. August 1910. a. m.

Telegramm.

Tokio, den 25. August 1910. - Uhr -Min. -m.
Ankunft: 10 Uhr 38 Min. p. m.

Der K. Geschäftsträger an Auswärtiges Amt.

Entzifferung.

№ 86.

Minister der auswärtigen Angelegenheiten sendet Annexionsvertrag Korea: Verträge mit Korea nichtig Jurisdiction sofort japanisch ausgenommen schwebende Fälle, bisheriges Zollregime bleibt zehn Jahre Küstenschifffahrt Koreas und Schiffsverkehr zwischen Korea und offenen japanischen Häfen 10 Jahre gestattet, Hafen Masampo wird geschlossen, Schin Wiju geöffnet, Annexionsvertrag 29. August verkündigt.

Montgelas.

Orig. i. a. Japan 22

[ ]

PAAA_RZ201-018938_144 ff.			
Empfänger	Bethmann Hollweg	Absender	Krüger
A. 14483 pr. 26. August 1910. p. m.		Seoul, den 11. August 1910.	
Memo	27. 8. London, Paris, Wash. J. № 684.		

Abschrift für III.

A. 14483 pr. 26. August 1910. p. m. 1 Anl.

Seoul, den 11. August 1910.

Gen. Kons.

K. № 45.

Sr. Excellenz

dem Reichkanzler

Herrn v. Bethmann Hollweg.

Als gleich nach der Ermordung des Fürsten Ito die Presse in Japan begann, auf Annexion Koreas zu dringen, verhielten sich die maßgebenden Staatsmänner in Tokio dieser Forderung gegenüber durchaus ablehnend und gaben noch in den ersten Monaten dieses Jahres in Parlamentskommissionen und bei sonstigen Gelegenheiten wiederholt öffentlich Erklärungen dahin ab, daß Japan am Status Koreas nichts ändern werde, vielmehr entschlossen sei, an dem vom Fürsten Ito aufgestellten, vom Kaiser sanktionierten Korea-Programm festzuhalten.

Langsam muß sich dann diesbezüglich in Tokio ein Umschwung vollzogen haben, wenn man eine Reihe von Maßnahmen richtig deutet, die Japan - etwa von Mitte April beginnend - mit Bezug auf Korea - vorzunehmen für gut befand.

In Übereinstimmung mit meinen eigenen Wahrnehmungen erzählte mir Botschafter Frhr. v. Mumm Ende Mai bei seinem Korea-Besuch: „daß sich seit etwa 6 Wochen die Stimmung in Tokio merklich zu Gunsten einer Annexion geändert habe, und ich gut täte, damit zu rechnen, daß fragliche Maßregel in absehbarer Zeit zur Ausführung gelange.“

In rascher Folge mehrten sich dann die Anzeichen, daß Japan ernstlich auf Annexion zusteuere.

So wurde in Tokio das Kolonialbüro mit dem Premierminister Marquis Katsura als

Präsidenten und dem Verkehrsminister Baron Goto als Vize-Präsidenten geschaffen, und Korea zusammen mit Formosa, Sachalin und dem chinesischen Pachtgebiet diesem Büro unterstellt. Die schon seit längerem genehmigte Urlaubsreise des kleinen koreanischen Kronprinzen mußte plötzlich unterbleiben. Den durch Rücktritt des erkrankten Viscont Sone vakant gewordenen Posten des Generalresidenten erhielt demnächst kein geringerer als Viscount Terauchi, neben Marschall Yamagata die Seele der die Annexion erstrebenden Militärpartei, unter Belassung in seiner Stellung als Kriegsminister. Terauchis erste, noch in Tokio vollzogene öffentliche Amtshandlung bestand wiederum in der Unterzeichnung des Memorandums, in welchem Korea das gesamte Polizeiwesen im Lande an Japan abtreten mußte. Und so könnten noch weitere Anhaltspunkte für jüngste japanische Annexions-Vorbereitungen aufgezählt werden.

Hier am Platze ließ sich bis dato Sicheres oder auch Näheres über die Pläne Japans nicht beschaffen. Diesbezüglich war auch keiner meiner Kollegen etwa glücklicher als ich. Die Bestimmungen erfolgen eben ausschließlich in Tokio.

Die Herren der Generalresidentur wagten vor der vor ca. 14 Tagen erfolgten Herkunft von Viscount Terauchi keine Andeutungen zu machen, wußten wahrscheinlich auch d. Zt. selbst nichts Genaueres, während mit dem Einzuge Terauchis in Seoul der Dienst einen militärischen Anstrich bekam, und die Parole ausgegeben wurde: „Mund halten".

Die hiesige Presse - die koreanische sowohl wie die japanische - durfte beileibe nicht von Annexion sprechen und wurde vom neuen japanischen Polizeichef Generalmajor Okeshi in jeder Weise geknebelt, um sie für die kommenden bitteren Ereignisse rechtzeitig daran zu gewöhnen: „Lerne zu leiden ohne zu klagen."

Eine ganze Reihe von Zeitungen beider Sprachen - bis heute gerad ein volles Dutzend - fielen der Konfiskation anheim. Sogar (o Ironie!) die gute „Seoul Press", das Blatt der Generalresidentur entging diesem Schicksal nicht, weil sie einen Artikel der „Japan Times" abgedruckt hatte, mit der Meldung, daß Koreaner in Honolulu beschlossen hätten, im Falle der Annexion via Amerika und Sibirien nach Korea zu eilen und sich den Aufständischen anzuschließen.

Über die Weiterentwicklung der brennenden Frage waren wir in Seoul unter besagten Umständen ausschließlich auf gelegentliche Angaben in japanischen Zeitungen angewiesen.

Diese hatten in letzter Woche die rechtlichen Wirkungen der Annexion besprochen und dabei die entgegengesetzten Ansichten gebracht, nämlich einerseits, daß mit der Annexion ohne weiteres alle koreanischen Verträge und Gesetze hinfällig würden und andererseits, daß diese Verträge und Gesetze zunächst weiterhin in Kraft blieben.

Angesichts der einschneidenden Bedeutung dieser Frage habe ich den Direktor der ausw. Angelegenheiten in der Generalresidentur, Herrn Komatzu, um eine Unterredung ersucht, welche gestern stattfand.

Erfreulicherweise hat mir Genannter mit Genehmigung von Viscount Terauchi die gewünschte Auskunft erteilt.

Eine über den Inhalt unserer Rücksprache aufgesetzte Registratur füge ich gehorsamst bei.

Als wesentliche Punkte hebe ich folgende hervor:

Die Annexion wird stattfinden u. zw. in etwa 4 Wochen. Die japanische Regierung betrachtet im Augenblick der Annexion alle koreanischen Verträge und Gesetze als aufgehoben, wird aber durch ein Sonderdekret die bestehenden Gesetze als japanische Gesetze wieder in Kraft setzen und aus den fremden Handelsverträgen den gegenwärtigen Zolltarif sowie sonstige Handelsvergünstigungen weiterbestehen lassen. Hinfällig werden die Exterritorialitätsrechte der Fremden und die Konsulargerichtsbarkeit. Anhängige Gerichtssachen dürfen aber beendet werden.

Ob eine im Vertragswege herbeigeführte Annexion - im Gegensatz zu einer einseitigen, mit Waffengewalt erzwungenen Annexion - die von der japanischen Regierung bezeichneten Folgen hat, weiß ich nicht. Ich möchte daran zweifeln. Für eine mit Gründen versehene Ansichtsäußerung fehlt es mir indessen in Seoul am nötigen Bibliotheksmaterial. Ich bitte Ew. Excellenz daher, die Frage geneigtest prüfen zu lassen und mich mit Instruktionen zu versehen, wie ich mich dem japanischen Standpunkt gegenüber verhalten soll.

Ist die japanische Auffassung richtig, oder muß sie aus politischen Erwägungen durchgelassen werden, so kann dies in gewisser Beziehung für die Interessen von Reichsdeutschen in Korea geradezu ruinös wirken. Hierfür nur ein Beispiel.

Herr Carl Wolter, Seniorchef des einzigen hiesigen deutschen Handelshauses Carl Wolter & Co in Tschemulpo nennt 34 Grundstücke mit zusammen 75273 qm in der allgemeinen Fremdenniederlassung in Tschemulpo sein Eigen. Der gegenwärtige hohe Wert dieser Grundstücke beruht wesentlich auf dem Umstand, daß sie der Landesgerichtsbarkeit entzogen sind und unter deutscher Jurisdiktion stehen. Kommt letztere in Fortfall, so wird eine Wertreduktion von mindestens 25 - 30% angenommen. Herr Wolter hat auf seinen verschiedenen Terrains Hypotheken im Gesamtbetrage von ca. 834000 M stehen, für welche vom diesseitigen Generalkonsulat deutsche Hypothekenbriefe ausgefertigt sind. Beim Wegfall deutscher Konsulargerichtsbarkeit werden die - zumeist deutschen - Hypothekengläubiger voraussichtlich ohne Zeitverlust zur Kündigung schreiten, was für Herrn Wolter die allerschwersten Folgen nach sich ziehen kann. Denn eine Summe von fast einer Million Mark plötzlich bar auszahlen zu müssen, wird einen Kaufmann, dessen Geld doch im Geschäft steckt, leichtlich in Verlegenheit bringen, während die hiesigen Liegenschaften in gegenwärtigen Zeiten zu einem annehmbaren Preise garnicht zu realisieren und an den Mann zu bringen sind. Der unverschuldete Konkurs eines blühenden deutschen Handelshauses in Korea wäre dann die traurige Folge.

In Japan haben s. Zt. die Fremden bei Abschaffung der Konsulargerichtsbarkeit eine Frist von mehreren Jahren gehabt, um sich auf diesen Wechsel einzurichten. Wenn für Korea eine ähnliche Vorbereitungsfrist ausgewirkt werden könnte, so würde sich Unglück verhüten lassen. Überdies ist Japan mit der Durchführung seiner Justizorganisation in Korea noch garnicht fertig. Es fehlt noch an einer ganzen Reihe von Gerichten. Die wenigen Gefängnisse im Lande sind überfüllt. In Seoul sind z. B. die einzelnen Abteilungen im Verhältnis zum Raum mit fast der doppelten Anzahl von Gefangenen belegt. Ein für Europäer geeignetes Gefängnis existiert bis jetzt überhaupt nicht.

Diese Punkte scheinen mir wohl geeignet, um an Japan mit dem Wunsch heranzutreten, daß in beiderseitigem Interesse noch eine den Umständen nach billige Frist für Ausübung der Konsularjurisdiktion gewährt werde, sagen wir bis zum 31. Dezember 1912.

Sollten Ew. Excellenz meine Aufklärung für zutreffend erachten, so stelle ich gehorsamst anheim, die Kaiserliche Botschaft geneigtest mit bezüglicher - und wegen Dringlichkeit der Sache - telegraphischer Instruktion zu versehen. Hier in Seoul läßt sich zur Erreichung meines Vorschlages nichts ausrichten. Die Entscheidung liegt ausschließlich in Tokio. - Die Kaiserliche Botschaft erhält Durchschlag.

gez. Krüger.

Orig. i. a. Japan 22

Abschrift ad A. 14483[10]

Anl. zu Ber. № 45.

R., den 10. August 1910.

Gelegentlich meines heutigen Besuchs beim Direktor der auswärtigen Angelegenheiten der Generalresidentur Herrn M. Komatzu brachte ich das Gespräch auf die in letzteingetroffenen Tokio-Zeitungen wiedergegebenen verschiedenen Ansichten über die Wirkungen einer japanischen Annexion Koreas. Nach Meinung der einen nämlich hörten im Augenblick der Annexion alle Verträge Koreas und alle koreanischen Gesetze eo ipso auf zu existieren, während nach der Auffassung der anderen diese Verträge und Gesetze mitübernommen würden und von Japan bis zur Vereinbarung anderweitiger Verträge bezw.

bis zum Erlaß anderer Gesetze respektiert werden müßten.

Ich wies darauf hin, daß ich behufs rechtzeitiger Maßnahmen ein dringendes Interesse daran hätte, zu wissen, welchen offiziellen Standpunkt die japanische Regierung einnähme, einmal zur Annexionsfrage an sich und ferner hinsichtlich der rechtlichen Wirkungen der Annexion. Denn beim deutschen Konsulargericht z. B. schwebten Prozesse, deren ordnungsmäßige Beendigung unmöglich gemacht werden würde, wenn Annexion plötzlich stattfinde und als Folge der Annexion unser deutsch-koreanischer Vertrag und die darin vorgesehene Konsularjurisdiktion ohne weiteres aufhöre. Die japanischen Maßnahmen seit April d. Js. deuteten zwar fast zwingend darauf hin, daß die japanische Regierung unter Preisgabe des Fürst Ito´schen Korea-Programms die Annexion des Protektoratsstaates anstrebe und die japanische Presse der letzten Wochen spreche sogar von der Annexion als einer bereits festbeschlossenen Sache, allein eine bezügliche Bestätigung bezw. Erklärung aus dem Munde einer maßgeblichen Persönlichkeit fehle bis zur Stunde. Die hiesigen Herren hätten sowohl vor als nach Eintreffen von Viscount Terauchi geflissentlich absolutes Stillschweigen beobachtet und ebensowenig habe sich ein leitender Staatsmann in Tokio zur Sache geäußert, wenigstens hätte ich nichts derartiges gelesen oder gehört. Ich bat darauf Herrn Komatzu, mir über die angedeuten Punkte Gewißheit zu verschaffen, wenn ihm solches nur irgend möglich sei.

Herr Komatzu erwiderte darauf etwa folgendes:

„Die Annexion wird stattfinden und zwar in nächster Zeit. Ein Termin läßt sich heute noch nicht bestimmen. Die nötigen Vorbereitungen sind noch nicht beendet und mögen immerhin noch 4 Wochen Zeit beanspruchen. Nach internationalem Recht und nach Vorgängen bei anderen Staaten hat eine Annexion Koreas durch Japan das sofortige Aufhören aller koreanischen Verträge und Gesetze und das Inkrafttreten der japanischen Gesetze zur Folge. Da indessen Korea für die jetzt in Japan gültigen modernen Gesetze noch nicht reif ist, die ärmliche Bevölkerung auch die dort bestehenden hohen Zölle und Steuern nicht tragen kann, so werden durch ein gleichzeitig mit der Annexion ergehendes Spezialedikt alle gegenwärtig in Korea bestehenden Gesetze als japanische Gesetze für Korea wieder in Kraft gesetzt werden. Das nämlich wird mit dem gegenwärtigen Zolltarif erfolgen sowie mit allen sonstigen Vertragsrechten der Fremden, mit Ausnahme der Exterritorialität und der Konsularjurisdiktion. In letzter Beziehung wird aber vorgesehen werden, daß schwebende Gerichtssachen beendet werden dürfen. Überhaupt können die wohlererworbenen Rechte der Fremden an Bergwerken, Grundbesitz, Konzessionen u. s. w. auf volle Anerkennung und Respektierung rechnen. Der Zustand nach der Annexion wird also diesbezüglich von dem vor der Annexion nicht verschieden sein. Natürlich hört die bisherige Steuerfreiheit der Ausländer auf und haben sie die gleichen Abgaben wie die

Koreaner bzw. Japaner zu zahlen, sind auch den nämlichen Polizeimaßnahmen unterworfen. Wie die Verhältnisse augenblicklich liegen, kann darauf gerechnet werden, daß vor 2 - 3 Jahren keine Zolländerungen stattfinden.“

Ich wandte demgegenüber ein, daß es bezüglich der Wirkungen einer Annexion meiner Ansicht nach denn doch wesentlich darauf ankomme, wie sich die betreffende Annexion vollziehe, ob durch kriegerischen Akt und einseitige Erklärung des Siegers, oder aber durch friedliche Vereinbarung der beiden in Betracht kommenden Staaten. Bis zur Stunde hätte sich Japan sämtliche Rechte, die es in Korea ausübe, durch Vertrag abtreten lassen und verlaute, daß auch die bevorstehende Annexion im Vertragswege erfolgen solle. Wenn dem so sei, so könne der Kaiser von Korea als absoluter Herrscher doch nicht mehr abtreten als er besitze, d. h. das mit den Verträgen belastete Korea, und Japan hätte sich dann wegen Aufhebung der Verträge mit den betreffenden fremden Staaten auseinanderzusetzen.

Herr Komura entgegnete: „Nach heutiger Lage der Verhandlungen ist allerdings zu gewärtigen, daß die Annexion Koreas sich in friedlicher Weise im beiderseitigen Einverständnis vollzieht, also durch Vertrag. Wie dem aber auch sein wird, Annexion ist Annexion und macht es bezüglich der rechtlichen Wirkungen keinen Unterschied, wie die Annexion zustande kommt. So hat wenigstens Tokio entschieden und diese Auffassung ist für mich und die General-Residentur maßgebend.“

Herr Komatzu machte bei Beendigung unserer Unterredung vertrauliche Benutzung seiner Eröffnungen zur Bedingung.

gez. Krüger.

[ ]

PAAA_RZ201-018938_154			
Empfänger	Auswärtiges Amt in Berlin	Absender	Krüger
A. 14508 pr. 27. August 1910. a. m.		Seoul, den 27. August 1910.	

A. 14508 pr. 27. August 1910. a. m.

Telegramm.

Seoul, den 27. August 1910. - Uhr - Min. -m.
Ankunft: 12 Uhr 40 Min. vm.

Der K. Generalkonsul an Auswärtiges Amt.

Entzifferung.

№ 4.

Annexionsvertrag am 22. August abschlossen und Publikation mit sofortiger Rechtskraft auf 29. August festgesetzt.

Japanische Zusatzdeklaration stimmt mit Inhalt von Tel. № 3. wesentlich überein, bestehende Zölle für 10 Jahre garantiert.

Krüger.

Orig. i. a. Korea 10

[ ]

PAAA_RZ201-018938_155			
Empfänger	Auswärtiges Amt in Berlin	Absender	Montgelas
A. 14635 pr. 29. August 1910. p. m.		Tokio, den 29. August 1910.	

A. 14635 pr. 29. August 1910. p. m.

Telegramm.

Tokio, den 29. August 1910. 10 Uhr - Min. a. m.
Ankunft: 2 Uhr 40 Min. p. m.

Der K. Geschäftsträger an Auswärtiges Amt.

Entzifferung.

№ 49.

Staatsanzeiger veröffentlicht Annektionsvertrag Korea.

gez. Montgelas.
Orig. i. a. Japan 22

Auswärtiges Amt

Abth. A.

Politisches Archiv d. Auswärt. Amts

Acten

Betreffend

Die Besitznahme von Port Hamilton durch England

Vom 8. April 1885

Bis 31. Juli 1885

Vol.: 1.

conf. Vol.: 2.

Politisches Archiv des Auswärtigen Amts

R 18939

KOREA. No. 2.

[ ]

PAAA_RZ201-018939_002 f.			
Empfänger	Bismarck	Absender	Henning
A. 2568 pr. 8. April 1885 p. m.		Chemulpo, den 8. Februar 1885.	

A. 2568 pr. 8. April 1885 p. m.

Corea - Hafen von Chemulpo, den 8. Februar 1885.

An Seine Durchlaucht
den Kanzler des Deutschen Reiches
Fürsten von Bismarck.

Euer Durchlaucht habe ich die Ehre Nachstehendes zur hochgeneigten Kenntniß ganz gehorsamst zu unterbreiten.

Von seiner Excellenz dem Vice-König Li Hung Chang zur Berichterstattung über koreanische Häfen hierher gesendet hatte ich Gelegenheit durch die hiesige Hafen Inspection und Herrn Möllendorff Material zu sammeln, von dem ich, nach meiner unmaaßgeblichen Meinung, glaube, daß es auch meinem Vaterland nützlich sein könne. Ich darf aus diesem Grund hoffen, meinem Schreiben einige Nachsicht zugewendet zu sehen.

Die ganze Süd Küste Corea's ist fast eine aneinander gereihte Kette vortrefflicher eisfreier Häfen.

Der beste von allen Häfen, namentlich als isolirt selbständige Station einer europäischen Macht gedacht, ist in seiner beherrschenden Lage unstreitig Hamilton Hafen der Nan how Gruppe. Ueberhaupt, daß die kaiserliche Admiralität in ausreichender Weise über die technische Qualität dieses Hafens orientiert ist, glaube ich doch mit der Anlage - eine Skizze quästionischen Hafens - einige Bemerkungen nicht vorenthalten zu sollen. Russland hat es auf Port Lazareff abgesehen. Wohl wissend, daß ihm jede Art der Besitznahme frei steht, würde es den Erwerb durch Kauf vorziehen. Corea ist laut Vertrag verpflichtet, an Japan $ 120 000 zu zahlen, eine für dieses geldarme Land sehr harte Aufgabe. Eine Regung des Emporstrebens Corea's ist unverkennbar Chemulpo, vor zwei Jahren noch ein armseliges Fischerdorf von 15 Fischerhütten, ist heute schon ein ganz respectabele Hafencolonie mit dem Ausdruck ferneren rapiden Wachsens. Die weitere Ausbildung des Hafens wird von erfahrenen Männern eifrigst ventilirt.

Aber es fehlt an Geld. Die koreanische Regierung ist zur Zeit sehr geneigt, selbst durch Abtretung kleiner Gebietstheile dem Geldmangel Vorschub zu leisten. Einer Abtretung des Hafens Hamilton dürfte Nichts im Wege stehen, während eine Gebietserwerbung auf dem Festland umzulässig wäre.

Nach den mir gemachten Äußerungen würde eine Million Mark den Verkaufs-Preis repräsentiren. Die Kaiserlich Chinesische Regierung legt Werth darauf, einen Hafen in möglichster Nähe der Hauptstadt Seoul, etwa Masan fo zu besitzen. Des Eises wegen habe ich einen Hafen wenige Meilen nördlich zur nähren Untersuchung empfohlen.

Gehorsamst

Henning.

Ingenieur Hauptmann zd.

[Anlage zum Bericht A. 2568.]

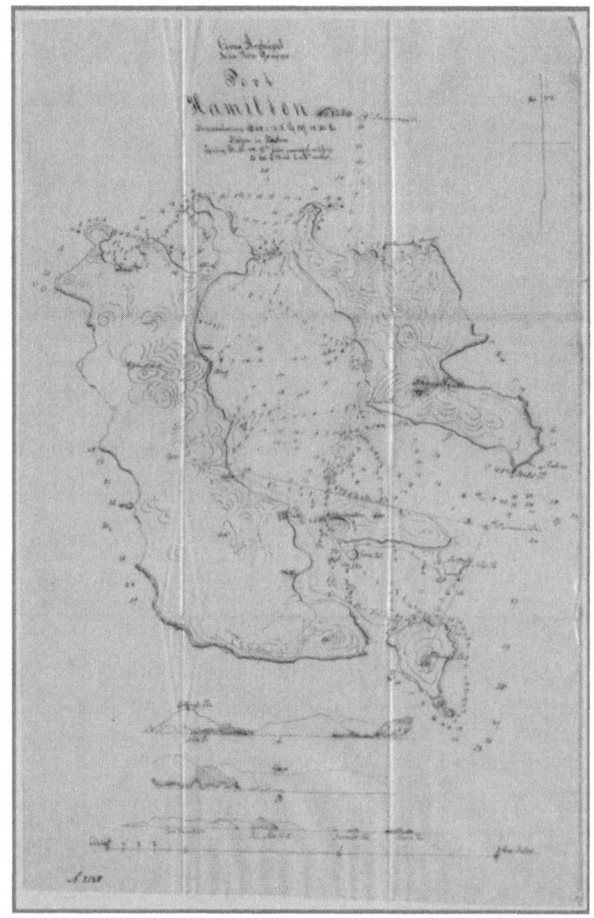

Berlin, den 10. April 1885. ad A. 2568.

Bei Abtg. II zur Kenntniß nehmen sodann zdA

Herrn Geh. Leg. Rath von Kerschow zur gef. Kenntnißnahme

....

Bitte um Abschrift der Anlage zu den Akten II. Gffen Tettenbach vorzulegen

Hauptmann a. D. Henning gehört, nach einem Berichte des Kommodore Paschen dd. Shanghai 18. November 84, zu den Armeeoffizieren a. D., welche im November 84 mit dem Korvetten-Kapitän a. D. Sebelin in Tientsin angelangt sind, um Mannschaften für die in Deutschland gebauten chinesischen Kriegsschiffe auszubilden, und dann später mit diesen Leuten die Schiffe nach China zu fahren. Wie Hauptmann Henning nach Corea gelangt, ist aus den Acten nicht ersichtlich.[1*] Mit dem Adm. Amte steht derselbe in keinen Beziehungen. Aus dem Jahre 1877 liegt über den Betreffenden ein Bericht des Polizei-Präsidenten v. Modai vor. Die italienische Regierung wollte demselben damals einen Orden verleihen und fragte an, ob dieß hier unbedenklich erscheine. Dieß wurde bejaht, und Henning, der bereits den Roth. Arl. Ord. IV Kl. besaß, erhält demnach auch einen höheren ital. Orden. Herr von Modai berichtete der Zeit: Henning sei Besitzer einer Maschinenfabrik, die 500 Arbeiter beschäftigte, besitze ein nicht unbedeutendes Vermögen und habe sich stets untadelhaft geführt.

Port Hamilton, an der Südspitze von Korea, zu einer kleinen Insel gehörig, ist nicht mit Port Hamilton (Insel Quelpart) zu verwechseln, den England kürzlich als Kohlenstation erworben hat.

L.

---

1 [Randbemerkung] Er selbst gibt an, im Auftrage Li Hung Changs in Corea zu sein

Ostasien.

PAAA_RZ201-018939_008 ff.			
Empfänger	Bismarck	Absender	Schweinitz
A. 3190 pr. 25. April 1885. a. m.		St. Petersburg, den 23. April 1885.	

A. 3190 pr. 25. April 1885. a. m.

St. Petersburg, den 23. April 1885.

Seiner Durchlaucht
dem Fürsten von Bismarck.

Obwohl keine zuverläßigen Nachrichten über die neuesten Vorgänge in Korea und in den diese Halbinsel umfassenden Meeren vorliegen, so bringen doch einige russischen Zeitungen, einschließlich der Katkor'schen, sehr heftige Artikel gegen England, wegen dessen angeblicher Besitzergreifung von der Insel Quelpart oder von Port Hamilton. Ohne genau zu wissen wo Letzteres liegt, nennen es die russischen Journalisten ein ostasiatisches Gibraltar und erblicken in dessen Occupation durch Großbritannien einen genügenden Grund, um gegen dieses Krieg zu führen.

Ich beehre mich hinzuzufügen, daß seit Monaten der Insel Quelpart in russischen Blättern Erwähnung geschah und daß über die Nützlichkeit einer russischen Festsetzung in der Nähe der Südspitze von Korea polemisiert wurde.

Schweinitz.

Inhalt: Ostasien.

[ ]

PAAA_RZ201-018939_011			
Empfänger	Auswärtiges Amt in Berlin	Absender	Zembsch
A. 4385 pr. 1. Juni 1885. a. m.		Shanghai, den 1. Juni 1885.	
Memo	s. Tel. v. 2. 6. Petersburg 97		

A. 4385 pr. 1. Juni 1885. a. m.

Telegramm.

Shanghai, den 1. Juni 1885. 1 Uhr 50 Min. N.
Ankunft 10 Uhr 40 Min. N.

Der K. Generalkonsul an Auswärtiges Amt.

Entzifferung.

№ 2.

Engländer besetzen Hafen Hamilton. Koreanische Regierung und Bevölkerung sehr beunruhigt, fürchten ähnliches Vorgehen der Russen und anderer Mächte. Koreanische Regierung protestirt und wünscht Korea zu neutralisiren.

Zembsch.

Berlin, den 2. Juni 1885. A. 4385.

An
Lit. Herrn von Schweinitz
chiffr. m. 220 Lachmann

St. Petersburg № 91

J. № 2458.

Tel. i Ziffern

Nach einer telegraphischen Meldung des Generalconsuls für Korea vom 1. Juni sollen die Engländer den Hafen Hamilton besetzt und dadurch große Beunruhigung in Korea hervorgerufen haben, wo man zu befürchten scheint, daß Rußland wie auch andere Mächte nunmehr in ähnlicher Weise vorgehen werden. Die koreanische Regierung soll gegen die Besitznahme von Hamilton protestirt und den Wunsch geäußert haben, daß Korea neutralisirt werde.[2]

Eur. lib. bitte uh. neue Erkundigungen hierüber einzuziehen u. Ihnen Ausriß mitzutheilen.

St. S. E.
L. 2. 7.

---

2 [Randbemerkung] warum ist an Sr [*sic.*] Angabe nicht für den [*sic.*] gemacht worden? Sie ist von mir vor 1 Uhr in den Geschäftsgang gegeben erledigt. Gb 2. 6.

[ ]

PAAA_RZ201-018939_013 ff.			
Empfänger	Auswärtiges Amt in Berlin	Absender	Schweinitz
A. 4456 pr. 3. Juni 1885. p. m.		Petersburg, den 3. Juni 1885.	

A. 4456 pr. 3. Juni 1885. p. m.

Telegramm.

Petersburg, den 3. Juni 1885. 8 Uhr 50 Min. p. m.
Ankunft 8 Uhr 50 Min. p. m.

Der K. Botschafter an Auswärtiges Amt.

Entzifferung.

№ 108.

Antwort auf Tel. № 97.[3*]

Meldungen von Commandanten russischer Kriegsschiffe bestätigen Nachricht von Besetzung Hamilton´s durch die Engländer. Herr von Giers hat diesen Gegenstand durch den Botschafter in London nicht berühren lassen, sondern nur eine beiläufige Bemerkung gegen Sir E. Thornton gemacht, worauf dieser erwiderte, England befestige den Hafen nicht, sondern errichte nur ein Depot.

Im Einvernehmen mit dem Marine-Minister will Herr von Giers genauere Informationen abwarten; Legationssekretair Speyer werde von Tokio nach Soul geschickt; General Konsul Weber ist mit ratificirtem Handelsvertrag unterwegs nach Korea.

Herr von Giers muthmaßt, daß England im Einverständniß mit China zur Besetzung Hamilton´s schritte. Meiner Ansicht nach ist es wahrscheinlich, daß Rußland gelegentlich einen eisfreien Hafen im Japanischen Meer occupiren wird, daß aber noch keine Wahl getroffen wurde.

Schweinitz.

3 alleruntertänigst beigefügt

[ ]

PAAA_RZ201-018939_016 f.			
Empfänger	Bismarck	Absender	Dönhoff
A. 4473 pr. 4. Juni 1885. a. m.		Tokio, den 22. April 1885.	
Memo	mitgeth. d. 7. 6. London 184 u. Petersburg 341.		

A. 4473 pr. 4. Juni 1885. a. m.

Tokio, den 22. April 1885.

A. № 18.

Seiner Durchlaucht
dem Fürsten von Bismarck.

Wie mir Graf Inouye heute sagte, ist ihm vom Japanischen Gesandten in China, Admiral Enomoto, die telegraphische Meldung aus Tientsin zugegangen, daß nach einer dem Letzteren von Li Hung Chang gemachten Mittheilung, der Englische Admiral Doweld mit mehreren Schiffen des Geschwaders nach der an der Südspitze von Korea gelegenen Inselgruppe Port Hamilton, gesegelt und daselbst bis auf Weiteres vor Anker gegangen sei.

Der Minister, der von dieser Nachricht sichtlich unangenehm berührt war, glaubt annehmen zu sollen, daß für den Fall eines englisch-russischen Krieges, diese Inselgruppe zur Operationsbasis für das Englische Geschwader bestimmt sei und definitiv besetzt werden würde; andererseits befürchtet er aber auch, daß, wenn es auch nicht zum Ausbruch offener Feindseligkeiten kommen sollte, die Besetzung von Port Hamilton seitens Englands dennoch erfolgen könnte, und zwar unter dem Vorwande einer Russischen zuvorzukommen.

Die Aussicht dieser Englischen Nachbarschaft scheint dem Grafen Inouye beunruhigend, besonders, da nach seiner Ansicht ein derartiges Vorgehen Englands von Russischer Seite im geeigneten Momente jedenfalls als Beispiel und Präcedenz Nachahmung finden würde.

H. Dönhoff.

[ ]

PAAA_RZ201-018939_018			
Empfänger	[o. A.]	Absender	[o. A.]
[o. A.]		Hongkong, den 6. Juni [o. A.]	

Auswärtiges Amt

Times Ⅱ Edit.
6. Juni
Hongkong

The telegraph-ship Sherard Osborne has gone to the north, with, as is reported, the object of laying a cable between Port Hamilton and Nagasaki. The naval authorities here are most active in making preparations. Armed cruizers are still being fitted, except the Rosetta, which is equipped and ready for sea. The military authorities, in contrast with the naval, seem taking no energetic steps, officers being granted leave to go home.

The Russian men-of-war, with the admiral on board, beat to quarters and prepared for action on the Agamemnon entering Yokohama Harbour. Captain Long, whose conduct has been much approved, visited the Russian admiral, and remonstrated with him against the disregard of the neutrality of the port. The Japanese press comments indignantly upon the Russian proceedings. A Japanese turret-ship is now anchored in front of the Russian vessel, and the English ships have moved to Yokohsuka, to avoid a chance of collision.

Berlin, den 7. Juni 1885.

A. 4473.

An
die Missionen in
1. London № 184
2. St. Petersburg № 341

J. № 2529.

Euer p. beehre ich mich anbei Abschrift eines Berichts des Ks. Gesandten in Tokio vom 22. April betreffend Port Hamilton
zum gefälligen Information zu übersenden.

D. R. k.

i. m.

[ ]

PAAA_RZ201-018939_020 f.			
Empfänger	Bismarck	Absender	Schweinitz
A. 4822 pr. 15. Juni 1885. a. m.		St. Petersburg, den 11. Juni 1885.	

Auszug

A. 4822 pr. 15. Juni 1885. a. m.

St. Petersburg, den 11. Juni 1885.

durch Feldjäger.

Ganz vertraulich

№ 196.

Seiner Durchlaucht

dem Fürsten von Bismarck.

pp.

Unlängst hörte ich von guter Seite gegen Zusicherung der Diskretion, daß man dem Fürsten Dolgoruki den Gesandtenposten in Peking antrug. Herr von Giers hat diesen Gegenstand nicht berührt, mit dem gegenwärtigen Vertreter Rußlands in China, auf welches er viel Aufmerksamkeit richtet, scheint er nicht besonders zufrieden zu sein. Herr Popoff theilt nicht immer die Auffassung seines Chefs, welcher der Meinung ist, daß die schnelle Aussöhnung des Chinesischen Reichs mit Frankreich Englischem Einflusse zuzuschreiben sei und daß überhaupt zwischen Großbritannien und China ein Einverständniß entweder bestehe oder sich vorbereite; in der Okkupation von Port Hamilton glaubt Herr von Giers ein weiteres Symptom solcher Beziehungen erkennen zu dürfen.

pp.

(gez.) von Schweinitz.

Orig. i. act. Russland 61.

Die Besetzung von Port Hamilton durch die Engländer Betreffend.

PAAA_RZ201-018939_022			
Empfänger	Bismarck	Absender	Dönhoff
A. 4863 pr. 16. Juni 1885.		Tokio, den 2. Mai 1885.	
Memo	mitgeth. d. 18. 6. n. Petersburg 378, London 217		

A. 4863 pr. 16. Juni 1885. 1 Anl.

Tokio, den 2. Mai 1885.

A. № 21.

Vertraulich

Seiner Durchlaucht, dem Fürsten von Bismarck.

Im Anschluß an meinen gehorsamsten Bericht A. № 18 vom 22. April d. J's, die Besetzung von Port Hamilton durch die Engländer betreffend, beehre ich mich in der Anlage Abschrift der über diesen Gegenstand zwischen meinem Englischen Kollegen und dem Grafen Inouye geführten konfidentiellen Korrespondenz, die mir seitens des Ministers des Äußern ganz vertraulich mitgetheilt wurde, ganz gehorsamst zu überreichen.

Graf Inouye sagte mir dabei, daß diese schriftliche Äußerung erst erfolgte, nachdem seinerseits durch den Japanischen Gesandten in London über diese Maßregel Aufklärung erbeten worden war, und daß Mr. Plunkett dieser seiner schriftlichen Mittheilung noch die mündliche Bemerkung hinzugefügt habe, die Besetzung von Port Hamilton schließe einen freundlichen Akt (friendly act) gegen Japan in sich.

Wie Eure Durchlaucht aus der Antwort des Herrn Ministers an den Englischen Gesandten hochgeneigt ersehen wollen, theilt Ersterer diese Auffassung nicht. Er fügte mir gegenüber noch vertraulich hinzu, daß er auf seine Anfrage in Seoul in Erfahrung gebracht habe, wie die koreanische Regierung überhaupt gar keine Nachricht einer beabsichtigten oder erfolgten Besetzung von Port Hamilton gehabt, sondern erst durch seine Nachfrage davon Kenntniß erhalten habe.

H. Dönhoff.

Inhalt: Die Besetzung von Port Hamilton durch die Engländer Betreffend. 1. Anlage.

[Anlage zum Bericht A. 4863.]
Copy.
Confidential.

Foreign Office
Tokio, April 22, 1885.

His Excellency
The Kon. F. R. Peunbelt.
etc. etc. etc.

Sir:

I have the honor to acknowledge the receipt of your Excellency's confidential communication of date the 20th inst. in which Your Excellency does me the favor to inform me that New Britannia Majesty's Government have found it necessary, in view of Eventualities, to authorize the temporally occupation of Port Hamilton by the Squadron under the command of Vice Admiral Sir William Dowell, an intention which as Your Excellency further acquaints me, has been carried into effect, the Harbor of Port Hamilton having been occupied by British men of war.

I hasten to assure Your Excellency of any appreciation of the spirit of friendly courtesy shown on the part of the New Britannia Majesty's Government in so promptly bringing this important intelligence to the notice of His Imperial Majesty's Government.

To Your Excellency with readily understand, His Imperial Majesty's Government cannot regard with unconcern an occupation of this nature of a place to closely adjacent to His Imperial Majesty's dominions, even by a Power with which their relations and happily so cordial as with Great Britannia. They, therefore, await with deep interest such further information as Your Excellency may with propriety be able to give me in regard to the causes which have led His Majesty's Government to take this step, as well as with reference to the arrangements which may have been made with the Government of Korea in relation thereto. Meantime, and until His Imperial Majesty's Government are fully apprised of the facts of the case, I must reserve the expression of those views upon the subject which hereafter it may be incumbent upon me to express on their behalf.

I avail myself etc. etc.

sigd. Inouye Kaoru.

Inhalt: Die Besetzung von Port Hamilton durch die Engländer betreffend.

[ ]

PAAA_RZ201-018939_028			
Empfänger	[o. A.]	Absender	Lührsen
A. 4873 pr. 16. Juni 1885. a. m.		Shanghai, den 1. Mai 1885.	

Auszug

A. 4873 pr. 16. Juni 1885. a. m.

Shanghai, den 1. Mai 1885.

№ 64.

pp.

Das Gerücht die englischer Seits erfolgte Besetzung Port Hamilton's, einer zu Korea gehörenden Insel mit vorzüglichem Hafen, und die Ausrüstung desselben als Kriegshafen erhält sich hier.

pp.

(gez.) Lührsen.

Orig. in actis: I. B. 10.

Berlin, den 18. Juni 1884.

A. 4863.

An
die Missionen in:
vertraulich.

1. Petersburg № 378.
2. London № 217.
Sicher!

J. № 2755.

Euer p. beehre ich mich anbei Abschrift Auszug eines Berichts des K. Gesandten in Tokio vom 2. v. Mts. betreffend Port Hamilton
zur gefl. persönlichen Information zu übersenden.

DRk
i. m.

Betreffend die angebliche Besitznahme von Port Hamilton durch die Engländer.

PAAA_RZ201-018939_030 ff.			
Empfänger	Bismarck	Absender	Brandt
A. 5047 pr. 21. Juni 1885. a. m.		Peking, den 25. April 1885.	
Memo	mitgeth. d. 21. 6. n. Petersburg 384 u. London 230.		

A. 5047 pr. 21. Juni 1885. a. m.

Peking, den 25. April 1885.

A. № 95.

Seiner Durchlaucht, dem Fürsten von Bismarck.

Seit ungefähr zehn Tagen läuft hier das Gerücht um, daß der englische Admiral Sir William Dowell Port Hamilton, einen auf dem halben Wege zwischen Quelpart und der Küste von Korea gelegenen, von drei kleinen Inseln mit einer Bevölkerung von ca. 1500 Seelen gebildeten kleinen Hafen von bedeutender Wassertiefe und mit gutem Trinkwasser in Besitz genommen habe. Nach russischen Quellen würde Admiral Dowell in Port Hamilton nur ein Kohlendepot angelegt haben, während von japanischer Seite behauptet wird, daß er von den Inseln Besitz ergriffen habe.

Über die Thatsache selbst werden Euere Durchlaucht schneller und besser als dies hier in Peking möglich ist, unterrichtet gewesen sein, ich möchte mir nur ganz gehorsamst zu bemerken erlauben, daß abgesehen von der Wichtigkeit für das englische Geschwader in diesen Meeren im Falle des Ausbruchs von Feindseligkeiten zwischen Rußland und China eine auf dem Wege von Hongkong nach den Amurprovinzen gelegene Kohlen- und Wasserstation zu besitzen, die Thatsache, daß der russische Admiral Putiatine vor ungefähr zwanzig Jahren mit den Lokalbehörden der Insel einen Contract abgeschlossen und in Port Hamilton ein Kohlendepot errichtet hatte, mag englischerseits zu der Befürchtung Veranlassung gegeben haben, daß Ähnliches sich wiederholen könne, und es besser sei dem zuvorzukommen.

Eine vorhergängige Verständigung mit Korea scheint nicht stattgefunden zu haben; ob, wie mein japanischer College behauptet, die englische Regierung durch den Marquis Tseng beruhigende Versicherungen nach hier hat gelangen lassen, habe ich nicht feststellen können.

Brandt.

Inhalt: Betreffend die angebliche Besitznahme von Port Hamilton durch die Engländer.

Berlin, den 21. Juni 1885.

A. 5047.

An
die Missionen in
vertraulich

1. Petersburg № 384
6. London № 230
Sicher!

J. № 2817.

Euer pp. beehre ich mich anbei Abschrift / Auszug eines Berichts des K. Gesandten in Peking vom 25. April betreffend Port Hamilton
zur gefl. persönlichen Information zu übersenden.

D R K
i. m.

Aeußerungen der russischen Presse über Korea und Ostasien.

PAAA_RZ201-018939_036 ff.			
Empfänger	Bismarck	Absender	Schweinitz
A. 5156 p. 25. Juni 1885. a. m.		St. Petersburg, den 20. Juni 1885.	

A. 5156 p. 25. Juni 1885. a. m. 4 Anl.

St. Petersburg, den 20. Juni 1885.

№ 206.

Seiner Durchlaucht
dem Fürsten von Bismarck.

[4]Unlängst brachten deutsche Blätter die Nachricht, daß Deutschland einen Hafen auf Quelpart[5], vielleicht auch diese ganze Insel in Besitz nehmen werde. Die St. Petersburger Blätter reproducirten diese Mittheilung zuerst ohne Kommentare, am 14. d. M. aber widmete die liberal-jüdischpolenfreundliche „Nowosti" dem Gegenstande einen Leitartikel, der aus Marinekreisen herrühren dürfte und einiges Thatsächliche enthält, weshalb ich mir gestatte ihn ganz gehorsamst beizufügen.

Am 15. Juni meldeten die hiesigen Zeitungen, der „Times" werde aus Tientsin telegraphirt, daß Rußland einen Hafen auf Korea okkupirt habe. Die „Petersburg´sche Russische Zeitung" vom 16. 4. d. M. N.150 begleitete diese Nachricht mit einigen Bemerkungen, welche Mißtrauen gegen Englands und Deutschlands Zwecke in Port Hamilton beziehungsweise Quelpart zu erkennen gaben. Auch diesen Artikel beehre ich mich in deutscher Uebersetzung vorzulegen.

Mit auffallender Eile widersprach das offiziöse „Journal de St Petersbourg" in der ebenmäßig beigeschlossenen Nummer vom 16/4. Juni dem Times-Telegramm aus Tientsin, wonach die Russen einen Hafen Korea´s besetzt haben sollten. Der Ton dieses Dementis, welcher gleichzeitig die Okkupirung Port Hamiltons durch England und die angebliche Besitzergreifung eines Hafens auf Quelpart durch Deutschland ironisch und skeptisch behandelt, ist von der „Petersburg´schen Russischen Zeitung" scharf getadelt worden. Die

4 [Randbemerkung] richtig. Die Nachricht hat zunächst in einem westfälischen Blatte gestanden und ist in die engl. Presse übergegangen.

5 bei Korea

Auslassung der letztgenannten Zeitung schließe ich gleichfalls bei. Die Worte, mit denen der Redakteur der politischen Rundschau das „Journal de St. Petersbourg“ das an der Spitze des Blattes stehende Dementi schließt, nämlich: „que le correspondent a été mystifié et que le bruit n'a pas le moindre fondement“, erscheinen mir mir deshalb berichtenswerth, weil ich daraus entnehmen zu dürfen glaube, daß Rußland den Hafen, welchen es nach meinem ehrerbietigen Dafürhalten, im Japanischen Meer früher oder später okkupiren wird, nicht auf der Halbinsel Korea sondern auf einer Insel sucht oder schon gefunden hat.

Es sind jetzt schon viele Wochen vergangen seit die erste Nachricht von der Besetzung Port Hamiltons, von der Gründung des „neuen Gibraltar's“ einlief und einen solchen Sturm des Unwillens in der Presse hervorrief, daß Herr Katkow einen genügenden Grund zu sofortiger Kriegserklärung darin erblickte. Herr von Giers nahm amtlich keine Notiz von der oft angezweifelten, zuletzt aber doch durch die Russischen Marine-Offiziere bestätigten Meldung; nur beiläufig erwähnte der Minister derselben im Gespräche mit Sir Edward Thornton, welcher ihm erwiderte, es handle sich nicht um eine Befestigung sondern nur um eine Kohlenstation. Sorgfältig wurde es vermieden, die, im Kriegsfalle doch recht wichtige Position von Hamilton, bei den in London geführten Verhandlungen über die afghanische Grenze zur Sprache zu bringen. Als ich späterhin diesen Gegenstand in vertraulicher Unterhaltung mit Herrn von Giers bei verschiedenen Veranlassungen gelegentlich berührte, wich er der Frage aus, wie sich Rußland zu dem Wunsche der Regierung von Korea stelle neutral erklärt zu werden. Von jeher, schon vor Jahren und in neuerer Zeit nach den Unruhen in Soul, stellte der Russische Minister der auswärtigen Angelegenheiten den Grundsatz auf, daß Rußland sich nicht in die Angelegenheiten Koreas mengen, aber auch nicht gestatten dürfe, daß eine fremde Macht dort präponderire, wobei er zunächst an Amerika zu denken schien.

Bei anderen Veranlassungen, besonders wenn ich über die Prätensionen des Herrn Miklucha-Maklay zu sprechen hatte, drückte Herr von Giers wiederholt die Ueberzeugung aus, daß Rußland im Süden des Stillen Ozeans keine Interessen habe und uns gewiß keine Schwierigkeiten schaffen wolle, betonte aber hierbei um so ausdrücklicher die Wichtigkeit, welche der nördliche Theil dieses Meeres für Rußland habe. Hierin ist der Minister der Zustimmung aller an der Politik theilnehmenden Kreise seiner Landsleute sicher; denn obwohl das Amur-Land ein kostspieliger, unproduktiver, von den Mansen beunruhigter Besitz ist, so legen die Russen doch hohen Werth darauf, weil sie, außer im Weißen Meere nur dort ozeanische Küsten haben. Nachdem Rußland seine Etablissements von Nikolajewsk an der bis spät ins Frühjahr hinein zugefrorenen Amur-Mündung nach dem unter dem 42. Breitengrade liegenden Wladiwostok verlegt hat, findet es auch diesen, viele

Monate mit Eis bedeckten Hafen ungenügend und empfindet das Bedürfniß nach einer, das ganze Jahr hindurch eisfreien Station. Wahrscheinlich überschätzt man hier die Vortheile einer auf das Küstengebiet des Amurlandes basirten maritimen Aktion; denn obwohl die Insel Sachalin Kohlen liefert, so fehlt es doch in jenem Lande fast an Allem, was Heer und Flotte während eines längeren Krieges brauchen würden. Gegenwärtig stehen 6 000 Mann in dem General-Gouvernement, welches im vorigen Jahre gegründet und dem General Baron Korff anvertraut wurde, welcher seine Residenz in Chabarowka an der Mündung des Ussuri in den Amur hat. Bis vor Kurzem wurden die im Küstengebiete garnisonirenden Truppen noch von Rußland aus verproviantirt; vielleicht ist dies auch noch heute der Fall, weil dort fast Nichts produzirt wird; die russischen Ansiedler sind arm und sehr gering an Zahl.

Aber diese wohlbekannten Uebelstände verhindern nicht, daß die russische politisirende Gesellschaft auch über die maritime Position in Ostasien mit Stolz und Eifersucht wacht, in dem festen Glauben, von dort aus, im Kriegsfall dem englischen Handel großen Abbruch thun zu können.

In ihrer N154 vom 18. 6. d. M. bemerkt die „Moskauer Zeitung“ zu dem Gerüchte von einer deutschen Besitzergreifung auf Korea mißmüthig, Deutschland brauche dort nicht zu annektiren, da es „durch seinen Möllendorff“ schon genügend Einfluß ausübe.

Schweinitz.

Inhalt: Aeußerungen der russischen Presse über Korea und Ostasien.

Anlage [1] zum Bericht A. 5156.

Ausschintt
aus der „St. Petersburger Zeitung“
№ 156 vom 17./5. Juni 1885.

„Unsere Leser werden sich erinnern, daß wir, anläßlich des Gerüchtes von einer Besetzung des Port Hamilton durch die Engländer, nachzuweisen suchten, welche Gefahr für Russland darin liegt, wenn unsere westeuropäischen Freunde sich an der koreanischen Küste festsetzen wollten: für uns wäre das ja fast gleichbedeutend mit dem Verlust von Wladiwostok und der Einbuße der und rechtemäßig zukommenden Bedeutung in den koreanischen Gewässern. Später, ganz kürzlich erst, tauchte das Gerücht auf, Deutschland sei die Insel Quelpart abgetreten und jetzt heißt es, daß auch und irgend ein Hafen abgetreten sei, vermuthlich Port Lasarew. Auf diese Weise scheint sich im koreanischen Gebiete ein gutes Nachbarschaftsverhältniß zwischen drei bedeutenden europäischen Mächten herausbilden zu wollen, von denen aber zwei nicht ganz in Folge von Nothwendigkeit dort aufgetreten sind, während wir allein unsere nächsten Lebensinteressen dort vertheidigen.

Was wird aus diesem „guten Nachbarschaftsverhältniß" herauskommen; vorausgesetzt, daß alle drei Gerüchte wahr sind? Das schon heute sagen zu wollen, wäre schwer. Unzweifelhaft nur ist´s, daß wir bisher Korea noch nicht in unsere Einflußsphäre eingeschlossen haben und sogar auf die Wachtposten zweier anderer Staaten auf diesem Territorium stoßen, die somit unmittelbar neben unseren äußerst wichtigen und sicher entwickelungsbedürftigen Handels- und Staatsinteressen aufgestellt worden sind."

Anlage [2] zum Bericht A. 5156.

Ausschnitt
Aus dem „Journal de St Petersbourg"
№ 145 vom 16./4. Juni 1885.

Le télégraphe nous signale aujourd´hui de Londres une dépêche adressée de Tien-Tsin au *Times* et d´après laquelle «les Russes auraient occupé un port de la Corée». On se sait que, il y a quelques semaines, des télégrammes annonçaient et démentaient tour à tour la nouvelle que les Anglais voulaient prendre ou avaient occupé Port-Hamilton. L´affaire ayant fini par s´assoupir de l´autre côté de la Manche, des feuilles allemandes s´en sont emparées pour la rééditer sous une autre forme. Ainsi la *Westfälische Zeitung* déclarait tout à coup la semaine dernière que l´Allemagne allait prendre possession du port de Quelpart, voire même de l´île entière de ce nom, et le *Tagblatt* de Berlin échafaudait sur ce bruit un de ces articles de fond dont il a le secret et qui n´ont pas précisément pour effet de provoquer la hausse ou la baisse aux Bourses européennes. Néanmoins les lauriers du *Tagblatt* empêchaient, paraît-il, le *Times* de dormir, et le journal de la Cité fait maintenant occuper un port de la Corée, non par les Anglais ou les Allemands, mais par les Russes. Une Variante était de rigueur. Et cependant, n´en déplaise au *Times*, nous croyons pouvoir lui affirmer que son correspondant de Tien-Tsin a été mystifié et que le bruit dont il se fait l'écho n'a pas le moindre fondement.

Anlage [3] zum Bericht A. 5756.

Uebersetzung
aus dem St. Petersburgstiga Wetomoste
vom 19/7. Juni 1885. № 153.

Gestern hatte unsere Zeitung anläßlich des Artikels des „Journal de St. Petersbourg" über die Londoner Gerüchte, welche sich mit der Besetzung eines Hafens in den koreanischen Gewässern seitens Rußlands beschäftigten, schon flüchtig darauf hingewiesen, welch merkwürdige, unanständige, das russische Publikum beleidigende Sprache dieses offiziöse Organ bereits seit 20 Jahren über unsere Politik führt, wenn es beeifert ist, die in die europäische Presse gelangten Vorschläge der russischen National-Politik zu widerlegen.

Wir glauben, daß die merkwürdige Rolle, welche unsere französische Zeitung Europa und Rußland gegenüber spielt, selbst von Leuten die durchaus anderer Meinung und entgegengesetzten politischen Charakters sind, gefühlt wird. Jedermann findet die offiziöse Ironie mit welcher dieses Blatt die für die innersten Interessen Rußlands höchst wichtigen Gegenstände behandelt, unbegreiflich, diesen Ton des „absoluten Ausländers", welcher mit Genehmigung des Russischen Ministeriums über russische Politik plaudert. Selbstverständlich liegt in dieser Genehmigung seitens des Ministeriums die alleinige Bedeutung des „Journal de St. Petersbourg" …

Meiner Meinung nach müßte Rußland in lautestem Tone und in eindringlichster Weise erklären, daß unter den gegebenen Umständen die Meerenge von Korea zur Sphäre der Russischen Interessen ebensogut gehört, wie der Suezkanal zu der der britischen Interessen und Rußland genöthigt ist, jedem Versuch einer fremden Macht, sich an den koreanischen Küsten oder in den Gewässern daselbst befestigen zu wollen, höchst verdächtig zu finden und bei der ersten Gefahr nicht verfehlen wird, sich dort eines genügenden Unterpfandes zu versichern. Die russische Diplomatie wird wohl vollständig den Umfang der mit der koreanischen Frage verbundenen Interessen erkennen und daher nicht einmal ein Zeitungsgerücht über irgend eine Einmischung in diese Interessen ohne befriedigende Erklärung lassen.

Nordd. Allg. Ztg.

№ 295 Sonntag, den 28 Juni 1885.

Ein preußisches Provinzialblatt, in welchem man Neuigkeiten aus der internationalen Politik zu suchen nicht gewohnt ist, hat die Nachricht in die Welt gesetzt, daß Deutschland einen Hafen auf Quelpart an der Küste von Korea, vielleicht auch diese ganze Insel, in Besitz nehmen werde. Die „Nowosti“, auf deren polnische Tendenz aufmerksam zu machen wir wiederholt Anlaß gehabt haben, hat diese Nachricht in der Weise, die sich erwarten ließ, fruktifizirt. Sie sucht dieselbe zunächst durch zwei Behauptungen glaubhaft zu machen: erstens, daß die deutsche Presse wie auf Kommando wochenlang die Besetzung der Insel Tusim verlangt hätte - wovon uns nichts erinnerlich ist - und zweitens, das betreffende deutsche Blatt unterhalte Beziehungen mit den Berliner politischen Kreisen, durch die es oftmals besser informirt werde, als viele sogenannte politische Organe - was wir bisher auch nicht bemerkt haben. Nachdem so die Richtigkeit der Nachricht erwiesen sein soll, deduzirt die „Nowosti“ aus derselben, daß Deutschland sich mit allerlei für Rußland unbequemen, wenn nicht gar gefährlichen Plänen zu tragen scheine.

Nach guter Information ist in den amtlichen Kreisen in Deutschland niemals auch nur der Gedanke besprochen worden, Häfen, Inseln oder Land an den Meeren, von welchen Korea bespült ist, zu erwerben. Als polnisches Blatt hat die „Nowosti“ das Interesse, jede Erfindung zu kolportieren, die benutzt werden kann, um Verstimmungen zwischen Deutschland und Rußland hervorzurufen. Das gegenwärtige Einverständniß ist unbequem für Bestrebungen, denen nicht der Friede, sondern Uneinigkeit zwischen Deutschland und Rußland förderlich ist.

Anlage [4] zum Bericht A. 5756.

U e b e r s e t z u n g
aus dem „Nowosti“ vom 14/2. Juni 1885.
№ 149.

Erst neulich sprachen wir davon, daß der deutsche Einfluß sich in jenen Ländern befestigt auf welche Rußland Rechte hat. „Sowohl Konstantinopel, als Teheran und Söul,“ bemerkten wir, „gehören zu jenen Punkten auf dem Erdballe, wo der prävalirente Einfluß einer anderen, wenn auch vollkommen freundschaftlichen, aber starken Macht für uns nicht wünschenswerth sein kann.

Indem wir sehen, wie Deutschland hier allmälig die Gewalt an sich reißt, sollten wir bedenken, welchen Schaden dasselbe uns in jenem Falle wird zufügen können, wenn unsere Beziehungen zu demselben weniger freundschaftlich sein werden.“ Die von der „Rheinisch-Westfälischen Zeitung“ gebrachte Sensationsnachricht ruft uns diese Erwägungen wieder ins Gedächtnis. Diese Zeitung nimmt die Interessen der deutschen Industrie wahr, beschäftigt sich nicht mit der Verbreitung von tendenziösen Nachrichten und theilt nur solche sichere Nachrichten und Gerüchte mit, für welche sich die westfälischen Fabrikanten und Industriellen in dieser oder jener Beziehung interessiren. Die Informationen aus erster Hand zu erhalten, unterhält dieses Blatt Beziehungen mit den Berliner politischen Kreisen und ist oftmals besser informirt als viele sogenannte politische Organe. Wir sagen dieses Alles nur zu dem Zwecke, um die Quelle zu charakterisiren, von der aus in Europa sich die Nachricht verbreitet hat, daß Deutschland die Absicht habe einen Hafen auf der Insel Quelpart oder gar die ganze Insel zu okkupiren. Diese Nachricht halten wir für um so wahrscheinlicher, als die Deutsche Regierung schon längst danach strebt, in Korea und in den dasselbe umspülenden Gewässern festen Fuß zu fassen.

Die Insel Quelpart, welche bekanntlich südlich von Korea liegt und sowohl das gelbe als das chinesische Meer beherrscht, ist von unserem Marine-Ressort schon längst als ein Anlegeplatz und eine Kohlenstation in Aussicht genommen worden. Man sagt zwar, daß diese Insel in dieser Beziehung einige Unbequemlichkeiten bietet, der Umstand aber, daß verschiedene Regierungen, die russische, die englische und wie es sich jetzt herausstellt auch die deutsche, ihr Augenmerk darauf richten, ist ein deutliches Zeugnis dafür, daß die geographische Lage derselben eine sehr verlockende ist. Wir dürfen es nicht vergessen, daß nun über 25 Jahre lang die in Korea rivalisirenden Mächte bestrebt sind, die vortheilhaftesten strategischen Punkte in den dortigen Gewässern in Besitz zu nehmen. Schon im Jahre 1861 wurde die Bucht Toiremura auf der Insel Tusim in der Meerenge von Korea an Rußland abgetreten. Acht Monate lang wehte dort die russische Flagge; in der Bucht lag die russische Korvette „Possadnik“ vor Anker und an der Küste wurden eine Niederlassung, Kaserne und eine Werkstatt errichtet. Nach Verlauf von acht Monaten war indeß die englische Fregatte „Aktarrie“ in die Bucht zum Besuch eingelaufen, um sich davon zu überzeugen, ob die nach England gedrungenen Gerüchte von der Besetzung derselben durch die Russen auf Wahrheit berufen. Es wurden sodann zwischen London und St. Petersburg diplomatische Unterhandlungen angeknüpft und endigte die Sache damit, daß wir die Bucht geräumt hatten.

Nach Ablauf von 20 Jahren, als Skobelew seine berühmte Rede in Paris hielt und zwischen Deutschland und Rußland eine gewisse Erkaltung erfolgte, begann die Deutsche Presse plötzlich davon zu reden, daß es für Deutschland wohl nicht überflüssig wäre, die von Rußland geräumte Insel Tusim zu okkupiren, und während mehrerer Wochen verschwand diese Frage gleichsam wie auf ein der Presse gegebenes Signal, nicht von der Tagesordnung.[6] Zu derselben Zeit hatte auch England seinerseits ein Kriegsschiff nach der Insel Jesso abkommandirt. Unter dem Vorwande dort einen Handelsablageplatz zu gründen, hatten englische Marineoffiziere in Civilkleidung die Insel besichtigt. Es ist begreiflich, daß alle diese Fürsorge um kommerzielle Interessen im Wesentlichen dahin hinausgingen, Rußland den Weg nach dem Japanischen Meere zu versperren. Endlich hatte sich, während der jetzigen englisch-russischen Streitigkeiten plötzlich das Gerücht verbreitet, daß England das Port Hamilton besetzt habe.

Alle diese Thatsachen haben wir in Erinnerung gebracht, um zu zeigen, daß einerseits Rußland, Deutschland und England bestrebt sind, wichtige Punkte in den koreanischen Gewässern zu okkupiren und daß andererseits, bei der Wahl dieser Punkte, die Mächte sich nicht durch kommerzielle Zwecke allein leiten lassen. Es werden solche Inseln gewählt, welche aus den geraden Weg aus Wladiwostok nach dem Süden hin abschneiden oder die gleichsam dazu geschaffen sind, um vom Meere aus Korea zu beherrschen. Die Inseln Tusien, Jesso, Hamilton und Quelpart gehören alle zu solchen Punkten. Offenbar hat man hier nicht nur eine kommerzielle, sondern auch die militärische Prävalenz im Auge.

Das verbreitetste Berliner Blatt[7] bemerkt anläßlich der in Aussicht genommenen Okkupirung der Insel Quelpart in naiver Weise: „Wenn sich dieses Gerücht bewahrheiten sollte, so wird dasselbe nicht allein von den deutschen, sondern auch von den anderen, uns freundschaftlich gesinnten europäischen Mächten freudig begrüßt werden. Die Insel

6 [Randbemerkung] Unsinn!

7 B. Tagesblatt

Quelpart kann leicht der Zankapfel zwischen England und Rußland werden. Indem Deutschland seine feierliche Mission auch im fernen Osten erfüllt, könnte es in legaler Fürsorge für seine kommerziellen Interessen, eine Insel okkupiren, welche von anderen Mächten zu Kriegszwecken in Aussicht genommen worden ist. Rußland ist direkt daran interessirt, daß England nicht an der Schwelle der russischen asiatischen Besitzungen ein Wächterhaus errichtet und wird daher die Besitzergreifung einer in strategischer Beziehung wichtigen Insel durch Deutschland mit Sympathie begrüßen."

Diese Reflektion könnte man als eine vollkommen richtige betrachten, wenn der Friede und die völlige Eintracht zwischen Rußland und Deutschland als für ewige Zeiten sichergestellt angesehen werden könnten. Auf der Erde giebt es aber nichts ewiges. Erst vor wenigen Jahren, als die russisch-deutschen Beziehungen nicht besonders freundschaftlich waren, hatten unsere Berliner Freunde die Besitzergreifung eines strategischen Punktes, welcher unseren Ausgang aus Wladiwostok versperrt, in Vorschlag gebracht. Nun scheint Deutschland seinen damaligen Plan ausführen zu wollen. Wir sind geneigt zu glauben, daß hier keine böse Absicht vorliegt, nichtsdestoweniger nöthigt uns die einfache Vorsicht, wenn auch ebenfalls nur zu kommerziellen Zwecken, einen solchen Punkt zu okkupiren, welcher uns in den Stand setzen würde, einen gehörigen Widerstand jener Macht entgegenzusetzen, welche unsere wesentlichen Interessen im fernen Osten bedrohen könnte.

Betreffend die Besitznahme von Port Hamilton durch Englische Kriegsschiffe.

PAAA_RZ201-018939_060 f.			
Empfänger	Bismarck	Absender	Brandt
A. 5328 pr. 30. Juni 1885. p. m.		Peking, den 8. Mai 1885.	
Memo	Durch exactere Nachrichten überholt.		

A. 5328 pr. 30. Juni 1885. p. m.

Peking, den 8. Mai 1885.

A. № 108.

Seiner Durchlaucht
dem Fürsten von Bismarck.

Im Anschluß an meinen ganz gehorsamsten Bericht A. № 95 vom 25. April dieses Jahres die Besitznahme von Port Hamilton durch Englische Kriegsschiffe betreffend beehre Euerer Durchlaucht ich mich zu melden, daß die nunmehr unbezweifelt feststehende Thatsache dieser zeitweiligen oder andern Besitzergreifung ganz besonders die Aufmerksamkeit der Russischen und Japanischen Regierung in Anspruch zu nehmen scheint; wie denn auch die erste telegraphische Anfrage aus Petersburg an die hiesige russische Gesandtschaft über diese Angelegenheit durch eine Mittheilung des Japanischen Gesandten in London an den dortigen Russischen Botschafter veranlasst worden war.

Wie mein Russischer College mir mittheilt, hat er vor einigen Tagen das Tsungli Yamen über diese Angelegenheit interpellirt und von demselben die Antwort erhalten, daß der chinesischen Regierung nichts über die Sache bekannt sei, daß dieselbe aber die koreanische Regierung zu einer Erklärung über das Vorgefallene auffordern werde.

Nach Zeitungsangaben würde Sir William Dowell erst zur Besitznahme von Port Hamilton geschritten sein, nachdem Versuche eine Cession des Hafens von der coreanischen Regierung zu erlangen, fehlgeschlagen waren; ich bin bis jetzt aber nicht in der Lage gewesen, die Zuverlässigkeit dieser Angaben feststellen zu können.

Brandt.

Inhalt: Betreffend die Besitznahme von Port Hamilton durch Englische Kriegsschiffe.

Die Besetzung von Port-Hamilton durch die Engländer betreffend.

PAAA_RZ201-018939_064 ff.			
Empfänger	Bismarck	Absender	Schweinitz
A. 5351 pr. 1. Juli 1885. a. m.		Tokio, den 24. Mai 1885.	
Memo	mitgeth. d. 1. 7. n. Petersb. 402 u. London 257. mitgeth. d. 1. 7. an die 4 deutschen Höfe u. Schwerin.		

A. 5351 pr. 1. Juli 1885. a. m.

Tokio, den 24. Mai 1885.

A. № 25.

№ 93 End. pr. 4. Juli 1885.

Seiner Durchlaucht

dem Fürsten von Bismarck.

Bezugnehmend auf meinen gehorsamsten Bericht A. № 21 vom 2. d. M., die Besetzung von Port Hamilton durch die Engländer betreffend, beehre ich mich ganz gehorsamst zu melden, daß einer vertraulichen Mittheilung des Grafen Inouye zufolge, der koreanische Vice-Minister des Aeußeren von Möllendorff vor einigen Tagen an Bord eines chinesischen Kriegsschiffes über Port-Hamilton kommend, woselbst er den englischen Kommandanten ersuchte, die englische Flagge niederzuholen, welchem Verlangen derselbe nachzukommen abgelehnt hatte, in Nagasaki eingetroffen ist, und ein Schreiben an den daselbst anwesenden Admiral Dowel gerichtet hat, in dem er Namens der koreanischen Regierung gegen die Besetzung von Port Hamilton protestirt und Aufklärung über die Handlungsweise und ferneren Absichten der Engländer verlangt.

Admiral Dowel hat darauf erwidert, daß er auf Befehl seiner Regierung gehandelt habe, aber nichts verfehlen werde, die empfangenen Mittheilungen und Verlangen nach London zu melden, worauf Herr von Möllendorf Nagasaki wieder verlassen hat und nach Korea zurückgekehrt ist.

H. Dönhoff.

Inhalt: Die Besetzung von Port-Hamilton durch die Engländer betreffend.

Berlin, den 1. Juli 1885.

1. Ang. A. 5351.

An
die Missionen in:
vertraulich:
1. Petersburg № 402
2. London № 257

J. № 2998.

Euer p. beehre ich mich anbei Abschrift eines Berichts des Ks. Gesandten in Tokio vom 24. Mai d. J. betreffend Port Hamilton zur gefl. persönlichen Information zu übersenden.

N. S..E.
i. m.

Berlin, den 1. Juli 1885.

2. Ang. A. 5351.

An
die königlichen Missionen in

1. München № 271
2. Stuttgart № 264
3. Dresden № 276
4. Weimar № 242

pdS (frank)
sicher (ad 1 u. 2)
.. einzuschreiben!

5, an den (lit) Herrn Grafen von Bassewitz, Schwerin

J. № 2999.

Euer pp. beehre ich mich anbei Abschrift eines Berichtes des Ks. Gesandten in Tokio vom 24. Mai d. J. betreffend Port Hamilton unter Bezugnahme auf den Erlaß vom 4. März resp. zu übersenden

Euer pp beehre ich mich Anbei Abschrift eines Berichtes des Ks. Gesandten in Tokio vom 24. Mai d. J. betreffend Port Hamilton
ad 5 o. v. r. ergebenst zu übersenden.
ad 6 zur gefälligen persönlichen vertraulichen Information zu übersenden.

i. m.

[ ]

PAAA_RZ201-018939_070			
Empfänger	Auswärtiges Amt in Berlin	Absender	Zembsch
A. 5430 pr. 3. Juli 1885. p. m.		Nagasaki, den 3. Juli 1885.	
Memo	ehrerbietigst beigefügt Seite 222. b. Petersburg telegraph. zu fragen was man dort thun wird.		

Abschrift

A. 5430 pr. 3. Juli 1885. p. m.

Telegramm.

Nagasaki, den 3. Juli 1885. 2 Uhr 40 Min.
Ankunft 8 Uhr 11 Min. Hchn.

Der K. Generalkonsul an Auswärtiges Amt.

Entzifferung.

1 Tel. n. Petersb. 110 v. 4. 7.

№ 3.

Korea erbittet nach Artikel 1 des Vertrags gute Dienste aller Vertragsmächte wegen Besetzung Port Hamilton. Bericht folgt.

Zembsch.

[ ]

PAAA_RZ201-018939_071			
Empfänger	[o. A.]	Absender	[o. A.]
[o. A.]		[o. A.]	

D. Kreuz. Zeitung

3. Juli.

Ueber den oft genannten **Hamilton-Hafen** auf der Insel Quelpart finden wir in der „Kreuz-Ztg.“ unter den „Nachrichten von der Marine im Auslande“ die folgende Mittheilung, die für Russland von besonderer Wichtigkeit ist:

Der Hamilton-Hafen auf der Insel Quelpart wird wohl so leicht nicht wieder von den Engländern verlassen werden, trotz der bekannten Versicherungen während der englisch-russischen Krise: „man denke an nichts; es sei nur vorübergehend einmal ein englisches Kriegsschiff „zufällig“ dagewesen“ und dergl. mehr! Zwei englische militärische Fachblätter, „Army and Navy Gazette“ und die „Abmiralty and Horse guards Gazette“, sprechen mit aller Offenheit über die Unmöglichkeit, die vortreffliche Position wieder aufzugehen. Eine maritime englische Position auf Quelpart ist ebensowohl ein vorgeschobener Posten, ein Ausfallhafen zum Schutz der englischen Stationen in China und Indien, von dem alle Maßregeln, welche russischerseits von Wladiwostok und der Amur-mündung ausgehen, zu beobachten und lahm zu legen sind, als auch eine dem Angriffsobjekte nahe, sehr nahe liegende Basis zur Offensive gegen die russischen Stationen in Oststbirien. Port Hamilton sitzt so vor dem Japanischen Meere und der Straße von Korea, dem Süddebouché der russischen Flotte Oststbiriens, wie Helgoland – unser deutsches Helgoland! – vor der Elb- und eigentlich auch Wesermündung! Wie dies im englischen Besitze ein Hohn auf Deutschland ist, so gerade ist Quelpart ein Hohn auf Russland! Mit dieser definitiven Besitzergreifung, mit diesem neuen Kuckucksei im fremden Neste (Gibraltar, Malta, Eypern - früher die Ionischen Inseln - Helgoland, wie gesagt - Aden, die chinesischen Häfen in englischem Besitz und so viele andere) häuft Großbritannien neuen Zündstoff zu dem vielen alten! Die Ausführung des russischen Wunsches einer definitiven Abrechnung ist nur aufgeschoben, gewiß nicht aufgehoben! Port Hamilton wird dazu beitragen, jenen Wunsch nicht ersterben zu lassen und muß ein neuer Antrieb für Russland werden, sich eine respekable Flotte in Oststbirien zu schaffen.

Gelegentlich soll hier eine nähere kurze Beschreibung der lokalen Beschaffenheit des Hamilton-Hafens selbst gegeben werden. - Thatsache, von englischen Zeitungen citirte Thatsache ist es, daß zwei englische Kriegsschiffe, bez. deren Besatzungen, in Port Hamilton Gebäude zur Aufnahme von Kohlen und Vorräthen aller Art errichtet haben, und daß von Hongkong aus Kohlenschiffe jene bis jetzt nur provisorische Station angelaufen haben, um ihre Ladung dort auszuschiffen; ferner, daß ein Telegraphenkabel von dort bis zur nächsten Station der „Eastern Telegraph-Company" in einer Länge von 350 Meilen gelegt wird. - Ein drittes englisches Fachjournal, „Broad Arrow", erzählt, daß die Russen beim Beginne der Verwickelungen gerade Besitz von Port Hamilton ergreifen wollten, daß zwei ihrer Schiffe dort mehrere Tage mit Aufnahme und Lothungen beschäftigt gewesen waren, als die Engländer ihnen rasch mit ihrer Okkupation zuvorkamen!

[ ]

PAAA_RZ201-018939_072 f.			
Empfänger	[o. A.]	Absender	[o. A.]
[o. A.]		Berlin, den 4. Juli 1885.	

Auswärtiges Amt.[8]

Berlin, den 4. Juli 1885.

Artikel 1 Absatz 2 des Deutschkoreanischen Vertrags vom 26. November 1883 lautet: „Sollten zwischen Einem der vertragschliessenden Theile und einer dritten Macht Streitigkeiten entstehen, so wird der andere vertragschließende Theil auf ein diesfalltiges Ersuchen seine guten Dienste leihen und eine freundschaftliche Erledigung des Streites herbeizuführen suchen."

Eine ähnliche Bestimmung findet sich im Vertrage der Vereinigten Staaten mit Korea vom 22. Mai 1882.

Ganz übereinstimmend mit der Fassung im deutsch-koreanischen Vertrag ist die diesbezügliche Bestimmung im Englisch-koreanischen Vertrag vom 26. November 1883, und im Italienisch-koreanischen Vertrag vom 26. Juni 1885. Der Japanisch-koreanische Vertrag vom 26. Februar 1876 enthält eine derartige Bestimmung nicht.

Der Russisch-koreanische Vertrag vom 7. Juli 1884 liegt im Wortlaut hier nicht vor, soll aber - nach dem Bericht des Kaiserlichen Konsuls in Chemulpo - wörtlich mit dem Deutsch-koreanischen Vertrag übereinstimmen.

8 [Randbemerkung] Rußland fragen, was wir thun werden.

Berlin, den 4. Juli 1885.

A. 5430.

An
den (Tit.) v. Schweinitz
Petersburg № 110

J. № 3058.

Wie Zembsch unter dem 3. d. M. telegraphirt, erbittet Korea nach Artikel 1 des Handelsvertrages die guten Dienste aller Vertragsmächte wegen Besetzung von Port Hamilton. Ich bitte zu ermitteln und telegraphisch zu berichten, was Rußland thun wird.

N. S. E.

[ ]

PAAA_RZ201-018939_075			
Empfänger	Auswärtiges Amt in Berlin	Absender	Schweinitz
A. 5540 pr. 6. Juli 1885. p. m.		Petersburg, den 6. Juli 1885.	

A. 5540 pr. 6. Juli 1885. p. m.

Telegramm.

Petersburg, den 6. Juli 1885. 4 Uhr 45 Min.
Ankunft: 4 Uhr 48 Min.

der K. Botschafter an Auswärtiges Amt.

Entzifferung.

№ 120.

Antwort auf Telegramm № 110.[9*] vom 4. d. M.

Wegen eines Trauerfalles der Familie des Herrn von Giers kann ich fraglichen Auftrag erst in einigen Tagen erledigen.

Schweinitz.

9 Tel.110 nach Petersburg ehrerbietigst beigefügt

[ ]

PAAA_RZ201-018939_076			
Empfänger	Auswärtiges Amt in Berlin	Absender	Schweinitz
A. 5579 pr. 8. Juli 1885. p. m.		St. Petersburg, den 8. Juli 1885.	
Memo	Tel. v. 9. 7. n. London 128		

A. 5579 pr. 8. Juli 1885. p. m.

Telegramm.

St. Petersburg, den 8. Juli 1885. 12 Uhr 27 Min.
Ankunft 12 Uhr 10 Min.

Der K. Botschafter an Auswärtiges Amt.

Entzifferung.

№ 121.

Antwort auf Telegramm № 110.[10*]

Herr von Giers hat noch keine entsprechende Mittheilung aus Korea erhalten; sobald dies geschieht und wenn die Vertragsmächte Schritte thun um England von Port Hamilton fern zu halten so wird Rußland, für welches diese Frage superlative Wichtigkeit hat, sich anschließen.

Schweinitz.

10 eherbietigst beigefügt

A. 5579.[11]

Zur Vorlegung des nach Bestimmung seiner Excellenz entworfenen Telegrammes nach London gestatte ich mir einen Zweifel darüber auszusprechen, ob die koreanische Regierung die guten Dienste der englischen in Anspruch nehmen wird. Mit „allen Vertragsmächten" will Zembsch wohl sagen: alle außer England.

Br 8. 7.

11 [Randbemerkung] Ist England Vertragsmacht? S. D. hat das Telegramm ausdrücklich [sic.]

Cito

S. D. hat ausdrücklich bestimmt, daß das Telegramm, welches nach Petersburg gegangen ist, jetzt mit den erforderlichen Modifikationen nach London gerichtet werden soll. Graf Münster soll am Schluß beauftragt werden, sich zu erkundigen, wie die engl. Regierung sich zu der Frage stellt.

Vh
9. 7.

England hat einen Vertrag vom 26. Nov. 1883, dessen Art. 1 mit dem unserigen stimmt.

Br 9. 7.

Berlin, den 9. Juli 1885.

A. 5579.

An
den (Tit.) Münster
London

№ 120

Notiz.
Port Hamilton ist von den Engländern besetzt. Prof. Münster hat darüber von hier sechs Mittheilungen zu seiner Information erhalten.

J. № 3118.

Wie Zembsch unter dem 3. d. M. telegraphirt, erbittet Korea nach Artikel 1 des Handelsvertrages die guten Dienste der Vertragsmächte wegen Besetzung von Port Hamilton. Ich bitte sich zu erkundigen wie sich die englische Regierung sich dazu stellt.

N. S. E.
Vh

Br 8. 7.

[ ]

PAAA_RZ201-018939_082 f.			
Empfänger	Auswärtiges Amt in Berlin	Absender	Münster
A. 5657 pr. 11. Juli 1885. a. m.		London, den 10. Juli 1885.	
Memo	s. Erl. v. 1. 9. nach Petersbg 457, Erl. n. Petersbg 439 d. 19. 7. Notiz für s. D. v. 20.7., Tel. n. Peking 11 v. 22. 7.		

A. 5657 pr. 11. Juli 1885. a. m. ZgK 13. 7. Vh

Telegramm.

London, den 10. Juli 1885. 7 Uhr 7 Min. p. m.
Ankunft 9 Uhr 40 Min. p. m.

Der K. Botschafter an Auswärtiges Amt.

Entzifferung.

№ 180.[12]

Antwort auf Telegramm № 120.

Lord Salisbury theilt mir ein vertrauliches Memorandum mit, wonach das vorige Cabinet die temporäre Besetzung Port Hamilton's als Kohlenstation beschlossen und darüber mit der Chinesischen Regierung verhandelt habe. Verhandlungen seien noch im Gang sowohl mit der Chinesischen als der Koreanischen Regierung, um zu einem Abkommen zu gelangen nach welchem letzterer eine jährliche Pachtsumme für die Dauer der Occupation gezahlt werden soll.

Nach der Auffassung der hiesigen Regierung kann Korea unabhängig von China über auswärtige Angelegenheiten nicht verhandeln. Ein Protokoll der koreanischen Regierung

12 [Randbemerkung] Über die Berechtigung Korea's zu ausw. Verhandlungen war bisher kein Zweifel. Ist die Ansicht von China s. h. der Japanischen Reg. darüber aus unsern Noten ersichtlich? Eventuell ist sie pro informatione zu [sic.], ohne deshalb zu telegraphiren, die des russ. Cabinets ist, zu der Mittheilung dieses Telegramm's zu sondiren.

würde ohne die ausdrückliche Zustimmung der Chinesischen Regierung von keinem internationalen Werth sein.

Münster.

Bericht des Generalkonsul Zembsch, Korea, über Besetzung von Port Hamilton durch die Engländer.

PAAA_RZ201-018939_084 ff.			
Empfänger	Bismarck	Absender	Zembsch
A. 5682 pr. 12. Juli 1885. a. m.		Söul, den 19. Mai 1885.	
Memo	J. № 252.		

A. 5682 pr. 12. Juli 1885. a. m.

Söul, den 19. Mai 1885.

Lfd. № 39.

Seiner Durchlaucht
dem Fürsten von Bismarck.

Euerer Durchlaucht erlaube ich mir ganz gehorsamst zu melden, daß von den Engländern allem Anschein nach beabsichtigt wird, den Hafen und die kleine Inselgruppe von Port Hamilton an der Südwestküste von Korea zwischen der Insel Quelpart und dem Festlande von Korea und nicht sehr weit ab von Fusan gelegen, in Besitz zu nehmen.

Japanische Zeitungen brachten schon Ende vor. Mts. die, allerdings wieder bestrittenen Gerüchte, daß die Engländer in Port Hamilton und die Russen in Quelpart ihre Flaggen gehißt hätten. Letzteres ist durch Nichts bestätigt und halte ich es für äußerst unwahrscheinlich, da Quelpart keinen brauchbaren Hafen hat und daher den Russen nicht von Nutzen sein würde.

Dagegen soll der Hafen von Port Hamilton recht gut sein und derselbe ist strategisch vortrefflich gelegen als Marinestation und Basis für Operationen gegen die Nordhäfen von China, gegen Korea, gegen Japan sowie zur Beherrschung der Wasserstrasse zwischen Korea und Japan von und nach dem russischen Ostasien.

Die Japaner und Chinesen hier sowie namentlich auch die Regierung und Bevölkerung Korea´s zeigen sich hierüber sehr beunruhigt.

Genauere Nachrichten von Port Hamilton liegen zur Zeit noch nicht vor. Die koreanische Regierung besitzt keinen Dampfer; so daß eine Verbindung dorthin nicht hergestellt werden konnte.

Der deutsche Dampfer „Hever", welcher jetzt zwischen Shanghai (über Nagasaki - Fusan) und Chemulpo fährt, meldete, daß er am 30. April auf der Fahrt von Chemulpo nach Fusan, beim Passieren von Port Hamilton vier englische Kriegsschiffe auf dem dortigen Ankerplatz gesehen habe.

Ein englisches Kanonenboot hat Fusan von Port Hamilton kommend besucht und ist dann nach ersterem Platze zurückgekehrt.

Die englischen Kriegsschiffe des ostasiatischen Geschwaders halten sich in letzter Zeit, die russischen Kriegsschiffe beobachtend und ihnen nachfolgend, in Nagasaki und Umgegend auf. Der englische Admiral hat einen großen Dampfer „Thales" mit Wales Kohlen und Vorräthen gefüllt von Hause erhalten und behält denselben zu seiner Verfügung bei sich.

Nach weiteren Zeitungsnachrichten hat der Kabeldampfer „Sherard Osborn" von der englischen Eastern Extension Telegraph Co. in Begleitung des englischen Kanonenboots „Daring" am 29. April Wusung verlassen, um eine Kabelverbindung zwischen Port Hamilton und Nagasaki und wahrscheinlich auch Port Hamilton und Shanghai herzustellen.

Das wäre für die Engländer sehr wichtig. Die jetzige Kabelverbindung Shanghai-Nagasaki-Fusan gehört der Great Northern Telegraph Co., einer dänischen Gesellschaft, die sehr unter russischem Einfluß stehen soll.

Ein weiterer englischer Konsularbeamter, Vize-Konsul Parker, ist kürzlich von China nach Korea gekommen und nach eintägigem Aufenthalt in Söul nach Fusan abgegangen, wohl um dort die Verbindung der gegenwärtigen Telegraphen Endstation mit Port Hamilton aufrecht zu erhalten.

Der vor einigen Tagen in Masampo angekommene chinesische Admiral Ting hat den König von Korea hier in Söul besucht, und bei dieser Gelegenheit hat der König ihn gebeten, doch mit seinem Schiff nach Port Hamilton zu gehen, um zu sehen was die Engländer dort machen und zu dem Zweck einen koreanischen Beamten mitzunehmen.

Der Admiral hat diesem Wunsch entsprochen und ist nach Port Hamilton abgegangen. Er wird in den nächsten Tagen in Chemulpo zurückerwartet. Außer einem Koreaner ist auf Befehl des Königs auch Herr von Möllendorff mit dem chinesischen Admiral nach Port Hamilton gegangen.

Der jetzige englische Vertreter Vize Konsul Carles (Mr. Aston, der Generalkonsul ist noch krank in Japan) gab zuerst an, Nichts über die Absichten der englischen Kriegsschiffe in Port Hamilton zu wissen und entzieht sich jetzt allen Äußerungen über diesen Punkt.

Heute kommt von Chemulpo das Gerücht, daß die Russen in Port Lazareff ihre Flagge gehißt hätten.

Zembsch.

Betrifft: Bericht des Generalkonsul Zembsch, Korea, über Besetzung von Port Hamilton durch die Engländer.

Die Besetzung von Port Hamilton durch die Engländer.

PAAA_RZ201-018939_090 f.			
Empfänger	Bismarck	Absender	Dönhoff
A. 5685 pr. 12. Juli 1885. a. m.		Tokio, den 3. Juli 1885.	
Memo	mitgeth. d. Erl. v. 15. 7. n. Petersburg 436 u. London 290.		

A. 5685 pr. 12. Juli 1885. a. m. 2 Anl.

Tokio, den 3. Juli 1885.

A. № 27.
vertraulich.

Seiner Durchlaucht
dem Fürsten von Bismarck.

Der Minister Graf Inouye hat mir einen Auszug der Berichte des Japanischen Geschäftsträgers in Korea, betreffend die Besetzung Port Hamilton's durch die Engländer, sowie Abschrift der zwischen Herrn von Möllendorff und dem Englischen Admiral Dowell dieserhalb in Nagasaki gewechselten Correspondenz (vergl. Bericht A. № 25. vom 24.Mai d. J.) ganz vertraulich zur Disposition gestellt.

Indem ich dieselben Euerer Durchlaucht beiliegend ganz gehorsamst überreiche, beehre ich mich hinzuzufügen, daß der bis jetzt krankheitshalber in Kobe sich aufhaltende Englische General-Konsul für Korea, Herr Aston, in Folge an ihn von London ergangener telegraphischer Order an Bord eines Englischen Kriegsschiffes nach Seoul zurückgekehrt ist, wohin ihm einige Tage später der Sekretair der hiesigen Russischen Gesandtschaft, Herr von Speyer, auf Befehl aus Petersburg an Bord eines Russischen Kriegsschiffes folgte.

H. Dönhoff.

Inhalt: Die Besetzung von Port Hamilton durch die Engländer. 2. Anlagen.

Anlage zu Bericht A. № 27.
Abschrift.

From confidential statement made by Li Hung-Chang to a certain official, 10th May, it appears that British Government confidentially applied to Marquis Pseng to grant the occupation of Port Hamilton. At about the same time Russian Government requested China never to grant the English application. At first Li seemed not to be fully aware of the geographical and strategical importance of Port Hamilton, but as soon as he began to understand its importance, he said, he advised the Corean Government not to grant the occupation. This was afterward known to have been made through Admiral Seijiosho whom Li specially send and who arrived in Nanyo Corea with three men of war on the 10th of May, entered Seoul on the 11th and had audience with the King of Corea on the same day. At this audience and in the presence of only Kinkoshin, Kinyenshoksu and Gioyenstuin Admiral Seijiosho is reported to have told them that the report of English occupation of Port Hamilton seemed to be true and consequently some measures should be taken with a view to face the island, and then he asked them whether this occupation was not the result of some arrangement said to have been made by Corea with England. This was denied by Corean Foreign Minister Kinkoshin, who added, that there existed no understanding whatever regarding the matter between the Government of Korea and Great Britain various other occasions the same denial has been made by him to foreign Representatives. Then Teijiosho confidentially suggested that some competent officers should be despatched to the island fort the purpose of ascerlining the situation and offered passage in his man of war.

At the same time with the despatch of Teijiosho Li Jeung lhang send a memorial to the throne against the occupation and sent telegraphic information to Marquis Tseng in the same spirit.

The Corean Government, hearing rumours with regard to English and Russian doings with Hamilton and Quelparh islands, sent on 27th April an officer per German Steamer Upon learning the probability of the truth of the occupation of Hamilton by England, Corean Government sent an order to Choyofu, in the jurisdiction of which district the island is included, to ascertain the facts of the case, and the Corean Foreign Minister consisted on the matter with foreign Representatives and asked their views.

Meanwhile Admiral Seijiosho arrived, as above mentioned, and according to his confidential suggestion and accepting his offer, the King of Corea sent on 13th May, Genseiyei and Mr. Mollendorff to Port Hamilton per Chinese men of war under Seijiosho.

It is said that in taking this step the Chinese Admiral took extreme caution that the nature of this expedition should not be known to any Japanese officials for fear that Japan might raise objection to China's interference with Corean affairs.

On the 19th May, Corean Foreign Minister recieved a confidential letter from English Chargé in Peking dated 24th April, notifying that for the naval purpose England hat occupied Port Hamilton by her men of war. In transmitting this letter to Corean Government, the English Consul in Seoul demanded their reply before ten o'clock next morning. On 20th May Corean Foreign Minister replied to the English Consul protesting against the English action and starting that if they will not soon withdraw Corea with appeal to foreign Powers. In the same day, the English Consul asked the Corean Foreign Minister whether the Corean Government could guarantee that Russia would not take Hamilton. Whereupon the Foreign Ministers answered that Corea were not to allow any Powers to do what she now protests against England. He also telegraphed through English Consul to English Chargé Peking in the same sense. In the evening, the Foreign Minster wrote semi-official letters separately to all Foreign Representatives in Seoul, enclosing copies of the letter from the English Chargé, his telegraphic answer thereto, as well as his letter to the English Consul, and asked their views as to what action should be taken in case British Government should not duly regard the Corean protests.

On the 18th May, Genseiyei and Ms. Mr. Mollendorff arrived in Nagasaki, being told ad Port Hamilton by the British senior naval officer there, that he is only carrying out the order of the Admiral whom they will find at Nagasaki, and often having held an interview with the British admiral Li Williams Dowell the same day, they wrote on the 19th May to the admiral (cfr. Anlage № 2)

Genseiyei and Mr. Mollendorff left Nagasaki per Chinese man of war on the 21st and arrived in Seoul the 23rd May, and it is said, that Corea will not take any further action until the answer from the British Government will be arrived.

Anlage zu Bericht A. № 27.
Abschrift.

Copy.
Translation.

Nagasaki, May 19th 1885.
4th moon 6th day.

Sir,

We have the honour to inform you that it having been brought to the knowledge of His Majesty the King of Corea, that that portion of K. M's dominions commonly known as Port Hamilton was occupied by the naval forces under Y. E's command. H. N. availed himself of the opportunity afforded by the visit to Masampo of two of H. F. Ch. M's men of war to request H. E. Admiral Jing to convey the undersigned officials to Port Hamilton to enquire into the correctness of the statement.

On arriving at P. H. we found six of H. B. M's ships together with two merchantmen at anchor in the harbour, and the British flag flying on the highest peak of that island.

We accordingly sought an immediate explanation from the Captain of H. B. M's f. Peying Pioh and were informed by him, that the occupation had been made by the order of Y. E. whom he further informed us, we should find in Nagasaki.

To this port H. E. Admiral Ping kindly consented to bring us. We arrived on the morning of the 18th May and the same day had a conversation with Y. E. on the question at issue. Referring to that conversation we have now the honour to request on behalf of H. M. on August sovereign that you with inform us by whose authority and on what ground this military occupation of a portion of the territory of a friendly power has been under taken by the naval forces of H. B. M. under Your command.

We have further to request, that you will take such immediate steps as will make it apparent to all the Treaty Powers concerned that Port Hamilton found an integral portion of H. C. M's dominions.

We have the honour to be
Your Exellency's
most humble, most obedient servants,

sig. Om Li Yong, member of Inner Council.
sig. P. G. von Mollendorff, member of Foreign Office.

To
vice Admiral W. M. Dowell
etc. etc. etc.

Copy

Her Britanic Majesty's Scoop "audacious" at
Nagasaki
19th May 1885.

Sir,

I have the honour to acknowledge the receipt of Your Excellency's despatch of this day's date. In reply I can only repeat what I stated to you at our interview yesterday, namely, that Port Hamilton has been occupied (temporarily I believe) by the squadron under my command in accordance with instructions received by me from Her Britanic Majesty's Government. I have telegraphed to my Government the purport of Your Excellencies communication to me yesterday and the answer to that telegram shall be communicated to you for the information of His Majesty the King of Corea without delay, to soon as it is received by me.

I have the honour to be
Seis,
Your Excellencies
most obedient humble servant
sig. W. M. Dowell
Vice admiral and Commander in chief of Her
Britanic Majesty's naval Forces on the China Hation.

To
Their Excellencies Om Li Young, member of Inner Council
P. G. von Mollendorff, member of Foreign Office
of His Majesty the King of Corea.

Berlin, den 13. Juli 1885. A. 5685.

An
den (Tit.) Grafen Rantzau
Varzin № 5.

Da ich wegen der Ministersitzung nicht habe zum Vortrag kommen können, stelle ich die Genehmigung dieses Concepts anheim
Br 13. 7.

J. № 3174.

Ew. p. übersende ich hiermit einen Bericht des kaisl. Gesandten in Tokio vom 3. v. Mts., Port Hamilton betreffend, mit dem ergebensten Ersuchen, denselben sogleich mit dem heute Mittag abgesandten Berichte des Botschafters v. Schweinitz, № 219., zur Vorlage bringen zu wollen.

Die in mangelhaftem Englisch geschriebenen Anlagen desselben sind eine Amplification des hier abschriftlich beigefügten Berichts aus Tokio vom 24. Mai,

(: mitgetheilt nach Petersburg, London und an die deutschen Höfe:).

Neu in den Anlagen des Berichts vom 3. Juni ist

1., daß nach einer Mittheilung des chinesischen Gesandten in Tokio vom 10. Mai die englische Regierung den Marquis Tseng vertraulich darum angegangen ist, die Genehmigung zu der Okkupation von Port Hamilton bei seiner Regierung zu befürworten und daß um dieselbe Zeit die russische Regierung die chinesische ersucht hat, das englische Verlangen nicht zu gewähren. England und Rußland handeln also danach über den Kopf der koreanischen Regierung hinweg.

2., daß der chinesische Gesandte in Tokio, nachdem er sich von der strategischen Wichtigkeit von Port Hamilton überzeugt hatte, sich in einem Bericht an seine Regierung gegen die Gewährung der Okkupation ausgesprochen und gleichzeitig den Marquis Tseng telegraphisch in demselben Sinne informirt hat.

3., daß der koreanische Minister des Äussern bestreitet, daß zwischen Korea und England ein Abkommen über Port Hamilton bestehe.

In einem gleichzeitig eingegangenen Bericht von Zembsch aus Söul (: Hauptstadt von Korea :), vom 17. Mai, wird als Gerücht aus Chemulpo erwähnt, daß die Russen in Port Lazareff ihre Flagge gehißt hätten. (Dieser Hafen liegt unter dem 39sten Breitengrade, auf der Ostküste des Festlandes von Korea, nicht weit von der südlichsten Spitze des Amur-Gebiets.) Zembsch bemerkt, daß es sich nicht um Port Hamilton auf der Insel Quelpart, der nichts werth sei, sondern um einen gleichnamigen Hafen auf einer dicht an der koreanischen Küste (: in der Nan How- gelegenen Insel handle. Gruppe :). Mit dieser

Bemerkung stimmt ein Promemoria, welches der Ingenieur-Hauptmann z. D. Henning, der nach China gegangen ist, um Mannschaften für die in Deutschland gebauten Kriegsschiffe auszubilden, am 8. Februar d. J. dem Auswärtigen Amte eingereicht hat.

N. S. E.

Auswärtiges Amt

Berlin, den 13. Juli 1885.

№ 5.
hinzu 4 Anlagen

Seiner Hochgeboren
dem kaiserlichen Geheimen Legationsrath
Herrn Grafen zu Rantzau
z. Zt. Varzin

Euer Hochgeboren übersende ich hiermit einen Bericht des kaiserlichen Gesandten in Tokio vom 3. v. Mts., Port Hamilton betreffend, mit dem ergebensten Ersuchen, denselben zugleich mit dem heute Mittag abgesandten Berichte des Botschafters von Schweinitz, № 219, zur Vorlage bringen zu wollen.

Die in mangelhaftem Englisch geschriebenen Anlagen desselben sind eine Amplifikation eines abschriftlich beigefügten Berichts aus Tokio vom 24. Mai (mitgetheilt nach Petersburg, London und an die deutschen Höfe).

Neu in den Anlagen des Berichts vom 3. Juni ist

1., daß nach einer Mittheilung des chinesischen Gesandten in Tokio vom 10. Mai die englische Regierung den Marquis Tseng vertraulich darum angegangen ist, die Genehmigung zu der Occupation von Port Hamilton bei seiner Regierung zu befürworten und daß um dieselbe Zeit die russische Regierung die chinesische ersucht hat, das englische Verlangen nicht zu gewähren. England und Rußland handeln danach über den Kopf der koreanischen Regierung hinweg.

2., daß der chinesische Gesandte in Tokio, nachdem er sich von der strategischen Wichtigkeit von Port Hamilton überzeugt hatte, sich in einem Bericht an seine Regierung gegen die Gewährung der Occupation ausgesprochen und gleichzeitig den Marquis Tseng telegraphisch in demselben Sinne informirt hat.

3., daß der koreanische Minister des Aeußern bestreitet, daß zwischen Korea und England ein Abkommen über Port Hamilton bestehe.

In einem gleichzeitig eingegangenen Bericht von Zembsch aus Söul (Hauptstadt von Korea), vom 17. Mai, wird als Gerücht aus Chemulpo erwähnt, daß die Russen in Port Lazareff ihre Flagge gehißt hätten. (Dieser Hafen liegt unter dem 39ten Breitengrade, auf der Ostküste des Festlandes von Korea, nicht weit von der südlichsten Spitze des Amur-Gebiets.) Zembsch bemerkt, daß es sich nicht um Port Hamilton auf der Insel

Quelpart, der nichts werth sei,[13] sondern um einen gleichnamigen Hafen auf einer dicht an der koreanischen Küste (in der Nan How-Gruppe) gelegenen Insel handele. Mit dieser Bemerkung stimmt ein Promemoria, welches der Ingenieur--Hauptmann z. D. Henning, der nach China gegangen ist, um Mannschaften für die in Deutschland gebauten Kriegsschiffe auszubilden, unter dem 8. Februar d. Js. dem Auswärtigen Amte eingereicht hat.

Hatzfeldt

13 [Landbemerkung] London, S. Petersb. B. fragen, ob das richtig.

Gespräch mit Herrn von Giers über Port Hamilton und Korea.

PAAA_RZ201-018939_110 ff.			
Empfänger	Bismarck	Absender	Schweinitz
A. 5709 pr. 13. Juli 1885. a. m.		St. Petersburg, den 8. Juli 1885.	
Memo	s. Erl. v. 13. 7. n. Petersburg 439		

A. 5709 pr. 13. Juli 1885. a. m.

St. Petersburg, den 8. Juli 1885.

№ 219.

Mit Gelegenheit

Seiner Durchlaucht

dem Fürsten von Bismarck.

Das freundschaftliche Verhältniß, in welchem ich zu Herrn von Giers stehe, ließ es mir zulässig erscheinen, ihn schon gestern, am Tage nach der Beerdigung seiner Tochter in seiner Villa jenseits Oranienbaum zu besuchen, wobei sich Gelegenheit fand, über Politik zu sprechen, obgleich der Minister durch die wiederholten Trauerfälle in seiner Familie tief gebeugt ist.

Da mir daran lag, die Frage, welche der h. telg. Erlaß № 110 vom 4. d. Mts. stellte, betreffend Korea, bald zu erledigen, so lenkte ich die Unterhaltung auf diesen Gegenstand. Herr von Giers führte in längerer Erwiderung in der Hauptsache Folgendes an:

„Wir haben noch keine Nachricht erhalten, daß Korea die guten Dienste der Vertragsmächte wegen der englischen Besetzung von Port Hamilton anruft; unser Generalkonsul Weber, welcher die Ratifikations-Urkunde überbringt, ist noch nicht in Korea angekommen, auch der Legationssekretär Speyer, welcher von unserer Gesandtschaft in Japan delegirt wurde,[14] hat seine Ankunft in Söul noch nicht gemeldet; der letzte Bericht des Gesandten in Tokio erwähnte, daß Herr Möllendorf in Port Hamilton gewesen sei; ich werde jetzt an Herrn Dawidow eine telegraphische Anfrage richten um bald zu erfahren, ob unser Agent Speyer an seinem Bestimmungsorte angekommen ist und ob die Regierung von Korea sich auch an ihn gewendet hat, um unsere guten Dienste zu

14 [Randbemerkung] Nach dem Ber. des Grafen Dönhoff vom 3. v. M. ist Herr v. Speyer auf Befehl aus Petersburg an Bord eines russ. Kriegsschiffs nach Soul abgereist. (A. 5685)

erbitten."

„Port Hamilton hat für uns „superlative" Wichtigkeit und wir sind „au plus haut degre" dabei interessirt, die Engländer davon fern zu halten (d´evis ca les Anglais)".

„Wie sie wissen, habe ich diesen Gegenstand während unserer Verhandlungen mit dem britischen Kabinet durch Baron Staal nie berühren lassen; ich habe, wie Sie sich erinnern, nur einmal gesprächsweise eine Bemerkung, Port Hamilton betreffend, gegen Sir Edward Thornton gemacht, worauf mir dieser antwortete: so viel ihm bekannt, handele es sich dort nicht um Befestigungen, sondern nur um Anlage einer Kohlen- und Wasser-Station. Jetzt habe ich unsern Botschafter in London beauftragt, dort auszusprechen, daß ich von der erwähnten Aeußerung Sir Edward´s Akt nehme in der Erwartung, daß sie sich als richtig bestätige." Auf meine Frage, was Rußland thun wird, sobald wie die Regierung von Korea seine guten Dienste anruft, antwortete Herr von Giers, daß das St. Petersburger Kabinet die Schritte der anderen Vertragsmächte unterstützen würde.[15]

Im Ganzen gewann ich aus den Aeußerungen des Herrn Ministers den Eindruck, daß hier an höchster Stelle großes Gewicht auf die Ost-Asiatischen Fragen gelegt wird, während er, der Minister, gern den afghanischen Grenzstreit beendet sehen möchte, ehe er ernsthaft an die Hamilton-Frage herantritt; wenn diese aber jetzt in Folge des von der Regierung Korea´s gethanen Schrittes nicht länger hinausgeschoben werden kann, so wird meines Erachtens, Herr von Giers eifrig die günstige Gelegenheit ergreifen um die guten Dienste Rußlands gemeinschaftlich mit denen mehrerer Vertragsmächte eintreten zu lassen, die Haltung der nordamerikanischen Freistaaten interessirt ihn hierbei natürlicher Weise in hohem Grade.

Ueber die Stellung, welche China in Bezug auf die englische Okkupation Port Hamilton´s einnimmt, ist der russische Minister nicht im Klaren[16]; er vermuthet, daß England, als der Krieg mit Rußland drohte, den Chinesen die Hände frei zu machen wünschte und deshalb durch Mr. Hart den Frieden mit Frankreich vermitteln ließ; eine Gegenleistung für diesen Dienst würde nun darin bestehen, daß China die Besitzergreifung von Port Hamilton gutheißt.[17] Ohne Beweise für seine Muthmaßung, für deren Richtigkeit der Russische Gesandte in Peking bis jetzt keine Anzeichen anzuführen weiß, kann Herr von Giers den Verdacht nicht unterdrücken[18], daß zwischen England und China ein Einverständnis besteht. Vielleicht entspringt dieser Gedanke nur aus der richtigen

15 [Randbemerkung] wir haben kein deutsches Interesse, welches uns geböte, davon Notiz zu nehmen.

16 [Randbemerkung] wir auch nicht!

17 [Randbemerkung] richtig!

18 [Randbemerkung] wirklich!

Erkenntnis der bedenklichen Folgen, welche das Zusammenwirken jener beiden Mächte für das Amur-Gebiet haben könnte.[19]

Schweinitz.

Inhalt: Gespräch mit Herrn von Giers über Port Hamilton und Korea.

19 [Randbemerkung] Ich halte dieses Einverständniß für zweifellos, wie auch den von Giers vermutheten Causal-Zusammenhang mit dem französ. Frieden. Ich habe ausreichend Indicien aus englischer Quelle daher.

[ ]

PAAA_RZ201-018939_126 ff.			
Empfänger	[o. A.]	Absender	Zembsch
A. 5726 pr. 13. Juli 1885. p. m.		Söul, den 25. Mai 1885.	

A. 5726 pr. 13. Juli 1885. p. m.

Auszug
aus einem Privatbriefe.

Söul, den 25. Mai 1885.

Obwohl die Engländer bei der Anzeige von der Besetzung Port Hamilton's dies als eine provisorische Präventivmaßregel bezeichnet haben, so scheinen sie doch die Absicht zu haben, sich dort dauernd festzusetzen. Sie sollen Baumaterial und Vorräthe dahin geschafft haben und halten den Hafen fortwährend mit mehreren Kriegsschiffen besetzt. Nach Zeitungsnachrichten soll Telegraphenkabel-Verbindung zwischen Shanghai-Port Hamilton und Nagasaki hergestellt werden.

Die koreanische Regierung und Bevölkerung zeigen sich über die Besetzung sehr beunruhigt.

Der Präsident des Auswärtigen Amts hat die fremden Vertreter um Rath gefragt, was Korea dagegen thun könne und hat vorläufig gegen die Besetzung von Port Hamilton protestirt.

Dieser Schritt der Engländer kann für Korea sehr schlimme Folgen haben. Port Hamilton ist ein strategisch sehr wichtiger Punkt. Von den vorhandenen Häfen Korea's ist es der best gelegene um als Basis für Operationen zu dienen, sei es gegen die Nordhäfen von China, gegen Korea selbst, gegen Japan und zur Beherrschung der Wasserstrasse von der chinesischen See nach dem russischen Ostasien.

Korea darf ja niemals in diese Besetzung einwilligen, wenn es nicht Rußland geradezu einen Vorwand zu feindlichem Vorgehen geben will.

Es ist zu befürchten, daß Rußland jetzt auch einen ihm passend scheinenden Theil Korea's besetzt, damit nicht Jemand anders ihn nimmt.

In Chemulpo cursirte bereits das Gerücht, daß die Russen in Port Lazareff ihre Flagge gehißt hätten.

Die Japaner könnten etwa Aehnliches thun.

Alle anderen Mächte, welche Interesse an dem Schicksal Korea's nehmen, haben ganz ebenso viel Recht zu solchem Vorgehen wie die Engländer.

Die Bevölkerung von Korea wird jetzt die geschehene Zulassung der Fremden bereuen, wenn die abgeschlossenen Freundschaftsverträge Korea nicht einmal vor derartiger Vergewaltigung (Besetzung P. Hamiltons durch die Engländer) schützen, und wenn ein energischer Mann, wie der Tai won kun, an die Spitze der Regierung tritt, kann es allen Fremden hier schlecht gehen. Jedenfalls werden durch das Verfahren der Engländer die Bemühungen der andern Vertragsmächte auf friedlichem Wege in Korea Handel und Industrie einzuführen, erheblich geschädigt werden.

Die koreanische Regierung wünscht Korea zu neutralisieren. Die Besetzung Port Hamilton's durch die Engländer könnte einen guten Anlaß geben, um die Neutralisirung Korea's in Vorschlag zu bringen und unter gemeinsamer Garantie der Vertragsmächte durchzusetzen. England würde Port Hamilton wahrscheinlich wieder räumen, wenn Sicherheit vorhanden wäre, daß letzteres nicht von Rußland genommen wird.

Rußland wird vermuthlich in die Neutralisirung Korea's einwilligen, wenn England zustimmt und Port Hamilton wieder aufgiebt. China und Japan könnten wohl damit zufrieden sein. Deutschland, die Vereinigten Staaten, Italien, Oesterreich und auch Frankreich dürften ebenfalls ihre Rechnung dabei finden. p. dafür

Wenn auch die jetzige Kriegsgefahr zwischen England und Rußland glücklich vorübergeht, so bleiben doch die Ursachen bestehen, welche in Zukunft immer wieder Verwickelungen zwischen diesen beiden Mächten herbeiführen können. Alsdann wird, bei der Stellung von Rußland und England hier in Ostasien, Korea und namentlich Port Hamilton stets von Neuem ein Object gegenseitigen Argwohns und Neides bleiben.

Die koreanische Regierung wird noch auf lange Zeit hin nicht im Stande sein, selbst ihr eigenes Gebiet zu schützen.

Bisher hat China dies gethan und zwar in einer eigentlich recht anerkennenswerth uneigennützigen und für Korea wohlwollenden, ich möchte sagen väterlichen Weise. Durch den letzten Aufruhr ist nun China, in Folge seiner derzeit durch den französischen Conflikt bedrängten Lage gezwungen worden, seine bisherige Beschützerrolle aufzugeben.

Dies ist, meiner Ansicht nach, sehr zu bedauern und es wäre sehr wünschenswerth, wenn an die Stelle dieses Schutzes von Seiten China's nun ein Schutz Korea's durch sämmtliche Vertragsmächte träte, etwa in Form einer Neutralisirung Korea's.

Die Deutschen Interessen können dadurch nur gewinnen und werden ohne eine solche Maßregel stets gefährdet sein.

pp.

gez. Zembsch.

[ ]

PAAA_RZ201-018939_134			
Empfänger	Bismarck	Absender	Schweinitz
A. 5798 p. 16. Juli 1885. a. m.		St. Petersburg, den 13. Juli 1885.	

A. 5798 p. 16. Juli 1885. a. m.

St. Petersburg, den 13. Juli 1885.

№ 223.
20

Seiner Durchlaucht
dem Fürsten von Bismarck.

Entzifferung.

In Verfolg des Berichts № 219. vom 8. d. Mts. über Port Hamilton.

Herr von Giers sagt mir, daß er von dem nach Soul delegirten Legationssekretär Speyer noch keine Meldung über den Appell Korea's an die Vertragsmächte erhalten habe. Der Minister will nichtsdestoweniger Seiner Mejestät dem Kaiser Alexander morgen einen Erlaß an Graf Schuwaloff zur Genehmigung vorlegen, in welchem der Botschafter beauftragt wird, dort den Dank der Russischen Regierung für unsere Mittheilung auszusprechen und hinzuzufügen, daß Rußland, welches an den Koreanischen Angelegenheiten das größte Interesse nehme, seine guten Dienste mit denen der anderen Vertragsmächte vereinen werde und zwar ohne auf den erfolgten Austausch der Ratifikation seines mit Korea abgeschlossenen Vertrags zu warten.

Herr von Giers zweifelt nicht an der Genehmigung Seiner Majestät des Kaisers für seinen Vorschlag.

von Schweinitz.

20 [Randbemerkung] Was ist nach W von England in der Sache mitgetheilt?

[ ]

PAAA_RZ201-018939_135			
Empfänger	Auswärtiges Amt in Berlin	Absender	Zembsch
A. 5824 pr. 17. Juli 1885. a. m.		Shanghai, den 17. Juli 1885.	
Memo	P. S. z. Erl. v. 28. 7. n. Petersb. 439		

A. 5824 pr. 17. Juli 1885. a. m.

Telegramm.

Shanghai, den 17. Juli 1885. 10 Uhr 20 Min.
Ankunft: 10 Uhr 25 Min.

Der K. Generalkonsul an Auswärtiges Amt.

Entzifferung.

№ 4.

Koreanische Regierung bittet Vermittelung aufschieben.

Zembsch.

Berlin, den 18. July 1885.

A. 5685. mit 3 Anl.

1. An
tit. General von Schweinitz
St. Petersburg № 436.

Ew. tit. beehre ich mich anl. Abschrift des diesseitigen Schreibens vom 13. an den Grafen zu Rantzau, Port Hamilton betreffend, zur gef. persönlichen Information und mit der Ermächtigung zu übersenden, den Inhalt desselben nach Ihrem Ermessen zu verwerthen.

Herrn Grf. L. R. v. Holstein
zur gef. Kenntnißnahme
vorzulegen

Es wäre von Interesse festzustellen, ob die Aeußerung des Generalkonsuls Zembsch zutrifft, wonach es sich in dem Vorliegenden nicht um Port Hamilton auf der Insel Quelpart handelt, sondern um einen gleichnamigen Hafen auf einer dicht an der koreanischen Küste gelegenen Insel. Ich bitte Ew. tit. erg. darüber in unauffälliger Weise Erkundigungen einzuziehen und über das Ergebnis derselben zu berichten.

N. S. E.

---

2. An
tit. Graf Münster
London № 290.

Vertraulich

Ew. beehre ich mich anbei Abschrift des diesseitigen Schreibens an den Grafen zu Rantzau vom 13. M., Port Hamilton betreffend zur gef. persönlichen Information zu übersenden.

Es wäre von Interesse (wieder wie oben)

N. S. E.

VH

J. № 3256.

L 17. 7.

[ ]

PAAA_RZ201-018939_138 ff.			
Empfänger	Bismarck	Absender	Schweinitz
A. 5854 pr. 18. Juli 1885. p. m.		St. Petersburg, den 11. Juli 1885.	

Abschrift

A. 5854 pr. 18. Juli 1885. p. m.

St. Petersburg, den 11. Juli 1885.

№ 225.

Ganz vertraulich!

Durch Gelegenheit.

Seiner Durchlaucht

dem Fürsten von Bismarck.

Der hiesige Agent der dänischen Telegraphen-Compagnie hat die Nachricht erhalten, daß England eine interseeische telegraphische Verbindung zwischen Schanghai und Quelpart, beziehungsweise Port Hamilton herstellt. Die genannte Gesellschaft wird hierdurch in ihren Interessen bedroht, ja sogar, nach dänischer Auffassung, in ihren Rechten verletzt, indem sie mit China einen Vertrag hat, welcher fremde Concurrenz ausschließt, mit Benutzung der Russischen Sibirischen Linien sicherte sie sich den größten Theil des schnell zunehmenden telegraphischen Verkehrs zwischen Europa und Ost-Asien; die Französischen Kriegsdepeschen wurden fast ausschließlich von ihr besorgt, und die Aktien, deren viele in deutschen Händen sein sollen, sind gestiegen. Von Russischer Seite wird diese Gesellschaft begünstigt, wie ich wiederholt zu berichten hatte, wenn ich vertraulich und stets vergeblich, mit dem hiesigen Telegraphen-Direktor wegen Bevorzugung der Linie Petersburg-Fanö-Paris sprach.

Mein dänischer Kollege konnte also auf Entgegenkommen rechnen, als er, an einem der letzten Tage dem Adjoint des Ministers der auswärtigen Angelegenheiten, Herrn Mangaly, auf die englische Kabellegung aufmerksam machte. General Kjoer fügte hinzu, die dänische Compagnie stehe grade jetzt im Begriff, Verbindung mit Korea anzubahnen und durch das Kabel Schanghai Quelpart würden ihr die Engländer zuvorkommen.

Auffälliger Weise war dem Russischen Ministerium keine Mittheilung über dieses, unter gegenwärtigen Umständen doch recht interessanten englischen Unternehmen zugegangen, obgleich mehrere Russische Kriegsschiffe sich in jenen Gewässern befinden und man könnte deshalb fast versucht sein, an der Richtigkeit der Dänischen Nachricht zu zweifeln.

Herr Mangaly hat dem General Kjoer geantwortet, so lange als der General-Konsul Weber nicht auf seinem Posten in Söul angekommen sei, könne gar nichts geschehen.

(gez.) von Schweinitz.

Orig. bei Abth. II

Berlin, den 19. July 1885.

A. 5709. 5657.

An
tit. Herrn von Schweinitz
St. Petersburg № 439

Mit Weglassung des Eingeklammerten und unter Berücksichtigung der Bleistift-Correkturen.

J. № 3279.

In dem gef. Berichte vom 8. July, ein Gespräch mit Herrn von Giers über Port Hamilton u. Korea betreffend, erwähnen ew. tit., Herr von Giers könne den Verdacht nicht unterdrücken, daß zwischen England und China ein Einverständniß bestehe, und daß man in Peking die Besitzergreifung von Port Hamilton gutheißen werde, als einer Gegenleistung, um sich auf diese Weise für die guten Dienste erkenntlich zu zeigen, die England den Chinesen während der Friedensverhandlungen mit Frankreich geleistet erwiesen habe.

Der Verdacht, den Herr von Giers in so vorsichtiger Weise aeussert, darf als wohlbegründet bezeichnet werden. Wir wenigstens sind geneigt, - und zwar auf Grund beweisender Indicien aus englischen Quellen - das Einverständniß zwischen England und China und somit den von Herrn von Giers vermutheten Causal-Zusammenhang mit dem französischen Frieden für zweifellos zu halten.

Ein Telegramm des kaiserl. Botschafters in London vom 10. July, von dem ich eine Abschrift zur gef. persönl. Information beifüge, und dessen Inhalt Ew. tit. im Wege einer vertraul. mündlichen Aeusserung zu Herrn von Giers Kenntniß bringen wollen, dürfte die Zweifel heben, die dieser noch in Bezug auf das Einverständniß zwischen England und China zu hegen scheint, denn schon der Umstand, daß England mit der chinesischen Regierung wegen der Besitznahme eines koreanischen Hafens unterhandelt hat und einen etwaigen Protest der Koreanischen Regierung, ohne die ausdrückliche Zustimmung Chinas für werthlos bezeichnet - schon dieser Umstand bürgt wohl dafür, daß man in England der chinesischen Ermächtigung zur Besitzergreifung von Port Hamilton sicher ist und sich dieß genügen lassen will, um - event. auch gegen den Willen von Korea - den genannten Hafen zu besetzen.

Bisher herrschten in Europa keine Zweifel über die Berechtigung Koreas zu selbstständigen auswärtigen Unterhandlungen. In den Verträgen, welche jenes Land während der letzten Jahre mit verschiedenen Mächten - am 26. Nov. 83 auch mit England - abgeschlossen hat, ist der König von Korea als unabhängiger Souverän aufgetreten.

Davon, daß die ausdrückliche Zustimmung Chinas nothwendig sei, um genannten Verträgen internationalen Werth zu geben, ist überhaupt nicht die Rede gewesen.[21] Die jetzige Auffassung der englischen Regierung, wonach Korea, unabhängig von China, über ausw. Angelegenheiten nicht verhandeln könnte, ist neu.

Ich bitte Ew. tit., Herrn von Giers über die Ansichten seiner Regierung in Bezug auf diese Frage sondiren zu wollen. Die Mittheilung des Londoner Telegrammes dürfte eine geeignete Gelegenheit dazu darbieten.

N. S. E.

Hierzu ein P. S. (A. 5824.)

L 18. 7.

---

21 [„Davon ... gewesen.“: Durchgestrichen von Dritten.]

[ ]

PAAA_RZ201-018939_145 f.			
Empfänger	Bismarck	Absender	Schweinitz
A. 5887 p. 19. Juli 1885. a. m.		St. Petersburg, den 16. Juli 1885.	
Memo	1 Erl. 22. 7. n. Petersburg 446		

A. 5887 p. 19. Juli 1885. a. m.

St. Petersburg, den 16. Juli 1885.

№ 233.
22

Seiner Durchlaucht
dem Fürsten von Bismarck.

Entzifferung.

Legationssekretär Speyer, welcher von der russischen Gesandtschaft in Japan nach Korea delegirt worden war, meldet, daß die dortige Regierung die guten Dienste Rußlands in Bezug auf die Angelegenheit von Port Hamilton erbittet. Herr von Giers hat an den Botschafter in Berlin einen Erlaß über diesen Gegenstand gerichtet. Herr Speyer meldet ferner, daß die Stellung des Herrn Möllendorff erschüttert sei; die Vertreter Englands und anderer nicht näher bezeichneten Mächte agitirten gegen Möllendorff und da er, Herr Speyer, nur an diesem eine Stütze fand, so habe er eingesehen, daß er jetzt nichts ausrichten könne und deshalb Korea wieder verlassen.

Herr von Giers glaubt, daß Generalkonsul Weber bald an seine Bestimmungsorte eintreffen wird.

v. Schweinitz.

22 [Randbemerkung] resp. daß wir mit Möllendorf keine Verbindung u. keine Nachricht von ihm besitzen.

Berlin, den 20. Juli 1885.

ad A. 5657.

23

Betrifft
das Verhältniß Korea's
zu China, und Port Hamilton
vSD 28. 7.

Referent: W. L. R. Lindau

s. A 5657 (mit Marg. v. S. D.)

Das Verhältniß Korea's China gegenüber ist nicht klar.

I. Der Kaiser von China behauptet das Königreich Korea stehe unter chinesischer Oberhoheit.

II. Korea hat auch noch in jüngster Zeit chinesische Eingriffe in die innere Verwaltung des Landes geduldet; anderseits aber, was die auswärtigen Beziehungen angeht, als unabhängiger Staat gehandelt.

III. Japan stellt auf das Entschiedenste in Abrede, daß der chinesischen Regierung irgendwelche Eingriffe in die koreanischen Angelegenheiten gestattet werden dürfen.

Die europäischen Mächte und die Vereinigten Staaten haben ebenfalls mit einem unabhängigen Korea verhandelt.

Die mit Korea abgeschlossenen Verträge sind ohne Hinblick auf China gemacht und ohne Zustimmung oder einen Protest jenes Landes in Kraft getreten.

ad I. Die chinesische Auffassung der Stellung Korea's zu China ist gekennzeichnet durch verschiedene kaiserliche Edikte, welche in der offiziellen Pekinger Zeitung veröffentlicht worden sind. Die aus Anlaß der Unruhen in Korea erschienene Kaiserliche Verordnung vom 23. September 1882 beginnt mit den Worten: „das unter der Oberhoheit unserer Mandschu-Chinesischen Dynastie stehende Königreich Korea, dessen Herrscher seit vielen Generationen mit unserer Erlaubniß an den Grenzen unseres Reichs regiert haben, hat seit langen Jahren in dem Rufe besonderer Ehrerbietung und Anhänglichkeit gestanden, und ist von uns immer gleichsam als zu uns selber gehörig angesehen worden. Wir wollen deshalb Milde und Gnade statt Recht walten lassen und verfügen, daß der Vater des Königs in Pao-Ting-Fu in unserer Provinz Chili internirt werde. (conf. A. 7061

23 [Randbemerkung] Die chinesischen Beziehungen sind für uns wichtiger wie die zu Korea; es wird sich deshalb empfehlen, sie nicht aus Rücksicht auf Korea u. auf staatsrechtlich Therrain zu schädigen, zu verwunden, was uns mit China's Prätentionen direct in Widerspruch setzen kann. In Korea ist nicht viel zu holen. Zunächst ist Verständigung mit Rußland über Behandlung der Frage zu suchen, für den Fall daß wir genöthigt sein sollten, Stellung zu derselben zu nehmen. Ohne solche Nöthigung unterbleibt letztres besser.

Peking, 29. Sept. 1882) Diese Verfügung ist auch ausgeführt worden. Eine in unterwürfiger Form abgefaßte Petition des Königs von

Korea, der Kaiser von China möge seinen Vater frei geben, ist jedoch abschlägig beschieden worden. Herr von Brandt, der über das Vorgehen der Chinesen gegen den Vater des Königs von Korea berichtet, schreibt, dasselbe habe in nicht-chinesischen Kreisen von Peking einen schlechten Eindruck hervorgebracht, da es „im Gegensatz zu den früheren Erklärungen China´s, wonach Korea ganz unabhängig in seiner inneren Verwaltung sei, anzudeuten scheine, daß China sich auch thatsächlich noch als der Oberherr Korea´s betrachte.“[24] Bei welcher Gelegenheit China die vollständige administrative und äußere Selbständigkeit Korea´s betont hatte, darüber ist in den hiesigen Akten nichts gefunden worden. Der Kaiserliche Gesandte in Peking ist aber nunmehr ersucht worden, darüber zu berichten.

Was die Veröffentlichung in der amtlichen Pekinger Zeitung angeht, so bemerkt Herr von Brandt, daß es in den Gepflogenheiten der chinesischen Regierung liegt, dem Volke gegenüber, und zwar oftmals ohne jede Berechtigung, zu betonen, daß der Kaiser von China der mächtigste Herrscher der Welt und im Besitze gewisser unbestreitbarer Rechte sei. Viele dieser angeblichen Rechte werden aber thatsächlich nicht mehr ausgeübt und könnten auch gar nicht ausgeübt werden.

ad II. Am 9. Februar 1885 berichtet der Vice-Konsul Budler aus Söul: „Der König von Korea habe dem Kaiserlich chinesischen Gesandten unter großem Gepränge einen Besuch gemacht. Dieser Vorgang würd von chinesischer Seite dahin gedeutet, daß der König die Oberhoheit China´s habe von Neuem ausdrücklich anerkennen wollen. Die Koreaner selbst hätten den Kaiser von China stets bereitwillig als ihren Oberherrn anerkannt.“ Dagegen ist zu bemerken merken, daß die koreanische Gesandtschaft in Japan (: vergl. Bericht Tokio vom 25. Oktober 1882 - A. 7168) wiederholt betont hat, daß Korea ein unabhängiges Land sei.

ad III. Die japanische Regierung hat stets in Abrede gestellt, daß China Hoheitsrechte über Korea auszuüben befugt sei. Der Vertrag, den Japan kürzlich (: am 18. April 1885 :) mit der chinesischen Regierung in Bezug auf die Vorgänge in Korea abgeschlossen hat, stipulirt u. A., daß China alle seine in Korea sich aufhaltenden Truppen gleichzeitig mit den japanischen Truppen aus Korea zurückziehe, und daß beide Mächte dem König von Korea anheimgeben sollten, eine eigene koreanische Armee zu bilden. China hat somit auch bei dieser Gelegenheit thatsächlich anerkannt, daß es in Korea nicht mehr Autorität besitze, als es anderen Mächten einräumt.

24 [Randbemerkung] kein Zweifel

ad III. In den Verträgen, welche Korea mit den Vereinigten Staaten europäischen und den Mächten abgeschlossen hat, erscheint nur der Name des Königs von Korea. Dieser allein hat dem koreanischen Vertreter, der die Vertrags-Verhandlungen leitete, mit Vollmacht dazu versehen. Auch in dem englischen Vertrage mit Korea vom 26. November 1883 findet sich kein Hinweis auf die Oberhoheit von China.

Die heutige englische Auffassung, wonach „Korea ohne die ausdrückliche Zustimmung von China keine auswärtigen Verhandlungen anknüpfen könnte" ist demnach neu und steht im Widerspruch mit allem, was über die englischen Beziehungen zu Korea seither bekannt geworden ist.

Nach alten Berichten aus Japan besteht schon seit mehreren Jahren eine bestimmte Abmachung zwischen Rußland und Japan bezüglich Koreas. Herr von Eisendecher berichtete am 30. Dezember 1879, Sir Harry Parkes habe sich für 5 000 Dollars eine Abschrift jenes Abkommens verschafft - das englisch-chinesische Einverständniß dürfte demnach schon seit geraumer Zeit zu dem besonderen Zwecke bestehen, den russischen Plänen und der russisch-japanischen Abmachung bezüglich Korea's entgegenzuwirken.

Es liegt nahe, die neue Auffassung Englands bezüglich des Verhältnisses von Korea zu China auf den Umstand zurückzuführen, daß die englische Regierung der chinesischen Ermächtigung zur Besitznahme von Port Hamilton sicher ist, und sich dies genügen lassen will, um den genannten Hafen - eventuell gegen den Willen von Korea - zu besetzen. - Dem chinesischen Einfluß auf Korea dürfte es sodann auch zuzuschreiben sein, daß die koreanische Regierung ihr früheres Gesuch um Vermittlung der Vertragsmächte, wegen Besitznahme von Port Hamilton, plötzlich wieder zurückgezogen hat.

Berlin, den 20. July 1885.

ad A. 5798. A. 5657.

betrifft Port Hamilton

E. W. L. R. Lindau

Für S. D. zu mundiren

J. № 3293.

Nach London ist unserseits am 9ten ds telegraphisch mitgetheilt worden, Korea erbitte nach Art. I des Handelsvertrages die guten Dienste der Vertragsmächte wegen Besetzung von Port Hamilton. Gleichzeitig ist Graf Münster aufgefordert worden, sich zu erkundigen, wie sich die engl. Regierung zu dem koreanischen Gesuch stellt.

Graf Münster hat darauf unterm 10ten telegraphirt (A. 5607 gef. beigefügt), die englische Regierung habe mit der chinesischen wegen Besetzung von Port Hamilton verhandelt und betrachte einen Protest der Koreanischen Regierung ohne die ausdrückliche Zustimmung der chinesischen, von keinem internationalen Werth.

Dieß Telegramm ist heute auf Bestimmung S. D. (durch Feldjäger) nach Petersburg mitgetheilt, und Herr von Schweinitz beauftragt worden, den Inhalt desselben zu Herrn von Giers´ Kenntniß zu bringen. Gleichzeitig ist der Kais. Botschafter ersucht worden, zu erkennen zu geben, daß wir ein Einverständnis zwischen England und China „für zweifellos" halten.

Das Telegramm des General-Konsul Zembsch vom 17. dM, in dem gemeldet wird, daß Korea die weitere Vermittlung der Vertragsmächte wegen Besetzung von Port Hamilton vorläufig nicht in Anspruch nimmt, ist nicht nach London, sondern nur nach Petersburg mitgetheilt worden.

N. S. E.

Berlin, den 20. Juli 1885.

ad A. 5798.

Hierzu 1 Anlage.

Betrifft Port Hamilton

Ref. W. L. R. Lindau

J. № 3293.

Nach London ist unsererseits am 9. d. M. telegraphisch mitgetheilt worden, Korea erbitte nach Artikel 1 des Handelsvertrags die guten Dienste der Vertragsmächte wegen Besetzung von Port Hamilton. Gleichzeitig ist Graf Münster aufgefordert worden, sich zu erkundigen, wie sich die englische Regierung zu dem koreanischen Gesuche stellt.

Graf Münster hat darauf unterm 10ten telegraphirt (A. 5657 gehorsamst beigefügt), die englische Regierung habe mit der chinesischen wegen Besetzung von Port Hamilton verhandelt und betrachte einen Protest der koreanischen Regierung, ohne die ausdrückliche Zustimmung der chinesischen, von keinem internationalen Werth.

Dies Telegramm ist auf Bestimmung Seiner Durchlaucht heute (durch Feldjäger) nach Petersburg mitgetheilt, und Herr von Schweinitz beauftragt worden, den Inhalt desselben zu Herrn von Giers Kenntniß zu bringen. Gleichzeitig ist der Kaiserliche Botschafter ersucht worden, zu erkennen zu geben, daß wir ein Einverständniß zwischen England und China „für zweifellos" halten.

Das Telegramm des Generalkonsul Zembsch vom 17. d. M., in dem gemeldet wird, daß Korea unsere Vermittelung wegen Besetzung von Port Hamilton vorläufig nicht in Anspruch nimmt, ist nicht nach London, sondern nur nach Petersburg mitgetheilt worden.

Hatzfeldt

Berlin, den 20. Juli 1885.

A. 5824.

P.S. zu dem Berichte № 439
an Herrn von Schweinitz

Petersburg

J. № 3279.

P. S.

Ein soeben hier eingegangenes Telegr. des Kaiserl. General Consuls in Korea, d. d. Shanghai 17. Juli, dessen Inhalt Ew. tit. nach eigenem Ermessen verwerthen wollen, meldet, die koreanische Regierung wünsche nunmehr, daß die früher von ihr erbetene Vermittlung wegen der Besetzung von Port Hamilton aufgeschoben werde. Es liegt nahe, diese plötzliche Aenderung in den Ansichten der Koreanischen Regierung chinesischen Einflüssen zuzuschreiben, u. darin ein neues Anzeichen für das zwischen England u. China bestehenden Einverständniß zu erblicken.

N. S. E.

Berlin, den 22. July 1885.

A 5657

An
tit. Herrn von Brandt

Peking № A 11

met. Rosenstock
coll. Brose
Targen

J. № 3323

In dem gef. Berichte № 68. vom 29. 9. 82, ein kaiserl. Edict über koreanische Angelegenheiten betreffend, bemerkten Ew. tit., daß jene Kundgebung in den nicht-chinesischen Kreisen der Hauptstadt unangenehm berührt habe, weil sie im Gegensatz zu den früheren Erklärungen Chinas stehe, welche die vollständige administrative und aeußere Selbständigkeit Koreas anerkannt hatten.

Nachdem Korea jetzt eine gewisse politische Bedeutung gewonnen hat, wäre es von Interesse festzustellen, auf welchen Grundlagen seine staatliche Unabhängigkeit beruht. Ich ersuche Ew. tit. deshalb, möglichst eingehend über das Verhältniß zu berichten, in dem Korea zu China steht, und namentlich auf die jenigen Kundgebungen der chines. Regierung hinzuweisen, aus denen hervorgehen würde, daß China auf die Oberhoheit in Korea thatsächlich Verzicht geleistet und die Unabhängigkeit jenes Landes in seiner innern Verwaltung sowie seine Berechtigung zu auswärtigen Verhandlungen anerkannt hat.

N. S. E.

Berlin, den 22. July 1885.

A. 5887.
Postziffern

An
tit. Herrn von Schweinitz

St. Petersburg N. 446

J. № 3331.

Antwort auf chiffrirten Brief № 233. ··· Erw. tit. sind ermächtigt Herrn von Giers gelegentlich mündlich mitzutheilen, daß wir mit Möllendorff leider nicht in Verbindung stehen auch keine Nachrichten von ihm besitzen.

N. S. E.

[ ]

PAAA_RZ201-018939_171			
Empfänger	Bismarck	Absender	Lührsen
A. 5990 pr. 23. Juli 1885. a. m.		Shanghai, den 5. Juni 1885.	

Abschrift

A. 5990 pr. 23. Juli 1885. a. m.

Shanghai, den 5. Juni 1885.

№ 83.

Seiner Durchlaucht

dem Fürsten von Bismarck.

Euerer Durchlaucht beehre ich mich in Verfolge meines g. geh. Berichtes vom 1. Mai d. Js., betr. die englisch-russischen Rüstungen ehrerbietigst zu berichten, daß auf der Insel North Saddle, vor der Mündung des Yangtze, durch die Eastern Extension Australia and China Telegraph Company Limited eine Station erbaut wird und Vorbereitungen zur Legung eines Kabels von dort nach Port Hamilton getroffen werden. Dieses Kabel soll später von North Saddle direkt nach Hongkong weitergeführt werden.

Die Insel North Saddle ist 13 Seemeilen östlich von der Insel Gutzlaff, Station der Great Northern Telegraph Company belegen.

pp.

gez. Lührsen.

Orig. i. act. I B 10.

[ ]

PAAA_RZ201-018939_172 ff.			
Empfänger	[o. A.]	Absender	[o. A.]
A. 6051 pr. 25. Juli 1885. p. m.		Berlin, den 24. Juli 1885.	

A. 6051 pr. 25. Juli 1885. p. m.

Berlin, den 24. Juli 1885.

Betrifft eine Unterredung mit dem russ. Botschafter über die Besetzung von Port Hamilton.

Memdom für S. D.

J. № 3380.

Nach Varzin 25. 7.
Abends

Der russische Botschafter hat mich aufgesucht, um im Auftrage des Herrn von Giers mit mir über die gegenwärtige Lage der koreanischen Frage (Besetzung von Port Hamilton) zu sprechen. Er bestätigte dabei im Wesentlichen den Inhalt des gef. wieder hinzugefügten Berichtes aus St. Petersburg vom 8. d. M., wonach das Petersburger Kabinet, obgleich der russische Vertrag mit Korea noch nicht ratifiziert ist, geneigt wäre, sich uns anzuschließen, falls wir gegen die Besitznahme von Port Hamilton durch die Engländer Verwahrung einlegen wollten. Graf Schuwaloff aeußerte bei der Gelegenheit, die deutschen Handelsinteressen in Korea seien ja bedeutender als die russischen, und schien überhaupt zu wünschen, daß wir die Initiative zu einem Vorgehen in der betreffenden Angelegenheit ergreifen möchten.

Ich erwiderte ihm, die Frage sei in ein neues Stadium getreten. Wir hätten dieselbe z. Zt. in Petersburg zur Sprache gebracht, weil Korea die guten Dienste der Vertragsmächte wegen der Besitznahme von Port Hamilton angerufen hätte, und es für uns, unter diesen Umständen, von Interesse gewesen wäre, zu erfahren, wie sich Russland zu dieser Angelegenheit stellen werde. Seitdem sei aber ein neues Telegramm aus Korea eingegangen, wonach die Koreanische Regierg wünschte, die Vermittlung der Vertragsmächte möge aufgeschoben werden.

N. S. E.

[ ]

PAAA_RZ201-018939_175 ff.			
Empfänger	[o. A.]	Absender	Hatzfeldt
A. 6051 pr. 25. Juli 1885. p. m.		Berlin, den 24. Juli 1885.	

A. 6051 pr. 25. Juli 1885. p. m.

Berlin, den 24. Juli 1885

Betrifft
eine Unterredung mit dem russischen Botschafter über die Besetzung von Port Hamilton.

Referent: W. L. R. Lindau

Erl. v. 1. 8. n. Petersb. 457

Der russische Botschafter hat mich aufgesucht, um im Auftrage des Herrn von Giers mit mir über die gegenwärtige Lage der koreanischen Frage (Besetzung von Port Hamilton) zu sprechen. Er bestätigte dabei im Wesentlichen den Inhalt des gehorsamst wieder beigefügten Berichtes aus St. Petersburg vom 8. d. M., wonach das Petersburger Cabinet, obgleich der russische Vertrag mit Corea noch nicht ratificirt ist, geneigt wäre, sich uns anzuschließen, falls wir[25*] gegen die Besitznahme von Port Hamilton durch die Engländer Verwahrung einlegen wollten. Graf Schuwaloff äußerte bei der Gelegenheit die deutschen[26*] Handels-Interessen in Korea seien ja bedeutender als die russischen, und schien überhaupt zu wünschen, daß wir die Initiative zu einem Vorgehen in der betreffenden Angelegenheit ergreifen möchten. Warum sollten wir das?[27]

Ich erwiderte ihm, die Frage sei in ein neues Stadium getreten. Wir hätten dieselbe seiner Zeit in St. Petersburg zur Sprache gebracht, weil Korea die guten Dienste der Vertragsmächte wegen der Besitznahme von Port Hamilton angerufen hätte, und es für uns, unter diesen Umständen, von Interesse gewesen wäre, zu erfahren, wie sich Rußland zu dieser Angelegenheit stellen werde. Seitdem sei aber ein neueres Telegramm aus Korea eingegangen, wonach die koreanische Regierung wünsche, die Vermittelung der Vertragsmächte möge aufgeschoben werden.

Hatzfeldt

---

25 [Randbemerkung] welche Interessen hätten wir daran? falls Rußland ein solches hat, so können wir dasselbe aus Freundschaft für Rußl. mit vertreten; ein deutsches [*sic.*] ist nicht vorhanden.

26 [Randbemerkung] das glaube ich nicht

27 [Randbemerkung] vorige Zumuthung!

[   ]

PAAA_RZ201-018939_178 f.			
Empfänger	Bismarck	Absender	Brandt
A. 6078 pr. 27. Juli 1885. a. m.		Peking, den 3. Juni 1885.	

A. 6078 pr. 27. Juli 1885. a. m.

Peking, den 3. Juni 1885.

A. № 128.[28]

Seiner Durchlaucht
dem Fürsten von Bismarch.

Euere Durchlaucht werden durch die Berichte des kaiserlichen Generalkonsuls Zembsch von den Besorgnissen in Kenntniß gesetzt worden sein, welche die Besitznahme Port Hamilton's durch die Englische Flotte bei der koreanischen Regierung hervorgerufen hat. Wie ich aus zuverlässiger Quelle höre, hat dieselbe den in ihren Diensten stehenden P. von Möllendorff und einen koreanischen Beamten nach Port Hamilton entsendet, um bei dem dort befindlichen englischen höchstkommandirenden Offizier Protest gegen diese Besitznahme einzulegen.

Die Minister des Tsungli Yamen behaupten, daß die chinesische Regierung durch ein Schreiben des Königs von Korea an Li hung chang von der Absicht einen solchen Protest einzulegen, bis jetzt aber nicht von der Ausführung oder dem Ergebniß dieses Schrittes in Kenntniß gesetzt worden sei. Sie äußerten sich zugleich dahin, daß sie nicht glaubten, daß die Chinesische Regierung sich einem etwaigen Proteste Korea's anschließen würde, da dasselbe ja in seinen Beziehungen zu den Vertragsmächten durchaus selbständig dastehe.

Brandt.

28 [Randbemerkung] Dieser Bericht soll reproducirt werden nach Eintreffen der Entscheidung SrD über der demselben über dann umgelegt. Bm Gehos. w. vorgelegt 28/7

ad A. 6078.

G M L R v Lindau

Gf Hatzfeldt ist damit einverstanden, daß

f 1.) Bericht v. 3. Juni SrD erst vorgelegt wird, wenn Brandts Bericht eingegangen.

2.) daß Hr Schweinitz das Promemorium über die Unterredg SrE mit Gf Schuwaloff, sowie das Promemorium v. 25 d. M. übersandt werden zur ausschl. pers. Ktn., Gf Schweinitz sei zu sagen, daß wir derzeit im Hinblick auf die letzte
f Erklärung Korea´s gar keine Veranlassung haben, uns zu äußern und daß es uns wünsch. wäre, mit Rücksicht auf unsere wirthschaftlichen Interessen in China, weitere Erörterungen vorläufig auszuweisen. Erst wenn genügend Veranlassung, so werden wir uns wohl mit Rußland zu verständigen suchen müssen.

Bm

[ ]

PAAA_RZ201-018939_182			
Empfänger	Bismarck	Absender	Lührsen
A. 6080 pr. 27. Juli 1885. a. m.		Shanghai, den 12. Juni 1885.	

A. 6080 pr. 27. Juli 1885. a. m.

Shanghai, den 12. Juni 1885.

№ 86.

Seiner Durchlaucht
dem Fürsten von Bismarck.

Eurer Durchlaucht beehre ich mich im Verfolge meines ganz gehorsamsten Berichts vom 5. d. M. № 83. ehrerbietigst zu berichten, daß die telegraphische Verbindung Port Hamilton mit der Station auf der North Saddle Insel bereits fertiggestellt ist.

Lührsen.

[ ]

PAAA_RZ201-018939_184			
Empfänger	Bismarck	Absender	Mantzoud
A. 6115 pr. 28. Juli 1885. p. m.		Varzin, den 27. Juli 1885.	
Memo	s. Erl. v. 1. 8. n. Petersburg 457		

A. 6115 pr. 28. Juli 1885. p. m. 4 Anl.

Varzin, den 27. Juli 1885.

zu P. M. ad A. 5657

bemerkte der Herr Reichskanzler im Sinne seiner Marginalien, wir müßten nur darauf halten, daß wir nicht Korea's wegen, wo wir nichts zu holen haben, mit China in Zwist geriethen. Das P. M. vom 20. d. Mts. bittet seine Durchlaucht an den ks. Botschafter in Petersburg mitzuteilen.

Mantzoud.

Korea.

PAAA_RZ201-018939_185 ff.			
Empfänger	Bismarck	Absender	Schweinitz
A. 6192 pr. 31. Juli 1885. a. m.		St. Petersburg, den 24. Juli 1885.	
Memo	Erl. v. 5. 8. n. Tokio 7 u. Söul 2		

A. 6192 pr. 31. Juli 1885. a. m. 1 Anl.

St. Petersburg, den 24. Juli 1885.

№ 241.[29]

Seiner Durchlaucht
dem Fürsten von Bismarck.

Die hohen Erlasse № 436 vom 18. d. M. und № 439 vom 19. Juli habe ich die Ehre gehabt zu erhalten; beide beziehen sich auf Korea; der erstere stellt zuvörderst die Frage ob es sich um Port Hamilton auf der Insel Quelpart handelt oder um den gleichnamigen Insel-Hafen dicht an der koreanischen Küste.

Dieser letztere, von drei kleinen Inseln gebildete, sichere und tiefe Hafen ist gemeint; die Nachrichten, welche ich darüber einziehen konnte, stimmen mit den Angaben überein, welche der kaiserliche Gesandte in Peking in seinem Berichte vom 25. April d. J. machte; die Bevölkerung jener im Stieler'schen, nicht aber im Kiegert'schen oder Andre'sehen Atlas als Port Hamilton bezeichneten Inseln steht unter der Herrschaft des Königs von Korea. Das Telegramm des Kaiserlichen Botschafters in London vom 10. d. M., welches dem Erlasse № 439 hochgeneigtest beigefügt worden war, gab mir Gelegenheit in vertraulichem Gespräche zur Kenntniß des Herrn von Giers zu bringen, daß Indicien vorliegen, welche das von ihm vermuthete Einverständniß zwischen England und China zur Gewißheit machen.

Obwohl der Herr Minister mit scharfem und richtigem Blick die Thätigkeit des nach erfolgreicher Friedens-Vermittlung zum Vertreter Englands in China ernannten Mr. Hart

29 [Randbemerkung] Zu den Marginalien S. D. p. 14 wird gef. be[*sic.*] Es befinden sich in unsern Acten keine Berichte der Gesandten in China und Japan über das Verhältniß Koreas zu China. Herr von Brandt ist unterm 22. v. M. (A5657) aufgefordert worden, über jenes Verhältnis eingehend zu berichten. Ew. Erlaß in demselben Sinne geht nunmehr nach Tokio u. Söul ab. L. 4. 8.

beobachtet hatte, so war er doch betroffen durch die überzeugenden Thatsachen, welche seinen Verdacht bestätigten.

Herr von Giers gebührt das Verdienst früher als alle anderen Russischen Staatsmänner die Gefahren erkannt zu haben, welche ein Zerwürfniß mit China oder gar ein Zusammenwirken dieses Reiches mit England für die ostasiatischen Besitzungen Rußlands mit sich bringen würde. Von dieser Ansicht geleitet setzte er trotz vielen Widerspruchs und die Schmähungen der nationalen Presse nicht achtend die Rückgabe Chuldscha´s durch, erlangte dann die Trennung des Amur-Gebiets von Ostsibirien und die Ernennung eines von ihm gewählten General-Gouverneurs, des Baron Korff, für dieses Gebiet und Verstärkung der dortigen Truppenmacht bis zur Höhe von 6 000 Mann.

Auf diese Weise soll die schwache Russische Colonisation gegen das massenhafte Eindringen der Mansen, der Bewohner der chinesischen Mandschurei geschützt und die Ussuri-Linie gedeckt werden; an der Mündung dieses Stromes in den Amur, in Chabarowka, ist der Sitz des neuen General- Gouverneurs; gleichzeitig wurden die Marine-Etablissements in Wladiwostok verstärkt und ein freundnachbarliches Verhältniß zu dem dort anstoßenden Korea angebahnt.

Mit diesem Staate wurde ein Handels- und Schifffahrts-Vertrag geschlossen, gleichlautend mit dem unsrigen; da sich dieser aber nur auf die Küste, beziehungsweise drei Häfen bezieht, so wird ein besonderes Abkommen vorbereitet, welches den lebhaften Verkehr an der Landgrenze regeln soll; General Korff hat dies vorbereitet, der General-Konsul Weber soll es vollenden.

Der Marine-Minister, Admiral Scheftakoff, in welchem Herr von Giers seine beste Stütze im Rathe des Kaisers findet, geht auch in dieser Angelegenheit mit ihm Hand in Hand; auch die sogenannte, freiwillige Flotte befördert durch ihren großen Transport-Dampfer die Kolonisirung des Küstenlandes; es hat aber den Anschein, als ob es die Befehlshaber der in jenen Gewässern stationirten Kriegsschiffe an Aufmerksamkeit fehlen ließen; sie haben es nicht bemerkt, daß die Engländer, wie ich neulich zu melden die Ehre hatte, ein Kabel von der Mündung des Jantsekiang nach Quelpart und nach Port Hamilton legten und sie haben noch immer keine genauen Beobachtungen über die nautischen Verhältnisse an der Küste von Korea und in dem Japanischen Meere angestellt. Herr von Giers beklagt sich, daß Admiral Scheftakow ihm noch nicht mit Gewißheit sagen kann, ob der Lazarew-Hafen eisfrei bleibt oder nicht. Ich glaube, daß nur diese Unkenntniß, die Unsicherheit über das, was man mit wirklichem Nutzen okkupiren könnte, die Besitzergreifung eines in allen Jahreszeiten zugänglichen Hafens verhindert hat; Wladiwostok ist während 4 Monate durch Eis gesperrt.

Die telegraphische Meldung des General-Konsuls Zembsch d. d. Schanghai den 17.

Juli, welche ich auf Grund hochgeneigter Ermächtigung vom 20. d. M. Herrn von Giers mittheilen durfte, machte viel Eindruck auf ihn; die Thatsache, daß die koreanische Regierung die erbetene Vermittelung wegen der Besetzung von Port Hamilton aufgeschoben zu sehen wünscht, erschien ihm als eine sehr beredte, noch an demselben Tage, dem 24., wurde sie durch ein Telegramm des Russischen Gesandten in Tokio bestätigt; Herr Dawidow meldet sogar, die Bitte um Vermittelung sei ganz zurückgezogen worden, und die Japanische Regierung sei auf diesen Wunsch eingegangen.

Außerdem aber erhielt Herr von Giers ein Telegramm von Herrn Pogoff: der Russische Gesandte in Peking berichtet, daß die Verhandlungen, welche zwischen China und Japan in Folge der letzten Unruhen in Söul schwebten, zu einer Verständigung geführt haben, durch welche das Gleichgewicht des Japanischen und des Chinesischen Einflusses in Korea in für beide Reiche befriedigender Weise hergestellt sein soll; gemeinsam ermächtigen beide die Regierung von Korea fremde Instrukteure zu berufen, um Truppen zu schulen.

Wenn diese Meldung ganz richtig ist, so würde sie beweisen, daß die Chinesische Regierung eine ausschließliche Oberhoheit über Korea, wie sie dem Marquis von Salisbury vorschwebt, nicht in Anspruch nimmt, sondern den Einfluß Japan´s als gleich berechtigt anerkennt; letzteres hat aber, ebenso wie England, durch Abschluß eines Vertrages mit der koreanischen Regierung, dieser die Berechtigung über auswärtige Angelegenheiten zu verhandeln thatsächlich zugestanden.[30]

Die Salisbury´sche Definition des internationalen Verhältnisses Korea´s erscheint dem Russischen Herrn Minister des Äußern als nicht haltbar, er sieht aber wohl deutlich voraus, wohin diese Auffassung der Tory-Regierung führen kann; zunächst nimmt er als eine nicht mehr zu verkennende Thatsache hin, daß der Englische Einfluß augenblicklich in Korea überwiegt und daß Herr von Möllendorff völlig bei Seite geschoben ist; die Berichte des Legations-Sekretärs Speyer, dessen Mission nach Korea keinen Erfolg hatte, haben vielleicht die Stellung Möllendorff´s ungünstiger geschildert als sie wirklich ist.

Wenn nun Herr von Giers die Lage in Ost-Asien in trübem Lichte sieht und den dort erstehenden Fragen eine „importance superlative pour la Russie“ zuschreibt so scheint er doch gegenwärtig nicht geneigt zu sein, irgend etwas in dieser Sache zu thun oder auch nur zu sagen; er hat sich, wie ich zu melden die Ehre hatte, darauf beschränkt, durch Baron Staal amtlich Akt davon nehmen zu lassen, daß Sir Edward Thornton gesagt hat, Port Hamilton solle nicht Festung sondern nur Kohlenstation werden; der Botschafter in

30 [Randbemerkung] Wenn über das Verhältniß von Korea zu China eingehende der Gesandten in China, Japan noch nicht bei unsern Acten sind, so müssen sie unverzüglich erfordert werden.

London hat bis jetzt nicht gemeldet, ob er diesen Auftrag ausgeführt hat und wie seine Bemerkung aufgenommen wurde. Herr von Staal liegt wahrscheinlich eben soviel wie Herrn von Giers daran, die Schlichtung des afghanischen Grenzstreites nicht durch Hineinziehung anderer Fragen zu verzögern; und keine mißlichere könnte es geben als eine solche, welche Complikationen mit China herbeiführte; wenn die „quantite negligeable" eines Tages im Interesse und warum nicht auch im Solde Englands am Ussuri und am Ili sich zu regen anfinge, so würde Rußland große Anstrengungen machen müssen, um die weit entlegenen Grenzen zu vertheidigen und die dortigen Russischen Ansiedler gegen die erbarmungslose Grausamkeit Chinesischer Eindringlinge zu schützen.

Um Ansichten über das Amur-Land zu kennzeichnen, welchen ich in den Russischen Zeitungen mehrfach begegnet bin, erlaube ich mir in der Anlage einen vom Journal de St. Petersbourg № 183 vom 24/12. Juli reproducirten Artikel der „Nowosti" ganz gehorsamst einzureichen.

Schweinitz.

Inhalt: Korea.

[Anlage zum Bericht № 241.]

Ausschrift aus dem Journal de St. Pétersbourg vom 24/12 Juli 1885 № 183.

LES JOURNAL BUSSES. - Parlant de la nouvelle que les trois nouveaux cuirassés chinois construits en Allemagne ont été diriés vers la Chine par Plymouth, les *Nouveles* constatent que le Céleste-Empire ne cesse e se préoccuper de l´armement du pays, malgré les grandes dépenses que comporte l'aquisition d´une flotte cuirassée. L´Angleterre et l´Allemagne, disent-elles, tendent aussi á affirmer leur puissance militaire en Orient, quoiqu´elles y soient toutes deux moins intéressées que la Russie.

L´armement de n´importe quel pays, et surtout d´une contrée aussi éloignée des centres militaires et industriels comme le sont la province Maritime et la partie sud de l´Oussouri, entraîne des dépenses de plusieurs millions, auxquelles la Russie ne saurait faire face quant à présent. Du reste, notre confrère considère comme erronée l´opinion accréditée jusqu´a présent que le seul moyen de pourvoir à la défense de ces provinces serait d´augmenter le nombre des troupes et des vaisseaux de guerre et d´ériger des fortifications à Vladivostok et à l´île Russe. Ces mesures, ponvant être appliquées avec succés à toute autre partie de l'Empire, ne répondraient pas aux conditions exceptionnelles dans lesquelles se trouvent nos provinces de l'Extrême-Orient.

L'afflux des Chinois dans ces contrées augmente d'année. Le Céleste-Empire nous envoie l'excédant de sa population, comme il le faisait naguère en Amérique. Les Chinois se sont fait chez nous une existence très facile : - ils jouissent des richesses naturelles du pays, cultivent la terre, exploitent les mines d'or sans contrôle, possèdent des distilleries et ne sont pas soumis à l'octroi ; ils détruisent impunément nos meilleures forêts de chênes et sont exempts de toute espèce d'impôts. Aussi ne faut-il pas s'étonner qu'ils quittent sans regret leur patrie pour émigrer dans le territoire russe.

La «question jaune», qui donna tant d'embarras aux Américains, surgira tôt ou tard chez nous, et on ne saurait, disent les *Nouvelles*, envisager avec indifférence l'émigration progressive des Manzes en Russie. Par une voie pacifique mais sûre, ils envahissent les territoires qui nous ont été cédés dans le tempt.

On ne pourrait réagir efficacement contre l'afflux des Chinois, ou du moins rendre leur émigration sans danger pour l'Etat, qu'en renforçant l'élément russe dans l'Extrême-Orient, c'est- à-dire en provoquant la colonisation de ces contrées par des habitants du centre de la Russie. Plus le nombre des colons russes sera considérable et plus l'immigration des Chinois diminuera. A l'aide de la flotte volontaire, cette colonisation a déjà été commencée, mais dans une très faible mesure et sans que les résultats obtenus promettent rien de bon pour l'avenir. On commet les mêmes erreurs qu'il y a quelques années lorsqu'il était question de peupler la province de l'Amour : le sol n'est pas suffisamment exploré et les colons sont abandonnés à leurs propres ressources. Pour remédier à cet état de choses, il faudrait recueillir des données sûres par rapport à la qualité du terrain destiné à être occupé par les nouveaux arrivants. Selon les calculs établis par l'administration, la province d'Oussouripeut contenir de 25 à 30,000 familles de paysans ; mais il suffirait même d'un plus petit nombre d'émigrée pour que l'élément russe dominât. Il faudrait ne pas perdre de vue l'opinion émise dès 1883, que l'essentiel est, non pas de rendre la population très dense, mais de faire occuper le plus de points possible sur tout le territoire par des sujets russes.

Pour bien établir la solidarité de ces contrées éloignées avec l'Empire, il serait urgent aussi d'introduire le christianisme parmi les populations païennes, et principalement chez les Chinois et les Coréens. Nos missionnaires s'en occupent depuis langtempe, mais ce n'est que ces dernières années que leur infatigable activité a donné quelques résultats, bien faibles encore. Le principal empêchement consiste dans le nombre très restreint des missionnaires et dans le manque de moyens pécuniaires. Faute de prêtres, qu'ils ne voient que de loin en loin, les païens nouvellement baptisés continuent à fréquenter leurs temples et à se conformer à leurs rites. De plus, ils ne comprennent pas la langue russe, et il faut espérer que les traductions récemment faites de l´Ecriture Sainte en langue coréenne faciliteront la propagation de la foi chrétienne. D´après les derniers comptes-rendus de la mission, le christianisme se propage plus facilement parmi les Coréens que parmi les Manzes, tandis que pour le bien de co pays c´est justement la conversion de ces derniers qui est nécessaire ; c´est à ce but que doivent tendre tous les efforts de nos missionnaires, et il n´y a pas de doute qu´avec l´accroissement de leurs moyens matériels, ils parviendront à des résultats satisfaisants.

En terminant, les *Nouvelles* experiment le ferme espoir qu´à l´aide de certaines mesures administratives seulement et en faisant quelques sacrifices d´argent insignifiants, le gouvernement parviendrait aisément à garantir nos possessions orientales de l´envahissement dont elles sont devenues l´objet, en même temps qu´à élever le niveau du développement économique des provinces de l´Oussouri.

Die Hülfsquellen von Korea und dan Handel mit diesem Lande.

PAAA_RZ201-018939_206 ff.			
Empfänger	Lindau	Absender	Hatzfeldt
A. 6219 pr. 31. Juli 1885. p. m.		Berlin, den 31. Juli 1885.	

Abschrift

A. 6219 pr. 31. Juli 1885. p. m.

Berlin, den 31. Juli 1885.

Ref. M. L. R. Lindau[31]

Der anliegende gef. wieder beigefügte Artikel der „Kölnischen Zeitung" vom 26. dM. enthält nichts, was mit den hier vorliegenden Berichten über die Hülfsquellen von Korea in positivem Widerspruch stände; jedoch giebt derselbe ein falsches Bild von der Lage, weil darin diejenigen Punkte mit Stillschweigen übergangen werden, die den Handel mit Korea für den Europäer als einen wenig ergiebigen erscheinen lassen.

Das Land ist zwar fruchtbar, das Klima nicht ungesund, und die Gebirge sollen reich an Gold und Silber sein; aber die Regierung[32] ist derartig verarmt, daß sie nicht die Mittel besitzt, um die allernothwendigsten Ausgaben zu bestreiten; und dasselbe scheint mit der Bevölkerung der Fall zu sein (Bericht des Gen. Kons. Zappe vom 4. Oktober 1884 II 4160). Ferner hat der Europäer in Korea mit der chinesischen und japanischen Concurrenz zu kämpfen, der er in jenem Lande nicht gewachsen ist, weil die „Allgemeinen Unkosten" eines europäischen Handelshauses die eines asiatischen um das Zehnfache übersteigen.

Wäre der Handel in Korea ein sehr entwickelter, so würde der Europäer sich mit - procentmäßig gerechnet - kleinen Profiten begnügen können. Aber der Handelsverkehr in Korea ist noch ein beschränkter[33] und bei der geringen, auf 8-9 1/2 Millionen geschätzten Einwohnerzahl des Landes ist nicht daran zu denken, derselbe könne jemals, auch nur annähernd, die Bedeutung des Handels mit den 400 Mill. Chinesen oder 33 Mill. Japanern erreichen.

---

31 [Randbemerkung] Ich wiederhole, daß in Korea kein Interesse für uns steckt, welches einer Schädigung unserer chinesischen Beziehungen werth wäre.

32 [Randbemerkung] War sie jemals reich? ist nicht die Bevölkerung arm und bedürfnißlos?

33 [Randbemerkung] und wird es bleiben, bis die Einwohner Güter und Bedürfnisse dafür haben.

In den bisher veröffentlichten statistischen Tabellen über den Handel mit Korea erscheinen an allererster Stelle japanischer Kupfer und englische Baumwollstoffe. Für Deutschland kommen, in bemerkenswerther Weise, bisher nur Färbestoffe in Betracht. Auch die für diesen Artikel angeführten Ziffern sind jedoch nicht hoch.

In Chemulpo, dem Haupthafen von Korea, wurden im Jahre 1883 für 17 500 Dollar Färbestoffe eingeführt. Der Gesammt[sic.] der fremden Einfuhr daselbst betrug rund 1 200 000 Dollars, davon fielen auf japanisches Kupfer allein 600 000 Dollar und auf englische Baumwollwaren 200 000 Dollar, so daß für den gesammten übrigen Handel nur 400 000 Dollar übrig bleiben.

Was die von Korea ausgeführten Artikel angeht, so findet sich darunter keiner, der für Deutschland von besonderem Interesse wäre. Die bei weitem höchsten Zahlen weisen Edelmetalle und getrocknete Fische auf, die ihren Weg hauptsächlich, wenn nicht ausschließlich nach China und Japan finden.

Der einseitige Artikel der „Kölnischen Zeitung" rührt vermuthlich von einem Kaufmann her, der ein persönliches Interesse daran hat[34], die koreanischen Verhältnisse günstiger darzustellen als sie in Wahrheit sind.

gez. Graf von Hatzfeldt.

Orig. in act. Korea 1.

Betr: Die Hülfsquellen von Korea und dan Handel mit diesem Lande.

34 [Randbemerkung] sehr glaublich!

연구 참여자

[연구책임자] 김재혁 : 출판위원장·독일어권문화연구소장·고려대학교 독어독문학과 교수

[공동연구원] 김용현 : 출판위원·고려대학교 독어독문학과 교수
Kneider, H.-A. : 출판위원·한국외국어대학교 독일어학과&통번역대학원 교수
이도길 : 출판위원·고려대학교 민족문화연구원 HK 교수
배항섭 : 출판위원·성균관대학교 동아시아학술원 교수
나혜심 : 출판위원·고려대학교 독일어권문화연구소 연구교수

[전임연구원] 한승훈 : 건국대학교 글로컬캠퍼스 교양대학 조교수
이정린 : 고려대학교 독일어권문화연구소 연구교수

[번역] 김인순 : 고려대학교독일어권문화연구소 연구원(R18937, R18938)
강명순 : 고려대학교독일어권문화연구소 연구원(R18939)

[보조연구원] 김희연 : 고려대학교 대학원 한국사학과 박사수료
김진환 : 고려대학교 대학원 독어독문학과 박사과정
박진우 : 고려대학교 대학원 독어독문학과 석사과정
서진세 : 고려대학교 대학원 독어독문학과 석사과정
이홍균 : 고려대학교 독어독문학과 학사과정
정지원 : 고려대학교 독어독문학과 학사과정
박성수 : 고려대학교 한국사학과 학사과정
박종연 : 고려대학교 독어독문학과 학사과정
마재우 : 고려대학교 독어독문학과 학사과정

[탈초·교정] Seifener, Ch. : 고려대학교 독어독문학과 부교수
Wagenschütz, S. : 동덕여자대학교 독일어과 외국인 교수
Kelpin, M. : 고려대학교 독어독문학과 외국인 교수

1874~1910

독일외교문서 한국편 12

2021년 5월 17일 초판 1쇄 펴냄

옮긴이 고려대학교 독일어권문화연구소
발행인 김흥국
발행처 보고사

책임편집 황효은
표지디자인 손정자

등록 1990년 12월 13일 제6-0429호
주소 경기도 파주시 회동길 337-15 보고사
전화 031-955-9797(대표), 02-922-5120~1(편집), 02-922-2246(영업)
팩스 02-922-6990
메일 kanapub3@naver.com / bogosabooks@naver.com
http://www.bogosabooks.co.kr

ISBN 979-11-6587-184-0 94340
979-11-5516-904-9 (세트)

정가 50,000원